西南大学人文社会科学优秀成果文库
西南大学应用经济学一级学科博士点建设系列丛书（第二辑）

财政金融服务创新与新型农业经营体系构建

The Innovation of Fiscal and Financial Services and the Construction of New Agricultural Management System

王定祥 等 著

西南大学学科建设经费专项资助

科 学 出 版 社
北　京

内 容 简 介

在中国农业向现代化转型升级、农村科技创业、推动乡村振兴战略实施的现实背景下,本书对学界财政金融支农理论进行了系统梳理,建立财政金融服务创新与新型农业经营体系构建协同理论框架,考察国外财政金融服务支持新型农业经营体系的基本经验,探究中国农业经营制度及其财政金融服务演化规律,探析我国新型农业经营体系的财政金融服务需求及行为特征,检验财政金融服务支持我国新型农业经营体系的协同性绩效,揭示财政金融服务与新型农业经营体系构建不协同的表征及根源。据此设计财政金融服务创新与新型农业经营体系构建的协同机制与模式,提出促进新型农业经营体系构建的财政金融服务创新设想和政策框架,以为各级政府部门制定确保新型农业经营体系高质量构建的财政金融政策提供决策依据,并为大力实施乡村振兴战略、加快农业现代化和乡村产业振兴提供理论与实证支持。

本书可作为高等学校、科研院所、政府部门等相关专业师生、研究人员、政策制定者的参考资料,也可供对"三农"发展感兴趣的广大读者阅读。

图书在版编目(CIP)数据

财政金融服务创新与新型农业经营体系构建/王定祥等著. —北京:科学出版社,2021.6

(西南大学应用经济学一级学科博士点建设系列丛书.第二辑)

ISBN 978-7-03-067060-1

Ⅰ. ①财… Ⅱ. ①王… Ⅲ. ①农业经营–经营体系–研究–中国 Ⅳ. ①F324

中国版本图书馆 CIP 数据核字(2020)第 241547 号

责任编辑:徐 倩 / 责任校对:王晓茜
责任印制:张 伟 / 封面设计:无极书装

科学出版社 出版
北京东黄城根北街 16 号
邮政编码:100717
http://www.sciencep.com

北京虎彩文化传播有限公司 印刷
科学出版社发行 各地新华书店经销

*

2021 年 6 月第 一 版 开本:720×1000 1/16
2021 年 6 月第一次印刷 印张:28
字数:562 000

定价:280.00 元
(如有印装质量问题,我社负责调换)

前　言

《财政金融服务创新与新型农业经营体系构建》是国家社科基金重点项目（13AJY019）"财政金融服务创新与新型农业经营体系构建的协同机制与模式研究"的系列研究成果之一，入选西南大学人文社会科学优秀成果文库（2020）。该项成果的出版得到了西南大学人文社会科学优秀成果文库出版基金的资助，同时也得到了西南大学中央高校基本科研业务费重大项目（SWU1809019）"深度贫困地区扶贫产业培育的要素集聚与政策优化研究"、重庆市社科基金重大项目(2018ZD13)"重庆市实施乡村振兴战略研究"、西南大学应用经济学一流学科建设经费和西南大学普惠金融与农业农村发展研究中心成果奖励基金的支持。

该项成果在当前中国农业向现代化转型升级、农村科技创业、推动乡村振兴战略实施的现实背景下，研究在社会主义市场经济制度条件和农业家庭联产承包责任制不变基础上，如何实现财政金融服务与新型农业经营体系构建的动态协同均衡。之所以要深入探究该问题，是因为新型农业经营体系构建是实现我国传统农业向现代农业转型升级、实现乡村振兴的关键，而当前我国财政金融服务与新型农业经营体系构建出现了不协同的现象，尤其是金融服务供给严重滞后，制约了新型农业经营体系的构建和乡村产业的振兴。而构建新型农业经营体系，是迫于我国农业经营制度变迁与现实需要而展开的。

1978年改革开放前，农业集体经营制度形成的农业产出及其收益分配机制对劳动激励的扭曲效应，加之农业生产要素结构中存在的资本短缺与农业劳动力过剩的矛盾，使得农业劳动生产率增长停滞不前，全国人民的温饱问题长期得不到有效解决。为了进一步解放和发展农业生产力，彻底解决人们的温饱问题，改革开放初期，国家不仅自下而上地逐步推行了农村家庭联产承包责任制试点与全面改革，而且逐渐打破了城乡要素流动壁垒，通过城镇化和工业化不断吸走农村剩余劳动力。1992年以来社会主义市场经济体制的建立和发展，以及逐步扩大的城乡工资收入差距，不仅使得农户的市场经济意识显著提高，农户经济目标和行为逐渐从"传统小农"向"理性小农"演变，而且加速了农村青壮年劳动力非农化，最终使得当今中国农业要素的主要矛盾转变为农村储蓄资本相对充足与农业可用资本和劳动力相对短缺并存。一方面农村存在大量非农收入形成的储蓄资金，但农业经营的可用资本缺乏，农村储蓄向农业投资的转化机制不畅，农业融资难融资贵的结构性矛盾依然比较突出；另一方面农业劳动力过度非农化，虽然其释放的土地为农业规模化经营提供了契机，但也使得农业劳动成本上升，并带来了未来"谁来种地""怎样种地"的新问题，使家庭联产承包责任制面临新的巨大挑战。

针对我国农业出现的新形势、新矛盾和新挑战，党中央审时度势，在党的十八大后正式提出了"在家庭联产承包责任制基础上，加快构建新型农业经营体系，促进农业现代化"的发展战略，并进一步在党的十九大提出了"乡村振兴战略"[①]。新型农业经营体系的构建无疑成为乡村振兴的基石。而在新型农业经营体系构建中，资本、土地、劳动力、技术、制度、管理均是不可或缺的要素。虽然每个要素都有各自的功能和作用，但真正起先导性作用的要素是资本。如果没有资本先期投入，其他要素就不可能从潜在状态转化为参与新型农业经营体系构建的现实状态。同时，处于构建期的新型农业经营体系，仍然无法独自有效克服农业面临的各种风险。因而，帮助新型农业经营体系解决好资本短缺和风险规避问题，成为新型农业经营体系构建的关键所在。

尽管财政与金融有着不同的利益追求与资源配置机制，但在解决新型农业经营体系"资本短缺"和"风险问题"中均具有重要的责任和义务。首先，新型农业经营体系的构建，是为了夯实农业的基础地位，目标在于把农业发展成强势强效产业，确保国家粮食持久安全和社会稳定，实现乡村产业振兴。这就使得新型农业经营体系构建具有天然的公益性、社会性，必然需要财政服务介入。其次，新型农业经营体系构建尽管面临巨大的创业风险，但经营管理科学的新型农业经营主体也可能会获得较为可观的经济收益预期，从而使得市场机制主导的金融服务介入成为可能。而无论是财政还是金融，它们不仅能够通过自身特有的资源配置机制为新型农业经营体系构建提供必要的资本支持，而且能够通过自身特有或二者协作的风险分散机制，帮助处于创业期（即构建期）的新型农业经营体系化解各种风险，提高新型农业经营体系的存活率和盈利空间。即便如此，农业的高风险、低收益和借贷双方严重的信息不对称等，也使得市场导向的金融服务往往供给不足，客观上需要财政与金融服务有效配合支持新型农业经营体系的构建，以弥补市场机制的缺陷和失灵。同时，由于我国新型农业经营体系的构建是在传统农户家庭经营基础之上，通过农业要素的重组经营而展开的，因此建立在传统农户家庭经营基础之上的财政金融服务体系显然已无法适应新型农业经营体系集约化、专业化、组织化、社会化经营的需要，客观上需要对原有的财政金融支农

---

① 习近平：《决胜全面建成小康社会 夺取新时代中国特色社会主义伟大胜利——在中国共产党第十九次全国代表大会上的报告（2017年10月18日）》，《人民日报》2017年10月28日，第1版。

服务体系进行创新,使之与新型农业经营体系构建的新需求相协同。而如何达成此目标,正是本书需要解决的问题。

本书的意义并不局限于为构建我国现代农业投融资体制机制提供坚实的理论基础,还在于在理论研究基础上,基于问题导向的研究逻辑,总结新型农业经营体系构建的财政金融服务国际经验,国内历史、现状和趋势,证实我国财政金融服务与新型农业经营体系构建不协同的现状和根源,并结合我国的国情和区域差异,设计财政金融服务创新与新型农业经营体系构建的协同机制与模式,提出切实可行的财政金融服务创新思路和政策框架。本书提出的政策体系具有广泛的实用性、适应性,对政府及其农业部门、财政部门、金融部门和商业金融支农系统具有重要的决策参考价值。现将本书成果简要汇总如下。

1. 核心观点

(1)尽管农业具有天然的弱势性、低效性和高风险性,但通过产业组织与经营体制创新主导下的要素重组、三次产业融合、农业特优经营、农业多功能开发、农业结构优化、农产品质量提升、多渠道营销等措施,完全可以将农业打造成强势强效产业,进一步解放和发展农业生产力,实现乡村产业振兴。这也正是我国加快农业现代化、破解农业融资难题的根本之举。

(2)新型农业经营体系的构建,是一个农业诸要素在产业组织与生产经营环节重组的过程,需要大量的资本投入,并且面临着巨大的自然风险、市场风险与创业经营管理失误风险,客观上需要财政与金融服务的介入,以帮助其解决"资本"与"风险"两大发展瓶颈。

(3)农业始终是兴国安邦的基石,在农业还没有发展成强势强效产业之前,弱势性、低效性、高风险性依然是其主要特征,这就需要政府在新型农业经营体系构建中利用好财政金融政策工具,构筑起与之相适应的财政金融支农服务体制机制,以便利其"融通资本"和"分散风险"。

(4)在新型农业经营体系构建中,需要正确处理好市场与政府、财政与金融的关系。政府应在基础农业和农业功能区发挥主导作用,加大财政与政策性金融支持力度;在效益农业和非农业功能区,应通过政府引导,让市场机制发挥决定性作用,激励新型农业经营主体和商业金融主导现代农业资源配置。在配合提供财政金融支农服务时,应区分财政与金融的属性和功能,防止金融支农功能财政化,确保财政支农突出重点、量力而行,金融支农财务可持续并与新型农业经营主体互利共赢。

(5)要解决好新型农业经营体系构建的"资本"和"风险"问题,关键是要建立与其融资需求、信用资源禀赋和风险特征相对应的财政金融服务创新协同机制与模式,设计科学有效的富有针对性的财政金融政策,促进财政金融服务创新,最终向其提供符合国际规则、突出重点、富有效率的财政服务和融资便利可持续、风险可控、激励相容的金融服务。

2. 研究结论

本书运用大量宏观与微观数据和历史分析、制度分析、比较分析、边际分析和统计计量研究等方法，遵循理论、实证再到政策研究的逻辑主线，得到了如下研究结论。

（1）加快新型农业生产经营主体体系、服务体系、商品体系、市场体系和监管体系"五位一体"的新型农业经营体系构建，是将我国农业打造成强势强效产业、实现乡村产业振兴和农业现代化的基石，但在构建期会产生巨大的资金需求与投资风险，客观上需要建立与之相适应的财政金融服务创新与供给的体制机制，通过财政与金融支农功能性分工与协同供给，实现供求动态均衡。财政或金融任何单方面的服务都无法有效支持新型农业经营体系构建与发展。

（2）国外财政金融服务与新型农业经营体系协同关系构建的历史较久远，取得了丰富的经验。这些经验主要有：新型农业经营体系构建需要建立市场与政府有机结合的分工投资机制，财政服务需要明确支持范围，重点支持基础农业发展、农业基础设施、农业技术、农业人力资本和农业风险保障等，要突出财政对私人资本投资农业的带动作用，引导市场机制在农业中发挥积极作用；同时，需要完善农业金融服务体系，采用多样化的金融服务手段，直接金融与间接金融相配合，着力解决现代农业发展中的资本融通和风险保障问题，并建立完善的农业金融法律制度，保障金融服务可持续性。

（3）中华人民共和国成立以来，我国农业经营制度依次经历了集体化生产经营、农户家庭经营和向新型农业经营体系转变三个阶段，财政服务分别采取了"多取少予"、"逐步减负"和"少取多予"的支农模式，金融服务依次采取了集中化、专业化和市场化支农模式，对各阶段农业经营主体发展发挥了积极作用。为了促进新型农业经营体系构建，近年来国家密集出台财政金融支农政策，使用了财政投资、补贴、税收减免等支农手段，同时鼓励农业金融服务创新，促进了农业信贷、担保、保险业务较快发展。未来随着我国新型农业经营体系多样化发展，现代农业财政金融服务种类将会更加多样化、协调化。

（4）在当前新型农业经营体系构建中，尽管财政金融服务发挥了积极作用，但这种作用是不均衡的，财政服务作用远大于金融服务，财政金融服务与新型农业经营体系构建的协同性不强。从财政金融支农满意度看，新型农业经营主体对财政服务满意度高于金融服务，金融服务供需矛盾突出，供给缺口较大。实证结果显示，财政金融服务在独立作用情况下，均难以对新型农业经营主体的生产经营活动产生显著正向影响，但在协同配合情形下，会显著促进新型农业经营主体的生产经营活动；而在新型农业经营主体获得财政补贴的情况下，并没有显著改善其融资约束状况，表明在支持新型农业经营体系构建中，财政与金融服务之间并不协同。

（5）当前我国财政金融服务与新型农业经营体系构建不协同，是由历史上"重工轻农"，对农业"多取少予"，农业天然弱势性，市场机制强化，新型农业经营主体金融素养较低、信用条件稀缺、构建期创业收益不稳定，风险分担机制不健全，土地产权制度改革滞后，农业产业化运行机制不健全，相关支农政策不协调与落地困难等多种原因造成的，因而需要多措并举综合施策，创新现代农业财政金融服务体制机制与实施模式，加快现代农业财政金融政策与服务创新。

3. 政策建议

（1）加快构筑八大协同机制。一是供求机制。以乡镇为单位，提供财政一站式服务窗口，提高新型农业经营主体金融素养，搭建金融供需双方定期沟通平台。二是价格机制。根据农业功能区域、经营规模差异性、资助对象公益性大小、农产品稀缺性和经营风险特征制定差异化财政投资与补贴标准、贷款利率和财政贴息比例。根据农业经营风险大小和反担保物处置风险确定担保费率、保险费率及财政补偿比例，根据新型经营体系盈利能力动态调整财政金融服务标准。三是竞争机制。处理好中央与地方财政支农协同关系，厘清各级财政支农事权，建立地方财政支农资金到位奖赏机制，加强同级政府各涉农部门协调，促进财政支农分工协作。建立政策性、商业性、合作性金融分工协作的现代农业金融服务体系，加快发展现代农业资本市场与产权市场交易体系。四是信息机制。加强新型农业经营体系财务信息产生和披露规范化建设，建立现代农业征信系统，降低信息不对称程度。五是激励机制。建立财政金融服务绩效评价体系与管理机制，加大财政金融支农服务绩效考核与奖赏力度。加大中央对粮食主产区一般预算转移支付力度，健全现代农业生态补偿机制，积极探索"财政+银行+担保+保险+期货"多元组合的融资风险分担机制。六是约束机制。制定清晰的财政服务责任与目标清单，加强财政支农执行审计、巡视与问责，强化新型农业经营主体资金使用绩效考核与追偿约束，引入社会监督机制，提高财政支农效率；完善金融服务考核与监督约束机制。七是调控机制。完善特色农业产业政策，优化农业产业结构，指引新型农业经营体系培育；加快土地"三权分置"政策落地，构建公允的土地流转价格形成机制；建立现代农业资产权属认定、颁证、交易与抵押制度；建立重要农产品价格稳定机制及其调控工具体系。八是法律保障机制。修订《中华人民共和国农业法》，加强财政服务立法与执法监督；颁布实施《现代农业金融服务促进法》，保护金融机构和农业投融资者合法权益；总结法律试点经验，适时修订《中华人民共和国宪法》《中华人民共和国土地管理法》《中华人民共和国物权法》《中华人民共和国担保法》等法律，扫清现代农业资产产权抵押担保融资的法律障碍。

（2）积极推行四大协同模式。第一，对纯公益性、准公益性、私益性现代农业基础设施，应分别推行由财政主导、财政与政策性金融或社会资本联合主导、财政诱导下私人资本与商业金融资本配合建设模式。第二，对基础农业生产与服务应选择财政投资与政策性金融联合支持模式，对特色效益农业生产与服务应选择财政引导与商业性金融联合支持模式，对现代农业产业联合经营体应选择财政引导与农业供应链金融联合支持模式。第三，对农业特优品牌与标准化建设应选择财政投资与政策性金融联合支持模式；对现代农业物流与电商系统应选择财政补贴与商业性金融联合支持模式。第四，对农业经营者面临的自然、市场、技术风险，应选择财政补贴、农业保险等联合分担模式；对其信用风险应选择财政、担保、保险与银行联合分担模式。

（3）加快新型农业经营体系构建的财政服务创新。一是按生产、服务、商品、市场、监管"五位一体"新型农业经营体系架构，建立现代农业公共产品与服务建设清单，明确各级政府事权与支出责任，建立支农预算稳定增长机制，创新现代农业基础设施投融资机制，积极推进PPP（public private partnership，公共私营合作制）融资模式，优化一般性服务支持结构，提升农业综合生产能力。二是深化价格支持保护。完善小麦、水稻等最低收购价制度，建立优质优价机制，完善玉米、大豆、棉花等目标价格服务体系，强化特优农产品地理标识认证和诚信体系建设，加强绿色品牌农产品价格支持保护。三是推广粮食直补、农作物良种补贴、农资综合补贴合并为"农业生产者补贴"试点，完善粮食规模生产者补贴办法，实行差异化农机具购置补贴，增设土地流转和农业环保补贴，在基础农业生产全程和效益农业关键环节推广社会化服务购买补贴。四是创新补贴方式，实现由直接补贴向农业经营者提供长期低息信用贷款方式转变，将流通环节补贴逐步转到生产环节，提高生产型补贴服务效率。五是加强功能相同的补贴资金整合力度，探索涉农专项转移支付向一般性转移支付过渡，促进中央调控与地方自主统筹有效衔接，健全支农资金审批程序，创新支农项目管理服务体制，分类推进支农项目建设整合，提高财政资金使用效益。六是积极推广财政支农资金股权化改革，提升新型农业经营主体对农户的收入带动效应。

（4）强化新型农业经营体系构建的金融服务创新。一是适应新型农业经营体系需求、资产禀赋与风险特征，积极研发推广各种抵质押担保贷款、农业供应链综合金融业务、农业绿色信贷、互联网金融与数字普惠金融服务，加大政策性信贷对农业基础设施支持力度，创新风险管理技术，简化信贷手续，降低信贷成本。完善风险利率定价机制，合理确定利率浮动幅度，确保借贷双方互利共赢。二是积极发展地方农业担保再担保机构，通过发行担保债、集合票据等多个渠道筹集担保资金，通过建立信用担保基金，健全担保风险甄别和分析评估系统，研发现代农业担保产品，积极推广集合票据、集合信托产品等方式担保融资，降低担保费率；探索银担合作共赢模式，对信贷风险按5∶5或6∶4的比例提供担保。三是建立农业巨灾保险基金，探索巨灾风险证券化，完善巨灾风险分散机制，提高赔偿金支付能力。加快开发农业指数险、设施农业险、农机具险、特色农险等产品及农业产业链流通、农产品质量及价格风险等领域险种，加快发展信贷保证保险和养殖业保险，推动成本保险向产量和收入保险过渡。完善保险合同设计，基于物化与地租成本等因素，适度提高保额和赔付额，降低理赔标准，扩大保险覆盖面；改进服务方式，提高理赔效率。四是稳妥推进农业信托租赁服务。依托农担公司，建立农业资产评估、信托管理、租赁、并购、处置服务等机构，鼓励有条件的农担公司向综合性农业金控集团发展，积极开发现代农业资产信托业务，大力发展农机融资租赁、土地租赁、农业资产托管与交易等业务。五是争取涉农企业同等条件优先上市融资，积极探索主板市场农业债发行机制，完善农业创业板市场交易和监管规则。健全现代农业风险投资制度，积极培育农业风险投资者。探索发展农业创业投资与私募股权投资基金，健全基金投资农业长效机制。加快农产品期货期权市场发展，健全农产品价格风险规避机制。

（5）推进新型农业经营体系构建的财政金融服务协同创新。一是纯公益性农业基础设施与服务主要靠财政投资，基础农业和效益农业生产经营环节需要财政和金融协同支持。农业基础设施建设中应加强地方财政与政策性金融合作，积极引进社会资本。二是在融资环节加强财政、银行与担保协调，建立有固定财政预算的农业信贷风险补偿与农业融资担保基金，合理确定中央与地方财政资助比例，贫困地区和农业大县由中央财政全额资助；合理确定农业信贷风险损失在财政、银行和担保间的分担比例（如 4∶3∶3）。三是在农业风险管理环节，中央财政应适度提高农险保费补贴弹性，探索由财政、农险机构共同出资建立农业大灾风险共保基金，在发生巨灾情况下，保险公司能从风险共保基金得到补偿。四是加强农业金融服务绩效考核奖励，适度提高财政奖励力度。

（6）加强财政金融支农政策工具创新。一是加强财政支农工具与 WTO（World Trade Organization，世界贸易组织）规则对接。财政投资主要运用于农业基础设施建设、技术研发推广、人力资本积累等领域；财政补贴主要运用于农业生产与经营、农业风险管理、农业金融服务等领域。财政投资与补贴重点向基础农业和粮食主产区倾斜，优化补贴种类和结构。研究推进三次产业融合领域的税收优惠政策与营改增试点，激励工商资本重点向农产品加工、流通与服务领域延伸。对主办涉农信贷担保的金融机构，涉农业务收入应免交营业税和所得税。二是金融政策工具。继续推行支农再贷款、再贴现、差异化存款准备金政策；加强窗口指导，创新绿色农业、供应链农业信贷调控工具；加强农业信贷宏观审慎监管，实行差别化监管政策，建立相对独立的农业贷款评价与风险管理体系，将农业信贷风险和担保代偿率容忍度分别提至 2.5%和 4%的水平。在风险可控下实行差异化资本市场准入政策，适当降低涉农企业入市门槛，鼓励有条件的农业企业直接融资。

4. 主要创新

（1）本书借鉴前人相关理论，结合我国土地产权制度背景，运用系统分析、逻辑分析等方法，构建了财政金融服务创新与新型农业经营体系构建的协同关系理论框架，为实证研究和政策设计提供了科学的理论依据，并提出新型农业经营体系是集生产体系、服务体系、商品体系、市场体系、监管体系"五位一体"的产业复合体。新型农业经营体系的构建，核心是通过经营组织和经营机制创新，促进农业跨界经营与三次产业融合发展，在稳定粮食产量基础上，优化农业供给侧结构，提高农产品供给质量，将农业发展成强势强效产业。新型农业经营体系的构建，客观上需要财政金融服务帮助解决"资本"和"风险"两大难题。财政可以通过投资、补贴、税收等工具减少新型农业经营体系构建成本和风险，金融可通过信贷、担保、保险、期货等机制为新型农业经营体系融资、融智和分散风险，因而它们在促进新型农业经营体系构建中不可或缺；要促进新型农业经营体系构建，就需要适应其新需求、新资源禀赋与风险特征，对现有的农户家庭经营基础上的财政金融服务进行创新，实现财政服务创新、金融服务创新与新型农业经营体系构建三角供求动态均衡。

（2）本书运用宏观统计和微观调查数据及制度分析、比较分析、统计计量分析等方法，系统地考察了国内和典型国家农业经营体系与财政金融服务协同关系的历史、现状与趋势，测度了财政金融服务与新型农业经营体系构建的协同性，厘清了我国财政金融服务与新型农业经营体系构建不协同的根本原因，为政策研究和政府决策提供了坚实的证据。财政金融服务历来是中外农业支持保护政策的重要工具，其中财政是核心，金融是保障和补充，基本职责都是帮助农业解决"资本"和"风险"两大问题。制定符合 WTO 国际规则的财政制度和政策，积极夯实农业发展的公共基础条件，有效降低农业生产经营环节成本和风险，是国际国内通行做法；而金融则是一种不受 WTO 规则约束而受市场导向的支农机制，金融机构会在支农服务、财务可持续与风险可控中权衡金融支农数量和方式。我国新型农业经营体系对财政金融服务具有广泛的需求，但专门的财政金融服务制度架构尚处于探索之中，目前政府主导的财政服务与新型农业经营体系构建的协同度远大于市场主导的金融服务，即便是政府主导的政策性金融服务也比较滞后。平均来说，目前我国财政金融服务供给与新型农业经营体系构建需求的关系均处于不协同状态，原因极为复杂，需要多措并举，综合施策。

（3）本书坚持绿色、共享、包容、持续、高效发展理念，借鉴国际经验，紧密结合当前农业供给侧结构性改革、农村科技创业、农业现代化、乡村振兴的现实需求，系统地提出了新型农业经营体系构建的财政金融服务创新、财政金融政策设计基本思路，科学设计了财政金融服务创新与新型农业经营体系构建的协同机制与运行模式。本书认为，适应于新型农业经营体系构建的财政服务创新，需要突出重点、区别对待、有保有放、循序渐进、量力而行,从财政投资、财政补贴、税收优惠等方面进行完善,高度重视粮食主产区和基础农业新型农业经营体系的发展,引导好效益农业和非粮食主产区新型农业经营体系的发展,加强"绿箱"(green box)政策工具使用力度,适度用好"黄箱"(amber box)政策;金融服务创新需要突出风险可控、金融机构财务可持续、农业经营者能发展的激励相容原则,从信贷、担保、保险、基金、租赁、直接融资等方面进行全方位的政策设计和服务创新。要实现财政金融服务创新与新型农业经营体系构建的协同,需要构筑供求、价格、竞争、激励、约束、调控和法律保障等机制,并在农业基础设施建设、生产经营、品牌建设与营销、农业风险管理等环节建立协同运行模式。

最后需要指出的是,本书是集体智慧的结晶。本书由王定祥主撰,冉光和、李伶俐、王建洪、张林、杨序琴、王小华、张梓榆、黄莉、葛明等共同著述,还包括周灿、刘小华、玉国华、曾鑫、苏婉茹、黄盼华、陈禹恺、贺潆晗、刘娟、蒋例利、尹烨天、王华、覃维、杜娟、钟一锋、祝露西、卢哲宇、张豆、何乐佩、翟若雨、潘烨、田芳、王淳、王璇、黄耀东等硕士研究生和博士研究生的共同参与,是在继承前人理论成就的基础上完成的,有可能蕴含着一些新的思想火花,但这只能使我们距离真理越来越近,而不能使我们认识到事物的全部。此外,在分析研究中,必然存在诸多不足,而正是这些不足指明了我们下一步努力的方向。

本书的出版得到了国家社科基金、西南大学人文社会科学优秀成果文库基金、西南大学中央高校基本科研业务基金、西南大学双一流学科建设基金的资助,也得到了全国哲学社会科学工作办公室、中共重庆市委宣传部、重庆市社会科学规划办公室、西南大学社会科学处、西南大学经济管理学院、西南大学普惠金融与农业农村发展研究中心的大力支持,在此深表谢意!还要特别感谢五位课题评审专家对本书的充分肯定与鼓励,以及提出的宝贵建议。本书可能还存在一些不足,恳请学术同行批评指正!

王定祥
2020 年 9 月
于重庆北碚缙云山

目 录

第 1 章 导论 1
  1.1 研究背景与问题提出 1
  1.2 既有研究进展与局限 12
  1.3 研究思路与方法 19
  1.4 本书的研究框架、主要观点与创新 20

第 2 章 财政金融服务创新与新型农业经营体系构建协同关系理论渊源 23
  2.1 农业发展理论 23
  2.2 农业支持保护理论 30
  2.3 功能财政与金融理论 34
  2.4 社会分工与交易成本理论 38
  2.5 产业组织与协同理论 43
  2.6 本章小结 49

第 3 章 财政金融服务创新与新型农业经营体系构建的协同理论架构 51
  3.1 财政金融服务创新的内涵界定：基于支持农业发展的视角 51
  3.2 新型农业经营体系构建的理论内涵与机理分析 56
  3.3 财政服务创新与新型农业经营体系构建的协同关联机理 71
  3.4 金融服务创新与新型农业经营体系构建的协同关联机理 80
  3.5 财政金融服务协同创新与新型农业经营体系构建的协同关联机理 95
  3.6 本章小结 104

第 4 章 新型农业经营体系构建的财政金融服务国际经验研究 107
  4.1 国外新型农业经营体系构建的财政金融服务现状 107
  4.2 国外新型农业经营体系构建的财政金融服务比较分析 140
  4.3 国外新型农业经营体系构建的财政金融服务经验 146
  4.4 对我国新型农业经营体系构建的财政金融服务创新启示 150
  4.5 本章小结 154

第 5 章　财政金融服务与新型农业经营体系构建的状况与趋势 ……………… 156
- 5.1　财政金融支农制度变迁与农业经营体系的演进过程 ……………… 156
- 5.2　财政金融服务促进新型农业经营体系形成现状与趋势 …………… 182
- 5.3　新型农业经营体系形成的财政金融服务状况与趋势 ……………… 201
- 5.4　本章小结 ……………………………………………………………… 213

第 6 章　财政金融服务与新型农业经营体系构建协同度考察 ………………… 215
- 6.1　财政金融服务与新型农业经营体系构建协同度的考察框架 ……… 215
- 6.2　财政金融服务与新型农业经营体系构建的协同度分析 …………… 217
- 6.3　财政金融服务与新型农业经营体系构建的协同绩效分析 ………… 223
- 6.4　财政金融服务与新型农业经营体系构建协同度的微观考察 ……… 231
- 6.5　新型农业经营体系构建中财政与金融服务的协同性实证分析 …… 253
- 6.6　本章小结 ……………………………………………………………… 263

第 7 章　财政金融服务与新型农业经营体系构建不协同的成因和影响 ……… 265
- 7.1　财政金融服务与新型农业经营体系构建不协同的现实表征 ……… 265
- 7.2　财政金融服务与新型农业经营体系构建不协同的影响分析 ……… 279
- 7.3　财政金融服务与新型农业经营体系构建不协同的成因分析 ……… 286
- 7.4　本章小结 ……………………………………………………………… 303

第 8 章　新型农业经营体系构建的财政金融服务创新构想 …………………… 304
- 8.1　新型农业经营体系构建的财政金融服务创新指导思想 …………… 304
- 8.2　新型农业经营体系构建的财政金融服务创新总体目标 …………… 310
- 8.3　新型农业经营体系构建的财政金融服务创新原则 ………………… 316
- 8.4　新型农业经营体系构建的财政金融服务创新基本思路 …………… 319
- 8.5　本章小结 ……………………………………………………………… 331

第 9 章　财政金融服务创新与新型农业经营体系构建的协同机制设计 ……… 333
- 9.1　财政金融服务创新与新型农业经营体系构建协同的供求机制 …… 333
- 9.2　财政金融服务创新与新型农业经营体系构建协同的价格机制 …… 337
- 9.3　财政金融服务创新与新型农业经营体系构建协同的竞争机制 …… 342
- 9.4　财政金融服务创新与新型农业经营体系构建协同的信息机制 …… 345
- 9.5　财政金融服务创新与新型农业经营体系构建协同的激励机制 …… 347
- 9.6　财政金融服务创新与新型农业经营体系构建协同的约束机制 …… 355
- 9.7　财政金融服务创新与新型农业经营体系构建协同的调控机制 …… 358
- 9.8　建立财政金融服务创新与新型农业经营体系构建协同法律保障机制 …………………………………………………………… 365
- 9.9　本章小结 ……………………………………………………………… 367

第 10 章　财政金融服务创新与新型农业经营体系构建的协同模式选择……… 370
　　10.1　基于现代农业基础设施建设领域的协同模式选择…………………… 370
　　10.2　现代农业生产发展与服务领域的协同模式选择………………………… 377
　　10.3　现代农业品牌建设与市场流通领域的协同模式选择………………… 382
　　10.4　现代农业风险管理领域的协同模式选择………………………………… 387
　　10.5　本章小结…………………………………………………………………… 394
第 11 章　新型农业经营体系构建的财政金融政策框架…………………………… 396
　　11.1　新型农业经营体系构建的财政政策框架设计…………………………… 396
　　11.2　新型农业经营体系构建的金融政策框架设计…………………………… 407
　　11.3　新型农业经营体系构建的财政金融政策配合设计……………………… 413
　　11.4　本章小结…………………………………………………………………… 415
参考文献……………………………………………………………………………… 417

第1章 导　　论

1.1 研究背景与问题提出

要展开财政金融服务创新与新型农业经营体系构建的协同机制与模式研究，首先需要明确研究背景和研究问题。研究背景和问题主要为设计研究内容、达成研究目标、实现研究价值提供实际依据。

1.1.1 研究背景分析

党的十八大以来，党中央、国务院在既有的支农惠农政策基础上，陆续推出了多项农业农村经济体制改革措施和农业农村发展新战略，包括农业现代化发展、农村精准扶贫开发、农村科技创业、乡村振兴等战略。要深入推进这些战略，不仅需要加快构建新型农业经营体系，而且需要加快建立适应现代农业发展需要的投融资体制机制。而这种现代农业投融资体制机制的建立，核心是要实现财政金融服务创新与新型农业经营体系构建的紧密协同。因而，这些改革发展战略必然也为财政金融服务创新与新型农业经营体系构建的研究提供了现实的背景，揭示了加快该课题研究的紧迫性和必要性。

1. 国家加快推进农业现代化发展战略

如同大多数发展中国家一样，"三农"问题一直是制约我国经济社会协调健康发展的巨大瓶颈。借鉴发达国家传统农业实现现代化改造的范本，要有效解决我国"三农"问题，需要推进以小农经济为主导的内循环模式的传统农业向绿色高效、功能多样的现代农业①发展，这一过程就是农业现代化。换句话说，农业现代化就是用现代科技改造农业，用现代物质技术装备农业，用现代管理方法管理农业，把农业建设为具有显著经济效益、社会效益和生态效益的可持续发展的产业②（万忠和洪建军，1998）。可见，现代农业是以现代化科技及其应用技术装备，农工商一体化发展的崭新产业和强势产业。与传统农业单一解决吃饭问题的功能相比，现代农业具有功能的多样性，即有食物保障、原料供给、就业收入、生态保育、旅游休闲、文化传承等六大功能（刘奇，2014）。当然我国农业发展已经远远滞后于工业化、城镇化、信息化发展的步伐，城乡二元经济结构矛盾突出，农业在国民经济中的基础地位有待进一步夯实，而推进农业现代化发展正是解决当前我国农业发展困境的应有之意，是实现城乡一体化、新农村建设的核心动力，更是顺应当前世界农业集约化、规模化、组织化、机械化发展的必然趋势。

我国虽然早在20世纪50年代就提出了农业现代化发展战略，但那时没有较多的机械设备、农药、化肥等可以使用，因而农业现代化进程基本止步不前。改革开放以后，随着农业机械、化肥、农药技术的快速发展，在农户家庭承包经营基础上，以农业机械、化肥、农药使用为基础的农业现代化得到迅速推进，但此时的农业现代化属于前现代农业，并未超出第一产业范畴，面临的风险依然较大，"谷贱伤农"现象始终未能得到根本性的解决。2012年以来，党的十八大提出了以后现代农业发展为标志的农业现代化发展战略③。并且，2012~2017年的中央一

---

① 人类农业大体经历了三个阶段：即原始农业、传统农业和现代农业。原始农业是在原始自然状态下，采用简陋的石器、棍棒等生产工具和粗放的刀耕火种等耕作方法，以简单协作为主从事的农业。而传统农业则是以人畜为主要动力，以人畜粪便为主要肥料的封闭型内循环模式的自给自足的农业，具有投入少、产出低、产品交换量小等特点。现代农业又分为前现代农业和后现代农业，前现代农业即石油农业阶段，或称化学农业、无机农业、工业式农业，是大量使用以石油产品为动力的机械和以石油制品为原料的化肥、农药的农业，突出特点是打破了传统农业封闭的内循环模式，注入外力，实行机械化、化学化来推动农业发展，是一种高投入高产出的农业现代化模式；后现代农业即工商一体化农业，即用现代设施、现代技术、现代管理改造传统农业，又发展以农产品为原料的加工业，还发展农业服务业，形成三产联动、上中下游一体、产供加销予促的完整的产业体系（刘奇，2014）。可见，前现代农业只在第一产业中发展，后现代农业是将三次产业融合起来发展。当前我国的农业现代化就是要向后现代农业方向推进。

② 有学者认为，中国农业现代化的基本特征是农业生产规模适度化、农业生产过程合作化、农业科技投入补贴化、农机农技应用普遍化、农村服务体系社会化、农业生产方式产业化、农地流转过程市场化、农地农用管制强制化、农地征用补偿规范化等（张海鹏和曲婷婷，2014）。

③ 例如，党的十八大报告指出："坚持走中国特色新型工业化、信息化、城镇化、农业现代化道路，推动信息化和工业化深度融合、工业化和城镇化良性互动、城镇化和农业现代化相互协调，促进工业化、信息化、城镇化、农业现代化同步发展。"

号文件持续聚焦"农业现代化"问题[①]，强调在经济新常态和资源环境约束加剧的现实背景下，推进农业供给侧结构性改革，加快转变农业发展方式，调整和优化农业供给侧结构，促进三次产业融合发展，在确保国家粮食安全的条件下努力提高农业供给质量和效益，促进农业稳定发展和农民持续增收，走出一条产出高效、产品安全、资源节约、环境友好的农业现代化道路。

从农业发展大致经历的三个阶段来看，原始农业主要靠大自然的恩赐，传统农业以经验为基础，现代农业则是依靠科学技术和资源的优化配置。并且，现代农业发展因其利用的技术手段不同而具有明显的历史阶段性。例如，美国现代农业分别经历了半机械化、田间作业机械化和全盘机械化三个阶段；日本现代农业分别经历了学习西方先进农业技术、肥料技术推广、现代农业技术开发与推广和农机、化肥及生物技术推广使用的四个阶段（刘斌等，2004）。与美国、日本等先行国家农业现代化不同，我国是一个比较特殊的发展中大国，农业具有明显的大国特征，即供求规模大、区域差异大、农业人口数量大（张红宇，2011），因而推进传统农业向现代农业转型的压力更大、要求更高，尤其是加入世界贸易组织（World Trade Organization，WTO）之后，我国农业现代化建设面临的国际环境更加复杂，极大地增加了从传统农业向现代农业转型的难度。显然，要推进我国农业现代化进程，不仅需要采用现代化的农业科技，还需要优质的农业项目为载体，更需要创新农业生产经营的组织形式，进行农业资源的优化配置，实现三次产业融合发展。为此，党的十八大报告也明确指出："坚持和完善农村基本经营制度……培育新型经营主体，发展多种形式规模经营，构建集约化、专业化、组织化、社会化相结合的新型农业经营体系。"[②]可见，基于重构农业产业链和三次产业融合为内在驱动力，创新农业经营组织，构建新型农业经营体系，是当前我国农业现代化面临的首要任务和重要阶段性特征。

为了促进新型农业经营体系构建，近年来各地在中央土地流转政策指引下，加快了农村土地流转速度。有关数据显示，1992年全国仅有2.3%的农户转包或转让了土地，只有2.9%的承包地进行了经营权流转，到2006年这一比例也仅仅上升到4.57%（胡霞，2011）。但在2006年之后，由于工业化、城镇化导致的农村剩余劳动力转移加快，农民土地流转意愿开始逐渐增强，且在中央的土地流转政

[①] 2012~2017年的中央一号文件分别是：《关于加快推进农业科技创新持续增强农产品供给保障能力的若干意见》（2012年）；《关于加快发展现代农业进一步增强农村发展活力的若干意见》（2013年）；《关于全面深化农村改革加快推进农业现代化的若干意见》（2014年）；《关于加大改革创新力度加快农业现代化建设的若干意见》（2015年）；《关于落实发展新理念加快农业现代化 实现全面小康目标的若干意见》（2016年）；《关于深入推进农业供给侧结构性改革加快培育农业农村发展新动能的若干意见》（2017年）。

[②] 胡锦涛：《坚定不移沿着中国特色社会主义道路前进 为全面建成小康社会而奋斗——在中国共产党第十八次全国代表大会上的报告（2012年11月8日）》，《人民日报》2012年11月18日，第1版。

策激励下，各地积极建立农地流转服务与交易中心①，推动了土地流转进程（图1-1）。来自农业部的数据显示，2006年全国土地流转面积仅为0.58亿亩②，到2015年上升到4.47亿亩，年均增长25.47%；土地流转率由2006年的4.57%提升到2015年的33.3%，年均增长24.69%。

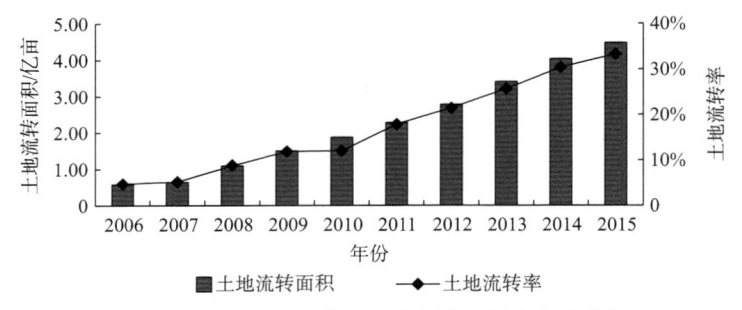

图1-1 2006~2015年中国土地流转面积和土地流转率

随着土地流转加速，我国新型农业经营主体的培育也取得了明显的进展。截至2016年底，全国共培育家庭农场87.7万家，经营的耕地面积占全国承包耕地面积的13.4%；农业龙头企业有12.6万家，其中年销售收入超过1亿元的龙头企业近2万家，超过100亿元的龙头企业达到70家；农民专业合作社有165万家，入社农户约1亿户，各级示范社达到13.5万家；专业种养大户（经营面积在3.3公顷以上）达到288万户，农业社会化服务组织超过100万个；包括各个电子商务平台和自媒体上的农产品电商、生态农场等在内的新农民数量达到200万人（刘立民，2015）。

然而，新型农业经营主体只是新型农业经营体系的一个重要组成部分，广义上的新型农业经营体系涵盖生产体系、服务体系、商品体系、市场体系、监督体系五个子系统。如果这五个子系统不能实现协调发展，就无法推进以农业产业链有效延伸和三次产业融合发展为主要内容的农业现代化进程，也无法有效降低农业生产成本，提高农业经济效益。从现实来看，目前我国农业实现成本降低、效益提高的目标和形势并不乐观。从表1-1来看，2004~2015年，我国粮食生产成本一直处于上升之中，2015年比2004年上升175.6%。从表1-2反映的三种粮食综合农业生产成本结构看，物质与服务费用在总成本中的比重总体呈下降趋势，从2006年的50.6%下降到2016年的39.1%；人工成本比重总体呈先下降后上升

---

① 例如，截至2016年底，重庆市38个区县中已有33个区县、869个乡镇建立了农村土地流转服务机构，分别占涉农区县、乡镇和村的86.8%、91.5%。30个区县建立了农村土地流转市场，37个区县成立了农村土地承包仲裁委员会，有效推动了重庆农村土地流转市场的发展。截至2014年底，全市承包耕地流转总面积已达到1400万亩，对比1997年的二轮土地承包土地流转面积仅32万亩，增加了1368万亩（李伶俐等，2018）。

② 1亩≈666.67平方米。

趋势，到 2016 年达到 41.8%；土地成本总体呈上升趋势，由 2006 年的 13.7% 上升到 2016 年的 19.1%。从收益来看，稻谷每亩收益比小麦、玉米稳定。

表1-1 2004~2015年我国粮食生产成本与收益变化情况　　　　单位：元

年份	每亩总成本				每亩净利润			
	粮食平均	稻谷	小麦	玉米	粮食平均	稻谷	小麦	玉米
2004	395.5	454.6	355.9	375.7	196.5	285.1	169.6	134.9
2005	425.0	493.3	389.6	392.3	122.6	192.7	79.4	95.5
2006	444.9	518.2	404.8	411.8	155.0	202.4	117.7	144.8
2007	481.1	555.2	438.6	449.7	185.2	229.1	125.3	200.8
2008	562.4	665.1	498.6	523.5	186.4	235.6	164.5	159.2
2009	600.4	716.7	592.0	582.3	162.4	217.6	125.5	144.2
2010	672.7	766.6	618.6	632.6	227.2	309.8	132.2	239.7
2011	791.2	897.0	712.3	764.2	250.8	371.3	117.9	263.1
2012	936.4	1055.1	830.4	924.2	168.4	285.7	21.3	197.7
2013	1026.2	1151.1	914.7	1012.0	72.9	154.8	-12.8	77.5
2014	1068.6	1176.6	965.1	1063.9	124.8	204.8	87.8	81.8
2015	1090.0	1202.1	984.3	1083.7	19.6	175.4	17.4	-134.2

资料来源：《全国农产品成本收益资料汇编》（2005~2016年）

注：粮食平均指稻谷、小麦、玉米三种粮食平均

表1-2 2006~2016年我国农业综合生产成本变动情况

年份	亩均总成本/元	物质与服务费用		人工成本		土地成本	
		总额/元	占比	总额/元	占比	总额/元	占比
2006	395.5	200.1	50.6%	141.3	35.7%	54.1	13.7%
2007	425.0	211.6	49.8%	151.4	35.6%	62.0	14.6%
2008	444.9	224.8	50.5%	151.9	34.1%	68.3	15.4%
2009	481.1	239.9	49.9%	159.6	33.2%	81.6	17.0%
2010	562.4	287.8	51.2%	175.0	31.1%	99.6	17.7%
2011	600.4	297.4	49.5%	188.4	31.4%	114.6	19.1%
2012	672.7	312.5	46.5%	226.9	33.7%	133.3	19.8%
2013	791.2	358.4	45.3%	283.1	35.8%	149.8	18.9%
2014	936.4	398.3	42.5%	372.0	39.7%	166.2	17.7%
2015	1026.2	415.1	40.5%	429.7	41.9%	181.4	17.7%
2016	1068.6	417.9	39.1%	446.8	41.8%	203.9	19.1%

资料来源：国家发展和改革委员会（简称国家发改委）官方网站

注：本表的农业综合生产成本测算的是水稻、小麦和玉米三种大宗粮食作物的生产成本

自 2012 年以来，小麦、玉米每亩净利润跌破 100 元，个别年份甚至为负，特别是玉米，2015 年净利润下降为 -134.2 元。粮食种植收益下降必然会影响农民种粮积极性，进而影响粮食的自给率和国家粮食安全。如表 1-3 所示，2016 年我国

口粮自给率为97.7%、谷物自给率为94.8%、现代粮食自给率为92.7%、传统粮食自给率只有82.6%，大豆对进口的依赖程度达60%以上。毋庸置疑，对人口规模高达14亿的我国来说，把饭碗牢牢掌握在自己的手上，提高粮食自给率，无疑是维护国家安全、社会稳定和国际粮食市场健康发展的关键所在。而如何提质增效和降低成本，是我国在提高农业自给率中首先需要解决的关键问题之一。加快农业供给侧结构性改革，构建五个子系统协同发展的新型农业经营体系，转变农业经营方式，是实现农业提质增效的有效途径。这是因为，新型农业经营体系的构建，需要积极挖掘农村自然资源优势和历史资源优势，精心打造组织化、分工协作化、高度市场化、农工商一体化的经营管理模式，实现专业化经营的规模经济性和产业链延伸的范围经济性，从而有效抵消人工成本、土地成本上涨对农业收益带来的巨大冲击。

表1-3 2016年我国不同口径的粮食自给率

指标	水稻	小麦	玉米	薯类	大豆
总产量/万吨	20 693.4	12 885.0	21 955.4	3 377.9	1 729.4
进口量/万吨	483	301	2 488	938	8 169
自给率	口粮自给率97.7%				
	谷物自给率94.8%				
	现代粮食自给率92.7%				
	传统粮食自给率82.6%				

资料来源：国家粮食和物资储备局、国家统计局官方网站

显而易见，以追求农业转型升级、提质增效、确保国家粮食安全为目标的新型农业经营体系构建，必然具有准公共物品属性，不仅需要私人投资，也需要财政金融服务的支持。财政与金融是政府参与新型农业经营体系构建的两大政策法宝，为了加快新型农业经营体系的构建，客观上需要创新财政金融支农政策体系，引导财政金融资金合理流向新型农业经营体系，最终形成现代农业长效投融资体制机制。

2. 国家加快推进农户创新创业战略

推进传统农业向现代农业转型升级，关键要培育若干既有相互竞争又分工合作的新型农业经营体系。在我国农村家庭联产承包责任制基础上构建新型农业经营体系，不外乎有两条途径：一是吸引城市工商资本下乡创业，组建新型农业经营主体；二是动员农户二次创新创业，投入资本组建家庭农场、农民专业合作社等新型农业经营主体。显然，为了确保农业用地安全和保护农民自身的权益，第二条途径是我国新型农业经营体系构建的主渠道。

而推进农户转型成为新型农业经营主体，需要配套相应的激励政策，培育新

型职业农民。为此，2015年中央一号文件《关于加大改革创新力度加快农业现代化建设的若干意见》中明确指出，要强化农业科技创新驱动作用，大力培养新型职业农民，拓宽农村外部增收渠道和促进农民转移就业和创业，加快新型农业经营主体培育。其中，"培养新型职业农民"充分肯定了农村创新创业人才培养的重要性。一方面，农民创新创业是蓄积农业农村经济发展新动能的必然选择。随着我国资源环境约束日益增强，农业资源要素驱动力逐步减弱，传统农业发展方式难以为继。推进农户创新创业，支持农户适应市场需求，以自身资金、技术和经验积累为基础，创办新型农业产业和企业，创新农业经营技术、业态和商业运营模式，利用"互联网+农业"发展机制，培育新型农业经营主体，有利于农业实施创新驱动，转变发展方式，为农业农村经济发展不断培植新的增长点和动力源。另一方面，农户创新创业是带动农民就近就业增收的有效途径。随着我国经济进入中高速增长的"新常态"，农民工就业压力不断增大，劳动力市场供求结构性矛盾（高端人才紧缺、低端人才过剩）更加凸显。推进农户创新创业，支持有意愿、有能力的农民在现代农业和新农村建设中施展才能、再次创业，在充分实现个人价值的同时，带动更多的农民就近就业，可以实现创新支持创业、创业带动就业、就业实现增收的良性互动。

而推动农户创新创业，并向新型农业经营主体方向发展，也需要建立与之相适应的投融资体制机制与财政金融支持政策。因为资金是推动农户创新创业的核心要素，不仅将农民培养成新型职业农民需要资金，而且农户向新型农业经营主体转型也需要资金。要促进农民创新创业，开发当地的生态旅游资源及发展特色种植养殖业，需要通过资金要素流转土地、投资农业基础设施、购买生产资料、学习农业技术和聘用劳动力等先进农业要素，培育新型农业经营组织，实现农业规模经营。由于普通农户资本积累数量和投资能力十分有限，除了少量的自有资本投资外，更多的农业创业投资资金需要依靠财政援助和金融支持。这就需要创新财政金融服务，为农户创新创业，最终向新型农业经营主体转型升级提供必要的外源资金支持。因此，财政金融服务创新与新型农业经营体系构建的协同机制与模式研究，也必然需要顺应农户创新创业的现实背景，为建立符合农户创新创业需求的投融资体制机制展开全新的探索。

3. 国家深入推进乡村振兴战略

习近平在党的十九大报告中首次提出实施乡村振兴战略，即"要坚持农业农村优先发展，按照产业兴旺、生态宜居、乡风文明、治理有效、生活富裕的总要求,建立健全城乡融合发展体制机制和政策体系,加快推进农业农村现代化"[①]。乡村振兴战略是党中央结合现实国情,在充分考虑我国城乡关系发展趋势后做出的重大战略部署,具有鲜明的时代特征。

随后,2018年中央一号文件围绕实施乡村振兴战略,从提升农业发展质量、推进乡村绿色发展、繁荣兴盛农村文化、构建乡村治理新体系、提高农村民生保障水平、打好精准脱贫攻坚战、强化乡村振兴制度性供给、强化乡村振兴人才支撑、强化乡村振兴投入保障、坚持和完善党对"三农"工作的领导等方面进行安排部署,并确定了实施乡村振兴战略的目标任务:到2020年,乡村振兴取得重要进展,制度框架和政策体系基本形成;到2035年,乡村振兴取得决定性进展,农业农村现代化基本实现;到2050年,乡村全面振兴,农业强、农村美、农民富全面实现。

显而易见,乡村振兴的关键和核心在于乡村产业振兴,而乡村产业振兴的关键在于新型农业经营体系的培育与可持续发展,为此,迫切需要构建与之相适应的财政金融服务体系,借助财政和金融提供的资本要素,加快新型农业经营体系构建,促进乡村产业振兴,为全面实现乡村振兴奠定坚实的经济基础。

1.1.2 研究问题提出

如前所述,只有加快新型农业经营体系构建,才能推进传统农业向现代农业转型升级,实现乡村振兴。这就迫切需要建立财政金融服务创新与新型农业经营体系构建的协同机制与模式,加快财政金融服务创新与有效供给。当前我国财政金融支农服务体系主要建立在支持传统农户家庭经营基础之上,而专门针对新型农业经营体系的财政金融服务体系尚待构建之中。显然,如果新型农业经营体系构建与财政金融服务创新无法协同匹配,就会阻碍新型农业经营体系的构建与可持续发展。因而,本书正是着力厘清财政金融服务创新与新型农业经营体系构建的协同关联机理,检验现有财政金融服务对新型农业经营体系构建的支持情况、支持效果和支持阻力及其根源,以便设计出财政金融服务创新与新型农业经营体系构建的协同机制与模式。具体而言,本书需要研究的科学问题主要有以下六个方面。

(1)财政金融服务创新与新型农业经营体系构建有何协同关联机理?从理论上讲,新型农业经营体系与传统农户农业经营体系在组织结构、经营能力、市场范围、经营规模、经营效益和金融需求等方面具有显著的差异。要构建新型农业

[①] 习近平:《决胜全面建成小康社会 夺取新时代中国特色社会主义伟大胜利——在中国共产党第十九次全国代表大会上的报告(2017年10月18日)》,《人民日报》2017年10月28日,第1版。

经营体系，需要对现有的建立在支持农户家庭经营基础之上的财政金融服务体系进行相应创新。目前我国尚处于新型农业经营体系构建的初始阶段，面临的构建成本和创业风险巨大，客观上需要财政金融协同支持。同时，我国新型农业经营体系的构建是建立在坚持农村土地集体所有和家庭联产承包责任制基础之上的农业要素重组过程。农业的基础性、高风险性、低效性决定了各国政府需要向新型农业经营体系构建提供财政服务，而现代农业经营效益获得的可能性决定了金融服务新型农业经营体系构建的必要性。因此，要促进财政金融服务于新型农业经营体系的构建，就需要厘清财政金融服务创新究竟与新型农业经营体系构建有何内在的协同关联？以便找准财政金融服务功能定位，疏通财政金融服务创新的作用路径，从而为促进我国新型农业经营体系的构建提供强有力的政策和资金支持。

（2）当前我国财政金融支农服务与新型农业经营体系的构建为何不协同？统计数据显示，近年来我国财政支持农业的力度不断增强，财政支农投入从2012年的11 973.88亿元逐年递增到2016年的18 587.36亿元，年均增长11.62%。同时，随着我国农业现代化进程的加快推进，当前我国财政金融支农政策开始逐渐向新型农业经营体系构建倾斜，但是依然存在诸多不协同问题：第一，财政支农资金支持种类过多，资金整体效益不突出，财政补贴政策效率不高，局部领域的财政服务力度不足；第二，金融支农主要通过银行、担保等金融机构开展，在支持新型农业经营体系时抵押物门槛高，融资成本高，新型农业经营主体融资难问题依然突出；第三，财政与金融合力支持新型农业经营体系的配合力度较差，财政金融支农政策与新型农业经营体系构建的契合度有待提高。就涉农金融机构来看，金融追逐利润最大化的动机增强，金融服务农业的积极性不高，农村储蓄资金非农化配置较为严重，农村资金并没有真正起到服务农业农村的作用（李勇和韩雪，2015）。另从重庆市农业农村委员会提供的数据来看，2015年底，重庆全市有农民专业合作社1.6万个，其融资需求高达65亿元，但获得贷款仅为1.4亿元，仅占农民专业合作社融资需求总额的2.15%；全市市级以上龙头企业有478个，融资需求总额高达140亿元，从银行获得贷款仅为12.78亿元，占全市市级以上龙头企业融资需求总额的9.13%（张卫国等，2017）。这说明，目前我国财政金融服务尚无法满足新型农业经营体系的现实需求，财政金融服务创新与新型农业经营体系构建并不协同。那么，究竟是什么原因导致财政金融服务创新与新型农业经营体系构建不协同呢？这正是本书需要研究的重点问题之一。

（3）基于我国现实国情，如何设计财政金融服务创新与新型农业经营体系构建的协同机制？我国新型农业经营体系构建的实质是，使新型农业生产经营组织与现代农业生产力发展的要求相匹配，其核心任务是在稳定家庭联产承包责任制基础上重构现代农业生产体系、服务体系、市场体系、商品体系，实现农业生产经营组织化、专业化、集约化、社会化和高效化。而构建新型农业经营体系，也是创新我国农业经营体制机制的重要环节（韩长赋，2013）。新型农业经营体系构建的财政服务，主要体现的是政府机制，也是市场经济条件下财政公共服务职能在现代农业中的体现；新型农业经营体系构建的金融服务，则要遵循金融运行规律和市场交易法则，体现的是市场机制。因而在支持新型农业经营体系构建中，财政资金和金融资金既有配置机制的区别，也有功能上密切分工的联系。如果没有财政与金融功能的协同配合，就无法建立起财政金融服务创新与新型农业经营体系构建的协同机制。那么，基于我国现实的国情和农业农村经济发展的实际，如何设计财政金融服务创新与新型农业经营体系构建之间的协同机制，促进传统农户或城市工商资本向新型农业经营主体发展，是迫切需要理论界深入研究的重要问题，也是本书研究的难点问题之一。

（4）基于我国农业农村发展现实，如何选择财政金融服务创新与新型农业经营体系构建的协同模式？我国新型农业经营体系的构建具有鲜明的制度特色和发育过程，那就是将家庭联产承包责任制的"合理内核"与现代农业发展的集约化和规模经济效应有机结合起来（曹国庆，2013），促使部分农户家庭或城市工商资本向新型农业经营主体转化，从而为现代农业产业链的发展培育核心经营组织。当然，这一构建过程离不开我国城镇化、工业化快速发展及城乡户籍制度一体化改革和农村大量劳动力转移至城市就业的现实背景。正是这种社会经济制度变迁，才为我国新型农业经营体系构建释放了大量的土地资源，也为农村土地流转市场和其他要素市场的发展提供了必要条件。在当前城乡要素联系和经济互动日益加强的现实条件下，财政金融支农服务必然会考虑到城乡要素流动和交换的因素，反过来也必然会影响财政金融支农的力度和效果，从而使得财政金融服务创新与新型农业经营体系构建的协同模式变得极为复杂。况且，新型农业经营体系需要构筑生产主体体系、服务主体体系、市场体系三大核心板块，每一板块的财政金融服务均有差异，需要多层次的财政金融服务创新。从本质上讲，新型农业经营体系构建的财政金融服务创新是对现代农业投融资体制机制进行建构的过程（王定祥和谭进鹏，2015）。因而，如何选择财政金融服务创新与新型农业经营体系构建的协同模式，必然是本书需要研究的重点问题之一。

（5）在农业现代化和乡村振兴背景下，如何推进新型农业经营体系构建的财政金融服务创新？作为农业现代化的组织载体，新型农业经营体系呈现出一些有别于传统农户的自身特点，即生产经营管理企业化、内生发展动力强、集约化规模化经营程度高、与市场联系紧密、现代化经营意识强、系统性经营风险较高（张启文和黄可权，2015）。基于这些特点，新型农业经营体系的构建，不仅对土地、劳动力、技术等农业要素提出了新的重组要求，也对财政和金融支农政策及服务产生了新的需求，呈现出服务需求多元化、资金需求规模化、产业链需求扩大化等新特征。而从现实来看，现有的财政金融支农机制主要建立在家庭农业经营基础之上，要推进新型农业经营主体向多元化、市场化、产业化方向发展，需要进一步推进财政金融支农服务创新。同时，适应于现阶段的农业需求结构，国家加快了农业供给结构调整步伐，推动乡村振兴战略实施，这必然会影响到新型农业经营主体培育类别与进程。所以，立足于我国加快推进农业现代化和乡村振兴的现实背景，如何推进新型农业经营体系构建的财政金融服务创新，便成为本书需要研究的重点问题之一。

（6）我国农业发展的区域不均衡，如何在新型农业经营体系构建中促进差异化的财政金融服务创新？目前我国农业发展大致可以分为主产区、平衡区和主销区[①]，从2015年的稻谷、小麦和玉米三大粮食作物产量占比来看，主产区产量占全国产量的比重分别为 74.36%、83.80%和 78.48%；平衡区的产量占比分别为 14.12%、15.22%和 20.24%；主销区的产量占比分别为 11.53%、0.97%和 1.30%。其中小麦主产区黄淮海地区产量占全国产量的 66.78%。表1-4显示了大豆、棉花、油菜籽、猪肉、牛肉五种农产品在主产区所占的比重。大豆主产区东北地区产量占全国产量的 48.38%，其中黑龙江占全国产量的 36.35%；棉花主产区排前五位省区产量占全国产量的 88.24%；油菜籽主产区集中在长江中下游五省，占全国产量的 66.27%；猪肉主产区保持在 200 万吨以上 13 个省区市产量占全国产量的 76.91%；牛肉主产区保持在 20 万吨以上 11 个省区市产量占全国产量的 74.02%。那么，在不同类型的农业发展区域，如何采取差异化的财政金融服务创新，以支持新型农业经营体系的构建，是需要深入研究的一个重要问题。

表1-4　2015年中国非粮食类主要农产品主产区分布情况

位次	大豆省区	占比	棉花省区	占比	油菜籽省份	占比	猪肉省份	占比	牛肉省区	占比
1	黑龙江	36.35%	新疆	62.52%	湖北	17.09%	四川	9.34%	河南	11.80%
2	安徽	10.76%	山东	9.58%	四川	15.98%	河南	8.53%	山东	9.70%
3	内蒙古	7.45%	河北	6.66%	湖南	14.12%	湖南	8.17%	河北	7.60%
4	四川	4.47%	湖北	5.31%	安徽	8.46%	山东	7.24%	内蒙古	7.56%
5	河南	4.23%	安徽	4.17%	江苏	7.12%	湖北	6.04%	吉林	6.66%
前五合计		63.26%		88.24%		66.27%		39.32%		43.32%
其他指标Ⅰ	东北产区	48.38%	20万吨以上5个省区市	88.24%	100万吨以上5个省区市	62.77%	300万吨以上5个省区市	39.32%	30万吨以上10个省区市	70.73%

---

① 其中，主产区包括辽宁、河北、山东、吉林、内蒙古、江西、湖南、四川、河南、湖北、江苏、安徽、黑龙江13个省区；平衡区包括山西、陕西、甘肃、宁夏、重庆、浙江、广西、贵州、云南、青海、西藏11个省区市；主销区包括北京、天津、上海、福建、广东、海南、浙江7个省市。

续表

位次	大豆		棉花		油菜籽		猪肉		牛肉	
	省区	占比	省区	占比	省份	占比	省份	占比	省区	占比
其他指标Ⅱ	黄淮海产区	19.86%	10万吨以上9个省区市	97.22%	50万吨以上9个省区市	83.20%	200万吨以上13个省区市	76.91%	20万吨以上11个省区市	74.02%

资料来源：根据国家农业部主编的《中国农业统计资料2015》计算而得

1.2 既有研究进展与局限

1.2.1 既有研究进展

纵观国内外文献发现，学者围绕财政金融支农服务和新型农业经营体系构建的研究浩如烟海，但是研究的侧重点不尽相同。研究的内容及进展大致表现如下。

1. 关于新型农业经营体系构建的研究

随着现代农业的深入发展，国外学者对新型农业经营主体进行了广泛研究，认为新型农业经营主体大致可以分为企业化经营的农场、合作社和兼业农户，而企业化经营的农场又可以分为家庭农场和公司型大农场。从家庭农场的研究来看，Napier等（2000）、Zimmermann等（2009）认为，发展中国家的家庭农场需要通过改革传统的生产模式，采用新方法，发展集约性、专业性农业生产模式，才能确保其稳固发展。Robert和David（2010）、Thompson等（2009）、Chang等（2011）研究表明，发达国家的家庭农场有赖于政府较好的财政金融政策，如实行低利率贷款，不断完善农业政策性保险，为其营造良好的市场和政策发展环境。从合作社的研究来看，Emelianoff（1942）、Phillips（1953）、Helmberger和Hoos（1962）、Sexton（1986）等认为，合作社实际上是一种企业性质的组织，要使合作社成员的利益及福利实现最大化，必须借助农民生产要素的最优配置。然而，不少学者在研究中也发现了农业合作社模式的弊端，如Alchian和Demsetz（1975）、Fama和Jensen（1983）指出，农业合作社由于缺乏对组织的有效管理及合理的激励措施，容易导致成员的依赖性过高、资产组合投资不合理及管理者谋求个人利益等问题产生，徒增组织成本，阻碍了成员利益最大化的实现。Fulton（1995）、Harris等（1996）比较分析了新旧合作社的差异，着重探讨了新型合作社在制度、组织方式、绩效上的变迁，认为传统合作社主要是服务农业，而新型农业合作社则更符合现代农业提高综合发展能力的要求，并且更加注重通过发展加工业、增加农产品附加值来提高合作社成员的收入和福利。

相比国外研究，国内对新型农业经营体系研究较晚。"新型农业经营体系"这一概念自2013年在中央文件中第一次被提及之后，学者才开始展开深入研究。从构建必要性来看，陈锡文（2013）认为，加快构建新型农业经营体系，是实现"四化"（即新型工业化、信息化、城镇化、农业现代化）同步的核心环节，是促进农民增收的重要途径，是符合我国当前农业农村发展的必然要求。从构建问题来看，新型农业经营体系构建涉及的生产要素较多、市场主体较广、制度环境较复杂，因而面临诸多现实难题，如新型农业经营主体运营机制"发育不良"、发展环境"有待优化"、农村土地流转市场和农业社会化服务体系亟待完善等问题（刘勇和邹薇，2014）。从构建政策导向来看，目前我国新型农业经营体系的构建以坚持家庭联产承包责任制为基础，因而就是要把家庭承包经营制的"合理内容"与农业现代化发展的规模经济效应合理结合起来，这就需要保护和尊重农民合法权益、与城镇化和工业化相匹配，完善农村土地政策和资产管理、建立长效机制和精准投向机制等（曹国庆，2013）。从构建路径来看，韩长赋（2013）认为，农业现代化建设的路径应该是培育新型农业经营主体和新型农业社会化服务体系。各级政府应具体从以下几个方面努力：一是努力培育新型农业经营主体，将分散经营的小农个体向组织化的农业经营主体转变（文华成和杨新元，2013；冯道杰和王成利，2015；王定祥和谭进鹏，2015）；二是在创新农业经营方式方面，重在从超小规模经营转向适度规模经营；三是要建立一种多元化、多形式的社会化服务方式，将社会化服务体系中的单一性、专业性的旧形式向新的发展方向转变（文华成和杨新元，2013；陈苏广和刘文忻，2015；王征兵，2016）。

2. 关于农户创新创业及其金融服务研究

为了繁荣农村经济，消除城乡二元经济结构，实现"四化"同步协调发展，党的十八大以来，国家推出了促进农户创新创业，培育新型农业经营主体的战略举措。而促进农户创新创业被学界广泛认为是培育新型农业经营主体的基本途径（张杰，2003；齐成喜和陈柳钦，2005；段应碧，2007；何广文和曹杰，2009）。王曙光（2012）等认为，要培育新型农业经营主体，就需要鼓励农户创新创业，同时需要金融部门从新型农业经营组织自身特点出发，加快金融服务创新。然而从现实来看，大量创业农户由于经营风险高、信息不对称、缺乏有效抵押品而难以获得金融支持。因此，要促进农户创业，需要培养创业型农民，并构建促进农民创业的金融服务体系（郑风田和孙谨，2006）。黄德林等（2007）、高远东和张卫国（2014）认为，目前我国农户创业能力总体水平还不高，创业层次仍处于初级阶段；同时，他们认为农民有巨大的创业潜力，只要有较好的环境和政策支持，潜在的创业能力就能够得到有效激发。徐辉和李录堂（2008）指出，必须创建农村创业投资风险基金，通过产业规划引导农户创业和建立农户创业者协会来解决农户创业过程中遇到的资金约束、创业风险大和进入管制等问题。檀学文（2007）认为，应通过行政手段，将商业银行小额贷款、农业综合开发资金、扶贫资金、创业资金整合在一起，共同支持农户创业。韦吉飞等（2008）基于西北五省区的调查数据，对影响农户创业成功率的因素进行了实证分析，认为创业培训、社会经历、社会背景、人力资本、资金投入等对农户创业有显著的正向影响。程郁和罗丹（2009）研究发现，土地、人力资本及当地企业数量对农户创业产生了显著影响，并认为信贷约束并不会直接影响农户的创业选择，但会影响农户创业的资源配置结构及创业层次与水平。王西玉等（2003）、罗凯（2009）研究表明，打工经历所带来的人力资本提升、自有财富增加和对市场信息的了解等可以促进返乡农民工创业。陈雷等（2010）的调查发现，农户创业需要资金、人才、技术和环境的支持。此外，不少学者还关注了农户创业的融资约束问题。杨军等（2013）基于浙江和甘肃两省 51 个农村社区 870 户家庭数据进行的实证研究发现，社区金融通过影响家庭融资进而影响农户创业选择，越是处于金融资源配置效率高的社区内农户，获得的正规金融支持越多，参与创业的概率越高。相比非正规融资，正规融资对促进农户创业的边际效应更大。张三峰等（2013）研究表明，信用评级后的农户更愿意从农村信用社融资，这意味着农户信用制度建设在缓解农户融资难问题上有积极作用；在其他条件不变时，信用评级对农户创业有正向影响；正规和非正规金融在满足农户融资需求的功能上具有替代性。因此，加快农户信用评级体系建设，设计差异化的金融产品应成为未来农村金融政策调整的方向。张海洋等（2015）通过农户家庭金融抽样调查数据，以农户的社会资本作为切入点，在 Paulson 等（2006）职业选择模型基础上开展研究后发现：当前有限责任机制和道德风险机制都是制约农户融资的原因，但扩大农业生产规模的农户所受的金融约束主要来自有限责任约束。张应良等（2015）利用 939 家创业农户样本进行实证研究发现，创业农户向正规金融机构融资意愿强烈，60%以上创业农户处于金融约束状态。在创业早期，规模化种养业农户主要受需求型金融约束；在创业中后期，创业农户主要受供给型金融约束，期望得到的贷款额度较高，但难以满足银行抵押担保条件。鉴于农户创业的融资难问题，大量学者呼吁整合政策性、商业性和合作性金融资源，对农户创业进行有效支持，以加快培育新型农业经营主体（马光荣和杨恩艳，2011；于亢亢等，2012；平新乔等，2012；鲁钊阳，2016）。

3. 关于财政服务新型农业经营体系构建的研究

财政服务新型农业经营体系的构建属于财政支农的重要组成部分，而财政支农的研究由来已久,亚当·斯密早在1776年出版的《国富论》中就明确指出,资本最应该投入农业以获得更大价值和财富。之后,以魁奈为代表的重农学派强调农业对于国家发展的影响力高于工业,其他产业的进步均是以农业发展为前提,因而国家财政应对农业给予更多的支持。尽管如此,直到20世纪中期,财政支农的理论观点才普遍成为世界各国政府财政政策的核心内容,成为维护国家农业稳定发展的重要手段。围绕财政支农政策,Evenson等(1979)、Antle(1983)、Fan等(2000)、Roy和Suresh(2002)等先后提出财政支农结构除了传统的成本和价格补贴外,还必须包括科研投入、基础设施投入、对生产者的服务等。同时,Hogan等(1973)还探讨了中央和地方政府对于分权分职能提供农业财政服务的合理性,认为地方政府相比中央政府而言,在资源配置方面更具优势,因而地方政府应承担更多的支农职能。随后经过多年的实践探索,诸多学者又对财政支农效益展开了评价。Jensen(2000)、Koester和Tangermann(2000)、Fan等(2000)、Townsend和Yaron(2001)等比较分析了发达国家政府和发展中国家政府对农业领域投资的收益率,得出了发展中国家财政支农政策缺乏效率的结论。而Allanson(2006)、Diakosavvas(2002)、Tharakan等(2006)、Cherchye(2007)等运用经济合作与发展组织(Organization for Economic Co-operation and Development,OECD)的生产者补贴等值(producer subsidy equivalent,PSE)指标和乌拉圭回合农业协议的综合支持量指标、基尼系数等,对多国财政支农效率的影响因素进行实证研究发现,财政收入能力、地方政策及制度环境等因子对地方政府支农政策的效率有较强的促进作用,而扩大的政治影响、地方政府对金融机构的过多干涉等因子对财政支农的产出效率有一定的消极影响。

可见,由于农业的自然、社会、经济与生态属性兼容的产业特点,财政服务一直是支撑和带动农业可持续发展的决定因素。随着我国新型农业经营体系加快构建,财政服务应当发挥及时有效的支撑作用。于是,我国一些学者也开始关注财政服务新型农业经营体系构建的问题。例如,罗必良(2015)等认为,在原有财政支农模式基础上,财政支农具有一定的历史惯性,一些地方政府不仅对新型农业经营体系的认识不到位,还存在重视程度不高、财政服务方式单一等问题,在一定程度上造成财政部门在服务新型农业经营体系构建时缺乏效率。为了提升财政服务新型农业经营体系构建的效率,陈东平和任芃兴(2013)倡导重新定位财政支农服务导向,从结构上、区域上、制度上制定符合新型农业经营体系发展的财政服务框架;黄晓平(2014)提出要制定严格的财政扶持标准,建立财政支农精准投向机制;赵兴泉(2014)认为,通过优化农业生产要素组合,出台促进土地规模经营的财政支持政策,促进新型农业经营主体发展;宋洪远(2015)提出,要充分发挥财政导向作用,培育农业社会化服务组织,为新型农业经营主体发展提供良好的服务环境。

4. 关于金融服务新型农业经营体系构建的研究

随着农村市场经济的快速发展，财政支农政策的弊端日益显现，更多的学者认识到在扶持农业发展中，若只实施财政政策，会产生农村地区资金丧失活力、过分依赖政府的消极影响，并导致金融抑制效应不断增强，而金融服务的介入能有效改善财政支农效果。Ingersent（1984）、Munnel（1992）、Tatom（1993）、Holtz-Eakin（1994）、Evans 和 Karras（1994）、Darrat（1999）等先后探讨了政府通过金融手段扶持农业发展的运作机理，并几乎一致认为，农村金融发展对于发展农村经济、提高农民收入有明显的促进作用。在此过程中，随着世界人口问题的激化，粮食问题尤其是发展中国家的粮食和农业问题越来越被学界关注。于是，学者力求用金融手段提高发展中国家的农业发展水平，并形成了诸多极具开拓性的理论，如农业信贷补贴理论、农村金融市场理论和农村金融不完全竞争市场理论等指导农业金融发展的理论。20 世纪 80 年代，随着世界农村扶贫开发进程的加快推进，东南亚一些国家也开始了对普惠金融支农的探索，其中最具代表性的是 Yunus，他认为小型金融机构对于支持贫困农户发展生产、改善生活等方面是更有效的，为此，他创办了格莱珉银行并在印度成功复制。此外，Ghatak 和 Guinnane（1999）、Ghatak（2000）等认为，在农业信贷中，存在事先难以预料的自然和市场风险，通过采用团体联保制度可以降低银行的风险和监督成本，起到借款者之间相互分担借贷风险的作用。

相较于国外研究，国内对金融支农服务的研究更滞后于财政支农服务，但现在金融服务新型农业经营体系的构建已成为研究热点。学者基本一致认为，不同于传统农户，新型农业经营主体对资金的需求额度偏大，流动性和周转性要求提高，使农村金融市场的融资需求大大增加。然而，各类新型农业经营主体由于缺乏有效的融资担保物，很难获得资金支持，又因为新型农业经营主体自身管理不规范，财务管理制度不健全，许多金融机构因为要承担巨大风险而拒绝发放贷款，再加上目前农村金融社会化服务体系不健全，如缺乏统一的信用等级评价，农村财产权利缺乏专业的评估机构，制约了金融支持新型农业经营体系发展的力度（张梅和谢志忠，2012；董晓林和张晓艳，2013；武涛，2014；金峰和林乐芬，2014）。因此，王曙光和李冰冰（2013）、张启文和黄可权（2015）、刘荣茂和郝张斌（2015）、王定祥和李虹（2016）等纷纷提出，应该加强信贷政策引导，强化政府在新型农业经营体系构建中的激励监管作用；应加快激活农村沉睡产权资产，扩大农村抵押融资范围，不断加大对新型农业经营主体的信贷支持；应健全农村金融中介服务，优化农村信贷管理流程，逐步完善农业金融社会化服务体系。

5. 关于农村财政金融服务创新与协同支农的研究

许多学者认为,财政和金融支农是现代农业发展的支柱,是促进我国农业现代化的重要推动力,财政金融支农体制的陈旧落后,金融资源的过度非农化配置,正是制约当前我国农业现代化发展的重要因素(罗剑朝等,2003;何广文等,2005;王定祥等,2010)。王定祥等(2011)、罗必良(2015)等提出,以创新的方式实现财政支农政策与农村金融政策的优化组合,需要改革财政支农体系,完善财政补贴政策,改革农村金融体制。近年来,我国在农村财政金融服务的创新方面已经取得了诸多突破,如新型农业社会化服务购买政策、农村产权抵押融资政策等得到了试点推行,但是由于制度和市场的约束,其实施的步伐比较缓慢。

总的来说,学者认为,制约财政金融支农服务创新的因素主要有以下几个方面。第一,农村金融市场不成熟,农村金融机构创新权限上收,导致基层金融机构缺乏创新条件,严重影响地方金融产品创新进程;温涛和张梓榆(2015)更明确地指出,当前全国各地的金融分支机构都或多或少存在着缺乏主动创新的意识和条件,这些都是由完全统一的金融机构总行负责创新导致的,并且农村由于地理环境、地方优势欠缺造成人力资源匮乏,继而更缺乏创新能力和创新意识,使得地域性的创新能力发展落后。第二,财政资金对农业风险的分散机制和补偿机制不到位,加剧了涉农金融机构对农业项目的低支持率,导致金融服务创新动力不足。第三,农村金融融资体系落后,立法、制度和规则不健全,压制了金融服务创新的扩展需求(张长全和胡德仁,2003;孔祥智和史冰清,2009;李世光,2009)。第四,农村金融社会化服务模式的建设存在第三方评估机构缺乏、抵押担保受限、不良资产处置平台缺位等一系列的限制因素,导致农村金融市场缺乏良好的创新环境。因此,财政金融支农服务创新有必要从以上几方面着手,提高财政金融支农服务效率,加快新型农业经营体系的构建。

关于财政金融协同支农方面,彭克强(2008)提出,提高财政金融支农的效果必须将二者有机整合起来,发挥各自的优势,才能使财政资金有效支持农业的发展。随后,石丹和魏华(2010)、王化冰(2011)、姜松等(2013)、韩占兵(2014)通过对财政金融协同支农的效率进行测算,发现我国财政金融支农协同配合效率严重偏低,提出应该建立财政资金与政策性金融、合作性金融、商业性金融协同支农的框架,其重点是合理配置各类财政资金与金融资金,以协同支持新型农业经营主体和现代农业产业链的发展。随着新型农业经营体系构建的深入推进,财政和金融协同支持新型农业经营体系构建的研究也随之增加。杨勇和李姗(2015)提出,"政府+银行+担保+企业+农户"的财政与金融协同支持新型农业经营主体的方式,有利于解决农户贷款难、银行风险大的难题,是将支农资金落到实处的有效方式。而罗骏和周小丁(2015)认为,在经济发展水平不同的各个地区,对财政和金融服务协同的层次要求也不同，如发展较快的地区对财政金融协同支农的需求程度较高，而在落后地区更多的是依赖财政支持。

1.2.2 既有研究局限

从上述文献可以看出，农业的基础地位使得财政金融支农服务长久以来一直是国内外学者广泛关注的热点问题，国外学者就财政金融服务农业的重要性、支持结构、绩效评价等方面做了富有成效的研究。近年来，随着我国农业现代化进程的加快推进，国内学者也从过去多年关注农户家庭经营的财政金融支农模式逐渐转向新型农业经营主体的财政金融政策及服务研究领域，探究了新型农业经营体系构建的必要性、政策导向、路径策略和构建问题及原因等内容，还包括财政金融服务创新的影响因素，财政和金融各自服务新型农业经营体系的可行性、组织实施和政策制度，以及协同理念在农业发展政策中的运用，涉及的范围和深度非常广泛，为本书的研究提供了诸多理论和实证素材，具有重要的借鉴和指导意义。

但是，国内外学者也给本书留下了较为丰富的剩余研究空间。首先，国外研究更多聚集在现代农业经营主体的财政金融政策与服务，而与此相关的配套政策如投资政策、融资政策、土地政策、产业政策、法律制度等研究缺乏，对现代农业商品体系、监管体系等研究相对不足，更缺乏协同理论在财政金融支持现代农业经营体系中的运用。其次，尽管国内有学者涉及财政金融支农服务创新和协同的研究，但是缺乏财政金融服务创新和新型农业经营体系构建的整体关系研究，更没有探寻两者间的协同关系机理以建立协同机制、模式及与之相适应的政策框架。再次，当前国内新型农业经营体系构建的研究多针对新型农业经营主体、新型农业社会化服务主体两个方面，但实际上新型农业经营体系更为复杂，还包括了新型农业商品体系、新型农产品市场体系等。由于对新型农业经营体系构建的外延认识不够系统全面，在很大程度上影响了财政金融服务新型农业经营体系构建的研究结论的准确性和可借鉴性。最后，财政金融服务创新与新型农业经营体系构建的协同性探索缺乏调查数据来剖析具体的现实情况，系统性和严谨性的实证研究不足，也没有基于新型农业经营主体发展的现实需要，系统地探索现代农业投融资体制机制与政策环境。可见，循着前人的研究足迹，结合中国特殊的农业经营制度背景，继续对财政金融服务创新与新型农业经营体系构建的关系展开新的研究，就显得十分必要。

1.3 研究思路与方法

1.3.1 研究思路

本书研究的总体思路是：首先，广泛挖掘和科学吸收利用已有的理论资源，以适用的研究成果为起点，在充分认识我国财政金融服务与新型农业经营体系构建的现实状况及行为特征基础上，科学界定财政金融服务创新与新型农业经营体系构建的内涵与外延，揭示财政服务创新、金融服务创新与新型农业经营体系构建的关系和作用路径，系统构造财政金融服务创新与新型农业经营体系构建的协同理论框架。其次，进一步考察和借鉴财政金融服务于新型农业经营体系的国际经验，并探析我国财政金融服务与农业经营体系演变的关联历史、现状和未来趋势，完善和检验理论框架。再次，在此基础上，设计调查方案和建立协同度分析指标，运用协同度模型深入验证我国现有财政金融服务与新型农业经营体系构建的协同性，揭示财政金融服务与新型农业经营体系构建不协同的表现，并探寻不协同的根源和影响，据此提出促进新型农业经营体系构建的财政金融服务创新构想和财政金融政策设计思路。最后，根据新型农业经营体系对财政金融服务的共性需求特征，科学设计财政金融服务创新与新型农业经营体系构建的协同机制，并根据财政金融服务作用的领域，提出财政金融服务创新与新型农业经营体系构建的协同模式。

1.3.2 研究方法

本书将遵循规范研究与实证研究有机结合、定量研究与定性研究有机结合的研究要求，采用科学的研究方法对上述内容展开研究。

（1）定性分析和定量分析相结合。对财政金融服务创新与新型农业经体系构建的协同性研究，定性分析和定量分析是相辅相成的。其中，对财政金融服务创新和新型农业经营体系构建的理论内涵、行为特征和两者的协同关系、作用路径及其协同机理、国际经验、协同机制与模式、政策创新等方面的研究采用的是逻辑分析法、系统分析法、比较分析法、制度分析法、历史分析法等定性分析方法，对当前财政金融服务与新型农业经营体系构建协同度的测度采取的是问卷调查、访谈调查、统计分析、计量研究等定量分析方法。通过定性分析与定量分析的有机结合，揭示财政金融服务于新型农业经营体系构建的现状、问题和根源。

（2）规范分析和实证分析相结合。规范分析大多与理论和政策研究相关，实证分析则大都是与数据和事实相关的分析。在本书研究中，除了理论和政策部分充分体现规范研究的基本要求、基本特点外，财政金融服务与新型农业经营体系构建的状况、趋势的判断和问题及对其根源的探索，也主要依靠分析财政金融的制度变迁和制度约束，并运用制度经济学、政治经济学、行为经济学等理论进行论证，对相关理论和政策进行逻辑推演。同时，本书研究将采用基本的经济数学分析工具和计量统计研究方法，对全国15个样本省区市新型农业经营主体进行实际调查，获得调查数据，并运用宏观统计数据，建立财政金融服务创新与新型农业经营体系构建的协同度模型，展开对我国财政金融服务创新与新型农业经营体系构建协同度的实证研究。

1.4 本书的研究框架、主要观点与创新

本书的逻辑分析框架是：第1章，导论；第2章，财政金融服务创新与新型农业经营体系构建协同关系理论渊源；第3章，财政金融服务创新与新型农业经营体系构建的协同理论架构；第4章，新型农业经营体系构建的财政金融服务国际经验研究；第5章，财政金融服务与新型农业经营体系构建的状况与趋势；第6章，财政金融服务与新型农业经营体系构建协同度考察；第7章，财政金融服务与新型农业经营体系构建不协同的成因及影响；第8章，新型农业经营体系构建的财政金融服务创新构想；第9章，财政金融服务创新与新型农业经营体系构建的协同机制设计；第10章，财政金融服务创新与新型农业经营体系构建的协同模式选择；第11章，新型农业经营体系构建的财政金融政策框架。

本书融入的新观点主要有以下几点。①城镇化、工业化背景下解决我国"三农"问题的关键在于，在家庭联产承包责任制基础上，加快构建新型农业经营体系，实现农业现代化。尽管农业具有天然的弱势性、低效性、高风险性，但通过产业组织与经营体制创新主导下的要素重组、三次产业融合、特优经营、结构优化、质量提升、多渠道营销等措施，完全可以将农业打造成强势强效产

业，进一步提高我国农业生产力。而这也正是加快农业供给侧结构性改革、破解农业融资难融资贵、促进农业绿色可持续发展、维护国家粮食与食品安全的根本之举。②新型农业经营体系的构建，是农业诸要素在经营组织与生产经营环节进行重组的过程，不仅需要大量的资本投入，以引导其他农业诸要素进行农业经营组织再造与生产发展，而且还面临着巨大的创业风险，仅仅依靠农业创业者或经营者自身的投入，根本无法实现既定的发展目标，客观上需要财政与金融服务等外力机制介入，以帮助农业创业者或新型农业经营者妥善解决好"资本紧缺"和"风险巨大"两大问题。③农业始终是兴国安邦的基石。无论是传统农业还是现代农业，始终摆脱不了维护国家粮食与食品安全的准公共产业属性，而在农业还没有发展为强势强效产业之前，弱势性、低效性、高风险性依然是其主要特征，这就在客观上决定了政府在促进农业转型升级的新型农业经营体系构建中具有重要的历史责任，即政府不仅需要创新财政政策与财政服务，而且需要创新金融政策，以引导金融机构金融服务创新，从而构建起适应新型农业经营体系构建需要的财政金融服务体制机制，以帮助新型农业经营体系"融通资本"和"分散风险"。④在新型农业经营体系构建中，需要正确处理好市场与政府的关系、财政与金融的关系。由于农业有基础农业与效益农业之分，从区域上有农业功能区与非农业功能区之分，政府应在基础农业和农业功能区发挥主导作用，加大财政和政策性金融支持力度；而在效益农业和非农业功能区，应通过政府的引导，让市场发挥决定性作用，激励新型农业经营体系和商业金融主导现代农业资源配置。在财政与金融配合使用时，应分清财政与金融的属性和功能，防止市场机制主导下的金融支农功能财政化，确保财政支农突出重点、量力而行和金融支农财务可持续，并与新型农业经营主体互利共赢。⑤要解决好新型农业经营体系构建中面临的"资本"和"风险"问题，关键是要建立起与其融资需求、信用资源禀赋和经营风险特征相适应的财政金融服务创新协同机制与模式，设计科学的财政金融政策，促进财政金融服务创新，最终向新型农业经营体系提供符合国际规则、突出重点、富有效率的财政服务和融资便利持续、风险可控、激励相容的金融服务。

本书在以下几个方面进行了深入挖掘，获得了创新与突破：第一，借鉴前人相关理论，结合我国土地产权制度背景，运用系统分析、边际分析等方法，构建了财政金融服务创新与新型农业经营体系构建的协同关系理论框架，为实证研究和政策设计提供了科学的理论依据；第二，运用宏观统计和微观调查数据，运用制度分析、比较分析、统计计量分析等方法，系统地考察了国内外农业经营体系与财政金融服务关系的历史、现状与趋势，测度了我国财政金融服务与新型农业经营体系构建的协同性，厘清了我国财政金融服务与新型农业经营体系构建不协同的根本原因，为政策研究和政府决策提供了经验证据；第三，坚持创新、协调、绿色、开放、共享的新发展理念，借鉴国际经验，紧密结合当前农业供给侧结构性改革、农村科技创业、农业现代化发展的现实需求，系统地提出了新型农业经营体系构建的财政金融服务创新构想和政策框架，科学设计了财政金融服务创新与新型农业经营体系构建的协同机制与运行模式。

第 2 章 财政金融服务创新与新型农业经营体系构建协同关系理论渊源

本章在深入考察中国财政金融支农服务和新型农业经营体系构建的客观现实基础上，以理论沿革和模式探索为角度，回顾和借鉴前人理论研究成果，旨在厘清财政金融服务创新与新型农业经营体系构建协同关系的理论渊源，为研究财政金融服务创新与新型农业经营体系构建协同关系理论框架提供清晰的理论源泉和逻辑起点。因此，在进入理论研究之前，首先需要对相关理论成果、贡献和对本书研究的指导意义进行梳理和分析。根据财政金融服务创新与新型农业经营体系构建的关系逻辑推演，可供借鉴的理论资源主要有农业发展理论、农业支持保护理论、功能财政与金融理论、社会分工与交易成本理论、产业组织与协同理论。

2.1 农业发展理论

农业发展理论随着发展经济学理论应运而生，并结合农业在整个国民经济发展中的发展脉络，试图解释在经济增长和演进过程中，农业与国民经济体系中其余部分之间的互动关系，进一步为决策者提供合理的农业发展政策和经济发展战略。目前，我国正处于大力培育新型农业经营主体、推进传统农业向现代农业转变的关键历史时期，因此依靠农业发展相关理论来指导我国新型农业经营主体培育及其投融资体制建设，已成为推动我国农业现代化建设的必然选择。农业发展理论根据不同历史时期政治、经济等社会状况，释放出诸多阶段性研究成果和分支，其研究的广度和深度不断扩大。本书研究涉及的农业发展理论成果主要有农业基础理论、农业多功能理论、农业发展阶段理论。

2.1.1 农业基础理论

农业是国民经济中包括农业生物、自然环境、人类社会劳动在内的三个基本因素相互作用而形成的自然再生产和经济再生产密切结合的整体。它是一种自然属性与社会经济属性相融合的特殊的产业。农业生产需要人们通过生产劳动与经营管理，在自然环境或人工模拟的自然环境下，将农业生物资料转化为人类自身所需要的基本生活资料和工业再生产所需要的原料，因而是经济再生产与自然再生产有机融合的过程。由于农业在国民经济中属于上游产业，除了提供给人们生活必需品、解决温饱问题外，还可以为国民经济中的下游产业（如第二产业、第三产业）提供必要的原料和消费资料，这就决定了农业在整个国民经济中的基础地位，进而形成了农业基础理论。换言之，农业基础理论强调农业的基础性作用，是一个国家兴国安邦和维护社会稳定的基石，一个国家、一个社会必须具有一定数量的农产品，既要保障国民生活消费的基本供给，又能通过必要的原材料供给而促进其他相关产业持续健康发展。因此，国家必须高度重视包括农业、农民、农村在内的"三农"问题，从经济、政治、文化、政策等方面强化农业在国民经济发展中的基础地位和作用。

农业基础地位的确立最早是由古典经济学家提出并进行论证的。古典政治经济学的代表人物威廉·配第把与农业相关的事业看作制造业的基础，他首先提出农业是国民经济基础的论断，对农业基础理论的形成具有开创先河的作用。在17世纪法国重商主义盛行的时期，布阿吉贝尔呼吁将社会重心转向农业生产，猛烈地抨击了当时法国的重商主义，极力阐明农业生产的重要意义，较为明确和系统地谈到"农业是国民经济的基础"的问题。把农业地位推向更高层次的是重农学派的创始人魁奈，他提出农业应该是唯一的生产部门，因此农业可以说是财富唯一的来源，但这种观点把农业的作用过分夸大了。直到1776年亚当·斯密在《国富论》之"论不同国家中财富的不同发展"中，基于欧洲经济史的实际发展路径，对农业的基础地位有了既客观又正确的认识，他明确地指出，农业是国民经济的基础，是社会生存和发展的基础，是国民经济与社会的基础。这是一条普通的经济规律。

在批判和继承资产阶级古典政治经济学农业基础论的基础上，马克思在《资本论》中首次系统地阐述了农业是国民经济基础的理论，他以揭示资本主义生产方式的发生、发展和灭亡的规律为视角，论证了自然基础与劳动生产率、食物生产与农业、农业与资本主义国民经济等的关系，进而就农业的地位和作用形成了一系列极其重要的科学论述。他指出："超过劳动者个人需要的农业劳动生产率，是一切社会的基础,并且首先是资本主义生产的基础。"其后,列宁、斯大林和毛泽东分别在不同的历史阶段,为继承和发展马克思的农业基础理论做出了独特的贡献,农业基础理论也在漫长的社会主义革命和建设实践中逐步成型和完善。列宁在苏联十月革命后,结合马克思的农业基础论首次论证了粮食问题是社会主义苏联一切问题的基础;斯大林开创性地论证了社会主义国家的农业为何是工业发展的基础;1956年4月,毛泽东在《论十大关系》中,全面深刻地论证了社会主义国家农业为何是国民经济的基础,并提出粮食等食物对国民经济的重要性、农村是社会主义积累的来源等观点。毛泽东指出:"重工业是我国建设的重点。必须优先发展生产资料的生产,这是已经定了的。但是决不可以因此忽视生活资料尤其是粮食的生产。如果没有足够的粮食和其他生活必需品,首先就不能养活工人,还谈什么发展重工业?所以,重工业和轻工业、农业的关系,必须处理好。"[①] "我们现在的问题,就是还要适当地调整重工业和农业、轻工业的投资比例,更多地发展农业、轻工业。这样,重工业是不是不为主了?它还是为主,还是投资的重点。但是,农业、轻工业投资的比例要加重一点。加重的结果怎么样?加重的结果,一可以更好地供给人民生活的需要,二可以更快地增加资金的积累,因而可以更多更好地发展重工业。重工业也可以积累,但是,在我们现有的经济条件下,轻工业农业积累得更多更快些。"[②]

新中国成立以来尤其是改革开放以来,党中央国务院始终围绕马克思的农业基础理论,创造性地、与时俱进地提出了一系列鲜明的、合理的以农业为基础的强农惠农支农方针政策,在实践中不断总结经验教训,推进家庭联产承包责任制改革,使我国的农业得到了稳步发展,通过提供原材料和农业剩余,对支持第二产业、第三产业的快速发展做出了基础性贡献。为了进一步巩固和增强我国农业的基础地位,党的十七届三中全会以来,党中央就部署了我国农业现代化发展战略,提出要加快构建新型农业经营体系,促进我国农业逐渐从传统农业向现代农业转型升级,实现"四化"同步发展。可见,新型农业经营体系作为农业现代化的组织基础,既代表了我国农业经营组织未来发展方向,也从我国传统农户家庭经营模式中承接了通过专业化、组织化、集约化和社会化经营进一步巩固农业基础地位的重担。

显而易见,农业基础理论表明,农业不仅具有维护国家粮食安全和社会稳定的功能,也是其他产业发展的重要原材料来源和提供积累的基础,具有巨大的社会效益,因而证明了农业所具有的公共产品性质。这不仅为政府介入农业资源配置、支持保护农业提供了重要的理论依据,也为政府在新型农

---

① 《毛泽东论十大关系》,人民出版社1976年版,第2页。
② 《毛泽东论十大关系》,人民出版社1976年版,第3页。

业经营体系投融资体制建设中发挥积极作用提供了重要的理论基础。所以，本书一方面将借力农业基础理论，深入研究政府在新型农业经营主体投融资体制建设中如何发挥积极作用，以构建与现代农业相适应的农业投融资体制；另一方面，始终把握农业基础地位不动摇的思想，探索在家庭联产承包责任制度框架基础上如何借助现代农业投融资体制以培育新型农业经营体系，进一步夯实国民经济发展的基础。

2.1.2 农业发展阶段理论

农业发展阶段理论是围绕原始农业、传统农业和现代农业三个不同的农业发展阶段而扩展形成的理论研究成果，揭示的是不同阶段的农业生产条件、技术进步、发展目标和农产品市场需求的变化特征，是对农业产业结构演进和农业发展关系的思考和拓展。原始农业是一种刀耕火种的农业，是依靠简单的劳动工具和经验主义从事的自给自足的生存性农业生产活动；传统农业是一种完全由原始农业沿袭下来的以家庭为生产经营单位的农业，是依靠经验主义、劳动力和简单的农业技术从事的小规模农业生产活动，仍属于粗放型、低效型的农业。而现代农业则是主要依靠现代农业经营组织，广泛采用先进的生产要素、现代农业科学技术、机械化生产工具及现代科学管理方法而从事的集约化、规模化、社会化农业生产活动，是与较高生产力水平相对应的农业经济状态，是融合了传统农业所具备的准公共品属性和衍生出的多功能性、市场性、社会性等特征的复杂农业体系。除了对农业的阶段类型进行规律性、内涵性的研究外，传统农业如何转向现代农业也是农业发展阶段理论研究的重点内容。学者提出了农业现代化的概念，即农业现代化是农业生产手段、农业生产技术和农业生产管理的现代化过程，并认为通过培育新型农业经营主体，改革传统农户小规模经营方式，在企业组织经营模式上实现专业化、组织化、集约化、社会化经营，以此大幅提高农业劳动生产率，可以加快传统农业逐渐向现代农业转换的步伐。目前，我国正处于传统农业向现代农业转型发展阶段，该阶段发展的基本特征是现代农业经营主体的培育与现代农业发展进程相伴随，这一过程也是农业现代化过程。因而，农业现代化过程的产出结果，既包括新型农业经营主体培育的数量和质量，也包括通过新型农业经营主体发展生产经营实现的农业产出数量和产出价值。我国现阶段的种养大户、家庭农场、农民专业合作社、农业产业化龙头企业等新型农业经营主体，正是我国农业现代化进程的一种必然产物。

学术界对农业发展阶段的研究，主要以舒尔茨（1987）、Mellor（1966）和Weitz（1971）、速水佑次郎和拉坦（2000）等为代表。舒尔茨（1987）认为，以农户家庭为生产单位的传统农业是一种不能实现经济迅速稳定增长的生产方式，但是发展中国家的经济增长在很大程度上又依赖于农业的稳定发展和迅速增长。因此，要推进发展中国家经济的稳定增长，需要夯实农业发展的根基，把传统农业转变为现代农业，即只有实现农业现代化，才能改变经济发展不稳定的状态。之后，Mellor（1966）和 Weitz（1971）都曾分别将农业发展划分为不同的阶段展开研究。相比舒尔茨看重农业经营组织形式在农业发展中的积极作用，Mellor（1966）则更加注重技术在农业发展中的比较优势，并把农业划分为以下三个阶段：以技术停滞、生产增长依靠增加传统投入为特征的传统农业阶段；以技术的持续发展和运用、最优资本投入为特征的低资本技术农业阶段；以技术的迅速发展和集约资本使用为特征的高资本技术农业阶段。Weitz（1971）同样将农业发展划分为三个阶段：以自给自足为特征的生存农业阶段、以多种经营和增加收入为特征的混合农业阶段和以专业化生产为特征的商品农业阶段。随后，速水佑次郎和拉坦（2000）围绕日本农业的发展脉络，重新将农业发展历程划分为两个阶段：一是主要通过政策手段提高农产品质量和稳定农产品价格，从而形成的以增加生产和市场粮食供给为特征的农业发展阶段；二是通过调整和优化农业结构来促进农业发展，从而形成的以集中力量解决农村贫困为特征的发展阶段。

　　根据对农业发展阶段理论内涵的深入理解，可以判断我国目前的农业发展进程已经步入了由传统农业向现代农业的过渡阶段，尽管传统农业和现代农业依然并存，但是农业现代化的特征逐渐凸显。我国农业资本积累和投入已经达到了一定规模，高资本技术农业和商品农业的发展逐步成熟，由新型农业经营主体所主导的农业生产活动在农业发展中的地位逐步提高，农业从小规模家庭分散化经营逐渐向专业化、组织化、集约化、社会化转型升级，随着农村剩余劳动力向城市和工业领域的大量转移及农业机械化的推广使用，农业劳动生产率得到了大幅提高。平原地区等农业主产区广泛使用现代工业成果和科技、资本等先进生产要素，积极发展资本技术型农业；丘陵山区等农业产销平衡区的生态农业、旅游观光农业、有机农业、休闲农业等现代混合型农业发展势头强劲。总体说来，我国现阶段的农业尚处于混合农业阶段。并且，我国农业的发展表现出各地区良莠不齐的特征。华北和东北地区农业专业化、组织化、集约化、社会化发展水平较高；西北地区因自然资源尤其是干旱少雨的限制，现代农业发展举步维艰，传统农业仍占主导地位；西南山区仍处于现代农业发展方向的探索和试点阶段，运行机制市场化、经营形式产业化、农业产品标准化的现代农业发展模式仍需进一步突破。

　　农业现代化建设不仅是一个复杂的系统工程，而且是一个漫长且艰巨的历史性任务，需要利用农业发展阶段理论提供明确的理论指导。并且，自党的十七届三中全会提出走中国特色农业现代化之路以来，农业现代化建设逐渐在全国各地如火如荼地展开。而农业现代化建设的核心是构建与现代农业发展要求相适应的新型农业经营体系，包括现代农业经营主体体系、社会化服务体系、现代农业商品体系、现代农产品市场体系和现代农业监管体系，其中新型农业经营主体是新型农业经营体系构建的支柱。要培育新型农业经营主体，构建新型农业经营体系，就需要建立与之相适应的现代农业投融资体制，为新型农业经营体系构建提供良好的投融资体制与政策环境。

2.1.3　农业多功能理论

现代农业多功能理论源自日本"稻米文化"。在20世纪80年代末期，为了保护和传承其"稻米文化"，日本率先提出了农业多功能性问题，之后在全世界范围内引起了广泛关注，被认为是未来农业发展的趋势和方向。农业多功能性的理论内涵基于农业发展阶段理论对于农业不同阶段进行界定，多功能性是现代农业区分传统农业的基本特征之一。现代农业多功能性是指现代农业除了拥有传统农业所具备的食品保障和原料供给功能外，还兼具生活休闲功能、旅游度假功能、生态维护功能、文化传承功能、就业增收功能等多重目标和任务，是现代农业进一步发展的必然方向，因此应广泛运用现代科学技术和现代管理模式激发农业的多功能性，以促进现代农业复合化发展。

20世纪80年代，部分文献开始展开了多功能农业的研究，并且一些政策文件中也出现了关于多功能农业的思想，1988年欧洲共同体在其出版物《乡村社会的未来》中强调农业可以在地域经济的发展、环境管理和农村社会生存等领域做出诸多贡献。1992年在里约热内卢召开的联合国环境与发展大会通过了《21世纪议程》，第14条首次指出农业的"多功能"特征应该纳入农业政策考虑范畴。1993年的欧洲理事会首次在农业法律的文件中引用"多功能农业"这个概念。在1999年，联合国粮食及农业组织更是将农业多功能性的四个基本特征定义为食品安全、环境外部性、经济功能、社会功能。农业多功能理念传入我国以后，也引起了诸多农业经济学者的关注，对农业多功能问题的思考和见解与日俱增。根据我国农业发展的实际情况，国内学者对农业多功能性的研究方向主要集中于以下几个方面：一是对农业多功能性的理论认识，学者通过研究多功能农业的内涵、结构、分析框架，以丰富多功能理论为基础，尝试构建中国农业理论框架，并认为农业政策需要兼顾农业的经济、社会及生态功能；二是农业多功能的特征分析，部分学者从经济学角度揭示了农业多功能性问题的复杂内涵和实质，并指出农业的多功能具有外部性和公共产品的特性，对社会有较强的溢出效应，强调政府应该进行适度的干预，使农业的外部性内部化，重点是需要促进可持续农业技术的研发和推广；三是农业多功能价值评价，多维评价模型、费用法、替代法、收入法等方法被应用到对农业各功能的测度中,以此测算出地区多功能农业的经济价值。

近20年来,涉及农业多功能理论的多功能农业、多功能土地利用、多功能乡村转型等研究在西方逐渐兴起,农业多功能理论已发展成为指导农业农村转型发展实践的新范式。目前,我国的多功能现代农业如雨后春笋般蓬勃发展,部分地区已经摆脱弱势低效农业,正在向强势高效集约型农业转化,挖掘农业的多功能性已成为我国各地发展现代农业试点的探索方向和主要目标。通过课题组的实地调研,我们发现集人文功能、生态功能、经济功能、社会功能于一体的多功能农业是当前现代农业的表现形式之一,尤其是在农业自然资源薄弱的地方,生态农业、有机农业、旅游农业、能源农业、文化农业、都市农业、体验农业等都是农业现代化建设过程中所主要探索和发展的方向。而上述现代农业经营的模式也正是新型农业经营体系的主要经营形式。所以,也可以认为新型农业经营体系的发展状况及成熟程度决定了现代农业的发展速度和进程。此外,根据农业多功能理论的指导,中国农业农村发展的多元目标依然离不开政府政策的有力支撑,除技术进步以外,投融资体制构建和财政金融等政策的支持是解决多功能农业外部性问题内部化的有效途径。因此,只有建立财政金融服务创新与新型农业经营体系构建的协同机制,优化新型农业经营体系构建的投融资体制与政策环境,才能确保新型农业经营主体选择农业多功能发展的准确路径及有效对策,从而更好地解决中国农业现代化发展中的经济、社会和环境问题。

2.1.4 农业发展理论述评

综观既有文献,指导农业发展的理论众多,涉及范围广泛,研究成果层出不穷。农业一直以来得到各国理论界和决策层的高度重视,主要原因在于农业基础理论中对于农业是国民经济基础地位的界定,可以说农业基础理论是农业发展理论大厦的根基。而农业发展阶段理论是在农业基础理论的核心思想的指导下,将农业发展进程划分为持续生存农业、混合农业及现代化商品农业三个阶段。其中对现代农业内涵和外延的剖析,有助于我们更全面、更系统地认识现代农业,更科学地指导农业现代化建设。随着对发展现代农业研究的逐步深入,农业多功能理论应运而生,该理论强调的是现代农业相较传统农业而言所具备的特有的多功能性特征,认为农业的发展目标是多重的,并非只是传统农业中单一的粮食保障目标;对农业的发展定位方面,该理论认为在为社会提供粮食和生产资料基本职能的基础上,还应该不断开发出更丰富、更有层次的经济、文化、环境、社会等延伸功能,推进农业产业链向第二产业、第三产业延伸,实现多功能农业价值链,进而有益于农业现代化建设和巩固农业基础地位。上述农业发展相关理论,不仅对于推进农业现代化、农业增产、农民增收方面有不可或缺的指导意义，而且对统筹城乡协调发展，促进社会主义新农村建设、发展繁荣农村经济和构建和谐社会等目标具有重大作用。

借鉴农业基础理论的指导思想，要始终把握农业是国民经济的基础这个核心理念，同时基于农业产业具有准公共品属性的基本要求，新型农业经营体系构建离不开财政金融服务的支持，只有做到财政金融服务创新与新型农业经营体系构建协同，才能进一步维护和巩固农业的基础地位。同时，根据农业发展阶段理论的判断，我国农业正处于由传统农业向现代农业转变的重要历史阶段，理论中对现代农业的定位又决定了财政金融服务创新和新型农业经营体系构建的落脚点，现代化商品农业阶段的发展任务既是财政金融服务的目标，也是新型农业经营体系的产业经营方向，更是新型农业经营体系构建要达到的目标。而多功能农业是现代农业的重要发展方向，农业多功能理论认为现代农业的发展目标不是单一而是多重的，不仅要发挥农业基本的经济、保障功能，还要挖掘生态保护、观光休闲、文化传承等多重功能和发展任务，这为我们构建新型农业经营体系拓宽了视野，也使得财政金融支农服务创新发生了方向性变化。总之，农业发展理论对于财政金融服务创新与新型农业经营体系构建的协同机制具有较强的现实指导意义。

2.2 农业支持保护理论

农业支持保护理论基于农业发展理论的相关论点，以发展现代农业、强化农业的国民经济基础地位为核心，侧重研究政府职能中的行政手段、经济手段及财政手段调控农业而逐步形成理论体系。从经济学史的角度来看，农业基础理论的形成为农业支持保护理论提供了理论基础，同时财政学和金融学的分支，不仅导致农业支持保护理论逐步演化成农业财政支持理论和农业金融支持理论两个独立的理论体系，而且以此为基础，逐步形成了农业支持保护的国际规则。

2.2.1 农业财政支持理论

农业财政支持理论结合了国家理论、公共政策理论、经济增长理论、财政支出理论等相关内容，旨在通过对农村公共基础设施提供财政支持，积极调整农业产业结构，在保持农村生态环境的同时发展现代农业。财政支持农业发展作为政府对农业进行宏观调控的核心措施，一直是经济理论界支农研究的重要问题，包括财政支持现代农业的主要任务、支出结构优化、资金整合、农村金融体系重构、农业补贴、生态环境补偿、绩效评价、支撑条件及财政支持现代农业的长效机制等热点问题。

20世纪30年代，国外学者开始意识到财政支农政策对农业发展的重要意义，并逐渐将其作为核心内容展开研究。1933年，美国颁布的《农业调整法案》（The Agricultural Adjustment Act）是财政支农政策最早的研究成果，该法明确了农业政策的主要目标是保证农民收入，但并没有将财政支农政策作为一个专门的研究范畴。1958年欧洲经济共同体成立，为保护成员的农业发展，研制了"共同农业政策"，此后经济学家从不同的角度对财政支农政策进行了研究。美国经济学家舒尔茨在《经济增长与农业》中肯定了政府财政在农业发展中的有效作用，认为政府决策理应充分重视农业，且还认为农业同工业一样对社会的经济发展有巨大贡献，因此给予农业科技和基础设施等公共领域投资是非常有必要的。《OECD非成员国支持水平测定》一文，通过对七个西方国家生产者和消费者的支持等值进行测算，得出了转型中的农业投入水平。Diakosavvas（2002）使用美国、欧盟和日本的数据，对财政投入的实际效果进行实证分析。

由于经济体制等方面的原因，国内在改革开放之后才逐渐展开了关于财政与农业发展的关系研究，诸多学者在强调农业基础地位的同时，也开始关注财政投资与农业发展的关系。在2001年我国加入WTO以前，李晓明（1995）、朱希刚和冯海发（1996）、张忠法和李文（1996）等均对我国农业的财政支持和保护的必要性进行了一系列研究，并提出我国财政对农业进行保护的迫切性及有关农业保护的政策建议，认为当时我国财政农业投入方面存在投入量不足、投入结构不合理、投入体制不完善等问题。加入WTO后，对于我国农业财政支持政策的探讨发生了重大转变，诸多学者纷纷围绕WTO的框架，深入剖析WTO规则下农业补贴政策转变后的优势和局限性，总结比较其他国家的财政支农政策，分析出有益于我国现代农业发展的财政支持理论，从而达成对社会主义市场经济下财政支农必要性的共识，并认识到借力WTO规则来提高财政支农能效，对我国农业宏观调控目标的实现有重要作用。

农业财政支持理论认为，在农业发展过程中，财政资金的投入是必不可少的，而农业又是社会效益较大的产业，在市场经济竞争中处于不利地位，难以吸引城市资本的投入，难以推动农业的发展，因此公共财政资金的进入就是农业发展的重要资本来源。基于此理论观点，本书研究认为，在我国社会主义新农村建设和现代农业转型发展时期，在推动以新型农业经营体系为主导的农业现代化建设中，农业财政资金的投入必不可少，其关键是如何安排新型农业经营体系的财政资金投资和补贴机制，怎样吸引社会资金和金融资金投入现代农业，如何提高财政支农效率来促进新型农业经营体系高质量的发育。要解决好这些问题，重点是把握好政府在现代农业发展中的投资、引导、管理和监督角色，规划好涉及农业教育、科研、基础设施等各个层面的财政资金投入框架，从而依靠政府财政力量引导农业生产要素按现代农业经营体制机制重组，加快新型农业经营体系的构建，促进传统农业向现代农业转型升级。因此，强调以财政投资、财政补贴、财政调控为手段支持农业发展的农业财政支持理论，必将对我国新型农业经营体系的构建和新型农业经营主体培育的投融资体制与政策环境优化研究提供重要的指导作用。

2.2.2 农业金融支持理论

农业金融支持理论从农业财政支持理论体系中剥离出来，区别于农业财政支持理论高度依赖政府的财政职能支持农业，支农资金来源于政府财政税收，农业金融支持理论侧重于运用金融的手段支持农业，支农资金来源强调财政资金和市场资金的有效结合。西方经济学家围绕农业金融支持的理论问题进行了广泛而深入的探讨，先后出现了农业信贷补贴理论、农村金融市场理论和农业金融不完全竞争市场理论三种理论。

20 世纪 80 年代以前，农业信贷补贴理论一直是在农业金融支持理论中占主流地位的传统学说。该理论认为，从农村外部注入政策性资金，对促进农业生产发展和缓解农村贫困问题十分必要。此外，该理论还提出应该建立非营利性的政策性金融机构来对农业进行专门的资金配置。此后，发展中国家根据这一理论观点广泛实行了金融支农政策，并成立了农业政策性金融机构，扩大了向农村部门和农业产业的投融资。尽管这种金融支农政策在短期内促进了农业生产的发展和粮食产量的增长，但由于后期农业经营主体过分依赖外部政策性资金，使得农业信贷资金回收率较低，金融机构更加偏好向中上层优质客户融资等问题不断滋生，造成农业融资日益困难，许多国家又陷入了严重的农业发展困境。其后的研究认为，该理论尽管支持一种信贷供给先行的农业金融发展战略，但事实上对促进农业发展、消除贫困贡献最大的应该是依靠市场建立可持续发展、可内生循环的金融支农机制，而农业信贷补贴政策会逐渐损害农村金融市场的常规机制，最终导致农业信贷补贴政策代价高昂，且收效甚微。

故 20 世纪 80 年代以后，农村金融市场理论逐渐取代了农业信贷补贴理论。该理论更加强调市场机制在农业金融支持中的重要性，极力反对政策性农业金融对市场的扭曲，特别强调利率市场化，认为市场机制主导的利率自由化能够补偿农业金融中介机构的经营成本。该理论的主要政策主张有：第一，农村金融机构的主要职能是承担农村内部资金的金融中介、借贷中介；第二，农业农村资金融资利率必须由市场机制决定；第三，为突出社会效益而实行的专项目标贷款制度是没必要的；第四，非正规金融具有一定的合理性。该理论在部分市场经济成熟的发达国家一直占据主流地位，但是由于该理论完全仰赖市场机制，极力排斥政府对农业金融市场的干预和控制，对市场经济欠发达的发展中国家来说，通过利率自由化使小农户在农村金融市场中充分地获得贷款仍是一个现实难题。因此，在这些国家采用适当的体制结构来管理农业信贷计划，建立有政府适度干预的农业投融资体制机制仍然是有效率的。

于是，20世纪90年代后，Stiglitz（1991）提出了农业金融不完全竞争市场理论。该理论致力于建立一个有效性和完整性的农村金融市场，其不仅没有忽视市场机制的重要性，同时认识到了要想培育出一个农业发展和农村社会所需要并适合的融资市场不能完全依靠市场机制，政府在弥补农业和农村金融市场的缺陷中起着不可或缺的作用，但是也必须认识到政府的作用不是代替市场机制，而是补充市场调节的不足。农业金融不完全竞争市场理论的主要政策主张有：第一，实现低通货膨胀率等宏观经济目标的前提条件是金融市场稳定发展；第二，在农村金融市场发育到一定程度之前，应当注意将存贷款利率保持在合理的范围内；第三，在不损害银行可持续发展的最基本利润的范围内，农业政策性金融有其合理性；第四，政府应该支持并利用借款人联保小组及组织借款人互助合作形式，以规避农业金融风险；第五，有效利用担保融资、使用权担保及互助储金会等办法，改善农业农村融资中的信息不对称问题；第六，制定一些特殊的农业保护政策，促进金融机构在支持农业中持续健康发展；第七，依靠政府行政力量的适当介入和引导，解决非正规金融的低效率问题。

我国作为发展中国家，农业金融市场不成熟的现实背景，决定了我国必须借鉴和依靠农业金融不完全竞争市场理论来指导现代农业投融资体制的构建与政策环境的优化。近年来，在农业金融不完全竞争市场理论思想精髓的指导下，我国农村和农业的各类金融支持政策实施及推广力度不断增强，新农村建设和农业现代化进程明显提速，尤其是依靠政府政策扶持起来的涉农股份制银行、涉农政策性担保公司、涉农小贷公司等自负盈亏的涉农金融机构在缓解农村资金供给矛盾、农业农村融资困境方面发挥了积极作用。在此基础上，随着当前新型农业经营主体的加快培育和现代农业经营方式的加快发展，农业农村金融需求特点发生了根本性的变化，由原来的农户小额、零星、短期、偶发性、品种单一的金融需求向新型农业经营主体大额、经常、中长期、品种丰富的金融需求特征转变，有效金融需求量得到快速增长。况且，随着新型农业经营主体的加快培育，新型农业经营主体必将成为未来我国农村最有活力和最有发展潜力的储蓄者及主要的借款人。因此，如何根据农业金融需求变化特征，建立起新型农业经营主体的投融资体制机制，是目前亟须深入研究的现实难题。根据农业金融不完全竞争市场理论的观点，政府有必要转变金融支持模式，帮助涉农金融机构明确融资服务对象，创新农村抵押信贷品种、合作信贷模式及循环贷款模式等金融产品，引导农业金融市场机制发挥积极作用，以确保涉农金融机构的独立经营和财务可持续。所以，农业金融不完全竞争市场理论对于创新现代农业金融服务模式、构建有效的新型农业经营体系投融资体制提供了重要的理论借鉴，对于正确处理政府、涉农金融机构、新型农业经营主体的金融服务关系具有重要的指导意义。

2.2.3 农业支持保护理论评述

现代农业发展是一个兼顾效率和公平目标的系统性工程，单靠政府财政不仅不利于农业资源配置效率的提高，反而会加剧农业资源误配置现象。只有运用市场机制和政府力量的共同参与，才能有效规避单纯依靠政府或市场机制带来的农业资源低效配置和市场失灵的风险。将农业财政和金融服务手段相结合，建立与农业现代化相适应的投融资体制，依靠政府与市场机制同步解决农业投融资难题，是构建新型农业经营体系的必然选择。一方面在农业财政支持理论的指导下，依靠财政投入能够改善新型农业经营主体在市场竞争中的不利地位，降低农业投资成本和经营风险；另一方面，在农业金融支持理论的指导下，凭借金融资本能够激发新型农业经营体系的造血功能，确保新型农业经营主体和涉农金融机构在市场化的农业经营体系中实现激励相容，进而推动现代农业金融市场快速发展。在实际操作中，财政和金融服务缺一不可、相互交错，是政府支持和保护农业发展的两个主要手段，因而加强财政金融服务创新和政策完善，直接关系到新型农业经营体系的构建及农业现代化发展的整体进程。

2.3 功能财政与金融理论

市场经济条件下资源配置的核心是要处理好政府与市场的关系。早在1776年，亚当·斯密在《国富论》中就提到市场犹如"看不见的手"，支配着每个人，应自觉地按照市场规律行事，使资源达到优化配置。后来凯恩斯在《就业、利息和货币通论》中首次提到"看得见的手"，即政府干预能在市场失灵中起到调整运行轨道、及时纠正错误的作用。至今这两个观点仍是处理政府与市场关系的理论基石。而财政金融作为政府调控经济的重要工具,在后来的政府与市场关系理论发展中,功能财政与金融理论便应运而生,也为本书研究提供了重要的理论渊源。

2.3.1 功能财政理论

功能财政理论,又称"功能财政平衡论",最早是由美国经济学家 Lerner(1943)从宏观角度提出来。在该理论出现之前,财政思想主要分为两大流派。一种认为财政赤字和国家债务对经济社会总会带来负面影响。赤字政策造成通货膨胀,引致利率上升,挤出私人投资,而国家债务则给后代留下沉重的负担。另一种观点认为,在具体的经济形势(如经济衰退)下,增加赤字和国家债务是合理的,财政平衡应着眼于经济周期而不应是财政年度。虽然赤字给后代增加了负担,但赤字政策所形成的各种资产(如基础设施)对经济的长期增长也是有益的。

作为当时的非主流观点,Lerner 的功能财政论则认为,财政应抛弃收支约束教条而关注充分就业、价格稳定的政策效果。税收和政府债券纯粹是宏观调控工具,而不是财政融资的必要手段。这种观点极大地影响了"后凯恩斯经济学"的发展,提出了新功能财政论,即政府财政政策的主旨应是关注"功能""效果",政府的支出和税收、债务借偿、货币发行与回笼都应该着眼于经济调控效果(刘涤源,1997)。

具体来讲,对于政府债券、税收、货币及充分就业,Lerner 提出了不同的观点。首先,政府借债仅仅是为了让公众少持有货币而多持有债券。若不这样操作,利率就会降到很低的水平并引致过度投资,从而带来通货膨胀。反之,政府借出货币也仅仅是因为需要增加货币供应或减少公众手中持有的政府债券。这表明,政府向公众发行国债在一定程度上是一种货币政策,即为了实现一个可获得最佳投资量的利率水平。后来的新功能财政论还补充论证了政府发行债券的真实政策含义,就是让公众持有一种货币的替代性资产,以减少银行体系的准备金存量,将同业拆借利率稳定在一个目标水平上。赤字政策不仅不会产生"挤出效应",还会因"准备金效应"使利率下降,对投资产生"挤入效应"。其次,从税收与货币来看,货币的可接受性是货币成为货币的基本条件,而国家的税收创立了能够让货币被广泛接受的特殊制度。因为如果国家强制要求以某种货币缴税,那么纳税人就需要通过各种经济活动获得这种货币,这就使得对该货币的需求变得十分普遍。税收的目的是为了持续地创造货币需求和调节各种支出。Lerner 对货币的独特解读也极大地启发了后凯恩斯经济学派学者。他们提出对现代货币本质的新认识,即现代货币是一种记账单位,是一种体现债权债务关系(而非交易媒介)的特殊制度安排,因而货币就相当于借据。最后,从充分就业来看,财政支出可以促进充分就业，经济社会可以从充分就业中获得多方面的收益，包括提高经济效率、使个体获得经济安全、弱化种族和其他各种歧视、实现社会稳定等。

在中国，围绕"财政职能"研究的文献甚多，而明确以"财政功能"为主题研究的则甚少，即使有也主要集中在微观财政功能上。具有代表性的如杨灿明（2006）认为，财政职能就是资金保障功能，财政客观固有的功能就是保障政府的资金需要，不管历史朝代如何更迭，社会性质如何演变，这一职能从来不会变化，变化的只是表现形式和作用领域，同时财政职能是高度抽象的，不应具体罗列"财政干什么"的事务细节和"财政怎样干"的具体方式，因而财政职能的概念具有相对稳定性。李炜光（2007）对该观点提出了质疑，认为财政职能"本不存在"，只是政府职能的一部分。所有法律确定的政府活动，包括政府的功能、职责、任务，本质上都是政府的"财政职能"，不能脱离政府自身承载的职责和任务，去寻找只属于自己的"职能"。至于财政功能是否具有一般性，李炜光认为，财政功能观都是建立在特定的历史时期基础之上的，具有特殊性和鲜明的时代特征。财政的功能永远随着政府或时代的改变而变化。李森（2007）提出了职能含义包含职责和功能两层意思的观点。认为财政职责是指财政"应该干什么"，强调财政的行为方向；财政功能是指财政"能够干什么"，强调行为能力。财政职能就是对"财政到底是干什么的"问题的概括回答。因而，理论界提出的功能观或者职责观都是对财政职能的不同层次进行的考察。研究财政职能问题，不能单纯地只分析财政功能或财政职责，而是既分析财政功能，明确财政能干什么，又分析财政职责，明确财政应该干什么，实现职责与功能的统一，使抽象的财政功能获取具体的职责实现形式。

联系到财政服务与新型农业经营体系的构建协同关系，功能财政理论无疑具有重要的启示。例如，财政在新型农业经营体系构建中应发挥什么样的作用、如何发挥作用、发挥作用的"度"如何把握、如何在财政支持新型农业经营体系构建中处理好政府与市场的关系等完全可以从功能财政理论中吸取理论营养加以研究。

2.3.2　功能金融理论

金融功能观的基本理论最早由 Merton 和 Bodie（1993）提出，开拓了从功能主义研究金融体系的先河。他对"金融功能"的诠释有两重含义：一是强调金融服务实体经济的功能；二是针对特定类型的实体经济产业和发展目标提供相应的金融功能。据此，金融功能观提出了两个理论观点。一是金融功能比金融机构更加稳定，更少受人的主观意志影响，更适于长期观察与整体把握。从某种意义上讲，是一个相对稳定的量或一种状态，是自动剔除一切可计量的与不可计量的、已知的与未知的影响因素以后的"净剩余"，是研究金融与经济相互关系的主轴，是金融发展的直接结果和观测器。因为即使金融机构的组织形态发生了翻天覆地的变化，其发挥的基本金融功能如提供便利的支付清算、聚集分配金融资源、分散风险等也不会发生显著变化。二是金融机构的功能比金融机构的组织结构更重要，因为经济效果直接归结于功能而非"载体"。所以，功能金融观认为，金融发展的首要步骤应是确定金融体系应具备哪些功能，然后据此设计相应的机构"承载体"，继而实现金融资源优化配置，遵从的是"外部环境—功能—机构"的整体框架。

金融体系到底具有哪些功能，学界存在许多不同的观点。Levine（1997）认为，金融体系有促进风险改善、信息获取与资源配置、监控经理与加强企业控制、动员储蓄、促进交易等功能。白钦先（1989，2003）也曾指出，金融功能主要包括资源配置、资金媒介、资产避险、产业结构调整、引导消费等，这些功能具有层次性、客观性和稳定性。Allen 等（2001）认为，金融体系的功能主要是风险分散、信息提供、企业监控等。孙立坚等（2004）认为，金融体系有投融资服务、流动性供给、风险分散、价格发现、信息传递和公司治理六大基本功能。虽然学者表述的金融功能大不相同，但只是认识角度与层次深浅的差别，实质内容却是基本一致的：即服务、中介和资源配置。金融体系通过资源配置功能，建立起整个经济中资金赤字者与资金盈余者之间的联系，调剂整个社会资金余缺，以达到对资金进而对实际经济资源的更有效利用，提高整个社会福利水平。另外，经济调节、风险规避、风险交易、信息传递、公司治理、引导消费、区域协调、财富再分配等则是金融资源配置的衍生功能。

而不同金融机构的金融功能的诠释和发挥也各有差异。例如，商业银行通过控制存贷款现金流量，可有效控制市场流通货币的数量；又如，日益发展的期货、期权及股票市场，无不体现了人们对风险管理和风险规避的关注。总之，通过对功能性金融的研究，可以更为深刻地理解和把握金融发展过程，并把金融功能观拓展到动态领域。

总体来说，功能金融理论是从外部环境的角度来阐释金融与经济增长的耦合关系，看重的是金融功能体系的稳健性而非金融机构的变动性。基于此，我们不难发现，在新型农业经营体系构建中，除了发挥好金融机构提供的有限金融资源以外，优化金融功能环境也显得尤为重要。应积极挖掘既有金融机构的金融功能，开发丰富多样的金融产品和服务，以满足新型农业经营体系日益多样化的金融需求。

2.3.3 功能财政与金融理论评述

从传统的观点来看，不管是政府还是金融机构行为，都更多地将目光放在机构属性本身，而忽略了其功能因素。提出功能财政与金融理论就是要将人们的视野引导到行为背后的"功效"中去。功能财政理论的提出，旨在重新认识财政赤字、现代货币与财政功能的本质。过去中西方财政功能的演变发展过程共同揭示了一个必然规律：任何财政理论及财政功能的提出和其逐渐占据"主流"地位的发展，都是当时社会、经济、政治及意识形态等共同决定的一种"时代需要"，并随着时代的变迁而发展变化。对具有显著正外部性、高风险性的农业发展而言，不仅需要更多的政府扶持和关注，而且需要发挥稳定的财政投资、激励、导向和风险管理等功能，以促进农业现代化发展。

而在浩瀚的金融理论中，传统的机构性金融理论认为，现存的金融市场活动主体及金融组织是既定的，并有与之相配套的金融法规来规范各种组织的运行，现有的金融机构和监管部门都力图维持原有组织机构的稳定性。有关金融问题如商业银行不良资产和资本市场系统风险等，都应在这种既定的框架下解决，即使牺牲效率也是值得的。这些观点的缺陷是，当经营环境发生变化及金融技术发生革新时，银行、保险及证券等机构也在迅速变化和发展，由于其相关法律规制的修订滞后于其变化，金融机构运行将会变得无效率。而功能金融理论则避免了类似的缺陷，因为金融机构会随着时间、空间的转移和基础技术的更新换代，表现出不同的组织形式和运行方式。由于金融体系的功能具有相对稳定性，根据金融功能发挥程度来对其稳定性和效率性进行研究将更加具有前瞻性。从目前我国的实际情况来看，要促进新型农业经营体系构建的金融服务创新，不是依靠新设金融机构，而是要增强原有金融组织体系的金融功能，通过功能发挥诱导金融创新行为，以支持新型农业经营体系的构建。可见，与机构性金融理论相比，功能金融理论对本书研究会更加具有指导意义。

2.4 社会分工与交易成本理论

伴随着商品经济的发展和技术进步的演变，社会化、市场化、国际化的分工可以大幅度提高劳动生产率，但也产生了外部交易成本。由此，交易成本的概念在社会分工的发展中应运而生。学者以亚当·斯密的《国富论》中的分工思想为最初社会分工理论的雏形，于18世纪末期提出交易成本概念，并在市场经济的发展中不断批判、改进形成逐步完善的理论体系。社会分工和交易成本理论所讨论的经济运行机制为人类社会的进步提供了至关重要的安全保障和稳定平衡的运行机制，进一步推进了商品经济和市场经济的发展，也对农业现代化发展和新型农业经营体系构建产生了深远的理论影响。本节将就这两个理论分别展开阐述与研究。

2.4.1 社会分工理论

分工意味着专业化生产经营，分工作为人类生产活动的基本特征，是人类社会中具有普遍性的历史现象。分工不仅属于生产力，是促进生产力不可或缺的因素；也属于生产关系，是生产关系的重要组成部分。从广义来看，社会分工就是超越某个经济单位而产生的社会范围性的生产分工，最大范围的分工为国家或地区范围间的分工即国际分工，然后是国家内部的分工。在国家内部经济分工中，一般将社会再生产分为农业、工业、服务业等部门的一般社会分工及把这些大的部门再细分为重工业、轻工业、养殖业、畜牧业等产业或行业领域的内部分工。从狭义来看，社会分工可以细化到产品内各生产工序或各零部件的生产，这种分工既可以在国内发生，也可以在国际展开。例如，飞机制造的产业链分工就是在国际格局下展开的，是社会生产力发展的需要，分工能够提高劳动生产率，在一定程度上能促进生产力快速发展。在经济发展和信息化技术的双重推进下，不管是产业内分工还是企业内部分工都越来越细化，分工的社会化、市场化、国际化成为一种必然趋势。

分工理论的发展经历了漫长的过程，成为经济学理论研究的重要组成部分。早在古希腊时期，柏拉图和色诺芬就提出了分工的思想。但是，初见分工理论雏形的还是亚当·斯密的《国富论》，《国富论》的核心内容就是分工可以提高劳动生产率。亚当·斯密认为整个国民经济的发展和人民生活水平的逐步提高，关键在于提高劳动生产率。而提高劳动生产率除了依靠科技的进步与创新，更重要的是依赖社会分工。基于绝对生产成本优势基础上的社会分工可以大幅度提高劳动生产率。作为提高劳动生产率的决定性因素，他还从分工的角度出发提出了相互制约的平衡性理论。后来的李嘉图、穆勒、马歇尔在此基础上又发展了分工理论。李嘉图认为，社会分工不仅仅是建立在绝对成本优势基础上，还建立在相对比较优势基础之上，从而使比较优势理论成为分工理论的核心内容。

马克思在亚当·斯密的影响下，通过对分工理论的批判性认识，深刻剖析了资本主义社会的各种弊病，形成了独特的社会分工理论。在《资本论》第3卷中，马克思（2004）指出："生产力的这种发展，归根到底总是来源于发挥着作用的劳动的社会性质，来源于社会内部的分工，来源于智力劳动特别是自然科学的发展。在这里，资本家利用的，是整个社会分工制度的优点。"马克思研究社会分工问题是以人的全面发展为最终价值取向和理论归属的，将分工问题与社会历史问题联系起来研究，为唯物史观的创立和社会分工理论的变革提供了方向，这一理论为分析我国社会现实情况奠定了重要的方法论基础。

社会分工理论是我国社会主义市场经济理论的一般理论基础，随着改革实践的不断推进，马克思的社会分工理论对分析我国的诸多现实问题提供了理论指导，主要涉及以下三个方面。第一，社会分工与商品经济的关系。党的十一届三中全会以后，我国逐渐推进以"放权让利"激活微观经济主体活力为核心的社会经济体制改革，旨在通过加快社会分工发展商品经济，建立社会主义市场经济体制，促进社会生产力和经济的快速发展。在此背景下，被称为"社会分工派"的经济学家坚持认为，社会分工是商品经济的理论基础，应该在社会主义市场经济中大力发展社会分工。第二，科技发展对社会分工具有重要影响。随着新技术革命的兴起和社会分工的巨大变化，根据马克思的思想精髓，生产力的快速发展会使现代社会的分工越来越细化，专业化的程度也会随之增高，科技的发展会倒逼个体技能不断提升。第三，社会分工促进了我国社会结构的变化。杨魁森（1987）、高中华和徐岩（2006）等指出，正确理解马克思的社会分工理论，对于理解我国现行的所有制结构和社会结构具有重要意义，并认为所有制结构的多样化就是分工的多样化。

按照社会分工的理论内容，生产力和生产关系是社会分工的双重内涵，以社会分工为中介规定着社会生产关系，也可以说是多种多样的分工体系形成的产业和地域结构，反映了各产业和各地域生产者之间的社会经济关系状况。因此，马克思关于社会分工理论的观点对于我国目前新型农业经营体系的构建同样具有很强的现实指导意义。新型农业经营体系构建只有放在社会分工体系基础上，才能促进现代农业产业链的培育和发展。各地在培育新型农业经营主体过程中，需要借助政府力量从外部调整新型农业经营主体之间的社会经济关系，促进农业内部合理分工。例如，可以利用各地区农业资源禀赋优势来划分农业功能区，以调节国家农业发展的社会分工状况，土地资源较好的地区侧重基础型农业的发展，土地资源薄弱的地区重点发展有机生态型农业，城市边缘地区重点发展都市型农业，偏远地区重点发展特色效益农业和旅游农业。这样可以使农业地域经济结构得到有效调整，通过运用社会分工理论还可以引导政府和金融机构建立合理的分工支持新型农业经营主体培育的机制，加快新型农业经营体系构建的投融资体制创新，促进政府和涉农金融机构明确各自在支持农业发展中的工作重心，从而有助于加快新型农业经营体系的构建与健康发展。

2.4.2 交易成本理论

交易成本理论是将"交易成本"概念纳入经济分析中，改变了以往市场经济下的生产函数、供求曲线表达、各种交易中交易成本为零的假定，从而确定了交易成本对不同契约安排生成的制度影响，使经济学获得了对现实经济问题的新的解释力。企业的交易成本来源于专业分工现象的产生，在市场价格能动作用下的成本相对较高，而由于专业分工形成的企业机制，企业自身通过追逐经济效率而采取不同的组织形式，却能够节约交易成本。社会公共服务产生的交易成本是指公共部门或政府通过公私伙伴关系的方式提供公共服务所带来的各项成本，包括决策成本、代理成本及处理不确定的成本。

交易成本理论的奠基人罗纳德·科斯在其《企业的性质》一书中提出，企业之所以存在，就是为了节约交易成本，企业内外部交易成本之间的差额即是企业存在的边界。根据科斯的观点，市场运行同样是需要成本的，交易成本客观存在，必须将"交易成本"概念纳入经济决策中，交易成本由信息搜索成本、谈判成本、缔约成本与监督履约情况成本构成。威廉姆森在科斯的基础上发展和完善了交易成本理论，他认为交易费用就是经济系统运行所付出的代价和费用，任何交易都会产生交易成本，并且主要分为交易前、交易中及交易后的与交易相关的各种成本，其中最重要的是交易前成本，即由于未来的情况不确定，交易各方的权利、责任和义务都要在事前做好规划，然而这些过程在进行中就花费了很大的成本。随后，杨小凯创立了新兴古典经济学，对外生性交易费用和内生性交易费用进行了区分，并认为在交易过程中直接或者间接发生的是外生的交易费用，它是一种实际交易；内生的交易费用则包括了道德风险、逆向选择、机会主义等，它是一种更需要度量的损失可能性。

公共部门的交易成本，使得资源要素配置效率降低。所以，对交易成本的节省决定了整个社会的组织结构和组织行为所产生的变化。威廉姆森通过对市场失败的条件进行研究分析发现，一方面，人的有限理性及其机会主义影响了整个社会发展的效率；另一方面，对市场结构和环境的不确定性，使得交易谈判进行得特别复杂，社会成本也极大增加。在这些条件的综合作用下，市场机制在此便会失灵，当然社会中的个体资源就会被市场交易的这种特殊机制内部化，使得企业和公共部门的效率提高及交易费用减少，从而大大减少整个社会的交易成本。

诞生于20世纪前半期的交易成本理论，今天的影响力还在不断上升。交易成本理论对我国新型农业经营体系构建和现代农业投融资体制机制建设具有重要的指导意义。首先，从普通农户经营的传统农业向新型农业经营体系经营的现代农业转变，本质上也是要降低农业交易成本，提高农业供给数量、质量和效率。其次，在构建现代农业投融资体制机制中，也要破除土地、资本、劳动力向新型农业经营体系流转的制度障碍，降低投融资交易成本，促进先进农业生产要素重组，推进新型农业经营主体的培育和健康发展。从宏观层面来看，不同的农业经营制度决定了政府、涉农金融机构、农业经营主体之间的社会关系和社会结构，也从整体上影响着农业交易成本的高低；从微观层面来看，新型农业经营主体要实现可持续发展，就需要降低投融资和生产经营中的各种交易成本。可见，在新型农业经营体系构建和现代农业投融资体制创新中，从农业经营主体、涉农金融机构到政府职能部门效率的提高，都说明了交易成本的减少和体制创新的重要性。同时，由于现代农业交易双方有限理性和存在机会主义的行为、环境的不确定性及不成熟的市场结构，只有降低了现代农业投融资市场各方的交易成本，才能为新型农业经营体系营造良好的投融资环境和奠定制度基础。

2.4.3 社会分工和交易成本理论述评

任何事物都有其两面性，分工亦不例外，分工不仅提高了劳动生产率，也增加了交易成本，分工的层次越细，交易的环节越多，交易成本也越来越高。解决的办法是通过科学技术和现代管理模式的创新优化分工流程以降低交易成本。不论是从企业自身还是市场层面，分工的细化和外部交易成本的减少都是一个不断博弈的过程，需要通过制度创新和政府调控推进二者协同发展，促进市场机制有效配置资源和营造优胜劣汰的良性竞争的环境。所以，在不完全竞争的农村市场，平衡社会分工和交易成本的矛盾，是政府制定农业发展政策要考虑的问题，一方面通过分工明确现代农业发展中各新型农业经营主体从事的农业产业链环节，从而提高整体农业生产效率；另一方面尽可能精简各种要素市场交易环节以减少社会交易成本。可以说，分工细化与交易成本的减少是否协同，对我国农业现代化发展具有决定性影响。

结合马克思社会分工的理论内涵，本书研究强调政府财政和金融职能的分工，通过对农业基础设施投资、农业风险分担、农业科技进步与推广、农产品市场建设、农业产业结构调整、农产品质量安全、农村土地改良等层面的财政资源配置，以支持新型农业经营体系的构建；借助银行、信贷、保险、基金等金融机构，通过金融产品与服务创新，以金融手段为新型农业经营体系的构建提供必要的资金和风险保障，从而提高财政与金融支农效率，从宏观上形成财政金融分工支持新型农业经营体系的局面。根据交易成本理论的核心观点，节约交易成本是构建新型农业经营体系的题中之义。农业现代化需要培育若干个在种植养殖、加工、服务、营销等环节进行分工协作的新型农业经营主体，通过规模化经营、制度创新和机制设计，使新型农业经营主体面临的外部交易成本尽可能减少，在节约外部交易成本的同时提高农业资源配置效率。显而易见，在新型农业经营体系构建中，既要建立政府与市场分工投资的机制、直接金融与间接金融分工融资机制，也要通过投融资体制机制创新和政策优化来降低投融资交易成本，因而社会分工与交易成本理论为新型农业经营体系构建的财政金融服务创新研究提供了重要的理论依据。

2.5 产业组织与协同理论

产业组织理论的提出将市场秩序和经济效率这两个问题联系起来，以垄断与竞争关系研究为主要内容，并且将这种关系扩展到企业自身组织结构及与政府之间的联系，对研究我国新型农业经营体系构建及其投融资体制创新具有重要的指导意义。随即，根据20世纪后期的组织生态理论和演化经济学的产生和发展，经济学家在综合其他理论的基础上，创新性地阐述了共同演化的思想内容，组织演化理论随之产生，并且成为组织理论的一大制度创新，被理论界与实践界广泛接受。而协同理论是采用统计学和动力学相结合的方法，研究不同事物共同特征及其协同机理的新兴学科，随后创新理念的加入诞生了协同创新的观点，是组建协同创新平台，促进各创新主体创新互惠知识共享、创新要素有机整合、减少整体创新成本、实现创新资源优化配置的重要理论指导。

2.5.1 产业组织理论

产业组织理论是一门新兴的应用型经济学学科，它以各种经济理论作为基础，通过仔细研究企业内部结构与企业自身行为、市场竞争与生产厂商之间的关系，了解行业内部或是产业自身的竞争与垄断、经济发展规模与市场效率之间的影响和作用。产业组织理论研究的内容包含三个层次：一是企业内部的投入与产出的关系，以及人与人的关系；二是不完全竞争市场与企业行为的关系；三是政府与企业的关系。

最初，马歇尔的"马歇尔冲突"引出了产业组织概念，张伯伦和罗宾逊提出了"垄断竞争理论"。这些理论的提出为产业组织理论的研究奠定了基础，成为产业组织理论研究的先驱者。19世纪末20世纪初期，资本主义的发展经历了从自由竞争到垄断资本主义的时期，在此期间垄断和竞争的争论喋喋不休，产业组织理论另辟蹊径成为独特的理论发展起来，在其发展演变的过程中派生出许多不同的流派，其间以哈佛学派、芝加哥学派为代表的产业组织理论日渐发展，后来出现了新产业组织理论，产业组织理论的发展与研究逐渐得到完善，日臻成熟。

哈佛学派的产业组织理论，是以新古典学派的价格理论为基础进行探究的，并且在研究中偏向于实证研究，且十分重视市场结构对市场行为和市场效果的决定作用。哈佛学派以新古典主义的边际分析法、理性人假定及市场福利标准为理论基础，主要形成了两大理论成果：其一，创建了以市场结构（structure）—市场行为（conduction）—市场绩效（performance）为主线的SCP分析思路，最早的产业组织理论就是在此基础上进行研究的；其二，提出了"集中度—利润率"假说，认为通过公共的产业政策，可以调节和改变不健康的市场结构，从而获得满意的绩效。这些具有鲜明反垄断的政策措施，对美国、德国等西方发达国家的市场经济在实施反垄断政策中产生了很大的经济影响。然而，哈佛学派存在经验主义性质的缺陷，忽视了市场结构、市场竞争和市场绩效之间相互作用的关系。

继承了芝加哥大学的经济自由主义和达尔文主义的芝加哥学派，一直信奉自由竞争的市场经济对产业组织的作用，他们对哈佛学派的"集中度—利润率"假说进行了批判，认为政府应尽量减少对市场竞争过程的干预，应该把它仅限制在为市场竞争制定制度框架上。他们认为市场的均衡并不能仅通过简单的政策干预实现，因而形成了经济自由主义的观点、绩效主义观点、政府管制俘虏理论、可竞争市场理论等主张。但是，芝加哥学派的论点仍是理论强于经验，忽略了对现实的经验性资料的分析。

以交易费用理论和博弈论等为基准形成的新产业组织理论，在其研究的广度和深度上，拓展了产业组织理论，它的形成对产业组织理论产生了较大的影响力。新的产业组织理论在讨论企业问题时通过交易费用来分析企业自身规模和内部的组织结构形式，说明了企业内部的治理结构和外部的市场机制之间的关系；在面对市场机制及其作用的同时，新的产业组织理论提出的市场机制的作用效果是很有限的，单纯通过市场机制作用则需要付出应有的代价；新的产业组织理论提出，由于信息的外部性和协调外部性产生的市场失灵，需要政府制定产业政策，然而，政府在制定和实施产业政策时主观上也会受到机会主义支配的影响，政策实施成本的大小也是政府作为政策主体必须考虑的问题。因此，通过使用带有激励性质的方法进行管制，可以促使企业自身通过不断创新技术改变陈旧的方法手段来提高生产效率，降低生产成本。因而，新的产业组织理论使得美国的反托拉斯政策从芝加哥学派时期的过于宽松逐步转向建立在激励性管制方式上的干预，并一直延续到现在。

正如哈佛学派对市场结构、市场行为、市场绩效理论框架的界定一样，对新型农业经营体系的构建恰恰是当前我国农业现代化发展中的市场组织结构范畴，对建立现代农业产业体系、培育现代农业产业链具有决定性作用。因此，在我国现代农业发展中，不仅需要借鉴产业组织理论指导新型农业经营体系的培育，还需要政府制定现代农业产业政策，从农业供给侧调节农产品生产与供给结构，从农业产业链的角度来培育功能差异化的农业产业组织，促进现代农业生产要素借助新型农业经营主体来实现优化配置，获得理想的现代农业发展绩效。从当前我国农业发展的实际情况来看，家庭农场、农民专业合作社、农业产业化龙头企业等一些新型农业经营主体的内部治理结构还存在管理能力薄弱、制度不健全、决策不民主、权力制衡机制不健全等问题，还无法与市场环境和社会需求进行有效的对接，新型农业经营主体的发展主要依靠政府惠农政策的推进，自身可持续发展的能力不足。因此，借鉴新产业组织理论，完善和优化新型农业经营组织的内部治理结构，提高新型农业经营主体市场行为的有效性，是提升我国现代农业发展绩效的关键之举。此外，借鉴产业组织理论激励性管制的核心论点，解决好新型农业经营主体融资难题，促进新型农业经营主体可持续投资，提高其现代农业技术和装备的运用能力，降低经营成本和风险，也是当前我国政府制定农业产业政策、财政金融支农政策等需要考虑的问题。只有改善新型农业经营主体微观治理结构，健全现代农业投融资体制机制，提升现代农业投融资效率，才能加快我国新型农业经营体系的构建与发展。

2.5.2　组织演化理论

产业组织理论在经过一段时间的沉淀后逐步转向了组织的演化，在继承融合传统产业组织理论合理的内涵思想的同时，参照了新制度经济学和演化经济学的研究成果，逐渐成为一门新兴学科。演化的思想最早被使用是在有关生物科学的研究中，后来渐渐地被广泛使用到社会学、经济学等领域。演化经济学中"演化"一词不仅包含了动态变化的过程，而且包含了许多复杂、不确定和非均衡的意义，演化经济学是通过利用这种不断演进的思想方法进行各种经济学和经济内容而形成的学科。在现实中，将产业组织和演化经济学联系起来就是从一个全新的角度认识产业组织演化过程中的特点和规律，组织演化理论的宗旨就是通过演化的思想来理解产业组织演化问题。

西方经济学的演化思想于19世纪末开始启蒙。凡勃伦在探析制度经济学时，无意中发现了社会科学和生物科学之间有许多的共通点，最早提出"演化经济学"这一术语。阿尔钦基于凡勃伦经济学演化思想，从企业的角度研究企业的竞争与生存问题，认为利润为正，企业将会生存下来，而亏损企业则会消失，通过"试错"或者"模仿"的方式，企业可以从中吸取到经验教训来弥补不足以改变其在市场中的行为，不断适应经济环境的变化过程，这为组织演化理论提供了基本的理论要点。纳尔逊和温特（1982）被认为是最早研究组织演化问题的经济学家，他们在《经济变迁的演化理论》一书中探讨和分析了经济结构的演化、市场的行为、动态的竞争，强调通过演化思想对组织和产业进行研究是一个重要的实践应用领域，特别是对于竞争环境中的创新行为能力和市场效率问题的研究，同时通过"惯例"的概念来表达产业层面上的演化问题，包括了结构和技术的演化、模仿和创新，其中"组织演化"主要是从产业组织结构的角度对产业内的企业数量及由企业数量引起的其他变量的变化进行研究。随后，这种以演化作为思路的研究范式在经济学的研究中被广泛运用，国外经济学家从数量、企业行为、企业组织形态演进、创新等多维度对产业组织演化进行深入分析。总的来说，组织结构演化、市场结构、市场行为和技术创新构成了现代产业组织演化理论的核心内容。

在研究我国经济转型过程中，利用产业组织的演化思维有利于研究组织演进和制度变革等问题。这种演化的经济思想在我国经历了很长时间的接受、消化和创新的发展过程，在我国不断演化发展、生根发芽，在搭建演化论的框架中，我国的经济学家认真吸取了组织演化对产业发展的好处，取其精华去其糟粕，在丰富和发展产业组织演化理论研究的同时，为转轨时期的中国经济发展提供了诸多改革政策建议。这些政策集中起来有：以中国经济转轨为背景，在非市场环境下，产业组织演化过程中制度性变迁方式会导致行政权力的过度集中，有必要规避行政性垄断；以产业组织理论作为研究的基础，认为只有重视从企业内部完善组织治理机制，才能对提高企业市场行为绩效起到决定性作用；以系统演化论为切入点分析，要推动市场组织、政府组织、企业组织的协同发展，技术创新仍是第一要义。

新型农业经营体系是我国传统农业向现代农业转型发展的组织基础，是从农户家庭经营组织向现代农业企业化经营组织不断演化的过程。虽然新型农业经营体系还没有完全成型，但是其培育和发展越来越受到政府的高度重视，处于组织的更新和演化之中。实践证明，在我国现代农业经营组织机制不完善的情况下，组织演化理论论证了引导"模仿"和"试错"发展策略的合理性，我们可以基于中国特有的土地制度背景，在农户家庭联产承包责任制基础上，引进和培育多元化的新型农业经营主体，通过"试错"发展建立优胜劣汰的竞争机制，增强新型农业经营体系的生命力。此外，从演化的角度看，改革开放后政府的农业支持历经了计划农业政策、单纯的财政补贴政策、财政和金融协同支持政策等演化过程，逐步趋于合理；尽管政府关于农业发展的政策有其合理性，但必须从制度上避免政府的过度干预以免造成农业经营组织对政府的过度依赖而失去经营活力，要释放新型农业经营主体的市场动力,需要通过制度、政策和技术创新,推动新型农业经营主体、涉农金融机构、政府等共同建立农业现代化投融资体制,通过财政金融资金支持,带动农民和城市工商资本积极投资现代农业,促进新型农业经营体系加快培育和发展。可见,吸收组织演化理论的营养,对于推进农户经营组织向新型农业经营主体转变,改进国家农业支持政策,具有重要的理论意义和现实价值。

2.5.3 协同理论

协同理论是在研究系统论、控制论、信息论的基础上发展起来的理论之一,它是在重点研究完全不相同类型的系统内部各子系统之间既相互矛盾又互为协调、共同促使系统整体具备新的有序状态所呈现出来的特点和规律的交叉科学;是在充分结合协同思想和其他学科基础上,研究由性质各异的大量子系统所构成的各种复杂系统,主要运用从部分到整体的综合研究方法,研究系统内部各子系统之间如何通过竞争与合作构成系统整体的自组织行为。

20世纪70年代德国的哈肯教授首次提到了协同理论。协同被定义为整个系统中各部分之间的互相协作,使整个系统所形成的个体不会存在新质的结构和特征。或者说,在不平衡的状态下各部分之间没有固定的联系,各个要素只能通过与外界进行物质或能量的交换,促使整个系统在庞大的要素的碰撞中逐渐生成一个既适应内部机制体质,又能接受外部环境的新结构,这就是协同。随着20世纪60年代企业多元化发展,美国管理学家安索夫在其《公司战略》一书中首次将"协同"这一概念引入企业经济学和管理科学领域中,并且创新性地提出"战略协同"的概念,协同与公司的产品市场范围、发展方向、竞争优势等要素一样,理应是提升公司价值必须考虑的战略核心内容,考虑协同战略就是考虑使企业整体的价值大于各个部分独立组成价值的总和。日本的战略学家伊丹敬之也对协同的概念进行了深入研究,他从"互补效应"和"协同效应"两方面进行剖析,使协同的含义更加全面系统。

随着协同理论后续的不断演化和发展,协同理论逐渐形成了以下四大核心内容。一是竞争与协同。通常在一个庞大的系统中,内部之间存在竞争的机制,正因为这种竞争机制的存在才构成了内部的协同基础,作为系统中具有活力的竞争元素,系统整体的演化和动力都来源于系统内部竞争和协同的相互作用。二是序参量。在衡量一个系统大体程度上的有序概念时,哈肯教授认为,序参量发挥着特别重要的作用,在系统的变化发展过程中,它起着支配其他变量并决定系统演化方向的作用,这即是伺服原理。伺服原理的最主要的意义在于,在某一系统到达临界的区域并走向有序的过程中，出现了慢的变量支配快的变量，这成为人们把握演化过程的重要方法。三是慢变量和快变量。现实中，依据各个参数变化速度的快慢，受到阻力大、变化特别快的变量，称为快变量，反之为慢变量。系统中主体变量的结构和功能序参量是慢变量，随着控制参量的变化而不断发生变化。四是自组织。在缺乏外部指令的条件下，一定的能量流、信息流和物质流的进入，使系统中的子系统按照特定的规则形成时空上的有序结构，即为自组织，它具有内在性及自生性特点。协同理论还强调创新技术的溢出和示范作用，通过加大人才的培养力度实现协同创新，驱使技术更新，从而使系统更快并且向更高级的协同方向发展。

显然，新型农业经营体系是农业经营组织在国际国内市场竞争中不断演化的产物，其内部有生产组织体系、商品化处理体系、市场营销体系、社会化服务体系、现代农业监管体系等子系统，只有这些子系统内部既竞争又协同，才能提高新型农业经营体系整体有序度，推动农业现代化发展到新的高度。同时，新型农业经营体系构建对财政金融服务和投融资体制机制产生了新的需求，原有的建立在农户家庭承包经营基础上的财政金融服务和农业投融资体制机制已经无法匹配这一新需求，客观上需要建立一套新的农业投融资体制机制与制定新的财政金融支农政策，使之与新型农业经营体系的需求相适应，这就产生了新型农业经营体系构建与财政金融服务创新相协同的问题。从现实来看，我国现代农业投融资体制与政策环境优化严重滞后，究其原因是新型农业经营体系构建的财政金融服务创新不到位、协同度低，也就是财政金融支农服务及政策与新型农业经营体系的需求特征严重不协调，导致新型农业经营体系中的各子系统得不到均衡发展，不具备良性竞争和协同发展的基本条件。并且，伺服原理的思想也为构建新型农业经营体系提供了理论和方法论指导。随着我国农业现代化进程的加快推进，新型农业经营主体必将成为农业发展的生力军，在我国农业现代化进程中必将起到决定性的作用，但也要求必须加快创新和构建新型农业投融资体制机制，优化投融资政策环境，为新型农业经营体系构建创造良好的货币金融条件。因此，协同理论对于研究新型农业经营体系构建与财政金融服务创新的协同机制与模式，对于正确处理好政府、金融机构与新型农业经营体系的协同关系都具有十分重要的借鉴和启发意义。

2.5.4 产业组织与协同理论评述

产业组织理论是研究不完全竞争条件下的企业、政府行为和市场结构，阐述了产业发展的内在动力、组织性和外部影响及适者生存原理。而组织演化主张发挥管理者在组织演化中的关键作用,以推动组织协调共进。协同理论在前两个理论基础上,运用从部分到整体的综合研究方法,认为产业组织的系统性发展和演化是竞争和协同共同作用的结果。三个理论各有侧重点,但都强调技术创新对产业组织发展的重要性,都在寻求政府、市场、市场主体之间的关联机制,以提高市场与产业组织发展的切合度,从而推进整个社会系统的劳动生产力、资源配置能力、可持续发展能力等协同提升。

根据产业组织理论的分析,要构建新型农业经营体系,就需要协调处理好这一体系的市场结构、市场行为和市场绩效的关系,要在各子系统中引入竞争和协作机制,按照现代农业发展规律和农业需求新变化,因地制宜地依托新型农业经营体系,建设成既有分工又有协作的现代农业产业链。基于我国农村地区产权不明晰、市场化程度不高、农业现代化发展的组织基础不成熟等现实背景,借鉴产业组织和组织演化理论,在新型农业经营体系构建中,需要高度重视农村集体经济组织的作用。以农村集体经济组织作为要素交易中介,可将农户与新型农业经营主体有效连接起来,减少新型农业经营主体直接向农户流转土地的交易成本,提高新型农业经营主体的市场竞争力和生产力。同时,在传统农业向现代农业转型期,农业经营组织所处的政策与制度环境具有很大的不确定性,这就要求新型农业经营主体要主动适应不断变化的制度与政策环境,增强自组织能力,实现更好的生存与发展。而农村集体经济组织的存在,可以为新型农业经营主体发展提供必需的要素和信息交易。恢复和发展农村集体经济组织,与当前我国农村产权制度结构、农户家庭联产承包责任制的制度基础不变相适应,政府作为农业要素市场的监管者,在恢复和发展农村集体经济组织中应起关键作用,从制度、资金、组织和管理等方面为农村集体经济组织提供支持。此外,财政金融服务创新与新型农业经营体系构建的协同更为重要,借鉴协同理论,如果能实现财政金融服务创新与新型农业经营体系的各个子体系构建协同,那么整个新型农业经营体系在自组织演化过程中就会处于不断的竞争和协作中,即使已经实现产业组织的协同效应,也会推动新型农业经营体系内部达到更高、更有序、更有效率的发展状态。

2.6 本章小结

本章系统地考察了财政金融服务创新与新型农业经营体系构建协同关系研究的理论源泉,具体梳理了五大理论:一是农业发展理论,包括农业基础理论、农业发展阶段理论、农业多功能理论,它们着重对新型农业经营体系的构建及财政介入的理由提供理论指导；二是农业支持保护理论，包括农业金融支持理论、农业财政支持理论；三是功能财政与金融理论，无论是农业支持保护理论还是功能财政与金融理论，都着重对新型农业经营体系构建的财政金融服务创新提供理论指导；四是社会分工与交易成本理论，包括社会分工理论与交易成本理论；五是产业组织与协同理论，包括产业组织理论、组织演化理论、协同理论。第四和第五类理论既会指导新型农业经营体系构建，也会指导财政金融服务创新。上述各理论对本书的理论指导方向可以归纳为图 2-1。

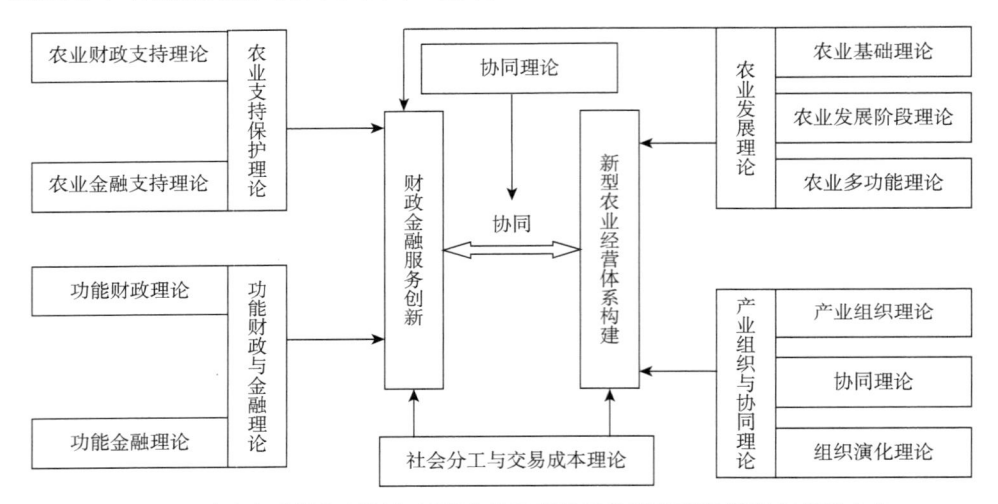

图 2-1　财政金融服务创新与新型农业经营体系构建的理论源泉与指导方向

第3章 财政金融服务创新与新型农业经营体系构建的协同理论架构

加快构建新型农业经营体系,促进农业适度规模经营,既是切实转变农业生产经营方式的重要抓手,也是建设现代农业的必然选择(张红宇,2012)。而构建新型农业经营体系,本质上是一个复杂的投入产出过程,既要培育出新的生产力水平更高的经营主体,又要持续高效产出农产品,这不仅需要组织设计、体制机制创新、政策环境优化等软性环境支持,更要对劳动力、资本、土地等农业要素进行重新配置。而要动员这些要素加入新型农业经营体系构建过程,首要前提是投入大量的资金。解决新型农业经营体系构建的资金问题,不仅需要依靠具有冒险精神的农业经营组织发起人的自我投资,更需要借助财政金融服务提供外源资本。这就需要财政金融服务创新与新型农业经营体系构建保持良好的协同关系。本章就财政金融服务创新与新型农业经营体系构建的协同关系进行理论研究。研究的内容包括基于支持农业发展视角下财政金融服务创新的内涵界定、新型农业经营体系构建的理论内涵与机理分析、财政服务创新与新型农业经营体系构建的协同关联机理等,旨在为后文的实证分析与政策研究提供科学的理论依据。

3.1 财政金融服务创新的内涵界定:基于支持农业发展的视角

概念界定是进行理论研究的逻辑起点,因而从理论上研究财政金融服务创新与新型农业经营体系构建的协同关系时,首先需要清晰地界定农业发展视角下财政金融服务创新的内涵边界。

3.1.1　创新的概念诠释

在界定财政金融服务创新之前，首先需要理顺"创新"的内涵。创新是一个涉及经济学、社会学、哲学、文化学、管理学、技术学等多学科的研究对象，国内外不同学科领域里的学者从不同的角度和层次赋予了创新不同的内涵（董景荣和周洪力，2007）。从哲学的角度来看，创新就是人们通过发挥主观能动性的创造精神，产生新事物的过程。在经济生活中，这个新事物可以是新业务、新产品、新组织、新工具、新生产线、新制度等。这个新事物既可以是对原事物进行符合逻辑和顺应社会发展需要而做出的边际修改和完善，是对原有事物的否定之否定，也可以是以往根本不存在的一个全新的事物，以满足人们的生产或消费等方面的需要。Freeman 和 Soete（1997）从经济学角度出发，认为创新是包括新产品、新过程、新系统和新装备等在内的技术向商业实现的首次转化。方勇（2007）从教育学的角度将创新分为原始创新、集成创新与吸收创新三个层次。傅家骥（1998）从管理学角度分析认为，创新就是企业家以获取商业利润为目标，适时抓住市场机遇，通过重新组织生产要素和条件，创新出新产品、新技术、新工艺，开辟出新的市场，从而有效降低生产经营费用。最早提出创新理论的学者是熊彼特，他认为，在人类的经济活动中，创新包括原有生产要素的重组、建立新的生产过程、原有技术的改进和新技术研发、组织设计和新组织培育、产品改进和新产品研发、服务流程优化等；创新可以从供给层面不断给人们带来新的服务和新的产品，为此可以产生新的产业和新的就业，促进经济可持续增长和社会的长久进步。可见，创新的根本动力来自具有冒险精神的创新者对利润的永无止境的追求，根本目的在于不断满足人们收入增长情况下的逐渐变化的需求。只要创新主体预测到人们有较大的某种需求产生，在预期创新收益大于等于创新成本的情况下，具有冒险精神的创新主体就会推动创新进程，从而满足人们不断增长的物质产品和精神产品需求。因而，需求导向下的创新，不仅能够从微观层面提高企业核心竞争力，推动企业持续发展，而且能够从宏观层面推动经济长期增长，避免经济陷入衰退的周期阶段（Schumpeter，1961）。

3.1.2　财政服务及其创新

虽然政府调控经济的手段很多，包括经济的、法律的和行政的，但是财政始终是政府实施这些调控手段的重要基石。没有雄厚的财政基础，行政和法律手段调控的权威性和效果就会被大打折扣。从某种意义上讲，甚至财政本身也是政府调控经济的重要工具，且归属于经济手段。而本书所指的财政服务，正是政府为了促进某一产业或行业的快速发展，通过使用财政政策工具，以财政资金的无偿或有偿援助、税收优惠减免等措施，降低受援主体的投资成本和风险，支持和引导若干受援主体健康发育，从而实现某产业或行业整体繁荣的目标。

农业具有解决温饱、稳定天下和为下游产业提供重要原材料的功能，因而被认为是国民经济的基础。同时，农业具有自然再生产与经济再生产的双重投入产出属性，因而也具有自然与经济的双重风险特征；而农产品又具有较低的需求收入弹性，容易导致农业出现"丰产不增收""谷贱伤农"和比较效益低下的困局，从而挫伤农业生产经营者的积极性，最终影响国家粮食安全。因此，政府通过财政服务农业、支持农业发展，成为国际通行的行为准则。例如，在WTO 的《农业协定》中，根据是否对贸易形成扭曲的标准，将财政服务农业的补贴分为"出口补贴"和"国内支持措施"两个部分（表3-1）。其中，出口补贴是根据农产品出口实绩给予的补贴。而国内支持措施是指"所有有利于农业生产者的国内支持措施"，主要包括以下几个方面。第一，"绿箱"补贴措施，是指不需要做出减让承诺，不会引起贸易扭曲的国内支持措施，其费用由纳税人负担，而不是从消费者中转移而来，对生产者没有影响，是WTO 成员对农业实施支持与保护的重要措施。具体包括：由财政提供一般服务，如研究、病虫害控制、培训服务、推广和咨询服务、检验服务、营销和促销服务、基础设施服务等；为保障粮食安全而支付的储存费用；自然灾害救济补贴和国内粮食援助补贴；对生产者的直接支付，支持农民的最低收入保障性补贴和一般性农业收入保障补贴（因市场变动或其他原因使生产者收入损失超过30%实施的补贴）；区域性扶持的地区发展补贴；农业环保补贴；农业生产结构调整性投资补贴，如土地休耕、农业生产者退休或转业补贴等。第二，"黄箱"补贴措施，是指能够产生贸易扭曲的措施，要求各成员用综合支持量来计算其措施的货币价值，并以此为尺度，逐步进行削减。具体包括市场价格补贴，面积补贴，牲畜数量补贴，种子、肥料、灌溉等投入补贴，营销贷款，部分有补贴的贷款项目。第三，"蓝箱"（blue box）补贴措施，是限产计划下的相关支付，如休耕地差额补贴，可免予减让承诺。又如在限产计划下，按固定面积或产量或基期生产水平的85%及以下，或固定动物数量给予的直接补贴，不受WTO 规则的约束。

表3-1 WTO《农业协定》与农业财政补贴框架

政策类型		内涵	具体项目	备注
出口补贴		根据农产品出口实绩给予补贴	①政府或其代理机构视出口实绩提供的直接补贴 ②以低于国内价格出口非商业性农产品库存 ③依靠政府措施供资的支付 ④农产品营销成本补贴 ⑤优于国内装运货物的国内运费 ⑥视出口产品而对该产品提供的补贴	参见《农业协定》第9条
国内支持措施	"绿箱"补贴	对贸易无扭曲作用，属于不受WTO限制、免于削减承诺的农业补贴措施	①一般服务：研究、病虫害控制、培训服务、推广和咨询服务、检验服务、营销和促销服务、基础设施服务 ②用于粮食安全目的的公共储备 ③国内粮食援助 ④对生产者的直接支付 ⑤不挂钩的收入支持 ⑥收入保险与收入安全网计划中政府的资金参与 ⑦自然灾害救济支付 ⑧通过生产者退休计划提供的结构调整援助 ⑨通过资源停用计划提供的结构调整援助 ⑩通过投资援助提供的结构调整援助 ⑪环境计划下的支付 ⑫地区援助计划下的支付	①参见《农业协定》附件2 ②要求免除削减承诺的所有措施应符合两个基本标准：一是所涉支付应通过公共基金供资的政府计划提供（包括放弃的政府税收），而不涉及来自消费者的转让；二是所涉支持不得具有对生产者提供价格支持的作用
	"黄箱"补贴	对贸易有较大扭曲作用的措施，受WTO限制，不能超过规定标准，并可能要求作出相应的削减承诺	①市场价格支持（如消费者向生产者的资源转移） ②不可免除的直接支付（如取决于价差的不可免除的直接支付） ③其他不可免除的措施（如农业投资补贴、投入补贴、降低销售成本等补贴）	参见《农业协定》附件3、附件4
	"蓝箱"补贴	不受WTO规则的约束，免于削减承诺	限产计划下的直接支付	参见《农业协定》第6条第5款规定

资料来源：WTO《农业协定》

中国作为WTO成员，在财政服务现代农业发展中同样需要遵循WTO《农业协定》，用好"绿箱"政策和"蓝箱"政策，把握好"黄箱"政策的适用度，促进农业向现代化转型升级。参照WTO《农业协定》，在我国财政服务现代农业发展中，服务的手段通常包括财政补贴、财政投资、税收减免、风险基金等支持方式，财政服务农业现代化的领域重点应放在体现基础性、公共性、风险性等农业投资方面，包括农业基础设施、农业科技、农业风险规避和农业最低收入保障等。

在我国，财政服务农业的政府部门主体具有多元性。从横向来看，包括财政、农业、林业、渔业、国土、科技、发改委等部门，其中财政和农业部门是提供财政服务最基础的部门。从纵向来看，还可以分为中央级、省级、市级、县级和乡（镇）级。由于这些主体均属于政府部门，其服务农业的行为均是对政府一定时期内的农业支持保护政策进行具体落实的集中体现。各级政府主体的基本职责是，制定农业支持保护政策和相关法律法规；政府相关部门则负责财政资源的分配和支持保护政策的具体落实，在财政服务农业中要追求多重效益，包括经济效益、社会效益、政治效益和生态效益，重在在兼顾农业经济效率的前提下实现农业公平发展目标。

由于我国现有的农业支持保护政策及其财政服务是在农户家庭联产承包责任制基础上形成的，服务对象主要针对的是传统农户家庭。在由传统农业向现代农业转型的进程中，农业生产经营主体就会从单一的农户家庭向多元化新型农业经营主体转变，这种转变不仅要涉及农业要素的重组过程，也要涉及农业生产经营组织的重构。这种新型农业经营体系的构建本身就是一个创新的过程。而这些新型农业经营组织与传统农户相比，无论从经营规模、组织结构、运行效率、农业生产经营模式等方面都具有天壤之别，加之新型农业经营体系构建又面临较大的组织培育与创业风险，因而传统的农业财政服务可能无法适应新型农业经营体系构建的客观需要，必然要求对既有的农业财政服务进行创新。所以，农业财政服务创新，是指为适应新型农业经营体系构建的投入成本、风险特征与现实需要，对原有农业财政服务进行边际修改、完善，或采用新的符合国际通行规则的农业财政服务工具，分担新型农业经营体系构建的成本和风险，促进新型农业经营体系稳健发育。

3.1.3 金融服务及其创新

金融包括信贷、保险、证券、信托、基金等多种服务业态。金融作为现代经济的支柱，是通过向实体经济提供资金要素和风险保障，并以还本和追逐适当的利润为条件而有偿支持实体经济发展的。金融机构具有高杠杆性的财务结构，其盈利能力对其金融服务风险十分敏感，因而在金融服务中，各金融机构尤其是商业性金融机构，总是把风险防控摆在首要位置加以考量。

由于与第二产业、第三产业相比，农业的比较效益较低，风险较大，加之农业具有显著的正外部性（维护国家粮食安全与社会稳定等）特征，因而以追逐利润最大化为目标的商业性金融服务农业的积极性并不高。正因为如此，国家一方面成立政策性金融机构，通过政策性金融先导性地支持农业基础设施建设和基础风险保障，以引导商业金融支持农业生产性投入；另一方面对商业性金融支农提供财政担保或财政贴息，以降低金融支农成本和风险，增强商业性金融服务农业的积极性。此外，农村合作金融与民间金融的存在和发展，既为弥补政策性金融与商业性金融支农的不足提供了可能，也为偏远地区的农业融资和风险保障提供了新的选择途径。

从我国现阶段农业金融运行的实际情况来看，正规农业金融服务的主体主要包括以下三种类型：一是政策性金融机构，如政策性银行（中国农业发展银行）、政策性担保和政策性保险机构（中国农业再保险股份有限公司）；二是商业性金融机构，包括商业银行、商业担保和商业保险机构；三是合作性金融机构，包括具有合作性质的银行、担保与保险机构。就其行为特征而言，政策性金融服务是政策性金融机构为了执行国家农业发展战略，通过先行的优惠性金融资金投入而带动合作性和商业性金融机构为农业经营提供金融服务。商业性金融则是为了追求盈利最大化而对经营性农业进行的融资、融智、担保、保险等金融服务。合作性金融则介于两者之间，体现社区互助合作精神，为入社会员提供小额金融服务。

同样地，我国现有的农业金融服务主要是针对农户家庭经营而制定的，新型农业经营体系构建才刚刚起步，相较于农户家庭经营，新型农业经营体系在经营规模、经营机制、组织治理结构、市场经营能力等方面发生了巨大变化，因而需要对现有的农业金融服务进行创新。所谓金融服务创新，就是指金融机构通过应用新思想和新技术来改善和变革现有的金融服务流程及服务水平，以此适应服务对象的新需求，提高金融服务质量和效率（王萍等，2010）。因此，在新型农业经营体系构建阶段，就需要设计与其金融需求特征相匹配的金融产品与服务，这种设计既可以是对现有农业金融产品与服务进行的改良，也可以是全新推出的金融产品与服务。

3.2 新型农业经营体系构建的理论内涵与机理分析

与财政金融服务创新类似，新型农业经营体系构建也是本书的核心概念之一。厘清其内涵与理论规律，是展开本书后续研究的必要条件。

3.2.1 新型农业经营体系的概念界定

党的十八大报告指出,"坚持和完善农村基本经营制度,依法维护农民土地承包经营权、宅基地使用权、集体收益分配权,壮大集体经济实力……发展多种形式规模经营,构建集约化、专业化、组织化、社会化相结合的新型农业经营体系"[①]。这是"新型农业经营体系"一词首次在我国官方文件中提出。所谓"新型",是相对于我国家庭联产承包责任制改革后所形成的农户小规模分散经营(成为传统农业经营模式)而言的,是对传统农业经营方式的创新和发展。"农业经营"的含义较广,基本内涵是基于自身和社会需要,按照利润最大化为目标所进行的农产品生产、加工、营销等经营管理活动。农业经营体系涉及农业经营对象、经营内容、经营手段、经营方式、经营制度等方面,是建设现代农业的决定因素,也是衡量农业发展水平的主要标志(蔡元杰,2013)。"体系"泛指有关事物按照一定的秩序和内部联系组合而成的整体,因而新型农业经营体系既包括各类农业经营主体,又包括各主体之间的联结机制,是各类主体及其关系的总和(赵海,2013;黄祖辉和傅琳琳,2015)。所以,综合来看,新型农业经营体系是指在坚持家庭联产承包责任制的基础上,顺应农业农村发展新变化,通过自发或政府引导而形成的各类农产品生产、加工、销售和生产性服务的主体及其关系的总和(宋洪远和赵海,2013),是农业生产经营主体、社会化服务主体与一系列政策制度体系的集成(文华成和杨新元,2013)。在新型农业经营体系中,传统农户可以通过各种生产、服务等利益关系与新型农业经营主体形成紧密的合作联系,因而一些学者如黄祖辉和傅琳琳(2015)等将农户组织也包括在新型农业经营体系中,认为新型农业经营体系包括三个层次:从组织层面包括农户组织、合作组织、企业组织和行业组织;从制度层面包括家庭经营、合作经营、公司经营、产业化经营和行业协调制度;从产业层面包括区域化布局、规模化经营、组织化分工、多元化服务和市场化运营。为便于研究,本书将重点从组织体系的视角加以论述。

3.2.2 新型农业经营体系的内部结构

根据前文的概念界定,广义的新型农业经营体系是由新型农业经营主体体系、

---

① 胡锦涛:《坚定不移沿着中国特色社会主义道路前进 为全面建成小康社会而奋斗——在中国共产党第十八次全国代表大会上的报告(2012年11月8日)》,《人民日报》2012年11月18日,第1版。

新型农业服务体系、新型农业商品体系、新型农产品市场体系与新型农业监管体系"五位一体"而组成的。狭义的新型农业经营体系仅包括新型农业经营主体体系和新型农业社会化服务主体体系（苑鹏和张瑞娟，2017）。"五位一体"的结构和关系如图3-1所示。

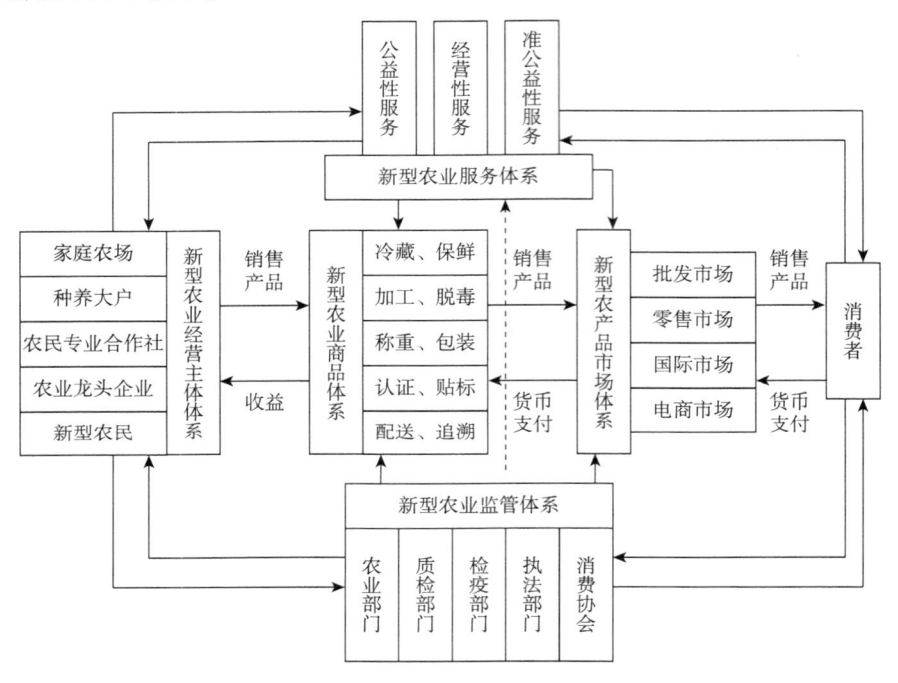

图 3-1　新型农业经营体系"五位一体"结构框架

（1）新型农业经营主体体系，主要是指专门从事现代农业生产性经营活动的各种营利性组织的总称，包括种养大户、家庭农场、农民专业合作社、农业龙头企业、新型农民、农业产业化联合体等，这些组织通常被理论界和决策层称为"新型农业经营主体"[①]（张红宇，2012；赵海，2013）。也有学者如赵海（2013）等将新型农业经营主体定义为具有相对较大的经营规模、较好的物质装备技术条件和较高的经营管理水平，劳动生产、资源利用和土地产出率较高，以商品化生产为主要目标的农业经营组织。而广义的新型农业经营主体还包括与上述新型农业经营主体有着

---

① 2012年以前，"新型农业经营主体"一词只是在部分理论与政策研究的文章中被提及。2012年以来，新型农业经营主体开始出现在地方和中央的官方文件中，如浙江正式出台了《关于大力培育新型农业经营主体的意见》，2012年底的中央农村经济工作会议上正式提出了培养新型农业经营主体。

广泛经营合作联系的普通农户①。各类新型农业经营主体的主要类型、经营特征和组织优势比较如表 3-2 所示。概括说来,在新型农业经营体系的分工格局中,新型农业经营主体的主要职责是,适应市场消费者的需求变化,进行集约化、专业化、组织化、社会化生产或加工经营高品质的农产品,从而实现利润最大化目标。

表3-2 新型农业经营主体主要类型、经营特征及组织优势

主要类型	主要代表或地位	经营特征	组织优势
家庭农场	新型农业经营主体的培育重点	以家庭成员为主要劳动力,从事农业规模化、集约化、商品化生产经营,并以农业为主要收入来源的经营主体。其标准主要是土地经营规模较大、土地流转关系稳定、集约化和管理水平较高	既保持了家庭经营的制度优势,又突破了非市场导向的小规模及兼业农户经营粗放化、要素配置不合理等制度劣势
种养大户	新型农业经营主体的培育重点	种植或养殖规模明显大于当地传统农户的专业化种植与养殖农户,以农业某一领域的专业化生产为主,初步实现了规模经营,需要雇用家庭以外的劳动力从事农业生产	
农民专业合作社	农民专业合作社、联合社	在家庭承包经营基础上,同类农产品的生产经营者或服务提供者、利用者,按照自愿联合、民主管理的原则组织起来的一种互助性生产经营组织	通过农户生产在家、服务在合作社的制度创新,保留了家庭经营的制度优势,又发挥了统一服务的规模效益,降低了单个农户的经营成本和风险
农业龙头企业	龙头企业	通过订单合同、合作等方式带动农户进入市场,实行产加销、贸工农一体化的农产品加工或流通企业,在规模和经营指标上达到规定标准,并经政府有关部门认定的企业	通过订单生产,保障了农户生产经营的稳定预期收益;通过率先引入高科技成果、发展设施农业、开展现代营销和农产品深加工等,引领现代农业发展并发挥示范带动作用
新型农民	返乡创业农民工、城市下乡青年、电商农户	秉持生态农业发展理念,运用互联网思维和手段,发展农产品直销直供,为消费者提供安全优质的农产品	拥有专业知识和一定的资金实力,具有冒险精神和创新意识,特别注重运用互联网科技,发展农产品物流链,缩短了生产与消费的距离,减少了供求信息不对称问题,从源头上建立了农产品质量安全追溯体系
农业产业化联合体	农业龙头企业+农民专业合作社+家庭农场或种养大户	该组织正成为发达地区农业龙头企业、农民专业合作社、家庭农场、种养大户等新型农业经营主体组织再创新的重要形式	他们通过产业链的联合与合作,实现优势互补,带动整个农业产业链竞争力的提升,促进三次产业融合发展

资料来源:根据苑鹏和张瑞娟(2017)提供的资料整理而成

---

① 党的十八届三中全会指出,坚持家庭经营在农业中的基础性地位,推进家庭经营、集体经营、合作经营、企业经营等共同发展的农业经营方式创新,实质上就是对现代农业发展中普通农户的地位和角色进行了定位,表明普通农户是我国新型农业经营主体体系的重要基础。

（2）新型农业服务体系，是指在农业生产的产前、产中和产后各环节，为农业生产主体提供各种专业化、市场化、社会化服务的经济组织和方法制度的总称，包括专业服务公司、政府主导的农业服务中心、农业经纪人、农民专业合作社[①]、供销社、农技服务推广体系、农业金融机构等社会化组织及各种服务政策和法规（孔祥智和史冰清，2009）。从内部结构来看，新型农业服务体系是由公益性服务、准公益性服务和经营性服务组织有机联系而构成的复杂系统。其中，公益性农业服务体系主要包括农业水利、良种推广和动植物防疫、信息和土地流转、农业气象、农产品质量安全监测和粮食收储烘干等服务，这些服务不仅投资规模大，而且有广泛的效益外溢性、基础性、社会性和战略性特征；准公益性服务体系主要由人才培训、农业生产资料、农业科技等服务构成，这些服务兼有效益性和社会性；经营性农业服务体系主要由育秧育种、农业机械、农产品加工、农产品流通、

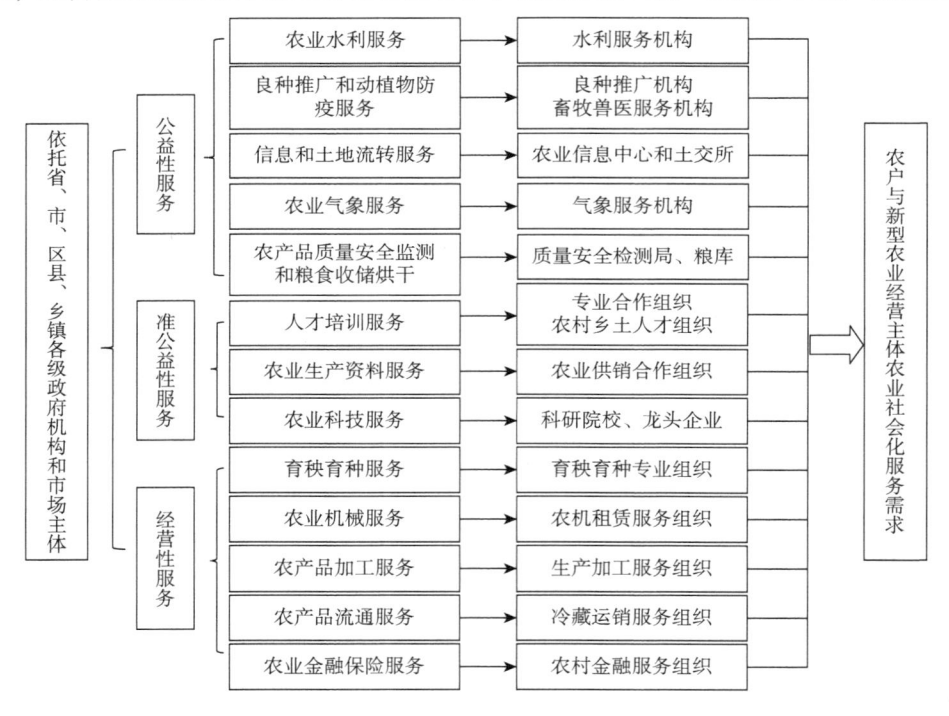

图 3-2 新型农业社会化服务体系构成框架
资料来源：王定祥和李虹（2016）

---

① 需要说明的是，农民专业合作社既可能从事农业生产活动，也可能从事农业社会化服务。据课题组在西南地区的调查发现，我国的农民专业合作社普遍具有很强的服务功能，大多数农民专业合作社成立的宗旨就是，以其入社农户为服务对象，提供包括农业生产资料购买、农产品销售、加工、运输、储藏及农业生产技术、市场信息等服务。可见，农民专业合作社也是我国新型农业服务体系的重要成员之一。

农业金融保险等服务构成,这些服务的成本和效益边界清晰且可以内敛(王定祥和李虹,2016)。概括来讲,适应农业现代化要求的新型农业服务体系的具体框架如图 3-2 所示。从公司治理来看,这些农业社会化服务组织有合作型、企业型和政府引导型三种组织治理类型,各类服务组织的经营特征对比见表 3-3 所示。

表3-3 新型农业服务主体的组织类型及特征比较

组织类型	主要代表	经营特征
合作型服务主体	自我生产与服务型、专业合作型	自我生产与服务型是集生产与服务于一体的主体;专业合作型服务主体主要以专业服务型合作社为代表,如农机合作社、灌溉合作社等
企业型服务主体	专业服务公司、企业等	为新型农业经营主体或农户提供服务、技术等各类专业化服务主体,以盈利为目的,服务的专业性强,技术水平和标准化高
政府引导型服务主体	农业生产综合服务组织、科技服务组织等	该主体是在财政支持和政府引导下发展起来的,具有一定的公益性服务特征,构成人员以事业单位人员为主

资料来源:苑鹏和张瑞娟(2017)

(3)新型农业商品体系。所谓新型农业商品体系,主要是指适应人们收入和生活水平提高后的现代农业发展需求,由新型农业经营主体经过无公害化、绿色化、有机化生产出来的农产品,经过转销或委托给专门的商品化处置机构进行商品化冷藏、脱毒、加工、标准化包(分)装、称重、价格贴标和向市场销售终端进行物流配送,最终形成标准化、品牌化、美观化的待售商品。相对于传统农产品大都采取自给自足或散装销售而言,新型农业商品体系则是要成立专门的商品化处理企业,配备专门的人员队伍和配送系统,进行专业化的商品化处理,并按销售订单向市场终端配送,实现农产品标准化、美观化、品牌化、无公害化、便捷高效化上市。

(4)新型农产品市场体系。所谓新型农产品市场体系,是指为适应农业规模化、机械化、集约式、社会化生产经营的现实需要和现代网络信息技术快速发展的现实背景而建立起来的多层次农产品市场体系及其销售中介的总称。该体系主要包括农产品批发市场(含批发商)、农产品流通市场(含零售商和超市)、农产品出口市场(含出口商)、农产品电子商务市场(含农产品销售网店及物流体系)等,其主体功能是向消费者营销农产品,实现农产品的社会价值,并从中获取部分利润。

(5)新型农业监管体系。所谓新型农业监管体系,是指为了维护从农产品生产、商品化加工处理、营销、消费等环节的安全、有序、稳定运行和公平竞争的市场环境,而对现代农业经营中的生产者、服务者、销售者及其他相关主体进行监管的组织、制度与方法的总称(王定祥和谭进鹏,2015)。在我国,新型农业监管主体主要包括动植物检验检疫部门、农业主管部门、食品药品监管部门、质检部门、执法部门和消费者权益保护协会等，而被监管对象主要是农产品生产者、农产品商品化处理者、农业社会化服务者、农产品销售者。他们往往通过建立特优农产品质量认证、地理标识、农产品质量安全可追溯体系、劣质农产品处罚与召回制度等手段，确保农产品质量和消费安全，保护消费者的合法权益。

3.2.3 新型农业经营体系的运营特征

与传统的建立在农户家庭基础上的农业经营体系相比，新型农业经营体系具有以下几个方面的特征。

（1）农业经营主体组织化、企业化。相较于传统的农户家庭式经营主体，新型农业经营体系中各部分的经营主体都是建立在企业化组织模式基础之上的，尽管这些组织模式有家庭式、集体式、合作式、公司式等多种形式，但都要追求经营利润最大化。这种企业化经营主体的组织优势如下：一是在农业生产环节，可以将分散的小农生产组织起来，形成有组织、有规模、科学管理的生产模式，促进农业分散生产向适度规模化生产转变；二是在农业经营决策环节，可以通过多元出资主体的共同协商，实现主体治理和农业经营决策的民主化、客观化和科学化，避免农户家庭决策的主观性和武断性，减少决策失误和资源错配；三是在融资环节，新型农业经营主体可以利用其集体声誉机制和倍增的农业资产，实现数倍于农户家庭的融资规模；四是在盈利环节，通过新型农业经营体系可将农户从分散、小规模状态转为联合生产，不仅可以提高农业生产效率，实现农业产业链条的延伸，而且可以增强市场谈判议价能力，拓展农业经营的效益空间。

（2）农业生产经营分工协作化。在传统农户家庭经营中，农业生产与销售风险都集中在农户手中。而新型农业经营体系则对农业全产业链进行了深度分工，在生产、商品化处理、销售、服务等环节均有专业化的经营组织。从图3-1可以看出，由五大子体系构成的新型农业经营体系具有严密的专业化分工与协作联系，并形成了一个基于不同类型农产品的新型农业全产业价值链，而在这种全产业链上开展分工与协作，正是新型农业经营体系最基本的特征。新型农业经营体系的分工特点和专业化经营，不仅有利于发挥各经营主体的比较优势，大幅提高农业劳动生产率，分散农业经营风险。而且，相比传统农户家庭经营，新型农业经营体系的专业化经营规模较大，以农业经营收入为主要收入来源，在改善农业生产条件、发展现代农业、开拓农产品市场等方面都具有较强的主动性和积极性，通常会采用先进的生产技术和手段，因而具有较高的生产效率（王定祥和谭进鹏，2015）。

（3）农业生产经营高度市场化。传统农户不仅农业经营规模小，而且市场信息捕获能力和市场驾驭能力较弱，因而生产的农产品自给自足率较高，商品化水平较低，农业经营采取的是家庭与集体双层经营、统分结合的模式，市场化程度极低。而与此形成鲜明对比的是，新型农业经营体系完全遵循市场化经营机制，除了新型农业监管体系外，其他各子体系之间都要按照等价交换的市场机制进行运作，按照市场需求和市场价格信号变化做出生产经营决策和农业资源配置决策（当然，政府提供的无偿服务除外）。他们通过在各个环节的价格机制（准确地说是农产品买卖价差）获取必要的利润作为回报，并通过竞争机制实现在行业中的优胜劣汰和可持续发展。

3.2.4 新型农业经营体系的生命周期与构建内涵

1. 新型农业经营体系的生命周期

就像任何事物、任何企业、任何产品都存在着一个由自然规律决定的生命周期一样，从长期来看，新型农业经营体系也自然存在一个受农业自然经济规律所支配的生命周期。借鉴企业生命周期理论（Weston et al.，1996），可以把新型农业经营体系生命周期划分为四个阶段，如图3-3所示。

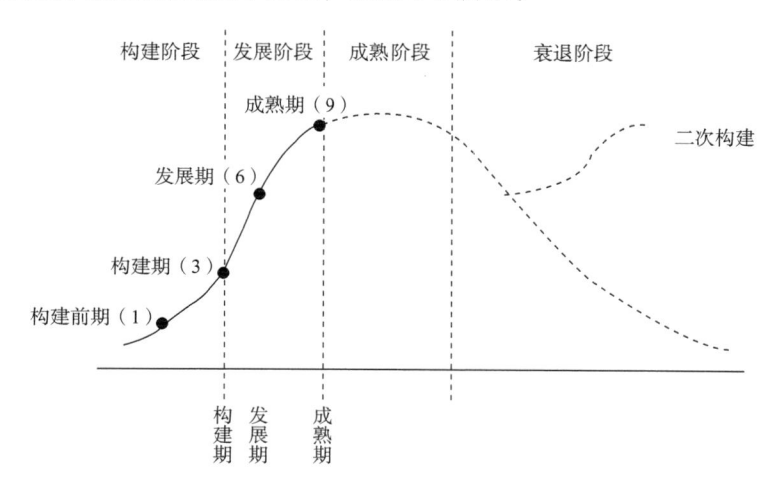

图3-3 新型农业经营体系的生命周期
括号中数字表示发展需要的年份

（1）构建阶段。农业经营项目发起人首先进行项目论证和筛选等前期准备工作，然后在国家的政策支持下，基于现代农业发展的要求，根据农业经营主体的组织模式、经营机制和有关经营标准等进行农业要素集聚和重组，并逐渐形成具有自我独立发展能力的各种新型农业经营组织。构建阶段一般要经历较长的时间。构建阶段的主要特征是构建周期长和构建风险大。因为在构建期内，农业项目尚处于投资期，还没有进入量产期，如经济林木等基本上只有投入没有产出，因而这时急需外力提供援助和扶持。

（2）发展阶段。在构建阶段发育起来的各种新型农业经营主体继续在国家政策支持下，独立自主地聚合各类农业经营要素，遵循着现代农业的分工与市场交易原则，在巨大的市场需求导向下，积极拓展市场范围，扩大经营规模，从而使其迅速进入边际收益递增的快速发展阶段。由独立发展到逐步成熟一般要经历3~6年时间，甚至更长。在发展阶段，农业项目已经形成量产，只要稳妥地加强与改善经营管理，新型农业经营主体就可以逐渐步入不需要大量外力扶持的自主良性发展轨道上来。

（3）成熟阶段。由于在发展阶段存在较大的市场盈利空间，并且通过经营主体逐渐专业的经营管理，能确保其获得较高的利润，于是不断吸引着新的竞争者加入。由于市场需求存在极限，此时新型农业经营体系农产品供给朝着市场需求极限（即饱和）方向逼近，这就是新型农业经营体系的成熟阶段。此时，农业经营的边际收益减至零的水平，具有规模收益不变的特点，超额利润消失，各经营主体在同行业内只能获得平均利润率水平而处于动态均衡状态。

（4）衰退或二次构建阶段。在生产技术或生产方式处于稳定状态时，这种新型农业经营体系模式下的农产品市场将始终处于动态均衡状态。但是，一旦人们对农产品需求层次有了质的提升，以及农业生产技术、农业生产制度或方式发生重大变革时，这种以前构建起来的新型农业经营体系就可能不再适应新的农业生产力发展的需要，这时新型农业经营体系就进入衰退阶段，一些严重亏损的经营主体就可能破产倒闭或被其他经营主体收购、重组，从而形成二次构建新型农业经营体系的过程。这时，为了促进农业的长期可持续发展，同样需要外力的介入，并提供重构体系所需要的政策和资金等支持。

2. 新型农业经营体系构建的概念界定

综上可见，所谓新型农业经营体系构建，仅是指在传统农业向现代农业转型阶段，农业投资者或发起人（在我国主要是农户）在国家土地、财政、金融、产业等政策激励下，按照政府设定的新型农业经营体系各类组织的投资标准、组织模式、经营机制、治理规则等或组织自主创新而进行的农业要素重组、农业资源配置过程，经过一定阶段的发育，最终形成具有适度规模、独立发展能力且在同类产品生产经营中纵向一体化分工协作的若干农业经营组织。因此，新型农业经营体系构建仅是新型农业经营体系生命周期的初始发育阶段。构建阶段的根本任务是遵循现代农业发展规律和要求，紧密结合中国农业资源禀赋及其制度特征，孵化培育若干具有独立经营能力和分工协作的农业经营组织。这些组织的内生性独立发展能力一旦形成，构建阶段就行将结束，而步入到内生性发展阶段。本书仅研究新型农业经营体系的构建阶段，目标在于为培育若干具有独立发展能力的新型农业经营组织寻求与之相匹配的财政金融服务支持。

3. 新型农业经营体系构建的特征分析

在我国农户家庭联产承包责任制基础上构建新型农业经营体系，是一项宏伟事业，具有以下四个特征。

第一，基础性。基础性包含两个方面的含义。一是新型农业经营体系的构建是我国农业现代化发展的基础。没有新型农业经营体系的构建过程，就没有后续新型农业经营体系的发展和繁荣过程，也就没有中国特色的农业现代化。因此，新型农业经营体系构建是夯实农业现代化地基的过程，是其组织形态的具体培育阶段。二是新型农业经营体系构建是我国构建新型农业生产关系，进一步解放和发展农业生产力的基础。家庭联产承包责任制度，适应于我国改革开放初期城镇化、工业化、农业发展水平较低和相互联系不紧密的国情，当时极大地解放和发展了农业生产力，但是自20世纪90年代中期以来，市场经济体制的建立、城镇化工业化的加速和城乡要素市场一体化的发展，逐渐使家庭联产承包责任制度与农业生产力进一步发展的要求不相适应，客观上需要建立新的农业生产关系。这种新的农业生产关系就是新型农业经营体系的构建，它是在城镇化工业化背景下解放和发展农业生产力的组织基础，是农业生产关系进一步适应农业生产力发展的客观需要。

第二，社会性。新型农业经营体系构建是一项复杂的系统性工程，具有典型的社会性特征。一是构建过程需要全社会的共同参与，农业既是国民经济的基础产业，也是经济效益弱质性的产业，新型农业经营体系构建也是为了夯实国民经济的基础。因此，新型农业经营体系构建不是单一的农民的事业，也不是单一的政府的事业，而是全社会的共同事业，不仅需要调动农民的积极性，而且需要政府介入，还需要得到社会力量包括城市工商资本的支持。二是新型农业经营体系构建的效益具有社会性。其农业产出和新型经营机制的形成有利于全体社会成员享受到更优质、更标准、更安全的农产品，对确保国家粮食安全至关重要，具有显著的社会效益和生态效益，因而新型农业经营体系构建理应成为全社会共同关注的宏伟事业。

第三，经济性。新型农业经营体系构建是在社会主义市场经济环境下展开的一项复杂的经济活动，是为适应国内外市场和农业现代化发展的客观需要而对各有机联系的新型农业经营组织进行培育的过程，需要遵循市场经济规律和现代农业发展规律，在保护农民利益基础上对农业生产要素进行重组。现代农业投资者作为新型农业经营组织的直接构建主体,已经成为理性经济人,需要按照现代企业治理模式和组织架构来搭建新型农业经营主体的组织架构,并按照民主科学决策的原则进行组织治理;而在生产经营中,直接构建主体按成本最小化或经济利润最大化的原则进行农业资源配置,因而通常需要寻求适度规模经营点,通过规模化、机械化、集约化、社会化经营来实现其经济效益目标。

第四,风险性。新型农业经营体系构建处于新型农业经营体系生命周期的构建期、发展期,是一个包含经济再生产、组织再生产和自然再生产的复杂过程。新型农业经营体系构建首先是农业经营组织的重构,这种新的组织诞生后有一个发展的适应性过程。其孵化成功与否取决于直接构建主体的投资决策科学性、经营管理能力、组织治理水平、市场稳健度、农业项目、农业产出、政府扶持力度等,包含较大的风险性,此时融资能力不足,生产的规模还比较小,安全边际水平很低,一旦经营管理不善,新型农业经营组织就可能中途夭折。加之在新型农业经营体系构建阶段,经营的农业同样面临着市场价格波动风险和自然灾害风险,如果遭遇较大的自然灾害和市场价格波动,新型农业经营组织的培育过程就会变得十分困难。可见,新型农业经营体系构建具有较高的风险性,需要构建主体增强风险防范意识,抵御来自组织、经济和自然等方面的各种风险。

3.2.5 新型农业经营体系构建要素及其生产函数

新型农业经营体系构建是一项基于农产品需求导向的以"现代农业项目"(解决生产经营什么的问题)为载体的投入产出活动,具有复杂的投入产出关系,是一个新型农业经营组织发育、形成,并兼有农业经营项目发展和农业产出增长的物质技术转化过程。

1. 投入要素

从投入要素来看,主要有构建主体要素(X_1)、组织要素(X_2)、生产要素(X_3)、经营要素(X_4)、政策要素(X_5)等。

(1)构建主体要素(X_1):有直接构建主体(X_{11})和间接构建主体(X_{12})。直接构建主体是指现代农业投资者和合伙入股者。在我国主要是指具有冒险精神、创业意识与市场驾驭能力比较强的普通农户与精英农户,还有部分是城市工商企业加入农业形成的投资者。这类构建主体一旦将新型农业经营组织构建出来,就直接转化为该组织的经营管理者或所有权人。间接构建主体是指支持直接构建主体构建新型农业经营组织的政府部门,包括农业、财政、金融、国土、科技等政府部门,他们往往通过法律、制度、政策、资金等要素支持直接构建主体,从而达到间接构建新型农业经营体系的目的。

（2）组织要素（X_2）：包括组织形式（X_{21}）和组织治理（X_{22}）两个方面。组织形式包括家庭制、合伙制、合作制、股份公司制，组织治理包括家长决策制、企业民主决策制。这些要素决定了新型农业经营体系的组织形式和运行机制。

（3）生产要素（X_3）：包括土地（X_{31}），劳动力（X_{32}），资本（金）（X_{33}），技术（X_{34}）及地形、气候、水文等农业自然禀赋（X_{35}）。这些要素以农业经营项目为载体，直接作用于农业生产经营过程，生产或加工出市场所需要的农产品，实现新型农业经营体系构建的经济效益目标。

（4）经营要素（X_4）：包括基于效率最大化目标下的人力、财力、物力等方面的管理经营行为（X_{41}）和基于效益最大化目标下的市场营销、价格谈判、服务创新、市场拓展等方面的经营行为（X_{42}），目的是实现可持续的农业利润增长，降低农业经营风险。

（5）政策要素（X_5）：包括土地政策（X_{51}）、财税政策（X_{52}）、金融政策（X_{53}）、产业政策（X_{54}）等。这些政策的主要目的在于为新型农业经营体系构建中的农业投资者提供资金、土地等要素支持，或者帮助他们降低农业经营成本和风险，或者引导他们进行特优农产品生产，实现差异化、错位化发展，从而确保国家粮食安全和农业可持续发展。

2. 产出要素

从产出角度看，新型农业经营体系构建实际上是一个渐进式的多产出过程。这些产出主要包括以下三个方面。

（1）新型农业经营组织数量（Y_1），是指某地区或全国处于新型农产品生产、农业社会化服务、农产品商品化处理和农产品营销环节的各类经营主体的具体数量，这是衡量农业现代化转型成功与否的硬性产出指标，属于主体性、组织性指标。

（2）新型农业生产经营体制机制（Y_2），是指通过新型农业经营体系的培育而建立起来的适应农业现代化发展需要的较为成熟的经营制度、经营机制、经营方式。这是衡量农业现代化转型成功与否的软性产出指标，属于机制性指标。

（3）新型农业产出数量与环境保护（Y_3），是指通过新型农业经营体系的构建所产生的农产品总产值、农产品商品化率等正向产出指标和农业环境污染等负产出指标，属于商品性、社会福利性指标。正向指标越大越好，负向指标越小越好。新型农业经营体系的构建与发展，需要充分考虑生态环境的保护，因此在农业现代化发展中，需要突出要素集约化利用和绿色低碳化生产的经营原则。

综上所述，新型农业经营体系构建的函数可以表达为

$$(Y_1, Y_2, Y_3) = f(X_1, X_2, X_3, X_4, X_5) \tag{3-1}$$

或者其投入产出过程可以表达为图 3-4。新型农业经营体系的构建总体来说是立足于市场需求，以现代农业项目为构建载体的各种要素投入，经过复杂的自然再生产与经济再生产有机统一的技术转换过程，最终形成了新型农业经营组织、新型农业经营机制和与之相对应的农业产出与商品化水平。

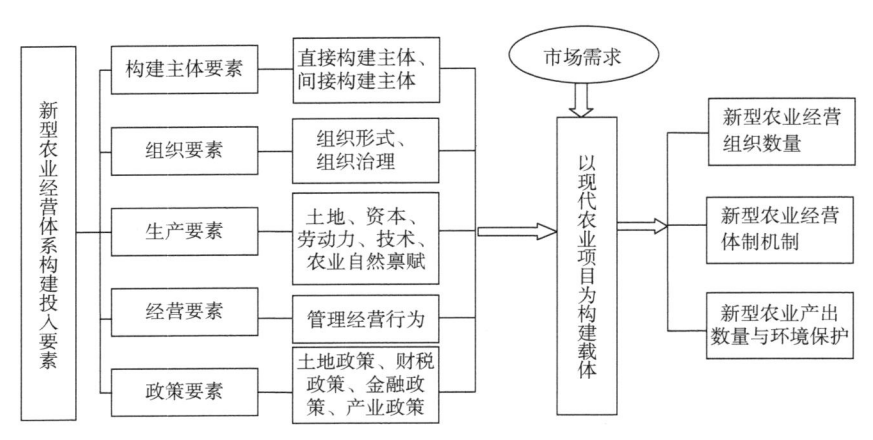

图 3-4 新型农业经营体系构建的投入产出关系

3.2.6 新型农业经营体系构建的主体及行为特征

新型农业经营体系构建的主体分为直接构建主体和间接构建主体两种类型。下面详细讨论这两类构建主体的行为特征。

1. 直接构建主体

直接构建主体主要包括普通农户、精英农户、城市工商企业等三类。

（1）普通农户。由于我国新型农业经营体系构建是建立在家庭联产承包责任制基础之上的，加之普通农户均在农业农村世代生活，对农业生产十分专业和娴熟，有很强的乡情意识和守土观念，乐意扎根农村创业，因而一些有强烈意愿和潜在投资能力的普通农户，在政策的外力刺激下，就可能作为发起人或投资者，最终向新型农业经营组织——种养大户、家庭农场方向发展。因而，普通农户天然属于新型农业经营体系的直接构建主体。普通农户作为直接构建主体，受家庭劳动能力、投资能力、农业投资预期回报率的制约，不会迅速扩张其经营规模。且我国目前风险厌恶型的普通农户家庭居多，他们最乐意加入农民专业合作社，并接受几乎没有风险的订单式农业生产。所以，通行的办法是通过农民专业合作社的组织纽带，将这些风险厌恶型的普通农户连接在一起，形成一个农业经营组织。

(2) 精英农户。所谓精英农户是指那些家庭劳动力较丰富、农业经营技术和农业资本积累能力较强、有强烈的市场经济意识和市场驾驭能力、有一定的组织管理能力的农户家庭。一般地，这类农户家庭负责人属于当地的精英型知名人士。他们对组建新型农业经营组织既有较为强烈的投资和创业意愿，也有一定的投资能力。这时，只要国家出台恰当的支农惠农政策，以降低构建和发展新型农业经营组织的成本和风险，他们就会向种养大户、家庭农场、农民专业合作社、农业社会化服务组织、农产品商品化处理配送组织等方向发展。由于我国大多数农户并不属于精英农户，因此要构建新型农业经营体系，就需要依靠少有的精英农户加快成立农民专业合作社，并使其成为合作社的组织管理者，通过合作社来组织动员普通农户入社，从而在全国形成若干个连接着众多入社普通农户的农民专业合作社，这应该是我国新型农业经营体系构建的核心方向。一些精英农户市场经济意识、创业意识、投资和抵御风险的能力较强，也有强烈的乡土情结和奉献精神，因而既是普通农户依靠的对象，也应是政府部门积极争取和支持的对象。应培育有强烈事业心、公益心和责任感的若干精英农户，并依靠这些精英农户构建新型农业经营体系。

(3) 城市工商企业。相比普通农户，城市工商企业具有较为雄厚的资本实力和经营管理经验等比较优势，价格谈判、融资和技术购买能力较强，但缺乏土地、劳动力与从农经验，而普通农户恰好有土地、劳动力和农业经验等比较优势。如果将两者的优势相结合，也可以形成若干新型农业经营组织，甚至发展为具有"领头羊"性质的农业产业龙头企业。目前我国众多的"公司+农民专业合作社+普通农户""公司+基地+农户"等模式都属于城市工商资本入农的典型范例。但是，经课题组在重庆地区的调查发现，有少数单独入农的城市工商资本缺乏农业方面的技术和经营管理经验，同时存在强烈的道德风险，入农的最初动因是套取国家财政支农补贴，并没有在农业农村长期扎根的创业计划，导致具有城市资本产权属性的涉农企业出现破产倒闭的情况并不少见。因而，尽管在新型农业经营体系构建中，城市工商资本是重要的依靠对象，但也需要合理的政策引导，既要防止城市资本下乡套取财政资金的短期经营行为，也要防止其将大量农业用地非农化使用。

2. 间接构建主体

间接构建主体主要是农业、财政、金融、国土、科技等政府部门。这些部门是以政府的支农政策发动者、引导者、要素提供者的身份出现在新型农业经营体系构建中的。例如，农业主管部门主要负责农业产业发展规划、农业财政资金配置、农业经营组织市场准入、农业生产技术指导和农产品质量安全管理等，对新型农业经营主体构建主要提供资金、技术、信息、政策和管理等要素支持，是一个从产业政策、产业布局的角度来影响新型农业经营体系构建的核心部门。财政部门主要从财政和税收的角度为新型农业经营体系构建提供生产性、风险性投资资金援助及公共基础设施条件。实际上，财政部门既是财政支农政策的发动者，也是财政服务的具体执行者。金融部门则主要为新型农业经营体系构建制定确保资金顺利融通和风险转移与防范的金融政策，促进金融机构不断创新金融服务，为新型农业经营体系的构建提供融资和风险保障便利。国土部门则主要是通过制定土地政策和农业用地规划，来影响新型农业经营体系构建所需要的土地要素供给。此外，间接构建主体还可能包括科技、发改委等政府主管部门，主要为新型农业经营体系构建提供科技支撑、产业规划等方面的支持。上述政府部门的间接构建行为，是将党和国家的农业现代化发展战略从政策操作层面进行具体落实的集中体现，应追求包括经济、社会、政治和生态效益在内的综合效益最大化，尤其是要把追求国家粮食安全、农业可持续发展和农民收入可持续增长等社会稳定与经济发展目标放在首位。

综上所述，新型农业经营体系构建主体与客体（新型农业经营体系）的关系可以用图3-5来表示。间接构建主体通过资金、政策、法规等对直接构建主体提供要素等方面的支持，直接构建主体以现代农业项目为构建载体，通过社会分工机制，经过3~5年的发展时间，逐渐形成具有一定发展能力的新型农业经营组织，最终目标是实现农业现代化，以不断满足消费者日益提高的对农产品的需求数量和质量。

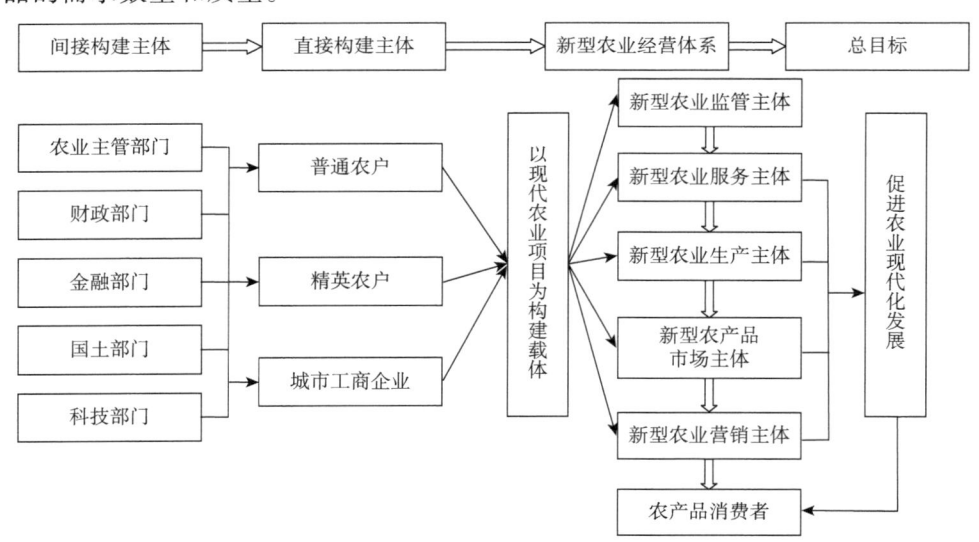

图3-5 新型农业经营体系构建的主体与客体的关系

3.3 财政服务创新与新型农业经营体系构建的协同关联机理

3.2 节分析表明，新型农业经营体系构建需要主体、组织、生产、经营、政策五大类要素，要调动这些要素加入新型农业经营体系构建过程，首先离不开财政服务创新。

3.3.1 财政服务于新型农业经营体系构建的缘由

新型农业经营体系构建阶段需要财政服务的主要原因有以下几个方面。

（1）新型农业经营体系构建具有显著的正外部性。经济学中的外部性，是指生产者或消费者的经济活动对其他生产者或消费者带来的非市场性影响。这种影响如果仅是私人效益的外溢，产生了免费享用的社会效益，就是正外部性。如果仅是部分私人成本的外溢，产生了需要社会付出的治理成本，就是负外部性。新型农业经营体系的构建收益不仅有私人效益，还有社会效益。这些社会效益大致包括四个方面。一是新型农业经营体系构建，可以坚实地奠定农业现代化发展的基石，从而确保传统农业向现代农业的转型升级及国家粮食安全，为国民经济可持续发展和社会长治久安创造良好的基础条件。二是新型农业经营体系构建不仅可以通过组织重构、企业化经营管理和产业内分工机制深化，大力提高农业劳动生产率，减少土地稀缺的社会压力，而且可以通过引进劳资关系，在农业部门创造具有工资收入形式的就业机会，促进农民的工资性收入增长。三是新型农业经营体系构建，可以使不愿意种地的农户家庭将处于低效利用状态的土地向可以高效利用土地的新型农业经营主体流转，从而激活农村土地流转市场，增加农民通过土地租金形成的财产性收入。四是新型农业经营体系的构建，需要借助现代农业项目（如观光农业、休闲农业、体验农业等）经营实现，这些农业项目不仅能美化当地的生产生活和生态环境，产生良好的生态效益，而且可以吸引大量的游客，使当地居民借此机会大力发展餐饮业和农家乐等，从而额外增加农民的副业收入。

（2）新型农业经营体系构建具有较大的风险性和脆弱性。在新型农业经营体系的构建阶段，不仅需要巨大的农业投资，而且一些项目建设周期长，多年都见不到产出和效益，加之新成立的新型农业经营组织的经营管理还处于不断的"摸着石头过河"的经验积累阶段，处于"学习曲线"的最不熟练的上端，因此，必然会带来决策失误、经营不善、资源误配置、应对外部不确定因素的经验不足等创业风险。因此，处于构建阶段的新型农业经营体系中的各农业经营组织，不仅面临着与其抵御能力不相匹配的内外部风险，而且自身的财务状况较为脆弱，由于只有投资（现金流出）没有回报（现金流入），其经营只能靠自我投资和负债。且多数农业投资者不仅自我资本积累不足，而且这种特殊的财务状况导致其对外负债经营十分困难。于是，处于发育阶段的新型农业经营组织的现金流随时都可能会断裂，导致新型农业经营体系构建的努力付之东流。

因此，为了重新激活农业投资者因新型农业经营体系构建带来的正外部效应而挫伤的积极性，同时为了防范新型农业经营体系构建阶段的风险和脆弱性，作为具有履行公共产品与公共服务供应职责的财政服务就确有介入的客观必然性。

3.3.2 财政服务在新型农业经营体系构建的功能定位

既然财政服务新型农业经营体系构建具有历史阶段性和客观必然性，那么财政服务新型农业经营体系构建的功能又如何定位呢？基于新型农业经营体系构建阶段的各农业经营组织的要素禀赋和风险脆弱性等特征，财政服务新型农业经营体系的构建应当体现出五个方面的基本功能。

（1）基础建设功能。新型农业经营体系构建，不是单纯的农业经营组织的搭建过程，还伴随着在该阶段所经营的农业项目建设，离开了农业项目建设，新型农业经营体系构建就成了"空中楼阁" "无水之鱼"。而新型农业经营体系所经营的农业项目，需要具备一些公共生产经营条件，如农田整治、水利、灌溉、道路、物流、市场平台建设、市场和技术信息平台建设等，这些基础设施有些是新型农业经营组织共同发展的基础，私人农业投资者不仅无力投资，而且因为是公共产品也不愿意投资，这就需要财政服务予以介入，并且将其作为政府财政应有的责任和义务。因此，财政服务的首要功能是提供必要的现代农业基础设施，为新型农业经营体系构建提供良好的公共基础条件。

（2）激励导向功能。新型农业经营体系构建阶段，前期需要大量的建设资金，在地方财力不足的情况下，仅仅依靠财政服务也只是杯水车薪，这就需要发挥财政的激励带动作用和政策导向功能，通过对某些关键生产经营环节设置财政补贴标准以降低私人投资成本和风险，这样不仅可以引导和带动农业投资者的私人资本投入，还可以带动商业银行或其他社会投资者对农业项目进行融资。这种导向作用会带来两个方面的效果：一是政策引导效应，财政投向哪里，私人资本也会跟着投向哪里，如果政府认定了哪个环节最薄弱且需要调节，就可以通过财政资金引导，带动社会资金投入，从而起到政策引导效果；二是财政投资乘数效应，通过在某些环节设置财政补贴，可以带动私人投资者、商业银行和社会投资者介入，发挥"四两拨千斤"的乘数效应。

（3）风险分担功能。新型农业经营体系构建中，各新型农业经营组织不仅自身还处于幼稚发育阶段，组织制度不健全，组织治理尚在探索，而且一些农业项目还没有产出，所带来的风险和不确定因素较多，加之投资能力和资本金不足，抵御风险的能力脆弱，因而需要财政设立现代农业产业投资基金、发展政策性农业保险建立财政性的风险补偿机制，对新型农业经营体系的组织建设、生产经营中的风险损失进行必要的补偿。

（4）结构调节功能。由于新型农业经营体系是由五个子体系组成的，除了新型农业监管体系是由政府直接组建外，其他几个子体系都需要发挥市场机制的作用，引入私人投资加以构建。要确保新型农业经营体系健康发展，需要保持其内部的四大核心子体系协调构建，若某个子体系处于薄弱环节，农业产业链的分工机制就无法正常运转。而当这种内部结构失调时，财政服务就应当向薄弱的子体系方向上倾斜，以支持薄弱环节的农业经营组织的构建，这就是财政服务的结构调节功能，如土地休耕、农业生产者退休或转业补贴等就具有农业结构调整功能。

（5）社会平均利润率补缺功能。资本具有追逐利润最大化的天然属性。要想引导私人资本积极投资现代农业，组建新型农业经营组织，首先需要确保其在农业投资中的获利能够达到当前社会平均利润率水平。农业面临自然与经济双重再生产的风险，加之农产品需求的收入弹性低，因而在纯市场机制作用下，农业部门的资本投资回报率（尤其是基础农业）要显著低于第二产业、第三产业部门，从而也低于社会平均利润率水平。如果长期如此，就会导致一些新型农业经营主体放弃农业，而转投其他投资回报率较高的行业，威胁国家粮食安全。因此，为了确保农业投资者能够在农业生产经营中获利达到社会平均利润率水平，需要国家财政通过一些环节的补贴措施来弥补其农业投资回报率与社会平均利润率的缺口，从而调动农业投资者长期投资经营农业的积极性。

3.3.3　财政服务创新促进新型农业经营体系构建的作用路径

基于 WTO 的《农业协定》，在新型农业经营体系构建阶段需要创新的财政服务政策工具主要有以下几个。

（1）农业基础设施财政投资。现代农业经营的主要特征是规模化、专业化、社会化，因而新型农业经营体系构建，就意味着要对原有的农户家庭细碎化、精耕细作的土地等要素进行重组，建设适宜机械化作业的标准化农田、标准化水利灌溉系统、道路系统、农业物联网、互联网等农业基础设施。这些农业基础设施大都具有公共物品属性，投资规模远超农户家庭经营模式，并且在过去我国农户家庭经营模式下，农业基础设施投入是严重不足的，形成了较多的历史欠账。因此在从农户经营向新型农业经营体系经营转型的阶段，就需要创新财政服务农业基础设施投资模式，对于纯公益性的跨社区农业基础设施投资一般由财政全额无偿承担；而对于准公共性农业基础设施，如田间路系、水系、灌溉系统，则可以采取财政与私人投资者分担比例的方式共同投资，以便为新型农业经营体系构建提供良好的硬件平台。

（2）一般性农业生产服务补贴。一般性农业生产服务补贴就是在新型农业经营体系构建期内，对新型农业经营组织的农业生产提供诸如研究、病虫害控制、培训服务、推广和咨询服务、检验服务、营销和促销服务等方面的补贴，以提高其劳动力、技术等农业生产要素的质量，调动种粮积极性，降低农业生产经营成本，提高新型农业经营组织发育的成功率。

（3）农业风险与收入环节补贴。销售与收入环节的补贴一般包括为保障粮食安全而支付的储存费用、粮食收购价格补贴、自然灾害救济补贴（农业巨灾补贴）、农业收入保障补贴等。这些补贴有利于新型农业经营主体获得稳定的农业经营收入，甚至有助于确保其获得的收入能逼近社会平均利润率水平。例如，当粮食市场价格低于政府规定的保护价时，其价格差就由政府提供补贴；当因自然灾害导致农业歉收时，政府可以按收入损失的30%~40%的比例进行补贴，以降低新型农业经营组织经营农业的各种风险，确保新型农业经营主体有稳定的经营收入。

（4）农业税收减免。新型农业经营体系在构建阶段，一般盈利能力比较低，经营成本比较高，经营风险比较大，因而税负承担能力较小或不足，需要给予其与构建阶段同步的"税收假日"——税收优惠减免时间。通过税收优惠减免可以降低经营成本，提高其在低收入运营时期的资本积累能力，为新型农业经营体系规模扩张创造条件。

（5）农业经营组织运行补贴。在新型农业经营体系构建阶段，各新型农业经营组织要尽早步入健康发展的轨道，除了需要有一定的资本外，还需要有懂得经营管理农业的高级技术人才、高级管理人员，需要有一定的组织运行经费。尤其是对全产业链具有决定意义，或具有公益属性和服务性质的农民专业合作社等新型农业经营组织而言，更需要在构建阶段设立辅导期、哺育期，创新财政服务方式，提供高管人员、技术人员培训补贴、组织机构运行辅导补贴等，甚至还可以提供部分资本补助，以增强其抵御风险的能力。

（6）农业发展与环境补贴。新型农业经营体系构建需要在区域中进行整体布局，科学规划，根据当地的农业资源禀赋，分析适合走什么样的现代农业发展道路，以及需要培育哪些形式的农业经营组织（例如，山区农业与平原农业就有所区别，平原地区可以发展大规模机械化经营的农业企业；山区农业只适宜发展小规模特色化经营的农业经营组织），这些都需要在新型农业经营体系构建中做好产业规划、行业规划、用地规划和招商引资等，也需要财政引入区域性扶持的地区发展补贴；此外，大规模机械化经营后，新型农业经营体系的环保要求会逐渐提高，提升新型农业经营主体在生产经营过程中保护环境的积极性，创新和引入农业环保补贴服务，维护农业生态安全。

综上分析，可以将财政服务创新促进新型农业经营体系构建的作用路径总结成图 3-6。其中每一种财政服务创新都以不同的农业项目为载体，并产生不同的作用效应，这些效应对不同的新型农业经营组织的重要性是有差异的。例如，基础建设投资以改善公共条件为主，可能惠及众多农业经营组织，农业基础设施投资可以改善公共农业生产条件。而构建阶段的农业税收减免和组织运行补贴也基本上是普惠性的，对所有农业经营组织的构建都十分重要。生产性服务补贴和风险与收入补贴基本只针对新型农业生产主体与新型农业服务主体。可见，财政服务创新需要针对不同类型的农业经营组织经营特性而区别对待。

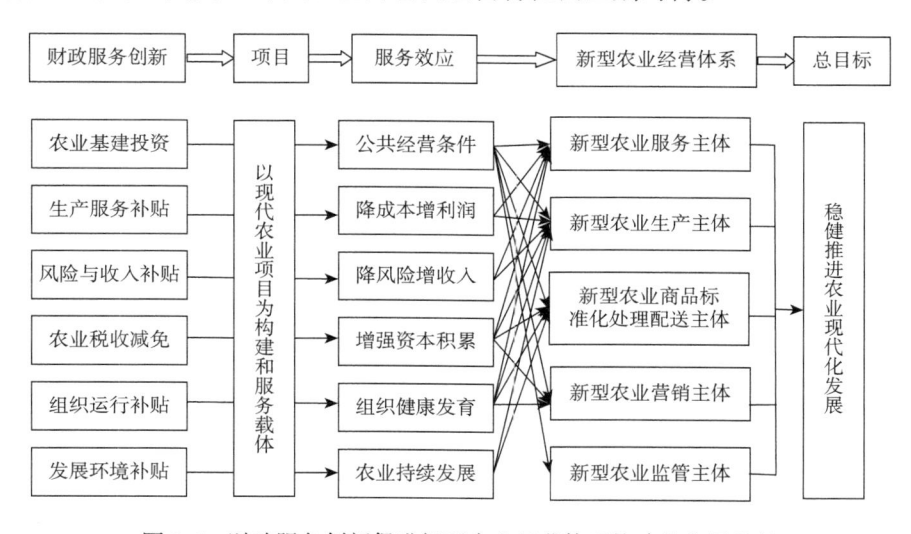

图 3-6 财政服务创新促进新型农业经营体系构建的作用路径

3.3.4　财政服务创新与新型农业经营体系构建的协同机理

在考察财政服务创新与新型农业经营体系构建的协同机理之前，首先需要弄清什么是"协同"。"协同"一词出自古希腊语，意为协和、同步、协调、协作、合作、和谐等，《说文解字》中提到"协，众之同和也。同，合会也"。这表明"协同"是两个或两个以上不同的个体，协调一致地完成某一目标下的某种行为。协同理论最早由德国物理学家赫尔曼·哈肯提出，他认为自然界和经济社会中所有开放的系统都可以被划分为若干个子系统，各子系统之间依靠有目的、有调节的自组织过程，使不同的子系统之间相互协作，从而产生新的稳定有序的结构。各子系统通过协同作用从而产生协同效应，形成了相互之间协调、合作、同步与互补发展的良性关系（刘华和周莹，2012；范斐等，2013）。该理论提出后便在自然科学、工程技术和社会科学等领域迅速得到了运用（张国兴等，2014）。据此类推，财政服务创新与新型农业经营体系构建的协同，就是指财政部门创新财政服务供给与新型农业经营体系构建的需要相协调，通过财政服务与若干构建主体的自身努力，协作完成新型农业经营体系的构建。

那么，如何从经济学上考察财政服务创新与新型农业经营体系构建的协同实现机理呢？根据经济学常识，结合我国实际，本书将从以下三个维度加以考察。

1. 宏观维度：市场与政府资源配置关系协同

从宏观角度来看，财政服务创新实质上是政府通过配置财政资源，来促进新型农业经营体系的构建；而新型农业经营体系的直接构建主体之一是追求经济利润最大化的农业投资者，他们代表着市场机制在配置新型农业经营体系的构建资源，因而二者在新型农业经营体系构建中的关系本质上属于政府与市场的关系。为了论证这种关系的协同实现机理和协同关系点，我们首先假定：在某一地区新型农业经营体系内部结构是合理的；所有的农业组织具有同质性；所有组织构建要素都通过资金购买。此时，我们只需要关注财政服务创新作用于新型农业经营体系构建时，对直接构建主体资源配置的边际影响即可。实际上，政府主导下的财政服务创新及其财政资源配置对于新型农业经营体系构建中的农业投资者（直接构建主体）既可能产生显著的正面影响，也可能产生严重的负面影响。其正面影响直接体现为激发农业投资者的投资积极性，带动农业投资者按照新型农业经营组织所要求的投资合理性追加私人投资，从而通过投资乘数效应来促进新型农业经营体系构建。其负面影响在于：过度的财政服务创新及其财政资源配置，会导致农业投资者在新型农业经营体系构建中对政府产生"等、靠、要"的依赖思想和恶意套取财政资金等机会主义行为，从而减少私人对农业的长期投资，这就是财政服务对农业投资者私人投资的"挤出效应"，这种效应可能会延缓甚至阻碍新型农业经营体系的构建进程。

为了便于更清楚地理解，我们不妨运用边际分析方法，并借助图3-7来说明政府财政服务创新对新型农业经营体系构建中农业投资者可能带来的边际影响。显然，由于农业投资风险较大、成本较高、公益性较强，与工商行业相比，农业投资回报率存在比较劣势。为了激励农民和工商资本增加农业投资，以构建新型农业经营体系，促进农业现代化，政府会将财政服务创新作为一个主要的手段，加大对新型农业经营体系构建的支出预算，从而引导市场要素资源更多地往新型农业经营体系构建中配置。在刚好帮助私人农业投资者分担风险损失和补足社会平均投资利润率缺口的政府财政服务范围内，如图3-7中的 OG 支出段，政府的财政服务行为对新型农业经营体系构建中的私人农业投资引导只有边际正效应，并且随着政府财政服务创新力度加大和财政服务支出增长，私人农业投资者对新型农业经营体系构建的投资均快速增长，使得新型农业经营体系构建的边际幅度不断提高，直至政府财政服务支出 G 点所对应的最高点（H 点），此时可以理解为财政服务创新带动私人投资的乘数效应达到最大值[①]。之后，当社会普遍觉察到在政府支农政策刺激下农业投资回报率有较大提升并有一定保障时，就吸引了潜在的农业投资者竞相加入新型农业经营体系的构建进程，政府继续追加财政服务支出，但此时，农业中土地流转经营合同周期缩短，部分城市工商资本缺乏农业经营管理经验，加之金融融资又面临诸多困难，导致政府的财政服务支出扩张带动市场投资于新型农业经营体系构建的边际正效应（MFU）开始下降（如图3-7中MFU曲线走势），图3-7中政府财政服务支出从 G 点扩张到 D 点，财政服务创新对新型农业经营体系构建的边际正效应从 H 点逐渐下降到 A 点。进一步来看，政府的财政服务不仅使得资金在边际报酬递减规律作用下用于新型农业经营体系构建的边际产出下降，而且也诱使一些农业投资者逐步形成了对财政服务的依赖心态和恶意套取财政资金的机会主义行为倾向，加之在土地"三权分置"制度改革不到位、投资农业产权缺乏保护的现实情况下，私人农业投资反而会减少。于是，政府财政服务创新所导致的新型农业经营体系构建的边际负效应（MFD）开始产生，并不断向下扩大（如图3-7中MFD曲线走势）。

[①] 如果以带动私人投资的乘数效应最大化作为财政服务创新的追求目标，那么，此时提供的财政服务规模为最佳规模。如果超过这个规模，财政服务创新带动私人投资的乘数效应就会下降。可是，在实际财政支农中，财政服务的投资乘数效应并不是唯一的目标，可能还包括粮食安全、农民就业、农民收入增长、农业生态环境保护、农业基础条件改善等多重目标。因而，我们不能简单地将财政服务的边际乘数效应最大化作为协同标准看待。

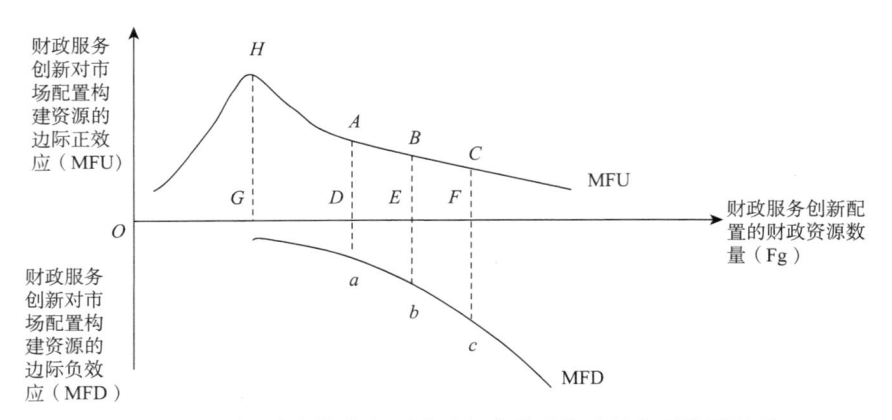

图 3-7 财政服务创新与新型农业经营体系构建的宏观协同机理

显然，只有在新型农业经营体系构建中的政府财政服务创新及其支出所带动的边际正效应等于边际负效应时，政府的财政服务支出才达到了"协同"的限度。图中 E 点代表了政府最优的财政服务创新及其支出，因为在财政服务支出总规模为 OE 时，财政服务创新带来的私人农业投资扩大的边际正效应（即纵向距离 BE）等于私人农业投资缩小的边际负效应（即纵向距离 Eb）。在 E 点左边的任何一点上，政府部门向新型农业经营体系构建中的财政服务都是不足的。例如，在 D 点，在新型农业经营体系构建中，政府财政服务创新所带来的边际正效应大于边际负效应，即 $DA>Da$。因此，政府的财政服务继续向 E 点扩张是有益的。相反，如果政府的财政服务支出水平处于 E 点右边的任意一点，则政府的财政服务创新及配置行为是过度的。例如，在 F 点，在新型农业经营体系构建中，政府财政服务支出所带来的私人农业投资扩大的边际正效应小于私人农业投资缩小的边际负效应，即 $CF<Fc$。因此，政府的财政服务应向 E 点移动，即减少新型农业经营体系构建中的财政服务创新及其预算，应增加直接构建主体的私人农业投资，促进新型农业经营体系构建与发展。

综上分析表明，财政服务创新与新型农业经营体系构建的协同关系，本质上是要协调处理好在新型农业经营体系构建中作为市场主体的农业投资者与政府对构建资源配置的关系。"协同"要求政府财政服务创新把握一个合理的限度，使市场机制在新型农业经营体系构建中能够充分发挥构建资源配置的主导作用。

2. 微观维度：总体服务供给与总体服务需求均衡

从微观维度来看，财政服务创新与新型农业经营体系构建的关系本质上属于经济学中的一种供求关系，财政服务创新的目的是对财政服务进行有效"供给"，新型农业经营体系构建则需要财政服务。换句话说，新型农业经营体系构建的公

第 3 章 财政金融服务创新与新型农业经营体系构建的协同理论架构

益性、正外部性，客观上产生了对财政服务合理的需求，因而需要创新财政服务。所以，财政服务创新与新型农业经营体系构建"协同"关系的实现过程实质上就是上述供求关系"均衡"的实现过程。

如图 3-8 所示，假定原有的财政支农服务均衡点（E 点）是由需求曲线（d_1）和供给曲线（s_1）决定的。现在由于新型农业经营体系构建，客观上增加了对财政服务的新需求，使需求曲线向右移至（d_2），此时，就需要财政服务创新，推动供给曲线右移至 s_2，使财政支农服务数量由原来的 G 点扩大至 H 点。若不创新财政支农服务，其交易费用就会增加。

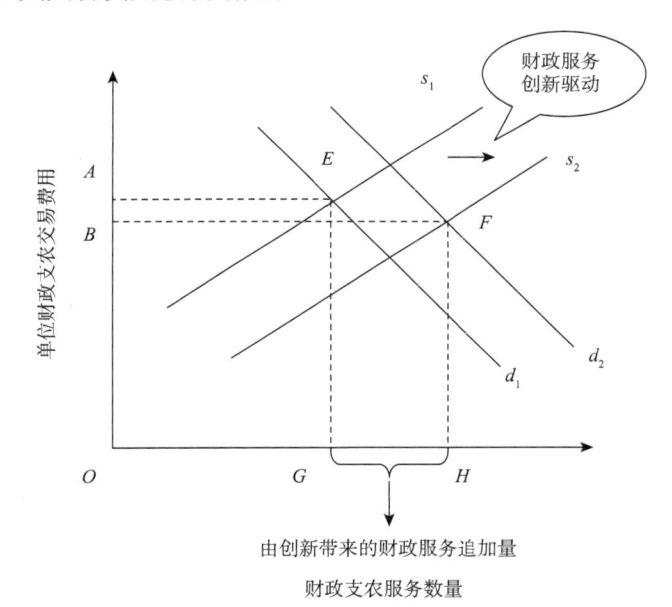

图 3-8 财政服务创新与新型农业经营体系构建的微观协同机理
s_1 和 s_2 代表供给曲线；d_1 和 d_2 代表需求曲线

3. 内部结构维度：各类主体客观需求与财政服务供给均衡

由于在农业现代化背景下，新型农业经营体系是由新型农业生产主体、新型农业服务主体、新型农业商品标准化处理配送主体、新型农业营销主体、新型农业监管主体五个部分组成的有机联系的系统。因此，可以借助图 3-9 从新型农业经营体系内部结构来考察财政服务创新对不同新型农业经营组织提供的服务是否协同[①]。

---

① 新型农业监管主体具有外生性，本身是由政府出资建立的，所以就不纳入图 3-9 中加以考察，只需要将四个内生性新型农业经营组织纳入财政服务的协同分析框架。

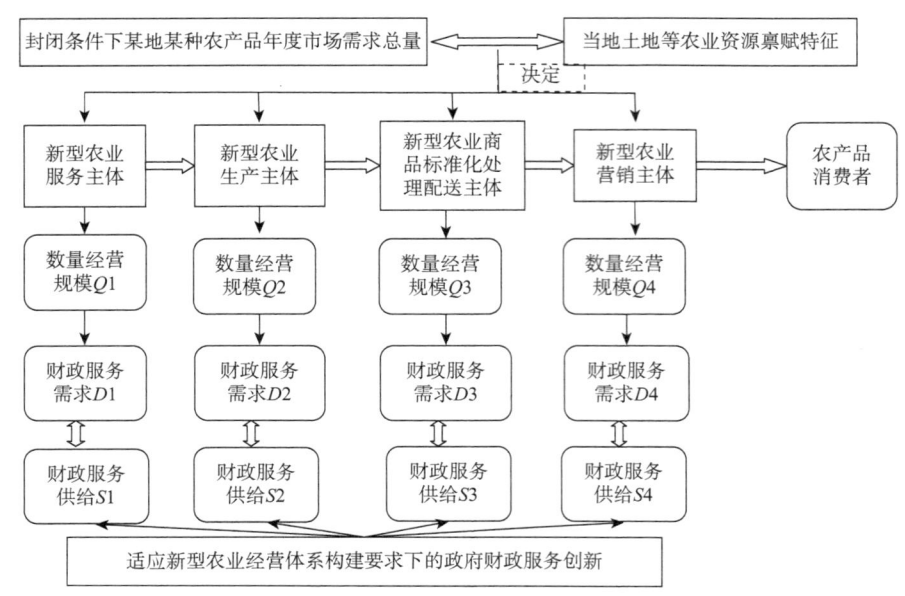

图 3-9　财政服务创新在新型农业经营体系构建内部的协同机理

在图 3-9 中，假设在一个既定的构建阶段（可以是年为单位）内，某地区的消费者对某种农产品具有高标准化市场需求，只能由当地新型农业生产经营商提供，并构成了一个封闭性的现代化农业经济系统。则该地区这种农产品的年度市场需求总量、土地等农业资源禀赋特征等就决定了在当地新型农业经营体系构建中，各类农业经营组织培育的数量及其生产经营规模。又假定非财政功能之外的其他资金需求可以通过自筹和对外融资得到满足，那么，保障不同类型的新型农业经营组织有效运转所需要的公益性投资和风险与收入补偿性补贴，就产生了对财政服务的客观、有效与合理的需求，即图 3-9 中的财政服务需求（$D1$~$D4$）。如果这些需求能被准确地测量出来，在当地政府财政能力允许的情况下，就可以通过财政服务创新，来提供与财政服务需求（$D1$~$D4$）对等的财政服务供给（$S1$~$S4$），从而保障各类新型农业经营组织在合理分工机制之下有机协同运行下去，实现现代农业产业链的协调和可持续发展。

3.4　金融服务创新与新型农业经营体系构建的协同关联机理

尽管新型农业经营体系构建需要主体、组织、生产、经营、政策五大类要素，但如果没有金融系统提供金融要素，要调动这些要素加入新型农业经营体系构建过程，必将举步维艰。本节就将重点研究金融服务创新与新型农业经营体系构建的协同关联机理。

3.4.1 金融服务于新型农业经营体系构建的缘由

新型农业经营体系构建阶段需要金融服务的主要缘由可以归纳为如下四个方面。

第一，金融是新型农业经营体系构建的核心战略资源，能为新型农业经营体系构建提供先导性的资金要素。金融发展史有力地证明，尽管金融发展不时会通过爆发金融危机（且部分金融危机是由实体经济带来的）对实体经济构成巨大冲击，但金融在实体经济发展中的"推动力"[1]作用仍旧不可撼动与替代，因而金融被称为"现代经济的核心"[2]理所当然。同样地，金融也是农业现代化发展的核心，是新型农业经营体系构建的核心战略资源。这是因为，金融部门通过吸收存款等途径集聚了居民、企业和政府大量的储蓄资源，这些资源经过贷款等途径，被新型农业经营体系获得，可以立即转化为新型农业经营体系构建的先导性要素。

如图3-10所示，在市场经济体制下，新型农业经营体系构建首先需要货币资金（G），并通过货币资金去购买构建要素（Y），包括组织要素（ZY）和生产经营要素（BY）[3]，然后通过项目（X）为载体的生产经营和组织构建过程（XP），产生两个硬性的产出物，即新型农业经营组织（OA）和构建阶段的农业产出收入（$G'(I)$）。可见，在这里，货币资本不仅起着先导性的"推动力"作用，而且还是联结新型农业经营体系资本连续性运动的纽带。而金融部门是专业性地提供货币资金融通的部门，谁能从金融部门优先融通资金，谁就能获得新型农业经营组织发育所需要的资金，并通过资金的推动力作用尽早完成新型农业经营组织的发育过程。所以，对新型农业经营体系构建来讲，金融必然是其核心战略资源，金融部门也是各构建主体竞相争取其资金支持的一个特殊部门。

---

[1] 金融的推动力包括"第一推动力"和"持续推动力"，它最初用于形容货币资金在生产过程中的作用，金融的主要功能是为社会再生产过程提供货币资本的交易。马克思在《资本论》第二卷中指出："资本主义的商品生产——无论是社会地考察还是个别地考察——要求货币形式的资本或货币资本作为每一个新开办的企业的第一推动力和持续的动力"，因此金融同样发挥着"第一推动力"和"持续推动力"作用。

[2] 出自邓小平（1993）："金融很重要，是现代经济的核心，金融搞好了，一着棋活，全盘皆活"。

[3] 前文分析的五大构建要素包括主体要素、生产要素、经营要素、组织要素、政策要素，其中主体要素和政策要素不需要货币资金，他们本身也可以提供货币资金，如直接构建主体的自有资本和间接构建主体通过政策补贴给予的财政资金。

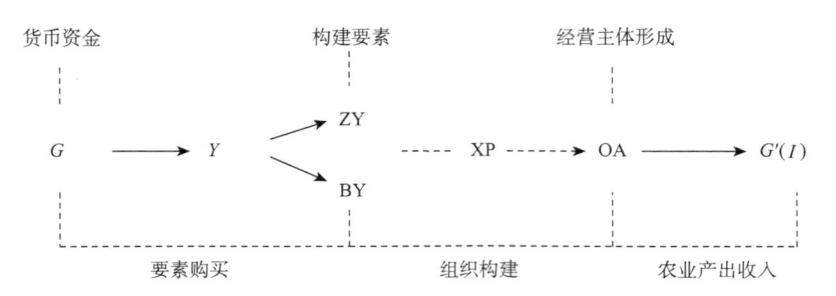

```
货币资金           构建要素        经营主体形成
                     ZY
 G ——→ Y                 ---- XP ----→ OA ——→ G'(I)
                     BY
 要素购买           组织构建        农业产出收入
```

图 3-10 货币资金在新型农业经营体系构建中的先导性作用

I 表示农业收入

第二，新型农业经营体系的构建迫切需要金融系统提供其核心战略资源——资金。尽管我国新型农业经营体系构建的直接构建主体有普通农户、精英农户和城市工商企业，相比普通农户和精英农户，城市工商企业资金实力较为雄厚，但由于经营的业务种类多、农业经营要素需求量大，在构建新型农业经营组织时也必然需要大量的金融资金。况且，从我国的土地经营制度来看，普通农户和精英农户才是我国新型农业经营体系构建的重要发起人。由他们主导新型农业经营体系的构建，必然要进行组织重构、扩大投资规模、生产扩张、技术创新，在农户内部积累不足的情况下，必然需要外部信贷介入。这里不妨改造 McKinnon(1973) 模型即两周期费雪图形来说明为什么普通农户和精英农户构建新型农业经营组织需要金融支持。

在图 3-11 中，我们只考察新型农业经营组织的构建期和发展期两个阶段。在构建期，农户会放弃一些事先计划好的消费来进行投资，进而扩大发展期的可消费品。横轴表示新型农业经营组织构建期的收入或初始财富（Y）及消费（C）。纵轴表示构建期的投资机会能增加发展期的收入流量。基于 McKinnon(1973)"投资不可分割性"的思想，假定着力构建新型农业经营主体的农户的内部投资只限定使用两种不同的技术①。T_1T_1' 代表传统农业技术（对这种技术的投资，从 T_1 开始出现递减的投资收益）；T_1T_1' 表明在未发生重大的农业技术创新情况下，农户会减少构建期消费以增加发展期消费。相比之下，T_2T_2' 代表新型农业经营组织构建所需要的技术创新（如一种机械化技术或一条灌溉系统的替代）。在农户从第二种技术中获得任何产出之前，因为需要进行 T_2T_2 投资，就存在一个收入缺口——这与购置新农业技术所需的最初生产设备等前期投入有关。然而，一旦构建期的农业投资发生，发展期耕作的收益就可能增加，而且只有沿着 T_2T_2' 进入第二象限，

---

① 根据本书的研究，这里的技术是广义的，既包括生产经营中的农业技术，也包括组织构建运营的经验管理技术。

收益才开始递减。如果构建新型农业经营组织的农户被限定于内部资本积累，相对于消费需求有限的初始资金，技术选择就会发生偏离。在图 3-11 中，只有当农户使用传统农业技术时，在 B 点的平衡状态，构建期和发展期的消费才是正数；反之，如果实际上利用了先进农业技术的规模经济，农户在新型农业经营组织构建期的消费就必定是负数———一种经济上的不可能事件。I_1 和 I_2 常见的"凸状"代表着农户的消费无差异曲线。两个周期中的消费一定都是正数，可以预见，这个消费约束因素在落后的农业经济中被严格地限制了。

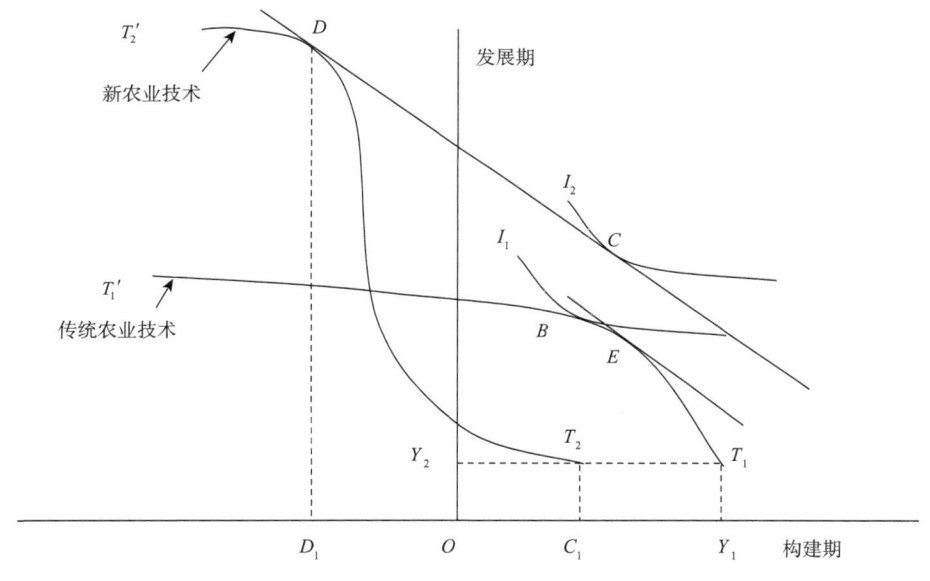

图 3-11　新型农业经营组织构建投资、技术创新与金融支持

在图 3-11 描述的情形中，消费约束和有限资金，将农户封闭在 B 点的低级技术中。但如果能获得外部借贷，农户就可以运用 D 点的新农业技术完成新型农业经营组织的构建，从事高质量的农业生产，加上 C 点的被改善的消费，他们将会打破传统的农业生产经营方式。也就是说，如果农户能够按直线 DC 的斜率确定的利率筹措到所希望的资金规模，这部分外部资金将允许其进行相当于 Y_1D_1 规模的新技术投资，并增加新型农业经营组织构建期的消费。而代表借款利率的 DC 线的斜率，大于传统农业技术条件下在 B 点进行自我融资的边际生产率。这意味着自身生产率和社会生产率的提高，也能使构建新型农业经营主体的农户在发展期归还贷款。综上分析可见，农户为了增加其新型农业经营组织在发展期的收益和保持在构建期的原有消费水平，就需要在构建期通过向金融部门寻求借款，来购买新型农业经营组织发展所需要的所有高级技术，而不是沿用传统的低级技术。

第三，新型农业经营体系构建阶段的特色效益农业也可能存在高获利机会，对金融支持形成较强的吸引力。新型农业经营体系的构建是与现代农业项目的建设和经营同步进行的，因而如果在构建阶段，这些现代农业项目能产生直接的经济效益，可以确保构建主体有足够的债务偿还能力，金融机构就会积极支持构建主体。与具有无偿支持性质的财政支持不同，金融支持必须是有偿并能得到约定利息进行支持，因为资产负债率接近90%的特殊资产来源结构，决定了金融机构必须讲究市场效率，必须遵循市场经济运行规律和金融运行规律，以追求利润最大化为目标，因而其在支持实体经济中的贷出资金必须要实现最大化的保值和增值，并尽可能将信贷违约风险降到最低程度，从而确保信贷资金的良性循环（冉光和等，2007；王定祥等，2009）。唯有如此，才能避免具有"多米诺骨牌效应"的"银行挤兑危机"发生。从现实来看，在新型农业经营体系构建阶段，直接构建主体经营的农业项目主要有三类：一是诸如水稻、玉米、小麦等保障国家粮食安全、解决人们温饱问题的基础农业项目，尽管其建设周期短、产量高、见效快，但是粮食市场价格相对较低，且自然灾害风险和价格波动风险较大，投资回报率并不高，除了政策性金融机构需要执行国家对基础农业扶持的政策意图而需要积极介入外，商业性金融机构介入的风险仍然较大，因而积极性并不高；二是一些经济果林等农业项目，投资规模大、投资回收期较长，在构建阶段基本见不到明显的经济效益，所以这类农业项目对商业性金融机构可能缺乏吸引力；三是一些特色农业项目，如蔬菜、草莓、食用菌、动物养殖等，其建设和见效周期都相对较短，投资回报率较高，在农业产业内部可以较为稳定地获得超额利润，信贷风险相对较小，因而往往对商业性金融机构形成较强的吸引力，商业性金融机构也会更加主动地支持这些构建主体。

第四，金融机构客观上需要拓展其业务市场空间，建立新的客户群合作伙伴关系。我国现阶段的新型农业经营体系的构建，是在统筹城乡一体化发展和金融高度市场化、竞争化背景下展开的。自2001年我国加入WTO以来，金融市场化程度显著提高，金融行业市场准入明显降低[1]，外资金融机构持续进入，各地新型农村金融机构不断涌现，加之随着各地城乡一体化进程的加快推进，城市金融机构也积极开拓农村金融市场，使得农村金融市场竞争程度不断提高，农村金融机构的生存危机遭遇巨大挑战。如果不主动积极地去争取农村客户，尤其是培育农村黄金客户，农村金融机构未来就可能无法生存下去。于是，为了追求长远发展利益，一些农村金融机构客观上也需要拓展其业务发展空间，将符合时代发展潮流的新型农业经营主体的培育纳入其服务的客户群。即使是一些在构建期见不到经济效益的现代农业

---

[1] 以2006年中国银行业监督管理委员会降低新型农村金融机构的市场准入标准为标志，我国进一步放开了农村金融市场，极大地丰富和发展了农村金融机构，显著增强了农村金融机构之间的竞争态势。

项目，只要在发展期的经济效益预期可观、构建主体长远的偿还能力有保障，那么，商业性农村金融机构仍有可能主动向这些潜在优质客户提供长期融资支持，与这些直接构建主体建立起长期的合作伙伴关系。而且，有些农村金融机构可能会主动响应国家的政策号召，积极履行支持现代农业的社会责任，创新金融产品与服务，增加对直接构建主体的金融支持力度，从而促进新型农业经营体系的构建。

综上分析表明，金融服务于新型农业经营体系的构建有其客观必然性，除了金融要素的核心战略资源的属性决定外，既有强大的需求动力，也有积极主动的供给动力，因而金融服务新型农业经营体系构建天经地义，只不过需要严格遵循市场经济规律所决定的金融运行规律而已。

3.4.2 金融服务在新型农业经营体系构建中的功能定位

既然金融服务于新型农业经营体系构建有其客观必然性，那么，金融在新型农业经营体系构建中到底需要发挥哪些功能或作用呢？结合金融体系所具有的功能属性，并根据新型农业经营体系构建的客观需要，我们认为，金融服务应当在新型农业经营体系构建中努力释放以下三种功能。

（1）资金融通功能。新型农业经营体系的构建，实质上是对传统农户家庭经营制度下的农业要素进行重组，并以现代农业项目为构建载体对农业要素进行规模化、集约化配置，从而产生新的农业经营组织的过程。在这一构建过程中，直接构建主体对农业要素的取得，是建立在市场经济的等价交易机制基础之上的。没有要素的交易行为，不仅要素的原产权所有者或使用者的收益无法实现，而且要素购买者也无法取得相应的农业要素。要实现农业要素的交易和重组配置，就需要借助货币资金来完成。这些货币资金，除了来自构建者自有资金和从政府手中得到的财政补助资金外，其余的资金就需要向金融体系融资。而将储蓄转化为社会投资，调剂资金余缺，为实体经济提供资金支持，恰好是从实体经济中基于社会分工机制分离出来的金融体系最基本的服务功能。在新型农业经营体系的构建阶段，投资规模较大，建设周期和投资回收期较长，且存在较大的收支时差，导致直接构建主体可能会存在较大的资金缺口和流动性困难。如果没有从金融机构融通的资金来补齐这些资金缺口，新型农业经营组织的构建就可能大打折扣，于是"潜在"的新型农业经营组织构建要素就无法转化成"现实"的构建要素。毫无疑问，新型农业经营体系构建对金融服务排在第一位的需求，就是金融资金需求。所以，在支持新型农业经营体系构建中，金融服务的首要功能理所当然应定位为向直接构建主体提供必要的资金融通,以帮助他们解决困扰发展的资金难题。

(2)智力融通功能。当金融机构通过资金融通功能介入新型农业经营体系的构建进程之后,信贷金融机构与新型农业经营组织的构建者之间就形成了一个以贷款合约为法律依据的利益共同体。这是因为,金融机构要确保其贷出资金能保值增值,且几乎没有风险地收回本金和利息。而能否没有风险地收回本金和利息的关键取决于新型农业经营组织构建阶段所经营的农业项目是否能产生预期性的收益。这种预期性的收益获取,不仅金融机构高度关注,而且新型农业经营组织构建者也十分关心。因为构建者要评估获得的预期收益在还清借款本息后,是否还有剩余收益。如果没有剩余收益,就无法在后期积累资本和扩大再生产。因而,加强贷款资金的使用与管理,提高贷款资金使用效率和效益,自然会成为贷款后金融机构和新型农业经营组织构建者共同的利益契合点和合作点。为了降低贷款风险,实现金融机构贷款收益目标,金融机构可能会积极主动地介入新型农业经营组织构建阶段的农业项目经营管理活动中,通过发挥金融机构所拥有的业务专家团队优势、信息优势和决策优势,为新型农业经营组织构建者提供支付结算、投资决策、资产管理、资金流动性管理、财务管理等方面的智力服务。同时,金融机构也可以借此达到对借款者的资金使用进行有效监督、防止出现道德风险、保障资金安全高效使用的目的。反过来,新型农业经营组织构建者可能由于缺乏经验、人力、物力,也需要金融机构提供这方面的智力支持。因此,在新型农业经营体系构建阶段,为构建者提供智力融通,必然会成为金融机构的重要功能。

(3)风险保障功能。在新型农业经营体系构建阶段,直接构建主体面临的风险具有多重性:不仅在其农业经营项目中客观存在自然风险和市场风险,而且在其组织孵化运行过程中存在着较大的经营管理风险或决策失误风险。另外,在新型农业经营体系构建阶段,农业投资形成的资产法律产权界定可能缺乏,同时其社会声誉机制还没有有效地建立起来,导致其可能存在巨大的融资风险。而加强这五类风险的管控和分散,对于减轻构建者的负担,促进新型农业经营体系的成功构建具有决定性意义。显然,为了确保新型农业经营组织及其所经营的农业项目获得成功,新型农业经营组织的直接构建主体对引进社会性质的风险分担与管理机制不仅会产生较大的需求,而且抱有较大的期待。从金融的角度来看,上述五类风险管理恰好是金融服务可以发挥作用的领域。例如,自然风险和市场风险可以通过引入农业保险机制,运用农业自然灾害保险和市场价格指数保险等风险管理工具进行管理和规避;而经营管理风险或决策失误风险可以通过金融机构提供智力支持进行弱化;因缺乏有效资产和声誉机制而形成的融资风险,可以通过提供担保服务来进行规避。金融机构具有专业性质的专家管理团队,对风险管理具有较强的比较优势,保险、担保机构更是专业性质的风险管理机构。所以,金融服务于新型农业经营体系的构建,客观上需要增强其风险保障功能,为新型农业经营组织的构建者分担各种风险。

3.4.3 金融服务创新促进新型农业经营体系构建的作用路径

在新型农业经营体系构建阶段，需要立足于新型农业经营组织的需求与风险特征，开展以下几个方面的金融服务创新。

1. 融资服务工具的创新

针对新型农业经营体系构建对融资需求较大的特征，金融服务的第一大创新当属于融资服务工具的创新。从整个金融体系来讲，为新型农业经营体系构建提供的融资服务的创新工具一般有直接融资和间接融资两种类型。例如，对于实力雄厚的处于构建末期的大型农业龙头企业，可以通过上市或资产证券化等途径进行直接融资；而对于处于构建期风险较高的农业企业，可以通过风险投资机制进行股权化直接融资；除此之外，银行融资渠道通常是大多数处于构建期的新型农业经营组织的间接融资的共同选择。无论是直接融资，还是间接融资，其资金都会按照图 3-12 所示的循环规律参与新型农业经营组织的构建过程。

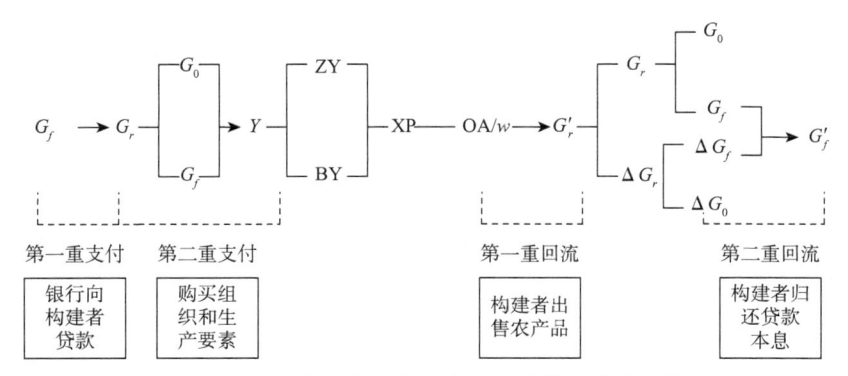

$$G_f \rightarrow G_r \begin{bmatrix} G_0 \\ G_f \end{bmatrix} \rightarrow Y \begin{bmatrix} ZY \\ BY \end{bmatrix} \rightarrow XP \rightarrow OA/w \rightarrow G'_r \begin{bmatrix} G_r \\ \Delta G_r \end{bmatrix} \begin{bmatrix} G_0 \\ G_f \\ \Delta G_f \\ \Delta G_0 \end{bmatrix} \rightarrow G'_f$$

第一重支付：银行向构建者贷款
第二重支付：购买组织和生产要素
第一重回流：构建者出售农产品
第二重回流：构建者归还贷款本息

图 3-12 融资服务创新促进新型农业经营体系构建的作用路径

基于交易成本和上市融资门槛高的约束，大多数新型农业经营组织在构建阶段还是会选择银行融资。根据新型农业经营组织的信贷需求特点，银行融资服务工具的创新应当在包括融资期限、融资抵押物、授信额度、授信流程、偿还要求、展期要求、贷后监管和利用集体声誉机制等方面，做出有别于传统农户农业信贷模式的适应性的调整，以尽可能在风险可控的情况下满足新型农业经营组织构建阶段的信贷需求。银行融资服务工具创新一旦实施后，就可以通过直接构建主体的融资和使用而立即加入新型农业经营组织的构建过程。由于银行融资需要以还本付息为条件，在信贷资本参与新型农业经营组织构建的循环结束后，将带回增值价值额即利息，又回流到银行手中，这实际上是一个"二重支付与二重回流的特殊的价值运动过程"。其基本的作用路径可用图3-12加以描述。

图3-12中G_f为银行信贷资本（也可以是指所有通过金融融通的资本），G_r为直接构建主体投入新型农业经营组织构建的总资本。它包括两个组成部分：一是直接构建主体自身拥有的资本G_0；二是从银行等金融机构借入的金融资本G_f。构建主体将它们有机组合在一起，用于购买构建要素（Y），即组织要素（ZY）和生产经营要素（BY）。当直接构建主体在生产要素市场买到两类要素后，就将其投入新型农业生产经营和组织构建过程（XP）。构建过程结束后，不仅产生了新型农业经营组织（OA），而且也生产出了农产品（w'），其物质形态不仅发生变化，而且其价值发生了增值。但新的农产品w'最终还需要借助销售以实现其价值。构建主体经过销售，所得到的货币资本（G_r'）就是其总资本（G_r）投入的一种回流。它包括原有投入的货币资本（G_r）和新增加的价值（ΔG_r）。由于在G_r中，既有自有资本（G_0），又有银行信贷资本（G_f），而银行信贷资本需要偿还。因此，G_r可以分解成G_0和G_f。对于新增的价值部分（ΔG_r），构建主体既要将一部分作为使用信贷资本的代价——利息支付给银行，又要留下一部分增加值作为其组织构建和生产经营得到的报酬，也就是自有资本（G_0）应得到的回报。ΔG_r也需要分为ΔG_f和ΔG_0两个部分，ΔG_f为利息付出，ΔG_0为利润留成。当构建主体从G_r中分离出G_f，又从ΔG_r中分离出ΔG_f后，将两者合并为G_f'还给银行。此时，金融部门融资服务对新型农业经营组织构建的单一作用过程才得以结束。

2. 融智服务工具的创新

前文分析表明，融智服务作为金融体系在新型农业经营体系构建中的重要功能，需要在实践中根据新型农业经营体系的需求特征进行有别于农户经营的创新。在农户家庭经营背景下，由于农户经营规模小，投融资需求少，除了支付结算有少量需求外，农户对金融体系在资产管理、融资辅导、投资咨询和决策参与等方面基本没有需要；而新型农业经营组织由于经营的集约化、专业化、组织化、社会化程度高，财务核算制度也逐步建立起来，且操作规范，投融资需求规模大、资产管理复杂，也可能存在资产证券化和上市融资的机会，这就需要金融体系为新型农业经营组织在构建阶段提供包括支付结算、资产管理、融资辅导、投资咨询、决策参与等智力支持服务，这些服务在过去农户经营时期基本没有提供过，因而在新型农业经营体系构建阶段就需要金融体系围绕这些智力需求进行智力服务创新。

图 3-13 展示了融智服务工具创新促进新型农业经营体系构建的作用路径。其中，支付结算服务创新是通过提供支付结算服务，帮助新型农业经营组织节约流通费用，减少流动资金占用量；资产管理服务主要是受新型农业经营组织的委托，对其经营性资产的保值增值提供咨询建议；融资辅导主要是在资产证券化、上市融资、风险投资等之前对新型农业经营组织进行指导培训；投资咨询主要为新型农业经营组织在生产投资中提供投资项目评估、投资设计、投资风险防范等决策建议；决策参与是当金融机构作为债权人时，其参与到新型农业经营组织的重大决策过程中，从而发挥决策监督作用。总之，金融体系通过提供上述智力服务工具，并以现代农业项目为构建载体，最终对新型农业经营体系构建阶段的三种产出（即组织、机制和农业产出）带来明显的促进作用。

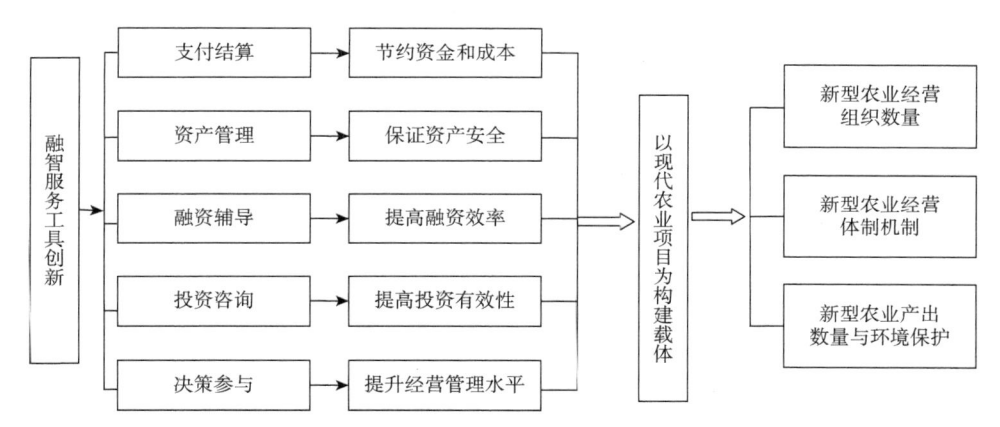

图 3-13 融智服务工具创新促进新型农业经营体系构建的作用路径

3. 风险管理服务工具的创新

风险管理服务对新型农业经营体系的构建十分关键。因为在构建阶段，新型农业经营体系除了与成熟期的农业经营主体一样要面临农业的自然风险和价格风险外，还面临该阶段所特有的融资风险和经营管理风险。因为在构建期间，直接构建主体的融资需求规模较大，但农业资产还没有有效形成，产权界定滞后，可能导致直接构建主体可以抵押的有效资产缺失，因而向银行等金融机构融资十分困难。同时，由于没有有效资产作为保障，银行担心贷款难以回收，因而贷款十分谨慎，甚至"惜贷"。为了降低融资风险，客观上需要引入担保融资机制或贷款保险机制，为新型农业经营组织构建者提供担保增信服务。同样地，在构建阶段，直接构建主体经营管理经验缺乏，经营失败的可能性极高，资产流失或被盗等风险高，需要引入财产保险来规避风险。

图 3-14 反映的是风险管理服务工具创新促进新型农业经营体系构建的作用

路径。其中，担保融资服务是帮助新型农业经营组织在缺少有效抵押资产情况下增强融资信用度，降低直接构建主体向银行融资的难度；信贷保险服务主要是保险公司受银行的委托，而对其信贷提供损失理赔服务；巨灾保险服务和价格保险服务都是保险公司针对直接构建主体的，对其新型农业经营组织构建阶段面临的自然风险和农产品价格风险提供受损后的理赔服务；财产保险也是保险公司针对直接构建主体提供的服务，对其财产面临的风险提供补偿保障服务。总之，金融体系通过提供上述风险管理服务工具，以现代农业项目为构建载体，对新型农业经营体系构建阶段的三种产出（即组织、机制和农业产出）带来了明显的促进作用。

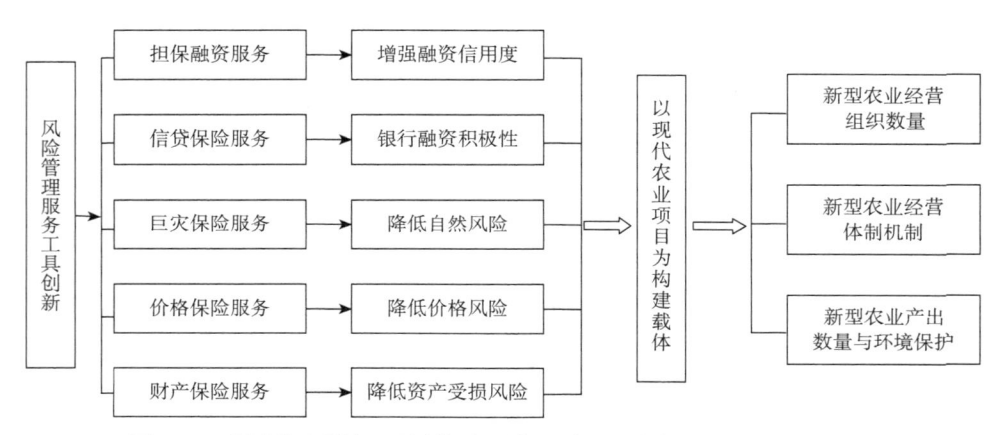

图 3-14 风险管理服务工具创新促进新型农业经营体系构建的作用路径

3.4.4 金融服务创新与新型农业经营体系构建的协同机理

与财政服务创新相似，金融服务创新与新型农业经营体系构建的协同关系本质上也属于供求均衡关系，因而其协同机理实现过程同样可以纳入供求均衡分析框架。

1. 金融服务创新与新型农业经营体系构建的协同：一般均衡过程

如前所述，我国新型农业经营体系的构建是在传统的农户家庭联产承包制度基础上推进的，因而与之配套的金融服务既可能建立在对农户家庭经营的金融服务进行改造基础上，也可能按照新型农业经营体系构建的新需求，设计全新的金融产品和服务，从而实现金融服务创新与新型农业经营体系构建的协同关系。这一关系实现过程可用图 3-15 来展现。

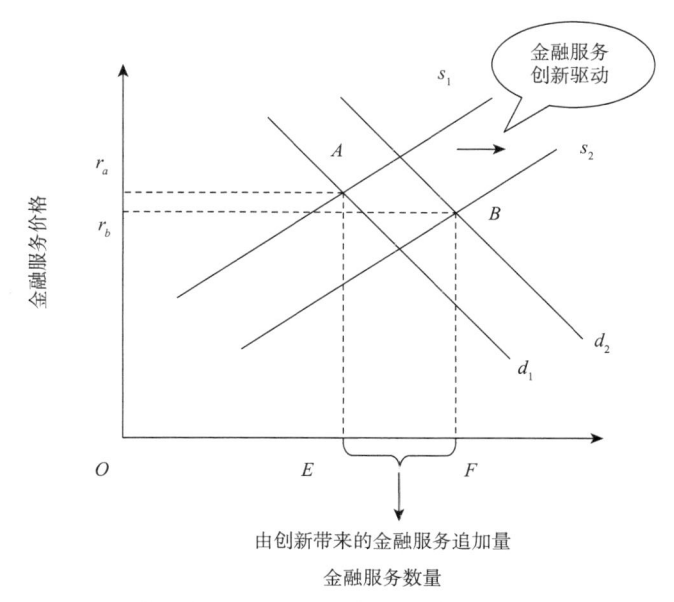

图 3-15　金融服务创新与新型农业经营体系构建的协同机理：一般均衡过程

假定 d_1 代表农户在家庭联产承包责任制度下传统农业对金融服务的需求曲线，s_1 代表农户在家庭联产承包责任制度下金融服务供给曲线，那么在农户家庭经营下金融服务与传统农业发展的协同均衡点为 A 点，此时金融服务的总水平为 OE，任何偏离 A 点的金融服务供给量都是不协同的。在传统农业向现代农业转型过程中，新型农业经营体系的构建自然会扩大对金融服务的现实需求，使得金融服务需求曲线从 d_1 向右扩大到 d_2，假定需要追加的金融服务合理需求量为 EF 水平，就需要金融系统通过金融服务创新，使用新的金融产品或服务，使金融服务供给曲线从 s_1 向右扩大到 s_2，最终与需求曲线 d_2 形成一个协同均衡点 B 点，此时，国家整个金融支农服务数量为 OF，而为了构建新型农业经营体系，金融机构实际追加了 EF 规模的金融服务水平。图 3-15 中还表明，在家庭联产承包责任制度背景下，金融服务的均衡价格为 A 点，而在新型农业经营体系构建后追加金融服务所带来的均衡价格 B 点，表明不仅金融服务规模扩大了，而且金融服务价格降低了。主要原因是支持农户的金融服务交易规模小，交易成本和风险高，所以需要较高的金融服务价格作为补偿；而在新型农业经营体系构建中，各新型农业经营组织由于每笔金融需求规模较大，具有批量性，同时新型经营组织的经营管理规模和能力比农户高，因而金融服务风险相对比较低。并且在新型农业经营体系构建阶段，一些农户已转为新型农业经营主体，不再适用于原来的金融服务模式，使得批发性质的金融服务占比得到显著提高,从而使得整体金融服务价格趋于下降,如图 3-15 中的 $r_b<r_a$。

2. 金融服务创新与新型农业经营体系构建的协同:局部均衡过程

1)局部均衡的一般原理

为了便于分析,这里同样只将由市场机制主导下的新型农业经营体系中的四类主体即新型农业生产主体、新型农业服务主体、新型农业商品标准化处理配送主体、新型农业营销主体纳入内部结构均衡分析框架,并借助图 3-16 来说明金融服务创新与新型农业经营体系内部结构协同实现过程。

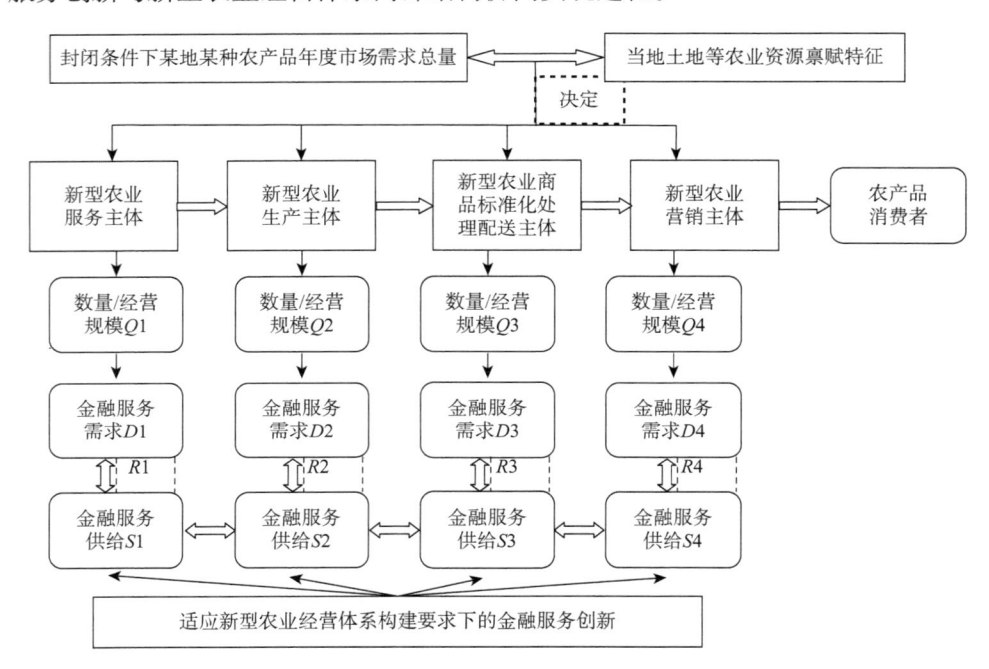

图 3-16 金融服务创新在新型农业经营体系构建的内部协同机理

在图 3-16 中,同样假设在一个既定的构建阶段内,某地区的消费者对某种农产品具有高标准化市场需求,只能由当地新型农业生产经营商提供,并构成了一个封闭性的现代化农业经济系统。则该地区这种农产品的年度市场需求总量、土地等农业资源禀赋特征等就决定了在当地新型农业经营体系构建中,各类农业经营组织的培育数量及其生产经营规模。又假定资本和财政性功能的资金可以通过自筹和财政满足,其他资金需求需要通过金融服务得到满足,那么,保障不同类型的新型农业经营组织有效运转所需要的生产性投资,就产生了对金融服务的客观、有效与合理的需求,即图 3-16 中的金融服务需求($D1\sim D4$)。如果这些有效需求能被准确地测量出来,且通过当地金融体系的金融服务创新[①],来提供与其金融服务需求($D1\sim D4$)对等的金融服务供给($S1\sim S4$),就可以保障各类新型农业经营组织在合理分工机制之下有机协同运行下去,实现现代农业产业链的协调和可持续发展。此外,如果要衡量金融服务于新型农业经营体系内部结构的协同关系,除了上述四对金融供求相等外,金融服务价格或投资回报率也要相等,即$R1=R2=R3=R4$。如果任意一个金融投资回报率高于其他方向的金融投资回报率,金融资金就会从金融投资回报率低的方向流向高的方向进行调节,直到每个方向的金融投资回报率相等为止,从而实现协同目标。

2)局部均衡解的实现过程

这里我们借鉴张杰(2003)的融资缺口模型,对新型农业经营组织直接构建主体与金融机构信贷服务协议达成均衡条件进行分析。假设新型农业经营体系直接构建主体作为农贷市场的借款人,正规信贷机构和非正规信贷机构是农贷市场中的两个放款人。直接构建主体与信贷机构均为理性决策主体,以效用最大化作为决策准则。我们设直接构建主体自身的初始资金存量为W_e,直接构建主体作为一个经济单元,主要从事农业生产和农业经营组织构造两类活动,其生产性资金需求为K_p,经营组织构造资金需求为K_l,资金需求总量为$W_t = W(K_p, K_l)$,直接构建主体的融资类型取决于其资金需求总量与初始资金存量之间的缺口。

若$W_e > W_t$,即直接构建主体的初始资金存量大于等于其资金需求总量,则直接构建主体可以通过自我融资完成两类活动。

若$W_e < W_t$,即直接构建主体的初始资金存量小于其资金需求总量,则直接构建主体除了自我融资之外,还需要外源性融资,即产生了信贷需求。其需求量为

$$L = W_e - W_t \tag{3-2}$$

对于产生借贷需求的直接构建主体,我们假定他们将借贷资金用于现代农业生产性投资项目(包括生产性及其经营组织构造)的利润率(R)处于一种随机状态,项目成功的概率为$\rho(r,\theta)$,其中r为借款利率,θ为项目风险。当投资成功时,直接构建主体获得收益率$R = \bar{R}$,$\bar{R} \in [1+r, \varpi)$,此时直接构建主体的利润为$\bar{R} \times L - L \times (1+r)$,信贷机构获得$r \times L$的利润;项目失败概率为$1-\rho(r,\theta)$,当项目失败时,直接构建主体的收益率为$R = \underline{R}$,$\underline{R} \in [0, 1+r)$,此时,信贷机构获得现代农业项目剩余资产的所有权,剩余资产为$\underline{R} \times L$,此时信贷机构的利润为$(\underline{R} - 1) \times L$。

综上,在不考虑金融机构贷款的管理成本与相关经营成本的情况下,信贷机

[①] 需要指出的是,针对新型农业经营体系金融服务创新包括信贷服务创新、保险服务创新、担保服务创新、证券融资服务创新(上市融资、风险投资、资产证券化)和基金服务创新等。图3-15主要是指通过信贷服务创新满足其资金需求。

构提供信贷服务的预期收益函数为

$$\pi(r, L) = r \times L \times \rho(r, \theta) + (\underline{R} - 1) \times L(1 - \rho(r, \theta)) \quad (3\text{-}3)$$

直接构建主体的预期收益函数为

$$Y = \rho(r, \theta) \times [\overline{R} \times L - (1 + r) \times L] \quad (3\text{-}4)$$

在此基础上，我们将新型农业经营组织构建者和信贷机构的机会成本考虑进借款行为之中，假定信贷机构同时存在其他的投资机会，并可以确定地获得无风险收益率（λ），即贷款资金的机会成本为λ。直接构建主体在不借款的情况下存在着获得稳定收益W的机会。因此，借款协议达成还受到以下条件约束：

$$\pi(r, L) = r \times L \times \rho(r, \theta) + (\underline{R} - 1) \times L(1 - \rho(r, \theta)) \geqslant \lambda \times L \quad (3\text{-}5)$$

$$Y = \rho(r, \theta) \times [\overline{R} \times L - (1 + r) \times L] \geqslant W \quad (3\text{-}6)$$

即直接构建主体和信贷机构的期望收益应大于二者所需付出的机会成本，若以上条件其中之一或均不能满足，那么借款协议则无法达成。如果双方要对借款达成一个关于L和r的借贷均衡合约，则需要满足以下三个条件：

$$\text{Max}\,\pi(r, L) = r \times L \times \rho(r, \theta) + (\underline{R} - 1) \times L(1 - \rho(r, \theta)) \quad (3\text{-}7)$$

$$r \times L \times \rho(r, \theta) + (\underline{R} - 1) \times L \times (1 - \rho(r, \theta)) \geqslant \lambda \times L \quad (3\text{-}8)$$

$$\rho(r, \theta) \times [\overline{R} \times L - (1 + r) \times L] \geqslant W \quad (3\text{-}9)$$

由式（3-7）、式（3-8）、式（3-9）可知，一般借款协议达成的约束条件为在信贷机构利润最大化[1]的同时，直接构建主体和信贷机构的预期收益大于其机会成本。我们假设最优规划式（3-7）、式（3-8）、式（3-9）有解，其形式为(r^*, L^*)，那么(r^*, L^*)则必须满足式（3-7）和式（3-8）的两个约束条件，则将(r^*, L^*)代入式（3-8），可得

$$\rho(r^*, \theta) \times r^* \leqslant \rho(r^*, \theta) \times (\overline{R} - 1) - \frac{W}{L^*} \quad (3\text{-}10)$$

我们将式（3-10）变形，可得

$$r^* \leqslant (\overline{R} - 1) - \frac{W}{L^* \times \rho(r^*, \theta)} \quad (3\text{-}11)$$

这也是直接构建主体能够承受的利率上限。

同理，将(r^*, L^*)代入式（3-9），可得

$$\rho(r^*, \theta) \times r^* \geqslant \lambda - (\underline{R} - 1)(1 - \rho(r^*, \theta)) \quad (3\text{-}12)$$

将式（3-12）变形，可得

---

[1] 鉴于农贷市场的供给先行特征，信贷机构在借款协议中往往处于强势地位，所以在这里我们只需要考虑信贷机构的利润最大化。

$$r^* \geqslant \frac{\lambda - (\underline{R}-1)(1-\rho(r^*,\theta))}{\rho(r^*,\theta)} \quad (3\text{-}13)$$

这也是信贷机构所能接受的利率下限。

由式（3-11）和式（3-13）可知，若要满足解 (r^*,L^*) 存在，那么 r^* 存在的合理区间应为

$$(\overline{R}-1) - \frac{W}{L^* \times \rho(r^*,\theta)} \geqslant r^* \geqslant \frac{\lambda - (\underline{R}-1)(1-\rho(r^*,\theta))}{\rho(r^*,\theta)} \quad (3\text{-}14)$$

进一步化简式（3-14），则有

$$\rho(r^*,\theta) \times (\overline{R}-1) \times L^* + (1-\rho(r^*,\theta)) \times (\underline{R}-1) \times L^* \geqslant \lambda \times L^* + W \quad (3\text{-}15)$$

显然，$\rho(r^*,\theta) \times (\overline{R}-1) \times L^* + (1-\rho(r^*,\theta)) \times (\underline{R}-1) \times L^*$ 是 $(R-1)$ 在既定利率（r）条件下的数学期望：

$$\begin{aligned}E(R-1) &= E((R-1)|r^*,\theta) \\ &= \rho(r^*,\theta) \times (\overline{R}-1) + (1-\rho(r^*,\theta)) \times (\underline{R}-1)\end{aligned} \quad (3\text{-}16)$$

则式（3-15）可以进一步表示为

$$L^* \times E(R-1) \geqslant \lambda \times L^* + W \quad (3\text{-}17)$$

由此，我们推导出了新型农业经营体系构建中信贷服务协议达成的局部均衡（协同）条件，借款协议达成的均衡解存在的一个必要条件应当是贷款所投入的实际经营活动的平均收益应不小于信贷机构的资金机会成本与借款人的机会收益之和。如果新型农业经营组织构建者很难满足纯市场条件下的借贷均衡条件，信贷服务就难以实现与新型农业经营组织构建的协同局面，市场激励将驱动信贷资本逃离农业，而进入相对风险更低和利润更高的工业及商业领域（Turvey, 2013），新型农业经营体系的构建和现代农业发展将举步维艰。

3.5 财政金融服务协同创新与新型农业经营体系构建的协同关联机理

在服务新型农业经营体系的构建中，有些需求如风险防范等仅仅依靠财政服务或者金融服务，都无法达到预期的服务效果，这就需要金融服务与财政服务协同创新，通过发挥财政金融分工合作、共同承担的机制来促进新型农业经营体系的构建。

3.5.1　新型农业经营体系构建呼唤财政金融服务协作创新

所谓财政金融服务协作创新，就是指在新型农业经营体系构建期间，针对某一个或几个关键环节，通过共同设计服务产品或机制，或分工合作，同时向某环节既提供财政服务，也提供金融服务，但财政金融服务功能是相互补充的。那么，在新型农业经营体系构建期间，为什么需要建立财政金融服务分工合作、协同服务的机制呢？下面我们借助图3-17来论证新型农业经营体系构建阶段财政金融协作创新的必要性。

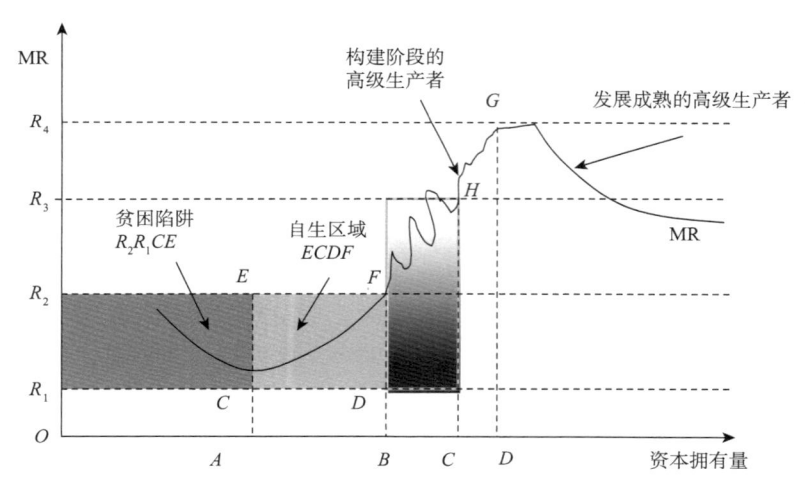

图 3-17　农户经营组织演进历程中的资本收益曲线
MR 表示农业边际收益

我国新型农业经营体系的构建，是基于在农户基础上的农业生产组织的演进过程，这种演进过程大致可以分为四个阶段：普通农户的农业简单再生产阶段（M_1）；少量经营性农户的农业扩大再生产阶段（M_2）；新型农业经营体系构建阶段的农业扩大再生产阶段（M_3）和新型农业经营体系发展阶段的农业扩大再生产阶段（M_4）。

在这里，农业简单再生产是普通农户的生产模式，是为了生存而维持最基本的农业生产规模所从事的生产，以自给自足地解决家庭温饱的需要。这种农业生产，基于最初始的资本量、生产技术和经验就可以实现，不需要额外的资本（包括人力资本）投入便可以重复进行，且这种生产不存在比较优势，因而也不能获得超额收益率。而一般的农业扩大再生产是农业经营组织向高级化演进的第二阶段，是少量农户逐渐扩大原有生产规模或者采用改进技术所从事的农业生产。伴随着这种生产模式，农户既可能维持原有的治理结构，也可能以农民专业合作社为纽带来实现扩大再生产。这种生产除了满足自我消费的产出水平外，还存在大量剩余农产品，需要借助市场销售转换为纯经济收益，农产品商品化水平得到提高。因而，这种生产的预期收益率要高于简单农业再生产的收益率（否则农户不会选择扩大生产规模或者改进技术），当然也需要更高的资本（包括人力资本）拥有量来支持这种生产。向规模化和专业化方向发展的农业扩大再生产，是精英农户构建新型农业经营组织并伴随农业扩大再生产的阶段，此时，不仅需要大量的资本和技术投入，而且对新型农业经营组织的治理和规模化农业经营管理还处于探索阶段，农产品市场还处于拓展期间，没有稳定的消费群体，导致经营收益处于剧烈波动之中，因而存在巨大的投资风险和不确定性。规模化或者专业化农业扩大再生产是新型农业经营体系发展成熟的生产模式，是普通农户向更高级的农业生产经营组织如种养大户、家庭农场、龙头企业等的成功转变，能够根据资本边际收益规律安排生产规模，并在任何边际成本低于边际收益的条件下扩大投资，进行规模化的生产经营活动，而更大量的剩余农产品会销往国内外市场，农产品商品化率达到极高的水平。因此，这种投资有着明显高于前三种投资机会的边际收益率和平均收益率，但也需要巨大的原始资本和农业要素投入。

针对上述四种农业生产模式，农户分别面临着四个投资机会（I_1、I_2、I_3和I_4）下的平均投资收益率递增（$R_1<R_2<R_3<R_4$）的情况，但所需要的资本投入量也是递增的，I_1所需的资本量不超过OA，I_2所需的资本量至少大于OA，I_3所需的资本量至少大于OB，I_4所需的资本量至少大于OC。给定投资的不可分割性，资本拥有量小于OA的农户将只能从事简单农业再生产，资本拥有量大于OA但低于OB的农户将有机会（或通过加入农民专业合作社）进行扩大的农业再生产，但无法独立从事规模化或者专业化的生产投资。由此可见，随着农户资本拥有量的上升，其边际收益曲线（MR）呈现出"先递减、后递增并在构建阶段随机上升性趋势波动，到了发展成熟期后再次递减"的基本特征。

图 3-17 还表明，资本拥有量小于OA的传统农户，在OA范围内，资本拥有量的小量增加不足以形成对I_2的投资，因而生产行为只能在原有的I_1性质内简单重复，资本的边际报酬必然递减；随着农户的资本拥有量大于OA（但不小于OB），在AB范围内，农户可以从事I_2型的生产，由于I_2型的生产被假定为在I_1基础上更有利可图，资本的边际报酬将出现递增（因为好的技术在更高的利润刺激下不断被采用，任何在边际意义上可以实现更高收益的扩大再生产也将不断进行），这类农户自身管理能力不足、资本实力有限和抵御风险能力低，但可以通过农民专

业合作社将这些普通农户连接在一起，形成一个共同的生产与销售联盟，以提高农业资本投资收益率；而作为普通农户基础上的农业经营组织，真正的质变发生在 B 处，一旦普通农户的资本拥有量超过了 OB，农户将利用这一笔不可分割的资本从事新型农业经营组织构建及其农业经营的投资 I_3，向专业化和规模化经营的种养大户和家庭农场等更高级的"农户生产经营者"方向进行组织结构转变。第三阶段代表着摆脱了传统农业生产束缚、符合现代农业生产规律和收益水平的投资机会，因此资本拥有量超过 OB 的高级生产者面临巨大创业风险而处于随机波动的边际收益曲线线段 FG，FG>CF。新型农业经营组织到了发展成熟期，就会有比 FG 更高的收益水平，并在更高的平均和边际收益水平上呈现出递减特征（这符合一般现代生产的边际报酬递减规律）。

有了上述投资不可分割性所带来的具有断裂特征的资本边际报酬曲线，我们就可以进一步分析财政金融服务协同创新与新型农业经营体系构建的关系。我们知道，常规的商业信贷市场存在一个最低的平均资本边际收益率（我们假定为 R_3），这意味着，任何低于该收益率（R_3）的农业投资项目将无法从信贷市场获得常规性的商业信贷。在图 3-17 中，整个资本边际收益曲线的 CH 部分大部分位于 R_3 以下，这意味着该区域（即横轴上整个 OC 以左的区域）的农户和新型农业经营主体不能获得外部常规性的商业融资。特别是在"U"形边际收益曲线的左半递减部分，资本存量的少量增加只会导致重复的简单生产，而不会带来边际收益的提高。因此，R_2R_1CE 所代表的区域实际上定义了农户面临的"贫困陷阱"：由于资本存量和可以获得的资本增量都严重不足，农户被迫自我束缚在简单和重复的低级农业生产状态之中（即只能从事 I_1 类型的生产，也就是基本只能靠土地、劳动力和经验从事农业生产）而面临递减的边际收益曲线，农户即使获得了少量盈余，也会将其"转移"出生产领域（如存款、消费）而不会用于低效的重复生产——只要通过融资获得的资本量低于 OA 水平，这种低水平的均衡状态将一直持续。而在"U"形曲线的右半递增部分，情况就有所不同：资本存量的逐渐增加使农户不断利用新技术提高生产效率成为可能，边际收益曲线呈上升趋势，一些积累了一定资本存量的农户可以利用各种形式的私人借贷及实现的盈余积累进行 I_2 农业项目的投资，从而逐渐摆脱 R_2R_1CE 所代表的"贫困陷阱"区域。虽然在 ECDF 区域资本存量的扩大和收益的提高同时成为可能，但此时的边际收益依然低于 R_3，这意味着该区域的农户依然无法通过常规的商业信贷市场实现融资，大量的融资途径主要建立在盈余积累、民间借贷（包括亲朋借贷、高利贷等）和非商业性贷款（如政策性的国家农贷）基础上，因此，我们将此区域称为农户的"自生区域"：当资本拥有量超过 OA 时，边际报酬递增的资本边际收益曲线将激励农户逐渐摆脱低水平均衡的"贫困陷阱"，实现自我发展。随着上述自我积累和资本可获得量的不断提高，某些农户可能突破 B 处的资本瓶颈束缚，最终向着按照现代资本报酬规律生产的高级生产者（即从事 I_3 性质的生产）——家庭农场、种养大户、龙头企业等新型农业经营组织方向构建和发展。不仅如此，一旦农户成为 I_3 的投资者，其边际和平均的收益水平将可能提升到 R_3 之上，但也有一些新型农业经营组织还没有达到 R_3，仍面临商业信贷约束，此时就需要财政介入，通过财政贴息、财政风险损失补偿基金等方式，弥补银行需要的 R_3 收益率缺口，如图 3-18 中的收益缺口 R_cR_3 线段。而收益率水平持续超过 R_3 的新型农业经营组织（包括构建后期提前达到该水平的新型农业经营组织）时，常规的商业信贷会自动进入，低收益、低资本存量的低水平均衡将不复存在，农户将真正摆脱"贫困陷阱"。

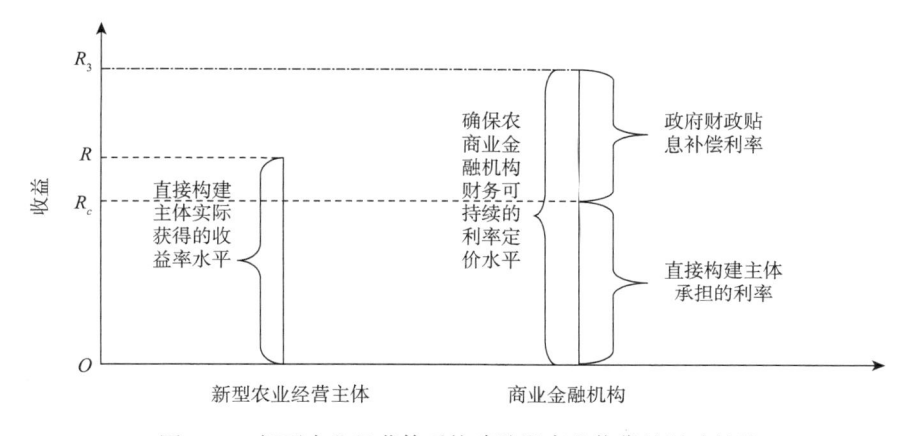

图 3-18　新型农业经营体系构建阶段商业信贷的财政补贴

3.5.2　财政金融服务协作创新促进新型农业经营体系构建的作用路径

在新型农业经营体系构建阶段，财政金融服务协作创新的着力点主要有三个方面。

（1）在分工支持中的协同创新。同样作为资本的组成部分，但有别于主要对农业生产外部性做出回应的财政资金而言，金融资本是追求利润最大化的资本。根据前文对农业基础设施与服务的划分，我们将农业基础设施与服务分为纯公益性、准公益性与私益性三种类型。对于纯公益性和准公益性的农业基础设施与服务供给而言，鉴于产权不明晰、收益主体不明确、"搭便车"现象明显，以逐利为目标的金融资本必然避而远之，而对有利可图的私益性农业基础设施与服务，在财政资金对纯公益性和准公益性部分进行相对完善的建设之后，金

融资本则有参与其中的动机。既然金融资本以逐利为第一目标,那么我们将利润函数引入其中进行分析:

$$\pi(y) = \frac{1}{T}\left[A \times F(K,L,I,M) - C(R,K,L)\frac{1}{(A,I,M)}\right] \quad (3\text{-}18)$$

式中,$\pi(y)$ 为农业利润;A 为农业生产技术;K 为农业资本;L 为农业劳动力投入;I 为农业基础设施;M 为农业企业经营管理;T 为农业投资回收期;F 为农业生产方式;C 为农业生产成本因素集。

在式(3-18)中,T 和 R 偏大,导致了农业生产的比较劣势。所以,即使财政补贴弥补了公益性和准公益性农业基础设施和服务的成本,根据麦金农的资本不可分割性模型,在直接构建主体没有实现生产方式完全转型升级的情况下,将面临传统农业生产方式所带来的回收周期长和风险较高等诸多农业弱质性问题,市场化的金融资本往往不会进入农业领域,进而导致如图 3-19 所示的农业金融供给曲线 s_1 移至理想状态下的一般均衡点以左 s_2,从而出现资金缺口 Q_1Q_e。

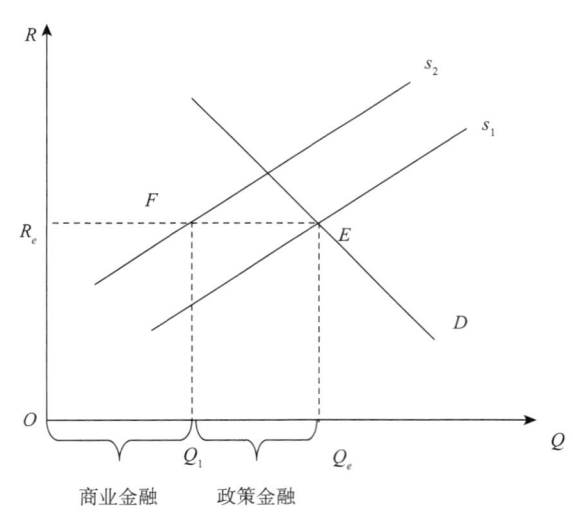

图 3-19 商业金融、政策金融协同支持新型农业经营体系的构建
R 表示金融资金价格;Q 表示金融资金交易量

在这种情况下,要实现新型农业经营体系的顺利构建,金融服务的创新则必然围绕如何抹平市场情况下的金融资本缺口而进行,而市场机制失灵使我们将目光投向另一资源配置的主体——政府,通过政策性金融以低利润或者无利润的形式介入,首先补齐这一资本缺口,对直接构建主体的技术改造等活动进行信贷投放,实现农业生产方式的转型升级,进而帮助精英农户进入高收入、高信贷的良

性循环,使之具备市场化经营的条件。此时,政策金融的"乘数效应"将会逐步显现,合作性和商业性金融资本将会因为新型农业经营体系的运营符合市场化经营的条件而进入,进而形成"政""商""合"三驾马车共同驱动新型农业经营体系构建的格局。

可见,对农业基础设施与服务类型的划分说明,财政服务与金融服务根据自身性质的不同而分工不同,作为对农业弱质性和公益性的积极回应,具有公共属性的财政服务主要对新型农业经营体系构建中的纯公益性和准公益性农业经营基础设施、市场平台和信息化体系等进行支持;而在公共成本被财政服务覆盖之后,农业的营利性开始显现,具有逐利属性的金融服务则主要对经营性农业基础设施和其他经营性需求进行支持。财政服务和金融服务的协同创新首先需要二者发挥自身的优势,完成属于两者的"分内之事",真正体现出财政的公共公益性质和金融的商业性质。只有通过财政先行投入,承担非经营性部分的成本,辅之以政策性金融资本支持,最终引导商业性和合作性金融资本介入,方能完成新型农业经营体系的构建和可持续发展。

(2)在合作支持中的协作创新。如前所述,即使在生产性的商业金融支持中,也可能因为处于构建阶段的新型农业经营组织经营风险高,投资回报率低,达不到商业金融所要求的回报率,这时,就需要财政服务创新,推出财政补贴工具,如建立财政贴息、银行贷款风险损失补贴,或者通过政策性金融的先期引导,来降低商业金融支持新型农业经营体系构建的风险,提高商业金融支持的积极性。

(3)在风险分担中的协作创新。新型农业经营体系构建的金融支持风险,核心是信贷风险。如果仅由金融机构来承担,金融机构财务必将不可持续。这就需要建立"财政+银行+担保+保险"等多元主体共担风险的机制。金融服务创新方面,除了银行需要通过抵押物等加强信贷风险防范与管理外,还需要积极引入担保机制、农业保险机制、贷款保险机制,将信贷风险分散在银行、担保、保险机构之间共同承担。财政创新方面,也需要建立新型农业经营体系风险补偿基金、财政贴息基金,补贴农业信贷和农业保险的风险损失,支持农业信贷和农业保险发展。

将上述三种财政金融协作创新着力点的作用过程总结,形成了财政金融服务协作创新促进新型农业经营体系构建的作用路径(图3-20),总体上包括投资和风险两个路径。新型农业经营体系构建的投资中,需要财政金融协作创新;在银行信贷风险和农业生产风险分摊中,也需要财政金融协同创新。

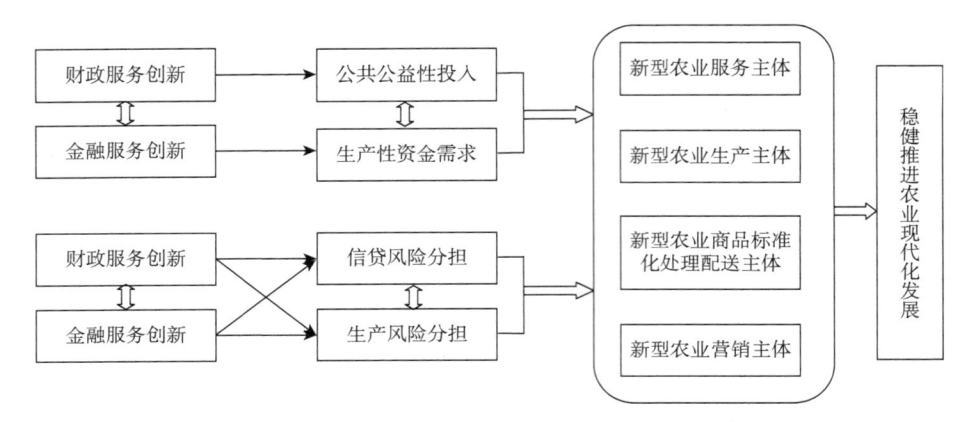

图 3-20　财政金融服务协作创新促进新型农业经营体系构建的作用路径

3.5.3　财政金融服务协作创新与新型农业经营体系构建的协同机理

财政金融服务协作创新与新型农业经营体系构建的协同关系实现过程实际上是财政和金融部门主动适应新型农业经营体系构建对资本投资和金融风险分担两个方面的现实需要，而对其财政金融服务进行协作创新、分工和协作供给，从而满足直接构建主体的资本需求和信贷机构分担信贷风险的过程。这个过程可以总结成图 3-21。

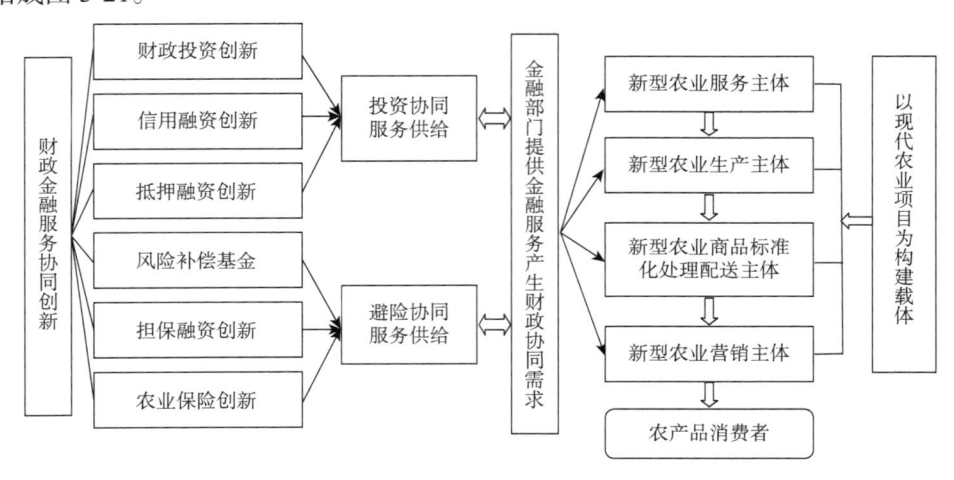

图 3-21　财政金融服务协作创新与新型农业经营体系构建的协同途径

在新型农业经营体系构建中，财政金融服务协作创新的需求来自金融机构，金融机构在支持新型农业经营体系构建中，新型农业经营组织制度不健全、财务管理不规范，农业生产经营经验不足、资本投资还没有实现规模经济，农业要素最佳重组结构还处于探索阶段，农业投资规模大、投资回收周期长，加上农业固有的自然风险和市场价格波动风险，使得信贷机构在提供信贷服务时，不仅需要自身进行信用贷款、抵押贷款方面的创新，也在农业投资性金融服务及其风险分担方面产生了对财政协同服务的需求。需要说明的是，投资性需求除了来自金融机构外，还来自新型农业经营体系构建本身，客观上在新型农业经营体系构建中的公共性、公益性、基础性投资上需要财政介入，而金融机构对此形成的需求本质上也是为了降低金融投资的风险。

为了激发信贷机构向新型农业经营体系构建者提供更多的信贷融资服务，就需要加快财政和金融服务创新，增加财政金融服务供给，以满足信贷机构在服务新型农业经营体系构建中的需求。从图3-21来看，对于新型农业经营体系的农业投资性支出，就需要区分财政性投资和金融性投资，先通过财政投资创新满足公益性、公共性、基础性农业投资需求，然后再由信贷机构通过信用贷款、抵押贷款工具创新，向新型农业经营体系构建者提供信贷支持，从而与财政服务形成有先有后合理分工支持的格局，这样可以大幅度降低信贷机构提供金融服务的成本和风险，提高金融服务的积极性和水平。而对于信贷机构在支持新型农业经营体系构建中产生的信贷风险分担需求，就需要财政建立风险损失补偿基金、农业产业基金、财政贴息、税收优惠等工具，向信贷机构提供风险补偿，也需要财政建立农业担保基金、农业保险基金等，鼓励担保机构创新融资担保模式，积极发展农业保险，通过担保机构和保险机构的积极介入，分担银行的信贷风险。

可见，财政金融服务协作创新与新型农业经营体系构建的协同关系实现过程，是建立在银行信贷机构的需求基础之上的，是为了调动信贷机构支持新型农业经营体系构建的积极性而展开的协同创新活动，其直接受益对象是贷款银行，间接受益对象是各种接受信贷支持的新型农业经营组织。

进一步地从协同收益的角度来看，财政服务创新、金融服务创新、新型农业经营体系构建三种行为都会获得自身的边际收益，如图3-22所示。AA'代表了新型农业经营体系构建的边际收益线，A点为新型农业经营体系构建边际收益最高点，A'为新型农业经营体系构建边际收益最低点；BB'代表了财政服务创新的边际收益线，B点为财政服务创新边际收益最高点，B'为财政服务创新边际收益最低点；CC'代表了金融服务创新的边际收益线，C点为金融服务创新边际收益最高点，C'为金融服务创新边际收益最低点。三个行为的边际收益最高点可以连接成一个大等边三角形ABC，在每个角的对角线的中点就是对应的边际收益最低点，如果将三个行为的边际收益最低点连接成一个小等边三角形$A'B'C'$，这个小等边三角形就是三者行为协同均衡区域。显然,只有三种行为各自的边际收益相交于 E 点,才是财政金融服务创新与新型农业经营体系构建的协同均衡点,该点位于小等边三角形($A'B'C'$)中心位置。显然,在这个小等边三角形区域($A'B'C'$),虽然并不能保证每种行为都能获得最合理的边际收益,但是可以保证三种行为都有可以接受的边际收益分配。反之,在该区域之外的三种行为则不能带来协同边际收益价值,也就无法实现三方互利共赢的目标。

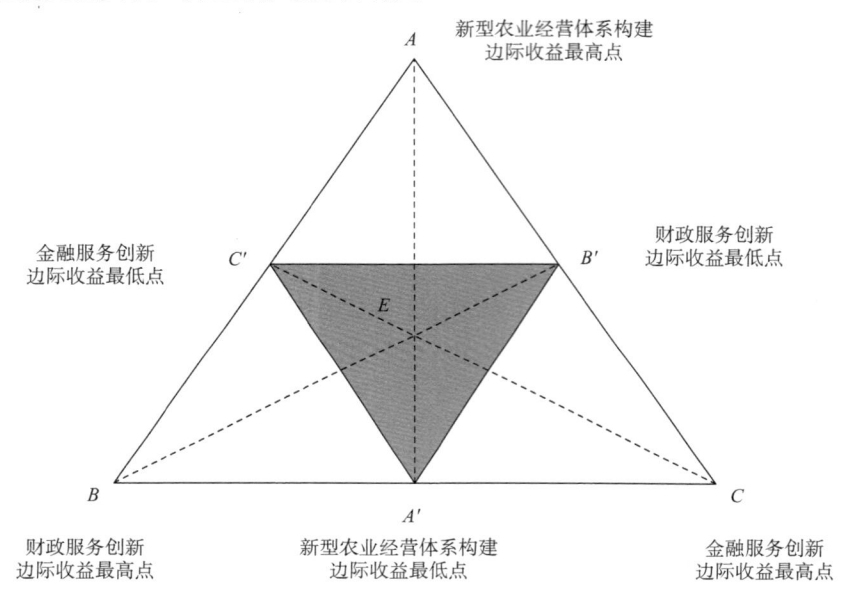

图 3-22 财政服务创新、金融服务创新与新型农业经营体系构建的协同均衡

3.6 本章小结

本章首先运用逻辑分析法研究了农业视角下财政金融服务的理论内涵,其次运用本质特性分析法、系统分析法等研究了新型农业经营体系构建的理论框架,并运用边际分析法、供求分析法讨论了财政服务创新与新型农业经营体系构建的协同关系机理,在此基础上,运用均衡分析法探究了金融服务创新与新型农业经营体系构建的协同关系机理,最后运用系统关联分析法研究了财政金融服务协同创新与新型农业经营体系构建的协同关系机理。研究结果如下。

（1）我国既有的财政金融支农服务是建立在农户家庭经营基础之上的，在农业经营方式由传统农户家庭经营向新型农业经营体系经营转型中，新型农业经营组织与农户家庭经营存在较大的差别，因而财政金融支农服务就需要适应新型农业经营体系构建的需求特点，对既有的财政金融支农服务进行部分创新，或者推出全新的财政金融支农服务，以促进新型农业经营体系的构建，这就是财政金融服务创新的核心意涵。

（2）新型农业经营体系包括生产主体、服务主体、农业商品标准化处理配送主体、营销主体和监管主体五大子体系，具有高度组织化、市场化和分工协作化的运行特征，是我国农业现代化的组织基石。新型农业经营体系的构建仅仅是新型农业经营体系生命周期中的发育过程，是一个多投入多产出的过程，具有经济性、社会性、基础性、风险性特征，需要主体、组织、生产、经营、政策五大要素投入，并以经营组织、农业产出和新型农业经营机制形成作为产出形态。新型农业经营体系的构建过程是建立在农村家庭联产承包责任制基础之上的，因而直接构建主体应主要依赖于普通农户和精英农户，尤其是精英农户的培育，其次才是城市工商企业。由于新型农业经营体系构建隐含着较大的投资风险，又具有较强的基础性特征，所以需要财政、金融、农业等部门作为间接构建主体，通过提供政策、法律、制度、资金等方面的服务，调动直接构建主体的投资积极性。

（3）新型农业经营体系构建具有显著的正外部性、较大的风险性和脆弱性，因而需要财政服务，财政为其提供服务的功能应主要体现在基础建设、激励导向、风险分担、结构调节和社会平均利润率补缺等方面，服务工具包括农业基础设施财政投资、一般性农业生产服务补贴、农业风险与收入环节补贴、农业税收减免、农业经营组织运行补贴、农业发展与环境补贴等。财政服务创新与新型农业经营体系构建的协同关系，既可以从市场与政府在农业要素资源配置的协同关系层面去理解，也可以基于整体和内部结构中供求关系的角度去分析，实现供求均衡和市场与政府协同配置资源的根本要求。

（4）金融是新型农业经营体系构建的核心战略资源，新型农业经营体系构建迫切需要金融资金，新型农业经营体系构建阶段的特色效益农业也存在一些能吸引金融服务的高获利机会，金融机构也需要拓展市场空间、建立新的客户关系，因而新型农业经营体系构建与金融服务创新有着十分紧密的关系，金融服务在新型农业经营体系构建中的基本功能是资金融通、智力融通和风险保障。实现与新型农业经营体系构建的协同，本质上是在新型农业经营体系的总体和内部结构中实现金融服务供求关系均衡。

（5）新型农业经营体系构建阶段存在较大的投资风险和不确定性，使得市场机制主导下的金融服务创新可能存在失灵，因而要促进金融服务与新型农业经营体系构建的协同，客观上需要建立财政金融协作创新机制。而在新型农业经营体系构建中，财政金融协作创新主要体现在分工投资协作、信贷风险分担协作、生产风险分担协作等三个方面，实际上体现的也是一种供求关系，在协同均衡区域，可以实现三者互利共赢目标。

第4章 新型农业经营体系构建的财政金融服务国际经验研究

农业是一国经济发展和社会稳定的基石,实现以集约化、专业化、组织化、社会化为经营特征的农业现代化,是当代世界农业发展的基本趋势,是绝大多数国家农业发展早已确立的目标。而构建现代新型农业经营体系[①],则是实现农业现代化的必要手段。农业本身和新型农业经营体系构建阶段所具有的高风险性与低效益性,决定了新型农业经营体系构建必须以强大的财政金融服务支持作为后盾。事实上,国外农业现代化进程起步早,财政金融服务对新型农业经营体系支持的历史悠久,并积累了大量的经验。本章将对美国、法国、荷兰、日本、巴西等国的财政金融服务支持新型农业经营体系构建的具体做法进行考察,比较这些国家财政金融服务支持新型农业经营体系构建的共性和差异,系统总结财政金融服务支持农业经营体系建设的基本经验,为我国构建新型农业经营体系的财政金融服务创新提供有益的政策启示。

4.1 国外新型农业经营体系构建的财政金融服务现状

美国、法国、荷兰、日本的农业现代化发展水平较高,在发达国家具有典型的样本意义。巴西虽是发展中国家,但农业现代化发展也比较有代表性。下面分别对这些国家的现代农业经营体系及其财政金融服务情况进行考察。

---

① 新型农业经营体系在国外发达国家早已培育成熟,又称现代农业经营体系。为了便于与本书主题直接对接,我们把国外现代农业经营体系统称为新型农业经营体系。

4.1.1 美国新型农业经营体系构建的财政金融服务现状

1. 美国新型农业经营体系建设现状

美国是一个典型的人少地多的国家,农业现代化发展水平极高,具有从业人员少、产出效率高及农产品出口量大等特征。来自美国农业部的数据显示,截至2015年底,美国的总人口为3.21亿人,其中农村人口为5908万人,耕地面积约占其国土总面积的20%,全国人均耕地面积为0.47公顷,远高于人均0.19公顷的世界平均水平。如果以农村人口口径计算,农村人均耕地面积为2.55公顷。地多人少的基本国情,为农业规模化、社会化、集约化经营创造了良好的资源条件。目前美国是世界上农业机械化应用最广泛、农业航空装备技术最先进、农业航空服务体系最完善的国家,仅占总人口数2%的农村人口,依靠高度机械化、信息化的农业设备,实施大规模的农业生产作业。美国也是世界上最大的农产品出口国,2014年美国农产品出口达到1523亿美元,创下历史新高,美国近1/5的农产品都出口到海外。近年来,国际农产品市场竞争激烈及需求下滑,美国农产品出口也受到影响而呈现下滑态势。根据美国农业部在2016年农业展望论坛上发布的数据,2016年美国农产品出口比2015年减少约10%,创下2010年以来的最低出口水平。尽管农业在美国经济总量中所占的比重并不高(低于5%),但农业在国民经济中的基础地位并没有下降,并且随着工业化水平的提高和国民经济的发展,美国政府通过财政金融手段对现代农业经营主体的支持强度还在不断提高,以应对农业所承受的一系列不可避免的风险[①]。

美国农业现代化和农产品国际竞争力,除了取决于其科学的农业经营体制机制和政府的农业支持保护政策外,还取决于其具有的规模扩大化、资本集中化的经营模式。美国农业最基础的生产经营模式为农场经营模式。据2014年5月公布的《美国农业普查(2012)》(2012 Census of Agriculture)数据(表4-1),美国农场类型主要有三种:家庭或个人农场、公司农场和合伙农场。2012年美国有210.93万家农场,经营耕地面积共计91 452.77万英亩(1英亩≈4046.86平方米)。家庭或个人农场是美国现阶段现代农业经营主体的主流形式,无论是在数量上还是在耕作土地面积上都占据主导地位。从农场数量上来看,家庭或个人农场为182.89

---

① 尽管美国农业是一个相当发达的传统产业,然而由于农业自身的低效性或自然环境的风险性,农业在美国整体经济中始终处于弱势的地位。所以,即使是在市场经济高度发达的美国,政府也对农业实施了一系列财政金融调控措施,保持了大规模的农业投入(张洁,2016)。

万家，占比约为86.71%；而其他的经营模式则是合伙农场和公司农场，但这两者实质上常常以家庭农场为依托运营。公司农场数量为14.24万家，占比约为6.75%；合伙农场数量为13.80万家，占比约为6.54%。从农场占地面积来看，家庭或个人农场耕作土地面积为56 243.37万英亩，占比约为61.50%；公司农场耕作土地面积为19 601.72万英亩，占比约为21.43%；合伙农场耕作土地面积为15 607.68万英亩，占比约为17.07%。从农场的经营规模来看，2014年底农场的平均土地经营规模达到438英亩，家庭农场所带来的收入水平也与美国普通城市家庭收入相当，约为5万美元。而美国的家庭农场制度从19世纪之前的土地扩张开始，经过近百年发展逐渐形成了一个有着高资本和高效率特点的新型农业经营体系。

表4-1 2012年美国农场及其耕作土地面积占比结构

农场类型	数量/万家	比重	耕作土地面积/万英亩	比重
家庭或个人农场	182.89	86.71%	56 243.37	61.50%
公司农场	14.24	6.75%	19 601.72	21.43%
合伙农场	13.80	6.54%	15 607.68	17.07%
合计	210.93	100%	91 452.77	100%

2. 美国新型农业经营体系的财政服务现状

美国对现代农业经营主体的财政服务，主要体现在以下几个方面。

1）支持农业基础设施建设的财政投资

美国对现代农业经营主体的财政扶持，首先体现在农业基础设施建设上。作为现代农业生产的基础物质载体和公共生产条件，农业基础设施的建设必不可少。现代农业基础设施具有层次性，既有跨片区、跨区域的公益性较强（多主体受益）的大型水利、灌溉、公路设施，也有受益覆盖面较窄——受益面基本归属于单个现代农业经营主体的农业基础设施，如田间水利、田间产业道路、大棚、生产房屋设施等。

对于受益面覆盖多个区域农业经营主体的大型农业基础设施，联邦政府和州政府进行了大量的财政投资，甚至全部承担这类农业基础设施的建设任务，用以改善跨区域的农业生产条件，减轻现代农业经营主体的成本和风险，促进其持续健康发展。据统计，在美国政府向农业的财政投资总额中，大型农业基础设施建设的财政投资约占50%，且投资额呈现逐年持续快速上升趋势。例如，2014年颁布的《农业法》明确规定，美国联邦政府在2014~2023财政年度对农业基础设施投资支出将达到9560亿美元，年均农业基础设施投资额在956亿美元左右。这些农业基础建设投资涵盖了跨区域高速铁路、高速公路、一部分运河、多目标水利灌溉设施、农村电力等的升级建设，同时对农村宽带、电信等信息化基础设施支持力度也得到明显加强；又如2009年以来，联邦政府财政对农村宽带计划累计支持 29.3 亿美元，对农村互联网建设援助达到 10 亿美元，对农村电信基础设施建设投资超过 13 亿美元（朱丽君等，2015）。由此可见，美国政府高度重视对跨区域的大型农业基础设施建设的财政支持。

对于受益面覆盖部分农业经营主体的中型农业基础设施，则由州政府投资建设，投资资金主要来源于公有土地的拍卖所得收益；对于小型农业基础设施建设，主要由基层政府机构（乡或镇委员会）负责投资，或农场主单独或通过合伙集资等方式修建。对新型农业经营主体自己投资的小型农业基础设施，如小规模灌溉工程，政府给予一定数额或比例的资助（张洁，2016）。

2）支持农业经营主体生产的财政补贴

为了鼓励农场经营主体发展农业生产、提高农产品国际竞争力、增加农民收入，美国政府也会对家庭农场进行直接的生产经营性补贴，而这种补贴往往与农业经营主体经营的农产品种类、规模有一定的相关性。

首先，从经营农业的种类来看，种植谷物和经营养殖类的农场主会比经营其他品种的农场主得到更多的财政补贴，而且这类财政补贴是构成农场主收入的重要组成部分。目前，美国重点对乳品、糖及玉米、小麦、大豆等大宗粮食作物的生产实行补贴。例如，在 2010~2012 年，美国政府对牛奶和糖的年均补贴分别为 16.01 亿美元和 11.57 亿美元，分别占单一产品生产补贴总额的 18.24% 和 11.60%；对小麦、大豆的年均补贴分别为 10.05 亿美元和 13.65 亿美元，分别占单一农产品补贴总额的 10.07% 和 13.68%；玉米生产的平均补贴额高达 24.21 亿美元，占农产品生产补贴的 24.26%（吕晓英和李先德，2014）。在财政补贴政策激励下，多数大型农场会种植谷物和油料等这类农产品。

其次，从经营规模来看，农场的经营规模越大，财政补贴覆盖率和补贴额所占比例也就越大。例如，生产规模大于 100 万美元的农场，平均补贴额可达到 75 601 美元，而生产规模不足 1 万美元的农场，平均补贴额只有 2040 美元（张妮妮和徐卫军，2010）。

近年来，联邦政府对现代农业经营主体生产环节的补贴力度有减弱的趋势，且远低于世界各国的平均水平，由此降低了政府对农产品生产和价格的干预程度。例如，2000 年美国政府对农业经营主体的生产补贴总额达到 522.78 亿美元，占农场总收入的比例为 23.29%，2006 年政府生产补贴总额减少到 305 亿美元，占比降到 11.23%。2012 年，政府农业生产补贴总额进一步下降到 299.13 亿美元，占农场总收入的比率为 8%，比同期欧盟农业生产补贴平均值低 11%，不足欧盟补贴水平的 50%（吕晓英和李先德，2014）。这种变化与美国反周期支付、贷款差额支付等农业支持政策及价格变化密切相关。近几年农产品价格的上涨，使得美国政府对现代农业经营主体的生产补贴和市场价格支持出现了明显的下降。

3）美国政府对于农业科研的补贴

美国的农业生产水平很高，不仅因为其耕地面积大，而且因为其农业的科技水平高，具有较为完善的农业科技应用推广机制和制度，同时农业经营主体的文化素质和经营管理水平较高，接受农业新技术的意识较强，从而保证了美国农业最新科技成果能第一时间应用到农业生产中。美国的现代农业教育与科技推广，主要是通过国会设立相关法令，各州建立机械专业的大学、农学院、农业试验站、农业推广组织等多种形式的教育组织等形式展开。美国的农业大学也是政府的农业技术推广服务机构，除了承担农业教育外，还承担农业技术研究、实验与推广等工作。而农业大学对于农业技术的推广效果由学生和农业经营主体来评价，政府会根据这些评价对农业技术划分等级，以此对农业大学发放农业科研补贴和奖金。美国对于农业的专项科研经费大约以每年8%的速度逐年增加。根据美国农业部的最新统计，在其他农业投入不变的情况下，随着政府用于农业科研和咨询服务的总开支增加，新取得的农业科学技术使得农产品产量增加了85%。可见，美国财政补贴支撑下的农业科技进步在增加农产品数量、提升农产品质量、抵消农业边际收益递减规律的作用中做出了突出的贡献。

4）美国农业发展和环境补贴

在农业资源环境保护方面，美国政府高度重视，并不断加大补贴力度。财政补贴的项目具体包括农业自然保护区的建立、农业工艺的改进、土壤肥力的增强、土壤流失的降低等。在20世纪50年代前后，联邦政府就在干旱沙漠区亚利桑那州进行了大规模引水工程建设，彻底改变了该州干旱的土地墒情。2002年，美国出台的《农场安全与农村投资法案》规定，计划用于土地休耕、土壤保持、湿地保护、草场保育等的现金补贴和技术支援方面的财政投入达到171亿美元，但实际补贴高达240亿美元，远超预算规模近70亿美元（朱丽君等，2015）。为了保护受侵蚀的土地、湿地、森林和草原等农业资源，在农业生产中，政府鼓励农业经营主体采用保护环境的可持续经营方式，通过环境质量激励计划（environmental quality incentives program，EQIP）向农业经营者提供环境保护技术援助、资金支持和成本补助（吕晓英和李先德，2014）。同时，2014年的《农业法案》还保留了用于农业资源保护项目的财政补贴，但数量有所下降，休耕的面积也有所下降。根据美国国会预算局的报告，在2014~2018年，美国用于农业生产保护项目的固定资金将减少2亿美元，2017年休耕储备项目面积限制减少到2400万英亩（徐雪和夏海龙，2015）。可见，美国政府对现代农业经营主体生产发展中的资源环境保护支持高度重视，并有稳定的法定预算支持体系。

5）美国农业税收政策

农业自身具有一定的弱质性，除了环境因素带来的自然风险，还包括了因技术更迭造成的生产风险、价格波动带来的市场风险及资本流动性带来的金融风险等，因此为了促进新型农业经营体系健康稳定发展，美国政府实施了税种少、税率优惠、针对性强的农业税收政策。除了政府统一收取的所得税及其他税法向美国所有纳税人征收的税费外，几乎不存在其他需要新型农业经营主体额外缴纳的税收。其中农业税最主要的一部分就是所得税，在美国的税制体系中，只要涉及农业经营者所要缴纳的税种，都存在特殊的税收优惠条款，以加强税收对农业的支持。例如，美国现行所得税法规定，大部分农产品的销售所得能够享受同"资本"销售一样的 8%~28%的优惠税率，而不是"产品"销售所得税率的 15%~39.6%。此外，农业经营主体通过出售其固定资产而获得的收益，也将会作为长期资本收益享有 60%的税额减免。农业税中除了所得税，还包括了就业税及地产赠与税。可以看出，美国不仅涉及农业的税收种类少，且每年的税收总额也很低，仅占每年征收税收的很小一部分（杨焕玲和孙志亮，2008），其主要目的就是要保护中小型家庭农场。与其他作为政府主要收入的税收款项不同的是，从农业中收取的税费远低于美国用于农业的财政开支。数据显示，从 2002 年实施新《农场安全与农村投资法案》到 2013 年，美国对农业的各种财政补贴总额达到 1900 亿美元，远高于从农业中收取的近 300 亿美元的税收（朱丽君等，2015）。

3. 美国新型农业经营体系的金融服务现状

从 1910 年开始，美国农业就进入机械化耕作时期，农业机械化耕作面积的扩大和先进农业技术的应用，使得农业生产所需的资金数量激增，但各农业经营主体纷纷埋怨农业金融服务严重不足。为此，1916 年美国国会通过了《联邦农业贷款法》，联邦政府创立了农业贷款局和向农业经营主体发放长期抵押贷款的联邦土地银行。随后，《农业信贷法》（1933 年）、《农场安全与农村投资法案》（2002 年）等相关法律相继实施，最终形成了以"商业性金融为基础、合作性金融为主导、政策性金融为辅助、社区银行为补充、农业保险为保障"的美国现代农业金融服务体系（图 4-1）。

1）农业商业信贷服务机构

美国的农业商业银行主要为现代农业企业提供中短期贷款。美国现代农业经营主体对农业投资的资金来源，约有 40%依靠信贷途径来解决，70%以上的农业经营主体每年需要向商业银行借款来发展农业生产。美国联邦储备委员会规定，凡农业贷款占贷款总额 25%以上的商业银行，可以在税收和再贴现等方面享受政策优惠（顾海峰，2010）。

2）农业信用合作服务系统

合作金融是美国现代农业金融服务的支柱，主要包括联邦土地银行、联邦中期信贷银行、合作社银行和农村信用社，各机构统一由农业信用管理局管理，都具有独立经营、各司其职、不以盈利为目标的经营特征。

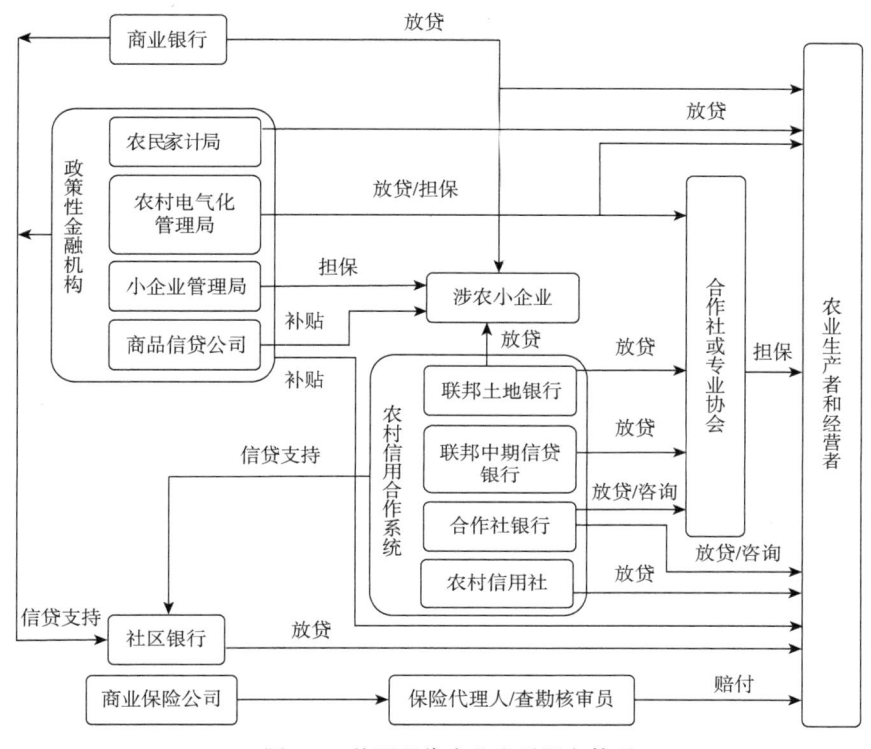

图 4-1 美国现代农业金融服务体系

第一，联邦土地银行。该银行是在 1916 年《联邦农业贷款法》颁布后建立起来的专门为农场主提供服务的信贷机构，由 12 家联邦土地银行和其下属的土地银行协会构成[①]，主要提供 5~40 年的中长期贷款，以土地等不动产为抵押物，一般不直接面向个体农户放贷，而是服务于有一定经营规模的家庭农场和农业专业合作社等，其提供的农地抵押贷款具有期限长、高风险、低利率的特点。该银行体系的资金来源主要是发放土地债券、提取盈余公积金、吸收股金及经由农场信贷管理局批准的资金拆借等。

第二，联邦中期信贷银行。该银行是在 1933 年《农业信贷法》颁布后建立起来的，由 12 家联邦中期信贷银行及各银行下属的生产信用协会组成，主要面向农场主发放期限在 1~7 年的农业中、短期生产和销售贷款。从银行与生产信用协会的关系来看，银行具有贷款"批发商"角色，对协会发放贴现和贷款，也对其金融服务进行必要的监管，如信贷标准规则的制定、呆账坏账的处理等。生产信用协会向银行借入资金，其入股金也是该银行的主要资金来源。

---

① 联邦土地银行和土地银行协会的关系是：银行是该体系的主体，协会是银行的下属单位，是银行的基层组织形式，担当银行和借款人之间的纽带和桥梁，直接服务于农场主的贷款活动。

第三，美国合作社银行。该银行是为农业合作社购买农用设备和商品、补充运营资金而专设的银行机构，由 13 家合作银行（包括 1 家中央合作银行和 12 家信贷区合作银行）构成，为农业合作社提供低于同期市场利率的贷款服务。其资金来源主要有入股资金、发放债券、票据贴现和资金拆借等。它对农业合作社规定了严格的贷款资格标准：一是要购买该银行的股份，按照固定比例分配股利；二是保证向合作社成员提供不少于 50% 的业务服务。

3）农业政策性金融服务机构

根据美国《农业信贷法》，为农业经营主体提供政策性金融服务的机构主要有农民家计局、农村电气化管理局、小企业管理局、商品信贷公司。它们主要向现代农业经营主体提供商业银行和其他贷款机构不愿提供的贷款，并通过其信贷活动调节农业发展规模和方向。目前农民家计局提供的贷款主要有农场主贷款、农村住房贷款和农村社区贷款等，每年提供的新贷款总额高达数十亿美元。其信贷资金来源主要靠国会拨款和农业信贷金融公司的援助。农村电气化管理局的资金来源于政府拨款，主要对农村电气合作社组织和家庭农场贷款，用于农村电力、水利等农村基础设施建设。小企业管理局的主要功能是帮助小企业创业者获得贷款，但很少直接提供贷款，而只是为小企业提供贷款担保、技术咨询与服务。商品信贷公司的主要任务是，对农产品进行价格支持或对农业生产给予补贴等。

4）社区金融服务机构

根据 1977 年制定的《社区再投资法》，参加联邦存款保险体系的存款机构、国民银行、州立特许商业银行和储蓄银行等，都必须为其所在的社区提供信贷支持。《社区再投资法》寻求解决的是，针对中低收入社区和少数族群的信贷歧视，可以将其看作美国政府针对社区发展不均衡，特别是欠发达地区所做的努力（孙天琦，2009）。社区银行可以将其拥有的农业信贷债权统一起来出售给投资银行，再由投资银行以证券的形式出售给社会公众。通过这样的金融运作，就向农业信贷者提供了当地银行以外的一种新的资金来源。

5）农业保险服务机构

美国农业保险从 1938 年立法授权开展至今，不断完善，逐渐形成了较为健全的农业保险服务体系。农业经营的高风险性，使得农业保险的发展至关重要。美国农业保险具有险种多、覆盖面广、层次结构复杂的特点。目前有 150 多种农作物被纳入农业保险范畴，可供选择的保险品种超过 300 个，既包括玉米、棉花、大豆和小麦等大宗农作物，也包括草莓、豌豆、柑橘等种植面积少、总产量低的小品种。2008 年以来，主要农作物的参保率均在 80% 以上，而且呈现稳步增加的趋势（米咏梅和王宪勇，2015）。而美国的农业保险体系的构成层次较为复杂，由政府主导的农业风险管理局、市场主导的商业保险公司及各类民间保险组织组成。美国联邦农作物保险公司主要负责制定农业保险政策，提供农业再保险，对经营农业保险的私营保险公司进行补偿，开发新的农业保险品种等。商业保险公司的主要业务是销售和理赔农业保险，并负责质量管理、承担风险，向风险管理机构提供相关数据和统计资料等。各种民间保险组织主要为农作物保险的代理人和查勘核审员，承担着监督涉农保险政策的制定与推广工作。美国农作物保险主要通过代理人销售，他们负责具体农业保险业务的实施。

6）其他农业金融服务机构

20世纪30年代，美国养老基金及人寿保险公司可以向部分比例的农业不动产提供期限为20~25年的贷款资金。养老基金为农场抵押贷款提供低于商业银行市场份额的部分贷款；人寿保险公司在初期向农业经营主体提供25%的不动产贷款，之后降到10%左右。此外，非银行性质的复兴金融公司和联邦农业抵押公司也成为现代农业信贷服务体系的重要成员，主要开展两项业务：一是与联邦土地银行之间进行买卖债券和借款抵押等同业拆借，以缓解农业经营资金周转的需要；二是委托联邦土地银行代理农业落后地区的抵押贷款（张洁，2016）。

综上可见，在美国，有关现代农业经营主体的贷款种类丰富，有政府贴息推动商业银行提供的商业贷款，也有政府直接提供的政策性贷款；根据农业生产经营环节不同，有农业生产贷款和销售贷款；根据农业发展资金用途不同，有创业性贷款和经营性贷款。截至2015年，美国涉及农业的贷款总额达到210亿美元，贷款的农业经营主体达到10.85万户，涉农贷款的大力推广很大程度上促进了美国现代农业的持续稳定发展。美国高度重视财政金融的密切配合，共同促进新型农业经营体系的构建与发展。联邦政府对农村基础设施建设、一般性农业生产经营、农业技术研发推广、农业环境保护等都给予了大量的财政补贴和专项税收减免；而在金融服务方面，联邦政府对农业经营主体的资金缺口高度重视，与银行及银行协会组成的商业银行信贷体系和完善的政策性、合作性金融机构体系相辅相成，为现代农业经营主体的融资提供了多条便捷渠道。除此之外，美国增强了对农业担保、农业保险开发的激励措施，给美国农业经营体系获得必要的信贷服务提供了良好的风险分散环境。

4.1.2 法国农业经营体系构建的财政金融服务现状

1. 法国新型农业经营体系建设现状

法国拥有55万平方公里的国土，2018年人口约为6700万人，气候条件好，土壤肥沃,是欧盟农业耕作面积最大的国家。根据欧盟统计局的统计,2012年法国生产谷物类粮食6846万吨,占欧盟总产量的24%;甜菜、葡萄酒、牛奶、肉类等多种农产品产量超过了欧盟总产量的1/3;法国分别有24家和7家农业企业进入欧洲100强和世界100强农业食品工业集团。无论是农业产量,还是产值都居欧洲之首,法国堪称欧洲农业现代化模式的典型代表。从世界范围来看,法国的农业发展也居于领先地位,既是全球第一大农业加工品出口国,也是仅次于美国的世界第二大农产品出口国。

在1945年前,法国是一个农业十分落后的国家,在第二次世界大战后不到30年的时间内,迅速实现了以良种化、化学化、机械化、电气化为主要特征的农业现代化。同时,法国农业经营体系主要建立在家庭经营基础之上,如表4-2所示。在20世纪中期,小规模农场分散经营和人力耕作占主导地位,家庭农场占全部经营主体的比重在90%以上。截至2015年底,家庭农场比重较历史水平有所下降,但仍是最主要的经营主体,数量约为33.99万家,平均经营耕地42公顷,占全部经营主体的比重约为69.37%。多年来,随着农业技术进步及经济的发展,其农业经营主体的总量快速下降且呈现两极分化的特征:首先,法国大规模农场的数量不断增加(虽然比重依然很低),但仍有相当数量的小规模农场,中等规模农场的数量和占比明显下降。其次,尽管小规模农场在数量上占主导,但其经营的耕地面积却在日益萎缩,土地越来越向大规模农场集中,大型农场的生产能力进一步提升,农业规模化经营程度显著提高(周淑景,2002)[①]。在家庭农场数量下降的过程中,以公司或合作方式经营的现代农业经营组织快速增长,数量约为15.01万家,占全部农业经营主体的比重达到30.63%。其中,农业有限责任经营组织数量为7.86万家,占全部农业经营主体的比重为16.04%;农业共同经营组织的数量为3.72万家,占全部农业经营主体的比重为7.59%;农业经营民事企业数量为2.37万家,占全部农业经营主体的比重为4.84%;其他农业经营组织数量为1.06万家,占全部农业经营主体的比重为2.16%(周应恒,2015)。此外,在19世纪末期,法国各主要行业逐步兴起了合作社组织,但直到20世纪50年代,为适应农业现代化的需要,农业合作社在数量和经营范围上才开始大规模发展(郑

[①] 法国传统农业以自给性小农经济为主,农业生产基本单位是家庭经营。针对土地分散使用、经营规模小、农业生产效率低等问题,法国政府于第二次世界大战后采取了集中土地和扩大经营规模措施,主要体现在以下三个方面。一是从法律上规定了土地"不可分割"原则,即农场主的土地不得由一个以上的子女继承。1970年法国有16 640个农场,平均土地面积为19公顷,到2000年农场数量下降到7072个,平均面积达到42公顷,2008年农场数量有所减少,但耕地面积在80公顷以下的农场仍然占到81%。二是国家建立了"土地整治与农村安置公司",通过贷款从私人手中购买土地,通过整治再以低价优先卖给中等规模的青年农民或土地租赁公司。三是建立农业系统社会保险制度,成立"农业互助保险会",通过发放脱离农业的终身补贴,鼓励老年农场主放弃耕作,如2001年有3%的人放弃或出售土地而从事其他行业,政府发放从事农业停业后的保障金为$1.4×10^8$欧元,食品援助为$1.3×10^8$欧元。

雪飞，2013）。目前，法国农业普遍实现了合作化，农业合作社成为农业社会化服务的主体[①]，拥有 $130×10^4$ 个社员，涉及近 3800 个企业，以及 90% 的农业工作者。总之，经过多来的发展，法国现代农业经营主体基本上实现了从家庭经营到企业化经营的转变，规模化、集约化经营特征日益明显，促进了法国农民收入的快速增长。

表4-2　2015年底法国现代农业经营主体数量及结构

现代农业经营主体	数量/万家	比重
家庭农场	33.99	69.37%
农业有限责任经营公司	7.86	16.04%
农业共同经营组织	3.72	7.59%
农业经营民事企业	2.37	4.84%
其他农业经营组织	1.06	2.16%
合计	49.00	100%

资料来源：法国国家统计局网站，https://www.insee.fr/fr/statistiques/

同时，为了确保农产品的质量安全，法国建立了健全的监督体系，且主要有三个方面的特点。一是推行产品地域标记或以产地命名。目前作为生产质量标记主要有来源监督产品（appellation origine controllee，AOC）、农业标签、符合规定证明和生态农业四种。二是健全食品卫生监督机制。2010年7月，法国食品安全卫生局和环境与职业健康安全局合并成立了法国食品、环境、职业健康与安全局（French Agency for Food, Environmental and Occupational Health & Safety），负责监测人类和牲畜食品中的卫生和营养危险（包括饮用水、食品生产加工与储运、兽医药品、土地增肥等任何有关食品安全方面的问题），并向公众提供必要的科学鉴定和技术支持。三是完善质量鉴定与追踪记录体系。例如，对牛肉生产，从犊牛出生之日起，就在耳朵上佩戴经农业部批准核发的个体身份号码和建立档案，在以后饲养、交易、屠宰、加工和消费等整个过程中，其个体健康和传染病监控情况、生长发育记录等都受到全程追踪记录。在食品加工方面，BRORA 酿酒制造公司已开发出了用于跟踪食品加工全过程的计算机系统。在植物种子和秧苗质量方面，至少要经过种子工厂、试验田和销售过程的三次抽检鉴定。

2. 法国新型农业经营体系的财政服务现状

法国政府对现代农业经营主体的财政补贴种类较多，概括说来，主要有以下几种。

[①] 合作社主要分为生产性合作社和流通领域合作社两类。近年来，后者的重要性和专业化程度逐步提高。农业合作社的合作原则是：一个人一张选票、对股份实行承包或报酬、盈余按佣金方式分发、储备不可分配等。

第一，农业基础设施补贴和农业贷款贴息补贴。第二次世界大战结束后，为了摆脱粮食与食品短缺危机，法国政府于1947年和1953年制订的五年计划，均把农业农村繁荣作为国家安全和领土完整的最佳保障，农业发展的首要目标是提高粮食产能和产量，确保食品安全，对农业基础设施投入累计达到5540×10^8法郎。1958年，农业第一次出现粮食生产过剩。针对农民收入不稳定、土地荒芜等问题的担忧，政府于1960年提出《农业指导法》，明确农业发展的目标是除粮食和食品生产外，还包括对土地的占有、安全和整治。20世纪80年代初，新的《农业指导法》又进一步明确农业应在"国家财富的保持、生态平衡的维护和种质资源的保护等方面起到重要作用"。其间，政府建立了农业信贷补贴基金，设立国家农业信贷银行控制补贴贷款的发放，且主要为一些条件艰苦地区的农民发放农业开发援助资金，财政贷款贴息的主要领域是青年务农者立业贷款、农业机械化生产贷款、畜牧及新栽培技术贷款和农业灾害贷款等。利率政策一直是法国政府对现代农业经营主体融资提供支持的重要手段。从1990年起，法国政府每个年度组织各个银行进行贴息贷款的利率投标，由利率最低的银行获得下一年度的发放贴息贷款资格，并且凡是符合政府政策要求和国家发展规划的农业贷款项目，法国统一实行低息、贴息优惠政策。

第二，农业生态补偿补贴。1990年以后，为了适应欧洲的生态农业发展政策，即采用有利于环境保护的生产方式和通过特定质量标志促进产品销售，法国开始推出农业生态补偿机制，借以实现由传统农业向生态农业的转换。例如，1999年修订的《农业指导法》提出了农业开发土地契约项目，其指导思想是，当农民参与自然资源管理与保护服务而得不到市场回报时，政府将通过农业开发土地契约的承诺给农民以财政补助，每个履约农场一般每年可得到5万法郎的补贴。目前，法国和欧盟提供的农业开发土地契约补贴标准为每亩123.12欧元，约有291个农场与政府签订了生态补偿合同。

第三，农业专业化、机械化生产补贴。长期以来，法国不断推行农业生产专业化，以提高农产品商品率。其农业生产专业化有区域专业化、农场专业化和作业专业化三个层次[①]。为适应农业生产专业化发展，必须推进农业机械化。法国于20世纪50年代开始推行农业机械化，20世纪70年代农田耕作已全部实

---

① 在区域专业化方面，依自然条件和农业资源在全国形成四个商品产区，即大耕作区，分布在巴黎盆地和中部地区，以种植粮食、甜菜、蛋白或脂肪植物等为主，其小麦产量占全国的33%，甜菜种植面积占全国的73%；畜牧业区，分布于法国西部，以发展奶牛、肉牛、肉羊、猪和家禽等饲养业为主，如布列塔尼畜牧生产基地提供全国猪肉产量的40%、禽肉的30%、牛肉的32%、蛋的20%；园艺生产区，分布于法国南部，以生产水果、蔬菜、葡萄等为主；农业兼营区，主要在山区和某些工业区。在农场专业化方面，按经营内容大体分为畜牧农场、谷物农场、葡萄农场、水果农场、蔬菜农场等，大部分专业农场只经营一种产品。作业专业化农场是将过去由一个农场完成的全部工作，如耕种、田间管理、收获、运输、储藏、营销等，大部分环节由农场以外的企业来承担。

现机械化,其间,政府对农场主购买农业机械主要采取价格补贴和优惠政策。例如,20世纪50年代,凡购置新的农机可按原价优惠15%,购买农机零件可减价20%,差价由政府财政补贴;20世纪60年代,农场主购买拖拉机可得到政府给予的补贴为投资额的20%~30%。目前,85%以上的农场独立配有拖拉机等农机具,约有10%左右的农场以协会形式联合拥有各种农用机具。

第四,农业技术推广服务补贴。法国农业科技研究与普及体系主要包括农业科研、农业教育和农技推广三个部分,按所有制形式分为公立和私立两类,前者一般隶属于政府各部委,后者主要隶属于大型企业集团或合作社,近年来私立农业科研与教育机构有逐渐增加之势[1]。法国的农业科研和教育主要依靠政府和私人共同投资。在农业技术的推广与普及方面,其宗旨是"提高当代农民的综合素质",即懂耕作、会养殖、有文化和会经营。法国政府于1959年就颁布了《农业推广宪章》,先后设立了"全国农业进步基金",成立了"全国农业推广和进步理事会"等机构,形成由各级政府、农业行业组织和工业企业等多方共同出资参与的农业技术推广和普及网络,对农业经营者提供农业技术指导服务。

第五,农业保险补贴。为了确保现代农业稳健发展,法国政府对农业保险实行了低费率和高补贴的政策,对农业经营主体所交保险费的补贴比例在50%~80%。政府通过农业保险制度,使农业经营主体获得了高额的保费补贴,分散了农业风险,减轻了受灾损失,调动和保护了农业经营主体的农业生产积极性。

3. 法国新型农业经营体系的金融服务现状

1)农业信贷服务系统

法国现代农业信贷服务系统形成历史较为久远。早在19世纪初,法国就制定了《土地银行法》,并据此建立了农村信贷组织,19世纪20年代又依据《农业信贷银行宪章》相关规定成立了国家农业信贷管理局,对各类地方性金融机构进行业务管理,进一步完善了农业信贷服务机构体系,并让各层次金融组织都有了半官方性质,具体的政策性金融业务均要在相关法律和规章的要求及制约下开展。目前,法国农业信贷服务系统总体上由农业信贷银行系统和农村合

---

[1] 在农业科研方面,全国拥有农业科研机构近800家,宗旨是"面向改善当地生产的研究,适应世界食品安全的挑战"。国家农业研究院是法国最大的公立农业科研机构,在全国各地设有21个适应区域生产特点的研究中心和80个试验站,其优先研究领域包括环境和农村发展、植物学与动物学研究、人类食品和食物营养、生物信息和社会科学等。在农业教育方面,法国从1960年就开始建立以高等农业教育、中等农业教育和农民业余农业技术教育为主体的农业教育体系,其宗旨是"密切联系农业生产、培训走在变化的前面和促进学生将来的就业"等。

作金融体系构成。

第一,农业信贷银行系统。该银行系统是政策性和商业性相结合的银行业机构,具有"上官下民,官办为主"的特征,由三个层次构成:最高层是法国农业信贷银行,是会计核算的独立的官方金融机构,也是全国农业信贷互助银行的最高管理机关;中间层是省农业信贷互助银行,负责协调省辖基层农业信贷互助银行的业务,分配管理资金,可办理转账、投资等业务;基层是地方农业信贷互助银行,主要负责吸收和管理活期存款及储蓄资金,由个人及集体成员入股组成,按合作制原则经营。该银行系统既承担了普通的农业贷款业务,又与国家政策紧密结合,优先支持国家政策与发展规划的项目(康书生和杨镈宇,2016),其农业金融服务采用自上而下的垂直管理和运作模式:最上层的法国农业信贷银行总行,主要扮演农村金融系统行政管理和调控角色,它在财务、业务和法律意义上是统一的,但在决策上是分散的。这种模式既保证了国家对该机构有一定程度控制、干预的权力,从而更有效地实现经济社会发展战略目标,又不会完全操纵、任意和过分干涉其经营活动;同时,其基层机构更适应农村分散性、更贴近农民,既维护了经营自主权和积极性,增强了基层组织的稳定性,也有利于政府政策通过中央机构逐级贯彻到农民手中。法国农业信贷银行对农业相关领域发放短、中、长期普通贷款和政策性优惠贷款。普通贷款主要是期限 2 年以内的短期贷款;优惠贷款期限较长,通常为 10~40 年,个别可以达到 50 年,主要用途是购置房屋土地、农村组织建设、电气化、水利工程等(张妍坤,2008)。

第二,农村合作金融体系。该体系由官方和民间金融组织共同构成,具有半官半民的性质,可分为三个层次:一是地方农业信贷互助银行,主要按照行政区域建立,少量跨区;二是省级农业信贷互助银行,由多个地区互助银行入股组成,负责协调各自辖区内地区互助银行业务,并管理法兰西银行提供的信贷资金;三是中央农业信贷银行,接受法国农业部和财政部的双重领导,资金主要来自政府拨款,是官方的合作金融机构。国家农业信贷金库以下级别的省级农业互助信贷银行和地方农业互助信贷银行则属于民间金融机构,所需的资本主要来自农民自愿投入,其余的资金则来源于在农村的机构网络所吸收的存款和发行的债券。法国农业信贷机构是一个贯彻执行政府农业发展决策的官方金融机构,根据不同时期的农村政策的侧重点来调整农村信贷政策和资金项目投向。这些金融机构根据农村各种客户的需要,因地制宜开展农村信贷服务。

2)农业保险服务系统

早在 20 世纪初,法国就制定了《农业互助保险法》,界定了农业互助保险组织的法律地位,明确划分了其需要承担的农业保险范围,规定了其享有的基本权益和承担的主要义务。19世纪60年代，法国相继推出的《农业指导法》和农业损害保证制度，进一步对农业保险范围、险种做出了详细规定。此后，法国政府于1984年制定了《农业保险法》，对农业保险运行体制机制进行了完善[1]。目前，法国现代农业保险服务体系主要由三类保险机构组成。

第一，政策性农业保险机构。农业保险具有很强的公共性，不同于纯粹商业保险，因而法国政府出资建立了专门的政策性农业保险机构。其行政经费、农险基金赤字等都由政府实行直接的财政补贴。国家每年要做一次保险预算，总额不少于保费的20%，不超过保费的50%，这部分基金主要用于政策性保险机构的流动性急需，有力地保障了政策性农业保险业务的开展。

第二，商业性农作物保险集团。法国农业相互保险集团是以政府控股为主体，社会参股的形式建立起来的商业性农业保险公司，按出资者、董事会、经理制三级控制群体结构运行，下设四个保险公司，即农业相互保险公司、非农业财产保险公司、农民寿险公司和农业再保险公司[2]。集团公司在开展农业保险具体险种之前，首先需要进行可行性分析，然后通过试点再逐步扩大。其中养殖业保险主要承担牲畜因火灾、暴风雨、雪灾等自然灾害所造成的死亡保险，而且部分险种只承保规模经营的养殖场，分散养殖户不予承保。集团公司在制订业务规划和公司发展战略上，重点考虑内外部环境，掌握保户的需求，不断完善保单要素。在发展策略上不断加强风险管理，提高管理水平，降低成本，进一步保持和发展优势业务。

第三，合作性农业保险组织。法国合作性农业保险组织是农民以互助共济为原则，在自愿的基础上将防险与保险相结合而组织起来的民间性农业保险合作基金组织，具有互助救济、金融和生活福利三种功能及非营利性质，通过其他保险业务筹集资金，以非农保险盈利来弥补农业保险的亏损，农民既是保险人，又是被保险人，从而达到互助共济的目的。同时，合作基金组织还可以向官方（中央政府农业再保险特别会计处）和非官方（国家保险协会）机构进行农业再保险，以分散风险，获得补贴。

---

[1] 法国农业保险不管形式如何，都具有非营利性质，因而政府对所有农业保险机构都实行了资本、存款、收入和财产免征一切赋税的政策，并通过制定《农业保险法》予以保障。其中，农业保险项目由国家法律规定，保险责任、再保险、保险费率、理赔计算及许多做法也用法律或法规予以确定，并对一些关系到国计民生的大宗产品实行强制性保险，这些品种包括主要农作物如水稻、小麦、大麦、果树等和主要饲养动物如牛、马、猪、蚕等。

[2] 这四个保险公司的农业保险服务分工是：农业相互保险公司承保全国农民的所有财产、疾病和意外伤害中的风险；非农业财产保险公司主要承保农村的屠宰商、面包商、手工业商、小商业者的财产、疾病和意外伤害风险；农民寿险公司承保农民和非农民的人寿保险和死亡保险业务；农业再保险公司负责对内对外的分保业务。

4.1.3 荷兰新型农业经营体系的财政金融服务现状

1. 荷兰新型农业经营体系建设现状

荷兰国土面积为 41 528 平方公里，2018 年人口约为 1723 万人，人口密度约为 414 人/千米^2，为全世界人口密度最大的国家之一，全国耕地和牧场仅有 199 万公顷（李同明，1997），人均耕地面积不足 1.7 亩（倪景涛和李建军，2005），年均降雨量为 750 毫米，全年光照仅 1600 小时，远小于我国 2600 小时的平均水平（何革华和申茂向，2000）。荷兰纬度较高，海洋气候，降水充足，地势平坦，土壤为典型的水淤沙土，适宜牧草、蔬菜和花卉生长。基于这些农业资源禀赋特征，荷兰因地制宜地发展了畜牧、蔬菜、花卉和园艺等产业，以及其产前、产后相关产业和服务体系。在农业内部结构中，种植业、畜牧业和园艺业占比分别为 40%、54%和 6%，但其创造的农产品价值则分别为 10%、55%和 35%，农产品总价值超过 200 亿欧元。近年来其农产品产出量与出口量一直居于世界领先地位，是农产品出口大国，拥有多项农业相关的"世界第一"：农产品出口率第一、土地产出率第一、现代农业设施第一、玻璃温室第一等（高升和洪艳，2010）。荷兰现代农业（含园艺）发展基本数据见表 4-3 所示。

表4-3 近年来荷兰农业（含园艺）发展基本情况

项目	2000 年	2005 年	2011 年	2012 年	2015 年
全国人口数/万人	1 586.40			1 677.80	1 693.99
农业及园艺从业人数/万人	28.06	23.55		19.32	
牲畜产量/万公斤	75 560		71 434	73 163	
小麦产量/万吨	114.27		117.53	133.51	195.60
牛奶产量/万吨	1 073.36	1 047.89	1 164.17		1 402.33

资料来源：荷兰统计局，http://statline.cbs.nl/StatWeb/selection/?DM=SLEN&PA=81162ENG&LA=EN&VW=T

荷兰农业现代化之所以取得了骄人的成就，其原因在于构建了世界一流的现代农业产业化经营体系，农业经营高度组织化、集约化、市场化和社会化。其农业产业化经营主要有三种模式。一是企业与农户的联结。就是一些大型的农产品加工贸易企业直接与农户合作，从生产、加工到销售实现一体化。二是合作社与农户的联结。荷兰的合作社不仅存在于生产环节，在农产品加工、销售、贸易、信贷、生产资料供应等环节更是广泛存在，包括供应、信贷、加工、销售、拍卖、仓储、保险服务等各种功能类型的合作社（杜志雄和肖卫东，2014）。合作社主要发挥技术交流、加工、销售功能，荷兰绝大多数农产品都是通过合作社销售的，如全国80%的牛奶经营额都来源于奶业合作社（冯海发，2002）。三是市场与农户的联结，又分为拍卖市场和超级市场两种形式。拍卖市场与农户联结是荷兰农业经营最具特色的模式，农户将农产品进行标准化处理后，送入拍卖大厅，大批发商（购买者）再按照规则竞价，出价高者购买成功。拍卖市场的效率很高，既提高了农产品质量，又通过公开自由竞争形成合理的农产品价格，实现了对农户利益的保护。此外，超级市场与农户的联结也很盛行，形成"农超对接"，降低中间流通环节和成本。总之，在先进科学技术和现代生产经营运作下，荷兰农业形成了以外向为主导，产出、供应、加工、销售相结合的高度市场化、集约化、社会化的现代农业产业化经营体系。

在荷兰现代农业产业化经营主体中，专业化的家庭农场仍然是最主要的主体形式，到2013年，荷兰专业化的家庭农场比重超过了90%（杜志雄和肖卫东，2014）。如表4-4所示，家庭农场是荷兰农业的支柱性主体，农业法人和农业团体也是农业经营体系的重要组成部分。根据欧盟统计局的统计，荷兰农业经营主体数量整体正不断下降，而农业法人数量则表现出增长的趋势。

表4-4 荷兰现代农业经营主体培育情况　　　　　单位：家

年份	总计	家庭农场	农业法人	农业团体
2007	76 750	71 400	3 990	1 360
2010	72 320	68 140	4 180	
2013	67 480	63 220	4 260	

资料来源：自2010年起，欧盟统计局未再单独统计部分国家的农业团体数量情况；所有数据均来自欧盟统计局网站，http://ec.europa.eu/eurostat/web/agriculture/data/database

作为欧洲的"菜园子"，荷兰现代农业奇迹的产生，既得益于其健全的新型农业经营体系、完善的体制设计、高度的市场化经营及先进的农业科技推广，同时财政与金融对新型农业经营体系的资金支持也发挥了重要的促进作用。

2. 荷兰新型农业经营体系的财政服务现状

1）因势利导的农业补贴政策

荷兰的农业补贴政策，主要执行欧盟共同农业政策，补贴对象为家庭农场。1962年，欧盟共同农业政策推出，以保障农业生产稳定，提高家庭农场抵御自然和市场风险的能力，实现农户收入稳定增长为目标，以价格支持体系为核心，主要包括目标价格、干预价格及门槛价格。1992年，欧盟共同农业政策进行第一次重大改革，将欧盟共同农业政策以价格支持为基础的补贴机制转变为以直接补贴和价格支持共同运用的补贴机制。具体内容有：降低价格支持水平，以控制农产品产量；加强直接补贴，以提高农场主收入。1999年，欧盟共同农业政策进行第二次重大改革，将农村发展放在主要位置，欧盟将"共同农业政策"改为"共同农业和农村发展政策"，继续降低价格支持水平，扩大直接补贴范围和力度。2003年，欧盟共同农业政策进行了第三次重大变革，大幅缩减基于农产品产量的直接补贴，实行单一的家庭农场补贴支付机制，同时将生态保护、食品安全等与农业补贴直接挂钩，加大对农村发展项目的补贴。2005年，《2007~2013年农村发展政策》在欧盟通过，条例中设立了"欧洲农业农村发展基金"，专门用于农村发展。2010年，欧盟共同农业政策再次进行了修改，并提出2013年后欧盟共同农业政策的走向，在确保粮食生产的同时，要维护农村的可持续发展，保护生态环境，明确指出只向那些保护生态环境、注重农产品质量和安全的家庭农场主提供直接补贴。由此可见，在荷兰农业经营体系建立过程中，政策目标不断调整，由单一的价格支持到价格支持、收入补贴、农村项目综合补贴，充分发挥了财政支持作用（肖卫东和杜志雄，2015）。2011年，荷兰得到欧盟共同农业政策9.8亿欧元的支持，其中8.17亿欧元用于直接补贴，余下用于农村发展政策补贴和市场政策补贴。此外，荷兰农业部还安排了5亿欧元的农业预算，用于农业知识创新补贴、温室投资补贴、年轻农场主投资补贴、渔业投资补贴等（李健华，2012），可见，农业技术创新、基础设施投资、创业初期的经营主体是财政支持的重点领域。

2）注重农业知识与科技的财政投资

农业知识普及和农业科技进步是促进荷兰现代农业发展的重要保障，政府高度重视其财政投资，如在1996年农渔部的《背景报告》中，荷兰政府向农渔部拨款31.3亿荷兰盾，其中用于农业科学和知识普及的费用就高达13.0亿荷兰盾，占全部财政拨款额的41.53%（赵友森，2013）。2011年，荷兰政府提供了约7.8亿欧元的农业教育预算，用于农业大学和农业教育支出，培养农业专业人才，以保障农业发展有足够的高质量的人力资本供给（李健华，2012）。

3. 荷兰新型农业经营体系的金融服务现状

在现代农业发展中，仅靠农业经营主体自我资本累积和有限的财政补贴很难实现可持续发展，需要良好的金融服务。为了解决现代农业经营主体的融资难题，荷兰建立了由农业贷款机构、农业贷款担保基金、农业发展和改组基金组成的普惠性农业金融体系。

1）农业贷款机构

荷兰的农业贷款机构是荷兰合作银行。早在1886年，荷兰就率先构建了农民合作金融制度，由各地家庭农场主自发筹资建立地方信贷合作社。到1890年，荷兰已有上千家地方信贷合作社。通过不停地重组和合并，1898年荷兰建立了两家中央合作银行，即Raiffeisen和Boerenleen，以加强各地方农村信贷合作社的交流合作和中央对地方信贷合作社的监督，1973年这两个银行合并，并于1980年命名为"荷兰合作银行"。作为世界上最早的农民合作金融组织之一，现在是荷兰的第二大银行，包括 550 多家地方合作银行、合作性的保险公司及专门的金融分公司。荷兰合作银行全部资产归其成员行（地方信用合作社）共有，管理人员由成员行按章程聘用。成员行作为股东按照资产规模控股总行，总行和成员行的关系不是行政隶属关系，可以有效减少总行以行政命令的方式干预分支行的自主经营；成员行的主要金融业务为涉农信贷等。这些金融业务主要集中在为农业合作组织的机械采购、农业新技术的研发应用、农产品加工和农产品营销提供信贷支持上（高永泉等，2009）。从性质来看，荷兰合作银行属于合作社，与其他的销售合作社、加工合作社并无本质区别，主要为社员提供信贷支持和金融服务，信贷资金完全来源于经营活动和吸收的存款。政府不干预荷兰合作银行的经营，也无需向其注入信贷资金。荷兰合作银行是荷兰现代农业发展的支柱，各种农业合作组织接受的贷款有 90%以上来自荷兰合作银行及其成员行，成员行有 85%的贷款流向农业领域[1]。荷兰合作银行及其成员行之间形成了一种交叉担保体系，即所有的会员银行、合作银行集团和其专业子公司对相互的承诺承担连带责任，并在某个实体发生资产短缺的情况下提供集团内的信贷支持。荷兰合作银行对不同农业项目、农业生产经营各个阶段都可以提供信贷支持，2013年荷兰合作银行农业贷款投资组合如图 4-2 所示[2]。

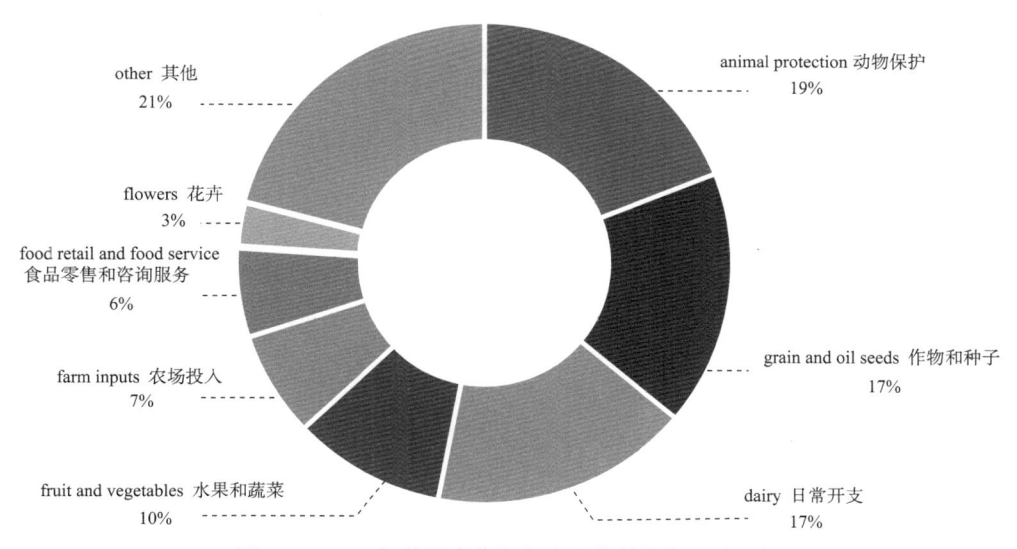

图 4-2　2013 年荷兰合作银行农业贷款投资组合比例

---

[1] Annual Report 2013，https://www.rabobank.com/en/images/Annual_Report-2013-Rabobank-Group.pdf[2020-03-24]。

[2] Annual Report 2013，https://www.rabobank.com/en/images/Annual_Report-2013-Rabobank-Group.pdf[2020-03-24]。

2）农业贷款担保基金

1951年，荷兰建立了农业贷款担保基金，帮助农场更好、更高效地从合作银行取得贷款，以支持家庭农场的发展。20世纪90年代以后，该担保基金的目标逐步扩展，开始对农场工作条件的改善、农业机器和设备的更新、生态环境的维护等贷款需求提供担保。目前，每年担保基金的规模约为1亿欧元，提供担保贷款为5亿欧元。自2009年开始，担保基金由农业部管理，政府每年补助200万欧元。在有效的管理下，近10年的损失率仅为0.6%（李健华，2012；戴宏伟和随志宽，2014）。

3）农业发展和改组基金

农业发展和改组基金于1963年由荷兰政府出资设立，主要为家庭农场提供融资服务。在成立之初，该基金的主要作用是为家庭农场发展计划制订、经营结构改善及农用设备购买等提供贷款利息补贴等服务。1985年该基金总额的25%都用于利息补贴。1997年以后，农业发展和改组基金将增强家庭农场的市场竞争力作为支持的重点，尤其是新兴的家庭农场，在申请农业贷款担保基金的同时，还可以取得农业发展和改组基金的支持。

4.1.4 日本新型农业经营体系的财政金融服务现状

1. 日本新型农业经营体系发展现状

2016年，日本陆地面积约37.79平方公里，山地和丘陵面积占70%，总人口约1.27亿人，农村人口为209万人。2015年底，全国耕地面积为449.6万公顷，全国和农村人均耕地面积分别只有0.035公顷和2.15公顷，是典型的人多地少的国家，在资源禀赋、文化背景、生产条件方面与我国具有很高的相似性。第二次世界大战后，日本完成了以"耕者有其田"为目标的土地改革，确立了农民土地所有制，最终形成了小农分散经营的农业生产格局。但因为土地的限制，日本粮食自给率十分低下，2013年仅达到40%。为了支持农业的发展，日本政府先后制定了许多扶持农民与现代农业发展的政策和法律，促进了农业机械化、农业信息化、品种优良化、生产管理科学化、营销体系化和农产品加工标准化的农业现代化发展。目前日本正在广泛地将高端的节能材料、电子设备、先进的机械制造工艺与生态农业发展需求有机结合起来，举全国科技之力推动生态农业建设。

表4-5显示了日本新型农业经营主体体系构建情况，日本新型农业经营主体主要有以下三种类型。

表4-5　日本新型农业经营主体体系构建情况　　单位：万家

新型农业经营主体	2012年	2013年	2014年	2015年	2016年
家庭经营体	153.27	148.24	143.91	134.43	128.44
集落营经营体	1.47	1.46	1.47	1.49	1.51
组织经营体	3.12	3.16	3.21	3.35	3.40

资料来源：http://www.maff.go.jp/j/tokei/kouhyou/noukou/index.html

（1）家庭经营体。以家庭经营为主要经营形式的现代农业经营主体包括销售农户和从事农业托管服务的个体两种类型，这与我国的专业种养大户和家庭农场较为相似，他们一直是日本农业现代化生产的核心力量。近年来，日本家庭经营主体数量正呈现不断下降趋势。2012年为153.27万家，2014年下降到143.91万家，到2016年已下降到128.44万家。

（2）集落营经营体。集落营经营体以日本农业协同工会（简称农协）和集落营组织为典型代表，在农业生产服务、土地流转与规模经营等方面发挥了重要作用。其中，农协作为日本规模最大，实力最强并且参与最多的农业生产联合组织，与我国的农业生产合作社较为相似，其影响力已经渗透到日本农业经济发展的各个领域，在带动农民增收方面发挥着积极作用。2012年日本集落营经营体为1.47万家，到2016年平稳增长到1.51万家。

（3）组织经营体。组织经营体囊括了具备法人资格且从事农业经营的组织和非法人团体，又可以根据是否从事农业生产分为只从事托管服务的经营体和从事农业生产的经营体（含既从事农业生产又同时从事托管服务的经营体）。近年来，在日本政府的大力支持下，组织经营体得到了迅速的发展，从事农业生产的组织经营体数量从2012年的2.23万家平稳增长到2016年的2.77万家，法人化的组织经营体从2012年的1.78万家迅速增长到2016年的2.38万家（表4-6和表4-7）。

表4-6　日本农业组织经营体数量情况（以是否从事农业生产区分）　　单位：万家

年份	小计	从事农业生产的组织经营体	只从事托管服务的组织经营体
2012	3.12	2.23	0.89
2013	3.16	2.31	0.85
2014	3.21	2.38	0.83
2016	3.40	2.77	0.63

资料来源：同表4-5

表4-7 日本农业组织经营体数量情况（以是否具有法人资格区分）　　单位：万家

年份	小计	有法人资格的经营体	无法人资格的经营体
2012	3.12	1.78	1.34
2013	3.16	1.82	1.34
2014	3.21	1.89	1.32
2016	3.40	2.38	1.02

资料来源：同表4-5

日本家庭经营体数量不断减少，集体和组织经营体数量不断增长，主要缘于农业科技投入的资金规模增大，以及农业现代化规模种植的需要，日本土地集中现象日益明显，从事农业生产和种植的家庭数逐年减少等所致（高强和赵海，2015）。

2. 日本新型农业经营体系的财政服务现状

日本政府对新型农业经营体系的财政补贴不仅种类多，而且目标多元，功能齐全，主要表现在以下几个方面。

（1）农业基本建设财政投资。由于农业所需的道路物流、水利工程等耗资巨大，且具有消费的非排他性，所以农业基础设施建设往往会成为政府财政的重要支出对象。日本政府对农业基础设施的投资十分巨大。凡是受益覆盖面涉及多区域或全国范围内的农业基础设施，如大型水利枢纽工程、跨县的农村主干公路建设等，都是由中央政府全额投资并直接组织实施（王应贵，2015）。对于区域内的农田水利基础设施，中央财政提供45%的资金支持，地方财政承担50%的资金支持，其他5%的费用由农民来承担（李艳华，2010）。属于某一村社的农田水利工程或灌溉设施，中央政府会按照工程造价的20%~30%予以支持或补贴，或者由市町村级政府进行投资，中央政府会委托都道府县政府予以监督。对于其他农业基础投资领域，均按规模大小、受益范围决定投资主体，但不管投资主体是何级政府，中央政府均会给予补贴或其他支持（王应贵，2015）。可见，在日本现代农业基础设施建设中，政府财政发挥了核心作用。

（2）一般性农业生产服务补贴。为了提高丘陵和山区农户收入，2000年起，日本政府实施了《丘陵和山区直接支付计划》，并于2011年扩展至其他农业生产条件较差的地区，包括孤岛上的平原地带。具体补贴标准是：第一，水田、缓坡水田每10亩补贴8000日元，陡坡水田每10亩补贴21 000日元；第二，旱地、缓坡稻田每10亩补贴3500日元，陡坡旱地每10亩补贴11 500日元；第三，对于小麦、大豆、饲料作物，每10亩补贴35 000日元；第四，对于水田出产的小麦和大豆，每10亩补贴分别为40 000日元、27 000日元；第五，对于面粉、饲料、二茬大米、生物燃料和环保型新品种，每10亩补贴80 000日元；第六，对于荞麦、油菜和加工用大米，每10亩补贴20 000日元。以水稻种植为例，农民（每60公斤水稻）收入等于售出价、固定支付（每10亩15 000日元）、浮动支付（按统一单价和种植面积计算2010年实际浮动补贴15 100日元）之和。显然，农户种植面积越大，领取的补贴就越多。2010财政年度里，农户平均收入由2009年的104万日元上升至122万日元，其中，水稻种植户平均收入增加了37.3%（王应贵，2015）。另外，如果农民建设和改造农业生产设施，从政府获得的财政补贴可达到投资额的65%~85%（乐绍延，2003）。可见，日本政府对作物种植补贴不仅直接体现在最终种植农户上，还体现了补贴的效率目标，种植规模越大，补贴的标准越高，有力地促进了农户的规模化种植。

（3）农业风险与收入环节补贴。为了降低农业风险，日本政府对关系民生的重要农产品采取强制性投保，1949年增加了自由保险（刘德娟等，2015），并针对投保人承担的保险费率提供财政补贴，且政府对农业保险费率补贴标准较高。例如，水稻、小麦、春蚕茧的保费补贴标准分别为其保险费率的58%、68%和57%，牛、马的补贴标准为保险费率的50%，猪为保险费率的40%。据统计，1947~1977年，日本政府支付的农业保险补贴额占总保费收入的59%。2006年日本农业保险预算总额达到1177亿日元，其中国库负担689亿日元（潘勇辉，2008）。政府对农业保险的高补贴模式不仅调动了农民购买农业保险的积极性，还起到了转移支付的作用，稳定了农民的收入。

对于农产品的价格，日本政府有著名的"双重粮价"，把粮食作为"战略性商品"，并实行倒挂政策，即政府从农民手中高价收购，然后再降价流通到市场中，中间的价差由国家财政补贴。据统计，日本每年的农业财政补贴资金为8000亿~9000亿日元（董理，2012）。此外，2007年日本政府通过了《水稻田和旱地农业直接支付计划》，将农作物补贴对象由水稻扩大到大麦、大豆、甜菜和土豆，并规定获得政府认证的农民和社区型农业合作社，收入下跌超过10%的可以申请加入该计划，政府予以差额补偿（王应贵，2015）。可见，通过政府补贴抵消农产品价格波动风险，对激发日本农民种粮积极性发挥了重要的作用。

（4）农业税收减免。日本在农业税制方面的优惠政策，使得农业发展处于一种保护状态之下。日本作为一个岛国，农产品高度依赖进口，为了防止竞争对手农产品进入本国市场形成垄断局面，高关税政策为日本的农业发展提供了有力的保护。例如，2004年美国农产品关税为35%，到2010年下降到18%。而日本农产品的关税一直在80%左右（张虎，2015）。另外，日本《法人税法》中将农业共济组合、农业共济组合联合会纳入公益法人的范围，只对其由营利性事业中所产生的所得进行课税，对其他所得不课税。《农业灾害补偿法》规定，对农业共济团体免征所得税、法人税及营业税,对登记农业共济团体的个体免征登录税,对农业灾害补偿之有关书类免征印花税(潘勇辉,2008)。可见,日本农业税制较为复杂,体现在多部相关法律中。

(5)农业社会化服务组织运行补贴。财政对农业服务组织体系的支持是日本农业现代化的重要保证。这里以农业保险服务组织补贴为例予以说明:其一,在业务费用方面,县以上农业联合会的全部经费和农业共济组合联合会部分费用由政府承担,重点对非营利性业务费用进行补贴;其二,政府接受农业共济组合联合会的再保险;其三,政府以50%的出资比例与所有联合会共同组建农业共济基金,向赔偿基金不足的联合会提供贷款。各方承担保险责任的比例大致为:共济组合10%~20%、联合会20%~30%、政府50%~70%。遇有特大灾害,政府承担80%~100%的保险赔款,保证了共济组合经营的可持续性。最后,针对农业共济组合联合会及农业共济组合的部分人员经费和经营管理,日本政府也有相应的补贴(刘德娟等,2015)。

(6)农业发展与环境补贴。2001年,日本科学院提出了农业具有土地保持、水资源与自然环境保护、美丽田园建设、传统文化传承等多功能性理念。之后,日本政府的农业政策越来越强调农业的多功能性。首先,为了创造良好的农业生产条件,对农业水土保持提供财政补贴。2008年以来,每年约有2万个组织参与农田水土保持活动,约150万公顷的农田纳入直接支付计划。且水土改良领域,不管规模大小及受益范围大小均由中央政府直接投资(王应贵,2015)。其次,通过立法和制定农业发展新政策,发展生态农业。日本政府于2006年正式提出发展有机农业,并制定限制使用化肥、化学农药的有关规定,地方政府与村庄及农户签订限量使用农药、播种绿肥作物等协议,对于因保护环境而造成的农作物减产和经济损失,政府给予一定的补贴(李应春和翁鸣,2006)。最后,鼓励农户种植有机农产品,给予这些农户相应的奖励性补贴(李应春和翁鸣,2006)。政府出资培训农业从业人员,对他们进行"生态农民"认证(王应贵,2015)。截至2008年,日本环境保全型农户数量超过了50万户,占全部经营类农户的21.5%(罗秀娟和孙凯,2009)。

3. 日本新型农业经营体系的金融服务现状

在现代农业发展中,金融的介入为农业经营体系注入发展资本,能有效增强农业经营主体的活力。如图4-3所示,日本具有健全的农业金融服务组织体系。

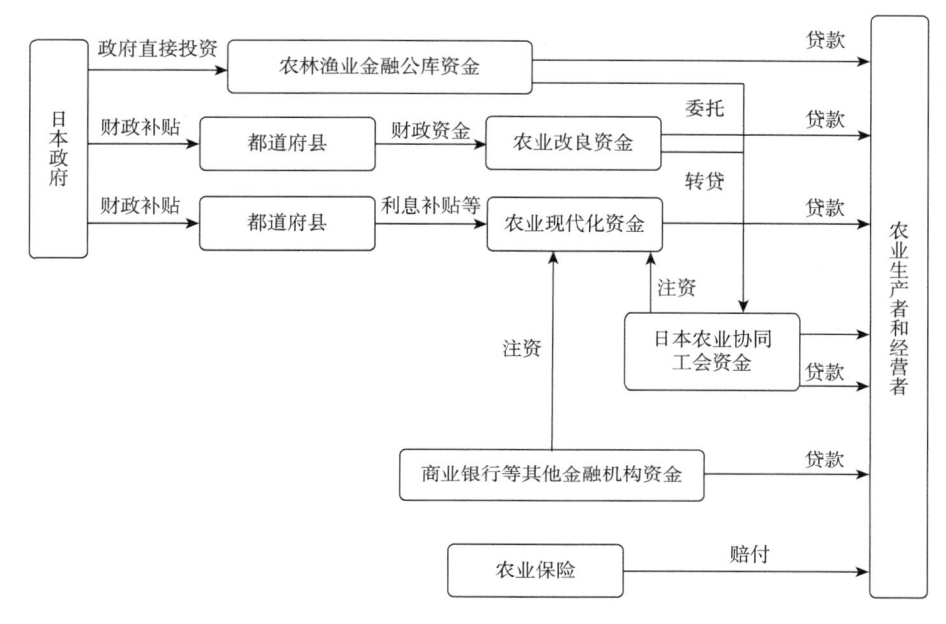

图 4-3　日本农业金融服务组织体系

1）农业政策性金融系统

日本农业政策性金融职能的主要承担者是农林渔业金融公库，服务重点是对农业基础设施建设的信贷融资（徐祥临，2006）。贷款特征为低息、长期，期限分为 15 个等级，最长的是 55 年（林业经济基础贷款），最短为 1 年，平均期限达 19 年。贷款利率平均为 3.89%，其中利率在 3.5%的贷款比例占到 60%以上（李硕和姚凤阁，2015）。

日本农业政策性贷款共有六大项目：农林渔业金融公库资金贷款、农业现代化资金贷款、自然灾害贷款、农业改良资金贷款、林业改善资金贷款和渔业现代化资金贷款。其中，农林渔业金融公库资金贷款和农业改良资金贷款占到贷款总额的 90%以上（田万苍和王茂根，1981）。农林渔业金融公库资金贷款主要用于农业基本建设和改善农业经营，以一定比例将贷款发放给发展某项农业生产的农户或组织；农业现代化资金贷款主要是农业经营体系在办理与农业现代化有关的如引进农业机械设备贷款时，政府会有一定的利息补贴。自然灾害贷款是对因遭受暴风雨、地震、干旱、厚雪、冰雹等自然灾害所造成的损失，国家为保证生产的连续性和稳定性而提供的贷款，一般根据受灾害程度分为四类：①一般受灾贷款，贷款期限为 3~5 年，利率在 6%以下；②对于减产 30%的受灾较重者，贷款期限一般是 5 年，利率在 5.05%以下；③对于农业收入损失达 50%以上的严重受灾者，贷款期限一般是 6 年，利率在 3%以下；④对于连续遭灾者则可以将贷款期限延长一年，且贷款金额从160万~480万日元不等（田万苍和王茂根，1981）。农业改良资金贷款主要是针对新农业部门的建立和发展、新农业技术的普及和推广、新农机设备的生产和运用等方面提供无息短期贷款，一般由农协组织办理（王秋丽和齐敏，2001）。从表4-8可见，农业经营主体短期借款来源有86.7%是农协。

表4-8　日本农业经营主体的短期借款来源

项目		回答数	农协	家族宗亲及个别法人团体	地方银行	信用金库	饲料协会等专业协会	都市银行
总体		6455	86.7%	10.5%	4.0%	2.3%	1.0%	0.8%
农畜产品销售额度	1千万日元以下	2569	90.5%	7.2%	2.8%	1.3%	0.9%	0.6%
	1千万（含）~3千万日元	2403	88.0%	11.6%	2.7%	1.7%	0.7%	0.4%
	3千万（含）~1亿日元	1004	79.1%	16.6%	6.4%	4.5%	1.0%	1.3%
	1亿日元及以上	167	59.3%	14.4%	24.6%	11.4%	5.4%	5.4%
经营性质	个人（非农业者）	648	88.4%	8.6%	2.6%	1.5%	0.6%	0.6%
	个人（农业者）	4231	89.7%	9.3%	2.8%	1.7%	0.9%	0.5%
	农业法人（不包括养殖法人）	443	57.8%	26.9%	18.1%	8.4%	2.5%	3.8%

资料来源：日本农林水产省经营局

2）农村合作性金融系统

日本农村合作性金融是以农协为载体的金融组织，对构建农业经营体系产生巨大的推动作用，其业务发展较为成熟。农协体系广泛存在于日本农村地区，其构成体系如图4-4所示。据统计，截至2014年12月，日本共有全国性农协联合会18个，都道府县农协联合会207个，基层综合农协708个，各类专业农协2011个。日本90%以上的农户都是农协的社员，农协共有社员969万人，其中，农户社员472万人，非农户社员497万人（高强和张照新，2015）。截至2012年7月，农协营业网点数有8578家，由于存款利率比商业银行高出0.1个百分点，吸收的农村存款余额高达881 963亿日元，占到农村总存款余额的50%以上，贷款余额219 824亿日元（孙少岩和许丹丹，2013）。社员的购买农资、销售农产品等现金收支活动，均可以在基层农协内部各部门实现，从而降低交易成本（高强和张照新，2015）。农协主要是为农民提供融资，为农业生产经营者提供的融资很少（高木勇树和薛桂霞，2006）。

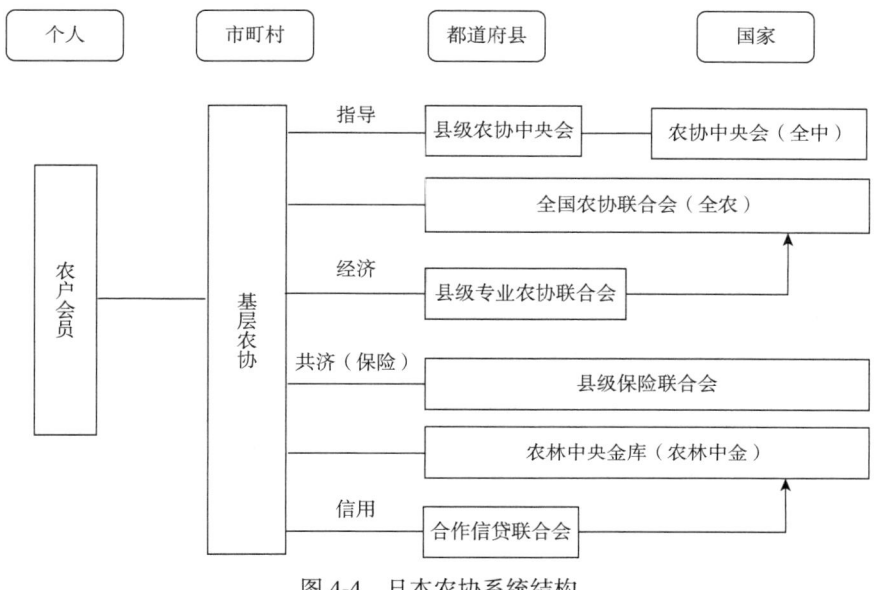

图 4-4 日本农协系统结构

日本政府从财政、税收、信贷、保险等方面对农协的保护和支持是农协充分发挥作用的强有力保障。首先，在财政方面，对农协经营性和会员生产性共同利用的设施，政府给予 50%的补贴；其次，在税收方面，减免农村合作金融机构营业税、所得税和固定资产税，且合作性金融机构存款账户免征印花税（刘洁和张洁，2013），农协一般比民间企业税赋低 14%左右（李显刚和石敏俊，2001）；再次，在信贷方面，第二次世界大战后政府贷款的"农业现代化基金"，就是通过农协发放的长期低利贷款，利率仅为 6.5%，偿还期为 5～15 年（卢嘉鑫，2000）；最后，在保险方面，政府允许农协开展人寿、财产保险，而其他保险公司不允许同时开展这两种保险业务，保险成为农协盈利的主要来源。而风险较大的农作物生产险和畜禽险，则由政府成立的专门保险公司承担（刘淑云，2005）。

3）民间农业金融系统

民间农业金融系统是指经办农业金融事业的一般民间金融机构，主要指地方银行和信用金库。截至 2007 年底，已有 34 家民间机构开展了农业贷款（郑蔚，2008）。1985 年日本民间农业金融系统的农业贷款余额为 8184 亿日元，其中地方银行为 3072 亿日元，占 37.5%，信用金库为 2277 亿日元，占 27.8%（王秋丽和齐敏，2001）。虽然民间农业金融贷款余额占全国农业贷款余额比重较小，但在日本农村经济发展中的作用仍不可忽视（李景波和闫云仙，2011）。此外，日本鼓励社会资本进入农村，对农业经营体系进行投资，包括高速运输系统、下水道系统等农村基础设施投资（刘颖娴等，2014）。

4）农业信贷担保体系

日本是世界上最早建立农业信用担保体系的国家之一，已形成了一套高效完备的农业信贷担保制度。首先，农业信用保证制度健全。农业信用基金协会由政府和各农业信用基金协会共同出资，其中政府出资占 1/3，业务主要分为保证保险和融资保险两部分。借款人只需缴纳 4%左右的保证费，就可以委托基金协会对其债务提供担保。其次，相互援助制度较完善。2002 年日本废除存款保险制度后，建立了相互援助制度，即农协作为一个吸收存款和发放贷款的金融机构，每年需按照一定存款比例上交农林中央金库进行统一管理，以弥补农协经营周转资金的不足。最后，建立政策性担保制度。政府通过政策性担保，吸引各大银行资金直接投入农业经营体系，以减少银行的信贷风险。此外，农协给农民发放贷款及各种补贴，其资金也主要来自各级政府财政拨款，农协在发放农业贷款过程中，政府提供担保（季莉娅和王厚俊，2014）。

5）其他金融支农系统

2000 年以来，缘于农业投入资金规模增大，以及农业规模种植的需要，日本土地集中现象日益明显，从事农业生产和种植的独立法人逐渐增多，跨区域生产经营的农业从业者越发增加。而农协资金不能跨区域投放的规定，极大地制约了农协信用事业的开拓。这为地方银行、都市银行、小额金融机构等提供了发展空间，这些金融机构积极开发农业贷款，配合当地政府向农民提供创业贷款。同时，这些金融机构依靠人才、信息技术系统优势等逐步渗透到农协所经营的非金融业务，如教育培训、会务组织等。据日本农林水产省经营局 2012年的调查数据（图 4-5）显示，快捷便利、能满足资金需求是农民向地方银行等其他金融机构借款的重要原因。可见，其他金融机构正在填补农协和政府财政在日本新型农业经营体系发展中的融资空白。

综上表明，日本在财政方面的大力支持和金融服务的协同配合，促进了新型农业经营体系的成长和发展，激发了农村经济活力。在农业基本建设、一般性农业生产服务、农业风险保障、农民收入稳定、农业经营组织运行、生态农业、有机农业等方面，日本政府都给予了较大的财政支持。在金融服务方面，日本的政策性金融机构和以农协为载体的合作性金融机构及民间金融机构相互补充，为现代农业经营主体融资提供了强力保障。农业信用担保体系更是现代农业金融运行的稳定器，保证了现代农业融资的正常平稳运行，为日本新型农业经营体系的发展提供了良好的信用保障。表 4-9 显示了 2001~2011 年日本各类金融机构涉农信贷投放和占比情况。

第4章 新型农业经营体系构建的财政金融服务国际经验研究

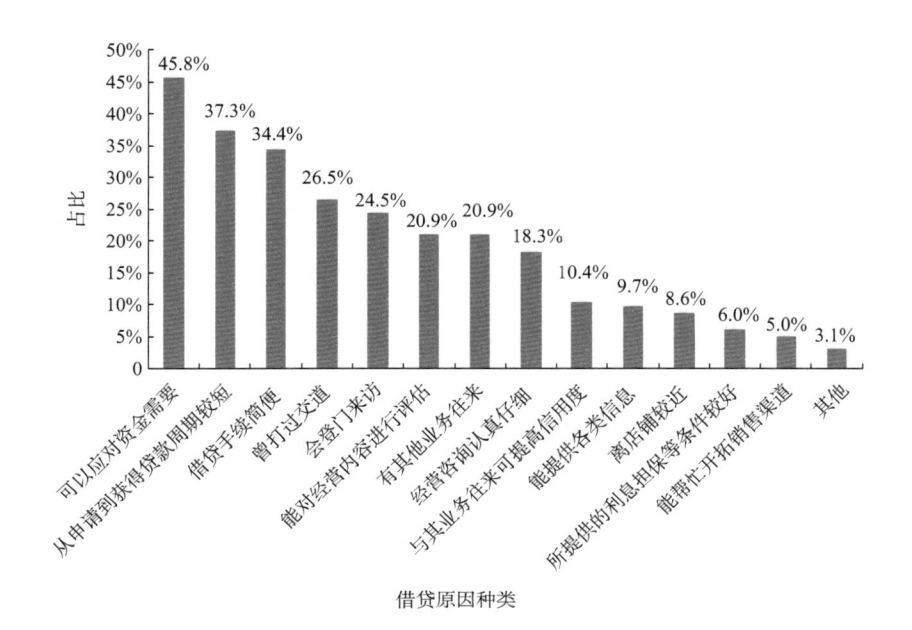

图4-5 日本农业经营主体向银行、信用金库、信用组合借贷农业资金的原因

各借贷原因占比：可以应对资金需要 45.8%；从申请到获得贷款周期较短 37.3%；借贷手续简便 34.4%；曾打过交道 26.5%；会登门来访 24.5%；能对经营内容进行评估 20.9%；有其他业务往来 20.9%；经营咨询认真仔细 18.3%；与其业务往来可提高信用度 10.4%；能提供各类信息 9.7%；离店铺较近 8.6%；所提供的利息担保等条件较好 6.0%；能帮忙开拓销售渠道 5.0%；其他 3.1%。

表4-9 2001~2011年日本各类金融机构涉农信贷投放和占比情况

年度	合计 总额/亿日元	占比	农林公库 总额/亿日元	占比	农协系统 总额/亿日元	占比	银行 总额/亿日元	占比	信用金库、信用组合 总额/亿日元	占比
2001	575	100%	197	34.3%	334	58.1%	39	6.8%	5	0.9%
2002	634	100%	211	33.3%	377	59.5%	40	6.3%	6	0.9%
2003	600	100%	216	36.0%	317	52.8%	50	8.3%	17	2.8%
2004	595	100%	217	36.5%	306	51.4%	59	9.9%	13	2.2%
2005	646	100%	289	44.7%	287	44.4%	56	8.7%	14	2.2%
2006	522	100%	227	43.5%	221	42.3%	63	12.1%	11	2.1%
2007	996	100%	448	45.0%	410	41.2%	110	11.0%	28	2.8%
2008	1401	100%	712	50.8%	538	38.4%	128	9.1%	23	1.6%
2009	1293	100%	700	54.1%	477	36.9%	91	7.0%	25	1.9%
2010	1085	100%	719	66.3%	299	27.6%	45	4.1%	22	2.0%
2011	984	100%	638	64.8%	245	24.9%	73	7.4%	28	2.8%

资料来源：农林公库，日本公库"业务统计年报"各年度数据
注：数据由四舍五入计算得到，相加与100%有偏差

4.1.5 巴西新型农业经营体系的财政金融服务现状

1. 巴西新型农业经营体系发展现状

巴西位于南美洲东部，地处热带和亚热气候带，大部分地区年降雨量在2000~3000毫米，天然森林面积约有560万平方公里，亚马孙河流域的热带雨林有"世界的肺叶"之称（徐成德，2009）。巴西陆地面积851.49万平方公里，位居世界第五，其中农业用地占陆地面积的53%，有优质高产良田3.88亿平方千米、牧场2.2亿平方千米，有9000万平方千米的土地资源尚未开发利用（娄昭等，2011）。得益于得天独厚的地理条件，巴西是世界上适于农林牧渔业全面发展的少数国家之一，农业是其少有的具有国际竞争力的行业，农产品是巴西贸易顺差的主要来源。据巴西农业部的计划，到2019年，巴西农产品产量达到全球总产量的35%。当前，受国际金融危机和世界经济衰退的影响，巴西经济虽然不景气，但农业依然是巴西经济的亮点。来自巴西国家统计局的数据显示，2015年巴西国内生产总值（gross domestic product，GDP）约为5.9万亿雷亚尔，比2014年下降3.8%，是1996年以来跌幅最大的一年，在其他部门经济均在下降的情况下，巴西农业依然保持增长状态，增幅约1.8%。2015年巴西销往国外的大豆、玉米、新鲜鸡肉、咖啡和纸浆数量创下巴西农业贸易记录。相比2014年大豆出口数量增加19%，达到5432万吨，是有史以来最大纪录；其他纪录保持者是大豆粉，销往国外1480万吨，增长8%；玉米达到2890万吨，增长40%；咖啡达到2090万吨，增长1%；鸡肉达到3890万吨，增长7%；纤维素达到1197万吨，增长8%；猪肉出口量增长10%。

巴西农业经营主体主要是大庄园主和小农，土地占有不均衡，良田大部分由大庄园主占有，最大的庄园土地经营规模可达几十万公顷，属于现代化商业农场，以生产大豆、咖啡、甘蔗、可可等出口农产品为主。而自给性小农占农场总数的85%，以生产木薯、黑豆等为主。小农主要依托各种专业合作社生产经营。这些合作社主要有供销合作社、渔业合作社和农村电气化合作社[1]，他们主要向农户提供农业生产、农产品出口咨询与技术帮助，组织个体生产者联合向国外市场销售农产品等。这些合作社实行股份制，每个社员拥有一定的股份，但持有额有一定

---

[1] 20世纪90年代初，巴西农业合作社就达到了4000多个，入社农户4000多万户。其中，供销合作社约有1500个，主要为农民供应生产资料，提供农产品分级分等、包装、仓储、运输、销售和出口等服务，还提供市场信息、经管咨询、技术指导与培训等服务；渔业合作社有近30个，帮助渔民购置渔业机械设备等生产资料，发展渔产品冷冻、加工、运输和销售，进行技术培训；农村电气化合作社有近300个，帮助集资修建供电设施，负责管理农用电收费和征税，推动地区性经济开发，改善农民生产生活条件（李飞和孙东升，2007）。

的数量限制（娄昭等，2011）。一些效益好的合作社会逐渐发展为颇有规模的农工商综合企业，特别是从事糖、酒、咖啡加工的企业。

为了鼓励小农做大生产规模，促进无地农民拥有土地，巴西政府推出了土地改革计划[①]，以吸引农民到内陆中西部地区开发后备耕地资源（李飞和孙东升，2007）。土地改革计划有三种。一是土地征用。虽然巴西政府一直十分注重解决小农土地不足的问题，但没有分割大土地，而是把新开垦的土地分给无地或少地农民，保留了巴西大土地占有制的基础地位，为发展现代农业提供了基础条件，使上万个家庭在农村定居下来，这也是巴西农业获得较快增长的重要因素。二是成立土地银行，向农民提供贷款用于购买地产（李飞和孙东升，2007），吸引农民到内陆地区开发后备耕地资源（朱英刚，2003）。三是充分利用外国资金和技术。从1999年起允许外国人在巴西设立农业独资公司。其中，日本、美国和以色列是巴西农业利用外资的主要资金来源国（朱英刚，2003）。

2. 巴西新型农业经营体系的财政服务现状

巴西政府高度重视利用财政服务支持农业经营体系的构建与发展，这些财政服务主要包括以下几个方面。

（1）农业基础设施建设补贴。由于巴西地广人稀，为便于扩大农产品出口，促进农业农村发展，巴西政府在乌拉圭回合之后，实行了"北方农产品出口长廊建设计划"和"北部地区灌溉计划"，加快了农业边疆拓展和农村交通设施建设力度（张朝华和陈池波，2014）。其中，州际的公路及州际到各个农场之间的公路完全由政府出资（张红宇和陈良彪，2004）。巴西联邦政府也为私人修建乡间公路提供低息贷款，甚至还为农场内部的道路和其他农业基础设施建设提供一定的财政支持（朱英刚，2003）。此外，巴西政府还设立了地方开发银行和特别基金，利用财政诱导政策鼓励私人资本向落后地区投资。

（2）家庭农业支持计划。为了确保缺乏国际竞争力的小规模农户收入增长，抑制农业人口过快向城市流动，维持经济社会稳定，1997年起巴西政府推出了"家庭农业支持计划"，主要工作包括以下三个方面。一是改善开发地区物流等基础设施条件。根据气候、土壤、当地市场及产量情况确定优先扶持对象，由联邦、州和市三级政府共同出资扶持。对农民购买农业机械，政府补贴50%。二是对农民和技术人员进行免费培训，免费提供各种病虫害防治技术资料（朱英刚，2003；张红宇和陈良彪，2004）。三是实行税收优惠。对农民只征收个人所得税，税率为27.5%，但年收入在15 000雷亚尔以下的免征个人所得税。如果亏损，三年之内

[①] 在葡萄牙殖民统治时期，巴西形成了以奴隶为基础的大地产制。几个世纪以来，分别经历了奴隶制、租佃制、现代雇佣制的一系列重大变化，但大地产制延续至今（徐成德，2009）。

可在税前所得税中抵扣（朱英刚，2003；张红宇和陈良彪，2004）。同时，免征咖啡、糖类及其附属产品等加工原料和产品的出口税，以增强农民的出口收益（韦艳宁，2014）。

（3）价格支持补贴。巴西政府对农业的价格支持政策主要有四个方面。一是农产品最低保证价格[①]。生产者将农产品卖给政府，可享受最低保护价（徐成德，2009）。二是产品售出计划。政府通过向加工企业或批发商支付"差价"补贴支持农产品价格，如政府提供产地与消费地之间的运费补贴，鼓励加工企业和批发商到内陆收购农产品，实质是为内陆地区农场提供价格支持（张红宇和陈良彪，2004；徐成德，2009）。该计划额度有限，仅为产量的5%~6%，政府通过拍卖方式分配额度，额度内提供补贴，目前只有棉花、玉米和小麦三种作物从中获益（朱英刚，2003）。三是期权合约补贴。政府预先确定一个规定时间的农产品期权价格，当到期实际市场价格高于期权价格时，由农民自己出售；当实际市场价格低于期权价格时，政府把市场价与期权价之间的差额补贴给农民，产品仍由农民自主销售。这在一定程度上稳定了农民收入，也减少了政府以保证价格收购农产品的储备成本（张红宇和陈良彪，2004；徐成德，2009）。四是政府对农产品的直接补贴，补贴的农产品主要有玉米、大米、大豆和牛肉等。

（4）农业科技补贴。巴西政府十分重视农业科技投入，大力发展科技含量高、附加值高的农作物品种，促进农业高效可持续发展。巴西农业部下属的巴西农牧业研究公司是发展中国家最大的农业科研机构之一，与巴西农牧技术推广公司具体负责农业科研和技术推广工作，巴西政府每年从财政预算中安排一定数量的资金对农业研究中心进行支持（徐成德，2009）。这些农业科研机构以合理利用资源为原则，以满足消费者需求为目标，以提高农产品产量和质量为核心，在选择适宜品种、培育优质高产作物、农业生物技术、作物病虫害防治等方面开展研究，在农业生物技术、生物工程技术、转基因技术、有机农业技术等领域取得了丰硕的成果并得到广泛应用（娄昭等，2011）。科研机构为农户提供生产、加工、储运及信息等全方位服务，获取的收益又反过来资助农业科研事业，实现二者良性互动发展。

（5）农业贸易促进补贴。巴西政府高度重视农业出口创汇，并制定了一系列优惠措施，如农产品可自由出口，政府不设定关税限制等，通过与其他国家签订自由贸易协定，进行双边及多边贸易谈判促进农产品出口。其农业贸易补贴政策可概括为两个方面。一是鼓励出口计划。巴西政府积极推行农业"走出去"战略，为出口农产品提供信贷、贴息和担保，并建立出口保障开发基金和农产品竞争力

[①] 最低保证价格高于生产成本、略低于市场价格，由巴西生产资助委员会制定，农业部和国家货币委员会审议，经总统批准后，在播种前两个月以政令形式颁布。

提升基金,通过签署备忘录、建立合作交流平台和农业援助等经济外交措施,努力消除国际上针对巴西农产品的贸易壁垒,积极拓展国际市场(李飞和孙东升,2007;娄昭等,2011;韦艳宁,2014)。同时,对具有竞争优势的产品,政府给予较少补贴,鼓励其在国际市场中创立品牌。二是建立出口联营集团。针对大宗农产品出口被少数大公司垄断的现状,政府建立了中小企业"出口联营集团",以保护小农业生产者的利益(李飞和孙东升,2007)。

3. 巴西新型农业经营体系的金融服务现状

金融服务在支持巴西现代农业发展中具有重要的地位和作用,主要包括农业信贷和农业保险两个方面。

(1)农业信贷政策与服务。巴西农业信贷政策的主要内容有以下四个方面。一是为了保证银行有充足的信贷资金来源,巴西法律规定所有商业银行必须将吸收的存款的25%~30%用于农业贷款,并且贷款年利率最高为12%(一般市场利率为25%),中小生产者的贷款利率分别为9%和6%。二是贷款用途结构。用于购买生产资料的种植信贷占贷款总额的60%;用于农业基础设施、添置农机具的投资信贷占贷款总额的10%;用于农产品销售信贷占贷款总额的30%。三是贷款额度。巴西政府根据公顷作物生产成本,设立成本基数,并作为计算贷款限额依据,对同一种作物按单位面积产量划出几条生产率基线。生产率越高,成本基数越大,农户可得贷款越多。对中小农户,一般贷款上限为总成本的900%,大农户为800%。四是贷款特殊规定。最近三季平均生产率高于政府规定的最高生产率基线的农户,可按自行制定的预算申请贷款,不受成本基数限制;种植大米、黑豆、玉米和大豆的农户,若能保证生产率高于前三季平均值的20%,可得到相当于成本100%的贷款额度(徐成德,2009)。五是延期与利率政策。1995年以来,巴西政府还通过立法允许到期不能偿还贷款的农民可以继续与银行协商而延期还款。农场债务在20万雷亚尔以下的,可延期10年还款,年利率为3%加上政府制定的特定商品最低价格的变化率;债务在20万(含)~50万雷亚尔之间的,可延期20年还款,利率为8%加上物价指数变化率;债务在50万(含)~100万雷亚尔之间的,年利率为9%加上物价指数变化率;债务在100万雷亚尔及以上的,年利率为10%加上物价指数变化率(朱英刚,2003;张红宇和陈良彪,2004)。

(2)农业保险政策与服务。巴西农业保险始于1939年国家再保险公司的成立,其农业保险覆盖范围广泛,包括农业、畜牧业、水产、农村抵押、森林、农业财产和农产品等保险品种,农业保险经营体系分为两大序列。一是建立在财政基础上的由国家再保险公司操作的农业保险体系。在国家再保险公司中,政府和私人股份各占50%,但私人股份无投票权,因而实质上由政府控制。再保险公司设有农业保险基金,如果农业保险基金出现亏空,则由国家财政予以补贴。二是政府农业保障基金。由中央银行独家经营,其他银行代理,分备耕、种植、管理、销售四个阶段进行保险,保险金额以生产成本为上限,政府和农民各自负担50%的保险金(张红宇和陈良彪,2004)。当发生农业损失时,中央银行派员调查确认后进行赔付。巴西农业部、财政部、巴西银行等组成管理委员会,对农业保险进行监督和管理,农业部门指导被保险农民在适当的时期和恰当的区域种植适宜的农作物(徐成德,2009)。因此,参加保险的农民只需要交纳少量的保险费,就可以有效规避农业风险。

4.2 国外新型农业经营体系构建的财政金融服务比较分析

美国、法国、荷兰、日本、巴西等国在支持新型农业经营体系构建与发展中,虽然面临的社会背景及资源条件不同,但基于农业的共同属性,使得财政金融支农服务既有一些共性特征,也表现出明显的差异。

4.2.1 国外新型农业经营体系构建的财政金融服务共性

1. 国外新型农业经营体系构建的财政服务共性

通过对上述五国新型农业经营体系的财政服务现状考察发现,各国在财政支持新型农业经营体系中大致有五个共性特征。

第一,财政服务目标呈现阶段性变化。新型农业经营体系构建是一个逐渐探索和不断发展的过程,因此各国的财政服务目标随着经济发展水平、政府自身财力、农产品供需情况、农产品生产技术和农业结构变动的不断变化而呈现出阶段性的调整特征。在支持新型农业经营体系构建中,各国的财政服务目标具有多元性,大致可概括为稳定农产品价格、增加农业经营者收入、提高农业生产效率、保障粮食安全、维持农业可持续发展。实际上,上述五国在面对不同时期内农业发展要求和相应发展问题时,财政服务目标也是随着各国的不同侧重而有所变化的,当农业生产效率比较低下时,国内的农产品无法满足本国需求,保障粮食安全自然成为财政支农的重点;当国内需求得到满足,且出现供给过剩时,稳定农产品价格和提高农业经营者收入就成为支持的重点;随着经济发展和农业生产力的不断提高,保护农业生产良好的生态环境,维持农业可持续发展又成为财政服务重点(于国良和胡百东,2011)。可见,在发展现代农业中,各国的财政服务目标基本都经历了从保障农产品稳定供给,到以科技发展提高农业生产效率,再过渡到侧重维持农业可持续发展的变化路径。

第二,财政服务重点支持农业经济组织的发展。新型农业经营体系的一个重要特征就是组织化,因而各国在财政支持新型农业经营体系构建时,都给予了农业合作组织和家庭农场必要的支持。尤其是农业合作组织,在政府的大力支持下,其经济功能日益强大,不仅为农民提供多种服务,有效地引导农民进入市场,而且在一定程度上替代了政府的职能,成为政府各种农业政策和法规贯彻实施的中介(石泓,2010)。例如,美国规定反托拉斯法不适用于农业合作社;日本针对农业保险经营组织非营利性的业务费用方面规定,县以上农业联合会的全部经费和农业共济组合联合会部分费用由政府承担;法国政府规定,为农业服务创办各种合作社,政府给予投资总额 25%的财政补贴,并免去应交的工商业利润税、营业税和地产税。可见,各国政府都将合作组织作为新型农业经营体系构建的重点,为其提供财政拨款、信贷贴息、税收减免、政策性保险及行业运行的特殊优惠政策。

第三,财政服务手段多元化且基本相似。由于新型农业经营体系构建具有显著的外部性,且农业本身具有高风险性、低效性,因而需要财政提供大量支持,丰富财政服务手段。各国在财政支持新型农业经营体系构建中所采用的财政服务手段基本相同,都是根据不同的经济发展时期,先后采用了基础设施建设、价格干预、收入补贴、一般服务支持等形式,只是在《乌拉圭回合农业协议》制定前后支持手段的侧重有所改变。例如,美国目前实行直接支付、反周期支付、贷款差额支付和收入选择补贴政策,不仅对产量和价格进行补贴,而且对价格波动造成的收益下降给予支持(吕晓英和李先德,2014);法国和荷兰作为欧盟成员国,主要执行欧盟共同农业政策,支持手段包括价格支持、收入补贴、农村基础项目等综合补贴;日本和巴西在建立新型农业经营体系时也采用了基础设施投资、价格干预、收入补贴、一般服务支持等财政支持手段,为提高农业产量和农民收入水平创造了良好的政策环境。此外,各国还纷纷采用信贷利率补贴、税收优惠、农业保险补贴、农业生产资料补贴、灾害补贴等措施支持新型农业经营体系的发展(石泓,2010)。

第四,财政服务方式都向可持续发展方向转变。各国在财政支持新型农业经营体系中均遇到了相似的问题:首先,支农开支过大,财政不堪重负;其次,随着农业生产率的不断提高,农产品开始出现过剩;最后,为了提高农业生产效率而不注重环境保护,使得农业发展与生态环境恶性循环。因此,各国相继在财政支持新型农业经营体系构建方式上做出了适应性改变。首先,支持方式由价格支持向直接收入支持转变。由于价格补贴对生产及贸易扭曲效应最大,因而效率是最低的;而与价格补贴相比,直接收入支持政策流通环节较少,因而补贴效率更高。其次,财政支持政策与限产相联系。美国、欧盟、日本、巴西等根据各自的财政状况,当出现农产品过剩时,都采取了与限产相联系的补贴政策。最后,在支持构建新型农业经营体系过程中,更加注重环境保护,提倡农业可持续发展。例如,美国针对农业生产给资源环境带来的破坏,在容易发生荒漠化的地区,有计划地实行退耕还草、还林及休耕,政府给予补助金;欧盟对没有遵守环境保护要求的成员减少甚至取消资助;日本通过立法和制定农业发展新政策确立生态农业;巴西的财政支持政策也非常重视农业生态环境保护,促进农业生产与生态环境良性互动发展。

第五,均通过立法手段保障财政支持的有效性和连续性。从各国财政支持新型农业经营体系构建的历程来看,法治建设是其最重要的特征之一。各国均以法律法规的形式对农业财政补贴目标、具体项目、补贴范围、补贴标准等相关要素制度化,同时,对政策目标、预算安排、政府执行机构的职责范围做了详尽而具体的规定,从而保障了财政服务的有效性和权威性。例如,美国从20世纪20年代至今,先后颁布了20多部农业基本法,还有各种农业专项法100多部(刘彦伯,2013),使得农业经营主体的生产经营活动及其财政支持走向法治化;日本于1999年修改了农业基本法,出台的《食品、农业、农村基本法》全方位地涉及农业、农民、农村各个领域。综上可见,各国都制定了各种关于农业的基本法,对稳定农业生产和增加农民收入做了明确和细致的规定,并使财政服务于新型农业经营体系实现了有法可依。

2. 国外新型农业经营体系构建的金融服务共性

比较发现,上述五国在金融支持新型农业经营体系构建时主要有以下几个方面的共性特征。

第一,政府为金融支持新型农业经营体系构建创造良好的货币金融环境。由于农业吸引金融资本的能力天生不足,需要政府为支持新型农业经营体系的金融机构提供大力支持。为此,各国政府都制定了一系列扶持现代农业金融发展的政策措施,包括提供低成本资金、税收优惠、利差补贴和担保等。例如,美国的联邦土地银行、联邦中期信贷银行和合作社银行创建之初都由政府拨付款项;日本农林渔业金融公库由财政投资创建而成;法国政府对法国农业信贷银行实行税收减免政策,并为其发行债券筹集资金提供担保;巴西政府规定,农村贷款利率不能超过商业贷款利率的3%,并且利率补贴由政府财政支出,对自愿前往内陆地区垦殖的农户提供土地和资金援助。可见，政府对农业金融机构的大力支持，对保障现代农业金融服务的有效供给发挥了重要作用。

第二，拥有多元化的农业金融服务机构。尽管美国、法国、荷兰、日本、巴西拥有不同的国别背景，但用于支持现代农业的金融组织体系比较完善，政策性、合作性和商业性金融机构并存，还有其他金融机构和私人借贷，不同机构之间相互分工，共同为新型农业经营体系提供信贷、保险、担保服务。政策性金融主要是为合作性金融提供资金、低息贷款、担保和引导资金流向；合作性金融直接接触农户，给农户发放贷款；商业性金融则作为前两者的补充，起到活跃现代农业金融市场的作用。鉴于农业生产的天然弱质性及农业信贷高成本、高风险的特点，各国均采取了税收、利率优惠等多种措施鼓励商业金融机构为新型农业经营体系提供金融支持。

第三，为新型农业经营体系构建提供宽松优惠的贷款条件。现代农业发展中，金融服务对象是新型农业经营者，由于农业的高风险性和低效性，一般商业性金融机构出于对自身收益风险边界的考虑，往往不愿意提供低利率贷款，需要政府对商业金融机构给予财政补贴和税收优惠，以调动商业金融支农的积极性。另外，需要不以盈利为目标的政策性金融机构向农业提供低利率贷款，以弥补农业信贷服务缺口，满足农业经营者的资金需求。而合作金融在发展过程中都得到了政府在财力和优惠政策方面的大力支持，因此贷款利率也比较低，贷款条件相对宽松。在实践中，各国都为农业经营体系构建提供了优惠宽松的贷款条件，如美国商品信贷公司为支持农产品价格提供无追索权的贷款和补贴补偿等；荷兰、法国等则提供优惠利率的农业贷款、土地整治贷款等；日本的农协向农民提供低利率贷款等。

第四，具备完整的现代农业风险控制体系。农业是一个高风险产业，既要受自然风险的考验，也要受市场风险的影响，其经营活动所面临的不确定性远大于其他行业，因此在构建新型农业经营体系时需要有完善的风险分担机制加以支撑。这种风险分担机制包括担保、农业保险、政府风险基金等。美国、日本、荷兰等农业发达国家，均通过建立科学的风险内控机制、独立的监管机构、有效的监管政策及政府大力扶持的农业保险体系，将某些资金不直接贷给农场主而是贷给农业合作社，同时配套农业补贴和价格保护等措施，一方面降低了农业经营者的风险，保护了农业生产积极性，另一方面确保了放贷机构有合理的收益率，避免了现代农业融资难题加剧。

第五，具备完善的现代农业金融服务法律保障体系。金融在支持新型农业经营体系中必须要依赖于法律保障。在农业金融方面，各国都制定了较为健全的法律法规。例如，美国的《联邦农业贷款法》《农业信贷法》为农场主提供便捷的农业和牲畜信用贷款，支持农业发展；荷兰的《合作金融法》为农村合作金融组织的发展提供了法律保障;法国颁布的《土地银行法》《农业互助保险法》,对促进农业金融服务发挥了重要作用;日本的《农业协同组合法》《农林中央金库法》《农业信用担保保险法》,厘清了各金融机构的业务范围、行政关系,也降低了农业经营中的融资交易成本和经营风险,对新型农业经营体系的发展提供了较大支持。

4.2.2 国外新型农业经营体系构建的财政金融服务差异

各国经济发展水平、土地制度、金融发展水平等存在明显的差异,也使得各国财政金融服务于新型农业经营体系客观上存在着一些区别。

1. 国外新型农业经营体系构建的财政服务差异

第一,财政支持对象的侧重点不同。尽管各国支持新型农业经营体系的目标基本一致,但在支持对象上还是存在不同。例如,美国对所有的农业经营主体一视同仁,支持对象既包括普通农户,也包括大农场主,但因大农场本身所具有的优势,客观上使得大农场主享受到更多的政府补贴(石泓,2010);而法国和荷兰很重视对有效率的农场进行补贴;日本农业正经历着由小规模经营向大规模经营的变革,为了迎合这一转变,让有限的补贴发挥更大的作用,财政支持的重点是扶植规模较大的农户,以促进集约经营,提高农业生产率(于国良和胡百东,2011)。巴西财政服务对象重点向家庭农场和低收入农户倾斜,为了维护中小农场主的利益,巴西出台了"家庭农业支持计划",以提高家庭农业生产者的收入。

第二,财政支持程度有所不同。美国、法国、日本、巴西等国对新型农业经营体系的支持政策都是在顺应国内外环境变化的基础上而进行调整的,从支持程度上有所不同。美国的农业资源条件优越,生产成本低,劳动生产率高,主要通过开拓海外市场销售本国农产品,因此美国的农业政策比较重视与价格支持挂钩的直接补贴,对国内农产品价格干预程度相对较弱;而日本的农业资源短缺,农户生产经营规模偏小,农产品成本偏高,因此需要采取超贸易壁垒保护的财政支持政策。从 OECD 提供的直接补助数据来看,2012 年日本政府对农业生产者的直接补助高达 867 亿美元,而美国只有 621 亿美元,欧盟多国才发放 1789 亿美元。这表明日本政府对农业的直接补助较高(张虎,2015)。法国和巴西资源条件介于二者之间,财政支农补贴更偏重于对农业基础设施建设、农村发展、环境保护等。

第三,对外贸易的财政支持方式有所区别。农业现代化发展的目标之一就是要提高农产品生产率和国际竞争力。因而,各国普遍采用了强有力的关税或非关税措施，鼓励本国农产品出口，限制进口，但具体做法有些差异。例如，美国为了促进农产品出口和保证国内农产品价格持续高于国际价格，采取出口补贴将国内价格与国际市场隔离；而法国和荷兰作为欧盟成员国，都遵循欧盟设立的"闸门制度"，以保护欧盟农产品市场不受世界农产品市场价格波动的冲击；日本通过边境措施和国家控制贸易的方式对国内农业进行保护；巴西政府制定了鼓励农产品自由出口、政府不限制等措施，促进境外农业开发。美国农产品在国际市场上具有较强的竞争力，主要政策目的是打开国际市场，因而对国内市场开放程度比较高。而日本、欧盟、巴西农产品竞争力相对较弱，政策更倾向于保护本国农产品市场。

2. 国外新型农业经营体系构建的金融服务差异

第一，现代农业金融服务体系结构不同。由于各国农业金融有着不同的资本募集和运用方式，相应地在支持新型农业经营体系构建的金融主体和方式上也存在差异。例如，美国是典型的复合金融体系，既有专门的农业金融机构，也有其他金融机构；既有提供中、短期贷款的金融机构，也有提供长期信贷的金融机构；政策性、合作性和商业性金融机构并存。法国和巴西农业金融机构都是以政策型为主，都在政府主导下建立并运行。日本和荷兰都是农村合作金融比较发达的国家，合作金融对新型农业经营体系发展发挥了重要作用。而在实行农业商业金融制度的国家中，商业银行能为现代农业提供全面的金融服务，同时农业必须十分发达，经营农业的收益必须较高。这种模式只在那些农业效益较高的发达国家才能办到，英国就是其中的典型代表（贺聪等，2012）。

第二，现代农业金融服务模式有差异。新型农业经营体系构建是一个长期的过程，不同阶段对金融的需求与风险特征有差异。目前世界上比较成功的金融支持新型农业经营体系的模式可归纳为两种：供给引导型和需求追随型。农业金融服务供给引导型的优点在于金融机构进入阻力小，有政府资本和政策介入，风险也相对容易控制。但由于缺乏市场竞争，其所能提供的金融服务数量也十分有限，并且资金投向容易受到地方政府的干预；而需求追随型农业金融服务的优点在于十分灵活，能满足大量且多样化的融资需求，在市场原则和市场机制主导下发展，风险较大，且不易控制（余涛和刘现武，2007）。在金融支持新型农业经营体系模式选择上，美国地广人稀，资源丰富，经济发展水平世界领先，农业生产效率较高，因此以需求追随型农业金融服务模式为主；而法国、日本、巴西属于政策性金融为主的支持模式，因而以供给引导型农业金融服务模式为主。

4.3 国外新型农业经营体系构建的财政金融服务经验

从上述各国新型农业经营体系构建的财政金融服务现状、共性和差异分析中可以发现，各国在现代农业财政金融服务体系建设中积累了宝贵的经验。

4.3.1 国外新型农业经营体系构建的财政服务经验

（1）新型农业经营体系构建需要充裕的财政资金作保障。新型农业经营体系构建是一个持续浩大的工程，农业是生产周期长、风险大、经济效益低而社会效益大的特殊产业，在资源配置与市场竞争中往往处于弱势境地，加之处于构建阶段的新型农业经营体系尚缺乏独立的"造血"功能，客观上需要充裕的财政资金作为培育后盾。研究发现，各国政府对新型农业经营体系培育都给予了大量的财政支持，农业财政投入不断增加。例如，美国从20世纪中期开始的20年里，全国农业生产性投资增加5000多亿美元，且主要靠国家财政拨款和信贷政策解决。虽然近年来各国迫于国际贸易规则下的减让压力而不得不对农业补贴政策进行改革，削减了受约束的价格补贴、出口补贴等"黄箱"政策，但其实削减的相当一部分又以收入补贴的方式转移到"绿箱"政策范围。所以，各国仅仅是对农业补贴方式进行了创新，而农业补贴总体水平依然较高。这表明提高政府财政服务水平，是新型农业经营体系构建阶段的必然选择。

（2）新型农业经营体系构建需要重视财政资金的导向作用。资金是构建农业经营体系的"第一"和"持续"推动力，只有确保资金的可持续和稳定投入，才能统筹各项要素，加快新型农业经营体系的构建，促进农业现代化。各国在支持新型农业经营体系构建时都面临财力的相对不足的问题，也使得投入农业的资金面临不同程度的短缺。因此，面对新型农业经营主体培育的巨大资金需求，必须借助财政导向作用，扩大其乘数效应，充分调动金融资本和私人资本投向农业，只有形成现代农业投资的合力，才能充分发挥财政资金的效益。例如，美国、日本、法国和巴西等国政府为了充分发挥财政资金的引领示范作用，分别通过财政补贴、财政投资等手段诱导金融资本、私人资本和其他资本积极投资农业，形成农业投资合力，从而促进农业投资不断增长。

（3）财政支持新型农业经营体系构建的基础是现代农业基础设施。农业基础设施是构建新型农业经营体系的根本保障，其中农田水利建设关系到新型农业经营主体的农业生产，农产品流通设施建设关系到新型农业经营体系的市场销售，农业教育、科研和技术推广更是强化新型农业经营主体的生产技能，能有效提高农业生产效率。公益性特别强的现代农业基础设施建设仅由新型农业经营主体投资是无法支撑的，必须依赖财政资金投入，为此，各国都对农业基础设施建设投入了大量的财政资金，对于跨区域的农业基础设施完全由政府直接提供。例如，自1995年以来，美国每年在农业基础设施的补贴额度保持在20亿美元的水平，到2011年已累计投入370亿美元（刘彦伯，2013）。尽管深受2008年国际金融危机的影响，财政预算形势十分严峻，日本在2009年农业科技预算仍达到35 548亿日元，仅用于利用高端技术与知识产权发展农业潜力项目的补贴就达到15 321亿日元（许世卫和信乃诠，2010）。从各国实践效果来看，增加对农田水利、现代农业物流系统、农业科技推广等农业基础性服务的投入，不仅有利于提升农业的整体服务水平，改善农业生产条件，加快建设新型农业经营体系，而且有助于提升农业国际竞争力，实现农业多功能化的现代农业发展目标。

（4）新型农业经营体系构建中提高财政支持效率十分重要。政府在运用财政政策和财政资金支持新型农业经营体系构建过程中，要有重点地承担，在具体支持时要做到既不破坏市场对资源配置的基础性作用，又要适当地减少政府财政负担，整合财政资源，提高财政资金支持效率，因此需要对财政支持的范围和程度明晰化。从各国的财政服务经验来看，对于一般性的农业生产经营性投资，政府并不承担主要投资责任，而是将其交由市场决定，由农业投资者自行投资，并通过市场价格进行调节；对于投资风险较大、投资收益较低且兼具社会性、环境保护性及示范性效益的农业投资，如农田水利、道路、灌溉、物流、市场系统及农业科技研究和推广等，各国都给予了大量财政安排，以此引导并鼓励社会进行投资；而对那些具有长远积累性，属于宏观范围的投资，如各种生态建设工程、农牧业病虫害疫病防治体系、农产品安全保障体系及提供公共产品和社会效益的农业项目，都是以政府的财政投入为主。国外政府都十分重视财政投资效率，包括通过财政资金整合、简化财政投资流程，加强财政资金使用绩效的考核等措施，来提高财政服务新型农业经营体系的效率。

（5）保证财政服务新型农业经营体系的连贯性需要完备的法律制度。虽然各国农业生产条件及经济发展水平不相同，但在财政支持新型农业经营体系时都选择通过立法的形式将财政服务内容法律化。一是增强财政服务的可持续性。有了完备的法律法规约束和指导，才能从根本上改变政府主观随意的财政支持制度，避免财政服务的非连续性、主观性，为各国农业发展方式转变和新型农业经营体系发展提供良好的政策法律环境；二是提高财政服务的权威性，以法律的形式固定下来，保证财政支农相关目标的实现，对促进现代农业生产发展和保护农民的利益起到了切实的保障作用。美国在1933年颁布的《农业调整法案》中就确立促进农民增收的主要政策目标。第二次世界大战后，美国实施了《联邦农地完善与改革法》《农业法》《农业调整法案》，欧盟和日本分别实施了共同农业政策与《食品、农业、农村基本法》等法规，对农业安全、农民增收、农业环境等方面做了明确的法律规定，从制度源头保证了财政支农政策的连贯性和稳定性。

4.3.2 国外新型农业经营体系构建的金融服务经验

（1）新型农业经营体系金融服务的有效供给需要健全的农业金融组织体系做保障。尽管各国国情不同，但都建立了较为完善的农村金融服务体系，有政策性、合作性、商业性金融机构和私人借贷等，各种金融机构相互补充，共同为新型农业经营体系提供信贷、担保、保险等金融服务。各国政策性金融在支持新型农业经营体系中发挥了基础性作用。例如，美国具有健全的农业政策性金融系统，主要为农业基础设施提供低息或无息贷款；日本农林渔业金融公库也提供了绝大部分基础性农业金融服务，具有浓厚的政策意向性；法国、荷兰、巴西的农业金融政策性虽不及美国和日本，但也建立了功能健全的政策性金融体系。合作性金融是支持新型农业经营体系构建的支柱。农村合作金融为新型农业经营主体提供商业金融无法或不愿提供的高风险、期限较长的低息长期贷款和其他金融服务。日本、法国、荷兰都将发展合作性金融组织作为现代农业金融体系建设的重点，政府也为合作性金融组织提供财政拨款、信贷贴息、税收减免、政策性保险及行业运行的特殊优惠政策。而商业性金融在新型农业经营体系构建阶段基本上只起着补充性金融服务的作用。因为新型农业经营体系构建阶段存在较大的信贷风险，许多新型农业经营主体根本无法满足商业性金融的信贷条件。商业金融的本性是追求利润最大化，只有那些具有稳定农业收益或具有符合条件的抵押资产的农业经营主体才可能成为商业金融服务的对象。可见，适应新型农业经营体系构建阶段的金融需求与风险特征，建立与之相适应的具有服务分层的现代农业金融服务体系，是现代农业金融服务创新的必要基础条件。

(2)新型农业经营体系构建需要金融机构创新提供丰富多样的金融服务。金融机构要想更好地为新型农业经营体系的构建提供金融服务,就必须保证拥有足够的资金,这就必然要求金融机构从不同的渠道筹集资金。国外为现代农业提供金融服务的机构资金来源渠道相对较多:首先,政策性金融机构的资金来源多由各国政府提供,除政府资金外,还可通过发行由政府担保的债券筹集资金,筹资能力较强;其次,日本、巴西等国金融机构还可以向中央银行和其他机构借入资金,以扩充资金实力,甚至可以向国外借款,包括国际金融机构如世界银行、外国金融机构等。同时,新型农业经营体系具有金融需求规模大、环节多、风险大的特点,各国农业金融机构主动进行了信贷、担保、保险等方面的创新,以满足新型农业经营体系的金融需求。

(3)新型农业经营体系的构建需要健全的农业保险制度分担农业融资与农业经营风险。建立农业保险机制可以有效降低新型农业经营体系面临的风险,缓解各农业经营主体融资难题。上述各国均将农业保险制度建设作为支持新型农业经营体系构建的重要环节,且基本都建立了比较完善的农业保险服务体系,包括政策性和商业性农业保险服务,从服务环节上包括生产保险、市场价格保险、信用保险等。例如,美国1938年就颁布了《联邦农作物保险法》,开始试办农作物保险;巴西农业保险始于1939年国家再保险公司的成立,并且农业保险覆盖范围广泛。在农业保险发展过程中,各国政府对农业保险提供高额补贴及其他优惠政策,对保护农业生产者免遭自然灾害侵袭起了很大作用。总之,这些国家的农业保险为农业发展的自然、市场、信用三大风险提供了有效的保障功能,是各国政府扶持农业的重要政策,并通过制定农业保险法律为农业发展保驾护航。

(4)金融机构为新型农业经营体系创新金融服务需要健全的农村金融法律体系做保障。完善的法律体系是现代农业金融服务创新和良好运作的必要条件,制定明确的法律规则可以有效避免人为因素的干扰,促进农业金融机构更好地为新型农业经营体系构建创新金融产品和服务。同时,完备的农村金融法律体系,又通过提供有效的激励与约束机制,促进农业金融在服务新型农业经营体系构建中规范有序地发展,防控金融风险,确保现代农业金融运行的安全。通过国际比较不难发现,上述各国都制定了相关的法律来规范农业金融服务创新与供给行为。例如,美国在1916年就制定了《联邦农地押款法》,促进了联邦农业贷款局的成立,后又通过了《农业信贷法》,调整了全国农业金融服务布局。荷兰、法国、日本和巴西也颁布了与本国国情相符合的金融促进法,为提高现代农业金融服务水平和防范金融风险提供了强力的法律支持。

4.4 对我国新型农业经营体系构建的财政金融服务创新启示

财政金融服务创新支持新型农业经营体系构建的国际经验，从不同角度对我国新型农业经营体系的财政金融服务创新提供了有益的政策启示。

4.4.1 对我国新型农业经营体系构建的财政服务创新启示

上述各国财政服务现代农业经营体系的经验，对我国财政服务于新型农业经营体系的构建至少具有以下五个方面的政策启示。

（1）应优化新型农业经营体系构建的财政支持方向。上述各国在运用财政服务新型农业经营体系时都选择了恰当的支持项目，重点突出。重点支持方向主要是土地规模经营、农业现代化、农业合作组织的扶持及农业社会化服务方面，且都取得了良好的效果。借鉴这些成功经验，我国应选择好适合新型农业经营体系的财政投资方向和重点，使有限的财政投入产生更大的效果。从目前我国的实际情况看，受财政支出结构不合理、现有财政支持资金不足、财政资金使用过于分散等因素的影响，财政服务于新型农业经营体系的效果被极大减弱，使得我国农业经营体系构建与农业现代化的要求还有较大的差距。因此，需要调整财政支持结构，优化财政投入方向，按公共财政运行基本规律和原则，确定财政重点投入的环节：一是应加强农业基础设施建设，改善新型农业经营主体的生产条件；二是调整财政支持结构，提高用于农业生产资金的比重，尤其是土地适度规模化经营、农业科研及农业重大技术推广和农业保险等；三是加大对家庭农场、农民专业合作社的政策扶持，提高其对普通农户的带动增收作用。

（2）应加大新型农业经营体系构建的财政支持力度。在上述国家对新型农业经营体系的财政服务中，无论是直接补贴还是财政投资，其力度都比较大，尤其在新型农业经营体系构建阶段，新型农业经营主体还不具有持续稳定的收益，面临巨大的创业成本和风险，因而需要政府在 3~5 年内给予必要的财政支持。目前我国财政支农支出占农业 GDP 的比重仅为 13%~15%，不仅远低于发达国家水平，同时也低于很多发展中国家水平。20世纪70年代，美国、日本、欧盟等在人均GDP达到8000美元的发展阶段，财政支农支出占农业GDP的比重在40%~60%，工业和服务业反哺农业的力度大。可见，尽管我国财政支农水平一直在不断提高，但总体上仍处于偏低的水平（邓卫平，2016）。因此，在新型农业经营体系构建阶段，我国应继续加大财政服务力度，在培育期逐步建立稳定的财政服务增长机制，以更好地支持新型农业经营体系的健康发展。

（3）应积极提高新型农业经营体系构建的财政支持效率。在政府财力有限的情况下，如何提高财政资金的乘数效应，改进财政支农效率，以引导更多的信贷资金和社会资本进入农业领域，共同支持新型农业经营体系的构建，是财政服务新型农业经营体系的基本目标。从各国财政支持新型农业经营体系政策实践来看，政府的现代农业财政服务基本体现在公共性、公益性领域，体现了公共财政的基本要求，并通过便捷高效的财政投资或补贴，诱导私人和社会资本投入，财政服务遵循了市场经济规律，弥补了市场机制的不足，为市场机制在现代农业资源配置中发挥积极作用提供了必要的激励机制。因此，我国各级政府应以财政支农资金整合为契机，不断创新和改进财政引导及支持方式，充分发挥财政支农政策的导向作用，调动民间资本、信贷资本等投资现代农业的积极性；因地制宜地利用财政补助、财政奖励、贷款贴息、税收优惠等办法，积极引导和监督工商资本下乡，在政府投入的带动下形成多元化、共担风险的现代农业投资格局。

（4）应调整新型农业经营体系构建的财政支持方式。在《乌拉圭回合农业协议》颁布之前，各国主要采取价格支持政策，严重影响了农产品生产与贸易秩序。之后，各国合理利用WTO规则，纷纷将财政支持重点逐渐转移到收入补贴上。例如，美国、欧盟、日本、巴西在减少对农产品价格保护的同时，加大了对一般性服务和生产者直接补贴的财政投入，逐步实现了由"黄箱"政策向"绿箱"政策转变。我国人多地少，人均农业资源匮乏、农户生产规模较小、农业基础设施薄弱，构建新型农业经营体系的基础条件较差，因此应借鉴各国经验，建立一套适应WTO规则的农业财政支持政策体系：首先，应加大"绿箱"支农总量，调整"绿箱"支农结构。切实完善政府一般性公共服务，加大与农业生产力密切相关的农业基础设施、农业科研与技术推广、农业培训、农业市场信息、农业金融与保险服务体系建设等的财政投入；其次，建立有效的"黄箱"政策，完善对粮食等重要农产品的价格保护政策，建立富有弹性、富有效率的针对最终种粮人的粮食补贴政策。

（5）应加快新型农业经营体系构建的财政支持制度法规建设。上述各国在构建新型农业经营体系时，都通过立法形式将财政支持目标和实现目标的措施确定下来，较少依靠行政命令。法律法规对政策目标、预算支出规模、政府执行机构的职责范围均做出明确规定，行政机构只能在授权的职责范围内进行调整，从而保证农业财政支出的稳定性和公开性。美国、法国、日本、巴西等国都依据经济、政治和国际贸易环境的变动而不断调整农业相关法律制度。近年来，我国为了使财政支农政策适应农业发展的需要，出台了一系列的支持政策，如粮食直补、退耕还林补贴、农机具购置补贴等政策。但我国对农业的财政投入还没有建立一套系统化、规范化的管理方法，财政支农绩效管理较薄弱，评价随意性较强。这就要求我国加快财政支农法律法规制定步伐，将财政支农的相关政策和实施细则列入相关法律，保证财政支持政策的实施。因此，应该以《中华人民共和国农业法》为依据，在财政支农目标的指引下建立完备的财政支农法规体系，将政策转化为法律制度，用健全的法律体系保证财政支农的持续性和稳定性。

4.4.2 对我国新型农业经营体系构建的金融服务创新启示

上述各国金融服务现代农业经营体系的经验，对我国金融服务新型农业经营体系的构建大致有以下几个方面的政策启示。

（1）应健全现代农业金融服务体系支持新型农业经营体系的构建。比较发现，美国、法国、荷兰、日本、巴西等国家的农业现代化程度很高，农业融资比较便利，这与他们拥有完善的农业金融服务体系密切相关。这些国家农业金融服务体系一般包括政策性、合作性、商业性和其他金融机构，各金融机构分工协作，满足了不同层次的农业资金需求。而目前我国农业金融服务体系还不健全，金融支农分工不协调，金融支农市场化趋向突出，不能有效地支持新型农业经营体系的发展。因此，我国应加快完善现代农业金融服务体系：首先，应强化政策性金融服务现代农业的基础性作用，继续发挥政策性金融对商业性和合作性金融的支农引导作用；其次，通过贴息贷款、税收优惠、农业保险补贴等多项措施降低现代农业融资成本，运用利益机制引导商业性金融机构主动服务于新型农业经营体系的构建；再次，大力扶持农村合作金融组织的发展，积极探索集体范围内的农业信用合作社，将达到条件的农村资金互助社升级为农村信用合作社，满足新型农户小额生产性资金需求；最后，应积极推广温州民间金融阳光化管理试点经验，促进农村非正规金融规范发展，使其成为现代农业融资的重要补充。

（2）应建立多层次农业资本市场体系，支持新型农业经营体系拓宽融资渠道。一般来说，银行信贷渠道对应的是收益稳定、风险较小的经营主体，而构建阶段的新型农业经营主体，多数还处于建设或投产初期，收益不稳定，风险高，因而适应于股权融资。这就需要建立多层次的农业资本市场来提供股权和产权重组融资渠道。从各国的发展经验来看，国外的融资渠道几乎涵盖了各种农业经营主体的资金需求，初创期的农业经营主体可以进行股权融资，普通农户可以从合作金融组织得到贷款，而大型的农业企业可以通过资本市场筹集资金，再加上完善的农产品期货市场及大量的社会资本投资，就形成了全方位的投融资体系。而我国目前新型农业经营主体由于缺乏有效的抵押品及国内投融资体制不够完善等，筹资渠道偏窄，应借鉴国际经验，尽快完善农业资本市场体系：首先，加快发展农村资本市场，支持符合条件的新型农业经营主体到创业板市场、新三板市场上市融资；其次，大力发展农产品期货市场，为新型农业经营主体规避价格风险提供条件；最后，积极引导其他各类社会资本在依法合规下通过买断、控股、参股、技术支持方式参与农业经营主体重组，为新型农业经营体系构建提供足够的资源、资产和资金支持。

（3）以信贷为核心，加快新型农业经营体系的组合性金融服务创新与供给。为了提高现代农业资源配置效率，促进新型农业经营体系健康发展，各国政府都高度重视金融资源组合式配置，充分发挥市场机制配置资源的决定性作用，以信贷为核心，通过发展农业担保、保险等风险分担机制，来降低农业信贷机构的融资风险。我国应积极借鉴国际经验，加快发展面向新型农业经营主体服务的农业担保、保险和期货等金融机构，积极探索符合新型农业经营主体资产和风险特征的信贷服务产品，适当降低抵押担保物要求，简化信贷服务手续，探索多种"信贷+担保+保险"的组合式金融服务模式，为新型农业经营体系构建提供风险共担的信贷服务品种。政府应通过不断完善现代农业金融市场制度，建立多元化风险共担机制和金融资金良性循环机制，激励农村金融机构更好地支持新型农业经营体系的构建。

（4）应大力发展农业保险，支持新型农业经营体系的构建。农业保险的发展，不仅可以分担新型农业经营主体的风险损失，也可以通过信贷理赔机制部分分担农业信贷风险。现代农业金融体系的基本功能就是为新型农业经营体系融资和风险管理，而风险管理主要由农业保险承担。从国外的实践经验来看，各国为了支持新型农业经营体系发展，都通过立法构建了农业保险制度，以确保其有法可依。同时，农业保险经营风险过大，成本较高，因而政府都给予了大量的支持。目前我国农业保险发展缓慢，保险品种较少，保险覆盖面窄，多数保险公司开展农业保险不积极，且尚无一套完整的法律予以扶持。借鉴国际经验，我国应加快健全农业保险制度，加快农业保险立法。同时，政府应加大农业保险诱导性支持力度，确保农业保险有效运行。

（5）应健全现代农业金融法律制度促进新型农业经营体系的构建。美国、日本、荷兰等国家都有比较完善的农业金融法律体系，如美国的《联邦农业贷款法》《农业信贷法》等。同时，美国还把农业金融的运作融合到其他相关法律体系中，从而使金融支持现代农业发展有法可依。这些法律在发展过程中不断完善，有效促进了农业金融机构的金融服务创新。然而，目前我国并没有建立起完善的现代农业金融法律法规，使得农业金融服务始终停留在政策引导和监管层面。我国应尽快出台农村金融法律法规，如《农村合作金融法》《现代农业金融促进法》《民间金融机构管理条例》《商业期货交易法》等，确保农村金融机构依法依规为新型农业经营体系构建服务。此外，金融监管部门应根据现代农业发展规律和新型农业经营主体的风险特征，灵活制定信贷风险考核指标，将现代农业融资风险控制在可控范围内，促使金融机构健全内控制度和风险管理机制。

4.5 本章小结

本章主要介绍了美国、法国、荷兰、日本、巴西五个典型国家在构建现代农业经营体系时的财政金融服务做法和基本现状，对新型农业经营体系财政金融服务共性与差异进行了比较分析，并总结出其成功的基本经验，最后提出了促进我国新型农业经营体系构建的财政金融服务创新启示。主要的研究结果如下。

（1）国外财政服务支持新型农业经营体系构建的基本共性在于：财政服务目标都呈现阶段性变化特征；财政服务手段多元化且基本相同；财政服务方式都向科学发展方向转变；财政服务重点支持农业合作组织的发展；均通过立法手段保障财政支持的有效性和连续性。国外金融服务支持新型农业经营体系构建的共性在于：政府为金融支持农业经营体系构建创造良好的环境；拥有多元化的金融服务机构；为新型农业经营体系构建提供宽松优惠的贷款条件；具备完整的风险控制体系；拥有完善的法律保障体系。

（2）国外财政服务支持新型农业经营体系构建的基本差异在于：财政支持程度和侧重点有所差异；农业对外贸易的财政支持方式有所差异；财政支持对象的侧重点不同。国外金融服务支持新型农业经营体系构建的差异在于：农业金融体系的支持主体侧重不同；农村金融服务模式不同。

（3）国外财政服务支持新型农业经营体系构建的基本经验在于：农业经营体系的构建需要重视财政资金的导向作用，需要明确财政支持范围和重点，需要重点支持基础设施服务，需要完善的法律制度保证财政服务的连贯性。国外金融服务支持新型农业经营体系构建的基本经验在于：完善的农业金融服务体系是金融服务创新和有效供给的根本保障；支持现代农业发展的金融手段需要多样化；新型农业经营体系构建离不开完善的农业保险制度和健全的现代农业金融服务法律体系。

（4）国外对我国新型农业经营体系构建的财政服务创新启示在于：要促进新型农业经营体系的构建，需要优化财政支持方向和结构，增强财政服务效率和导向功能，提高财政服务力度，优化调整财政支持方式，通过加快现代财政支农立法，保证财政支农的持续性和稳定性。国外对我国新型农业经营体系构建的金融服务创新的启示在于：要促进新型农业经营体系的构建，需要完善农村金融服务体系，积极发展多层次的农业资本市场和产权交易市场，拓宽债权和股权融资渠道，加快发展现代农业保险，建立多元化信贷风险分担机制，健全现代农业金融服务法律制度。

第 5 章　财政金融服务与新型农业经营体系构建的状况与趋势

在农业经营与发展中，具有先导性功能的资金始终是不可或缺的核心资源要素，而金融与财政通常是国家支持农业经营与发展的常用政策手段与服务机制。新中国成立以来尤其是改革开放 40 多年来，为了支持我国农业快速发展，确保国家粮食安全、繁荣农村经济和为工业提供必要的农业剩余，中央及地方各级政府频繁地出台财政金融支农政策，引导财政金融系统为农业发展提供必要的财政金融服务，这种政策取向在改革开放以后甚为突出。本章就将对财政金融服务与农业经营体系构建的状况和趋势进行深入研究。主要内容包括：财政金融支农制度变迁与农业经营体系的演进过程、财政金融服务促进新型农业经营体系形成现状与趋势、新型农业经营体系形成的财政金融服务状况与趋势等，旨在为后文的实证分析与政策研究提供可靠的现实依据。

5.1　财政金融支农制度变迁与农业经营体系的演进过程

1949 年以来，中国农业经营制度总体上经历了农业集体经营、农业家庭经营及在此基础上的向新型农业经营演进三个制度阶段，与财政金融服务需求端之农业经营主体的组织特征和经营风险相对应，国家在各阶段也出台了相应的财政金融支农政策，以建立与之相适应的财政金融支农服务体制机制。透过财政金融支农政策变迁不难看出，财政金融支农政策工具、服务种类与方式等在不同的农业经营制度阶段具有明显的差异。

5.1.1 集权的财政金融支农制度与农业集体经营体系：1949~1978年

1949~1978年，为了在农村实现社会主义公有制经济建设目标，国家通过对农业经营制度实行社会主义改造，逐步建立起了集体农业经营制度，并建立了与之配套的集权化或计划型财政金融支农政策及其服务体系。

1. 农业合作化运动与农业集体经营组织体系变迁

表 5-1 显示了我国农业从过去几千年以地主为特征的家庭农场经营主体向农业集体经营组织演变的年谱及经营特征。1949 年新中国成立后，被战争破坏多年的国民经济百业待兴，当时 89.4%的人口生活在农村，工业只占国民经济的 12.6%。为了尽快发展经济，增强国力，国家于 1956 年基本完成了社会主义改造，国民经济基本得以恢复，后国家采取了重工业优先发展战略，这加剧了对农业的需求[①]，为此国家推行了土地革命[②]，将在农村延续了几千年由单家独户的家庭农场组成的封建农作制度进行了革新，土地被无偿地从地主手中没收，然后分配给那些过去长期租种土地的佃农。

表5-1　我国集体化农业经营组织演进及其经营特征

时间	农业经营主体演进动力	农业经营主体组织形式	农业经营主体经营特性	收入分配特征
1949 年以前	封建土地所有制	家庭农场	土地地主所有、租给农民耕作	地租高达主要作物产量的50%
1949~1952 年	土地改革	佃农	家庭所有	分享部分粮食产量
1950~1957 年	农业合作化运动	农业生产互助组	由 4~5 个农户组成联合经营体，农忙时合作，由单个农户耕作决策	收益由单个农户所有
		初级农业生产合作社	由 20~30 个相邻农户组成	按土地、牲畜和农具分红；按劳动完成情况付报酬
		集体农场或高级农业生产合作社	一个村的所有农户（150~200 个）组成	以劳动贡献为基础并采用工分形式分配集体农场净收入

---

① 需求主要来自三个方面：一是城市人口剧增，从 1949 年的 5765 万人增至 1952 年的 7163 万人，到 1957 年达到 9949 万人；二是农产品出口增加，直到 20 世纪 70 年代中期，中国的出口中有 70%以上是农产品及其加工品出口，以此赚取外汇进口工业化所需要的资本品；三是农业是许多行业如纺织、食品加工业获取原料的重要来源（林毅夫，2005）。

② 在社会主义革命前，中国农村差不多一半的土地由地主所有，并租给农民耕作，地租高达主要农作物产量的 50%，由此唤起了农民对土地革命的渴望。

续表

时间	农业经营主体演进动力	农业经营主体组织形式	农业经营主体经营特性	收入分配特征
1958年	人民公社化运动	人民公社	平均由5000个农户、10 000个劳动者和10 000亩土地组成	以生存需要为基础分配，只有部分是基于一个农民完成的劳动分配
1959~1961年	三年困难时期	人民公社	农业大幅度减产	造成大量人口饥荒与死亡
1962~1978年	人民公社功能降为管理协调层次，实行生产队农作制度	生产小队	由20~30户农户组成，实际上是初级社与高级社的混合	基于每个成员挣得的工分，农户恢复自留地

资料来源：根据林毅夫（2005）的信息整理

虽然土地革命使农民分得了土地，调动了农户农业生产积极性，但由于农户资金有限、农具设备短缺，单家独户生产经营较为困难，部分农民便产生了互助合作意愿；同时，为了防止土地所有权从平均化到兼并、形成大地主的轮回，也需要农业合作经营。于是在土地革命期间，农业合作化运动几乎同时快速展开。1951年政务院明确提出加快发展农业生产互助组（简称互助组），1953年12月互助合作方式由互助组转向农业合作社。到1955年时存在三种农业合作社。一是互助组，由相邻4~5个农户组成联合经营体，在农忙时将各自劳动力、农具等集中起来进行临时或长期合作，农业要素所有权性质不变，仍由单个农户进行耕作决策。二是初级农业生产合作社（简称初级社），由20~30个相邻农户将农业资产组合起来，在统一计划内组成联合经营体。其纯收入分配或是按土地、农具和牲畜分红，或是按劳动完成情况付报酬，土地、农具等生产要素仍由单个农户所有。三是集体农场或高级农业生产合作社（简称高级社）。最初由30个农户组成，后来变成由一个村所有农户（150~200个）组成。在集体农场下，所有生产手段均集体化，收入分配以劳动贡献为基础，采取工分形式，一个农户收入取决于家庭成员挣得的工分数和一个工分的平均价值，后者反过来取决于集体农场的净收入（林毅夫，2005）。

政府最初积极引导和鼓励农民加入各种合作社，是以自愿为基础的，目的是动员农村剩余劳动力，以促进农村资本形成，促进农业生产[①]。表5-2显示了1950~1958年农业合作社经营主体培育情况。短短几年时间，农业合作化运动取得了巨大成功，高级社从1955年底的500家井喷式增长到1957年的753 000家，入社农户11 942.58万个。

---

① 政府推进农业集体化的理由有很多，如集体化就是社会主义农业，集体化可以增强政府对农业的控制，消除农村地区的收入差距、增加政府对农业剩余的提取率等。

第 5 章　财政金融服务与新型农业经营体系构建的状况与趋势

表5-2　1950~1958年农业合作社经营主体培育情况

年份	互助组 组数/组	互助组 每组农户数/个	初级社 组数/组	初级社 每组农户数/个	高级社 组数/组	高级社 每组农户数/个	人民公社 组数/组	人民公社 每组农户数/个
1950	2 724 000	4.2	18	10.4	1	32.0		
1951	4 675 000	4.5	129	12.3	1	30.0		
1952	8 026 000	5.7	4 000	15.7	10	184.0		
1953	7 450 000	8.1	15 000	18.1	150	137.3		
1954	9 931 000	6.9	114 000	20.0	200	58.6		
1955	7 147 000	8.4	633 000	26.7	500	75.8		
1956	850 000	12.2	216 000	48.2	540 000	198.9		
1957			36 000	44.5	753 000	158.6		
1958							24 000	5 000

资料来源：林毅夫（2005）

农业合作化运动促进了农业生产力的发展。数据显示，1952~1958 年人口增长了 14.8%，但以 1952 年价格衡量的农业总产值指数增长了 27.8%，粮食产出增长了 20.6%，农业全要素生产率增长了 4.7%（表 5-3）。这使国家采取更积极的集体化政策。尽管原来 150 个农户的集体农场为一些集体项目建设提供了劳动力基础，但不能解决大型项目如灌渠、水坝等建设问题，需要数个集体农场劳动力共同参与而将约含 150 个农户的 20~30 个集体农场集中成一个更大的合作化经营单位。于是，1958 年 8 月中共中央印发《关于在农村建立人民公社问题的决议》，强制性建立"人民公社"。仅在 1958 年 8~11 月，就有 75.3 万个高级社（集体农场）合并为 2.4 万个人民公社，入社农户 12 000 万户，约为 1958 年全国总农户的 99%，人民公社几乎成为农村唯一的农业生产经营主体。一个公社的平均规模由 5000 个农户、10 000 个劳动者和 10 000 亩土地构成[①]，收入分配以生存需要为基础，禁止在自留地上的劳动和农村集市的交易。可见，人民公社的特征是规模大、人口多，除农户基本生活资料外，所有生产资料都归公社集体所有。这极大地挫伤了农户农业生产积极性，破坏了农业生产力，使 1959~1961 年出现了严重的农业危机，农业总产值分别下降了 14%、12.68%和 2.39%，农业全要素生产率也出现大幅度的下降，粮食供给减少导致 3000 多万人超常死亡（Ashton et al，1984）。此外，三年困难时期、政策失误和管理不良、公社的规模过大也是造成危

---

① "人民公社"一词最先见于 1958 年 7 月的一篇文章"全新的社会和全新的人"，登载在党的理论刊物《红旗》杂志上，作者为毛泽东的秘书陈伯达。第一个人民公社——卫星人民公社于 1958 年 4 月在河南建立，到 9 月底有 112 万户农户被组织到公社里，而到 11 月初已有 1200 万农户被公社化了（参见《中国农业合作史资料（合订本 1986 年 6 月—1987 年 12 月》）。

机的重要原因（林毅夫，2005）。

表5-3 1952~1988年中国人口、农业产出、粮食产出与农业全要素生产率

年份	时期分类	人口/万人	农业产出（1952=100）	粮食产出/万吨	农业总产值指数	农业全要素生产率指数
1952		57 482	100.0	16 393.1	100.0	100.0
1953		58 796	103.1	16 684.1	103.1	99.6
1954	自愿合作化时期	60 266	106.6	16 952.8	106.6	99.0
1955		61 465	114.7	18 394.6	114.7	103.8
1956		62 828	120.5	19 275.6	120.5	104.1
1957		64 653	124.8	19 504.5	124.8	102.4
1958		65 994	127.8	19 766.3	127.8	104.7
1959		67 207	110.4	16 969.2	110.4	94.3
1960		66 207	96.4	14 385.7	96.4	78.4
1961		65 859	94.1	13 650.9	94.1	78.0
1962		67 295	99.9	15 441.4	99.9	80.0
1963		69 172	111.5	16 574.1	111.5	83.0
1964		70 499	126.7	18 088.7	126.7	85.9
1965		72 538	137.1	19 452.5	137.1	86.8
1966		74 542	149.0	21 400.9	149.0	85.4
1967		76 368	151.3	21 782.3	151.3	87.8
1968	强制性集体化时期	78 534	147.6	20 906.0	147.6	87.2
1969		80 671	149.2	21 097.3	149.2	83.0
1970		82 992	166.4	23 995.5	166.4	82.0
1971		85 229	171.4	25 014.0	165.3	76.5
1972		87 177	169.6	24 048.0	163.7	72.2
1973		89 211	183.8	26 493.5	177.2	76.6
1974		90 859	190.1	27 527.0	183.4	78.0
1975		92 420	196.0	28 451.5	189.2	75.8
1976		93 717	195.3	28 630.5	188.4	75.8
1977		94 974	194.3	28 272.5	187.5	74.2
1978		96 259	210.2	30 476.5	202.7	77.6
1979		97 542	226.0	33 211.5	218.1	80.5
1980	合作化解体时期	98 705	229.2	32 055.5	230.0	83.4
1981		100 072	244.0	32 502.0	243.7	87.4
1982		101 654	271.5	35 450.0	271.1	93.7
1983		103 008	292.6	38 727.5	292.3	104.5
1984		104 357	328.5	40 730.5	327.9	122.7
1985	家庭联产承包责任制改革后时期	105 851	339.7	37 910.8	339.3	129.3
1986		107 507	351.2	39 151.2	351.0	129.7
1987		109 300		40 473.1	371.4	132.6
1988		111 026		39 408.1	383.3	132.6

资料来源：人口、农业产出、粮食产出数据来自农业部；农业总产值指数和农业全要素生产率指数数据来自Wen（1989）；村办工业产值未包括进去

农业危机过后，政府对农业经营组织模式进行了改革调整，但公社体制并未废除，只是降为管理协调功能。1960年11月中共中央《关于农村人民公社当前

政策问题的紧急指示信》强调"三级所有,队为基础"。"队为基础"以生产大队为核算单位,然而生产单位仍是由20~30个农户组成的生产小队,导致生产与核算单位不一致,生产积极性问题未得到很好解决;1962年2月中共中央发布《关于改变农村人民公社基本核算单位问题的指示》指出,以生产队为基本核算单位,实行以生产队为基础的三级集体所有制。自此生产自主权和决策分配权得以统一。于是,1962~1978年,资源所有制、对生产管理的责任及为收入分配而进行的核算都下放到生产小队。这一组织制度实际上是20世纪50年代初级社和高级社的混合,收入分配是基于每个成员挣得的工分,但生产队的规模与生产管理类似于初级社。1962年后进行了一些改进工分评价的试验,不过,这种"生产队"经营体制一直延续到1978年。

2. 农业财政政策与服务特征

1949~1978年,我国在1952年对工业资本主义或封建土地制度完成社会主义公有制改造后,实行了中央高度集权的计划经济体制。但在近30年的计划经济期间,国民经济发展基础薄弱,科学技术落后,经济发展水平较低,商品供应短缺,通货膨胀严重,财源严重不足,导致中央和地方可支配财力极为稀缺,加之中央与地方财政关系尚未理顺,导致中央财力远落后于地方财力[①]。为了将有限的财政支持工业发展,此时的农业财政政策的主基调是"多取少予",对农业主要使用财政投资与补贴手段,但农业税负也较重。从表5-4可见,该阶段的财政支农服务具有以下几个特征。

表5-4 1950~1978年农业财政服务渠道与数量特征　　　　单位:亿元

年份	农业财政服务总额 总计	中央	地方	农业财政服务总额占财政总支出	服务农村生产支出 总计	小型农田水利和水土保持补助费	支援农业合作生产组织	服务农林水利事业支出	服务基本建设支出	服务科技三项支出
1950	2.74			4.02%				1.99		
1951	4.19			3.42%				3.67		
1952	9.04	4.80	4.24	5.14%				2.69	3.84	
1953	13.07	6.94	6.13	5.94%	0.11	0.11		4.11	5.77	
1954	15.79	6.78	9.01	6.41%	0.21	0.21		6.05	4.87	
1955	17.01	7.18	9.83	5.80%	0.37	0.37		7.47	5.71	
1956	29.14	9.78	19.36	9.53%	0.58	0.58		9.27	13.63	

---

① 改革开放前,中央政府时常向上海市政府等地拆借资金就是如此。

续表

年份	农业财政服务总额 总计	中央	地方	农业财政服务总额占财政总支出	服务农村生产支出 总计	小型农田水利和水土保持补助费	支援农业合作生产组织	服务农林水利事业支出	服务基本建设支出	服务科技三项支出
1957	24.57	7.72	16.85	8.08%	0.72	0.72		8.34	10.93	
1958	43.28	5.43	37.85	10.57%	0.37	0.37		8.39	30.26	
1959	58.24	8.12	50.12	10.53%	10.76	0.69	10.07	11.30	29.91	
1960	90.52	11.27	79.25	13.84%	20.06	4.14	15.92	13.67	45.43	
1961	54.79	5.16	49.63	15.39%	21.03	5.00	16.03	9.89	12.35	
1962	36.82	4.74	32.08	12.06%	8.17	3.77	4.40	9.71	8.67	
1963	54.98	8.53	46.45	16.19%	7.90	5.42	2.48	13.67	18.48	0.81
1964	66.98	9.20	57.78	16.79%	7.49	4.76	2.73	13.25	26.17	1.00
1965	55.02	8.91	46.11	11.80%	5.94	5.39	0.55	11.39	23.51	1.05
1966	54.14	7.61	46.53	10.00%	8.20	7.59	0.61	10.66	23.70	2.86
1967	45.64	5.06	40.58	10.33%	6.67	5.26	1.41	9.27	22.08	1.28
1968	33.24	5.64	27.60	9.24%	4.58	3.27	1.31	8.08	12.23	0.30
1969	48.03	4.47	43.56	9.13%	6.37	4.50	1.87	8.50	17.92	
1970	49.40	1.48	47.92	7.61%	6.76	4.73	2.03	9.15	22.52	
1971	60.75	3.14	57.61	8.30%	9.13	6.36	2.77	10.52	33.27	0.05
1972	65.13	1.54	63.59	8.50%	11.60	7.02	4.58	13.50	31.47	0.07
1973	85.17	2.36	82.81	10.52%	18.97	12.54	6.43	16.52	37.48	0.08
1974	91.21	2.67	88.54	11.53%	20.61	13.73	6.88	17.62	36.97	0.13
1975	98.96	3.43	95.53	12.06%	23.15	13.99	9.16	19.38	35.56	0.10
1976	110.49	3.98	106.51	13.71%	25.11	13.92	11.19	20.29	39.91	0.78
1977	108.12	4.15	103.97	12.82%	28.34	15.99	12.35	21.63	35.98	0.93
1978	150.66	9.39	141.27	13.56%	43.38	27.18	16.20	32.08	51.14	1.06

资料来源：中华人民共和国财政部农业司

注：农林水利事业支出包括农垦、农场、农机、农牧业、林业、水利、水产、气象等事业部门经费支出

第一，在国家财政支农中，地方农业财政支出占主导地位，而中央财政支农支出不仅没有上升，反而有下降趋势，且年支出总额始终在10亿元以内，只有1960年超过了10亿元。这表明中央农业财政服务能力严重不足，中央与地方财政收入分配关系并没有理顺。

第二，国家对农业总体财政服务力度较大。农业财政服务总额占国家财政总支出的比重，只有1950~1957年和1968~1972年两个时段位于10%以下，1951年

最低只有 3.42%；其余年份均超过 10%，1964 年最高达到 16.79%，表明农业在国家财政服务中的地位较高。

第三，农业财政服务渠道和方式多元化程度不高。1950~1978 年，国家财政服务农业的渠道主要是农业基础设施、农业科技、农业生产和农林水利事业等支出。其中，农业基础设施支出最大，其次是生产性支出，再次是农林水利事业支出，农业科技支出最低。而农村生产性支出一般包括小型农田水利和水土保持补助、支援农业合作生产组织、农村开荒、农村农技推广和植保、农村造林和林业保护、农村水产、农业发展专项、发展粮食生产专项等，但在 1950~1978 年农业集体化生产阶段，农业生产性财政支出只有小型农田水利和水土保持补助、支援农业合作生产组织两个方向。

第四，通过农业税和工农产品价格剪刀差形成系统性负投资[①]。尽管新中国成立后，国家高度重视农业财政投入，但国家从农业上取得的资金远大于财政对农业的投入，农业处于负投资状态。受到国家优先发展重工业的影响，在国家财力不足且面临严重的外部资本约束的条件下，改革开放前的农业作为国民经济的主要部门还承担起了为工业化提供资本支持的重任。这时国家主要通过两个途径从农业取得资金：一是征收农业税；二是实施工农产品价格"剪刀差"。数据显示，1952~1978 年国家通过农业税和工农产品价格剪刀差从农业部门获取资金高达 3066 亿元（图 5-1）（冯海发和李溦，1993），而同期我国财政支农资金总共只有 1400 多亿元。

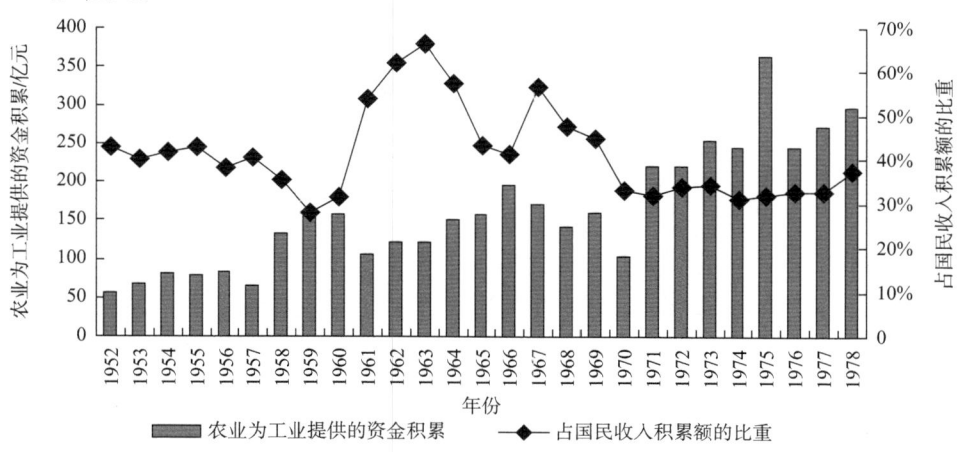

图 5-1 1952~1978 年我国农业为工业提供的资金积累

---

① 所谓系统性负投资，是指从农业农村吸走的资金远大于支持农业农村的资金投入。

3. 农业金融政策与服务特征

1949~1978 年计划经济体制期间，我国农业金融政策与服务主要体现了以下几个方面的特征。

第一，大一统的农村金融服务机构。新中国成立之初，农业严重落后，为了尽快恢复和发展农业经济，新政府启动了以培育农村信用社为重点的农村金融机构建设。1950 年 3 月中央在全国首届金融工作会议上提出，按照"集中统一、城乡兼顾、减少层次、提高效率、力求精简"的原则构建农村金融机构。1951 年中国人民银行明确规定，信用社是农民的资金互助组织，不以盈利为目的，组织形式多样化。随后，第二届全国金融工作会议决定，在全国各区县多数地区设立中国人民银行分支机构，作为农村金融组织的基层机构。1954 年 2 月中国人民银行主持召开全国首次农村信用合作会议，推动农村信用社建设。到 1956 年，全国建立农村信用社 10.3 万个，入股农户 1 亿户，存款达 4.32 亿元，贷款达 10 亿元（何广文等，2005）。此时的农村信用社实行社员民主管理，资本金由农民入股，主要为社员生产生活提供信贷服务，基本保持了合作制性质，经营上体现了组织的群众性、操作的灵活性和管理的民主性的"三性"特征。1958 年我国开始了"大跃进"运动，进入高度集中的计划经济时期，按照民主、合作原则确立的农村信用社逐步被按计划原则确定的人民公社替代。1959 年信用社被下放到生产大队，功能大大削弱，农业生产经营由高度集权的生产大队统一管理。自此，农村信用社逐步由民办走向官办，组织管理模式的市场经济原则逐步让位于计划经济原则，集权程度越来越严重，信用社原有的多元化出资主体被单一的生产大队经济管理关系取代，信用社合作组织逐渐蜕化变质。为了避免信用社资金被人民公社和生产大队任意挪用，1977 年国务院出台《关于整顿和加强银行工作的几项规定》，明确指出信用社是集体金融组织，又是国家银行在农村的基层机构。农村信用社的干部由中国人民银行任命，财务、业务、工资等待遇一律比照银行进行管理，强化了银行对信用社的领导权，演变为国家专业银行在基层的附属机构，使得信用社严重脱离社员，丧失了合作金融组织特点。

与此同时，为农业农村服务的中国农业银行组建也经历各种坎坷。1950 年下半年，全国开始土地改革，为了有计划地推进农业生产建设投资，需要尽快发展农村金融机构。1951 年经国务院批准成立中国农业合作银行，它作为新中国第一家农业金融机构，在性质上与中国人民银行分支机构分工协作，按照国家计划负责办理、监督和管理国家对农林牧渔、农田水利、合作社等的财政拨款，为农业提供长期贷款。但在"三反"（反贪污、反浪费、反官僚主义）运动后期，中共中央作出《中共中央关于实行精兵简政、增产节约、反对贪污、反对消费和反对官僚主义的决定》，于是中国人民银行于 1952 年 7 月撤销了农业合作银行，农村金融工作由中国人民银行统一管理。为了加快我国农业发展，需要建立专业的农业银行，经国务院批准，1955年3月中国农业银行正式成立。性质上，中国农业银行是国家管理农业信贷工作的专业银行，政策方针受国务院领导，日常业务受中国人民银行领导，主要办理农村长短期贷款，并经办国家财政拨款。但在精简节约原则下，两年后中国农业银行各级机构同中国人民银行合并。1957年4月12日国务院正式发出《关于撤销中国农业银行的通知》，国有农村金融第二次退出。直到1963年10月，中共中央、国务院发布《关于建立中国农业银行、统一管理国家支援农业资金的决定》，同年11月12日中国农业银行总行在北京成立，负责拨付国家支援农业的资金。1963~1965年，中国农业银行统一管理国家支援农业的各项资金，促进了农业生产的发展。但1965年11月，中国农业银行再次与中国人民银行合并。自此直到改革开放，中国农村金融职能完全由中国人民银行承担，形成了大一统、高度集权的农业金融服务体系。

第二，农业信贷资金财政化配置。新中国成立后，由于经济发展基础薄弱，经济发展和居民收入水平低，私人经济部门储蓄能力不足（表5-5），温饱问题十分突出，这不仅导致私人经济部门缺乏内生金融机构发育能力，而且在社会主义建设目标指引下，政府也不允许成立内生性金融机构。加之金融资源极为稀缺，为了动员有限的金融资源集中服务于国家工业优先发展战略，政府必须对金融机构进行集中控制和垄断配置。因而，这一时期的农村信用社和中国农业银行，业务上虽然由中国人民银行统一领导，但在经济关系上都是政府财政部门附属机构，盈余全部上交国家财政，亏损由国家财政弥补。所以，金融机构的农业信贷严重依附于国家财政，无论是资金来源还是资金使用方向都需要政府计划安排，金融机构缺乏信贷配置的自主性，信贷资金被大量投放到农业基础设施领域以弥补财政投入不足，导致信贷功能财政化。

表5-5　1953~1978年我国农村存款来源与农业信贷服务渠道　　单位：亿元

年份	农村存款来源					农业信贷投放渠道			
	合计	集体农业存款	乡镇企业存款	农户存款	其他存款	合计	集体农业贷款	乡镇企业贷款	农户贷款
1953	0.10			0.10		0.20	0.20		
1954	1.60			1.60		1.20	1.20		
1955	6.10	3.10		3.00		3.00	3.00		
1956	10.80	6.50		4.30		10.20	4.10		6.10
1957	20.70	13.40		7.30		9.50	4.20		5.30
1958	40.30	20.20		20.10		24.70	13.60		11.10
1959	45.00	24.00		21.00		22.90	16.00		6.90

续表

年份	农村存款来源					农业信贷投放渠道			
	合计	集体农业存款	乡镇企业存款	农户存款	其他存款	合计	集体农业贷款	乡镇企业贷款	农户贷款
1960	43.10	27.90		15.20		22.30	12.70		9.60
1961	47.10	30.90		16.20		17.60	9.50		8.10
1962	28.20	18.40		9.80		15.60	7.90		7.70
1963	31.40	21.30		10.10		13.80	5.60		8.20
1964	42.80	32.10		10.70		14.10	4.20		9.90
1965	48.00	35.10		12.90		13.50	3.10		10.40
1966	60.90	46.30		14.60		15.20	3.80		11.40
1967	73.20	59.20		14.00		14.60	3.60		11.00
1968	75.70	59.70		16.00		16.50	4.00		12.50
1969	73.30	58.40		14.90		17.80	4.50		13.30
1970	76.40	61.40		15.00		18.80	5.60		13.20
1971	90.30	64.20		17.00	9.10	19.40	6.00	0.80	12.60
1972	90.90	61.50		20.10	9.30	21.10	7.90	1.20	12.00
1973	104.80	67.30		27.10	10.40	20.80	7.80	1.50	11.50
1974	121.20	78.10		30.60	12.50	22.00	10.70		11.30
1975	135.10	85.10		35.10	14.90	26.70	15.40		11.30
1976	141.20	89.40		36.90	14.90	35.80	17.10	7.00	11.70
1977	151.30	89.30		46.50	15.50	39.70	18.40	9.90	11.40
1978	166.00	93.80		55.70	16.50	45.10	21.80	12.10	11.20

资料来源：根据1986年的《中国金融年鉴》《中国统计摘要》等统计数据整理而得

第三，农业金融服务品种与功能单一化。这一时期为合作社体制的农业经营主体提供的金融服务主要是农业信贷，基本没有担保、保险等服务，农业金融基本只有资金融通而没有风险分散功能。同时，金融服务由国家银行（主要是中国人民银行和中国农业银行）和农村信用社提供。如图5-2显示，1958~1969年，国家银行农业贷款基本呈上升趋势，而农村信用社农业贷款却呈下降趋势并在低位徘徊；1971~1978年，国家银行在1970年基础上的断崖式下跌后出现快速上涨，涨幅远超过农村信用社的农业贷款。

总的而言，1949~1978年我国农村财政金融制度变迁是与当时特定的社会经济和政治制度息息相关的。在单一的农业集体化经营制度背景下，农村信用社由合作组织演变为国家银行的基层机构，成为当时农村主要的金融服务机构。在政社合一体制下，财政金融并没有明确界限，但实质上财政占据主导地位，金融作为财政的出纳、会计簿记部门和部分财政资金信用支持部门，依附性财政的特点

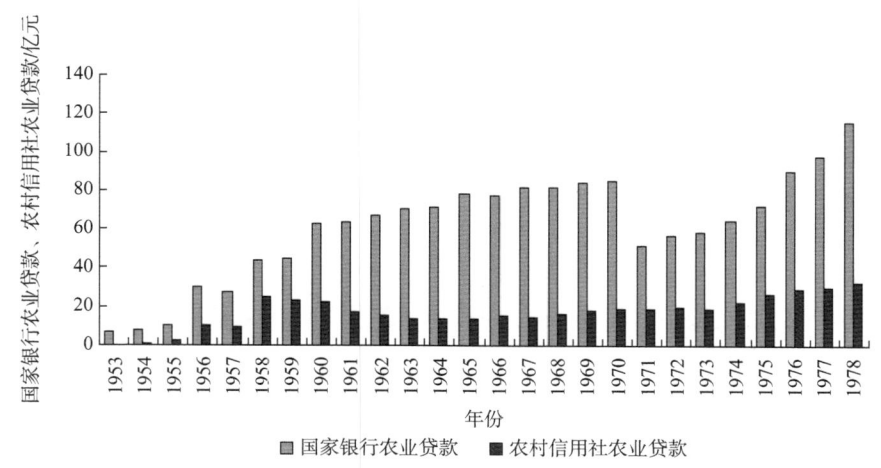

图 5-2　1953~1978 年国家银行和农村信用社农业贷款比较

十分明显。这一时期，国家还对农村金融进行高度管制，致使非正规金融发展受到严重约束。可见，自新中国成立到改革开放前期，我国呈现出高度集权的财政金融制度与农业集体化生产组织并存的农业资金供求关系，这种关系实质上是在政府机制主导下运行的一种资源配置机制，农业财政与金融服务的协同关系主要建立在金融依附于财政、金融运行财政化的从属地位基础之上。

5.1.2　分权的财政金融支农制度与农业家庭经营体系：1979~2001 年

人民公社与生产队体制的实践运行经历了 20 多年时间，但终因其扭曲的收入与激励机制降低了农业生产效率，而在 1979 年后逐渐被农业家庭经营制度所取代。1978 年以来，中央逐步推行了以市场化为导向的农业经济与金融体制改革，而财政开始分权，但财政支农仍沿袭"多取少予"政策基调，引发了新型的农业财政金融供求关系格局。

1. 家庭联产承包责任制与传统农业经营体系形成

从 1979 年起，家庭联产承包责任制在全国各地逐渐取代农业集体耕作制度，农户成为农业经营主体。其原因从表 5-3 可以看出，在强制性集体化时期的农业全要素生产率既低于 1952 年前单个家庭农场时期的水平，也低于 1952~1958 年自愿合作化运动时期的水平。尽管生产队体制具有一定的规模经济优势（Chinn，

1980）①，为工业化生产提供了大量的积累②，但生产队体制是一种强制性合作社，社员缺乏自愿进入与退出权利，激励出现严重扭曲，对劳动的监督变得十分困难且成本较高，生产力与生产关系严重错位，特别是平均主义盛行，因而从规模经济得到的益处可能最终被农业监督困难引起的激励扭曲③淹没了（林毅夫，2005）。

在结束"文化大革命"之后，党和政府开始重新考虑农村政策，认为中国农业面临的主要问题是：如何调动农民的生产积极性，恢复农业生产，活跃农村经济，确保粮食稳定增长。于是，在1978年12月举行的党的十一届三中全会上，部分领导人力主迅速变革农村政策，包括推行农村经济多种经营、农业生产专业化、按地区比较优势选择作物耕作、扩大自由市场、提高农产品价格等④，但没有包括最初被认为是集体农业的社会主义原则的倒退的"家庭联产承包责任制"。不过，在1978年末，安徽少数经常受洪旱之灾的生产队，先是秘密地尔后通过地方政府同意后开始尝试将土地、其他资源及农业产出定额承包给单个农户经营，一年后这些生产队的亩产远高于同类地区其他生产队。例如，安徽滁县的谷物产出增长了12.5%，而在该县采用家庭联产承包责任制的生产队谷物产出增长了35.7%。与此相似，来安县谷物增长比例对比为0.7%比37.1%，嘉山县为0.3%比31.0%⑤。看到这一显著试验效果后，中央政府认可了家庭联产承包责任制，但要求限定在贫穷的农村地区。不过，这一限制很快被突破到富裕的农村地区。于是

---

① 事实上在中国，由于一个农户持有的土地非常分散，规模十分狭小，单个农户难以独自饲养一头牲畜，通过几家农户的土地与农具的集中就可以获取某些收益（Chinn,1980）。

② 为了提高集体农业产出效率，国家采取了更为现实的农业发展战略，1959年秋重新开放农村集市，1960年夏又恢复自留地（Perkins,1966），1961年粮食收购价提高了28%。尤其在1959~1961年的三年困难时期后，重工业导向的发展战略暂时为"农业优先"发展所取代，更加强调工业为农业发展服务。现代农业技术的采用与投入快速增长，如1962~1978年，化肥的使用以每年16.5%的速度增长（林毅夫，2005），农业新品种和矮种作物技术得以应用，农业机械化被引入，为农业集体的规模经济做出了重要贡献。反过来，农业的发展也为工业发展提供了重要的农业剩余。

③ 生产队体制下的激励机制，是按劳动者每天完成的工作评定工分，到了年末，生产队的净收入扣除国家税收、公共福利金后，按每个人在一年中累积的工分进行分配。这类工分制分配有三种形式：第一种是工分值按每项任务事先确定，当将工作分派给劳动者时，他们所挣到的分值是固定的；第二种是按每个劳动者的工作天数记录，到年终时，由每个劳动者首先提出自己的评分，在对与其同等的人进行评估后，每个人按6~10分的分值等级获得其工分总额；第三种是从生产队的成员中选出一个"标兵"，其余的人各自按自己与他的绩效的差距进行评价，并以此分给他们工分。在所有工分制中，工分被假定为能够反映每个劳动者所提供的劳动的数量和质量。然而，由于农业生产的季节性和空间的分散性，对农业劳动的监督极其困难。一个农民不管他实际的劳动质量与数量如何，每天的工作都能获得同样的固定工分。农业生产管理体制的僵化和平均的收入分配就是这一计酬方案的结果，由此导致对劳动的激励低下，农民的生产积极性下降、农业生产率与农业经济也处于停滞状态。可见，生产队农业经营体制不成功，并不是因为它的社会主义性质，而是对农业劳动监督的困难（林毅夫，2005）。

④ 会议审议了《中共中央关于加快农业发展若干问题的决定（草案）》。

⑤ 参阅中国农村问题发展组．1981. 农村的曙光，中国的希望：关于安徽农村地区实行"包产到户"的调查报告. 北京：知识出版社，第100页。

1981年家庭联产承包责任制在全国各地得到普遍认可，到1983年末，全国农村几乎所有农户都开始采用这一新的农作制度。数据显示，1980年1月，全国所有生产队中只有1.02%转变为家庭联产承包责任制，1980年12月增长到14%，1981年7月增长到28.2%，1981年10月增长到45%，到1983年末，约98%的生产队或94.4%的农户在家庭联产承包责任制下经营，1984年以后家庭联产承包责任制经营占比达到99%（表5-6）。在家庭联产承包责任制下，集体所有的土地以每15年的承包合同期为一个周期，承包给单个农户，承包合同期满，农户可以继续向村集体申请承包。

表5-6 家庭联产承包责任制、作物类型与复种指数

年份	家庭联产承包责任制占比	播种面积占比 粮食作物	播种面积占比 经济作物	播种面积占比 其他	复种指数
1970	0	83.1%	8.2%	8.7%	141.9
1971	0	83.1%	8.2%	8.7%	144.7
1972	0	81.9%	8.5%	9.6%	147.0
1973	0	81.6%	8.6%	9.8%	148.2
1974	0	81.4%	8.7%	9.9%	148.7
1975	0	81.0%	9.0%	10.0%	150.0
1976	0	80.6%	9.2%	10.2%	150.6
1977	0	80.6%	9.1%	10.3%	150.5
1978	0	80.4%	9.6%	10.0%	151.0
1979	1%	80.3%	10.0%	9.7%	149.2
1980	14%	80.1%	10.9%	9.0%	147.4
1981	45%	79.2%	12.1%	8.7%	146.5
1982	80%	78.4%	13.0%	8.6%	146.7
1983	98%	79.2%	12.3%	8.5%	146.4
1984	99%	78.3%	13.4%	8.3%	146.9
1985	99%	75.8%	15.6%	8.6%	148.4
1986	99%	76.9%	14.1%	9.0%	150.0
1987	99%	76.8%	14.3%	8.9%	151.3

资料来源：林毅夫（2005）

可见，在1979~1983年，农业合作化逐步解体，到1983年末，以家庭联产承包责任制为标志的农村经济改革在全国铺开，农业经营主体由单一的生产队变为家庭分散经营和集体统一经营相结合的双层经营模式。这是一种以土地两权分离

（土地所有权集体所有和承包经营权农民所有）为特点的农业经营体系。1983年中央一号文件指出，基于家庭联产承包责任制形成的"分散经营和统一经营相结合的经营方式具有广泛的适应性""分户承包的家庭经营只不过是合作经济中的一个经营层次，是一种新型的家庭经济"。1991年党的十三届八中全会首次明确，把以家庭联产承包为主的责任制、统分结合的双层经营体制，作为我国乡村集体经济组织的一项基本制度长期稳定下来，并不断充实完善。1999年修正的《宪法》明确："农村集体经济组织实行家庭承包经营为基础、统分结合的双层经营体制。"党的十七届三中全会更加明确指出，以家庭承包经营为基础、统分结合的双层经营体制，是适应社会主义市场经济体制、符合农业生产特点的农村基本经营制度，是党的农村政策的基石，必须毫不动摇地坚持。至此，农业家庭联产承包责任制作为一项基本国策被长期稳定下来，成为一种传统的农业经营方式[①]。家庭联产承包责任制是农民自发做出的一个伟大创举，属于典型的自下而上的诱致性制度变迁与强制性制度变迁的结合。

尽管不具有规模经济性的农业家庭经营取代了有规模经济效应的生产队集体经营，但由于家庭联产承包责任制具有诱人的收入与激励机制，农户在按照国家规定的价格提供一定数量的定购粮和缴纳农业税之后，在种植养殖和投入方面能自主决策，并允许保留所有利润。正是这种经营制度改革和主要农产品价格提高带来的正向激励，促进了中国农业总产值空前的高速增长。从表5-3可以对比发现，在1979~1983年合作化解体时期，相比强制性集体化时期，农业总产值指数和农业全要素生产率指数逐步上升，1984年后上升更快。从表5-7也可以看出，与1952~1978年相比，1979年后推行的家庭联产承包责任制和提高农产品价格等一系列改革措施[②]，通过降低计划功能，增强农户家庭或个人激励，并发挥市场的作用，使1979~1984年农业中主要部门的产出增长率均加速了几倍。但在1985~1987年，种植业部门的增长突然停滞，粮食和棉花产出增长下降，使早先对中国农业的乐观情绪衰减，自愿的合同定购再度恢复了强制性质，市场与生产中的行政干预增加。例如，为了完成定购任务，地方政府常常关闭稻谷、棉花、蚕茧等市场；生产中政府要求调整作物耕种结构、

[①] 所谓传统农业就是指以农户家庭为生产经营主体的农业，与现代农业相比，缺乏规模经济性。

[②] 这一时期发生的主要农业改革措施包括三个。一是价格改革，价格改革前农产品存在定购价和超购价两种价格，定购价适用于完成定购义务而出售的农产品，超购价用于收购超过义务以上出售的农产品。1979年起，不仅稻谷、油料作物、棉花、食糖和猪肉的定购价平均提高了17.1%，而且对谷物和油料作物的超购部分还支付高于定购价的30%~50%的奖励，棉花超购部分支付30%的额外津贴，国家牌价的加权平均提高了22.1%。二是1979~1984年逐渐全面推行的农村家庭联产承包责任制。三是市场与计划改革。市场与计划改革就是在指导农业生产中给予市场更大的作用，减少指令性计划，放松对地区间农产品私人贸易限制，鼓励比较优势地区扩大棉花种植面积等。

扩大复种指数（表 5-6）来提高粮食产量等。但不可否认，1978 年以来家庭联产承包责任制改革的正向激励，对确保我国粮食产量增长和粮食安全做出了巨大贡献。

表5-7 1952~2015年各标志时间段中国农业年均增长率

农业类型	1952~1978 年	1979~1984 年	1985~1987 年	1988~2001 年	2002~2015 年
农业	2.9%	7.7%	4.1%	12.2%	11.0%
种植业	2.5%	5.9%	1.4%	11.1%	10.9%
粮食	2.4%	4.8%	−0.2%	1.1%	2.4%
棉花	2.0%	17.7%	−12.9%	1.9%	1.0%
畜牧业	4.0%	10.0%	8.5%	13.1%	10.1%
渔业	19.9%	12.7%	18.6%	18.1%	10.5%
林业	9.4%	14.9%	0	9.9%	11.9%
副业	11.2%	19.4%	18.5%		

资料来源：①1952~1978 年、1979~1984 年、1985~1987 年三阶段的数据引自林毅夫（2005）；1988~2015 年的数据根据国家统计局提供的数据测算得到

注：①表中第一行的农业包括种植业、畜牧业、渔业、林业和副业，1952 年在农业中的份额分别为 83.1%、11.5%、0.3%、0.7%、4.4%；1987 年分别为 60.7%、22.8%、4.7%、4.8%、7.0%；②渔业 1952 年的基准水平很低，是 1952~1978 年渔业平均增长率较高的主要原因；③副业中不包括村办企业

2. 财政支农政策着力于农业基础设施建设

在 1979~2003 年，财政支农政策着力于支持农业基础设施建设，其演变大致分为两个阶段。

1）1979~1997 年支农体系单一阶段

1998 年前，鉴于政府财力有限，国家和地方财政对农业的支持相对单一、覆盖面较窄，主要投向三个方面：一是农业生产、基本建设、农业科技等；二是对粮食棉花实行价格保护，统一定价，对国家合同定购的粮食、棉花实行化肥、柴油、预购定金"三挂钩"政策；三是发展农用工业，保障化肥、农药的生产供应，在外汇双轨制期间，安排平价外汇进口化肥、农药中间体及农膜原料，降低农业生产成本（方言等，2017）。总体而言，其间的财政支农政策作用于农业基础设施建设的意图十分明显。例如，1983 年《全国农村工作会议纪要》明确指出，以计划经济为主，市场调节为辅，对家庭副业和专业户，必须实行积极扶持的政策，在资金、技术、供销等各方面给以帮助和指导。1983 年《当前农村经济政策的若干问题》要求把有限的国家投资用于群众力所不及的重大建设项目，如开发重点垦区、林区，兴修大型水利、电力工程、公路干线、电信设施和储运设施等。1984 年中央发布了《关于一九八四年农村工作的通知》，兴办农田水利基本建设，推广科学技术。1986 年《关于一九八六年农村工作的部署》，要求各地保证用好中央

各项农业资金,水利投资要尽快恢复到 1980 年财政包干时的水平。20 世纪 80 年代后期,国家财政还开征了耕地占用税,并以此为资金来源建立了农业发展基金。

表 5-8 显示,1979~1995 年,农业财政服务总额虽然由 1979 年的 174.19 亿元上升到 1995 年的 556.79 亿元,但占国家财政支出总额的比重总体基本呈现下降趋势,由 1979 年的 13.68%下降到 1995 年的 8.16%。在农业财政支出总额中,地方财政支农始终占据主导地位,占比在 80%左右。同时,财政服务农村生产、农林水利事业、农业基本建设、科技三项费用等均出现上升趋势。表 5-9 进一步展现了 1979~1995 年农业生产分项支出数据。与表 5-4 反映的 1950~1978 年财政支援农业生产项目基本只有小型农田水利和水土保持补助及支援农村合作生产组织相比,自 1979 年起财政支持农业的项目扩大到农村开荒、农村农技推广和植保、农村草场和畜禽保护、农村造林和林木保护、农村水产、发展粮食生产等领域,尤其是 1988 年以后,支援小型农田水利、农村合作生产组织、农业发展、粮食生产等成为支援农业生产支出的主要渠道。

表5-8　1979~1995年农业财政服务渠道与数量特征

年份	农业财政服务总额 总计/亿元	中央/亿元	地方/亿元	农业财政服务金额占财政总支出	服务农村生产支出/亿元	服务农林水利事业支出/亿元	服务基本建设支出/亿元	服务科技三项支出/亿元
1979	174.19	19.48	154.71	13.68%	49.73	40.24	62.41	1.52
1980	149.95	20.69	129.26	12.36%	38.52	43.60	48.59	1.31
1981	110.21	13.48	96.73	9.88%	30.95	42.73	24.15	1.18
1982	120.49	15.89	104.60	10.45%	31.93	47.95	28.81	1.13
1983	132.86	20.38	112.48	10.28%	33.77	52.88	34.25	1.81
1984	141.30	23.96	117.34	9.14%	38.43	57.51	33.63	2.18
1985	153.62	30.09	123.53	8.33%	39.42	61.62	37.73	1.95
1986	184.20	36.41	147.79	7.90%	51.50	72.80	43.87	2.70
1987	195.73	41.42	154.30	7.99%	59.70	74.47	46.81	2.28
1988	214.04	35.54	178.50	7.91%	76.91	81.83	39.64	2.39
1989	265.94	44.51	221.43	8.75%	111.37	85.75	50.64	2.48
1990	307.84	63.77	244.07	9.40%	128.03	93.73	66.71	3.11
1991	347.48	72.24	275.24	9.56%	134.25	109.29	75.50	2.93
1992	372.93	79.66	293.27	9.99%	148.24	120.59	83.31	2.89
1993	427.29	85.65	341.64	9.21%	183.48	139.95	84.90	3.93
1994	467.02	95.02	372.00	8.22%	183.44	181.23	83.22	4.22
1995	556.79	111.11	445.68	8.16%	220.63	209.63	103.32	4.44

资料来源:中华人民共和国财政部农业司

表5-9　1979~1995年全国财政支援农业生产分项支出数　　　　单位：亿元

年份	合计	小型农田水利和水土保持补助费	支援农村合作生产组织资金	农村开荒补助费	农村农技推广和植保补助费	农村草场和畜禽保护补助费	农村造林和林木保护补助费	农村水产补助费	农业发展专项资金支出	发展粮食生产专项资金支出
1979	49.73	36.10	10.82	0.94	0.31		1.13	0.43		
1980	38.52	23.17	12.40	0.73	0.23		1.30	0.69		
1981	30.95	18.70	8.56	0.60	0.21	0.68	1.29	0.91		
1982	31.93	17.69	10.19	0.57	0.22	0.76	1.49	1.01		
1983	33.77	17.99	10.58	0.64	0.49	0.91	1.79	1.37		
1984	38.43	18.48	13.62	0.64	0.50	1.23	2.26	1.70		
1985	39.42	17.30	15.52	0.59	0.50	1.46	2.09	1.96		
1986	51.50	22.64	20.85		1.46	1.68	2.49	2.38		
1987	59.50	26.00	22.32		2.72	1.71	2.81	1.99	1.95	
1988	76.91	28.52	26.99		3.22	2.14	3.36	2.11	10.57	
1989	111.37	29.06	30.27		3.66	2.43	3.99	1.95	30.13	9.88
1990	128.03	31.50	26.92		5.00	2.91	4.89	1.67	44.92	10.22
1991	134.24	34.28	30.10		5.90	3.08	6.03	1.45	45.50	7.90
1992	148.24	36.64	34.68		6.25	3.14	6.42	1.36	48.19	11.56
1993	183.48	40.47	55.40		7.34	3.24	7.38	1.58	57.22	10.85
1994	183.44	44.07	47.46		7.09	3.26	7.47	2.01	61.82	10.26
1995	220.62	53.77	60.96		9.90	4.04	9.67	2.39	67.27	12.62

资料来源：中华人民共和国财政部农业司

2）1998~2003年大规模改善基础设施的投资支持型阶段

在1997年亚洲金融危机和长江流域百年不遇洪灾背景下，国家实施了积极的财政政策，大规模发行国债，拉动国内基础设施建设。1998年增发国债1000亿元，其中1/3的国债资金投向了农业和农村基础设施，其中农业基础设施重点是整治江湖、兴修水利，1998年安排国债资金270亿元，加上原有的中央预算，水利建设年度总投资为350亿元，重点用于长江中下游、黄河下游等大江大河大湖堤防建设和其他防洪骨干工程。同时，国家启动了农村电网和公路改造等民生工程，1998~2003年国家财政总投资超过900亿元。这些项目的建成，极大地改善了农业基础设施，降低了农业生产和流通成本。此外，长江水灾也迫使国家启动了天然林保护（1998年）、退耕还林（1999年）、退牧还草（2003年）和森林生态效益补偿（2001年）等生态环境建设工程，1998~2003年累计安排林业和生态建设投资超过 100 亿元，国家向 3200 万退耕农户提供了种苗费和口粮补助。

3. 金融支农政策体系不断完善

在 1979~2002 年，金融支农政策演变同样也经历了两个阶段。

（1）1979~1992 年中国农业银行与农村信用社计划支农阶段。为了支持新阶段家庭农业发展，1979 年 2 月国务院发出《关于恢复中国农业银行的通知》，同年 3 月 13 日，中国农业银行正式恢复重建，统一管理支农资金，集中办理农村信贷，领导农村信用合作社，发展农村金融事业。这一时期农村信用社服务对象由公社集体转向分散农户、个体工商户、乡镇企业和各种经济联合组织。1980~1981 年，国家采取了一系列措施对农村信用社进行改革，包括增加业务、扩大农村信用社业务经营自主权、调整与中国农业银行往来利率关系等，但仍是中国农业银行的基层机构。1982~1984 年开展了以恢复农村信用社"三性"（即组织上的群众性、管理上的民主性、业务经营上的灵活性）为主要内容的改革。1984 年国务院批准了《关于改革信用合作社管理体制的报告》，明确提出要把农村信用社真正办成群众性的合作金融组织，积极吸收农民入股，中国农业银行对信用社要实行政策上领导、业务上指导，把信用社业务搞得更好，并建立了由其控制的县联社以领导基层信用社。直到 1985 年，随着中央一号文件《关于进一步活跃农村经济的十项政策》的出台，农村信用社才真正开始独立经营、自负盈亏。信用社之间、信用社与各专业银行之间可以发生横向业务联系。存放利率允许参照银行所定基准利率上下浮动，有的可以接近市场利率。可见，该阶段主要是中国农业银行和农村信用社提供金融支农服务，并且金融服务品种单一，主要是农业信贷。表 5-10 显示了 1979~1992 年我国农村存款资金来源与农业信贷服务渠道、数量特征。首先农村不仅各项存款增长迅速，而且随着乡镇企业的异军突起，乡镇企业贷款增长最快，且逐渐在涉农贷款总量的比重中占据主导地位；其次是家庭联产承包责任制的推行不仅激活了农户存款的快速增长，也刺激了农户贷款需求增长，从而使得农户贷款供给出现了快速增长势头；最后，增长速度最慢的是集体农业贷款。

表5-10　1979~1992年我国农村存款资金来源与农业信贷投放渠道　　单位：亿元

年份	农村存款资金来源					农业信贷投放渠道			
	合计	集体农业存款	乡镇企业存款	农户存款	其他存款	合计	集体农业贷款	乡镇企业贷款	农户贷款
1979	215.90	98.30	21.90	78.40	17.30	47.50	22.40	14.20	10.90
1980	272.30	105.50	29.50	117.00	20.30	81.60	34.50	31.10	16.00
1981	319.60	113.20	29.70	169.60	7.10	96.40	35.70	35.50	25.20

续表

年份	农村存款资金来源					农业信贷投放渠道			
	合计	集体农业存款	乡镇企业存款	农户存款	其他存款	合计	集体农业贷款	乡镇企业贷款	农户贷款
1982	389.90	121.10	33.70	228.10	7.00	121.20	34.80	42.30	44.10
1983	487.40	91.80	62.30	319.90	13.40	163.10	28.20	60.10	75.40
1984	624.90	89.90	81.10	438.10	15.80	354.50	38.40	135.00	181.10
1985	724.90	71.90	72.10	564.80	16.10	400.00	41.40	164.40	194.20
1986	962.30	83.90	91.70	766.10	20.60	568.50	44.60	265.90	258.00
1987	1225.20	89.90	104.70	1005.70	24.90	771.40	64.50	359.30	347.60
1988	1399.80	98.40	128.30	1142.30	30.80	908.60	80.10	456.10	372.40
1989	1669.50	92.30	126.20	1412.10	38.90	1094.90	107.30	571.90	415.70
1990	2144.90	106.50	149.90	1841.50	47.00	1413.00	134.10	760.70	518.20
1991	2709.40	135.90	191.70	2316.70	65.10	1808.60	169.90	1007.30	631.40
1992	3477.70	215.20	301.80	2867.30	93.40	2453.90	222.60	1471.80	759.50

资料来源：根据各年的《中国金融年鉴》《中国统计摘要》等统计数据整理而得

（2）1993~2002年市场化、多元化金融支农阶段。该阶段又分为两个重要的农村金融改革时期，即1993~1999年的改革探索时期和2000~2002年的改革深化时期。1992年党的十四大确立了建立社会主义市场经济体制的目标，1994年党的十四届三中全会通过的《中共中央关于建立社会主义市场经济体制若干问题的决定》，提出了我国金融体制市场化改革的总体目标：中国人民银行作为中央银行，在国务院领导下独立执行货币政策；建立政策性银行，实行政策性业务与商业性业务分离；发展商业性银行，现有的专业银行逐步转变为商业银行。1993年12月，《国务院关于金融体制改革的决定》确定，组建国家开发银行、中国进出口信贷银行、中国农业发展银行等三家政策性银行，把国家专业银行（中国工商银行、中国农业银行、中国银行和中国人民建设银行）办成真正的国有商业银行。1994~1996年明确了农村金融改革的目标，提出要建立一个能够为农业和农村经济发展提供及时、有效服务的金融体系。1994年，具有政策性银行属性的中国农业发展银行成立，不仅为农副产品收购提供贷款，也代办农村财政支农资金拨付。1995年，《中国农业银行1995~1997年改革与发展纲要》发布，确立了向商业银行转变的目标。1996年8月，《国务院关于农村金融体制改革的决定》（简称《决定》）出台，重点改革农村信用社管理体制，农村信用社与中国农业银行脱离行政隶属关系，按照合作制原则加以规范，优先安排对农村种养业的贷款,对农村信用社社员贷款要占全部贷款金额的50%以上。《决定》还允许在城乡一体化程度较高的地区将已实现商业化经营的农村信用社合并组建成农村合作银行,主要为农业、农产品加工业和农村其他各类企业服务。2000年以来,金融支农市场化改革加快推进。2000年1月,中国人民银行发布《农村信用合作社农户联保贷款管理指导意见》,要求农村信用社在小额信用贷款基础上,推行农户联保贷款。表5-11显示了1993~2002年我国金融支农基本情况,农业贷款集中向农户、乡镇企业和其他农业经营主体投放,各项贷款均保持了快速增长的势头,尤其是2001~2002年,农户贷款出现了翻倍增长。

表5-11 1993~2002年我国金融支农基本情况   单位:亿元

年份	农户贷款	农业贷款	乡镇企业贷款	涉农贷款总额
1993	772.30	948.80		4 618.50
1994	791.50	1 143.90	2 002.40	5 005.40
1995	806.80	1 544.80	2 514.90	6 089.60
1996	853.40	1 919.10	2 821.90	7 195.50
1997	896.20	3 314.60	5 035.80	9 197.80
1998	943.20	4 444.20	5 580.00	10 897.40
1999	962.70	4 792.40	6 161.30	11 916.40
2000	1 062.10	4 888.99	6 060.80	12 011.90
2001	1 250.10	5 711.50	6 413.00	13 374.60
2002	3 237.67	6 884.60	6 812.30	19 934.57

资料来源:根据历年《中国金融年鉴》的数据整理而得

5.1.3 多元化财政金融支农制度与新型农业经营体系:2002年至今

尽管我国新型农业经营体系构建的正式提出始于党的十八大,但事实上对新型农业经营主体的实践探索从2002年前后就开始了。如表5-12所示,在2002年前农业经营主体是在农户家庭经营基础上的专业户和合作组织,2002年之后就开始向企业化演进。因此,本节研究对新型农业经营体系的历史考察始于2002年。

表5-12 中国农业经营主体组织形式变迁

年份	农业经营主体名称	年份	农业经营主体名称
1949年前	封建家庭农场	2006年	龙头企业、合作组织、农民合作经济组织、新型农民
1949~1952年	佃农	2007年	新型农民、龙头企业、示范户、科技大户、农机大户、农民专业合作组织、种养专业大户
1950~1957年	互助组、初级社、高级社	2008年	龙头企业、农民专业合作组织、科技示范户和种养大户、种养业能手、农民专业合作社
1958~1961年	人民公社	2009年	专业大户、家庭农场、农民专业合作社、龙头企业
1962~1978年	生产队	2010年	农民专业合作社、龙头企业
1982年	生产队、农户、作业组、专业户	2012年	种养大户、农民专业合作社、龙头企业
1984年	专业户、专业队、专业组、合作经济组织、农业合作社	2013年	专业大户、家庭农场、农民合作社、龙头企业
1985年	合作组织、农村养殖户、养殖专业户、合作经济组织、专业户	2014年	农机合作社、农民合作社、家庭农场
1986年	合作经济组织、地区性合作经济组织、专业户	2015年	农户家庭农场、农民专业合作社、龙头企业
2004年	龙头企业、农民专业合作组织	2016年	家庭农场、专业大户、农民合作社、农业产业化龙头企业、休闲旅游业合作社
2005年	龙头企业、农民专业合作组织、集体经济组织	2017年	家庭农场、农民合作社、农业产业化龙头企业

资料来源：根据国家相关农业支持文件（包括1982年后历年中央一号文件）对农业经营主体的称呼整理得到

1. 在家庭联产承包责任制度基础上新型农业经营体系的探索与正式构建阶段

2002年以来，中国农业发展进入在家庭联产承包责任制基础上农业经营主体不断创新的阶段，这一时期总体又可以分为两个子阶段。

（1）2002~2012年新型农业经营体系培育试点探索。2005年农业部出台的《关于支持和促进农民专业合作组织发展的意见》指出，要鼓励创新农业经营组织，促进专业大户、农民专业合作社，合作经济组织加快发展。党的十七届三中全会也明确指出，家庭经营要向采用先进科技和生产手段的方向转变，增加技术、资本等生产要素投入，着力提高集约化水平；统一经营要向发展农户联合与合作，形成多元化、多层次、多形式经营服务体系的方向转变，发展集体经济、增强集体组织服务功能，培育农民新型合作组织，发展各种农业社会化服务组织，鼓励龙头企业与农民建立紧密型利益联结机制，着力提高组织化程度。在中央政策激励下，经过近10年的试点探索，到2012年底各地涌现出了像新型农民、龙头企业、示范户、科技大户、农机大户、农民专业合作组织、种养专业大户等新型农业经营主体，促进了农业生产力的发展。

（2）2013年至今的新型农业经营体系构建阶段。尽管党的十六大以来，各地新型农业经营组织得到创新和发展，但同时工业化和城镇化产生了大量就业需求，而且城乡工资差距逐渐扩大，农业比较效益逐渐下降，农村剩余劳动力在市场机制和政府的双重引导下转移到城市和工业领域就业，更为重要的是，城乡工资差距也吸走了农业必需的大量青壮年农业劳动力，导致大量土地荒芜和农业劳动力稀缺，农业可持续发展面临巨大挑战。同时，现阶段的农业家庭经营客观上存在规模超小化、生产粗放化、经营分散化和兼业化等难以克服的弊端（苑鹏和张瑞娟，2017），客观上需要在新型城镇化、工业化、信息化联动背景下协同推进农业经营制度变革，在家庭联产承包责任制基础上培育新型农业经营主体，促进传统农业向现代农业转型升级。而农村剩余劳动力的转移和土地荒芜也为新型农业经营体系培育创造了良好条件。于是，党中央审时度势，于2012年10月在党的十八大报告中明确指出，"坚持和完善农村基本经营制度，依法维护农民土地承包经营权、宅基地使用权、集体收益分配权，壮大集体经济实力……发展多种形式规模经营，构建集约化、专业化、组织化、社会化相结合的新型农业经营体系"。[①]这是"新型农业经营体系"概念首次被系统地提出。经过近几年的培育和发展，新型农业经营体系构建取得了明显的成效，家庭农场、专业大户、农民专业合作社、农业产业化龙头企业等新型农业经营组织在各地不断涌现。

2. 健全的财政支农政策体系初步形成

进入21世纪以来，为了改变城乡、工农差距过大的局面，国家相继采取了"多予少取"的财政支农政策，并提出了工业反哺农业、城市支持农村的发展战略。2003年，党的十六届三中全会第一次正式提出了"统筹城乡发展"的思想；2004年9月，党的十六届四中全会明确提出"工业反哺农业、城市支持农村"，在此发展战略指导下，财政支农惠农力度大大增强。除了延续既有的财政支农政策外，还积极运用税收、贴息、补助等多种经济杠杆，鼓励和引导社会资本投向农业和农村。2005年中央一号文件《关于进一步加强农村工作提高农业综合生产能力若干政策的意见》提出，加大农业税减征力度和扩大农业税免征范围，对种粮农民实行直接补贴，对部分地区农民实行良种补贴和农机具购置补贴。2006年一号文件《关于推进社会主义新农村建设的若干意见》明确提出，在全国范围取消农业税，加快推进"省直管县"财政管理体制和"乡财县

[①] 胡锦涛：《坚定不移沿着中国特色社会主义道路前进 为全面建成小康社会而奋斗——在中国共产党第十八次全国代表大会上的报告（2012年11月8日）》，人民日报2012年11月18日，第1版。

管乡用"财政管理方式的改革。2008年中央一号文件《关于切实加强农业基础建设进一步促进农业发展农民增收的若干意见》明确提出,各级财政要继续加大对农民专业合作社的扶持,要坚持和完善农业补贴制度,不断强化对农业的支持保护,支持农业产业化发展,培育壮大龙头企业。2012年中央一号文件《关于加快推进农业科技创新持续增强农产品供给保障能力的若干意见》提出,继续加大农业补贴强度,新增补贴向主产区、种养大户、农民专业合作社倾斜,积极培育和支持新型农业社会化服务组织。2015年中央一号文件《关于加大改革创新力度加快农业现代化建设的若干意见》要求转换投入方式,创新涉农资金运行机制,充分发挥财政资金的引导和杠杆作用,引导土地经营权规范有序流转,积极发展多种形式适度规模经营,提高农民组织化程度。2016年和2017年的中央一号文件分别围绕农业现代化和农业供给侧结构性改革进一步强调了支持新型农业经营体系构建的政策举措。为了贯彻落实历年中央一号文件关于财政支农精神,相关各部门出台了多项财政支农服务实施细则[①]。从政策变迁逻辑来看,该阶段的财政支农服务具有两个阶段的新变化。

(1) 2004~2007年多予少取、全面减负的农产品生产性补贴阶段。一是2006年起全面取消农业税、屠宰税、牧业税和农业特产税等农业税赋,当年财政转移支付782亿元,仅此每年为农民减负1200亿元。二是2004年起实施种粮农民直接补贴、良种补贴和农机具购置补贴,2006年又增加农资综合补贴,四项补贴规模从2004年的145.2亿元增至2007年的495亿元。三是2004年、2005年国家先后出台稻谷、小麦最低收购价保护政策,保障了基本口粮作物种植收益,促进了粮食种植面积回升。四是2005年、2007年对粮油生产大县和生猪调出大县给予奖励性补贴,以调动县政府抓好大宗农产品生产积极性。五是2007年国家出台生猪、奶牛养殖,渔业扶持政策,对规模化养殖场标准化改造和饲养提供补贴,对渔业柴油给予每吨3870元的基准价基础上的差价补贴。六是从2007年起将退耕还林工程转入巩固成果阶段,不再扩大退耕面积和补贴范围。七是从2007年起中央财政在部分农业主产区实施种植养殖业保险保费补贴政策试点,鼓励地方设立农业保险保费补贴。

---

① 诸如:2011年2月财政部办公厅发布《关于做好2011年财政支持现代农业生产发展工作的通知》(财办农〔2011〕19号);2012年,国务院发布《国务院关于支持农业产业化龙头企业发展的意见》(国发〔2012〕10号);2014年3月发布《国务院办公厅关于落实中共中央国务院关于全面深化农村改革加快推进农业现代化若干意见有关政策措施分工的通知》(国办函〔2014〕31号);2015年财政部、农业部印发了《关于调整完善农业三项补贴政策的指导意见》(财农〔2015〕31号);2016年1月国务院办公厅发布《关于推进农村一二三产业融合发展的指导意见》(国办发〔2015〕93号);2016年4月财政部与农业部发布《关于全面推开农业"三项补贴"改革工作的通知》(财农〔2016〕26号);2016年5月农业部办公厅与财政部办公厅发布《关于做好2016年新型职业农民培育工作的通知》(农办财〔2016〕38号);2016年12月国务院办公厅发布《关于完善支持政策促进农民持续增收的若干意见》(国办发〔2016〕87号)等。

（2）2008 年以来价格保护和生产水平双提高阶段。一是加大原有政策支持力度。农业"四项补贴"规模从 2008 年的 1030 亿元增加到 2012 年的 1668 亿元，增长了 61.94%。除粮食直补规模维持在 151 亿元外，良种补贴和农机具购置补贴超过 200 亿元，农资综合补贴超过 1000 亿元。农业保险试点扩大到全国，补贴品种由水稻、小麦、玉米、棉花、大豆扩至油料、糖料、马铃薯、青稞、天然橡胶、生猪、奶牛等 15 个品种。农产品生产大县奖励范围扩至 1000 个，奖金超过 300 亿元。相继启动全国新增 1000 亿斤（1 斤=0.5 千克）粮食生产能力建设规划[1]、全国牛羊肉生产发展规划[2]、糖料蔗主产区生产发展规划[3]，继续扶持生猪、奶牛规模化养殖。"十二五"期间，累计中央预算内农业基础设施投资超过 1400 亿元，为"十一五"的 2.3 倍。二是完善农产品价格支持政策。2008 年起，国家连续提高小麦、水稻最低收购价，并对市场供给与稳定有重要影响或进口敏感性高的玉米、大豆、油菜籽、食糖、棉花、冻猪肉等大宗农产品实施临时收储政策。2014 年后，国家根据市场供求状况，逐步调整油菜籽、大豆、棉花、玉米临时收储政策，开展棉花、大豆目标价格试点。三是启动退耕还林二期工程和岩溶地区石漠化综合治理工程，继续扩大森林生态补偿范围。2008 年起，中央财政对国家重点生态功能区进行了生态转移支付，2015 年补偿规模达到 512 亿元；2011 年起实施了草原生态保护补助奖励机制[4]，覆盖到全牧业和半牧区县（旗市），对禁牧、草畜平衡、畜牧良种、牧草良种、牧民生产资料等给予补贴，对生态保护绩优的地方政府给予奖励；2014 年中央财政安排 11 亿元，启动农业环境突出问题治理规划，开展土壤重金属污染治理等。

综上分析表明，2002 年以来，多项财政支农政策密集出台，其含金量高，形成了基建投资、价格支持、生产补贴、生态补偿四大财政支农政策和服务支柱。

3. 多元化金融支农政策与服务初步建立

党的十六大以来，围绕服务于传统农业向现代农业转型升级，金融支农进入了深化阶段，主要表现在健全金融支农服务体系和创新产品服务两个方面。2003 年 6 月，《国务院关于印发深化农村信用社改革试点方案的通知》提出，农村信用社改革总体要求是明晰产权关系、强化约束机制、增强服务功能、国家

---

[1] 《全国新增 1000 亿斤粮食生产能力规划(2009—2020 年)》，http://www.gov.cn/gzdt/2009-11/03/content_1455493.htm[2020-05-25]。

[2] 《全国牛羊肉生产发展规划（2013—2020 年）》，https://www.ndrc.gov.cn/xxgk/zcfb/ghwb/201402/P020190905497723437816.pdf[2020-05-25]。

[3] 《国家发展改革委 农业部关于印发糖料蔗主产区生产发展规划（2015—2020 年）的通知》，https://www.ndrc.gov.cn/xxgk/zcfb/ghwb/201506/t20150604_962154.html[2020-05-25]。

[4] 《国务院关于促进牧区又好又快发展的若干意见》，http://www.gov.cn/zwgk/2011-08/09/content_1922237.htm[2020-05-25]。

适当支持、地方政府负责。同年9月,中国银行业监督管理委员会关于《农村商业银行管理暂行规定》和《农村合作银行管理暂行规定》发布,为农村商业银行的建立铺平道路。2005年中央一号文件《关于进一步加强农村工作提高农业综合生产能力若干政策的意见》提出,要构建功能完善、分工合理、产权明晰、监管有力的农村金融体系,深化农村信用社改革,培育竞争性的农村金融市场,探索建立更加贴近农民和农村需要、由自然人或企业发起的小额信贷组织。2006年12月,《中国银行业监督管理委员会关于调整放宽农村地区银行业金融机构准入政策更好支持社会主义新农村建设的若干意见》,允许设立村镇银行、农村社区性信用合作组织、银行专营贷款业务的全资子公司等农村新型金融机构。同年中国邮政储蓄银行开业。2007年中央一号文件《关于积极发展现代农业扎实推进社会主义新农村建设的若干意见》提出,加快制定农村金融整体改革方案,努力形成商业金融、合作金融、政策性金融和小额贷款组织互为补充、功能齐备的农村金融体系,探索建立多种形式的担保机制,引导金融机构增加对"三农"的信贷投放。2010年10月,《中共中央关于制定国民经济和社会发展第十二个五年规划的建议》提出,鼓励有条件的地区以县为单位建立社区银行,发展农村小型金融组织和小额信贷,健全农业保险制度,改善农村金融服务。2012年中央一号文件《关于加快推进农业科技创新持续增强农产品供给保障能力的若干意见》,鼓励发展多元化农村金融机构,鼓励民间资本进入农村金融服务领域,支持商业银行到中西部地区县域设立村镇银行。同时有序发展农村资金互助组织,引导农民专业合作社规范开展信用合作。2014年中央一号文件《关于全面深化农村改革加快推进农业现代化的若干意见》不仅要求稳定大中型商业银行的县域网点,扩展乡镇服务网络,建立适应"三农"需要的专门机构和独立运营机制,还鼓励邮政储蓄银行拓展农村金融业务,加大农业保险支持力度,鼓励保险机构开展特色优势农产品保险。2015~2017年的中央一号文件也连续提出现代农业金融深化政策,其中2017年的中央一号文件提出的农村金融创新更为具体,包括强化激励约束机制,支持金融机构增加县域网点,适当下放县域分支机构业务审批权限、鼓励开展特色农产品保险、探索开展大型农机具、农业生产设施抵押贷款业务,支持金融机构开展适合新型农业经营主体的订单融资和应收账款融资业务、鼓励金融机构积极利用互联网技术提供金融服务等。此外,各有关部门还出台了系列金融服务政策[①]。至此,我国

[①] 包括《国务院办公厅关于金融服务"三农"发展的若干意见》(国办发〔2014〕17号);《中国人民银行关于做好家庭农场等新型农业经营主体金融服务的指导意见》(银发〔2014〕42号);《关于支持多种形式适度规模经营促进转变农业发展方式的意见》(财农〔2015〕98号);《关于进一步做好财政支持农业信贷担保体系组建工作的补充通知》(财农便〔2015〕383号);《中国人民银行支农再贷款管理办法》(银发〔2015〕395号);《关于中国农业发展银行涉农贷款营业税优惠政策的通知》(财税〔2016〕3号)等。

形成了集政策性、商业性、合作性金融组织及农业保险为一体的市场化金融支农服务体系，金融支农品种涵盖信贷、保险、担保、基金等，为我国农业现代化创造了良好的金融服务环境。

5.2 财政金融服务促进新型农业经营体系形成现状与趋势

5.2.1 财政金融服务促进新型农业经营体系形成现状

前文理论分析表明，新型农业经营体系包括新型农业经营主体体系、新型农业商品体系、新型农产品市场体系、新型农业服务体系与新型农业监管体系五个子体系。本节将着重讨论党的十八大以来财政金融服务促进新型农业经营体系构建的状况与趋势。

1. 新型农业经营主体体系构建现状

2012年以来，在各项财政金融支农政策与服务的激励下，我国新型农业经营主体出现了以下五种类型。

第一，家庭农场。家庭农场是农户家庭承包经营的升级版，基本特征是"家庭经营、规模适度、一业为主、集约生产"。2003年起，全国各地就在逐渐探索家庭农场发展，2013年中央一号文件正式将家庭农场界定为新型生产经营主体之一。2012年以来，在既有财政金融支农政策及服务的扶持下，我国家庭农场得到空前发展。来自农业部的数据显示（图5-3），全国家庭农场数量从2012年的87.7万户增长到2016年的94.8万户。仅从2014年的家庭农场分布结构来看，全国平均种植规模200亩的家庭农场共有87.7万家，经营耕地面积1.76亿亩，占全国承包耕地面积的13.4%，其中种植业占46.7%，养殖业占45.5%，种养结合占6%。另农业部对全国3000多户家庭农场生产经营情况的监测显示，种植业家庭农场占比最大，其中种植作物以粮食为主的占50.81%。多数家庭农场均通过农业部门认定或者工商部门注册，家庭农场主要负责人平均年龄呈现逐年递减趋势，年龄结构较为年轻，50岁以上的仅占26.01%，比2010年全国农业从业人员相应占比（34.53%）低8.52个百分点。从土地经营情况来看，36.53%的家庭农场耕作的土地来自家庭承包或其他方式承包，63.47%的家庭农场土地来自流转土地。土地流转租期的平均年限达 12.6 年，租期较长，同时细碎化严重，耕地所有权较为分散化。土地租金上涨较快，2014 年流转土地的平均租金为 501.01 元/亩，环比增长 5.32%，粮食型和种植业家庭农场的土地租金则高于平均增长率，分别增长 5.41%和 5.73%。从家庭农场投入情况来看，大部分拥有场库棚，农业机械化水平较高，每户家庭农场平均拥有农机具 4.69 台套，平均拥有的农机具价值为 17.09 万元。从家庭农场经营情况来看，每个家庭农场的平均总收入为 76.23 万元，平均净收入达 18.65 万元，家庭农场自有劳动力的年均净收入近 8 万元，高于外出农民工人均年收入 3.44 万元的水平。在经营规模 100 亩以上，随着经营规模的继续扩大，平均总收入、平均总成本和平均净收入均呈上升趋势，但在 100 亩以下平均总收入和平均总成本均呈下降趋势，主要是由于 100 亩以内的家庭农场里有大量的养殖类家庭农场，其养殖收入与土地规模关系不大。

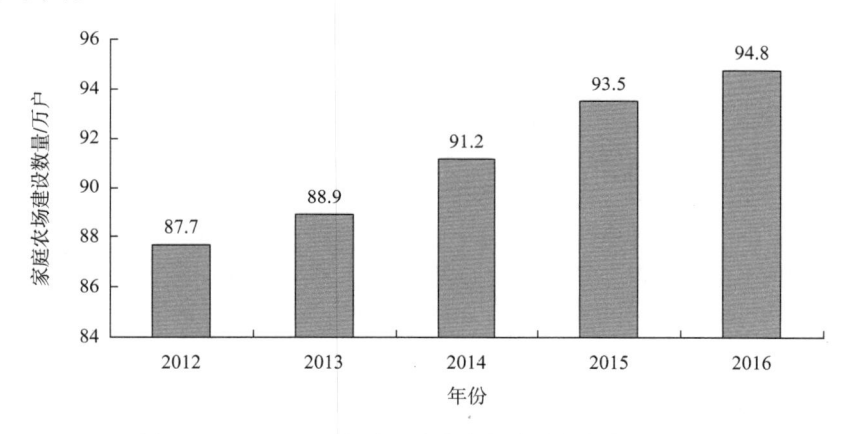

图 5-3　2012~2016 年我国家庭农场建设数量变化情况

第二，种养大户。种养大户的种养规模明显大于传统农户，经常需要雇用家庭成员外的劳动力从事农业生产。从划分标准来看，在北方一般将拥有 100 亩以上耕地的农户称为种粮大户，南方则以 30 亩为标准[①]。与家庭农场最重要的区别在于：后者大多是经工商部门登记的法人，而前者则是自然人。所以相较于家庭农场的明确身份，种养大户会因为身份不明确而错失部分优惠政策。来自农业部的统计数据显示（图 5-4），近几年全国种养大户培育数量从 2012 年的 250 万户上升至 2016 年的 365.7 万户。在 2016 年的种养大户结构中，种粮大户有 68.2

---

① 比如黑龙江省专业种粮大户的界定标准是一个县域内耕地面积达到规定标准 1000 亩以上，并且单块连片耕地面积不低于 500 亩；山东省认定标准为粮食种植面积 300 亩及以上的农民个人，含小麦、玉米、水稻等粮食作物，其中，小麦或水稻种植面积在 150 亩及以上；重庆市的认定标准为土地经营规模在 30 亩以上。

万户,占全国农户总数的 0.28%;经营耕地面积 1.34 亿亩,占全国耕地面积的 7.3%。这些种粮大户的粮食产量达到 1492 亿斤,占全国粮食总产量的 12.7%。100 亩以上的种植大户已突破 50 万户,经营的耕地面积达到 8000 万亩。总的来看,种养大户有力地促进了农业规模效益、劳动生产率、农业专业化程度、农民收入的提高。

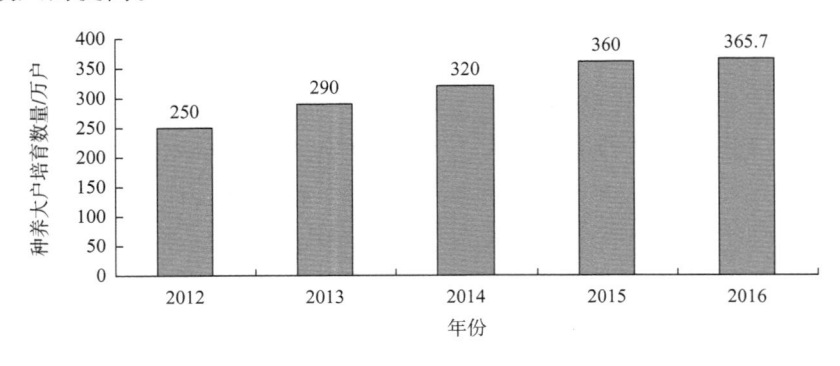

图 5-4 2012~2016 年我国种养大户培育数量变化情况

第三,农民专业合作社。2007 年 7 月 1 日我国正式实施了《中华人民共和国农民专业合作社法》,该法对农民专业合作社进行了简要定义,即"农民专业合作社是在农村家庭承包经营基础上,同类农产品的生产经营者或者同类农业生产经营服务的提供者、利用者,自愿联合、民主管理的互助性经济组织",并规定了农民专业合作社的服务对象和服务职责,即"以其成员为主要服务对象,提供农业生产资料的购买,农产品的销售、加工、运输、贮藏以及与农业生产经营有关的技术、信息等服务"。农民专业合作社从成立起就具有经济互助性,拥有一定组织架构,成员享有一定权利,同时负有一定责任。从图 5-5 可见,我国农民专业合作社从 2012 年的 68.9 万家增长到 2016 年的 179.4 万家,五年增长了近 2 倍。2016 年国家示范合作社达到 8000 家,县级以上各级示范合作社达到 13.5 万家,联合社达到 7200 多家,入社农户占全国农户总数的 44.4%,成员普遍增收 10%~20%(魏后凯和黄秉信,2017)。近年来,一些合作社之间积极发展联合组织,进一步提升为农户成员服务的能力和市场抗风险的能力。农业部提供的数据显示,截至 2015 年底,全国各类农民专业合作社联合社超过 7200 家,覆盖成员合作社达到 8.4 万家,带动农户 560 多万户(魏后凯和黄秉信,2017),有力地促进了农民增收。

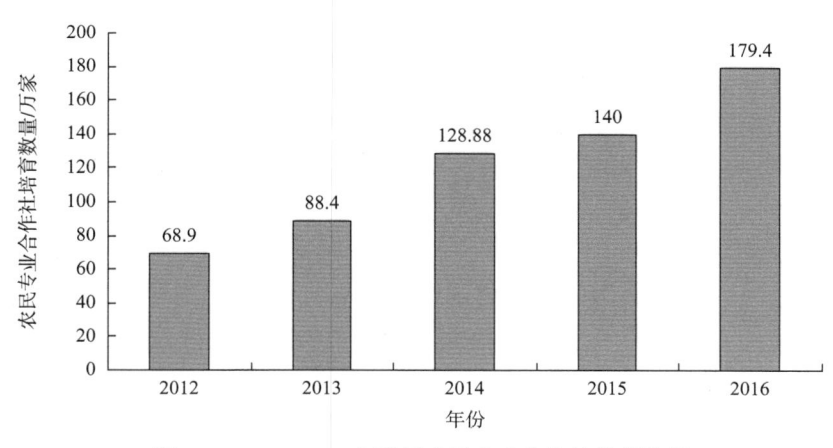

第 5 章　财政金融服务与新型农业经营体系构建的状况与趋势 ·185·

图 5-5　2012~2016 年我国农民专业合作社培育数量

第四，农业龙头企业。农业龙头企业是以农产品加工或流通为主，通过各种利益联结机制与农户相联系，带动农户进入市场，在规模和经营指标上达到规定标准并经政府认定的企业，包括国家级、省级、市级和规模龙头企业。1993 年山东潍坊率先提出"确立主导产业，实行区域布局，依靠龙头企业带动，发展规模经营"的农业产业化发展战略，形式包括农工商、林工商、牧工商、渔工商、商粮工相结合等，构成了农业产业化思路的雏形。近几年中央一号文件及 2012 年国务院印发的《关于支持农业产业化龙头企业发展的意见》（国发〔2012〕10 号）高度重视农业产业化，并通过财政金融政策大力支持农业龙头企业发展。例如，2012 年，91.6%的龙头企业获得国家财政支持，平均获得财政资金 770 万元；91.3%的龙头企业获得信贷支持；75%的龙头企业享受到国家税收减免政策。在国家强力支持下，近年来我国农业企业培育取得了显著成效。如图 5-6 所示，农业企业数量从 2012 年的 10.00 万家上升到 2016 年的 38.60 万家，比 2012 年增长了 2.9 倍。其中 2016 年农业龙头企业 12.9 万家[①]，辐射带动全国 40%以上的农户和 60%以上的生产基地。有近 90%的国家重点农业龙头企业拥有科技研发中心，2015 年研发投入达 537.3 亿元，拥有农业科技人员 60 万人，超过 1/4 的农业龙头企业科技研发投入占企业年销售收入 1%以上；拥有农技推广服务人员 24.7 万人，各企业培训农民平均投入近 60 万元；来自订单和自家建基地的采购额占农产品原料采购总额的 2/3，产品通过各类质量体系认证（含"三品一标"[②]认证）的龙头企业数量占 74%，获得省级以上品牌产品和著名（驰名）商标的农业龙头企业数量占比超过 50%。在科技与人才的带动下，2015 年底全国各类龙头企业销售收入达到

---

① 张红宇：《发挥新型农业经营主体对改革的引领作用》，http://news.163.com/17/0210/07/CCT6SV7600018AOQ.HTML。
② "三品一标"即无公害农产品、绿色食品、有机食品和农产品地理标志。

9.2 万亿元，净利润 5500 亿元，使参与从事产业化经营的农户户均增收达 3380 元（张红宇，2016a）。不过与发达国家相比，目前我国农业龙头企业整体实力偏低，覆盖面较窄，发展程度较浅，经济效益较低，企业规模相对较小，辐射带动能力不足，就加工转化和增值率而言，发达国家农业产值与农产品加工业产值比为 1∶3，预计到 2020 年底，我国将达到 1∶2.4，即使如此，我国农副产品加工业还存在巨大的发展空间。

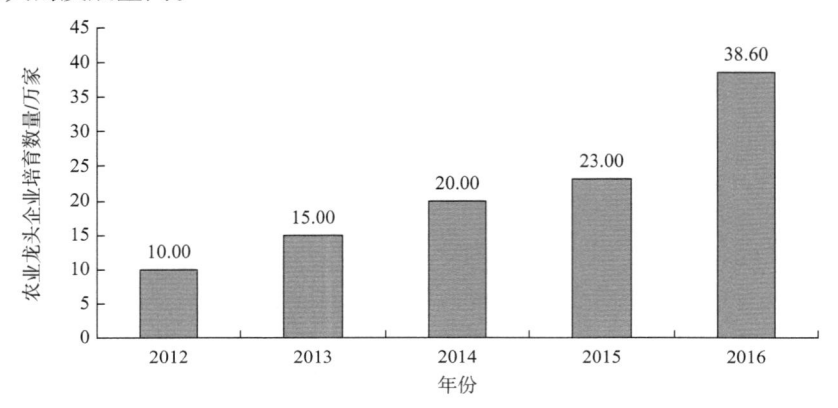

图 5-6　2012~2016 年我国农业龙头企业培育的数量

第五，新型农民。2012 年以来，按照中央部署，农业部、财政部等部门启动实施了新型农民培育工程，一批高素质的青年农民正在成为专业大户、家庭农场主、农民专业合作社领办人和农业企业骨干，一批农民工、中高等院校毕业生、退役士兵、科技人员等返乡下乡人员加入新型农民队伍。截至 2015 年底，全国新型农民已达到 1272 万人，比 2010 年增长 55%，农民职业化进程不断提速。其中高中及以上文化程度占比 30%，现代青年农场主培养数量为 1.3 万人，农村实用人才带头人培训数量为 6.7 万人。其中，在营销领域包括农产品电商在内的新型农民数量已达到 200 万人（张红宇，2016a）。另据农业部农村经济体制与经营管理司组织的问卷调查显示，有自己品牌的新型农民占 74.8%，在生产中运用互联网技术的新型农民占 68.4%，通过互联网销售农产品的新型农民占 88.2%。2017 年 1 月，农业部印发的《"十三五"全国新型职业农民培育发展规划》提出，到 2020 年，我国已基本确立教育培训、规范管理、政策扶持"三位一体"，生产经营型、专业技能型、专业服务型"三类协同"，初级、中级、高级"三级贯通"的新型职业农民培育制度框架。到 2020 年，全国新型职业农民总数将超过 2000 万人，并将全面建立以公益性教育培训机构为主体、多种资源和市场主体有序参与的"一主多元"新型职业农民教育培训体系。

2. 新型农业服务体系构建现状

现代农业是生产经营与社会化服务分工合作的生产经营系统。近年来，党中央高度重视新型农业服务体系建设，党的十七届三中全会通过的《中共中央关于推进农村改革发展若干重大问题的决定》指出，要加快构建以公共服务机构为依托、合作经济组织为基础、龙头企业为骨干、其他社会力量为补充、公益性服务和经营性服务相结合、专项服务和综合服务相协调的新型农业社会化服务体系。2013年中央一号文件《关于加快发展现代农业 进一步增强农村发展活力的若干意见》进一步对农业社会化服务体系建设做出具体部署。同年中央财政下拨农业技术推广与服务资金5亿元，用于支持农业生产全程社会化服务试点，首批试点选择了河北、江苏、安徽、江西、山东、河南、湖北、湖南八个省份，2014年财政部、农业部又新增了包括重庆在内的五个试点省区市。2016年的中央一号文件明确提出，支持新型农业经营主体和新型农业服务主体成为建设现代农业的骨干力量。根据经营机制划分，目前我国主要培育了三类新型农业服务主体。

第一，合作型服务主体。合作型服务主体分为自我生产与服务型和专业合作型两种形式。前者集生产与服务于一体，既从事农业生产经营，也为小农户提供服务，自我服务不收取服务费用，服务成本较低，但专业性不强，标准化水平低；后者以服务型农民专业合作社为主体，如农机、灌溉、供销、信用社、植保、农资等合作社，按市场定价收取服务佣金，专业性强、标准化水平高。农业部的数据显示，截至2016年底，全国共有服务型农民专业合作社约10.9万家，其中农机合作社约为6.8万家，正在扮演农业现代化生产主力军角色。

第二，企业型服务主体。企业型服务主体主要为新型农业生产主体或农户提供具有经营性质的专业化、规模化服务，以盈利性为目的，在科技水平、资本实力、人才队伍等方面具有相对较强的资源优势，进入门槛较高，服务专业性强，标准化水平高，农业服务中具有示范带头效应。这些服务主体通常包括加工、流通、金融、保险、农资和育种等服务。

第三，政府引导型服务主体。政府引导型服务主体是指由政府引导和投资形成的农业服务组织，具有公益性质，通常包括农业生产综合服务、农业用水服务、动植物疾病检疫防控服务、农业技术推广服务、农业信息化服务、农产品质量监督服务等。农业生产综合服务组织以供销合作社为代表。近年来，供销合作社通过创新体制机制，服务方式不断多样化，已成为服务农业现代化的生力军。科技服务组织以高等院校、科研院所或高科技人才、农技推广服务组织为主。

总体而言，目前我国已初步形成了以家庭联产承包责任制为基础，政府公共机构为指导，多元化主体广泛参与的新型农业服务体系（关锐捷，2012）。一方面，我国农业社会化服务总体水平呈现上升趋势，其中，农业机械化和农业信息服务水平增长最快，农业科技、农业产业化经营中的产品流通和农业基础设施建设服务水平增长缓慢，农业生产资料、农业金融和农业保险服务水平增长不明显（韩苗苗等，2013）。另一方面，我国农业服务体系还存在诸多问题：首先，农业社会化组织不健全，农业公益性服务机构人才队伍建设不足和管理体制落后，导致公共服务能力薄弱；其次，农业经营性服务组织在服务内容和服务质量方面尚有较大的改进空间；最后，农业服务供需结构不合理，诸如农业技术、农业金融和保险服务与需求不相匹配，制约了现代农业发展。

3. 新型农业商品体系构建现状

现代农业是高度发达的商品化农业，是依托市场经济交易规则而实现价值的农业。要促进传统农业向现代农业转型，就需要对接人们物质生活水平不断提高的现实需求，将农产品打造成质量高、无污染、品牌化、标准化的新型商品，提高农产品商品化率，促进现代农业持续高效发展。新型农业商品体系主要针对农产品的商品化生产和加工而言，通过无公害化、标准化生产与加工，生产出质量安全的新型农副商品，等待新型农产品市场体系实现其价值。其构建现状包括两个方面。

第一，农产品品牌化建设。目前我国农产品品牌化建设主要采取的是无公害农产品、绿色食品、有机食品和农产品地理标志认证的"三品一标"建设，形成有有效标识的便于消费者识别的高品质农产品。近年来，为了提高农产品品质，确保农产品质量安全，国家加大了品牌建设的专项财政补贴，使得农产品品牌化水平得到迅速提升。数据显示，截至2015年底，我国累计认证"三品一标"农产品总数达10.7万个，且合格率稳定在98%以上。在我国12.9万家龙头企业中，农产品通过各类质量体系认证的龙头企业有9.6万家，占比高达74.42%，获得省级以上品牌产品和著名商标的龙头企业接近7万家，占比超过50%。在新型农民体系中，已有自己品牌的新型农民占比高达74.8%。另农业部质量监测数据显示，2015年全国农产品质量总体合格率为97.1%，其中蔬菜、畜禽和水产品监测合格率分别为96.1%、99.4%和95.5%，均达到历史最高水平，分别比"十一五"末提高3.0个百分点、0.3个百分点、4.0个百分点。此外，水果、菜叶合格率也分别达到95.6%、97.6%（陈晓华，2016）。"十二五"期间没有发生重大农产品质量安全事件，有力地支撑了农业农村经济的发展。

第二，农产品标准化建设。农产品标准化建设指通过农产品标准化生产、加工与包装，生产出标准化、规范化的农业商品。农业生产与加工标准化是保障农产品质量安全的根本途径。近年来，国家按照稳数量、保质量、强监管的要求，科学制定了农业行业标准，积极出台农兽药残留标准，大力推进农业标准化生产示范园建设，取得了显著的成绩。首先，从行业标准来看，截至 2015 年底，中国农业国家标准和行业标准达 1800 余项，各地加强了农业标准化宣传与培训指导力度，因地制宜地制定了 1.8 万项农业生产技术规范和操作规程，农业经营主体的安全意识和管控能力得到明显提高；其次，从农药残留标准体系来看，农业农村部组织编制了《加快完善我国农药残留标准体系的工作方案（2015—2020）》，截至 2015 年底，制定农药残留限量标准 4140 项、兽药残留限量标准 1584 项，清理了 413 项农药残留检测方法标准；最后，从标准化生产与加工示范基地建设来看，2015 年来，中央和地方积极投入专项财政资金，开展省市县共建，以农业龙头企业、农民专业合作社等新型农业经营主体为依托，创建了标准化的果园、菜园、茶园、畜禽养殖场、水产健康养殖场等 9674 个，创建标准化示范县 185 个（魏后凯和黄秉信，2017）。我国农产品加工业始于 20 世纪 80 年代，2008 年以来得到迅速发展。截至 2014 年底，全国农产品加工企业数量达到 45.5 万家，其中规模以上企业达到 7.6 万家，农产品加工业与农业产值比达到 2.1∶1。2015 年全国农产品加工业总产值达到 20 万亿元，是 2008 年的 3 倍以上。

尽管近年来我国新型农业商品体系构建取得了明显的进步，但在生产与加工环节仍面临严峻挑战。首先，从生产环节看，主要包括以下三个方面。一是土壤污染较严重，污染物包括镉、铜、铅等重金属，持久性有机污染物，农药残留、化肥和农膜等。环保部发布的数据显示，2013 年全国土壤总的点位超标率为 16.1%，耕地和林地土壤点位超标率分别达到 19.4% 和 10.0%。其中，耕地土壤受轻微、轻度、中度、重度污染的点位比例分别为 11.2%、2.3%、1.5% 和 1.1%。二是违禁投入品屡禁不止。例如，2015 年违规使用禁限农兽渔药的案件增多，较 2014 年增长了 22.22%；分行业来看，种植业、养殖业、渔业等均存在违禁药物投入、抗生素、非法添加剂及违规加工等问题（李祥洲等，2016）。三是农户小规模分散化生产的标准化、科技化程度低，农药、化肥过度使用现象严重，家庭作坊农产品加工卫生条件差，监管困难，造成新型农业商品体系建设不容乐观。其次，从加工包装环节来看，主要是掺杂使假现象、违法违规加工问题突出，微生物污染和生物毒素含量超标较严重（李祥洲等，2016），农产品包装标识不规范。

4. 新型农产品市场体系构建现状

新型农产品市场体系主要包括农产品批发与零售市场、国际市场、网络营销市场等市场形态，下面分别考察其建设现状。

1）农产品批发与零售市场

无论是传统农业还是现代农业营销，都离不开农产品批发与零售市场。我国农产品批发与零售市场建设起步较早,基本始于1978年改革开放初期,改革开放之前的农产品主要是靠集体生产、政府调拨、凭票供应而在生产者与消费者之间有计划地调剂余缺,只有少部分是通过市场交易完成的。改革开放尤其是1997年以后,农产品市场价格逐步放开,农产品批发与零售市场逐渐发育起来,经过多年的发展,已相对比较成熟。在农产品互联网市场没有发展之前,我国农产品基本上是通过全国数万个农产品批发市场(多以企业公司化经营为主)和零售农贸市场(含农民自售、农产品商贩、农超对接形成的大小型超市等)销售的(当然农产品出口除外)。但无论是农产品批发市场还是零售市场,都还存在一些问题或不足。

首先,从批发市场来看,一是市场布局不合理、功能分工不明确、重复建设等问题严重。在城乡之间,城市销地和集散地综合农产品批发市场发展较快、数量较多,但对农村产地专业化农产品批发市场建设重视程度不够,投入不足,相对数量较少,导致城市需求"大市场"与农业供给"小生产"之间的矛盾较突出。在地区之间,东部地区数量多、规模大,中西部地区数量少、规模小,不利于中西部地区特色农产品贸易流通。二是市场抽检规范化和标准化程度低。当前我国农产品批发市场质量检测的相关成本都由市场经营管理公司来承担,直接增加了经营成本,不仅导致其检测缺乏积极性,这些公司也不重视检测设备升级换代。且一旦检测出不合格产品,所属农产品经营者将被挤出市场,最终影响市场的租金收入,因而导致一些检测流于形式,使产品安全检测的标准化和规范化程度降低。

其次,从零售市场来看,一是零售市场从业者个体小商贩居多,农户自产自销比例高,经营者数量庞大,流动性强,监管困难,从业人员文化素质、法治观念和责任意识较为薄弱。二是农产品质量可追溯体系建设与运行十分困难,不仅运行成本高,而且追溯链条不完整,且多数产品都是无包装、无标准、无标识的零售,加之消费者对高质量农产品的认知水平低,市场交易信息不对称较严重,导致农产品质量安全问题较为突出。

最后,尽管2016年中国三大主食——稻米、小麦和玉米的国内市场自供率分别达到99.3%、97.3%和98.6%,国内粮食安全有保障(翁鸣,2017),但是国内粮食市场价格出现长期高于国际粮食价格的倒挂现象,也是影响国内粮食市场交易效率的重要问题。由图5-7和表5-13可见,2011年以前,国内与国际粮食价差率还比较小,但在之后,粮食价差率就一直持续扩大,到2016年这种趋势并没有改变,表明国内粮食竞争力不足,粮食安全危机的隐患依然存在。

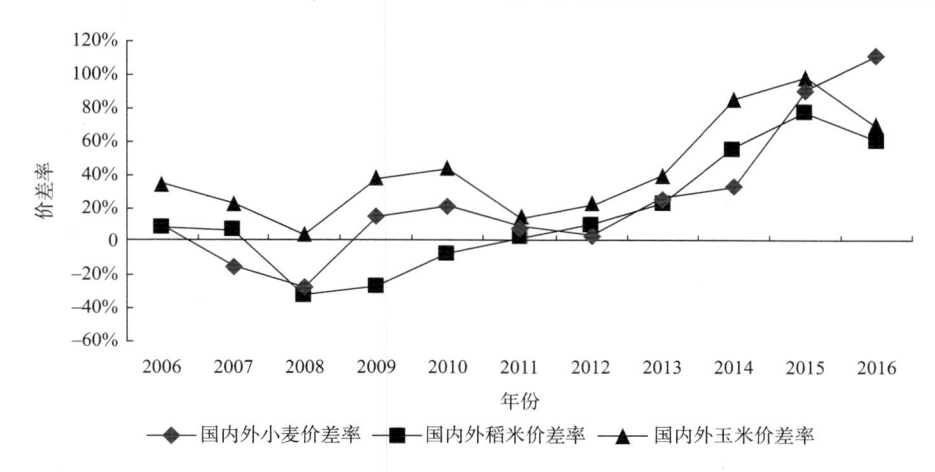

图 5-7　中国与国际市场主要粮食品种价格差距

表5-13　2006~2016年中国与国际市场主要粮食价格

粮食种类		2006年	2007年	2008年	2009年	2010年	2011年	2012年	2013年	2014年	2015年	2016年
小麦	国际小麦/(元/公斤)	1.32	1.80	2.40	1.59	1.63	1.89	2.06	1.94	1.87	1.46	1.34
	中国小麦/(元/公斤)	1.44	1.54	1.74	1.84	1.98	2.07	2.15	2.44	2.50	2.79	2.84
	价差率	9.09%	-14.44%	-27.50%	15.72%	21.47%	9.52%	4.37%	25.77%	33.69%	91.10%	111.94%
稻米	国际稻米/(元/公斤)	2.13	2.26	4.21	4.01	3.38	3.43	3.45	3.22	2.56	1.17	2.56
	中国稻米/(元/公斤)	2.30	2.43	2.82	2.92	3.13	3.52	3.81	3.94	4.00	2.08	4.13
	价差率	7.98%	7.52%	-33.02%	-27.18%	-7.40%	2.62%	10.43%	22.36%	56.25%	77.78%	61.33%
玉米	国际玉米/(元/公斤)	0.97	1.25	1.55	1.18	1.30	1.90	1.87	1.61	1.25	1.11	1.16
	中国玉米/(元/公斤)	1.30	1.53	1.62	1.63	1.89	2.16	2.29	2.26	2.33	2.18	1.98
	价差率	34.02%	22.40%	4.52%	38.14%	45.38%	13.68%	22.46%	40.37%	86.40%	96.40%	70.69%

资料来源：翁鸣（2017）

注：①价差率=[（中国市场粮食价格-国际市场粮食价格）/国际市场粮食价格]×100%；②小麦、玉米国际价格为美国海湾离岸价格，稻米国际价格为曼谷离岸价格，小麦、稻米、玉米国内价格为全国平均批发价格

2）农产品国际市场现状

利用好国际、国内两个市场,是构建新型农业经营体系、发展我国现代农业的关键环节。我国自 2011 年加入 WTO 以来,农产品向国际市场的拓展速度加快。表 5-14 显示,中国农产品进出口贸易总额由 2002 年的 305.8 亿美元增长到 2016 年的 1845.6 亿美元,增长了 5 倍,年均增长 13.70%。其中,进口总额由 2002 年的 124.4 亿美元增长到 2016 年的 1115.7 亿美元,增长了 8 倍,年均增长 16.96%;出口总额由 2002 年的 181.4 亿美元增长到 2016 年的 729.9 亿美元,增长了 3 倍,年均增长 10.46%。但从贸易逆差来看,只有 2002~2003 年是顺差,2004~2016 年一直是逆差,而且贸易逆差总体上呈扩大趋势,只是从 2014 年起,农产品贸易逆差增量开始逐渐缩小,表明我国农产品进出口结构正在调整中,这一变化有效地缓解了现阶段国内农产品对国际市场依赖程度过快上升的态势,也缓解了国际农产品市场对国内农业生产的冲击,为国内供给侧结构性改革创造了有利的环境。2016 年我国农产品出口所占比重恢复到 39.5%,主要大宗农产品进口大幅度减少,意味着国内生产的相应农产品及历史积累的库存成为有效供给,国内农产品市场结构趋于优化(魏后凯和黄秉信,2017)。

表5-14　2002~2016年中国农产品国际贸易格局　　　　　单位:亿美元

年份	进出口总额 金额	进出口总额 增量	进口总额 金额	进口总额 增量	出口总额 金额	出口总额 增量	贸易逆差 金额	贸易逆差 增量
2002	305.8		124.4		181.4		−57	
2003	403.6	97.8	189.3	64.9	214.3	32.9	−25	32.0
2004	514.2	110.6	280.3	91.0	233.9	19.6	46.4	21.4
2005	558.3	44.1	286.5	6.2	271.8	37.9	14.7	−31.7
2006	634.7	76.4	320.7	34.2	314.0	42.2	6.7	−8.0
2007	775.7	141.0	409.7	89.0	366.0	52.0	43.7	37.0
2008	985.5	209.8	583.3	173.6	402.2	36.2	181.1	137.4
2009	913.8	−71.7	521.7	−61.6	392.1	−10.1	129.6	−51.5
2010	1208.0	294.2	719.2	197.5	488.8	96.7	230.4	100.8
2011	1540.3	332.3	939.1	219.9	601.2	112.4	337.9	107.5
2012	1739.4	199.1	1114.4	175.3	625.0	23.8	489.4	151.5
2013	1867.0	127.6	1188.7	74.3	678.3	53.3	510.4	21.0
2014	1945.0	78.0	1225.4	36.7	719.6	41.3	505.8	−4.6
2015	1875.6	−69.4	1168.8	−56.6	706.8	−12.8	462.0	−43.8
2016	1845.6	−30.0	1115.7	−53.1	729.9	23.1	385.8	−76.2

资料来源:翁鸣(2017);2002~2006 年数据来自农业部

从 2016 年的农产品进出口结构来看,我国目前农产品国际市场开拓具有以下两个特点。一是 2016 年居前五位的出口商品依次为水产品（207.4 亿美元）、蔬菜（147.2 亿美元）、水果（71.4 亿美元）、畜产品（56.4 亿美元）、食用菌（31.2 亿美元）。居前五位的进口农产品依次为食用油籽（370.4 亿美元）、畜产品（234.0 亿美元）、水产品（93.7 亿美元）、水果（58.1 亿美元）、谷物（57.1 亿美元）。二是以亚洲和美国为主要出口地。2016 年中国内地（大陆）农产品的主要出口地按出口额排列前十位的依次是日本、中国香港、美国、韩国、越南、泰国、马来西亚、中国台湾、印度尼西亚和菲律宾。东盟国家已成为中国农产品出口的主要市场，2016 年销往东盟国家的农产品达 153.8 亿美元，占中国农产品出口总额的 21.2%（翁鸣，2017）。可见，巩固东盟市场，拓展美国等其他市场，对增强我国新型农业经营体系的国际竞争力具有重要意义。

3）农产品网络营销市场培育现状

农产品网络营销市场又称为农村电子商务市场，始于 1995 年郑州商品交易所集诚现货网的成立。近年来，农村宽带、电话等信息基础设施不断完善，计算机、手机等设备不断普及，为农村电子商务市场的快速发展创造了良好的技术条件。为此，国家也先后出台了"互联网+农业"支持计划和相关政策[①]，从 2014 年起在全国选择了部分地区开展电子商务进村示范，其中 2014 年选择了 56 个地区，2015 年选择了 200 个地区做示范普及（表 5-15），农村地区互联网用户数量持续上升[②]，农村居民开始尝试网络购物并发布农产品信息。从企业层面看，大型电商企业开始加速进入农村电子商务市场。例如，京东实施了工业品进农村战略、农村金融战略和生鲜电商战略；阿里巴巴 2014 年推出了以"千县万村"计划为主体的农村战略，计划将在 3~5 年投资 100 亿元，建立一个覆盖 1000 个县、10 万个行政村的农村电子商务服务体系。此外，各地方政府也积极加快各类电商产业园、电商创业园等载体建设。经过几年的快速发展，农村电子商务市场取得了明显的成效。阿里研究院与伟雅网商俱乐部联合发布的《中国电子商业园区研究报告（2016）》的数据显示，截至 2016 年 3 月，全国电子商务园区数量达到 1122 家，其中县域电子商务园区已超 300 家。

---

① 例如，2015 年《国务院办公厅关于促进农村电子商务市场加快发展的指导意见》指出，到 2020 年，初步建成统一开放、竞争有序、诚信守法、安全可靠、绿色环保的农村电子商务市场体系；加大对电子商务创业农民尤其是青年农民的授信和贷款支持；鼓励村级电子商务服务点、助农取款服务点相互依托建设；简化农村网商小额短期贷款手续等。

② 中国互联网信息中心提供的数据显示，截至 2014 年底，中国农村网民达到 1.78 亿人，其中农村网民网络购物用户达到 7714 万人，年增长率达到 40.6%；农村网民网上支付用户 6276 万人，年增长率达到 38.1%。

表5-15　全国电子商务进农村综合示范县名录

序号	地区	2014年第一批示范县	2015年第一批示范县
1	河北	清河县、正定县、迁安市、宽城满族自治县、永年县、阜平县、康保县	行唐县、滦平县、易县、黄骅市、永清县、肥乡县、青龙满族自治县、乐亭县、平乡县、安平县
2	山西		垣曲县、静乐县、左权县、兴县、武乡县、陵川县、侯马市、清徐县
3	内蒙古		和林县、土默特右旗、扎兰屯市、五原县、凉城县、科右中旗、正蓝旗、巴林右旗
4	辽宁		瓦房店市、东港市、兴城市、绥中县、凌源市、本溪满族自治县、清原满族自治县、桓仁满族自治县
5	吉林		通榆县、蛟河市、桦甸市、通化县、敦化市、临江市、伊通满族自治县、延吉市
6	黑龙江	庆安县、富裕县、明水县、肇源县、尚志市、拜泉县、集贤县	泰来县、勃利县、延寿县、嫩江县、桦南县、海林市、方正县、克东县
7	江苏	睢宁县、新沂市、常熟市、沭阳县、宜兴市、东台市、丰县	
8	安徽	巢湖市、怀远县、歙县、霍山县、绩溪县、芜湖县、石台县	明光市、舒城县、岳西县、广德县、无为县、金寨县、桐城市、砀山县
9	福建		尤溪县、沙县、清流县、云霄县、明溪县、漳浦县、建宁县、建瓯市、武平县、长汀县
10	江西	宁都县、玉山县、新干县、于都县、广丰县、莲花县、进贤县	赣县、信丰县、大余县、上犹县、崇义县、安远县、龙南县、全南县、定南县、兴国县、会昌县、寻乌县、石城县、瑞金市、井冈山市
11	河南	新安县、光山县、博爱县、临颍县、淇县、鄢陵县、封丘县	睢县、泌阳县、唐河县、汝州市、卢氏县、长垣县、林州市、台前县
12	湖北	潜江市、枣阳市、红安县、丹江口市、郧西县、通山县、来凤县	麻城市、英山县、黄梅县、赤壁市、鹤峰县、广水市、秭归县、石首市
13	湖南		韶山市、宁乡县、炎陵县、江永县、邵东县、双峰县、汨罗市、桃江县
14	广东		龙川县、饶平县、平远县、南雄市
15	广西		巴马瑶族自治县、靖西县、浦北县、东兴市、柳城县、桂平市、灌阳县、荔浦县
16	海南		屯昌县、澄迈县、定安县
17	重庆		秀山土家族苗族自治县、酉阳土家族苗族自治县、石柱县、云阳县、忠县、城口县、彭水县、巫溪县
18	四川	安岳县、西充县、三台县、资中县、夹江县、仁寿县、渠县	中江县、青川县、盐源县、岳池县、北川羌族自治县、青神县、石棉县、宣汉县、简阳市、理县
19	贵州		石阡县、湄潭县、印江县、兴义市、普安县、龙里县、德江县、清镇市
20	云南		通海县、宾川县、剑川县、南华县、玉龙纳西族自治县、蒙自市、永胜县、文山市

续表

序号	地区	2014年第一批示范县（市）	2015年第一批示范县（市）
21	西藏		贡嘎县、措勤县、班戈县、八宿县
22	陕西		洛川县、神木县、子长县、靖边县、富县、延川县、府谷县、黄陵县、米脂县、延长县、横山县、宜川县、安塞县、清涧县、绥德县
23	甘肃		华池县、民勤县、宁县、环县、岷县、会宁县、庄浪县、成县
24	青海		共和县、互助县、祁连县、湟中县
25	宁夏		盐池县、同心县、西吉县、平罗县
26	新疆		特克斯县、阿克苏市、尉犁县、沙湾县、民丰县、和静县、察布查尔锡伯自治县
27	新疆生产建设兵团		第一师、第二师
合计/个		56	200

资料来源：根据商务部网站提供的资料整理

各省区市电子商务园区数量如图 5-8 所示。另据阿里研究院《中国淘宝村研究报告 2014》显示，2014 年在阿里平台上并且注册在乡镇的农村买家就达到 77 万个，全国 211 个淘宝村中活跃卖家数量超过 7 万家。京东在全国近 800 个县设立有县级服务中心，招募农村推广员超过 15 万人。目前全国从事农产品电子商务营销主体接近 4000 家，代表性电商主体有顺丰优选、阿里巴巴、中粮我买网、本来生活等。2014 年全国生鲜农产品电商交易规模达到 260 亿元，2015 年农产品网络零售额迅速增长到 1505 亿元，占社会农产品零售总额的比重达到 3.8%，全年农村网购交易额高达 3530 亿元。

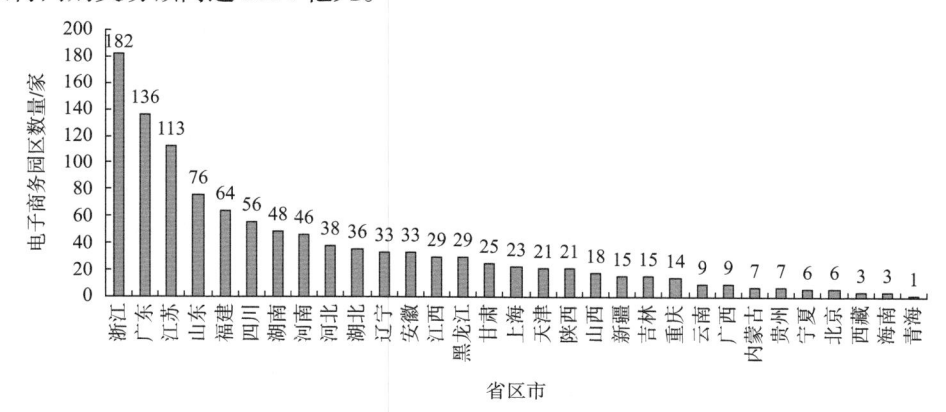

图 5-8　全国各省区市电子商务园区数量统计（截至 2016 年 3 月）

资料来源：《中国电子商务园区研究报告（2016）》

尽管我国农产品电子商务市场发展势头强劲，但由于农产品网购体系建设仍处于起步阶段，电商规模小、实力弱、缺乏品牌，受农村信息基础设施落后、物流体系不健全、安全问题等多重因素的制约，生鲜农产品在收储运环节违规添加、包装标识不规范、虚假宣传、盗用商标、假冒伪劣等市场不诚信现象较多，农产品品质无法得到有效保证，既使得消费者因网购农产品面临较大的质量安全风险而不敢购买，又导致电商可持续盈利能力低下。例如，2014年近4000家全国农产品电商中，仅有1%的电商盈利，7%巨亏，88%略亏，4%持平，先后出现了农产品电商倒闭案例。

综上可见，虽然目前我国已经发展了农产品流通配送、连锁经营、期货交易、拍卖交易、电子商务和网上交易等新型农产品交易方式，但整体来看这些现代化的农产品交易方式依然处于初步发展阶段，还需要对接农业现代化发展的新需要，进一步健全新型农产品市场体系，促进生产者与消费者多重无缝对接，从而使农产品价值实现最大化。

5. 新型农业监管体系现状

新型农业经营体系构建是一项庞大而复杂的系统工程，既需要培育生产经营主体与服务主体，也需要构建新型农业监管体系，通过农业监管主体依法对农业生产经营主体监管，确保农业生产主体生产出优质的农产品，保障消费者的消费安全。同时，通过对服务主体的监管，促进新型农业服务体系创新服务种类和方式，在风险可控的情况下满足农业经营主体对各种服务的需求。

目前，我国已初步建立起比较健全的农业监管体系。针对农业经营主体进行监管的机构包括动植物检疫部门、农业主管部门、食品药品监管部门、质检部门等；针对新型农业服务主体则涉及各行各业的监管机构，如金融服务监管包括中国人民银行、中国银行保险监督管理委员会等。围绕农产品质量安全的监管，国家相继出台了《中华人民共和国农产品质量安全法》《中华人民共和国食品安全法》《中华人民共和国消费者权益保护法》《农业转基因生物安全管理条例》《生猪屠宰管理条例》《中华人民共和国进出境动植物检疫法实施条例》等法律条例。各地方根据当地实际拟定了地方性食品安全法规。例如，上海市颁布《上海市实施〈中华人民共和国食品安全法〉办法》，福建省出台了《福建省食品生产加工小作坊监督管理办法》等。为了加强农产品质量安全监管，2012年中央一号文件和中央农村工作会议对乡镇农业监管机构建设做出了部署，确保全国所有涉农乡镇建立农产品质量安全监管机构。截至2012年底全国已有50%以上的乡镇建立了农产品质量安全监管机构，落实专职和兼职监管人员3万余名，从源头上提高了农产品质量安全监管和服务能力。

尽管如此，目前我国农业监管体系还存在监管对象覆盖不全问题，无法覆盖农户生产主体、农产品零售商、电商等；对违法违规的处罚力度不够，如《中华人民共和国农产品质量安全法》规定主要实行行政罚款，处罚额度大多为 2000 元以上 20000 元以下，违法成本低，对违法者缺乏威慑力；难以对消费者权益实施有效保护，《中华人民共和国消费者权益保护法》中没有专门针对农产品侵权方面的规定，导致消费者在消费问题农产品后难以申诉和维权。此外，《中华人民共和国食品安全法》也仅包括部分食用农产品，且对农产品消费能否进行"赔偿"没有做出明确的说明。

5.2.2 财政金融服务促进新型农业经营体系形成趋势

在新型城镇化、工业化、信息化快速发展的背景下，要摆脱我国农业家庭经营的现实困境，唯有通过农业技术进步，加强财政金融服务，培育新型农业经营体系，对传统家庭农业实施现代化改造才能实现。下面着重探究通过财政金融服务促进新型农业经营体系构建的远景趋势。

1. 财政金融服务促进新型农业经营主体体系形成趋势

在财政金融政策与服务的持续支持下，新型农业经营主体体系形成趋势有以下几个方面。

第一，农业产业化联合体形成，新型农业经营主体体系集约化、专业化、组织化、社会化水平进一步提高。发展多种形式规模经营，"构建集约化、专业化、组织化、社会化相结合的新型农业经营体系"[①]，是党的十八大明确提出的重大目标。财政金融服务将始终围绕这些目标，通过向新型农业经营主体体系提供基础设施和生产发展的资金支持，并通过资金要素对新型农业经营主体其他培育要素进行重组，从而进一步提升新型农业经营主体的物质技术基础、改善公司治理结构、提升公司治理能力、促进农业专业化发展。未来若干年，随着我国财政金融服务持续支持三次产业融合发展的力度的加强，农业产业化联合体将成为我国许多地区重要的新型农业经营主体组织创新形式。它是在农业企业、家庭农场、专业大户基础上的一种组织再创新，通过产业链的联合与合作，可以实现优势互补，并形成协作力，带动整个农产品产业链竞争力的提升，促进三产融合发展。因此，农业产业化联合体也将是今后财政金融服务新型农业经营主体体系构建的重点方向。

第二，新型农业经营主体与农户在土地流转中实现激励相容。尽管在城镇

[①] 胡锦涛：《坚定不移沿着中国特色社会主义道路前进 为全面建成小康社会而奋斗——在中国共产党第十八次全国代表大会上的报告（2012 年 11 月 8 日）》，《人民日报》2012 年 11 月 18 日，第 1 版。

化、工业化背景下家庭联产承包责任制与现代农业规模化发展有些不相协调，但其始终是维护农民根本利益的制度。因此，国家推进新型农业经营主体培育，一方面是承认家庭联产承包责任制存在的内在缺陷和与农业现代化发展不相适应的现实，另一方面也是在保护农民利益、维护社会稳定的前提下，通过尊重农民意愿、依靠农民和城市工商资本，在农业家庭经营基础上独立自主地创新各种新型农业经营组织，因而是对家庭联产承包责任制的一种继承和完善。目前在财政金融服务支持下，各地培育的家庭农场、种养大户都是农业家庭经营的升级版，农民专业合作社和现代农业公司，也都与农户家庭经营有着密切的生产经营联系。显而易见，建立在家庭联产承包责任制基础上的新型农业经营主体，牵涉到对土地、劳动力等农业资源要素的重新组合配置，也牵涉到农地产权制度改革，需要所有权、承包权、经营权分离，因而其背后将是农民对土地的既有利益格局的一种调整，这种调整主要通过土地流转价格和流转期限显现出来。财政金融服务新型农业经营主体的构建，需要继续在尊重农民意愿基础上，鼓励各地创新土地流转方式，形成合理的土地流转价格和期限，确保土地农业用途，增强新型农业经营主体带动农户就业的能力，协调处理好农民和新型农业经营主体的利益关系。

第三，新型农业经营主体体系最终承担的风险下降，可持续盈利能力增强。新型农业经营主体要实现可持续发展，关键要有较强的成本管理、生产管理、市场营销和风险管理能力，财政金融服务新型农业经营主体的基本功能在于为其提供农业资金要素和风险分担机制。处于构建阶段的新型农业经营主体，既面临较大的自然与市场风险，也面临较大的创业与经营管理风险，客观上需要财政金融服务在风险领域提供风险分担机制，降低其面临的各种风险。加之基础性农业具有先天的脆弱性及薄利性，其盈利往往需要政府补贴。对于有稳定市场的特色效益农业，政府只需提供良好的公共服务即可，其发展资金完全可以依靠金融机制来解决。有鉴于此，财政金融服务于新型农业经营主体体系的一个基本趋势是，通过财政金融的资金支持和风险分担功能，促进新型农业经营主体体系的风险下降和可持续盈利能力的增强。

2. 财政金融服务促进新型农业服务体系形成趋势

在财政金融服务支持下，促进新型农业服务体系形成的远景趋势有三个方面。

第一，新型农业服务体系健全、功能齐全。财政金融服务于新型农业服务体系，同样是通过提供农业资金要素和风险分担机制而发挥作用的，其首要目标是要支持新型农业经营主体需求紧缺的新型农业服务组织创业和成长，促进新型农业服务体系的主体健全、结构合理、服务功能齐全。与新型农业经营主体的服务需求多样化相对应，农业社会化服务体系需要公益性、经营性、合作性等多元化服务组织广泛参与。当前，经营性和合作性农业服务组织还处于培育阶段，需要财政与金融服务给予重点支持，促进这些职业性服务组织快速成长起来，从而促进主体多元、结构合理、分工协作的新型农业服务体系的形成。

第二，新型农业服务体系服务能力强。新型农业服务体系的服务能力取决于两个方面：一是服务的物质技术手段所决定的能力，如农机合作社的服务能力是由服务农业的基础设施条件如农机数量质量、机耕道路、农田标准化状况等决定的；二是经营管理素质所决定的服务能力。财政金融服务于新型农业服务体系，未来的基本目标之一就是要满足这两个方面服务能力建设的资金需求，通过农机购买补贴、标准农田建设补贴、农业基础设施投资、服务培训支持等，促进新型农业服务主体服务能力得到极大提升。

第三，新型农业服务体系服务效率高。提高农业服务效率是财政金融服务新型农业服务体系建设的一个重要目标。农业服务效率就是衡量农业服务投入产出比，目标是要用较少的服务投入向新型农业经营主体提供更多的服务产出，核心是降低服务成本，提高服务品质和数量。这与服务主体的服务工具的性能、经营管理能力和服务员工的素质有关。这些领域的资金运用均可通过财政金融机制提供相应的支持来达成，从而促进新型农业服务体系效率提升。

3. 财政金融服务促进新型农业商品体系形成趋势

财政金融服务于新型农业商品体系建设，未来的基本目标或趋势应有以下两个方面。

第一，农产品供给质量安全水平显著提升。新型农业商品体系建立的目标应是农产品商品化供给质量显著提升，包括无公害化、绿色化、标准化、美观化、品牌化、高效化。足够的财政金融支持是发展新型农业商品体系的重要驱动力。首先，财政金融有助于加强农业商品生产基地建设。稳定的农业商品生产基地是农业企业发展壮大的依托，需要大量的财政金融资金支持。其次，增强农业产品竞争力，离不开财政金融的绿色支持，可促进农业产业化经营。部分农产品保鲜期较短，在农产品加工包装后向市场终端销售环节，也需要配备高效的冷链保鲜物流配送系统，建立专门的人员队伍，通过标准化分装配送，实现农产品与市场需求高效对接。同时，配送人员对农产品需求信息及时反馈，获取实时订单，按订单需求向市场配送，实现农产品便捷高效化上市。

第二，农产品质量安全易识别、可追溯。鼓励优质农产品商品化，需要建立优质农产品可识别、质量可追溯的体制机制，要防止劣质农产品以次充好而将优质农产品挤出市场。新型农业经营主体要生产经营"三品一标"农产品，不仅在生产环节需要投入，而且在营销环节需要权威机构认证，并贴上地理标识，以帮助消费者进行有效识别。这些都需要借助财政金融服务机制向其提供必要的资金，并防范劣质农产品排挤优质农产品的市场风险。因此，未来财政金融服务于新型农业商品体系建设的重要目标是促进农产品质量安全易识别、可追溯，支持"三品一标"建设，提升"三品一标"农产品社会公信力，推动形成农产品优质优价机制。

4. 财政金融服务促进新型农产品市场体系形成趋势

未来财政金融服务于新型农产品市场体系发展的趋势，主要有以下两个方面。

第一，新型农产品市场体系结构合理、软硬环境完善。新型农产品市场体系是新型农业经营体系构建的基础。新型农业经营主体发展，离不开农业要素市场体系和农产品市场体系。农产品市场体系建设的目标是要形成农贸市场自销（零售市场）、农超对接、农产品大型批发市场、集贸市场、电子商务市场等多层次市场体系，显著提高农产品商品化程度。任何市场建设不仅需要场所、平台等硬件设施建设，也需要制度、规则等软环境建设，这些都需要财政金融资金给予支持。未来财政金融服务于新型农产品市场体系的首要任务就是要重点支持中西部地区农产品批发与零售市场建设，加强产地特色农产品市场培育，大力支持农产品电子商务市场发展，促进"互联网+农业"的高度融合。

第二，新兴农产品市场发展迅速、市场交易便利。农产品电子商务市场是近几年随网络信息技术革命而发展起来的一种新兴农产品市场，能有效克服传统的农产品批发与零售市场所具有的狭隘市场范围和市场信息不对称等弊端，因而发展潜力巨大。为了促进农产品电子商务市场快速发展，各地将积极出台支持政策，引导更多的财政金融资金支持农产品电子商务平台、物流配送系统、物联网信息系统建设。同时，为了提高市场交易效率，政府也会不断健全市场交易与监管制度，降低交易成本，促进市场有序发展；此外，为了促进我国农业可持续发展，提高国际竞争力和影响力，各地也会积极利用国际市场，优化农产品供给结构，增加农产品附加值，同时加强农业对外合作，推动农业走出去，以"一带一路"沿线及周边国家为重点，支持农业企业开展跨国经营，建立境外生产基地和加工、仓储物流设施，培育具有国际竞争力的大型农业企业集团。显而易见，这些也都将是财政金融服务新型农产品市场体系需要实现的目标。

5. 财政金融服务促进新型农业监管体系形成趋势

要促进农业现代化发展，财政金融服务于新型农业监管体系需要形成以下两个远景趋势。

第一，监管体系法律健全、设施先进、队伍专业技能高。随着我国农业现代化的深入推进，新型农业监管体系建设也提上日程。而监管具有明显的公益性和社会性，关系到国家粮食与食品安全，因此显然属于国家财政重点支持领域。

监管首先需要结构合理、功能健全的组织体系和法律制度体系，同时需要先进的检测设备和高技能的人才队伍。因而，适应于现代农业发展需要，未来财政服务于新型农业监管体系的远景目标，首先是重点支持新型农业监管体系的法律制度和硬件设施建设，包括修订和完善《中华人民共和国农产品质量安全法》《中华人民共和国食品安全法》《中华人民共和国消费者权益保护法》等法规和具体生产经营环节的规范标准，支持搭建农产品质量安全追溯管理信息平台和舆情信息监测平台，建立健全农产品质量追溯系统和问题农产品召回制度，制定相应的追溯标准和编码规则，开展重要农产品全国追溯示范点建设，利用网络技术积极推广"二维码""耳标"及农产品包装标识，采购先进检测设备，提高检测人员专业技术水平。

第二，监管体系运行机制顺畅高效，预警机制建立，推进协同全程监管。完善的新型农业监管体系是新型农业经营体系构建的重要保障，未来财政金融服务促进新型农业监管体系构建，需要重点支持新型农业监管体系健全运行机制、加大科技支撑力度、引入社会舆论监督机制、建立风险评估与预警监测机制，支持围绕农业产业链条，对农业投入品、产地环境、加工包装、种植养殖、收储运、畜禽屠宰等关键环节实施精准监管，健全农产品、食品从生产到餐桌的全过程质量监管机制；采用先进监管机制，实现信息共享，部门协同，提高监管效率，对监管不力追责。

5.3 新型农业经营体系形成的财政金融服务状况与趋势

作为政府扶持农业的重要手段，财政金融在构建新型农业经营体系中起到了举足轻重的作用。下面就我国促进新型农业经营体系的财政金融服务现状与趋势进行考察。

5.3.1 新型农业经营体系形成的财政金融服务状况

1. 新型农业经营体系形成的财政服务状况

近年来，国家采取了"多予少取"的财政支农政策，建立了基本适应我国普通农户和新型农业经营体系发展需要的财政服务体系。从表5-16可见，我国财政支农服务主要有价格支持、挂钩的直接补贴、脱钩的直接补贴和一般服务支持四种类型，各类财政支持状况分析如下。

表5-16 财政服务新型农业经营体系的现实种类清单

服务大类	服务细目	执行年份	执行标准	备注
价格支持	粮食最低收购价服务	2004年起	2015年小麦、早籼稻、中晚籼稻、稻分别为每市斤1.18元、1.35元、1.38元、1.55元	水稻2004年起；小麦2006年起
	粮油临时收储服务	2008年起	适用玉米、大豆、油菜籽等，2015年国家在2014年玉米收储价1.11~1.13元基础上下调至1.0元	属非口粮、产业链较长的产品，收储价在产品快上市时确定，确保与市场价接近
	目标价格补贴服务	2014年起	2015年新疆棉花每吨19 100元，东北、内蒙古大豆目标价格每吨4800元，就市场价格低于目标价格的情形进行补贴	2014年棉花目标价格为每吨19 800元
	冻猪肉收储服务	2009年起	下跌政策调控目标是猪粮比价不低于5.5∶1。当猪粮比价连续四周处于6∶1—5.5∶1时，根据市场情况增加必要的中央和地方冻肉储备；当猪粮比价连续四周处于5.5∶1—5∶1时，进一步增加中央政府冻肉储备，同时要求主销区和沿海大中城市增加地方冻肉储备，还可以适当增加地方政府的活体储备；当猪粮比价低于5∶1时，较大幅度增加中央冻肉储备规模	
挂钩的直接补贴	粮食直补	2004年起	补贴品种与标准由省级政府确定，可按计税土地面积、计税产或粮食种植面积补贴，主产区原则上按实际种植面积补贴	2008年来补贴总额与补贴标准不再调整，每年补贴总额151亿元
	农资综合补贴	2006年起	补贴对象为农民种粮柴油、化肥、农药、农膜等生产资料，标准由省级政府确定，原则上按粮食实际种植面积补贴	2009年实行动态调整；利用粮食直补渠道，一次性拨付农户
	农作物良种补贴	2002年起	补贴对象为生产中使用农作物良种的农民（含农场职工），2010年补贴标准为早稻、小麦、玉米、大豆10元/亩，中稻、晚稻、棉花15元/亩	
	畜牧良种补贴	2005年起	补贴对象为奶牛、生猪、能繁母猪、肉牛等	
	农机具购置补贴	2004年起	补贴对象为农民、农场职工、农民合作社、从事农机作业的农业生产经营组织等；补贴标准全国总体执行30%的比例，单机补贴额原则上最高不超过5万元，大型机械可提高到12万或20万元	
	农业保险保费补贴	2007年起	补贴品种包括玉米、水稻、大豆、棉花、小麦、花生、油菜、马铃薯、青稞等种植业产品，能繁母猪、奶牛等畜产品，以及商品林、公益林和天然橡胶等，补贴标准为：在省级财政至少补贴25%的基础上，中央财政对中西部地区补贴40%、对东部地区补贴35%	

续表

服务大类	服务细目	执行年份	执行标准	备注
脱钩的直接补贴	退耕还林补贴	1999年起	国家向退耕农户提供每亩50元的种苗费,按长江流域及南方地区每亩150公斤、黄河流域及北方地区每亩100公斤的标准补助原粮,按每亩20元的标准补助现金;国家每年根据退耕面积核定各省区市补助总量	
	退牧还草补贴	2003年起	2005年,退牧还草围栏建设、补播草种费和饲料粮资金补助标准为:青藏高原地区围栏建设资金每亩25元,其他每亩20元、中央补70%、地方和个人承担30%,对工程区内部分重度退化草场实行补播,每亩补草种费10元。青藏高原全年禁牧,饲料粮每年每亩2.75公斤,季节性休牧每年每亩0.69公斤,补助年限为10年	
一般服务支持			"稳产高产"大型商品粮生产基地建设、田间工程及农技服务体系建设、生猪和奶牛标准化规模养殖场建设、产粮产油大县和生猪调出大县奖励、农业综合开发项目、全国农业科技入户示范工程、农技推广体系建设、测土配方施肥补贴、劳动力转移培训阳光工程、新型职业农民科技培训工程、动植物防病防疫体系建设	属于农业基础设施等公共产品与公共服务的提供

注:价格支持、挂钩的直接补贴、脱钩的直接补贴属于生产者支持范畴,除了脱钩的直接补贴和一般服务支持属于"绿箱"外,其余均为"黄箱"

第一,农业基础设施财政投资。农业基础设施财政投资属于一般服务支持范畴。自1998年起,国家启动了农业基础设施建设的财政投资,包括农村电网、农村公路、农田水利、标准农田建设、农村信息网络化建设等。由表5-17可见,1998~2006年,农业基建支出占国家财政支农的比重虽然从1998年的73.59%下降到2006年的23.33%,但仍然维持在20%以上。2007年后由于农业统计分类做出了调整,农业基础设施财政投资被反映在财政支农的分项支出中,表5-18仅反映了2007~2016年国家财政支农中各分项支出情况。

表5-17 1998~2006年农业基建支出与国家财政支农支出

年份	国家财政支农支出/亿元	农业基建支出/亿元	农业基建支出占比
1998	626.02	460.70	73.59%
1999	677.46	357.00	52.70%
2000	766.89	414.46	54.04%
2001	917.96	480.81	52.38%
2002	1102.70	423.80	38.43%
2003	1134.86	527.36	46.47%
2004	1693.79	542.36	32.02%
2005	1792.40	512.63	28.60%
2006	2161.35	504.28	23.33%

资料来源:《中国统计年鉴2007》

表5-18 2007~2016年国家财政用于农林水事务各项支出 单位：亿元

年份	农业	林业	水利	南水北调	扶贫	农业综合开发	农村综合改革	合计
2007								3 404.70
2008	2 278.90	424.01	1 127.70		320.41	251.61		4 544.01
2009	3 826.91	532.11	1 519.61		374.80	286.81		6 720.41
2010	3 949.41	667.30	1 856.51	78.42	432.51	337.80	607.90	8 129.58
2011	4 291.20	876.50	2 602.80	68.91	545.32	386.51	887.62	9 937.55
2012	5 077.43	1 019.22	3 271.22	45.90	690.80	462.50	987.31	11 973.88
2013	5 561.60	1 204.30	3 338.91	95.63	841.00	521.14	1 148.03	13 349.55
2014	5 816.62	1 348.81	3 478.70	69.61	949.01	560.73	1 265.71	14 173.80
2015	6 436.18	1 613.38	4 807.85	81.77	1 227.24	600.06	1 418.82	17 380.49
2016	6 458.59	1 696.64	4 433.74	65.71	2 285.86	616.83	1 548.78	18 587.36

资料来源：《中国农村统计年鉴》、财政部网站各年全国财政决算数据

注：合计部分数据还包括其他项支出，未体现在本表中

第二，农业财政补贴。通过财政补贴的方式扶持各类新型农业经营体系，扶持方式以财政资金直接补贴（中央及省级财政资金）或以奖代补（市县级财政资金）为主。目前，政府对新型农业经营体系的财政补贴种类众多，如惠农补贴项目就有粮食直补、农作物良种补贴、农资综合补贴、农机具购置补贴等20余种，覆盖范围也十分广泛，涵盖了农业技术推广服务（包括教育培训和信息技术应用等）、农产品加工与促销（包括农产品批发市场和交易平台建设等）、农业生产性服务购买（包括深加工、质量检验、仓储服务等）、农业价格目标支持等多个方面。2016年起，农业部将农业"三项补贴"（粮食直补、农作物良种补贴、农资综合补贴）合并为"农业支持保护补贴"，政策目标调整为支持耕地地力保护和粮食适度规模经营。各类补贴对象和标准详见表5-16。表5-19和表5-20分别显示了四项支农补贴、价格支持、农业生产支持基本情况，表明我国农业支持保护水平增长态势明显。表5-21进一步显示了2013~2016年国家农业各项财政支出的对比，表明目前财政在新型农业经营体系的各子体系中均有专项支出，包括农业生产经营与服务支出、农业商品体系建设支出、农业风险与收入稳定补贴、农业市场价格补贴、农业生态补偿支出、农业监管体系支出及财政激励金融支农补贴支出。

表5-19 2004~2014年国家四项支农补贴 单位：亿元

年份	粮食直补	农作物良种补贴	农资综合补贴	农机具购置补贴
2004	116	29		1
2005	132	39		3
2006	142	42	120	6
2007	151	56	276	12

续表

年份	粮食直补	农作物良种补贴	农资综合补贴	农机具购置补贴
2008	151	123	716	40
2009	151	199	795	130
2010	151	204	810	155
2011	151	220	860	175
2012	151	224	1078	215
2013	151	226	1078	218
2014	151	215	1078	237
合计	1598	1577	6811	1192

资料来源：陈锡文和韩俊（2017）

表5-20　2002~2014年我国农业生产者支持水平及构成　　单位：亿元

年份	农业生产者补贴等值	市场价格支持	基于投入使用的支付	其他
2002	1 896.4	1 251.2	483.1	44.4
2003	2 388.0	1 632.6	494.5	79.8
2004	2 090.3	928.8	744.2	201.9
2005	2 673.7	1 103.0	1 082.9	257.5
2006	4 376.3	2 455.8	1 223.4	484.7
2007	4 348.3	1 914.9	1 481.4	726.2
2008	1 367.6	952.6	824.0	1 205.3
2009	6 169.6	3 425.2	1 155.0	1 234.4
2010	9 187.3	6 796.6	873.9	1 177.7
2011	7 276.3	4 490.3	998.9	1 484.1
2012	13 803.4	10 563.3	1 247.2	1 677.3
2013	16 245.5	12 845.1	1 291.6	1 764.4
2014	18 016.0	14 707.0	1 280.2	1 680.0

资料来源：陈锡文和韩俊（2017）

表5-21　2013~2016年国家农业各项财政支出的对比　　单位：亿元

	项目	2013年	2014年	2015年	2016年
农业生产经营与服务支出	农业结构调整补贴	38.17	34.68	31.06	38.84
	农业生产支持补贴	546.86	531.02	756.00	1605.55
	农资综合补贴	1014.39	1019.21	755.87	
	农业组织化与产业化经营	157.86	164.31	172.76	174.52
	科技转化与推广服务	353.27	405.37	419.39	390.12
	病虫害防治	133.95	144.14	148.27	140.87
	其他农业支出	890.83	947.49	1189.58	1340.62

续表

项目		2013年	2014年	2015年	2016年
农业商品体系建设支出	农产品加工与销售	47.73	38.05	43.39	33.27
	农产品质量安全	49.03	52.86	54.45	54.56
农业风险与收入稳定补贴	防灾救灾	51.07	37.22	36.44	46.87
	农业保险保费补贴	225.48	244.73	268.05	287.55
	稳定农民收入补贴	20.31	98.18	69.23	170.05
农业市场价格补贴	成品油价格改革对渔业的补贴	259.13	168.28	253.87	161.58
	目标价格补贴			338.11	318.59
农业生态补偿支出	农业资源保护修复与利用补贴	208.33	222.82	254.03	256.22
农业监管体系支出	执法监管	39.90	25.04	29.08	25.67
	统计监测与信息服务	8.35	9.36	13.68	15.99
财政激励金融支农补贴支出	支持普惠金融发展（总计）	68.22	68.68	148.84	454.48
	其中：支持农村金融机构	31.86	29.72	44.26	26.11
	涉农贷款增量奖励	23.48	30.53	34.82	19.31
	农业保险保费补贴	225.48	244.73	268.05	287.55
	小额担保贷款贴息				84.22
	补充小额担保贷款基金				8.29
	其他普惠金融发展支出	12.87	8.43	69.76	28.99

资料来源：根据财政部网站提供的年度财政决算数据整理

第三，税收优惠。为了鼓励农业的发展，保证国家粮食安全，从2006年起我国全面减免了农业税，同时对农业涉及的各税种如增值税、营业税等多实行减免税政策。具体内容主要有以下三个方面。第一，增值税的基本税率为17%，低税率为13%。农产品增值税的法定税率为13%。第二，农业生产者销售的自产农产品免征增值税。纯粹"从事经销或贩销"的经营主体没有免税资格。外购农产品用于直接销售或加工后销售的都不能免税。对农业专业合作社销售本社成员生产的农产品，视同农业生产者销售自产农产品免征增值税；农民专业合作社向本社成员销售的农膜、种子、种苗、化肥、农药、农机免征增值税。第三，企业从事农、林、牧、渔项目，可以免征、减征企业所得税[①]。

2. 新型农业经营体系形成的金融服务状况

为了配合财政支持新型农业经营体系构建，发展现代农业，近年来国家有关部

---

① 免征即全免，减征即按应缴纳税所得额减半后乘以法定企业所得税税率25%计征企业所得税。

门出台了一系列现代农业金融服务政策①。这些政策工具主要有支农再贷款、再贴现、差别化存款准备金率、利率政策、财税激励政策等。在这些政策工具的引导下，金融机构开展的涉农金融服务取得了积极的进展，主要表现在以下几个方面。

第一，农业信贷服务。现阶段，我国已经基本形成了中国农业银行、中国农业发展银行、农村商业银行和农村合作银行、村镇银行、小额贷款公司等机构在内的多元化农业信贷服务体系。党的十八届三中全会以来，国家出台了鼓励金融机构创新农村产权抵押融资方式的政策措施，如《国务院办公厅关于金融服务"三农"发展的若干意见》(国办发〔2014〕17号)，鼓励金融机构创新农村抵(质)押担保方式，包括开展农民住房财产权抵押试点，健全完善林权抵押登记系统，推广以农业机械设备、运输工具、水域滩涂养殖权、承包土地收益权等为标的的新型抵押担保方式及探索拓宽涉农保险保单质押范围。在这些政策引导下，支持现代农业发展的信贷服务得到稳定增长。如表5-22所示，农业贷款余额从2003年的8411.40亿元增长到2015年的30 735.00亿元，年均增长11.4%，2015年农业贷款占全国所有贷款的比重为3.7%，低于农业增加值占GDP的比例；农户贷款余额从2003年的4021.52亿元增长到2014年的53 587.00亿元，年均增长26.54%；农村企业贷款余额从2003年的7661.60亿元增长到2014年的14 891.70亿元，年均增长6.23%；全国涉农贷款金额从2003年的20 094.52亿元增长到2014年的194 383.00亿元，年均增长22.91%。2003~2015年，农业贷款只是在2014年出现了下降，2011年和2015年小幅增长，其他年份增长速度都在两位数以上。相比之下，农户贷款增长速度整体上高于农业贷款，增长最不稳定的是农村企业贷款，涉农贷款增速起伏波动也比较大。

表5-22 2003~2015年涉农贷款余额及增长速度

年份	农业贷款 余额/亿元	增长率	农户贷款 余额/亿元	增长率	农村企业贷款 余额/亿元	增长率	涉农贷款 余额/亿元	增长率
2003	8 411.40	22.17%	4 021.52	24.21%	7 661.60	12.46%	20 094.52	0.80%
2004	9 843.10	17.02%	4 731.21	17.65%	8 069.20	5.32%	22 643.51	12.69%
2005	11 529.01	17.13%	4 989.69	5.46%	7 901.80	-2.07%	24 421.39	7.85%
2006	13 208.20	14.56%	5 666.90	13.57%	6 222.00	-21.26%	25 097.10	2.77%
2007	15 428.16	16.81%	10 677.42	88.42%	7 112.64	14.31%	33 218.22	32.36%
2008	17 628.82	14.26%	11 971.73	12.12%	7 061.56	-0.72%	37 134.75	11.79%
2009	19 500.00	10.61%	20 100.00	67.90%	35 100.00	397.06%	74 700.00	101.16%
2010	26 300.00	34.87%	25 921.00	28.96%	23 779.00	-32.25%	76 000.00	1.74%
2011	27 000.00	2.66%	31 000.00	19.59%	28 012.00	17.80%	86 012.00	13.17%
2012	30 119.00	11.55%	36 195.00	16.76%	18 499.00	-33.96%	145 467.00	69.12%

---

① 各项政策文件名称参见本章5.1.3第3部分内容。

续表

年份	农业贷款 余额/亿元	增长率	农户贷款 余额/亿元	增长率	农村企业贷款 余额/亿元	增长率	农村贷款 余额/亿元	增长率
2013	34 024.00	12.97%	45 047.00	24.46%	19 584.00	5.87%	173 025.00	18.94%
2014	29 984.00	−11.87%	53 587.00	18.96%	14 891.70	−23.96%	194 383.00	12.34%
2015	30 735.00	2.50%						

资料来源：根据历年《中国农村经济统计年鉴》《中国金融年鉴》整理而得

第二，农业担保服务。2015年财政部、农业部、中国银行业监督管理委员会联合下发《关于财政支持建立农业信贷担保体系的指导意见》（财农〔2015〕121号），提出力争用3年时间建立健全具有中国特色、覆盖全国的农业信贷担保体系框架，为农业尤其是粮食适度规模经营的新型经营主体提供信贷担保服务，支持新型经营主体做大做强，促进粮食稳定发展和现代农业建设。经国务院批准，财政部会同农业部、中国银行业监督管理委员会组建的国家农业信贷担保联盟有限责任公司已挂牌运营。截至2016年10月，全国有24个省区市成立了省级农业信贷担保公司并运营。农业担保机构通过向不符合银行抵押条件的新型农业经营主体提供担保，然后向银行获得贷款，其提供的服务实质上是贷款服务链的延伸，是分担银行贷款风险的重要机构。截至2015年1月，涉农融资担保机构资产总额112.61亿元，净资产88亿元，累计开展涉农担保业务88 631笔，涉农担保在保余额191.85亿元，涉农担保代偿金额6.55亿元。

第三，农业保险服务。一直以来，我国对农业保险的关注很少，直到党的十六届四中全会提出"工业反哺农业，城市支持农村"的总体方针，农业保险才被重新提出和重视。2004年中央一号文件提出加快建立政策性农业保险制度，2013年出台《农业保险条例》，从法律层面对农业保险制度加以规范，2017年的中央一号文件提出要持续推进农业保险扩面、增品、提标，开发满足新型农业经营主体需求的保险产品。在国家各项政策推进下，近年来我国农业保险实现了跨越式发展，主要体现在以下五个方面。一是农业保费收入增长较快。从2001年的3亿元增长到2006年的53.30亿元，到2016年进一步增长到417.12亿元，年均增长38.96%。如图5-9所示，2005年以前虽然增长较快，但农业保费收入水平较低，多数年份在10亿元以下，2006年以后逐渐从50亿元上升到400多亿元的水平。二是农业保险覆盖面稳步扩大。如图5-10所示，农业保险保障水平[①]从2008年的3.67%增至2015年的17.69%。从产业结构看，种植业保险保障水平从2008年的3.8%提升到2015年的7.75%，养殖业保险保障水平从2008年的3.64%提升到2015年的6.03%。关系国计民生和国家粮食安全的农作物保险、主要畜产品保险、重要"菜篮子"品种保险和

---

① 一个国家的农业保险保障水平并不是越高越好，它必须要与当地的经济发展水平和农业发展阶段相适应。

森林保险得到重点发展，全国超过70%的稻谷、玉米、小麦已投保，农房、农机具、设施农业、渔业、制种保险等业务逐步推广。2016年农业保险业务已覆盖全国所有省区市，共有190多个农业险种，近800个保险产品，承保农作物品种211个，基本覆盖农、林、牧、渔各领域；共建有农业保险乡（镇）级服务站2.3万个，村级服务点28万个，覆盖全国48%的行政村，协保员有近40万人。2016年我国农业保险业务规模仅次于美国，居全球第二，亚洲第一，其中养殖业和森林保险业务规模居全球第一。三是农业风险保障能力日益提高。我国农业保险提供的风险保障从2007年的1126亿元增长到2016年的2.16万亿元，年均增速38.85%，累计提供风险保障超过6万亿元，承保农作物从2.3亿亩增加到17.21亿亩，增长了6.5倍[①]。2014年向1.68亿户次的受灾农户支付赔款958.62亿元，2016年向4576万户次的受灾农户支付赔款348亿元，在抗灾救灾与灾后重建中发挥了积极的作用[②]。四是农业保险产品不断创新。顺应新型农业经营体系的保险需求，农业保险机构在部分地区相继推出了生猪价格保险试点（从北京扩大到四川、重庆和湖南等地区）、蔬菜价格保险试点（从上海扩大到江苏、广东、山东、宁夏等地区）、水产养殖保险、设施农业保险、农机保险、气象指数保险、水文指数保险试点；为了加强涉农保险和涉农信贷的合作，一些地方推出了小额贷款保证保险等险种。五是政策支持力度连年加大。目前财政补贴型险种仍是我国农业保险的主要险种，有效减轻了农业经营者的保费负担水平。中央、省级、市县财政分别提供了30%～50%、25%～30%、10%～15%的保费补贴，各级财政合计保费补贴比例达到75%左右。特色优势农产品主要由地方政府给予保费补贴。

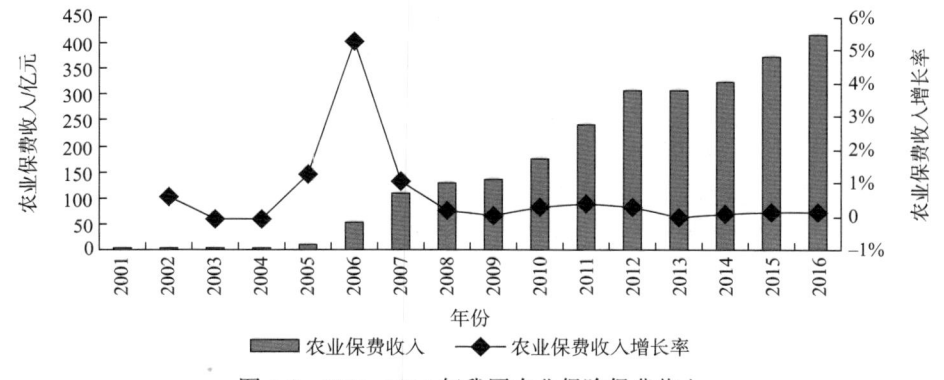

图5-9 2001~2016年我国农业保险保费收入

[①] 仅2012年以来，农业保险就为8.7亿户次农户提供了5.9万亿元的风险保障，承保农作物14.5亿亩，接近整个农村播种面积的60%，承保农房9358万间，风险保障达到1.4万亿元。
[②] 数据来自2017年《中国农业保险保障水平研究报告》。

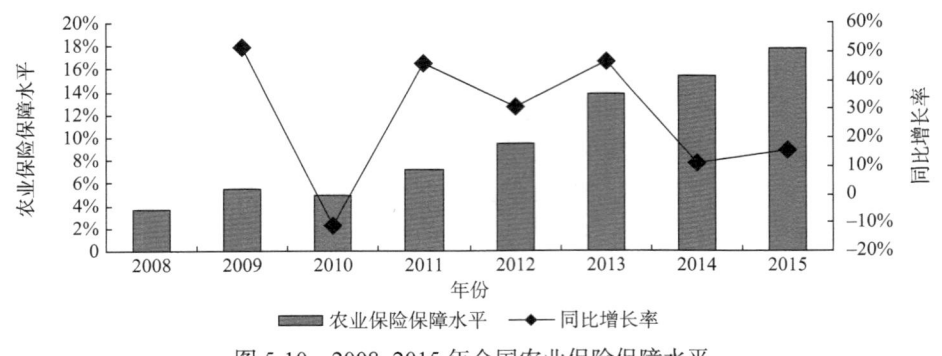

图 5-10 2008~2015 年全国农业保险保障水平

第四，上市融资服务。构建新型农业经营体系，发展现代农业，需要依赖资本市场。目前我国农业资本市场主要包括主板市场、新三板市场、期货市场、银行间债券市场等。实力雄厚的大型农业企业可以在主板市场上市融资。截至 2015 年底，在主板市场上市的农林牧渔企业有 59 家。2007~2013 年，有 11 家农业企业在主板市场首次公开发行，融资额为 100 亿元；已上市农业企业再融资 113.7 亿元。不符合主板上市条件但具有高成长性与创新性特征的小型农业企业的股权化融资可通过新三板市场融资；农产品期货、期权市场可以为农产品交易提供风险保障，稳定农产品市场价格。我国已建有大连、郑州、重庆农产品期货市场，产品覆盖大豆、棉花、生猪等，但品种较少。银行间债券市场可以为涉农中小企业发行集合债券融资，利用相对较低的融资成本，获得期限较长的资金支持。

5.3.2 新型农业经营体系形成的财政金融服务趋势

以集约化、专业化、组织化、社会化为经营特征的新型农业经营体系的形成，必然通过其与传统农户有显著差异的财政金融服务需求变化，引领着财政金融服务创新，并使得服务现代农业的财政金融服务框架日趋复杂化、稳健化。

1. 新型农业经营体系形成的财政服务趋势

第一，新型农业经营体系构建的财政投资模式更加多样化。围绕新型农业经营体系构建的农业基础设施建设予以财政投资，是财政服务现代农业的国际通行做法。由于新型农业经营体系需要的农业基础设施种类具有多样性，投资成本高低不一，投资取得的社会经济效益受益范围有别。因此，未来现代农业基础设施的财政投资模式必然具有多样性、多层次性。例如，涉及跨省区市的现代农业基础设施（南水北调、大型水利工程）主要由中央财政承担投资任务；对于省区市内的大型农业基础设施，如道路运输干线、农业信息化平台等，主要由省区市财政承担；对于小范围内具有明显公益性的农业基础设施，如市场平台场所建设、农业灌溉系统、标准农田建设等，可能会采取纯财政投资、财政与政策性金融组合投资等。如果不积极探索市场与政府有机结合的现代农业投资模式，就可能因财政投资能力不足而使得现代农业基础设施建设滞后，从而阻碍新型农业经营体系的构建和发展。可见，因地制宜地探索现代农业基础设施财政投资机制与多样化模式，是未来现代农业财政服务的重要方向。

第二，新型农业经营体系构建的补贴政策与服务体系更加完善。目前，我国农业财政补贴种类较多，但功能重复，激励效果不够明显。例如，粮食直补实际成为土地承包权补贴，与实际种粮者常常脱钩，农资综合补贴和农作物良种补贴缺乏资金用途监管而实际等同于种粮补贴"加强版"。农机具购置补贴的农机品种与区域实际需求脱节等；粮食直补与粮食最低收购价政策功能基本相同等。因此，未来应进一步健全现代农业补贴服务体系，合并功能趋同的农业补贴种类，按照WTO规则，逐步由价格支持向直接补贴服务转型[①]。为了提高补贴资金到位速度，在进行农业补贴政策改革时，除了探索新的专项补贴（如农户专项、水稻专项、环保专项补贴）、增强农业补贴的功能外，还应提高农业补贴政策的指向性和精准性，围绕农业主产区、适度规模经营、农民收入、绿色生态等方面完善补贴种类。遵循国际惯例，农业补贴方式也将逐步采取农业生产绩效与补贴金额相挂钩的动态调整机制，政府财政部门在资金分配时更多考虑与粮食产量、商品产量和优质粮产量相挂钩的生产激励模式，按照农业经营主体生产绩效差异进行动态调整，尤其是对新型农业经营主体实行差异化补贴策略，这将有利于调动新型农业经营主体的生产积极性。

第三，新型农业经营体系构建的财政服务协调性更高。随着财政服务目标的多元化发展，各项农业财政服务功能互补性增强，客观上需要各项农业财政服务相互协调。例如，在西方主要国家财政支农中，欧盟通过干预价格、目标价格、门槛价格形成了国内支持与贸易政策的对接。当市场价格低于干预价格时提供差额补贴，当市场价格高于目标价格时，通过动用储备平抑价格波动，为避免进口冲击设施门槛价格，通过征收关税使欧盟市场价长期高于国际市场价，以保护农业经营者的生产积极性。美国通过支持贷款计划设置农产品底价，通过直接支付实施直接补贴农民收入，并配合反周期支付，平均作物收益选择支付及农作物保险共同构建农产品价格和农民收入安全网，同时还注重国内补贴和边境保护协调。

---

① 例如，美国1996年《农业法案》取消了目标价格支持，引入了直接补贴；2002年的新农业法案进一步加大了直接补贴力度，形成了"直接补贴""营销援助贷款和贷款差价支付""反周期支付"三重防线，对种植小麦、大米、棉花、玉米和油料作物的农场主提供严密的收入安全网保护。另外，还有目标价格及差价补贴等（韩一军等，2017）。

可见，我国新型农业经营体系的财政服务政策改革，需要从基础设施投资、生产环节、市场价格与收入保障等环节形成功能齐备、结构合理、协调性强的现代农业财政服务体系。同时，为了提高财政补贴资金效率，也必然需要在未来进一步改革财政支农投入机制，着力优化投入结构，简化资金申报手续和流程，加强农业补贴资金用途与绩效管理，创新使用方式，提升支农效能。

第四，新型农业经营体系构建的财政引导金融支持机制更加健全。新型农业经营体系构建需要大量资金，仅靠有限的财政支持远不能满足其巨大的资金需求，需要发挥财政对金融支持的引导和调控作用，以减轻政府财政压力。同时，金融在没有财政的引导下支持新型农业经营体系构建也将面临巨大的风险。因此，在新型农业经营体系构建中，财政金融往往需要协同发挥作用。目前，我国已经建立起了农业保险保费补贴、小额贷款贴息、农村土地产权抵押信贷风险补偿等财政引导机制，但这些政策落实不理想，到位率低。今后随着经济的发展和政府财力的增长，政府可以通过扩大政策性金融服务、建立农业产业投资基金和农业融资风险补偿基金、扩大农业信贷贴息和农业保险费率补贴覆盖面，甚至通过财政补贴担保等措施完善其引导金融支持机制。

2. 新型农业经营体系形成的金融服务趋势

第一，现代农业产权资产抵押担保融资机制逐渐完善。随着新型农业经营体系的构建和发展，其对信贷服务的需求将更加向中长期、大额、集中的需求拓展，这与农业经营的生产周期性、经营风险大、利润比较低、抵押资产缺乏、农业资产抵押担保能力差等特点相矛盾。由于缺乏有效抵押担保，新型农业经营主体是当前农村金融服务最薄弱的环节。为了缓解新型农业经营体系融资困境，政府有关部门必然会进一步基于其资产禀赋特征，积极推进现代农业投融资体制机制的改革创新，加快农村综合改革，稳妥推广土地经营权、农房、农业生物资产等农业资产的权属界定与抵押担保融资政策。金融机构也必将在原有基础之上，通过创新担保抵押融资方式为新型农业经营主体提供金融服务，如金融机构针对农民专业合作社创新联合担保方式，由合作社成员自愿组成联保小组，联保成员提供相互担保，形成互利互惠的集体声誉融资机制，为农业合作组织稳定持续发展提供有力保障。金融监管部门应引导金融机构加大现代农业金融服务创新力度，针对新型农业经营主体差异化金融需求，拓宽抵押质押范围，为新型农业经营主体提供多样化融资方案。

第二，现代农业融资风险分担机制将更加成熟。要提升金融机构服务现代农业的积极性，客观上需要建立多元主体共担新型农业经营体系融资风险的机制。借鉴国际经验并结合我国实际，我国将在政府的推动下，建立政银保、政银担、政银企、私募股权融资等多种风险分担组合模式，实现新型农业经营体系融资风险在多主体间的有效分担，从而提高金融机构服务现代农业的积极性。

第三，农业供应链金融服务将得到快速发展。随着第一产业、第二产业、第三产业的融合发展，"公司+农户""公司+基地+农户""公司+合作社+农户"等农业产业化联合体作为一种新型农业经营主体将会逐渐增多，并在农业供应链多个环节因其连续的现金流而产生巨大的金融服务需求，这种金融需求隐含的金融风险一般能被多个经营环节形成的收益所分散，因而实际风险可能要小得多，这将有助于激发金融机构创新农业供应链金融服务的积极性。金融机构会集中于农业生产环节，基于现代农业供应链金融需求特征，通过银团贷款等金融机构联合机制，向农业产业化联合体及其成员提供定制化的农业信贷、担保和保险服务。

第四，现代农业保险将逐渐由保产量损失向保收入过渡，收入保险将成为农业保险主体产品形态。农业保险作为一种市场化的风险转移和应对机制，是我国保护和支持农业发展的重要政策工具。纵观发达国家农业保险发展历程，农业保险大致包括成本保险、产量保险、价格保险和收入保险，依次代表了农业保险由低级向高级形态的演进过程。适应于新型农业经营体系构建的需要，我国农业保险的发展趋势是由保产量损失向保收入过渡①。这是因为，随着我国新型农业经营主体不断增多，经营规模不断扩大，农民职业化进程不断加快，农作物的收入保险和经营者的生产效益结合起来，更加受到新型农业经营主体的欢迎。因此，有条件的地区将可能积极支持保险公司开展收入保险产品，由传统的保成本向保产量、保利润转型，把大型农用生产机械、农业基础性生产设施、农业规模化生产设备纳入保障范围，持续推进农业保险扩面、增品、提标，采取以奖代补方式支持地方开展特色农产品保险，加强农业巨灾保险，将农业保险从资产保障向整个农业支持保护体系及防灾减灾、加强完善现代农业金融服务体系建设的全方位系统延伸和拓展。

5.4 本章小结

本章是本书实证部分的重点章节，主要考察了新中国成立以来农业经营制度变迁及其财政金融服务特征、财政金融服务促进下新型农业经营体系构建的现状和未来发展趋势，以及新型农业经营体系构建的财政金融服务现状与未来演变趋

---

① 收入保险是指当农作物产量减少、价格波动导致投保人实际收入低于保障水平时给予赔偿的保险险种。传统农险只能保障产量风险，价格保险只能保障市场风险，只有收入保险才能完全覆盖以上三重风险。

势。研究的结果主要有以下几点。

第一,新中国成立以来,我国农业经营制度经历了农业集体化生产经营、农业家庭联产承包经营和向农业现代化转型的多元主体农业经营制度转变。农业集体化主要是自上而下的强制性制度变迁,后两个阶段主要是自下而上的市场诱致性制度变迁。伴随农业经营组织制度变迁,财政方面,我国在2005年前大部分采取的是"少予多取"的支农政策和服务,2005年后才转变为"多予少取"的财政支农政策和服务,金融方面,我国依次采取了计划体制下的集权化、大一统、单一化支农政策与服务,以及市场经济体制下的市场化、多元化支农政策和服务,在一定程度上促进了各阶段农业经营主体的发展。

第二,党的十六大以来,国家采取了一系列强农支农惠农的财政金融政策,以应对工业化、城镇化对农业可持续发展带来的挑战。这激励了各地在2002~2012年积极探索组建各种新型农业经营主体,在党的十八大后新型农业经营体系的构建正式列为国家战略付诸实施。经过近几年的正式构建,新型农业经营主体体系、新型农业服务主体体系、新型农业商品体系、新型农产品市场体系和新型农业监管体系等子体系的发展均取得了积极的成效,为我国农业现代化奠定了坚实基础。

第三,党的十八大以来,为了正式推进新型农业经营体系的构建,国家密集出台了系列财政金融支农政策,使用了财政投资、财政补贴、税收减免等财政服务手段支持新型农业经营体系发育,同时鼓励和引导金融机构积极开展现代农业金融服务创新,促进了现代农业信贷、担保、保险业务的快速发展,也对新型农业经营体系构建提供了有力的支撑。未来支撑新型农业经营体系的财政金融服务体系将会更加多样化和协作化。

第 6 章 财政金融服务与新型农业经营体系构建协同度考察

现有的财政金融服务与新型农业经营体系的构建是否协同不仅是一个复杂的供求均衡问题,而且是一个关系到适应我国新型农业经营体系构建的需要,财政金融服务是否需要进一步创新的问题。因而,从调查、统计甚至计量的角度,评估现有财政金融服务与新型农业经营体系构建协同度的实现程度,对于厘清当前我国新型农业经营体系构建中的财政金融服务状况、缺陷及进一步的创新需求,具有重要的现实指导意义。本章就着重对财政金融服务与新型农业经营体系构建的协同度进行考察,研究内容主要包括财政金融服务与新型农业经营体系构建的协同度分析、协同绩效分析、协同度的微观调查等,旨在清晰地回答"现有的财政金融服务与新型农业经营体系的构建是否协同",以便为后续的财政金融服务创新提供坚实的经验证据。

6.1 财政金融服务与新型农业经营体系构建协同度的考察框架

财政金融服务与新型农业经营体系构建的协同度测算,需要建立在科学的理论逻辑和方法基础之上,而这两者通常被称为财政金融服务与新型农业经营体系构建协同度的考察框架。下面分别予以介绍。

6.1.1 财政金融服务与新型农业经营体系构建的协同：理论模型

财政金融服务与新型农业经营体系构建之间的协同关系，最直观地表现在宏观效率的评价方面。从充分条件来看，财政金融服务与新型农业经营体系构建之间的关系协同度越高，现代农业整体经营效率越高；从必要条件看，现代农业整体经营效率的提高一定需要财政金融服务与新型农业经营体系构建的有效协同。由此可见，通过宏观效率的考察可以反映财政金融服务与新型农业经营体系构建之间的协同水平。

需要说明的是，现代农业经营体系的整体经营效率是所有农业生产与经营要素协同作用的客观结果，其中至少包含三重因素：一是要素的投入量；二是要素使用效率或技术进步水平；三是管理效率。虽然这三重因素之间可能存在交叉领域，但在理论上三者间的界限可以得到大致划分。因此，从协同作用的角度来看，通过管理效率的评价，便可以较为客观地反映财政金融服务与新型农业经营体系构建的协同水平。

根据上述基本关系的分析，我们可以基于系统论与协同论的观点建立理论模型。如图 6-1 所示，财政金融服务体系与新型农业经营体系从宏观、微观两个方面作用于农业生产经营过程，形成了一个环境与条件的支撑体系；技术与要素构成了农业生产经营过程的投入体系。农业生产与经营过程实质上是一个微观投入与产出的经济过程，这一过程不仅体现为农业产出的物质成果，而且体现为农业收入的价值成果。从市场经济的运行本质看，物质成果是用以满足社会消费者食物需求的基本内容，但对于生产者而言，它们不过是价值成果的客观载体，以及获取农业经营利润的物质载体。因此，通常情形下，农业经营过程主导了农业生产过程，它对农业生产起着规划与控制作用。由于在现实中，尤其在我国，农业生产与农业经营仍存在脱节现象，将二者并列于一起，可以反映本书研究对理论与现实的双重考量。

6.1.2 财政金融服务与新型农业经营体系构建的协同：检验思路

基于图 6-1 所揭示的财政金融服务与新型农业经营体系构建的宏观协同理论关系模型，本书将分为以下三步，对财政金融服务与新型农业经营体系构建的协

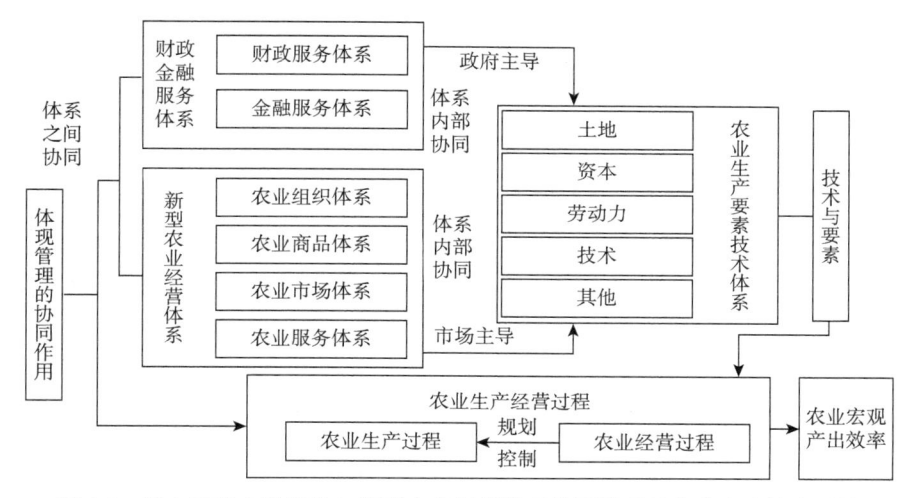

图 6-1　植入财政金融服务与新型农业经营体系协同关系的农业产出效率系统

同度进行考察：第一步，使用相关宏观统计数据进行协同度测算，以从整体上把握我国财政金融服务与新型农业经营体系构建的关系协同程度；第二步，在第一步基础上，对财政金融服务与新型农业经营体系构建的协同效率进行检验，以印证第一步的结论；第三步，通过对新型农业经营主体的田野调查，以描述性统计分析方式来检验宏观数据测算的平均结果。

在第一步中，通过宏观协同效率的测算来考察财政金融服务与新型农业经营体系构建的协同水平是可行的，但显然需要剔除要素与技术的影响。即在研究中，我们仅需要考察管理效率，而不需考察技术效率和综合效率。显然，管理效率的获得，必然与财政金融服务及新型农业经营体系的构建和完善密切相关，也与农业经营主体的经营素质和能力相关。而在现实中，后者通常会受到前者的显著影响，如政府对新型农业经营者的项目培训，政府与市场提供的技术服务、融资服务、信息服务等，都可能促进对现代农业经营者的知识传递和技能发挥，从而有效提升农业经营管理与决策效率。

6.2　财政金融服务与新型农业经营体系构建的协同度分析

第 5 章的研究表明，我国新型农业经营体系构建主要以农户为基础而进行农业生产经营组织重塑，农业要素重组实现规模化、集约化经营而展开，并且这一进程可通过历年中央一号文件中重点支持发展的农业经营主体这一线索最早追溯至 2000 年前后。只是党的十八大才正式明确提出"构建集约化、专业化、组织化、社会化相结合的新型农业经营体系"[①]这一说法。由于 2000~2016 年国家宏观层面的统计数据并没有把纯农户和新型农业经营体系分开，本节在分析财政金融服务与新型农业经营体系构建的协同水平时，也将农户包括在内，利用国家公布的宏观层面数据进行大口径测算与分析，揭示财政金融服务与新型农业经营体系构建的协同度。

6.2.1　财政金融服务与新型农业经营体系构建协同度测度指标与方法

财政金融服务与新型农业经营体系构建的协同水平测度需要建立一套科学的指标体系，并选用合适的测度方法进行测度。下面就测度方法、指标体系、合意率与拒绝率设定等逐一研究，并对测度结果进行分析。

1. 测度方法

从哈肯在自组织理论中对协同的定义来看，协同的关键在于作用方向的趋同性。因此，研究中采用"协调函数"进行测度是常用的方法，它实际上是将协同理论进行定量化的研究工具，根据高旺盛（2009）的算法协同度测度，总共可分为两步进行。

1）第一步，确定功效系数

根据协同理论，系统相变点通常要由两类变量即快弛豫变量与慢弛豫变量来确定，而决定系统稳定性（有序性）的关键在于慢弛豫变量（即序参量）的状况。为此，协调函数的使用前提在于功效系数（efficacy coefficient，EC）的确定。功效系数通常界定为序参量对系统有序性的贡献，一般介于 0 和 1 之间。即当最满意时，功效系数 EC=1；当最不满意时，功效系数 EC=0。功效系数的表达式如式（6-1）和式（6-2）所示：

[①] 胡锦涛：《坚定不移沿着中国特色社会主义道路前进　为全面建成小康社会而奋斗——在中国共产党第十八次全国代表大会上的报告（2012 年 11 月 8 日）》，《人民日报》2012 年 11 月 18 日，第 1 版。

$$\mathrm{EC}(V_{ji}) = \frac{X_{ji} - \beta_{ji}}{\alpha_{ji} - \beta_{ji}}, \beta_{ji} \leqslant X_{ji} \leqslant \alpha_{ji} \qquad (6\text{-}1)$$

$$\mathrm{EC}(V_{ji}) = \frac{\alpha_{ji} - X_{ji}}{\alpha_{ji} - \beta_{ji}}, \beta_{ji} \leqslant X_{ji} \leqslant \alpha_{ji} \qquad (6\text{-}2)$$

其中，V_{ji} 表示序参量；α_{ji} 和 β_{ji} 分别表示系统稳定性的上下临界值，即上界和下界，且 $\beta_{ji} \leqslant X_{ji} \leqslant \alpha_{ji}$；$j$ 表示第 j 个子系统，$j \in [1,m]$；i 表示各子系统中第 i 个序参量，$i \in [1,n]$。式（6-1）是具有正功效的功效系数，式（6-2）是具有负功效的功效系数。

2）第二步，计算协同水平

协同水平的计算，可以基于功效函数，通过计算序参量对总体稳定性的变异程度的控制来实现，基本模型如式（6-3）所示：

$$\mathrm{HC} = 1 - \frac{S}{\mathrm{EC}(\overline{V})}$$

$$S = \sqrt{\frac{1}{n} \sum_{j=1}^{k} \sum_{i=1}^{m} \left(\mathrm{EC}(V_{ji}) - \mathrm{EC}(\overline{V})^2\right)} \qquad (6\text{-}3)$$

其中，HC 表示协同水平；S 表示序参量对稳定均值的变异程度；$\mathrm{EC}(\overline{V})$ 表示功效系数均值；n、k、m 分别表示功效函数个数、子系统个数和子系统中功效系数个数。

在式（6-3）中，一般结论为 HC 应该介于 0 和 1 之间，即 HC=1 时，系统完全协同；而 HC=0 时，系统完全不协同。但实际情形是，计算结果可能处于区间 [0，1] 之外，式（6-3）模型中则将这些情形分别收敛成 0 和 1，从而不能对这些序参量的变异程度进行反映。为此，本书研究认为，应当将这部分序参量考虑在研究区间中，这时，可以将式（6-3）修正为式（6-4）：

$$\mathrm{DHC} = \frac{S}{\mathrm{EC}(\overline{V})}$$

$$S = \sqrt{\frac{\sum_{j=1}^{k} \sum_{i=1}^{m} \left(\mathrm{EC}(V_{ji}) - \mathrm{EC}(\overline{V})^2\right)}{n-1}} \qquad (6\text{-}4)$$

其中，DHC 表示序参量对系统均值的变异程度；n 表示功效系数。

从理论上看，DHC 越小，则系统协同水平越高；相反，DHC 越大，系统协同水平越低。一般情形下，当 DHC 处于区间 [0，1] 时，系统进入较为有效的协同区间，否则均为非协同，只是变异程度存在差异。本书研究将采用式（6-4）进行测度。

2. 指标体系构建与数据来源

在第 3 章理论框架中,将新型农业经营体系主要划分为新型农业经营主体体系、新型农业商品体系、新型农产品市场体系、新型农业服务体系、新型农业监管体系五个部分,但从实证角度,直接进行相关检验存在大量困难。为此,本部分将前四个部分作为一个整体[①],从一般财政金融服务与新型农业经营体系构建的关系来进行总体考察。考察的指标体系如表 6-1 所示。

表6-1 财政金融服务与新型农业经营体系构建协同度评价指标体系

总系统	子系统	功能指标	编号	评价指标	功效
财政金融服务与新型农业经营体系构建系统	财政服务新型农业经营体系	财政服务的农业产出效果	V_{11}	财政—农业就业增长率	+
			V_{12}	财政—农业产出增长率	+
		财政服务的农业投资效果	V_{13}	财政—农户固定资产投资增长率	+
			V_{14}	财政—农村固定资产投资增长率	+
		财政服务的农业主体民生效果	V_{15}	财政—农户农业经营收入增长率	+
			V_{16}	财政—农户生活支出增长率	+
	金融服务新型农业经营体系	金融服务的农业产出效果	V_{21}	信贷—农业就业增长率	+
			V_{22}	信贷—农业产出增长率	+
		金融服务的农业投资效果	V_{23}	信贷—农户固定资产投资增长率	+
			V_{24}	信贷—农村固定资产投资增长率	+
		金融服务的农业主体民生效果	V_{25}	信贷—农户农业经营收入增长率	+
			V_{26}	信贷—农户生活支出增长率	+

注:金融机构农业贷款,2013 年"三农"贷款占全部金融机构贷款的31%,可以用这个比重进行折算

表 6-1 将财政金融服务与新型农业经营体系构建的关系看成一个系统,现将这个系统分为两个子系统,即财政服务与新型农业经营体系构建的协同系统和金融服务与新型农业经营体系构建的协同系统。在两个子系统中,分别关注三类指标,即财政金融服务与新型农业经营体系构建协同带来的农业产出效果、农业投资效果,以及农业主体民生效果。显然,将三类指标同时放进协同体系,可避免单一指标测度上的失真,从而更好地反映财政金融服务与新型农业经营体系构建协同程度的实况。

从操作层面,四级指标均用增长率来进行衡量,以避免绝对数值的差异化影响。每一个子系统,或三级指标都分别对应两个四级指标,以从不同侧面衡量整个系统协同程度。同时,在表 6-1 中对各指标的功效进行了主观评判,根据经济学的基本理论,以及对现实的基本判断,我们将各指标界定为正功效。

---

① 在新型农业经营体系中,新型农业监管体系不可或缺,但它主要是通过行政、法律手段对其他经营体系进行执法监管而发挥作用的。其他新型农业经营体系,主要是靠市场机制运行的。新型农业经营体系有效运行的最高境界是在没有监管体系外力作用下,依靠自身内在的关系机理自律性地实现有序协调运转。因此,为了便于协同度的测度,这里将新型农业监管体系暂时予以排除。

3. 合意率与拒绝率的设定

合意率（α_{ji}）和拒绝率（β_{ji}）作为系统稳定性的上下临界值，在本章研究中的设计做如下处理：以 2005~2014 年的均值作为合意率（α_{ji}）的取值；当功效系数为负时，用最小值作为拒绝率（β_{ji}）的取值；当功效系数为正时，用 0 作为拒绝率（β_{ji}）的取值。据此，相当的取值分布如表 6-2 所示。

表6-2　财政金融服务与新型农业经营体系协同度评价指标体系合意率和拒绝率分布

编号	评价指标	合意率（α_{ji}）	拒绝率（β_{ji}）
V_{11}	财政——农业就业增长率	-0.1	-0.23
V_{12}	财政——农业产出增长率	0.82	0
V_{13}	财政——农户固定资产投资增长率	0.64	0
V_{14}	财政——农村固定资产投资增长率	0.08	0
V_{15}	财政——农户农业经营收入增长率	0.03	0
V_{16}	财政——农户生活支出增长率	0.08	0
V_{21}	信贷——农业就业增长率	-0.05	-0.15
V_{22}	信贷——农业产出增长率	0.65	0
V_{23}	信贷——农户固定资产投资增长率	0.06	0
V_{24}	信贷——农村固定资产投资增长率	0.24	0
V_{25}	信贷——农户农业经营收入增长率	0.02	0
V_{26}	信贷——农户生活支出增长率	0.06	0

资料来源：2000~2015 年《中国统计年鉴》《中国财政年鉴》《中国农村经济统计年鉴》《中国金融年鉴》等

注：财政支农服务部分出现个别畸异值，在研究中对这些数据进行了均值化处理

6.2.2　财政金融服务与新型农业经营体系构建协同度的测度结果分析

运用前述协同水平的测度方法，本章研究中采用计算所得的变异系数进行倒推，从而确定整体协同水平。相关变异系数分布如图 6-2 所示，财政金融服务与新型农业经营体系构建的变异水平非常高，大都处于大于 1 的水平，最大正偏离值出现在 2014 年，达到 2.213，最大负偏离值出现在 2006 年，达到-5.76，只有 2008 年和 2009 年处于相对合理的协同区间，其变异系数分别 0.70 和 0.59。从趋势来看，自 2009 年以来，偏离水平呈上升的趋势。以上测度数据表明，我国财政金融服务与新型农业经营体系构建之间长期处于不协同状态，而且这一趋势正变得越来越严重。

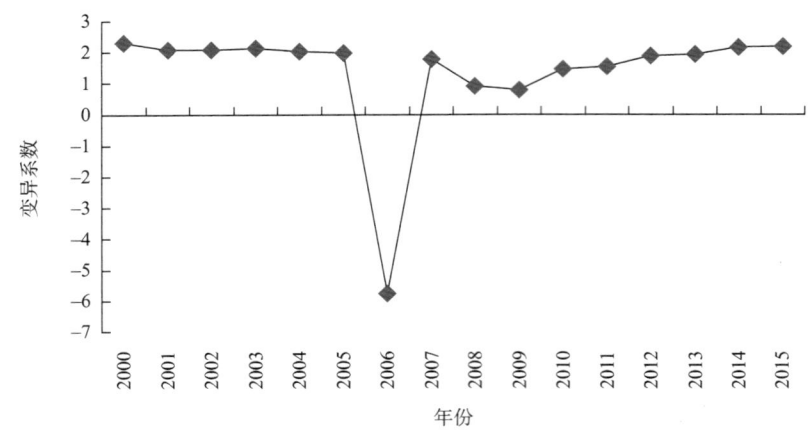

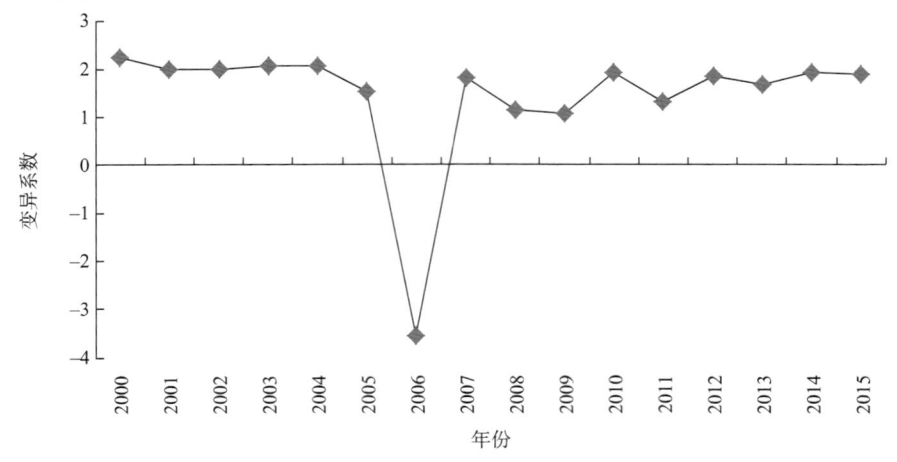

图 6-2　财政金融服务与新型农业经营体系构建的变异系数

由于整个系统由两个子系统即财政服务与新型农业经营体系构建系统和金融服务与新型农业经营体系构建系统组成,因此对整个系统的变异趋势把握需要考察上述两个子系统的变异状况,以分析它们对总系统的影响。为此,在总系统变异趋势研究的基础上,笔者进一步计算了财政服务、金融服务与新型农业经营体系构建的变异趋势。

图 6-3 和图 6-4 表明,影响财政金融服务与新型农业经营体系构建的主要板块反映在财政服务方面,财政服务与新型农业经营体系构建子系统的变异趋势大致与总趋势一致,而金融服务与新型农业经营体系构建子系统的变异趋势在 2000~2011 年基本保持稳定,且都处于协同区,2011 年以后金融服务与新型农业经营体系构建子系统体现出加速变异的趋势,这种现象可能也是导致总系统变异系数近年来出现不断递增的主要原因。

图 6-3　财政服务与新型农业经营体系构建的变异系数

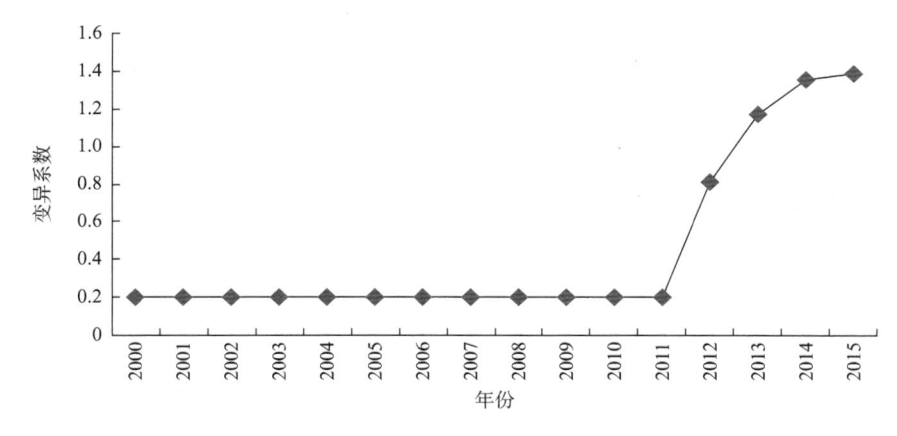

图 6-4　金融服务与新型农业经营体系构建的变异系数

从上述数据分析结果可以推导出如下结论，即近年来，在我国新型农业经营体系的构建中，财政服务可能发挥了重要作用，从而使财政服务与新型农业经营体系的构建形成了较大的协同性；相反，金融服务对新型农业经营体系构建所发挥的作用不甚理想，甚至还在一定程度上阻碍了财政服务作用的发挥。这一结论在下文将进一步加以检验。

6.3　财政金融服务与新型农业经营体系构建的协同绩效分析

为了便于凸显财政金融服务与新型农业经营体系构建的协同绩效，本节将运用数据包络分析（data envelopment analysis，DEA）方法，并采用1978~2015年的国家宏观层面的农业统计数据，以2002年为界，对2002年前后财政金融服务与农业产出的协同绩效进行对比分析，以此来间接判断2002年以来财政金融服务与新型农业经营体系构建的协同绩效。

6.3.1　测度模型选择

在现有研究工具库中，能够有效反映财政金融服务与新型农业经营体系构建的协同效率的工具并不多，数据包络分析方法是这些工具中运用十分普遍的方法。数据包络分析方法由 Charnes、Cooper 和 Rhodes 三人共同提出，是一种基于被评价对象间相对比较的非参数技术效率分析方法，其基础模型为规模收益不变（constant returns to scale，CCR）模型，即假设规模收益不变的技术效率模型。规模收益不变的基本含义在于，所得出的技术效率包含了规模效率的成分，因而是一种综合效率的表征。CCR 的基本线性规划模型如式（6-5）所示：

$$\begin{cases} \max \dfrac{\sum_{r=1}^{q} u_r y_{rk}}{\sum_{i=1}^{m} v_i x_{ik}} \\ \text{s.t.} \dfrac{\sum_{r=1}^{q} u_r y_{rk}}{\sum_{i=1}^{m} v_i x_{ik}} \leqslant 1 \\ v \geqslant 0; u \geqslant 0; i = 1, 2, \cdots, m; r = 1, 2, \cdots, q; j = 1, 2, \cdots, n \end{cases} \quad (6\text{-}5)$$

基于数据包络分析法，又可以将 CCR 分为投入导向与产出导向两类模型，前者是在技术上将对偶模型以产出既定为条件，通过各项投入等比例缩减程度来检测无效率的状况；相反，后者则是以投入既定为条件，通过各项产出等比例增长来检测无效率状况。从数值检验结果看，二者差别并不明显，所得无效率状况的改进或者是减少投入，或者是增加产出。为此，本章研究将在财政金融服务与新型农业经营体系构建协同绩效评价中混用两种方法，必要时加以说明。

由于 CCR 模型包含了规模效率，反映的是一种综合效率，而对克服规模影响反映的纯粹技术效率难于体现。因此，Banker、Charnes 和 Cooper 提出了基于规模收益可变的数据包络分析模型，即 BCC 模型。该模型关键的贡献在于排除了投入或产出规模的影响，从而更能体现技术效率的提升，因此又称为纯技术效率（pure technical efficiency，PTE）模型。BCC 模型的一般线性规划形式如式（6-6）所示：

$$\begin{cases} \min \theta \\ \text{s.t.} \sum_{j=1}^{n} \lambda_j X_{ij} \leqslant \theta X_{ik} \\ \sum_{j=1}^{n} \lambda_j y_{rj} \geqslant y_{rk} \\ \sum_{j=1}^{n} \lambda_j = 1 \\ i = 1, 2, \cdots, m; r = 1, 2, \cdots, q; j = 1, 2, \cdots, n \end{cases} \quad (6\text{-}6)$$

式中，r 表示第 r 个子系统；k 表示第 k 个产出变量；y_{rk} 表示第 r 个子系统第 k 个产出变量。

其对偶式如式（6-7）所示：

$$\begin{cases} \max \sum_{r=1}^{s} u_r y_{rk} - u_0 \\ \text{s.t.} \sum_{r=1}^{q} u_r y_{rj} - \sum_{i=1}^{m} v_i x_{ij} - u_0 \leqslant 0 \\ \sum_{i=1}^{m} v_i x_{ik} = 1 \\ v \geqslant 0; u \geqslant 0; u_0 \text{无约束}; i = 1, 2, \cdots, m; r = 1, 2, \cdots, q; j = 1, 2, \cdots, n \end{cases} \quad (6\text{-}7)$$

从效率分析结果看，基于 CCR 模型和 BCC 模型的常规数据包络分析均只能取到 0 至 1 的效率值，即当效率值为 1 时判断为有效，而低于 1 时判断为低效，但对于大于 1 的效率程度均难以体现，因而被从技术上进行了"截尾"处理。为了对各研究单位进行更为客观的判断和比较，Andersen 和 Petersen 于 1993 年提出了超效率模型（super-efficiency model），以弥补标准数据包络分析模型的不足。

本书研究的基本思路在于：首先，运用 CCR 模型对财政金融服务与新型农业经营体系构建的综合协同效率进行分析；其次，将规模效率变化影响排除，进行基于 BCC 模型的纯技术效率分析，从而考察技术上的改进对综合效率的影响；最后，进行超效率分析，主要考察综合效率大于 1 的年份的具体效率，从而对协同效率变化趋势有清晰的把握。

6.3.2 数据与指标说明

本部分所采用的指标包括 7 个投入指标和 4 个产出指标。各指标主要采用 1978~2015 年历年国家统计数据，以便于以 2002 年为界限，对 1978~2002 年家庭联产承包责任制下的农业家庭经营阶段及 2002 年尤其是 2012~2015 年以家庭联产承包责任制为基础的新型农业经营体系构建的两个历史阶段的效率值进行对比分析；涉及与价值相关的数据时运用 1978 年定基价格指数进行处理；对于期间个别缺损数据，运用前后紧临数据进行替代。

（1）投入指标。投入指标包括 7 个，分别是国家农业财政投入（X_1）、农业信贷投入（X_2）、农机总动力（X_3）、农村固定资产投资（X_4）、农作物播种面积（X_5）、农用化肥施用量（X_6）、农牧渔业从业人员（X_7）。这 7 个指标分别涉及资本、劳动力、土地、科技及其他要素的投入，涵盖的投入指标相对较为全面。

（2）产出指标。产出指标包括 4 个，分别是新型农业经营组织成长率（Y_1）、农牧渔业总产值（Y_2）、农产品商品化率（Y_3）、农村消费支出（Y_4）。其中，新型农业经营组织成长率（Y_1）的计算公式为

$$新型农业经营组织成长率 = 新型农业经营组织数量/农户数量 \quad (6\text{-}8)$$

但由于新型农业经营组织的大规模建立是在 2012 年以后，很难获得 2012 年以前的相关数据。据此，本部分使用"农业劳动力人均土地增长率"来替代。使用该指标的理论依据在于，新型农业经营组织成长的过程，在现实中要通过土地规模化或集中化来体现，在此过程中，农业劳动力投入人均耕地面积实际处于不断增长之中，而且这种增长趋势与土地规模化的趋势基本保持一致，因此上述指标的替代关系较为合理。从实践上看，自改革开放以来，我国农业生产大多数时期处于农业劳动力人均土地不断增长的过程，且土地规模化趋势基本延续至今。因此，新型农业经营主体在实质上一直处于成长过程中，其衡量的时间也可以设置到 1978 年以来的整个考察期。

此外，农产品商品化率（Y_3）的计算公式如下：

$$农产品商品化率 = 农产品销售收入/农牧渔业总产值 \quad (6\text{-}9)$$

该指标也难于直接获取数据，本部分使用"农村家庭经营土地商品化率"来替代。替代的依据在于，绝大部分农村家庭经营的耕地主要用于生产粮食，并不直接面向市场，而林地、菜地、水塘等主要面向市场进行生产。因此，后三者在农村家庭经营土地总量中的比重便可显示商品化率，替换的公式如下：

$$农产品商品化率 = 农村家庭经营非耕地面积/农村家庭经营土地总面积 \quad (6\text{-}10)$$

6.3.3 测度结果分析

将上述投入产出数据输入 EMS 软件，运用投入导向 CCR 模型，可以得到财政金融服务与新型农业经营体系构建的协同综合效率。如图 6-5 显示，从 1978 年到 2015 年，财政金融服务与新型农业经营体系构建的综合效率并不均衡，其中 7 个年度缺乏效率，5 个年度分布于 1995 年之前，占缺乏效率年度的 71.4%。2000 年以后缺乏效率的年度分别为 2007 年、2012 年。比较来看，如果以 2002 年为新型农业经营体系培育的时间界限，2002 年后缺乏效率的年份数（2 年）少于 2002 年之前的年份数（7 年）；如果以 2012 年为界限，1978~2012 年缺乏效率的年份数为 6 年，2012 年至今缺乏效率的年份数为 1 年，由此可以判断，新型农业经营体系的构建极大地改善了财政金融支农服务的综合效率。

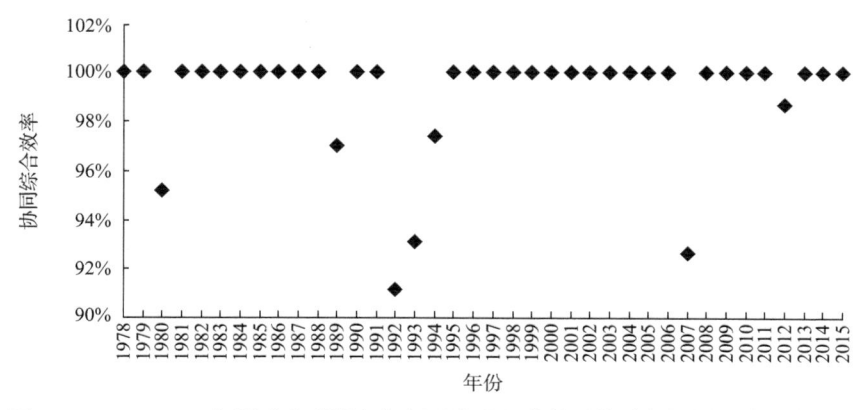

图 6-5　1978~2015 年财政金融服务与新型农业经营体系构建的协同综合效率分布

显然，图 6-5 也显示三个综合效率连续有效的时间段，即 1981~1988 年、1995~2006 年及 2013~2015 年。而期间间隔较为明显的是两个时期，即 1989~1994 年，以及 2007~2012 年。对于间隔期分布情况可以做如下解释，即两个时期在历史上都可以理解为农业生产经营极端不利的时期。在 1989~1994 年，由于改革开放，城镇经济体制改革的进度快于农村，农业与农村在产业和区域竞争中处于不利地位，财政金融向农业农村投入不但没有明显增长，反而出现大幅度压缩，财政金融"非农化"配置趋势十分突出；在农业劳动力要素上，大量农民工流动到城镇或沿海务工，以赚取非农收入，从而出现了"民工潮"；在 2007~2012 年，全国各地陆续提高了最低工资标准，城乡工资水平差距及政府对农民工工资的维权力度的不断加强，吸引着农民迁移至城市就业。同时，在大规模城镇化政策激励下，庞大的农村人口快速向城镇转移，使得包括资本、劳动力和土地等农业要素成本快速上升而难于支撑新型农业经营组织的成长。

为了进一步体现各年度财政金融服务与新型农业经营体系构建的协同综合效率的差异，运用超效率模型计算的结果如图 6-6 所示。1979 年财政金融服务与新型农业经营主体构建的超效率值分布达到 243.14%的最高值，之后在 1981~1991 年、1994~2008 年、2010~2015 年均维持在 1 以上，1981 年、1988 年、1990 年、1996 年、2014 年均处于历史次好水平。如果剔除 1979 年的极端超效率值，只有 1980 年、1992 年、1993 年、2009 年是缺乏效率的。可见，1978 年以来，财政金融支农服务的超效率值基本保持了稳定变化的态势。如果以 2002 年为界限考察新型农业经营体系培育以来的超效率值变化，2002 年以后，除了 2009 年外，其他年份超效率值都在 1 以上，说明财政金融服务与新型农业经营体系构建的协同综合效率总体是有效的。

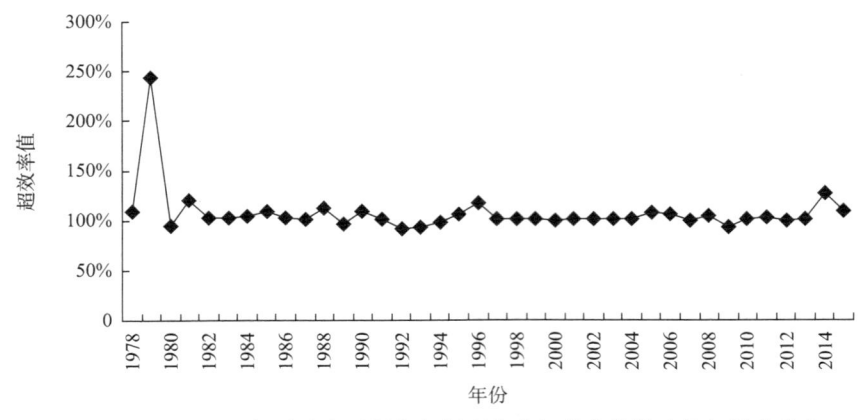

图 6-6　1978~2015 年财政金融服务与新型农业经营主体构建的超效率分布

考虑到财政金融服务对新型农业经营体系构建的综合效率可能存在差异，可以将上述综合效率拆分为财政服务与新型农业经营体系构建的综合效率，以及金融服务与农业经营体系构建的综合效率。根据前述方法与模型计算，得到两类超效率结果如图 6-7 所示。财政服务与新型农业经营体系构建的综合效率与前述的财政金融服务综合效率较为接近，其有效率分布与无效率分布的情况也较为相似；相反，金融服务的效率较差，整个考察期只存在相对较长的两个连续有效时期，即 1981~1988 年和 2013~2015 年，其他时期基本处于无效率状态，尤其是 1997~2012 年连续处于金融支农服务无效率状态，2003 年的效率水平为 75.32%，处于考察期最低水平。2002~2012 年效率值始终在 100%以下徘徊，2013 年以后才提升到 100%以上，但不稳定。这表明 2012 年正式提出构建新型农业经营体系以来，金融服务效率开始逐渐上升，但仍有较大的改进空间。

上述结果表明，2012 年正式提出新型农业经营体系构建以来，财政服务综合效率对总体综合效率具有显著的贡献，而金融服务综合效率的贡献度较低，财政金融支农服务的综合效率主要由财政支农服务的综合效率决定的。

为了进一步考察新型农业经营体系构建中财政金融服务综合效率的因素构成，本章研究将综合效率分解为纯技术效率与规模效率两个因素。据此，对原增量数据中的负值做最小非负处理，即对负值均赋予 0，基于 BCC 模型，运用 DEAP2.1 进行计算，所得结果如表 6-3 所示。对于考察的 1978~2015 年综合效率情况来看，平均综合效率值为 0.991，表现为无效，其相应的纯技术效率与规模效率分别为 0.999 和 0.990，均表现为无效状况。对于其中的 30 个年度，综合效率表现为有效，其纯技术效率与规模效率也全部表现为有效；相反，1980 年、1989 年、1992~1994 年、2007 年、2009 年和 2012 年，其综合效率无效状况由其纯技术效率与规模效率的无效所决定的。总体来看，在这几个年度中，规模效率无效

第 6 章 财政金融服务与新型农业经营体系构建协同度考察 ·229·

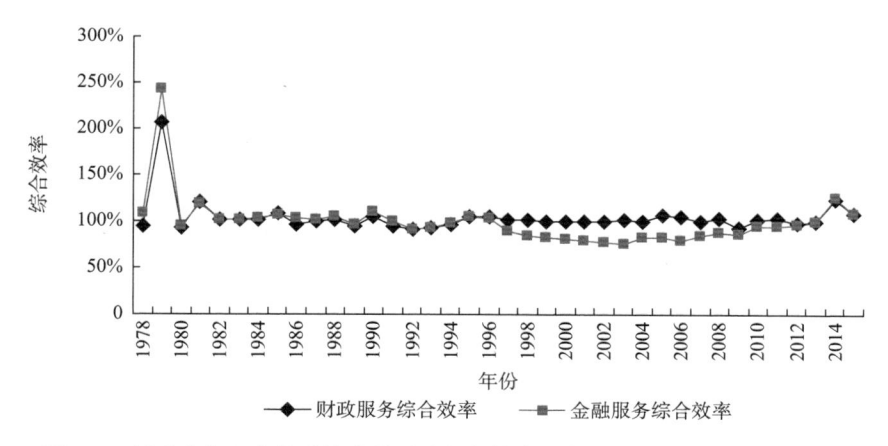

图 6-7 新型农业经营体系构建的财政服务综合效率与金融服务综合效率对比

情形高于纯技术效率无效情形。进一步以 2002 年为界，与 1978~2002 年相比，2002~2015 年的财政金融支农服务的纯技术效率和规模效率没有明显的改善，但在 2012 年后这种低效状况得以扭转。

表6-3 新型农业经营体系构建中财政金融服务综合效率的纯技术效率、规模效率分解

年度	综合效率	纯技术效率	规模效率	效率评价
1978	1.000	1.000	1.000	+
1979	1.000	1.000	1.000	+
1980	0.952	1.000	0.952	−
1981	1.000	1.000	1.000	+
1982	1.000	1.000	1.000	+
1983	1.000	1.000	1.000	+
1984	1.000	1.000	1.000	+
1985	1.000	1.000	1.000	+
1986	1.000	1.000	1.000	+
1987	1.000	1.000	1.000	+
1988	1.000	1.000	1.000	+
1989	0.970	0.990	0.980	−
1990	1.000	1.000	1.000	+
1991	1.000	1.000	1.000	+
1992	0.912	0.979	0.931	−
1993	0.931	0.998	0.932	−
1994	0.974	1.000	0.974	−
1995	1.000	1.000	1.000	+
1996	1.000	1.000	1.000	+
1997	1.000	1.000	1.000	+
1998	1.000	1.000	1.000	+

续表

年度	综合效率	纯技术效率	规模效率	效率评价
1999	1.000	1.000	1.000	+
2000	1.000	1.000	1.000	+
2001	1.000	1.000	1.000	+
2002	1.000	1.000	1.000	+
2003	1.000	1.000	1.000	+
2004	1.000	1.000	1.000	+
2005	1.000	1.000	1.000	+
2006	1.000	1.000	1.000	+
2007	0.998	0.994	0.932	−
2008	1.000	1.000	1.000	+
2009	0.927	0.994	0.932	−
2010	1.000	1.000	1.000	+
2011	1.000	1.000	1.000	+
2012	0.987	1.000	0.987	−
2013	1.000	1.000	1.000	+
2014	1.000	1.000	1.000	+
2015	1.000	1.000	1.000	+
平均	0.991	0.999	0.990	无效

注："+"、"−"分别表示"有效"和"无效"

以上结果表明，自 1978 年以来，受制于个别年度的影响，1978~2015 年考察期中，财政金融支农服务的平均综合效率表现为无效状态，自 2002 年试验新型农业经营组织以来，财政金融服务对新型农业经营体系构建的效果并没有达到令人满意的水平。究其原因，既有技术与管理方面的原因，如现有农业技术的吸收、利用水平不足，以及各层次农业管理水平提升不足，使两类服务绩效不能很好地提升；同时也有投入规模方面的原因，如财政金融服务规模与新型农业经营主体的投资需求、管理和技术水平不相适应，出现部分投入冗余和浪费现象。总体来看，在两种效率不足表现中，投入冗余和浪费造成的效率损失更为严重。

6.3.4 检验结果的进一步讨论

上述检验结果主要的影响因素来源于数据的针对性。由于难以找到国家财政和金融部门直接针对新型农业经营体系构建的直观数据，相关数据全部反映的是宏观财政金融支农数据，即财政投入的使用不仅包括了新型农业经营体系构建所需的投入，也包括其他方面的投入和支出，而且前者的投入只占较小比例。根据相关研究，近年来国家用于农业的金融贷款一般在10%左右，而针对新型农业经营主体的贷款仍然难于精确计算，现行的信贷统计口径尚没有针对新型农业经营体系的贷款数据。因此，上述实证结果只是大致反映了本书所研究问题的一个基本结果，还需要对一些趋势进行可能的修正。

在财政服务与新型农业经营体系构建的协同效率方面，需要考虑到财政用于农业与非农产业，用于农业的其他投入与新型农业经营体系构建的相互影响，从这个角度来看，财政对于新型农业经营体系构建的协同效率计算的可靠性较大；对于金融信贷而言，由于金融机构是按市场机制运作，农业部门与非农部门相比，利润率与收益稳定性较差较弱，金融机构总体上更倾向于向非农部门融资，向农业部门融资时一般具有政策性、季节性或临时性，同时具有相对分散性和高风险性。基于这种现实，金融机构用于新型农业经营体系构建的贷款可能出现如下情况：一是基于政策的突击性贷款，即金融机构在政策要求下，对其优质客户主动下放贷款，以完成贷款任务，但这种贷款并不完全是基于客户的真实需求而发放的；二是贷款转移，即客户以新型农业经营体系构建方面的项目进行贷款，但使用则在上述范围之外，最终产生了农业贷款的渗漏；三是选择性贷款，即金融机构着重向少量优质农业经营主体放贷，而对于急需资金且存在较大经营困难的主体拒绝放贷。由此表明，随着新型农业经营体系的盈利能力和商业信誉的提高，金融服务与新型农业经营体系的协同效率将会有所改善。同样，在我国农业经济相对发达的地区，农业竞争力与新型农业经营体系的数量质量整体较高，金融服务与新型农业经营体系的综合协同效率也相对较高。

6.4 财政金融服务与新型农业经营体系构建协同度的微观考察

本部分基于微观调查数据，分别从财政服务和金融服务两方面考察其与新型农业经营体系构建的协同度，目的在于进一步印证前面宏观分析的结论，同时对产生宏观非协同性的相关因素进行进一步分析。调查数据分为两个部分：第一部分以填空的方式了解相关信息，这类信息主要用以分析财政金融服务与新型农业经营体系构建协同度问题，将用到描述性统计分析方法；第二部分主要以选择题方式了解相关信息，这类信息主要用以分析金融服务与新型农业经营体系构建的协同度问题，将用到计量分析相关方法。

6.4.1 财政金融服务与新型农业经营体系构建协同度的调查分析

1. 课题调查的依据

前文的理论分析表明,财政金融服务与新型农业经营体系构建的协同关系本质上表现为供给与需求动态均衡的关系。其中,新型农业经营主体是财政金融服务现实中的需求主体,财政金融部门财政金融服务现实中的供给主体。

新型农业经营主体与农村金融机构均为理性决策主体,以效用最大化作为决策准则。设新型农业经营主体自身的初始资金存量为 K_z,新型农业经营主体作为一个经济单元,主要从事基础投资、生产性投资和当年各项经营成本支出三类活动,其基础性长期投资资金需求为 K_b,生产性长期投资资金需求为 K_p,当年各种流动性资金支出(短期投资)所需资金为 K_l,所需要的资金总量为 $K=K_b+K_p+K_l$,假定获得的财政补贴资金为 K_g。那么,新型农业经营主体的融资类型取决于其资金需求总量 K 与初始资金存量加财政补助资金总和即 "K_z+K_g" 之间的缺口。

第一,若 $K_g+K_z>K$,即新型农业经营主体的初始资金存量与财政补贴资金总和大于等于其资金需求量,则新型农业经营主体只需要通过内部自我融资来完成三类投资活动,而不会对金融机构信贷服务形成有效需求。

第二,若 $K_g+K_z<K$,即新型农业经营主体的初始资金存量与财政补贴资金之和小于其资金需求总量,则新型农业经营主体除了自我融资之外,还需要外源性融资,即产生了债权融资和股权融资需求。其金融资金需求总量为:$F=K-(K_g+K_z)$。

需要指出的是,如果财政补贴资金 K_g 被取消或无法再获得,那么新型农业经营主体的融资需求量 $F+K_g=K-K_z$。

在产生融资需求的基础上,新型农业经营主体会寻求信贷机构或资本市场进行融资,但大多数新型农业经营主体难以满足上市融资条件,只能依靠信贷融资,因而我们将重点调查信贷融资需求情况。

而农村金融机构,会综合考虑新型农业经营主体所经营项目的预期收益(R)、可能的风险(θ)、所能承受的利率(r)、抵押担保还款等信用条件(C)、自身机会成本(O_c)来决定是否放贷。其贷款供给函数为:$K_d=f(R,\theta,r,C,O_c)$。此外,为了规避风险,信贷机构在条件允许的情况下,要求担保机构对新型农业经营主体的贷款进行担保。而担保机构的决策过程与信贷机构大致类似。

在上述逻辑基础之上，调查内容主要围绕作为投融资需求方的新型农业经营主体和融资供给方的农村金融机构展开，再配合政府财政部门和农业主管部门对当前新型农业经营体系的财政服务进行访谈调查。

2. 调查方案和有效样本说明

课题组针对新型农业经营体系构建中的财政金融服务情况，于 2014 年 7~8 月选择了部分新型农业经营主体进行预调查，为修改和完善调查问卷提供坚实的现实依据；在修改完善调查问卷基础上，课题组于 2015 年 5~12 月相继组织培训了大量研究生、本科生和其他专业人员对全国层面的新型农业经营主体及财政金融服务部门进行了问卷和访谈调查。

本章对需求主体的调查对象涵盖了家庭农场、种养大户、农民专业合作社、农业龙头企业、农业社会化服务组织等新型农业经营组织和部分普通农户家庭[①]。调查内容包括：新型农业经营主体基本经济情况；新型农业经营主体资金投入情况；新型农业经营主体的资金需求、融资状况及财政补贴情况；新型农业经营主体向金融机构贷款情况；新型农业经营主体对财政金融服务的建议等。对供给主体的调查对象包括财政部门和金融系统。财政部门主要采取访谈调查法，金融部门主要采取问卷调查法和访谈调查法，由于财政金融支农政策在全国层面大致相似，因此本章在对供给主体进行调查时，集中选择了四川、重庆、贵州 50 多家涉农金融机构进行了调查。

由于新型农业经营主体的财政金融服务需求状况是本章的核心调查内容，本章将大部分调查资源分配给了新型农业经营主体，这些新型农业经营主体涵盖到的调查区域包括：重庆、四川、贵州、新疆、山东、湖南、云南、河南、陕西、浙江、山西、安徽、湖北、内蒙古、河北、吉林等 16 个省区市的 298 个村镇，共发放问卷 2300 份，回收有效问卷 2042 份，有效样本率为 88.78%。调查区域单位的有效样本数分布如图 6-8 所示。其中，重庆 491 家、四川 373 家、贵州 355 家、云南 187 家、新疆 39 家、山东 58 家、湖南 41 家、河南 45 家、陕西 58 家、浙江 49 家、山西 42 家、安徽 53 家、湖北 77 家、内蒙古 48 家、河北 69 家、吉林 57 家。可见，本章有效样本主要分布在重庆、云南、贵州、四川等山地较多的西南片区，占总有效样本数的 68.85%。

[①] 在实证中，普通农户只作为与新型农业经营主体财政金融需求特征的对照，旨在考察农户与新型农业经营主体在融资环境上到底有何差异。

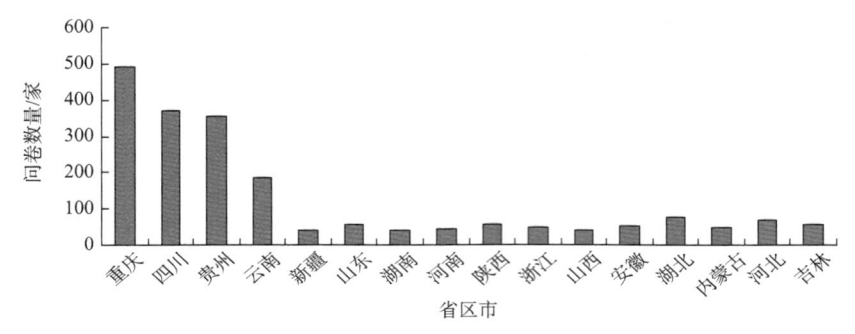

图 6-8 问卷调查有效样本分布的地区状况

3. 新型农业经营主体的基本经济特征

从表 6-4 对 2042 家样本新型农业经营主体的描述性统计数据可以看出，我国新型农业经营主体主要呈现出以下几个方面的经济特征。

第一，从新型农业经营主体的具体类型来看，被调查的样本农业经营组织中，种养大户、家庭农场、农民专业合作社、农业龙头企业、农业服务组织分别有 287 家、672 家、434 家、389 家和 260 家，占样本总数的比重分别为 14.05%、32.91%、21.26%、19.05%和 12.73%。可见，新型农业经营主体样本中，家庭农场占比最大，超过 1/3。

第二，从新型农业经营主体所在地区的自然环境来看，新型农业经营主体样本主要分布在大山、丘陵和平原地区，三者样本数分别为 652 家、787 家和 567 家，分别占样本总数的 31.93%、38.54%和 27.77%，总共占到了样本总数的 98.24%，其中大山、丘陵地区新型农业经营主体占比累计达到 70.47%。由于本章调查样本主要集中在山地丘陵居多的渝、云、贵、川四省市，农业机械化、规模化发展水平总体都比较低。

表6-4 新型农业经营主体样本的基本经济特征

项目	选项	样本数/家	所占比例	累计比例
新型农业经营主体的具体类型	种养大户	287	14.05%	14.05%
	家庭农场	672	32.91%	46.96%
	农民专业合作社	434	21.26%	68.22%
	农业龙头企业	389	19.05%	87.27%
	农业服务组织	260	12.73%	100%
新型农业经营主体所在地区的自然环境	大山地区	652	31.93%	31.93%
	丘陵地区	787	38.54%	70.47%
	平原地区	567	27.77%	98.24%
	草原地区	22	1.07%	99.31%
	湖泊海洋地区	14	0.69%	100.00%

续表

项目	选项	样本数/家	所占比例	累计比例
新型农业经营主体的出资形式	家庭出资所有	1048	51.32%	51.32%
	亲戚朋友合伙入资所有	415	20.32%	71.64%
	社员入股、股份合作	362	17.73%	89.37%
	股份社会化（含工商资本入农）	217	10.63%	100%
主要负责人文化程度	初中及以下	225	11.02%	11.02%
	高中	958	46.91%	57.93%
	大学	767	37.56%	95.49%
	硕士	78	3.82%	99.31%
	博士	14	0.69%	100%
新型农业经营主体的员工的平均文化程度	初中及以下	1403	68.71%	68.71%
	高中	509	24.93%	93.64%
	大学	112	5.48%	99.12%
	硕士	18	0.88%	100.00%
	博士	0	0	100.00%
土地经营规模	100 亩以下	844	41.33%	41.33%
	100（含）~500 亩	777	38.05%	79.38%
	500 亩及以上	421	20.62%	100%
主要经营业务（可选两个）	种植业	1091	53.43%	53.43%
	养殖业	632	30.95%	84.38%
	农机服务	97	4.75%	89.13%
	植保防疫服务	79	3.87%	93.00%
	农技服务	72	3.53%	96.53%
	农产品加工	383	18.76%	115.29%
	农产品营销	192	9.40%	124.69%
	其他	126	6.17%	130.86%
新型农业经营主体的资产规模	100 万元以下	723	35.41%	35.41%
	100 万（含）~500 万元	595	29.14%	64.55%
	500 万（含）~1000 万元	434	21.25%	85.80%
	1000 万元及以上	290	14.20%	100%
新型农业经营主体的负债总额	10 万元以下	235	11.51%	11.51%
	10 万（含）~50 万元	524	25.66%	37.17%
	50 万（含）~100 万元	403	19.73%	56.90%
	100 万（含）~500 万元	428	20.96%	77.86%
	500 万元及以上	452	22.14%	100%
新型农业经营主体的年经营收入	100 万元以下	886	43.39%	43.39%
	100 万（含）~300 万元	576	28.21%	71.60%
	300 万（含）~500 万元	358	17.53%	89.13%
	500 万元及以上	222	10.87%	100%

续表

项目	选项	样本数/家	所占比例	累计比例
新型农业经营主体的生产经营决策机制	负责人独自说了算	833	40.79%	40.79%
	召开社员大会决策	387	18.96%	59.75%
	召开股东大会决策	297	14.54%	74.29%
	几个领导骨干共同决定	427	20.91%	95.20%
	自主决策并咨询外部专家	98	4.80%	100%

资料来源：通过问卷调查的数据整理得到。

而位于草原、湖泊海洋地区的样本新型农业经营主体分别仅为22家和14家，总共只占样本总数的1.77%。

第三，从新型农业经营主体的出资形式来看，在被调查的新型农业经营主体样本中，有1048家属于家庭出资所有，占样本总数的51.32%；亲戚朋友合伙入资的经营主体有415家，占比为20.32%；采取社员入股、股份合作的有362家，占比为17.73%；有217家采取股份社会化（含工商资本入农），占比为10.63%。这表明，依靠普通农户家庭出资是当前我国新型农业经营主体培育孵化的主要渠道。

第四，从主要负责人文化程度来看，调查数据表明，新型农业经营主体样本主要负责人的文化水平整体比较高，以高中和大学为主，两者累计占比高达84.47%。而初中及以下占比仅为11.02%，硕士博士累计占比仅有4.51%。这表明绝大多数新型农业经营组织的主要负责人都接受过较为良好的教育，具有较强的市场经济意识和驾驭能力，属于农村的精英人才。

第五，从员工的平均文化程度来看，新型农业经营主体样本的员工平均文化程度普遍较低，员工平均文化程度在初中及以下的新型农业经营主体有1403家，占比高达68.71%；员工平均文化程度在高中和大学的新型农业经营主体只有621家，占比仅为30.41%。这表明我国新型农业经营主体的员工文化水平普遍不高。课题组在重庆的调查显示，当前绝大多数新型农业经营主体吸收的员工都是当地的普通农民，而且近七成的新型农业经营主体雇佣的年龄在60岁以上的男性劳动力占比高达60%以上，说明新型农业经营主体面临的农业劳动力要素老龄化问题突出。

第六，从土地经营规模来看，调查数据显示，新型农业经营主体样本土地经营规模在100亩以下的有844家，占比为41.33%；经营规模在100（含）~500亩的样本数为777家，占比为38.05%；在500亩及以上的样本数有421家，占样本总数的20.62%。对于适度规模经营的标准，山地丘陵地区要远小于平原地区，平原地区可以达到数百上千亩，山地丘陵地区可能最多在500亩以内[①]。这表明至少

[①] 就中国目前而言，土地经营适度规模标准，北方以300亩为宜，南方以200亩为宜，花卉等以30~50亩为宜（刘奇，2014）。

还有四成以上的样本新型农业经营组织具有适度扩张规模的空间。

第七，就主要经营业务来看，在调查的新型农业经营主体样本中，经营的业务主要分布在种植业，有1091家新型农业经营主体经营种植业，占比高达53.43%。有632家新型农业经营组织经营养殖业，占比为30.95%。其他新型农业经营主体样本主要提供农产品加工、农产品营销等农业社会化服务。

第八，就新型农业经营主体的资产规模来看，在2042家新型农业经营主体样本中，资产规模在500万元以下的经营组织有1318家，占比为64.55%，其中资产规模在100万元以下的经营组织占比为35.41%，资产规模在500万（含）~1000万元的经营组织占比为21.25%；资产规模在1000万元及以上的新型农业经营主体占比只有14.20%。这表明，在扣除负债、融资租入的资产后，新型农业经营主体在向金融机构借款时可供抵押的有效资产并不多。

第九，就新型农业经营主体的负债总额来看，仅有11.51%（样本数为235家）的新型农业经营主体样本总负债不足10万元；有25.66%（样本数为524家）的样本新型农业经营主体总负债为10万（含）~50万元；19.73%（样本数为403家）的新型农业经营主体样本负债总额为50万（含）~100万元；而负债总额在100万（含）~500万元的样本数为428家，所占比例为20.96%；负债总额达到500万元及以上的样本总数为452家，占比为22.14%。这表明负债经营是新型农业经营主体的普遍现象。

第十，就新型农业经营主体的年经营收入来看，年经营收入在300万元以下的新型农业经营主体样本累计占比为71.60%，年经营收入在500万元以下的新型农业经营主体样本累计占比为89.13%。新型农业经营组织的经营收入要在扣除成本、费用、计提折旧和盈余公积之后，才能作为其利润。可见，由于绝大多数新型农业经营主体样本尚处于创业期，其所需的生产经营资金基本不能靠自我资本积累来满足，在很大程度上需要借助外源资本（含财政和金融资本）来满足其资金需求。

第十一，就新型农业经营主体的生产经营决策机制来看，调查发现，在有效样本中，经营决策为"负责人独自说了算"占样本总数的比例为40.79%；有427家新型农业经营主体样本的经营决策由"几个领导骨干共同决定"，占比为20.91%；通过"召开社员大会决策"和"召开股东大会决策"的样本数分别为387家和297家，占比分别为18.96%和14.54%；仅有98家新型农业经营主体样本（占比4.80%）自主决策并咨询外部专家。这表明我国当前尚处于构建阶段的新型农业经营主体的生产经营决策机制具有浓厚的家长制特征，亟待改进决策机制。

4. 新型农业经营主体的财政金融服务需求特征

1）新型农业经营主体对财政金融服务的需求状况

理论分析表明，对于构建阶段的新型农业经营主体来讲，财政金融服务帮助其解决的核心问题主要是公共生产条件问题、资金要素问题和经营成本及风险分担问题。表 6-5 显示了新型农业经营主体对财政金融服务具有广泛的需求。从财政服务来看，目前财政服务的种类很多，包括农业基础设施投资、农业社会化服务补贴、种粮补贴、农业技术服务补贴、农业风险保障补贴、粮食价格补贴、农业生产资料综合补贴等。对这些财政服务需求由大到小排序依次是农业基础设施投资、农业风险保障补贴、农业社会化服务补贴、农业技术服务补贴、粮食价格补贴、种粮补贴和农业生产资料综合补贴，样本需求比率分别为 91.14%、88.10%、86.68%、74.93%、71.40%、68.17%和 58.13%。可见，新型农业经营主体对公共生产条件、农业风险分担与农业社会化服务的财政补贴需求最高。

表6-5 新型农业经营主体财政金融服务需求状况

需求类型	具体需求事项	回答有需求 样本数/家	占比	回答无需求 样本数/家	占比
财政服务	农业基础设施投资	1861	91.14%	181	8.86%
	农业社会化服务补贴	1770	86.68%	272	13.32%
	种粮补贴	1392	68.17%	650	31.83%
	农业技术服务补贴	1530	74.93%	512	25.07%
	农业风险保障补贴	1799	88.10%	243	11.90%
	粮食价格补贴	1458	71.40%	584	28.60%
	农业生产资料综合补贴	1187	58.13%	855	41.87%
金融服务	信贷服务	1934	94.71%	108	5.29%
	融资担保服务	1677	82.13%	365	17.87%
	农业保险服务	1576	77.18%	466	22.82%
	上市融资服务	282	13.81%	1760	86.19%

资料来源：问卷调查得到的数据计算得出

从金融服务来看，新型农业经营组织资产规模普遍不高，年经营收入在扣除成本、经营费用之后资金剩余不多，这种现金流量状况往往会作为金融机构授信决策的主要依据。此外，相较于非农行业，新型农业经营主体的安全边际率普遍较低，面临自然和经济双重风险，同时受到来自同行业的竞争压力，为了生存和发展，其必须扩大生产规模，降低经营成本和风险，这就会对信贷（担保）融资和农业保险产生大量的刚性需求。在 2042 家新型农业经营主体样本中，有 1934 家新型农业经营主体有信贷服务需求，占样本总数的 94.71%；而融资担保和农业保险服务需求也比较高，分别达到 82.13%和 77.18%；由于农业企业上市融资门槛较高，对上市融资服务需求的新型农业经营主体并不多，只有 13.81%，且多数都是农业龙头企业。可见，处于构建期间的新型农业经营主体普遍都有金融需求，尤其是信贷需求极为紧迫。

2）新型农业经营主体对财政金融服务的需求特征

第一，财政服务需求特征。课题组在对 2042 家新型农业经营主体样本受访中发现，成功获得各类财政补贴支持的新型农业经营主体样本有 1628 家，占比为 79.73%；其余新型农业经营主体尚处于财政支持的申报过程中。在获得财政支持的新型农业经营主体中，我们主要从农业基础设施投资、购买生产资料、弥补亏损、支付工资及购买技术和农机具五个方面展开了资金用途调查，结果如图 6-9 所示。

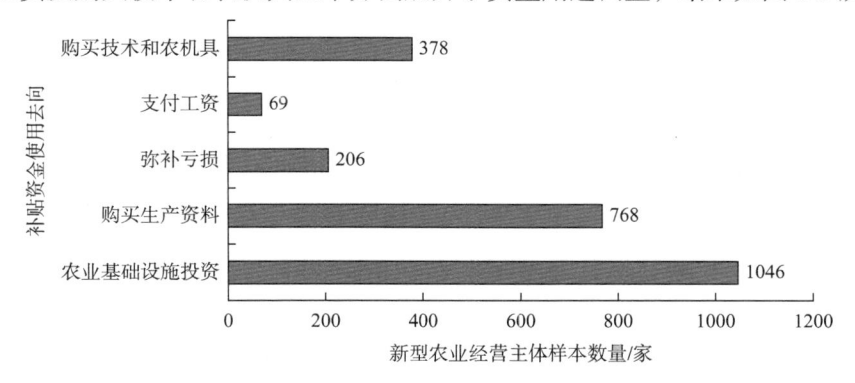

图 6-9 新型农业经营主体样本的财政补贴资金使用去向

在可重复选择的情形下，财政补贴资金主要集中于农业基础设施投资和购买生产资料，其比例分别占到 51.22%和 37.61%，购买技术和农机具的有 378 家新型农业经营主体，占比为 18.51%，只有极少部分新型农业经营主体用于弥补亏损和支付工资。补贴资金使用由于受政府政策限制，财政资金只能在符合政策要求的领域中使用，即新型农业经营主体通常只有在购买生产资料或进行农业基础设施建设时，才可能获得财政专项资金支持。因此，财政支农资金使用去向必然具有刚性特征。

第二，金融服务需求特征。从表 6-6 的调查数据可见，目前我国新型农业经营主体的资金需求主要有以下几个特点。

表6-6　新型农业经营主体样本信贷需求特征

项目	选项	经营主体家数/家	所占比例	累计比例
资金需求期望值	50万元以下	416	21.51%	21.51%
	50万（含）~100万元	594	30.71%	52.22%
	100万（含）~500万元	471	24.35%	76.57%
	500万（含）~1000万元	334	17.27%	93.84%
	1000万元及以上	119	6.16%	100%
资金需求的期限	1年以内	289	14.94%	14.94%
	1（含）~3年	904	46.74%	61.68%
	3（含）~5年	542	28.03%	89.70%
	5年及以上	199	10.29%	100%
借款资金计划用途（多选）	标准农田基础建设	643	33.25%	33.25%
	农业大棚设施建设	1247	64.48%	97.73%
	农机具购买	904	46.74%	144.47%
	农业社会化服务购买	378	19.54%	164.01%
	农业生产资料购买	486	25.13%	189.14%
	支付工资等经营费用	320	16.55%	205.69%
	农产品品牌建设	99	5.12%	210.81%
	偿还借款	78	4.03%	214.84%
	其他	0	0%	214.84%

资料来源：根据问卷调查得到的数据计算得出

一是对资金需求期望值较大。在有借贷需求的1934家新型农业经营主体中，期望值在50万元以下的经营主体有416家，占有效样本总数的21.51%；期望值在50万（含）~100万元的经营主体有594家，占有效样本总数的30.71%；期望值在100万（含）~500万元的经营主体有471家，占有效样本总数的24.35%；借贷期望值在500万（含）~1000万元的经营主体有334家，占有效样本总数的17.27%；期望值在1000万元及以上的经营主体有119家，占有效样本总数的6.16%。其中，期望值在500万元以下的经营主体家数占比累计达到76.57%。可见，新型农业经营主体的资金需求期望值总体上比较高，借贷需求规模普遍集中在500万元以下。

二是资金需求期限以中长期为主。在1934家有信贷需求的新型农业经营主体中，信贷需求期限在1年以内、1（含）~3年、3（含）~5年和5年及以上的新型农业经营主体分别有289家、904家、542家、199家，占比分别为14.94%、46.74%、28.03%和10.29%，资金需求期限在5年以下的新型农业经营主体累计占比为89.70%，但在扣除期限1年以下的需求主体后，累计占比为74.76%。这表明我国新型农业经营主体信贷需求以中长期为主，与现代农业投资回收期长密切相关，同时表明处于构建阶段的新型农业经营主体对中长期投资的建设资金需求较多，对流动性、周转性资金需求仅占15%左右。

三是资金需求主要来自生产性和投资性用途。在有信贷需求的1934家新型农业经营主体中，借贷需求来自生产性用途的主要有三个方面，分别是农业社会化服务购买、农业生产资料购买和支付工资等经营费用，分别有378家、486家和320家，占比分别为19.54%、25.13%和16.55%，表明生产性周转资金用途是新型农业经营主体容易产生借款需求的重点方向之一。在投资性资金用途中，计划借款用于标准农田基础建设、农业大棚设施建设、农机具购买、农产品品牌建设方面的固定资本和无形资本投入的新型农业经营主体分别有643家、1247家、904家和99家，占比分别为33.25%、64.48%、46.74%和5.12%，说明处于构建阶段的新型农业经营主体普遍具有较高的投资性贷款需求。而投资性贷款需求期限普遍在1年以上。所以，调查中显示的信贷需求期限与资金用途方向数据具有高度的吻合性。

5. 财政金融服务供给与新型农业经营组织需求的协同性

1）财政金融服务供给种类及满意度调查

如表6-7所示，虽然表6-7中所示的各项财政金融服务类型都有供给，但是相比而言，财政服务满足率和满意度整体上高于金融服务。

表6-7 财政金融服务供给与新型农业经营组织需求的协同性程度

服务类型	具体服务类型	供给（有、无）	供给强度（强、中、弱）	需求满足率（高、中、低）	样本数/家	占比
财政服务	农业基础设施投资	有	中	高	1766	86.84%
	农业社会化服务补贴	有	中	中	1250	61.21%
	种粮补贴	有	强	低	650	31.83%
	农业技术服务补贴	有	中	中	1533	75.07%
	农业风险保障补贴	有	弱	中	855	41.87%
	粮食价格补贴	有	中	中	1180	57.79%
	农业生产资料综合补贴	有	强	高	1752	85.80%
金融服务	信贷服务	有	中	中	844	41.33%
	融资担保服务	有	弱	低	1252	61.31%
	农业保险服务	有	弱	低	466	22.82%
	上市融资服务	有	弱	低	249	12.19%

资料来源：通过问卷调查统计计算得出

在财政服务中,满意度较高的是农业基础设施投资和农业生产资料综合补贴,分别达到86.84%和85.80%,满意度最低的是种粮补贴,只有31.83%,可能因为我国现有的粮食直补政策具有普惠性,多数粮食补贴指标针对承包农户,新型农业经营主体流转过来的土地并不能切实享受到粮食直补政策,也就是实际种粮人并非种粮补贴的实际受益人。从直接性地获得财政支持数据来看,在所有新型农业经营主体有效样本中,有20.27%的受访者反映他们并没有获得任何国家财政服务支持,62.12%的受访者反映他们获得100万元以内的财政支持;获得100万元以上财政支持的新型农业经营主体样本比例仅占9.1%,表明目前财政支持的强度还不够高。

在金融服务中,农业保险服务、上市融资服务需求满意度比较低,满意度分别只有22.82%和12.19%,整体上显著低于财政服务满意度。说明金融服务与新型农业经营体系构建的协同性,明显弱于财政服务与新型农业经营体系构建的协同性。

2)从新型农业经营组织融资行为选择来看信贷服务与新型农业经营组织构建的协同性

从课题组调查的数据来看(表6-8),新型农业经营主体的借贷行为选择特征主要体现在以下几个方面。

表6-8 新型农业经营主体样本的融资行为选择

项目	选项	主体数/家	所占比例	累计比例
融资渠道选择(多选)	银行借贷	1767	91.37%	91.37%
	民间借贷	689	35.63%	127.00%
	股权融资	172	8.89%	135.89%
	租赁融资	11	0.57%	136.46%
股权融资形式	主板市场融资	5	2.91%	2.91%
	新三板市场融资	13	7.56%	10.47%
	场外融资	0	0	10.47%
	合伙人入股	115	66.86%	77.33%
	内部职工入股	39	22.67%	100.00%
提交银行信贷申请	提交申请	1767	91.37%	91.37%
	没有提交申请	167	8.63%	100.00%
提交申请批准情况	已获得批准	1433	81.10%	81.10%
	没有获得批准	334	18.90%	100.00%

续表

项目	选项	主体数/家	所占比例	累计比例
借贷期望实现比例	10%以下	180	12.56%	12.56%
	10%（含）~20%	342	23.87%	36.43%
	20%（含）~50%	507	35.38%	71.81%
	50%及以上	404	28.19%	100%
向银行贷款采取的信用保证形式（多选）	无抵押信用贷款	216	15.07%	15.07%
	农房抵押	127	8.86%	23.93%
	农地经营权抵押	49	3.42%	27.35%
	林权抵押	176	12.28%	39.63%
	农机具抵押	147	10.26%	49.89%
	农业圈舍设施抵押	34	2.37%	52.26%
	农业生物资产抵押	30	2.09%	54.35%
	农业生物资产反担保	294	20.52%	74.87%
	城市住房抵押	886	61.83%	136.70%
	商业门面抵押	431	30.08%	166.78%
采用民间借贷的渠道	向亲戚朋友借贷	270	39.19%	39.19%
	向内部职工借款	93	13.50%	52.69%
	向中介公司借贷	180	26.12%	78.81%
	向其他个人借贷	146	21.19%	100%
采用民间借贷的方式	抵押借款	220	31.93%	31.93%
	信用借款	322	46.73%	78.66%
	高利贷借款	147	21.34%	100%
选择民间借贷的原因（多选）	资金满足程度高	28	4.06%	4.06%
	银行贷款资金不够用	374	54.28%	58.34%
	手续简单，时间快	423	61.39%	119.73%
	少量银行贷款麻烦	325	47.17%	166.90%
	属零星急用周转金	373	54.14%	221.04%

资料来源：以上数据通过问卷调查数据计算整理得出

一是融资渠道选择。在1934家有资金需求的新型农业经营主体样本中，选择向正规金融机构借款的新型农业经营主体（以提交信贷申请为准）有1767家，占比高达91.37%；而选择民间借贷的新型农业经营主体有689家，占比为35.63%，通过股权融资的新型农业经营主体有172家，占比为8.89%；通过租赁融资的新型农业经营主体仅有11家，占比仅为0.57%。这说明目前我国新型农业经营主体的融资渠道主要是银行借款,其次是民间借贷,再次是股权融资,而租赁融资基本处于缺失阶段。

二是股权融资。在172家进行股权融资的新型农业经营主体样本中,通过主板市场融资的新型农业经营主体只有5家,占比为2.91%;通过新三板市场融资的新型农业经营主体有13家,占比为7.56%;通过合伙人入股经营的新型农业经营主体有115家,占比最大,为66.86%;通过内部职工入股的新型农业经营主体有39家,占比为22.67%。这表明目前我国新型农业经营主体股权融资主要是通过合伙人和内部员工入股进行的,市场对现代农业股权融资支持力度十分微弱。

三是向银行提交贷款申请情况。在1934家有资金需求的新型农业经营主体样本中,实际向银行提交贷款申请的需求主体有1767家,占样本总数的91.37%;没有向银行提交贷款申请的需求主体有167家,占样本总数的8.63%。调查发现,有资金需求但没有向银行提交贷款申请的原因主要是没有有效的抵押品和找不到合适的担保人。如图6-10显示,在167家新型农业经营主体样本中,在被问及有信贷需求但没有向银行提交贷款申请的原因时(可多选),选择"无有效抵押品"的新型农业经营主体达到167家,占比高达100%;然后依次是"没有担保人""利率太高""手续繁琐""贷款期限短""贷款额度小",选择这些原因的新型农业经营主体家数分别为145家、101家、86家、73家、69家,所占比重分别为86.83%、60.48%、51.50%、43.71%、41.32%;而选择"有贷款未还清"和"其他"选项的新型农业经营主体分别只有31家和14家,占比分别为18.56%、8.38%。可见,"无有效抵押品""没有担保人""利率太高""手续繁琐"是新型农业经营主体惜借的主要原因。

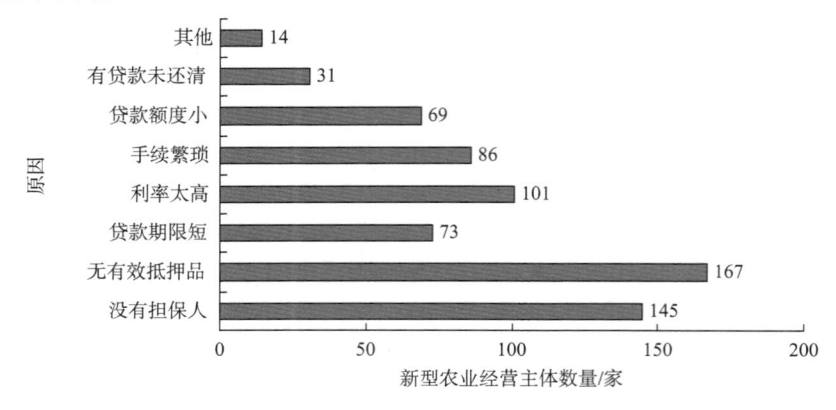

图6-10 有信贷需求但未向银行申请贷款的主要原因

四是向银行提交贷款申请批准情况。在1767家提交银行贷款申请的新型农业经营主体中,最终获得银行批准的新型农业经营主体有1433家,占比为81.10%;

信贷申请没有获得批准的新型农业经营主体有 334 家,占比为 18.90%。继续追问银行贷款申请没有获得银行批准的可能原因后(可多选)发现(图 6-11),选择"提供抵押品无效"的新型农业经营主体有 238 家,占比高达 71.26%;其次是选择"担保人无效"的新型农业经营主体,有 157 家,占比为 47.01%;其他依次是"贷款项目风险高""有到期拖欠贷款""资金使用方案不合理""无配套自有资金"和"其他"选项,分别为 123 家、104 家、67 家、56 家和 12 家,占比分别为 36.83%、31.14%、20.06%、16.77%和 3.59%。

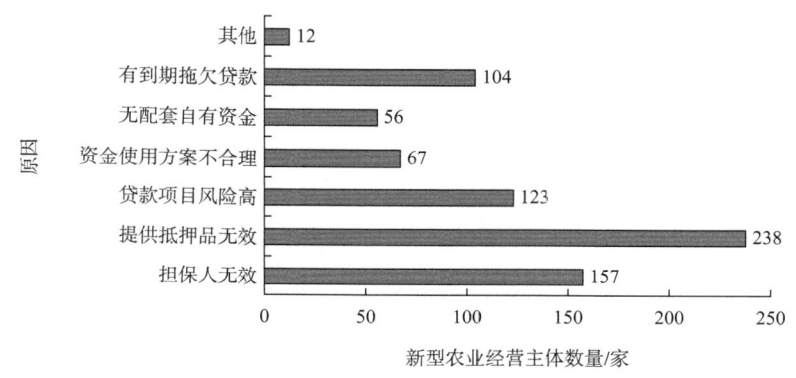

图 6-11 新型农业经营主体提交贷款申请后未获批的原因选项情况

五是向银行成功获得贷款的期望实现比例。调查发现,在成功获得银行贷款的 1433 家新型农业经营主体样本中,借贷期望的实现比例在 50%以上的新型农业经营主体仅有 404 家,占比为 28.19%,借贷期望的实现比例在 50%以下的新型农业经营主体占比为 71.81%,其中借贷期望的实现比例在 20%以下的新型农业经营主体占比达到 36.43%。这表明新型农业经营主体样本不仅面临着借款难的困境,而且信贷需求满足率低。尽管一部分新型农业经营主体可以通过友情借贷获得低息甚至无息资金,但是这一途径获得的资金往往较少,远不能满足新型农业经营主体正常经营的资金需要。

六是向银行贷款采取的信用保证形式。在成功获得银行贷款的 1433 家新型农业经营主体样本中,采取无抵押信用贷款的新型农业经营主体只有 216 家,占比为 15.07%。而采取各种形式的抵押担保贷款形式由高到低依次排序是:城市住房抵押、商业门面抵押、农业生物资产反担保、无抵押信用贷款、林权抵押、农机具抵押、农房抵押等,依次为 886 家、431 家、294 家、216 家、176 家、147 家和 127 家,占比分别为 61.83%、30.08%、20.52%、15.07%、12.28%、10.26%和 8.86%。排在最后三名的抵押担保形式由高到低分别是农地经营权抵押、农业圈舍设施抵押、农业生物资产抵押,分别只有 49 家、34 家和 30 家新型农业经营主体,占比分别为 3.42%、2.37%和 2.09%。

七是新型农业经营主体的民间借贷行为特征。第一，从借款渠道来看。在689家选择民间借贷的样本新型农业经营主体中，有270家新型农业经营主体选择向亲戚朋友借款，占比为39.19%；有93家新型农业经营主体选择向内部职工借款，占比为13.50%；有180家新型农业经营主体选择向非银行类中介公司借款，占比为26.12%；有146家新型农业经营主体选择向其他个人借款，占比为21.19%。这表明新型农业经营主体的民间借款首先是在熟人社会中进行的，新型农业经营主体的社会资本对其融资便利发挥了重要作用；第二，从借贷方式来看。在689家选择民间借贷的新型农业经营主体样本中，有31.93%的新型农业经营主体选择了抵押贷款，有46.73%的新型农业经营主体选择了信用借款，有21.34%的新型农业经营主体选择了高利贷借款。第三，从选择民间借贷的原因来看。选择"资金满足程度高"的新型农业经营主体只有28家，占比为4.06%，而选择"银行贷款资金不够用""手续简单，时间快""少量银行贷款麻烦"和"属零星急用周转金"的新型农业经营主体分别有374家、423家、325家和373家，占比分别为54.28%、61.39%、47.17%和54.14%。这表明新型农业经营主体通过民间借贷主要是因为零星急用周转金、弥补银行贷款资金缺口和追求更便捷的融资渠道。

3）从经营困难因素来看财政金融服务与新型农业经营组织构建的协同度

从表6-9反映的调查数据来看，当前新型农业经营主体面临的经营要素包括资金要素、劳动力要素、技术要素、土地要素、管理要素、制度要素和外部市场等。但困难最突出的是自有资金不足，资金缺口大，占比达到75.02%。在被调查的2042家样本新型农业经营主体中，认为金融支持不足的新型农业经营主体家数达到1168家，占比高达57.20%，而认为财政支持不足的只有566家，占比只有27.72%，这再次表明金融服务与新型农业经营体系构建的不协同性程度比财政服务要严重得多。

表6-9　新型农业经营组织经营中面临的主要困难

现实困难表现	样本数/家	占比	累计占比
政策支持不足	856	41.92%	41.92%
自有资本不足，资金缺口大	1532	75.02%	116.94%
金融支持不足	1168	57.20%	174.14%
财政支持不足	566	27.72%	201.86%
劳动力短缺、成本高	1077	52.74%	254.60%
土地流转困难、成本高	912	44.66%	299.26%
农业技术缺乏	643	31.49%	330.75%
管理能力欠缺	475	23.26%	354.01%
市场价格波动较大	951	46.57%	400.58%
其他	0	0	400.58%

数据来源：以上数据通过问卷调查数据计算整理得出

综上分析表明，新型农业经营主体的投资或经营资金来源中，绝大部分资金为自有资金和财政补助资金，规模较小的经营者难以获得国家财政支持；规模较大的新型农业经营主体，通过民间借贷方式解决资金难题的经营者比例相对较低。事实上，对于经营规模较小的经营者，受主客观原因的影响，他们获得银行贷款的机会也较小。此外，在理论界较为推崇的社员入股模式经实际调查显示，仅有25.5%的农民专业合作社使用了该种模式解决资金难题。财政金融服务对于新型农业经营主体的有效覆盖率仅为60%左右，而40%左右的新型农业经营主体需要通过自主筹资、民间借贷或社员入股解决。

6. 新型农业经营主体获得财政金融服务面临的困难及期待

由于财政服务的获取主要按政策要求实现，从新型农业经营主体角度来看，财政金融服务获取的困难主要体现在金融服务方面。如表6-10所示，新型农业经营主体获取金融服务的困难主要表现前4名分别为贷款手续太繁琐、缺乏足够的抵押资产、贷款利率太高、找不到合适的担保人等，其中前两者有超过半数以上的新型农业经营主体选择。其他困难虽有明显反映，但这些问题近些年来在中央政策的大力支持下已得到明显缓解。

表6-10 新型农业经营主体获取金融服务的困难表现与财政金融服务改进期望

获取金融服务的困难表现			财政服务改进期望			金融服务改进期望		
选项	占比	排序	选项	占比	排序	选项	占比	排序
贷款手续太繁琐	62.23%	1	市场销售服务	59.12%	1	简化贷款手续	71.16%	1
缺乏足够的抵押资产	55.21%	2	基础设施服务	58.43%	2	降低贷款利率	71.10%	2
贷款利率太高	46.72%	3	技术服务	53.73%	3	放松贷款抵押条件	57.12%	3
找不到合适的担保人	43.24%	4	帮助获得贷款	48.54%	4	提高贷款额度	47.82%	4
贷款金额无法满足需求	31.32%	5	发展农业保险	47.63%	5	发展农业保险	37.34%	5
没熟人，难以得到贷款	28.61%	6	提供融资担保	33.91%	6	贷款品种多样化	18.23%	6
贷款期限太短	24.36%	7	其他	41.19%		其他	27.42%	

注："其他"项目不参与排序

在财政服务的改进期望方面，超过50%的新型农业经营主体对政府的期望集中于三个方面：即提供市场销售服务支持、提供基础设施服务支持和提供技术服务支持。此外，新型农业经营主体也非常希望通过从政策支持或政府干预来获得金融服务，如农业贷款、农业保险和提供融资担保等。选择其他服务如提供法律服务和延长税收减免期限等，分别占到受访新型农业经营主体的25.12%和16.07%。在金融服务的改进期望方面，70%以上的新型农业经营主体都期望简化贷款手续，降低贷款利率。同时，放松贷款抵押条件也是超过50%的受访新型农业经营主体期望解决的重要问题。此外，47.82%和37.34%的受访新型农业经营主体的期望选项分别是"提高贷款额度"和"发展农业保险"两方面。

显然，表 6-10 表明，获取金融服务的困难与解决金融服务问题的期待具有高度相关性，虽然在排序上并不完全具有一一对应关系，但从整体上来看具有对应性。总体来看，新型农业经营主体感觉越困难、越重要的调查问题选项，也是他们越期望解决的问题。

6.4.2 财政金融服务与新型农业经营体系构建协同度的计量分析

本部分的主要目标集中于财政金融服务与新型农业经营体系构建协同性问题的实证，相关数据来自课题组专门针对家庭农场的问卷调查，家庭农场类型的主体样本容量为 672 家[①]。从样本代表性来看，抽查的类型包括了大、中、小不同规模的家庭农场，蔬菜、水果、药材和其他经济作物等种植型或以种植为主的家庭农场，以及鸡、鸭、牛、羊、鱼等养殖型或以养殖为主的家庭农场。家庭农场的经营活动一定程度受到政府财政服务和金融机构金融服务的影响，因而可以基于这些调查数据展开实证分析。

1. 模型与变量设置

理论上看，财政金融服务与新型农业经营体系构建的协同关系包括三层含义：一是财政金融服务的目标是促进新型农业经营体系的构建，两类服务必须对新型农业经营主体的生产经营活动产生促进作用；二是新型农业经营体系的构建与财政金融的对口服务具有同步性和系统性，都是在政府主导下和金融机构积极参与下来实现；三是财政金融服务不仅要实现二者间的协同，也应当与新型农业经营体系的构建活动相协调。据此，在实证上，需要验证的核心关系是，在同一时期，财政金融服务的独立或协同作用是否有效促进了新型农业经营主体的生产经营活动。

基于上述理论关系，本部分将构建多元回归模型，用以检验财政金融服务的独立或协同作用，并检验财政金融服务是否促进新型农业经营主体的生产经营活动，并根据检验结果分析财政金融服务与新型农业经营体系构建的协同性。据此，

[①] 虽然广义上的新型农业经营体系包括新型农业经营主体体系、新型农业服务体系、新型农业商品体系、新型农产品市场体系、新型农业监管体系，但为了便于实证，我们把研究对象范围缩小到新型农业经营主体体系。在家庭农场、种养大户、农民专业合作社、农业龙头企业等新型农业经营主体中，家庭农场是最基本最核心的组织形式，是我国新型农业经营主体培育和发展的主要组织形态。同时，各类经营主体接受到的财政金融服务种类差异较大，财政金融服务协同绩效在主体类别之间不好比较。因此，为了有效考察财政金融服务与新型农业经营体系构建的协同性，这里仅以家庭农场为样本进行实证研究。

第6章 财政金融服务与新型农业经营体系构建协同度考察

构建如下基础模型：

$$\Delta y_i = \beta_1 + \beta_2 \Delta XJ_i + \beta_3 \Delta XF_i + \beta_4 \Delta XJ_i \times XF_i + \beta_5 \Delta FACTOR_i + u_i \quad (6-11)$$

式中，Δy_i、ΔXJ_i、ΔXF_i、$\Delta XJ_i \times XF_i$、$\Delta FACTOR_i$ 分别表示新型农业经营主体构建的相关变量、金融服务相关变量、财政服务相关变量、财政金融服务协同作用变量、控制变量，所有变量均做一阶差分处理；β_i、u_i 分别表示贡献系数项和随机误差项。

表6-11 显示了各变量的具体设定、变量定义和统计分布。对于新型农业经营体系构建的被解释变量（Δy_i），本节选取3类5个变量：①经营效益类，包括家庭农场的经营收入（INCOM）和经营支出（COST）2个变量；②经营规模类，包括家庭农场经营面积（AREA）和固定资产（FASS）2个变量；③债务清偿能力类，包括偿债能力（PDEBT）1个变量，它主要由农场主的资金偿还压力决定。

表6-11 变量设定与统计分布

变量		变量定义	中位数	平均值	标准差
被解释变量	经营效益类： INCOM COST	经营收入 经营支出	114 60	100 35.64	19.8 75.3
	经营规模类： AREA FASS	经营面积 固定资产	180 80	214.3 122.5	28.3 189.9
	债务清偿能力类： PDEBT	偿债能力	8.3	22.18	11.7
解释变量	SLOAN	融资规模	10	12.33	14.1
	CLOAN	融资成本	0.62	0.76	0.88
	SFIN	财政服务：非示范农场=1；示范农场=2	1	1.03	0.18
	FSYN	财政金融服务协同	10	14.03	55.74
控制变量	EDU： EDU1 EDU2 EDU3 EDU4	农场主教育程度： 文盲（是=1，不是=0） 小学（是=1，不是=0） 初中（是=1，不是=0） 高中中专及以上（是=1，不是=0）		0.12 0.09 0.49 0.30	0.33 0.29 0.50 0.46
	AGE	年龄	44	40.8	1.41
	SEX	性别：男=1，女=0		0.76	0.43
	ITEM	经营类别：养殖类=1，种植类=0		0.43	0.5
	DIST	与金融机构距离	4.5	3.8	0.7
	GEO	资源禀赋：山地=1；其他=0		0.32	0.47
	TEAM	经营时间	3	3.5	0.67

模型解释变量主要由金融服务、财政服务和财政金融服务协同三类变量组成。

其中，金融服务主要包括融资规模（SLOAN）和融资成本（CLOAN）2个变量；财政服务（SFIN）包括财政服务1个指标；财政金融服务协同（FSYN）指标，由融资规模和财政服务强度的乘积决定。

此外，模型涉及7类控制变量（$\Delta FACTOR_i$），包括家庭农场主受教育程度（EDU1、EDU2、EDU3、EDU4）、年龄（AGE）、性别（SEX）、经营类别（ITEM）、与金融机构距离（DIST）、资源禀赋（GEO）及家庭农场的经营时间（TEAM）等。

2. 实证检验结果分析

根据模型（6-11），对变量数据进行回归分析，所得结果见表6-12。相关的结果分析如下。

表6-12　财政金融服务与新型农业经营体系构建协同性的回归结果

变量		经营效益类		经营规模类		债务清偿能力类
		Δ INCOM	Δ COST	Δ AREA	Δ FASS	Δ PDEBT
解释变量	Δ SLOAN	−17.8234 （−0.66）	−6.2501 （−1.26）	29.8129 （0.53）	−2.5547 （−0.16）	18.9603*** （3.88）
	Δ CLOAN	242.3552 （0.55）	69.0425 （0.85）	−491.8186 （0.53）	26.3532 （0.09）	−266.6125*** （−3.33）
	Δ SFIN	−90.1398 （−0.90）	−12.0140 （−0.65）	32.1646 （0.15）	14.4403 （0.24）	29.0016 （1.59）
	Δ FSYN	3.3016*** （3.38）	2.1724*** （12.15）	0.2880 （0.14）	1.7294*** （2.91）	−1.1748*** （−6.65）
控制变量	Δ EDU1	−30.3940 （−0.44）	4.6306 （0.37）	165.0386 （1.14）	23.4366 （0.56）	−41.3713*** （−3.30）
	Δ EDU2	−38.8454 （−0.61）	−29.8808 （−2.55）	12.6432 （0.09）	−85.4949** （−2.19）	−13.9851 （−1.21）
	Δ EDU3	−56.0042 （−1.21）	2.8312 （0.33）	166.2619* （1.73）	4.1193 （0.15）	−2.3727 （−0.28）
	Δ EDU4	0.7238 （0.01）	20.5448 （1.2）	−135.5140 （−0.70）	−35.5672 （−0.63）	−11.9879 （−0.71）
	Δ AGE	−1.4374 （−0.72）	−0.2465 （−0.67）	2.5029 （0.60）	0.3846 （0.32）	0.1140 （0.32）
	Δ SEX	49.1294 （1.34）	−2.7388 （−0.41）	−72.3942 （−0.95）	−17.7537 （−0.80）	−2.3620 （−0.36）
	Δ ITEM	13.8914 （0.32）	5.9981 （0.76）	−33.1383 （−0.37）	35.0273 （1.33）	−3.2531 （−0.42）
	Δ DIST	6.4179 （0.43）	1.1121 （0.41）	61.1986** （1.96）	−3.0283 （−0.33）	4.5955* （1.70）
	Δ GEO	21.9499 （0.45）	−26.5625*** （−2.30）	53.5780 （0.53）	−40.6737 （−1.38）	−4.2280 （−0.48）
	Δ TEAM	−94.4136 （−0.34）	−60.2039 （−1.19）	113.2671 （0.20）	−167.1101 （−0.99）	11.3510 （0.23）

续表

变量	经营效益类		经营规模类		债务清偿能力类
	Δ INCOM	Δ COST	Δ AREA	Δ FASS	Δ PDEBT
拟合度 R^2	0.21	0.53	0.37	0.33	0.48
F 检验	12.16	26.99	8.84	9.43	16.24
观察值	672	672	672	672	672

注：括号内数值为 t 值

***、**、*分别表示变量在 1%、5%和 10%水平上显著

第一，财政金融服务对家庭农场经营效益提升方面的影响。其协同作用十分显著，但各自的独立作用均不显著。家庭农场经营效益类的分析变量包括经营收入和经营支出两方面。在农场经营收入方面，财政金融服务协同作用对经营收入的贡献系数为 3.3016，而财政服务与金融服务（融资规模、融资成本）各自对家庭农场收入的独立作用贡献不显著，表明在家庭农场增收过程中，独立的财政支持政策及其提供的相关服务，以及金融机构提供的金融服务，实际上很难转化为家庭农场的增收优势。只有在家庭农场增收的各项目、各环节中，政府的财政支持政策与金融支持政策相配套，才能使两类政策、两类服务对家庭农场的收入增长起到协同促进作用。在家庭农场经营支出方面，财政金融服务协同作用对家庭农场经营收入的贡献系数为 2.1724，财政服务与金融服务（融资规模、融资成本）各自对家庭农场支出的独立作用贡献也不显著，表明独立的财政支持政策和财政服务，以及独立的金融支持政策和服务并不能显著影响到家庭农场经营支出的变化，但在二者协同作用下，会使家庭农场经营支出显著增加。这进一步表明，在财政金融服务协同影响下，与两类政策和两类服务相关的家庭农场生产经营活动确实显著活跃。家庭农场在两类服务协同支持下，扩大了自己的生产经营活动，在增加经营收入的同时，也相应增加了经营支出。

第二，财政金融服务对家庭农场经营规模的影响。二者的协同作用对提升家庭农场固定资产规模具有显著促进作用，但二者对家庭农场经营规模的独立作用不显著。家庭农场经营规模的衡量选取家庭农场的经营面积和固定资产两个指标。在经营面积方面，财政金融服务无论是独立还是协同作用，均没有对其产生显著影响，表明家庭农场主在经营面积的选择和决策过程中，并没有将财政金融支持和服务作为重要因素加以考虑。这可能与样本是截面数据而无法观察到财政金融政策时滞效应有关。在固定资产购置方面，财政金融服务协同作用显著，且其贡献系数为 1.7294，表明财政金融服务配套协同可以显著影响家庭农场主的固定资产购置决策。在现实中，主要表现为政府为家庭农场主提供农机具购置补贴，为家庭农场固定资产投资提供一定财政支持，并鼓励金融机构向家庭农场主的固定

资产购置活动提供金融服务支持等。显然，上述财政金融服务活动具有联动性，使协同作用的绩效显著，而二者独立对家庭农场主的固定资产购置决策难以产生显著影响。

第三，财政金融服务对家庭农场债务清偿能力的影响。二者协同作用，以及金融服务的独立作用都十分显著，但财政服务独立作用不明显。在本章研究中，债务清偿能力的数据使用债务清偿压力数据，数值越大，表明清偿能力越弱。从财政金融服务协同作用来看，对家庭农场主债务清偿能力的贡献度为-1.1748，表明财政金融服务配套协同，可以有效降低家庭农场主的债务清偿压力；在金融服务的融资规模方面，其对家庭农场主债务清偿能力的贡献度为18.9603，表明家庭农场主贷款规模越大，其债务清偿压力越大，债务清偿能力越弱；在金融服务的融资成本方面，其对家庭农场主债务清偿能力的贡献度为-266.6125，表明贷款成本越高，其债务清偿压力越小。导致这各种结果的主要原因在于，家庭农场主在选择和决定贷款规模时，贷款成本是非常重要的影响因素。在贷款成本较高的情形下，家庭农场主会理性缩小贷款规模，从而进一步减小债务偿还压力；相反，当贷款成本较低时，家庭农场主会理性扩大贷款规模，客观上导致了家庭农场主债务清偿压力增大，清偿能力降低。

3. 实证结论

本部分基于对家庭农场的抽样调查数据，分析了财政金融服务与新型农业经营主体（以家庭农场为代表）生产经营活动的协同关系，据以研究财政金融服务与新型农业经营体系构建的协同性问题，从而达到"以点观面"的目的。

基于上述实证分析，可以得出的研究如下结论。

第一，财政金融服务协同可显著促进以家庭农场为代表的新型农业主体的生产经营活动，进而使财政金融服务与新型农业经营体系的构建存在一定协同性。这种促进作用主要表现在新型农业经营主体的经营收入增长、经营支出增加、固定资产投资规模扩大及债务清偿能力增强等方面。

第二，财政金融服务难于独立对新型农业经营主体的生产经营活动发挥促进作用，而金融服务随着融资规模的扩大，会显著导致债务偿还压力增大，债务清偿能力减弱。

第三，财政金融服务无论是独立还是协同作用，短期内对新型农业经营主体的经营面积扩大均无显著影响。因此，新型农业经营体系构建中的土地流转政策，可能与财政金融服务的配合存在许多难于协调的问题。

6.5 新型农业经营体系构建中财政与金融服务的协同性实证分析

为了厘清新型农业经营体系构建中财政服务是否与金融服务相协同，我们不妨利用新型农业经营主体的微观调查数据，并通过"财政服务是否缓解了新型农业经营体系的融资约束"的实证研究进行间接佐证。

6.5.1 研究假设：财政服务能缓解新型农业经营体系融资约束[①]

财政服务是政府支持新型农业经营体系构建的基本手段。目前，我国政府对新型农业经营体系构建提供的财政服务种类较多，包括农业基础设施投资、农业生产资料综合补贴、农机具购置补贴、农业社会化服务补贴、粮食直补、农业保险保费补贴等，这些财政服务涵盖农业公共产品供给、农业生产成本补偿、农业经营风险分担、农业经营收入保障等方面，对新型农业经营体系的盈利能力、信贷偿还能力的提升形成强有力的支撑作用。

显然，从理论上看，和金融服务相协同的财政服务，与新型农业经营体系的融资约束具有明显的负相关关系，即与金融服务协同获得的财政服务水平越高，新型农业经营体系面临的融资约束就越低；反之，获得的财政服务水平越低，新型农业经营体系获得的金融服务就越低，面临的融资约束就越高。一方面，这是因为财政服务水平提高，新型农业经营体系自身承担的投资成本和经营风险就会减少，在相同农业收入水平条件下，其利润获取能力就会提高，因而债务清偿能力就会提升，银行更愿意放贷，从而有利于降低新型农业经营体系面临的融资约束；另一方面，财政服务水平提高，财政资金更容易与银行贷款资金分工协作发挥资金的协同效应，提高新型农业经营体系的盈利能力，降低银行信贷风险，从

[①] 融资约束有需求型融资约束和供给型融资约束两种类型。前者是由新型农业经营主体自身的金融知识、金融素养、信用条件、抵押资产不足导致的融资有效需求不足；后者是因为金融机构融资手续复杂、融资门槛高、融资利率高、融资创新不足等原因导致的融资供给服务不足。当前，我国新型农业经营主体面临的供给型融资约束远大于需求型融资约束，因而这里只对供给型融资约束进行实证分析。

而激发银行贷款的积极性。相反，在没有办法获得政府的财政服务，或较少获得政府财政服务的情形下，新型农业经营体系不仅要承担较大的农业投资成本，而且面临较大的农业投资风险，其农业经营的盈利能力和债务清偿能力就会显著下降，导致银行不敢贷款给他们，从而加大对新型农业经营体系的融资约束。

6.5.2 指标选择与变量定义

本节实证研究设计的各指标变量的具体定义如表6-13所示，各变量的含义和测度说明如下。

表6-13 各变量含义及测度

变量类型	变量名称	代码	变量赋值	预期符号
被解释变量	融资约束	fin_con	用贷款难易度代替，很容易=1；较容易=2；一般=3；较困难=4；很困难=5	
解释变量	财政服务	fin_sub	用获得财政补贴代替，有=1；无=0	
控制变量	资产规模	asset	50万元以下=1；50万（含）~100万元=2；100万（含）~300万元=3；300万（含）~500万元=4；500万（含）~1000万元=5；1000万（含）~1500万元=6；1500万元及以上=7	负
控制变量	经营规模	size	50亩以下=1；50（含）~100亩=2；100（含）~300亩=3；300（含）~500亩=4；500（含）~1000亩=5；1000亩及以上=6	负
控制变量	经营收入	income	尚未投产=1；50万元以下=2；50万（含）~100万元=3；100万（含）~300万元=4；300万（含）~500万元=5；500万（含）~1000万元=6；1000万元及以上=7	负
控制变量	负债规模	debt	10万元以下=1；10万（含）~50万元=2；50万（含）~100万元=3；100万（含）~500万元=4；500万元及以上=5	正
控制变量	成立年限	year	年	
控制变量	负责人性别	male	男=1；女=0	负
控制变量	负责人文化程度	edu	初中及以下=1；高中及中专=2；大专及大学=3；硕士=4；博士=5	负
控制变量	负责人年龄	age	岁（实际年龄取对数处理）	负
控制变量	社会关系	soc	有=1；无=0	负

（1）被解释变量为融资约束，采用贷款难易程度作为代理变量[①]。因为贷款难易程度可以直接反映新型农业经营主体的供给型融资约束情况，信贷需求越容易得

---

① 一般说来，供给型融资约束的测算方法有以下几种：一是根据供求缺口估计，供求小于需求的缺口越大，约束就越严重；二是需求满足率估计，需求满足率越低，融资约束越大；三是经验估计，根据信贷申请人提交申请后，得到的银行贷款满足程度来判断融资约束大小；四是等级评定法，根据被调查人对银行融资的满意度来评定融资约束程度。

到满足，则面临的融资约束程度就越低，反之则越高。这一代理变量的选取主要基于以下考虑：首先，现有测度融资约束的具体方法大多以上市公司或其他具有完善会计制度的企业为对象，并不适用于新型农业经营主体融资约束的度量，如 Fazzari 等（1988）构建的投资对现金的敏感度、Hadlock 和 Pierce（2010）根据企业规模和年龄构建的 HP 指标等；其次，银行信贷和民间融资是目前我国新型农业经营主体的主要融资方式，使用贷款难易程度可以充分且直观地体现其供给型融资约束情况。

（2）解释变量为财政服务，主要用问卷调查表中的"您过去是否获得政府的财政补贴？"回答的情况进行赋值统计，回答"有"则赋值为 1，回答"无"则赋值为 0，以考察财政服务是否显著降低了融资约束。

（3）控制变量。为了降低解释变量（财政服务）对被解释变量（融资约束）的回归误差，我们将选择一组融资约束的控制变量，这些控制变量包括新型农业经营主体的资产规模、经营规模、经营收入、负债规模、成立年限、负责人性别、负责人文化程度、负责人年龄、社会关系，各变量定义赋值详见表 6-13。

6.5.3 模型构建与估计方法

（1）模型构建。根据前文的理论分析和指标选取，本节构建以下模型进行财政服务与新型农业经营主体融资约束关系的回归估计：

$$\text{fin\_con} = \beta_0 + \beta_1 \text{fin\_sub} + \beta_1 \sum_{i=1}^{n} \text{control}_i \qquad (6\text{-}12)$$

（2）估计方法选取。融资约束的代理变量——贷款难易程度具有明显的排序特征[①]，因此我们首先考虑被解释变量为离散型的多值选择模型，这也是处理此类变量的常用方法。考虑到多项 Logit 模型或多项 Probit 模型无视数据的内在排序，最终选取排序模型作为回归的具体方法。

假设 $y^* = x'\beta + \delta$（y^* 不可观测），选择以下规则：

$$y = \begin{cases} 0, y^* \leqslant m_0 \\ 1, m_0 < y^* \leqslant m_1 \\ 2, m_1 < y^* \leqslant m_2 \\ \vdots \\ M, m_{J-1} \leqslant y^* \end{cases} \qquad (6\text{-}13)$$

[①] 即通常所说的"排序数据"（ordered data），这类数据的排序性往往是由变量特征天然决定的，如债券的评级（AAA、BBB、CCC 等）、社会满意度调查（非常满意、满意、一般满意、不满意、非常不满意等）。

其中，$m_0 < m_1 < m_2 < \cdots < m_{J-1}$ 为待估参数，称为切点（cut-offpoints，在 Stata 中汇报为"cut 值"）。假设 $\delta \sim N(0,1)$，则

$$P(y = 0 | x) = P(y^* \leq m_0 | x) = P(x'\beta + \delta \leq m_0 | x)$$
$$= P(\delta \leq m_0 - x'\beta | x)$$
$$= \Phi(m_0 - x'\beta)$$
$$P(y = 1 | x)$$
$$= P(m_0 < y^* \leq m_1 | x)$$
$$= P(y^* \leq m_1 | x) - P(y^* < m_0 | x)$$
$$= P(x'\beta + \delta \leq m_1 | x) - \Phi(m_0 - x'\beta)$$
$$= P(\delta \leq m_1 - x'\beta | x) - \Phi(m_0 - x'\beta)$$
$$= \Phi(m_1 - x'\beta) - \Phi(m_0 - x'\beta)$$
$$P(y = 2 | x) = \Phi(m_2 - x'\beta) - \Phi(m_1 - x'\beta)$$
$$\vdots$$
$$P(y = M | x) = 1 - \Phi(m_{J-1} - x'\beta) \tag{6-14}$$

于是，可以写出似然函数，并得到最大似然估计量（β_{MLE}），即 ordered（有序）Probit 模型。如果假设扰动项服从逻辑分布，则可以得到 ordered Logit 模型。值得注意的是，通过排序模型估计所得的系数 β_{MLE} 并不能直接反映解释变量对被解释变量的定量影响程度，而只能通过系数的正负符号做相应分析，具体来说，当 $\beta_{MLE} > 0$ 时，x 增加意味着 y^* 会相应增加，在切点值固定不变的情况下，y 取更高等级（即偏向 M）的可能性更大；相反，当 $\beta_{MLE} < 0$ 时，x 增加意味着 y 取更低等级（即偏向 0）的概率更高；而当 $\beta_{MLE} = 0$ 时，则意味着 x 变动对 y 取值没有影响（陈强，2014）。

6.5.4 数量来源与描述性统计分析

这里的实证数据来自课题组的微观调查数据，在 2042 份新型农业经营主体有效样本中，只有 1934 家新型农业经营主体有信贷需求。而在有信贷需求的新型农业经营主体中，只有 1767 家新型农业经营主体向银行提交了信贷申请，这里将没有提交信贷申请的新型农业经营主体面临的融资约束视为需求型融资约束而予以排除，只对提交信贷申请的 1767 家新型农业经营主体面临的供给型融资约束进行实证。

表 6-14 给出了贷款难易程度的频率分布情况，统计结果显示，银行信贷难易度评价在"3"及以上的样本新型农业经营主体占总样本数的 71.37%，其中"5"（非常困难）的最多，达 27.45%。结合表 6-15 的描述性统计结果，样本中新型农业经营主体贷款难易程度均值在 3 以上且标准差较小，说明目前我国新型农业经营主体的贷款难度偏高，新型农业经营主体面临较严重的供给型融资约束，同时，调查发现，平均 60%以上的新型农业经营主体获得了财政补贴，因此可初步认为，在获得财政服务支持下，新型农业经营主体面临的信贷融资约束依然较突出。此外，经营规模、资产规模和经营收入与负债规模呈现出类似的数据特征，说明这些经营主体的规模整体偏小，很难形成农业的规模效应，其综合抗风险能力偏弱。分析经营主体负责人的相关指标，可以发现负责人以男性居多，平均年龄在 40 岁以上，教育水平偏低，社会关系较弱。

表6-14　贷款难易程度频率分布表

贷款难易程度得分等级	频数/家	频率
1	210	11.88%
2	296	16.75%
3	464	26.26%
4	312	17.66%
5	485	27.45%
总计	1767	100.00%

表6-15　各变量描述性统计

变量	样本数/家	平均值	标准差	最小值	最大值
fin_con	1767	3.3203	1.3475	1	5
fin_sub	1767	0.6084	0.8450	0	15
size	1767	218.5688	415.5360	1	5000
asset	1767	232.4619	481.0485	0.5	5000
income	1767	227.5642	948.1773	0	8500
debt	1767	51.5409	149.5884	0	1200
year	1767	3.6814	4.6004	0	63
age	1767	41.8138	7.5492	22	64
edu	1767	1.5428	0.6519	1	3
soc	1767	0.1726	0.3780	0	1
male	1767	0.8364	0.3670	0	1

6.5.5 实证结果与分析

这里的实证结果分为总体样本和家庭农场样本，所有的样本都是向银行提交贷款申请的样本，同时，由于各类新型农业经营主体影响供给型融资约束的因素可能不同，为了证明总体样本实证结果的稳健性，也对家庭农场样本给出实证结果，以便进行稳健性检验和比较分析。

1. 总体有效样本实证结果分析

本小节利用问卷调查的截面数据和计量软件 Stata14.0，首先进行了普通最小二乘法（ordinary least squares，OLS）回归，并对解释变量和控制变量进行方差膨胀因子（variance inflation factor，VIF）检验，VIF 检验结果均小于 10（表 6-16），说明变量之间不存在严重的多重共线性。随后进行 Oprobit 及 Ologit 估计，回归结果整理于表 6-17，需要注意的是，OLS、Oprobit 及 Ologit 的回归系数并不具有可比性，同时 Oprobit 模型及 Ologit 模型回归的切点值见表 6-18。回归结果具体分析如下。

表6-16　VIF检验结果

变量	VIF	变量	VIF
fin_sub	1.08	soc	1.16
asset	3.6	debt	3.16
income	1.60	age	1.05
edu	1.24	size	1.05
year	1.23	male	1.01
VIF 平均值	1.62		

表6-17　OLS、Oprobit及Ologit回归结果

变量名称	变量代码	OLS	Oprobit	Ologit
财政服务	fin_sub	0.103** (−2.78)	0.113* (−2.08)	0.082 4** (−2.72)
资产规模	asset	−0.000 289* (−2.43)	−0.000 17 (−1.04)	−0.000 253* (−2.57)
负债规模	debt	0.001 56*** (−4.34)	0.002 05*** (−3.99)	0.001 40*** (−4.48)
经营收入	income	−0.000 151*** (−3.74)	−0.000 203*** (−3.79)	−0.000 120*** (−3.61)

续表

变量名称	变量代码	OLS	Oprobit	Ologit
经营规模	size	0.000 142 (-1.91)	0.000 125 (-1.28)	0.000 109 (-1.77)
成立年限	year	-0.061 7*** (-8.45)	-0.154*** (-10.07)	-0.049 6*** (-8.17)
负责人年龄	age	-0.002 84 (-0.69)	-0.001 47 (-0.25)	-0.002 08 (-0.61)
负责人文化程度	edu	-0.269*** (-5.19)	-0.362*** (-5.02)	-0.218*** (-5.05)
社会关系	soc	0.083 8 (-0.97)	0.233 (-1.82)	0.089 2 (-1.23)
负责人性别	male	-0.397*** (-4.84)	-0.527*** (-4.38)	-0.344*** (-4.91)
常数项	_cons	4.326*** (-20.68)		
Prob> F		0.000 0		
Adj R-squared		0.109 3		
Prob> chi^2			0.000 0	0.000 0
Pseudo R^2			0.036 8	0.047 1

注：括号内数值为对应的 z 统计量值；Prob> F 表示事件发生的概率大于 F 值；Adj R-squared 表示调整后的 R^2 值；Prob> chi^2 表示检验的概率值大于卡方的检验值；Pseudo R^2 表示伪 R^2

*、**、***分别表示回归系数在10%、5%、1%水平上显著

表6-18　Oprobit模型及Ologit模型回归切点值

切点值	Oprobit	Ologit
cut1_cons	-3.704*** (-11.93)	-2.087*** (-11.63)
cut2_cons	-2.488*** (-8.20)	-1.427*** (-8.03)
cut3_cons	-1.216*** (-4.08)	-0.681*** (-3.87)
cut4_cons	-0.365 (-1.23)	-0.175 (-1.00)

***表示回归系数在1%水平上显著

首先，从财政服务对融资约束的影响来看。财政服务对融资约束的影响十分显著，且具有正向影响，这与理论预期不一致。这可能是由于财政服务作用的有效性不足，未能充分发挥财政扶持的效果。其一，财政服务直接以现金流的形式

给予新型农业经营主体，缺乏与金融市场机制的协同过程，并没有改变金融担保的运行机制，在分担农业风险方面的作用有限；其二，涉农产业投资长期性与高风险并存的特征，致使其盈利水平较低，与金融机构经营原则相冲突（中国人民银行南昌中心支行调查统计处课题组和郭云喜，2013）。这一状况的长期存在导致经手金融机构的支农财政大部分流向非农部门，对农业部门的信贷供给产生"挤出效应"，从而减弱了财政与金融的协同发展。

其次，从各控制变量来看。新型农业经营主体的资产规模、经营收入、成立年限均显著为负（Oprobit模型资产规模不显著除外），基本与预期结果一致，说明这些因素对融资约束有负向影响，即资产规模越大、经营收入越高、成立年限越长，经营主体的信贷需求越容易得到满足，换句话说，银行更偏向于对这类经营主体授信，也体现了金融机构对安全性的要求。与此相反，负债规模显著为正，说明负债水平越高，新型农业经营主体所承担的流动性风险也越高，同时可用于抵押的资产相对越少，因此其融资约束也越大。值得关注的是，经营规模并没有通过显著性检验，且表现出正向影响。对此，可能跟样本选择有关。本书研究的样本主要来自西南地区，该地区地形以山地、丘陵为主，土地细碎化现象较突出，且难以实现土地资源的整合，直接影响到现代化机械、技术的使用和推广，导致样本地区农业经营主体长期处于非规模经营，形成"规模不经济"，因此，经营规模并不能很好地解释融资约束。负责人年龄和社会关系对融资约束没有显著影响，说明实际的农业信贷市场对这两个因素的关注度较低，更看重资产规模、负债规模等可以刻画新型农业经营主体特点的指标。

此外，Oprobit模型回归与Ologit模型回归的切点值基本在1%的显著性水平（表6-18），且被解释变量的系数基本落在cut3_cons和cut4_cons之间，对比式（6-13）不难看出，贷款难易程度取值偏向5的概率非常高，再次印证了在目前财政服务力度不断增强的背景下，我国新型农业经营主体融资约束程度依然较高的结论，表明我国新型农业经营体系构建中财政服务与金融服务并没有实现协同。

2. 家庭农场样本的实证结果分析

在被调查的672家家庭农场中，共有519家家庭农场向银行提交了信贷申请，占调查家庭农场总数的77.23%；没有提交申请的家庭农场有153家，占调查家庭农场总数的22.77%，这部分家庭农场意味着存在需求型融资约束，因而在实证中予以剔除。

同样，首先对解释变量进行VIF检验，VIF检验结果均小于10（表6-19），说明变量之间不存在严重的多重共线性。随后对家庭农场的财政服务与信贷供给型融资约束进行Oprobit模型及Ologit模型估计，回归结果整理于表6-20，需要注意的是，OLS、Oprobit 模型及 Ologit 模型的回归系数并不具有可比性，同时 Oprobit 模型及 Ologit 模型回归的切点值见表 6-21。

表6-19　VIF检验结果

变量	VIF	变量	VIF
fin_sub	1.07	soc	1.16
debt	3.24	asset	3.69
income	1.60	age	1.05
edu	1.25	size	1.05
year	1.23	male	1.01
VIF 平均值	1.64		

表6-20　提交信贷申请的家庭农场样本供给型融资约束OLS、Oprobit及Ologit回归结果

变量名称	变量代码	OLS	Oprobit	Ologit
财政服务	fin_sub	0.096 0 (−1.26)	0.075 9 (−1.24)	0.101 0 (−0.96)
资产规模	asset	−0.000 3 (−1.22)	−0.000 3 (−1.28)	−0.000 2 (−0.53)
负债规模	debt	0.001 6** (−2.07)	0.001 4** (−2.14)	0.002 0* (−1.89)
经营收入	income	−0.000 1* (−1.74)	−0.000 1* (−1.70)	−0.000 20* (−1.79)
经营规模	size	0.000 1 (−0.93)	0.000 1 (−0.88)	0.000 1 (−0.64)
成立年限	year	−0.059 2*** (−3.96)	−0.047 5*** (−3.89)	−0.148 0*** (−4.82)
负责人年龄	age	−0.004 2 (−0.48)	−0.003 0 (−0.43)	−0.002 8 (−0.23)
负责人文化程度	edu	−0.268 0** (−2.46)	−0.215 0** (−2.41)	−0.359 0** (−2.42)
负责人性别	male	−0.407 0** (−2.31)	−0.350 0** (−2.36)	−0.540 0** (−2.12)
社会关系	soc	0.091 1 (−0.51)	0.094 1 (−0.64)	0.237 0 (−0.91)
常数项	_cons	4.352 0*** (−9.78)		
Prob>F		0.000 0		
Adj R-squared		0.112 9		
Prob>chi^2			0.000 0	0.000 0
Pseudo R^2			0.036 1	0.046 4

注：括号数值为对应的 z 统计量值
*、**、***分别表示回归系数在10%、5%、1%水平上显著

表6-21　家庭农场样本供给型融资约束 Oprobit模型及Ologit模型回归切点值

切点值	Oprobit	Ologit
cut1_cons	−2.105***	−3.720***
	（−5.61）	（−5.74）
cut2_cons	−1.426***	−2.480***
	（−3.83）	（−3.91）
cut3_cons	−0.690*	−1.229**
	（−1.87）	（−1.97）
cut4_cons	−0.193	−0.39
	（−0.53）	（−0.63）

*、**、***分别表示回归系数在10%、5%、1%水平上显著

从表6-20来看，与总体样本相比，解释变量财政服务对家庭农场的供给型融资约束没有带来显著的抑制作用，反而有正向促进作用，表明家庭农场的财政服务与银行信贷支持之间并没有形成有效的配合局面。从各控制变量来看，家庭农场的资产规模同样有助于缓解供给型融资约束，但不显著，可能是因为家庭农场资产规模普遍较小所致。负债规模对家庭农场的供给型融资约束的影响与总体样本的实证结果相似，都是正向促进作用，而且比较显著，表明负债规模越大，偿还能力就越受到威胁，因而银行越不愿意放贷；经营收入对家庭农场的供给型融资约束与总体样本相似，同样产生了抑制作用，但显著性水平低于总体样本，原因可能是家庭农场的收入水平普遍低于农业龙头企业，在总样本中包括了农业龙头企业，因而总体收入水平较高。土地经营规模对家庭农场的供给型融资约束并没有带来抑制作用，反而还有正向促进作用，但不显著，与总体样本实证结果相似，主要原因在于目前家庭农场土地经营规模正处于调整之中，规模经济效应还没有完全显现出来，而且一些家庭农场的现有经营规模可能还没有达到适度规模经营状态。成立年限对家庭农场的供给型融资约束与总样本结果一样，同样带来了显著的抑制作用，与预期相符。家庭农场负责人年龄、负责人文化程度、负责人性别对家庭农场的供给型融资约束均具有抑制作用，但与总体样本相比，显著性程度下降；社会关系对家庭农场的供给型融资约束并没有产生抑制作用，反而具有不显著的正向作用，与总体样本实证结果相似。可能的原因在于多数家庭农场并没有良好的社会关系资本，缺乏通过熟人机制向银行信贷融资。总之，上述各解释变量与控制变量的实证结果大致方向与总体样本的实证结果相似，也达到了对总体样本的稳健性检验的目标。

从表6-21来看，Oprobit模型回归与Ologit模型回归的切点值基本在1%的显著性水平，且被解释变量的系数基本落在cut3_cons和cut4_cons之间，对比式（6-13）不难看出，贷款难易程度取值偏向5的概率非常高，同样印证了在目前

的财政服务力度增强的背景下家庭农场面临的供给型融资约束程度依然较高的结论,说明财政服务并没有积极改善新型农业经营体系面临的融资约束,财政服务与金融服务存在严重的脱节和不协同现象。

6.6 本章小结

本章在财政金融服务与新型农业经营体系构建的理论关系讨论基础上,对财政金融服务支持新型农业经营体系构建的宏观协同性进行了测算,并运用微观调查数据,对财政金融服务于新型农业经营体系构建的协同性进行了描述性统计分析,然后进一步运用微观调查数据,对财政金融服务与新型农业经营体系构建的协同性和在新型农业经营体系构建中财政与金融服务的协同性进行了实证分析。得到的研究结果如下。

第一,长期来看,财政金融服务于现代农业发展的宏观协同性不高,甚至极少协同。其中财政服务对现代农业的支持相对主动积极,变异率较低,而金融服务对现代农业的支持积极性不高,甚至多数情形下存在与现代农业发展金融需求相悖的情形。

第二,从绩效角度看,改革开放以来,财政金融服务对农业发展的综合绩效处于缺乏效率的状态,其中财政服务对农业发展的综合绩效相对较好,而金融服务对农业发展的综合绩效显著偏低。

第三,从财政金融服务于新型农业经营主体的微观效果看,新型农业经营主体对财政服务的满意度相对较高,而对金融服务的满意度较低。

第四,从对财政金融服务与新型农业经营体系构建协同性的实证结果看,财政金融服务在独立作用的情况下,均难以对新型农业经营主体的生产经营活动产生显著影响,但在配套协同性的情形下,会显著促进新型农业经营主体的生产经营活动。

第五,从新型农业经营体系构建中的财政与金融服务协同性实证结果来看,财政服务并没有有效地缓解新型农业经营主体面临的供给型融资约束,相反,在一定程度上还加剧了新型农业经营主体的供给型融资约束,表明财政服务并没有与金融服务一起协同支持新型农业经营体系构建,在新型农业经营体系构建中财政与金融服务存在较为突出的脱节现象。

以上结论表明,我国新型农业经营体系的构建离不开财政金融服务的协同合作。在财政金融服务协同合作中,财政服务往往具有刚性特征,服务表现相对积极稳健,但金融服务通常是在财政服务引导和国家政策规范下向新型农业经营主体提供的，被动性特征较为明显。因此，财政金融服务于新型农业经营体系的构建，需要政府在制定各种配套政策时，充分重视财政服务与金融服务各自的定位，正视金融机构作为市场主体对服务收益与风险的理性衡量与选择，提高现代农业金融服务的风险补偿水平，从而充分调动金融机构提供金融支农服务的内在积极性。

第 7 章　财政金融服务与新型农业经营体系构建不协同的成因和影响

新型农业经营体系的构建不仅是推进农业从传统农业向现代农业转型的关键，也是当前我国农业供给侧结构性改革的重要内容。而财政金融服务在新型农业经营体系构建中具有不可替代的作用，要促进新型农业经营体系的构建，就需要维持财政金融服务与新型农业经营体系构建的协同状态。如果财政金融服务滞后于新型农业经营体系构建的现实需求，新型农业经营体系构建就会严重受阻。而这正是当前我国财政金融服务与新型农业经营体系构建的不协同关系状态，第 6 章也揭示了这种状态的现实存在性。本章就将进一步利用微观调查数据和案例证据，对我国财政金融服务与新型农业经营体系构建的不协同性关系进行成因和影响分析，为后文促进财政金融服务创新与新型农业经营体系构建的协同政策框架提供坚实的经验证据。

7.1　财政金融服务与新型农业经营体系构建不协同的现实表征

财政金融服务可以分别从政府和市场机制角度为新型农业经营体系构建提供必要的资金支持，并为其风险提供必要的分担机制，因而财政金融服务与新型农业经营体系构建关系本质上属于供求关系，二者之间的协同主要强调的是供需是否均衡与匹配。财政金融服务供给大于或小于新型农业经营体系构建的需求，均属于关系不协同。从我国现实来看，二者的不协同主要是财政金融服务供给小于新型农业经营体系构建的需求，具体表现在以下四个方面。

7.1.1 财政金融服务与新型农业经营体系的基础建设需求不协同

财政金融服务与新型农业经营体系构建的基础设施建设具有密切的联系。下面就二者的不协同关系进行现实的考察。

1. 新型农业经营体系的基础建设对财政金融服务的现实需求

新型农业经营体系构建首先会对现代农业基础设施建设形成现实需求。这些现代农业基础设施覆盖新型农业经营体系的生产与经营环节。其中生产环节的基础设施包括农田水利灌溉系统、农村道路系统、农业育种系统、标准农田改造、生产大棚设施、农业科技系统、农业生态环境等；经营环节的基础设施包括仓储、保鲜冷库、晒坝、加工、物流、市场交易平台、农业互联网等。这些农业基础设施有些是跨区域享受的纯公共品，如大型水利工程、农业互联网、农业科技系统、农业生态环境等，其正外部效应十分显著；有些是局部区域享受的准公共品，如农村道路系统、仓储、市场交易平台等，具有一定的正外部效应；有些则是农业经营者独自享受的私人物品，如保鲜冷库、加工、晒坝、办公用房、生产大棚设施等，效益的正外部性不明显，但需要大量投资。上述农业基础设施（除第三种外）均是新型农业经营体系构建的共同生产经营条件，主要为新型农业经营体系的生产经营提供水利、道路、农田、种子、技术、储藏、保鲜、市场、营销、生态环境等方面的便利。

2. 支撑新型农业经营体系构建的现代农业基础设施建设进展与不足[①]

经过多年的财政投入、金融支持、以工代赈等机制，我国农业基础设施建设取得了巨大成就，主要表现是建成了如南水北调等一批重大水利工程和现代种养基地，现代农业综合生产能力明显提高。截至 2014 年底，全国农田有效灌溉面积已达到 9.86 亿亩，灌溉面积比重超过 52%；农村公路总里程达到 390 万公里，"村村通"使所有乡镇和 90% 的建制村通了班车（陈锡文和韩俊，2017）；通信、互联网建设也取得了与城市几乎同步的进展；农作物良种覆盖率已由新中国成立初期的不足 0.1% 提高到 2013 年的 96%，商品种子供应率已由 20 世纪 90 年代中期的 30% 提高到 2013 年的 60%，全国"育繁推一体化企业"已达到

---

① 本部分的数据主要参考刘奇（2014）。

90多家，有8家种子企业成功上市[①]；2013年森林覆盖率提高到21.63%，草原植被覆盖度达到53.6%。2016年国家农业综合开发建成高标准农田2800万亩。此外，农村饮水、用电、住房等生产生活条件也得到明显改善。尽管如此，目前我国农业基础设施总体上仍然比较落后，难以适应新型农业经营体系构建的需要，具体表现在以下几个方面。

第一，农业水利设施落后。水利是现代农业不可或缺的重要支撑条件，具有很强的基础性、战略性、公益性。统计数据显示，生产1公斤小麦需要250公斤水，生产1公斤水稻需要375公斤水；而我国又是水资源贫乏国家，人均淡水资源仅为世界平均水平的27%，且时空分布不均，长江以南水资源占全国的81%，而耕地面积只占36%；降水时段大都集中在春夏两季，洪涝、旱灾频繁发生。与此同时，我国农业用水有效利用率仅为40%左右，远低于欧洲发达国家70%~80%的水平（刘奇，2014）。这与农田水利基础设施较差密切相关，我国较多的中小型农田水利处于年久失修、超期服役、带病运作状态，全国有效灌溉面积刚超过50%，旱涝保收面积还十分有限。

第二，土地基础条件差，土壤污染严重。我国耕地总面积居世界第四位，但人均耕地面积仅为1.3亩，位居世界126位，不到世界人均耕地面积的一半，且20世纪90年代中期以来的工业化和城镇化使耕地锐减，死守18亿亩耕地红线被一再敲响警钟。而在这些耕地中，土壤盐碱化、石漠化现象突出，70%以上耕地还处于中低产田状态，不适宜机械化耕作的山坡地较多。同时，大约超过2000万公顷的耕地受到污染，约占耕地总面积的20%。污染源主要来自化肥、农药的滥用和污水排放。例如，1996~2006年，化肥施用量同比增幅超过50%，农药使用量同比上涨了80%。农药化肥的使用和工业排放加剧了水污染。数据显示，目前我国只有3%的城市水源基本清洁，97%的城市水源受到污染，其中严重污染的占64%，用这样的水质灌溉农田，农产品质量堪忧[②]。

第三，农业科技推广基础落后，种子基础缺乏创新力和竞争力。截至2013年底，我国农业科技成果转化率只有40%左右，远低于发达国家80%以上的水平。我国农业科研贡献率仅为50%~60%，也远低于发达国家70%~80%的水平。从农

[①] 截至2013年底，全国已有400多家种子科研机构、10多万种子科研人才。20世纪70年代，我国成功培育了杂交水稻、矮秆化小麦，1978年以来又培育出了超级杂交稻、紧凑型玉米、优质小麦、转基因抗虫棉、双低油菜等一大批优良品种，目前我国主要农作物品种已更换了多次。我国种业已发展成仅次于美国的第二大种业市场，常年用量在300亿公斤左右，价值达500亿元左右，待开发市场潜力巨大（刘奇，2014）。

[②] 有研究认为，我国目前废水排放量已成世界之最，每天废水排放量比美国、俄罗斯、德国、印度尼西亚、泰国、法国、乌克兰、越南和意大利9个国家的总和还多。中国60万个行政村每年生产90亿吨污水，2.8亿吨垃圾，基本处于"污水靠蒸发、垃圾靠风化"状态。全国每公顷农田使用化肥318公斤，是全球平均水平的2.5倍。中国化肥有效率只有35%，其余65%流失并污染了环境。

业种子基础工程发展来看,我国 2013 年持证经营农业种子的企业有 8700 多家,其中 70%左右是小企业,99%的企业没有研发能力,前 10 家企业种子市场份额仅占 13%,而美国有 11 000 多家种子企业,90%以上的新品种来自企业,仅孟山都和杜邦先锋 2 家企业就占据美国玉米种子市场的 60%以上份额(刘奇,2014)。上述数据充分表明,支撑新型农业经营体系构建的现代农业基础设施亟待加强建设。

第四,农业服务业基础建设薄弱。美国的农民占全国总人口的 2%左右,但从事农业服务的人员占全国总人口的比例却达 17%~20%。2012 年美国农业服务业增加值占农业 GDP 的比重已达到 12.7%,而我国仅为 2.3%(韩长赋,2013)。

3. 新型农业经营体系构建的现代农业基础设施建设与财政金融服务的不协同

要促进我国新型农业经营体系构建,就必须在现有基础上加强现代农业基础设施建设。由于现代农业基础设施有些是纯公益性的(如农村道路、农业技术推广、土壤治理等),有些是准公益性的(如农业灌溉、农业种子、高标准农田改造等),有些则是纯私人性质(如生产大棚等)。这三类农业基础设施分别对应于"财政投资+政策金融"、"财政+市场投资"("政策金融+商业性金融")、"市场投资"("私人资本+金融投资")投融资模式。可见,财政金融服务在现代农业基础设施建设中可以发挥重要的资金支持作用。但现实是,我国财政金融服务与现代农业基础设施建设的需求不协同。

表7-1　2010~2014年中央财政农林水支出与农业基建支出变化状况

项目	2010 年	2011 年	2012 年	2013 年	2014 年	累计增长
农业基建支出/亿元	1088	1118	1487	1088	1202	10.5%
农林水支出/亿元	3879.7	4785.3	5996.1	6005.4	6474.3	66.9%
占比	28.0%	23.4%	24.8%	18.1%	18.6%	−33.6%

资料来源:转引自陈锡文和韩俊(2017)

(1)财政服务与现代农业基础设施建设的不协同。一是财政服务于农业基础设施投资的比重下降,农业基础设施和生态补偿投入少。如表 7-1 所示,2010~2014年中央财政累计用于农林水的支出为 27 140.8 亿元,累计用于农业基础设施建设的中央预算内资金为 5983 亿元,占农林水总支出的 22%。但其年度资金规模占全部农林水支出的比例变化较大,2010 年比例为 28.0%,2014 年降为 18.6%,下降了 9.4 个百分点,降幅高达 33.6%。二是财政服务农业基建支出增长缓慢,且结构不合理。2010~2014 年中央财政农林水支出累计增长了 66.9%,年均增长了 13.7%,中央预算内农业基建支出仅增长 10.5%,年均增长 2.5%,表明财政用于农业基建支出增长十分缓慢。同时,财政用于农业基建的资金,主要偏重水利工程特别是大型水利设施建设,一般占比达 60%以上,且其中部分项目与现代农业生产关联度不大，真正用于提高新型农业经营体系综合生产能力的基础建设投资规模较小，且总量不足。这从表 7-2 可以印证，除了水利工程建设投入水平最高外，其余如农业科技推广服务、动植物防疫体系、市场流通基础设施、食品安全保障、农业信息化体系、执法体系建设、社会化服务体系建设等方面的投入力度严重偏低[①]。

表7-2　2013~2016年我国农业公共产品与公共服务财政投入情况　单位：亿元

项目	2013 年	2014 年	2015 年	2016 年
农业科技推广服务	353.27	405.37	419.39	390.12
执法监管	39.90	25.04	29.08	25.67
统计监测与信息服务	8.35	9.36	13.68	15.99
农业资源保护与修复	208.33	222.82	254.03	256.22
农村道路建设	179.94	235.03	217.81	193.32
贫困地区农村基础设施建设	343.79	374.83	410.28	822.15
土地治理	380.53	378.27	416.98	407.69
农田水利	506.66	525.39	772.34	639.28
农村人畜饮水	285.34	268.76	367.50	122.11
水土保持	76.63	79.15	81.37	85.10
南水北调	95.61	69.58	81.27	65.71
水利工程建设	1211.57	1346.11	1973.75	1884.03
病虫害防治	133.95	144.14	148.27	140.87
农产品质量安全	49.03	52.86	54.45	54.56
防灾救灾	51.07	37.22	36.44	46.87
防汛抗旱	169.94	155.28	180.99	198.89

资料来源：财政部网站。

（2）金融服务与现代农业基础设施建设的不协同。一般说来，对于准公共性农业基础设施建设，农业政策性金融应发挥重要作用；而对于纯私人属性的农业基础设施，则应该由商业金融予以支持。但实际中很难找到专门支持现代农业基础设施建设的农业信贷官方统计数据，因而无法用数据证实二者的不协同性。不过，本书可以从微观调查数据中大致看到这种不协同现象。在问及"新型农业经营主体对农业基础设施建设贷款的满意度"时，在 2042 户有效样本中，有信贷需求的新型农业经营主体 1934 家，占比高达 94.71%，信贷需求十分旺盛。在 1934 家有信贷需求的新型农业经营主体中，回答"对农业基础设施建设有信贷需求"的新型农业经营主体有 1314 家，占比 67.94%（表 7-3），仅次于种子、农药、化

---

① 例如，2015 年我国投入农业的科研经费约为 30 亿元人民币，而美国孟山都一家公司投入的科研经费就高达 8 亿多美元。

肥等农业生产资料购买、农业劳动力工资支出和土地流转租金支出意向占比；但实际获得信贷服务支持的新型农业经营主体只有 804 家，占比为 61.19%；即使成功获得农业基础设施贷款的新型农业经营主体，信贷需求满足率也只有 70.61%，他们对银行信贷服务的满意率（含很满意、比较满意、一般满意）只有 68.29%，不满意率（含不满意、很不满意）达到 31.72%（图 7-1）。可见，信贷服务与新型农业经营体系构建的基础建设需求并不相匹配协同。

表7-3　新型农业经营主体样本获得信贷服务支持后资金使用意向

信贷资金支出选项	样本数/家	所占比例
标准农田、大棚、圈舍和房屋设施建设	1314	67.94%
农业耕作机械设备购买	795	41.11%
农产品加工、储藏、保鲜设备购买	420	21.72%
种子、农药、化肥等生产资料购买	1934	100.00%
农业劳动力工资支出	1934	100.00%
农产品包装与品牌建设支出	401	20.73%
农产品营销成本支出	848	43.85%
农业社会化服务购买支出	740	38.26%
土地流转租金支出	1410	72.91%

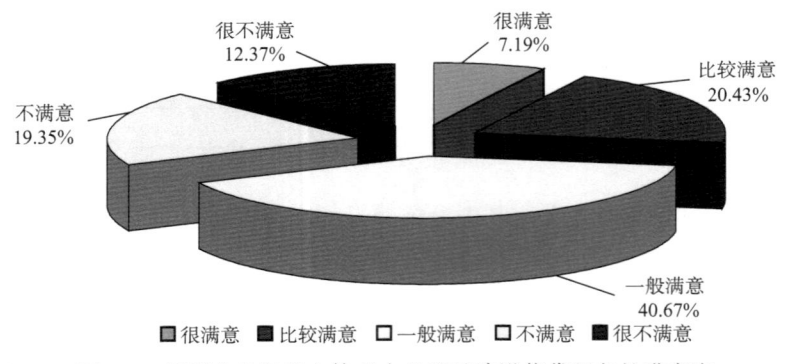

资料来源：课题组问卷调查数据整理

图 7-1　新型农业经营主体对农业基础建设信贷服务的满意度
数据经过四舍五入计算，相加与100%有偏差

很不满意 12.37%　很满意 7.19%　比较满意 20.43%　不满意 19.35%　一般满意 40.67%

7.1.2　财政金融服务与新型农业经营体系的生产经营需求不协同

生产经营是新型农业经营体系构建的中心环节，对财政金融服务的依赖性较

高。下面就着重考察财政金融服务在新型农业经营体系构建的生产经营环节的现实协同关系。

1. 新型农业经营体系的生产经营对财政金融服务的现实需求

从公共财政角度来看,处于构建阶段的新型农业经营体系的生产经营属于市场行为,如果经营管理有方,可以获得较好的经济收益,因而按照公共财政配置原则,财政不应当向新型农业经营体系的生产经营环节提供资助;但是处于构建阶段的新型农业经营体系生产经营还不成熟,经济效益获取能力还比较弱,加之其具有显著的溢出效应,能带动农民就业和推动农业现代化,即便不处于构建阶段,按照WTO规则,生产经营环节仍然可以发放多种形式的财政补贴,如价格支持(包括粮食最低收购价、粮油临时收储措施等)、挂钩的直接补贴(包括粮食直补、农资综合补贴、农作物良种补贴、畜牧良种补贴、农机具购置补贴等)、脱钩的直接补贴(包括退耕还林补贴、退牧还草补贴)。从金融服务来看,新型农业经营体系的生产经营能够直接产生经济效益,因而属于商业金融、合作金融支持的对象。加之新型农业经营体系在生产经营中用于购买农业生产要素的资金需求规模较大,金融应当在风险可控的条件下对新型农业经营体系生产经营的资金支持发挥主力军作用。

2. 财政服务与新型农业经营体系生产经营需求的不协同

自2004年起,国家连续出台多个关于"三农"的中央一号文件,相继实施了粮食收购最低价(2004年开始)、粮油临时收储措施(2008年起)、冻猪肉收储服务(2009年起)、粮食直补(2004年起)、农资综合补贴(2006年起)、农作物良种补贴(2002年起)、畜牧良种补贴(2005年起)、农机具购置补贴(2004年起)等生产者支持措施。图7-2显示,我国农业生产者支持总水平从2002年的1896.4亿元增长到2014年的18 016.0亿元,增长了8.5倍,年均增长20.64%;市场价格支持水平在2002~2014年增长了10.75倍;基于生产者投入使用的支持水平从2002年的483.1亿元增长到2014年的1280.2亿元,增长了1.65倍,年均增长8.46%;其他支出从2002年的44.4亿元增长到2012年的1680.0亿元,增长了36.84倍,年均增长35.36%;生产者支持水平和市场价格支持在2008年和2011年起伏波动较大。图7-3进一步显示了2004年以来粮食直补、农资综合补贴、农机具购置补贴和农作物良种补贴变化情况,除了粮食直补基本保持稳定外,变化最大的是农资综合补贴,从2006年的120亿元增长到2014年的1078亿元,然后是农作物良种补贴,最后是农机具购置补贴。这表明在新型农业经营体系构建的生产环节,财政服务体系基本框架已经形成。

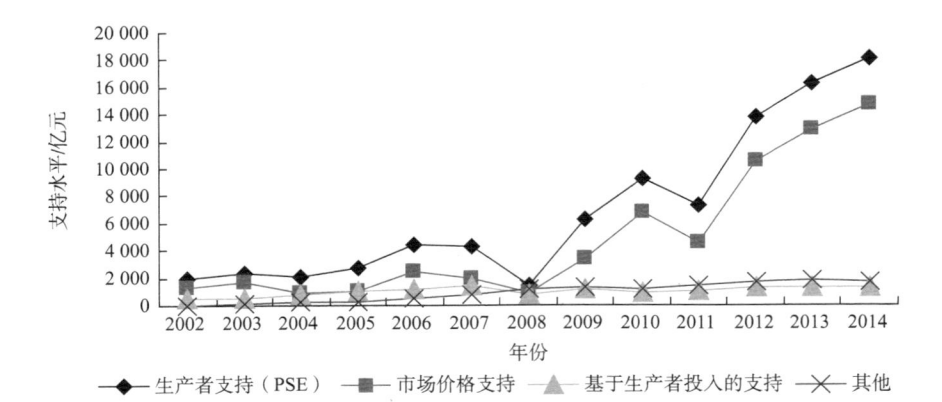

图 7-2 2002~2014 年我国生产者支持水平及构成

资料来源：韩一军等（2017）

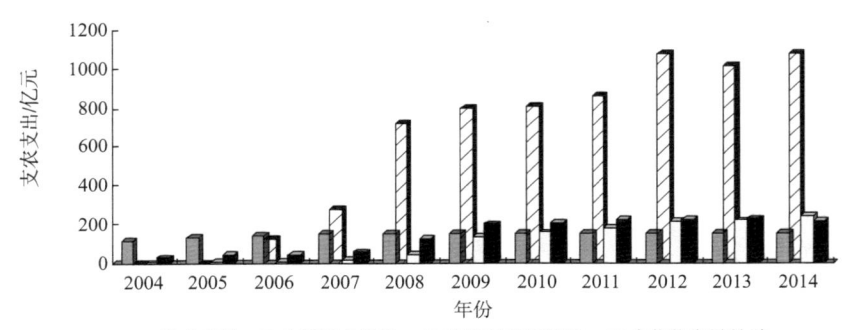

图 7-3 2004~2014 年中国四项财政支农补贴支出

尽管如此，财政服务于新型农业经营体系构建的生产环节仍然存在一些不协同现象。首先，生产性财政服务总量支持不足。在所有的农业补贴中，如果扣除税费减免及对种粮农民直接补贴和农资综合补贴之后，剩下的生产性专项补贴规模并不大。例如，新型农民技术培训、科技创业补贴规模都较小，实施范围仅限于少数项目区；土壤有机质提升补贴等专项资金规模更小，难以从整体上起到引导新型农业经营主体生产行为的目的。据 OECD 的数据显示，中国农业生产者支持水平从 1994 年的 0.7%提升到 2016 年的 16.1%，但与发达国家相比仍然偏低，如 OECD 成员农业生产者补贴率平均为 21.7%，挪威为 61.1%，韩国为 52.1%，日本为 47.3%，欧盟为 23.3%，墨西哥为 34.2%，均高于我国（韩一军等，2017）。其次，部分补贴政策效果与目标不一致。在我国现有"四大农业补贴"中，对于粮食直补目前大多数省区市仍按照计税土地承包地面积计算，而非实际播种面积，基层落实中也多变更为按计税面积。即使农民将土地流转给新型农业经营主体，粮食直补仍然支付给了农民，导致补贴受益者与实际种粮者脱钩，粮食生产与补贴金额已没有关联，粮食直补已由调动农民种粮积极性转变为单纯的农民收入支持；农资综合补贴和农作物良种补贴往往采取发放现金的补贴方式，等同"加强版"的粮食直补，对补贴者的资金用途和补贴品种缺乏有效监督。农机具购置补贴和农机具与区域实际需求脱节，没有体现出农业主产区与农业非主产区的需求差异。

3. 金融服务与新型农业经营体系生产经营需求的不协同

据课题组调查，新型农业经营体系具有广泛的生产经营信贷需求，包括购买农业生产资料、购买非人力农业要素、支付工资、支付运营销售费用等。如表7-3所示，在1934家有信贷需求的新型农业经营主体中，回答信贷需求用于"农产品加工、储藏、保鲜设备购买""种子、农药、化肥等生产资料购买""农业劳动力工资支出""农产品包装与品牌建设支出""农产品营销成本支出""农业社会化服务购买支出""土地流转租金支出"项目的分别有420家、1934家、1934家、401家、848家、740家和1410家，占比分别为21.72%、100.00%、100.00%、20.73%、43.85%、38.26%和72.91%。在农业生产性用途中，信贷需求用途较大的是农业生产资料购买和农业劳动力工资支出，其次是土地流转租金支出，最后是农产品营销成本支出等。

近年来，国家出台了多项金融支持新型农业经营体系的政策措施[①]，使农业贷款得到快速增长，有力地支撑了新型农业经营体系的构建。统计数据显示，我国农业贷款从2003年的8411.40亿元增长2015年的30 735亿元，增长了2.65倍，年均增长11.40%；整个涉农贷款从2003年的20 094.52亿元增长到2014年的194 383亿元，增长了8.67倍，年均增长22.91%。

虽然如此，但在现行的涉农贷款统计口径中，扶贫贷款、农村基础设施建设贷款和农村第二产业、第三产业贷款都统计进去了，实际用于农业生产性贷款比较低，即使是农业贷款，也并非全部发放给了新型农业经营主体。这可以从新型农业经营主体生产性贷款难度调查数据得到证明。如图7-4所示，在被调查的有信贷需求的1934家样本新型农业经营主体中，选择"向金融机构借款很容易"的新型农业经营主体共有123家，占比6.36%；选择"向金融机构借款比较容易"的新型农业经营主体共有326家，占比16.86%；选择"向金融机构借款一般容易"的新型农业经营主体共有626家，占比32.37%；选择"向金融机构借款比较困难"的新型农业经营主体共有565家，占比29.21%；选择"向金融机构借款很困难"的新型农业经营主体共有294家，占比15.20%；合计认为向金融结构借款比较容易（含很容易、比较容易、一般容易）的新型农业经营主体占比只有55.59%。这表明新型农业经营体系在

---

① 参见第5章相关内容。

生产经营阶段面临的融资约束比较大,金融服务与新型农业经营体系构建的生产经营需要存在较为突出的不协同。

图中数据:
- 6.36% 向金融机构借款很容易
- 16.86% 向金融机构借款比较容易
- 32.37% 向金融机构借款一般容易
- 29.21% 向金融机构借款比较困难
- 15.20% 向金融机构借款很困难

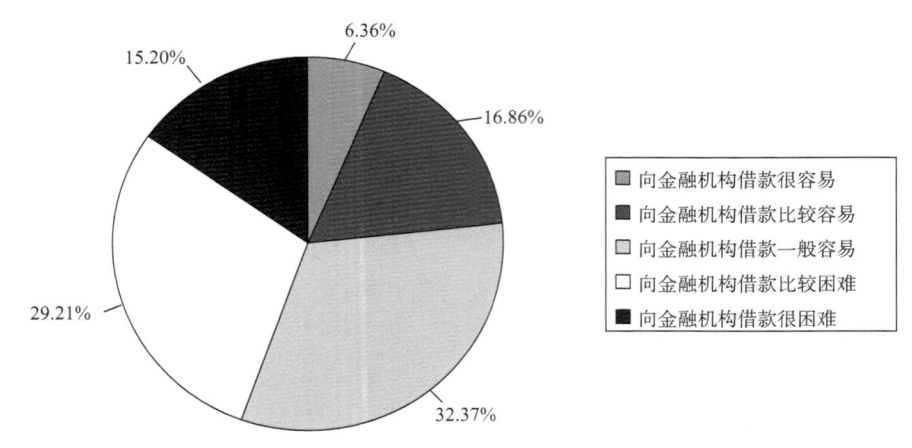

图 7-4 新型农业经营主体向正规金融机构借款的困难度

另中国社会科学院发布的《"三农"互联网金融蓝皮书》揭示,自 2014 年起,我国"三农"金融缺口超过 3 万亿元。截至 2016 年,农村只有 27%的农户能从正规金融机构获得贷款,40%以上有金融需求的农户难以得到贷款(徐绍峰,2017)。由于缺乏农业资产权属认定与证书,新型农业经营主体融资难度比普通农户更高,这进一步证明信贷服务与新型农业经营体系构建是不协调的。

7.1.3 财政金融服务与新型农业经营体系经营风险规避需求不协同

风险是新型农业经营体系构建的必然产物,因此风险管理与规避同样与财政金融服务密切相关。下面就着重考察财政金融服务在我国新型农业经营体系构建的风险环节的现实协同性。

1. 新型农业经营体系的经营风险对财政金融服务的现实需求

这里的新型农业经营体系的经营风险是从广义的角度而言的,主要包括农业自然灾害风险、市场价格波动风险和自身经营管理不善的风险。其中,自身经营管理不善可以通过对新型农业经营主体负责人进行经营管理技能的培训并提供补贴来规避;对新型农业经营体系造成重大威胁的风险主要是农业自然灾害风险和市场价格波动风险。我国是自然灾害十分频繁的国家,旱、涝、雹、冻等极端灾害天气频发。

如图 7-5 所示，尽管 1990~2015 年灾害发生强度呈下降趋势，受灾面积从 1990 年的 3847 万公顷下降到 2015 年的 2177 万公顷，成灾面积从 1990 年的 1782 万公顷下降到 2015 年的 1238 万公顷，但是灾害起伏波动较大，受灾面积最多的年份超过了 5500 万公顷，且平均每年给我国至少带来 1000 亿元以上的经济损失；同时，农产品需求弹性小、市场价格波动大、经营风险高，会严重影响新型农业经营主体投资农业、发展农业的积极性，客观上需要财政金融服务介入，以减轻新型农业经营体系构建中的经营风险，确保其有稳定的农业收益。

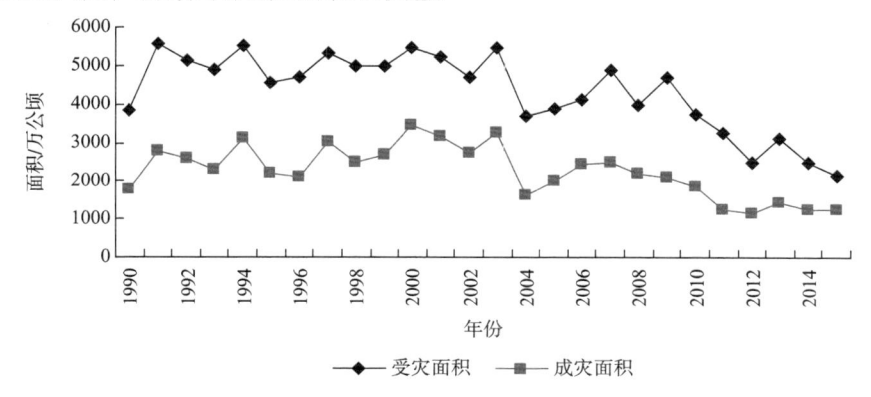

图 7-5 1990~2015 年我国农业自然灾害发生状况

财政服务分担新型农业经营体系的经营风险，主要有以下两种形式。一是对自然灾害风险分担主要采取巨灾救助、农业保险保费补贴等，我国农业保险保费补贴从 2007 年开始执行，对中央规定的补贴险种，在省级财政承担规定比例的保费后，中央财政再给予一定比例的保费补贴，其余由农户、农业企业和地方财政共同承担①。二是对其市场价格波动风险主要采取目标价格补贴、稳定农民收入补贴。其中，稳定农民收入补贴主要用于执行粮食最低收购价政策和粮油临时收储政策（也包括粮食直补在内）。在目标价格补贴中，对低于目标价格的缺口由财政补贴，对超过目标价格的则自行取消补贴。2014 年起我国已经对东北大豆和新疆棉花实行了目标价格补贴政策试点②。而金融服务分担新型农业经营主体的经营风险，主要是向新型农业经营体系提供农产品价格指数险及促进有条件的新型农业

---

① 目前我国农业保险保费补贴品种包括玉米、水稻、大豆、棉花、小麦、花生、油菜、马铃薯、青稞等种植业产品，能繁母猪、奶牛、育肥猪、藏系羊等畜产品，以及商品林、公益林、天然橡胶等。种植业补贴险种主要对人力无法抗拒的自然灾害对投保农作物所造成的损失进行补贴，补贴金额原则上为标的物生长期内所发生的直接物化成本；养殖业补贴险种的责任为重大疾病、自然灾害和意外事故所导致的投保个体直接死亡，保险金额参照投保个体的生理价值（包括购买价格和饲养成本）确定（程国强，2011b）。

② 试点中，综合考虑 2011~2013 年 3 年的平均利润、物价上涨、种地成本等因素，将新疆棉花目标价格确定为每吨 19 100 元，将东北三省和内蒙古大豆目标价格确定为每吨 4800 元，有效维护了农业经营者的种植利益。

经营体系进行股权融资等，通过社会机制分担风险。

2. 财政服务与新型农业经营体系经营风险规避的不协同

近年来，为了加快新型农业经营体系构建，促进农业现代化，国家高度重视建设现代农业风险管理机制，并进行了必要的财政投入。如图7-2所示，市场价格支持水平从2002年的1251.2亿元增长到2014年的14 707.0亿元，增长了10.75倍，年均增长22.80%。表7-4显示了2013~2016年农业防灾救灾补贴大致维持在每年30亿~55亿元，农业保险保费补贴呈增长势头，稳定农民收入补贴同样得到了快速增长，目标价格补贴从2014年才推出试点，也基本稳定在300亿元以上。这表明财政服务于现代农业风险管理尚处于起步阶段，与财政服务于现代农业风险管理的目标——构建多元化现代农业风险管理体系尚有一定的差距。例如，仅从灾害风险来看，自然灾害每年给我国带来1000亿元以上的经济损失，受灾人口2亿多人次，其中农业经营者是最大的受害者，以救济和社会捐助的方式远远无法弥补农业经营者因灾害遭受的损失。所以，加大财政投入力度，大力发展农业保险无疑成为现代农业发展的保护伞。

表7-4　财政金融服务于现代农业风险管理运行情况

	服务类型	2013年	2014年	2015年	2016年
财政服务	防灾救灾/亿元	51.07	37.22	36.44	46.87
	防汛抗旱/亿元	169.94	155.28	180.99	198.89
	农业保险保费补贴/亿元	225.48	244.73	268.05	287.55
	稳定农民收入补贴/亿元	20.31	98.18	69.23	170.05
	目标价格补贴/亿元			338.11	318.59
金融服务	农业保险保费收入/亿元	306.59	325.78	374.90	417.12
	农业保险保障水平	13.78%	15.31%	17.69%	18.15%

资料来源：财政部官方网站

3. 金融服务与新型农业经营体系经营风险规避的不协同

农业保险无疑是金融服务于新型农业经营体系风险管理的重要手段。我国自2007年大规模试点农业保险保费补贴政策以来，农业保险得到快速发展，农业保险保费收入从2007年的51.8亿元增长到2016年的417.12亿元，增长了7倍，年均增长26.08%，总保费收入位列全球第二、亚洲第一[①]。尽管如此，农业保险发展的短板仍然较突出。一是农业保险保障水平低，2016年我国农业保险保障水平只有18.15%（表7-4），只有美国和日本的1/2，加拿大的1/6。政策性农业保险保费收入仅

---

① 详细数据参见第5章。

为农业产值的 3.2‰，覆盖面积仅占我国耕地面积的 1/4，保险覆盖率低；农业保险保障深度不足且呈下降趋势，灾害损失的补偿能力较为有效。二是农业保险区域发展不平衡。西部地区后发优势明显，但中部地区增长动力不足；各省区市农业保险保障水平差距大，前 5 位超过 50%，后几位不足 10%（中国农业保险保障水平研究课题组，2017）。三是农业保险产业结构不合理，"种强养弱"。种植业保险保障高度高于深度，而养殖业不仅保障深度不高，保障覆盖率也较低。可见，我国农业保险服务尚无法满足广大农民尤其是新型农业经营主体日益增长的需求，还需要全面提升农业保险保障水平。

此外，股权融资和风险投资是新型农业经营体系经营风险规避与社会化分担的重要途径。但是，我国目前能够上市融资的农业企业只是少数，多数新型农业经营主体因缺资质、缺金融素养而无法得到主管部门的认证入市，使得多数新型农业经营主体经营风险的股权化分担机制无法建立起来。

7.1.4 财政金融服务与新型农业经营体系可持续经营需求不协同

新型农业经营体系要在构建阶段实现可持续经营，就需要针对农业的风险和效益特性，制定可持续的财政金融服务政策，并提供与不同阶段经营风险和效益特征相适应的财政金融服务。但目前的财政金融支持政策在连贯性上与新型农业经营体系可持续经营需求存在一定矛盾。

1. 财政服务缺乏促进现代农业可持续经营的相关政策设计与稳定支持增长机制

当前我国财政支农服务仍主要围绕农户行为、实现粮食增产和农民增收为目标而设定，对（如应对气候变化、发展绿色农业、保护生物多样性、水土资源管理等）实现现代农业可持续发展及促进新型农业经营体系可持续经营缺乏专门的政策设计，有些财政支农补贴政策如母猪繁育补贴政策等是临时性的，政策导向变化较频繁，缺乏连贯性[①]。同时，尽管有关法律制度规定，中央和县级以上地方财政每年对农业总投入的增长幅度应当高于其财政经常性收入的增长幅度，但规定比较笼统，没有相应的管理办法和监督机制，实施起来比较困难。一些中央支农补贴政策落到地方时，需要地方政府协力配合，对于财力严重不足的地方政府，其补贴的随意性、

---

① 例如，在 2003 年之前，农业补贴政策具有明显的引导农户进行结构调整、发挥市场经济作用的倾向；而自 2004 年以来，由于粮食总产量不足，农业补贴政策成为促进粮食生产恢复发展的工具。2007 年为防止猪肉价格过度下跌，缓解生猪生产下滑，国家临时出台能繁母猪补贴政策，但 2009~2010 年停止实施，2011 年又重新实施，表明一些财政支农政策缺乏连贯性。

主观性就比较突出，甚至无法迟迟到位，客观上造成了财政服务新型农业经营体系构建的政策不稳定，影响了财政服务效果。

2. 财政支农资金被条块分割，资金被分散化使用，影响财政服务效率

目前我国财政服务新型农业经营体系的资金主要用于农业投资、农业生产、农业科技、农产品流通等环节，这些环节由不同的部门分管，大致包括农林、水利、科技、扶贫办、发改委等相关部门，而这些部门又自上而下形成一套组织管理体系[①]。尽管目前各专项资金已统一由财政部门管理，但其他主管部门还享有调用资金和支配项目资金使用的权利。因此，这种管理体制不仅决定了财政服务新型农业经营体系的资金使用分配上出现条块分割、多头管理，使有限的资金无法形成合力，而且还会导致监管乏力，并诱发同一建设项目在不同年度或多个部门立项申报，多次从不同部门获得资金的现象，使得财政支农资金整体效益下降。

3. 在服务于新型农业经营体系可持续发展中，财政与金融不协同

在现代农业发展中，新型农业经营体系可持续发展对金融服务的需求不仅迫切，而且持久。但是，在金融支持实体经济中，农业金融服务始终是最薄弱的环节，新型农业经营体系缺乏银行认可的抵押品，信贷、担保服务于新型农业经营主体困难重重，导致金融服务于新型农业经营体系长期滞后于财政，财政与金融服务在支持新型农业经营体系构建中，并没有建立起有效的联系纽带，金融服务明显滞后（马晓河，2017），而且对新型农业经营体系支持不连贯，导致金融杠杆对财政服务的支撑功能长期缺失。可见，加快完善金融支持现代农业的政策，健全现代农业投融资体制机制已刻不容缓。从财政的角度看，财政服务新型农业经营主体具有暂时性和不可持续性，如对某地进行"村村通"道路和水利设施建设等，一旦建设任务得以完成，有针对性的财政服务即告结束。事实上，当这些设施建成后，还需要相关配套和维护，而这些在财政服务中并未考虑。如果使用一段时间破损，需要财政资助维修时，需要单列项目，但很难得到及时批准。显然，这是财政服务在供给中强调短期效率而未考虑长期效率所致。此外，在新型农业经营体系构建中，虽然相关支持政策如土地政策、产业政策等也很多，但在新型农业经营主体培育后如何促进他们持续有效地经营，又对这些政策的可持续性提出了新的挑战。因此，增强政策的稳定性、可持续性，对于促进新型农业经营体系可持续发展十分重要。

---

① 在政府收支分类体系中，支农资金渠道来自20多个部门和企业，支出功能分类的19个类级科目中，财政支农资金在"农林水事务"等14个类级科目中均有分布（马晓河，2017）。

7.2 财政金融服务与新型农业经营体系构建不协同的影响分析

由于我国新型农业经营体系尚处于构建阶段，同样，与之相适应的财政金融服务也处于探索阶段，而且是一个需要从传统农户家庭经营基础上的财政金融服务向以新型农业经营体系为载体的现代农业财政金融服务转型升级的过程，在这一漫长的转型升级过程中，必然会存在与新型农业经营体系构建不协同的过程与环节，从而产生一些负面影响。通过课题组的实地调研与总结，这些影响主要包括以下几个方面。

7.2.1 通过阻碍新型农业经营体系构建而制约农业现代化进程

以三次产业融合为特征的农业现代化发展，客观上需要新型农业经营体系做支撑。财政金融服务作为实体经济部门的主要资金来源，在培育壮大新型农业经营体系和推动农业现代化过程中发挥着不可替代的作用。但是，目前财政金融服务之间不匹配，财政金融服务与新型农业经营体系构建的供需不匹配、效果不匹配，无疑会从多方面阻碍新型农业经营体系的构建，进而制约现代农业要素的重组和抑制新型农业经营主体生产规模的扩大，使之无法获得规模报酬，直接制约农业现代化的进程。具体来讲，财政金融服务供给不足必然会通过以下三个渠道影响农业现代化进程。

（1）财政金融服务供给与新型农业经营体系构建的需求不匹配，必然通过资金渠道制约农业现代化。从供给端来看，新型农业经营体系构建是一项复杂的投入产出关系活动，其中资金、土地、劳动力、技术、制度和管理是不可或缺的投入要素。虽然每个要素都有各自的功能和作用，然而真正起先导性、决定性的要素是资金要素。如果没有资金的持续推动，其他要素就不可能从"潜在状态"转化为新型农业经营体系的"现实"生产要素。农业的基础性、战略性和高风险性决定了政府需要向新型农业经营体系构建提供财政服务，农业经营效益获得的可能性决定了金融服务于新型农业经营体系构建的必要性，因而财政和金融成为新型农业经营体系构建的两大法宝，是其实现可持续发展的重要资金来源。但就现实情况来看，政府的财政服务供给仍是不足的，而银行业金融机构出于营利性和风险性原则考虑，又不愿意提供除政策规定以外的额外金融服务，财政金融对新型农业经营体系的资金供给是非常有限的，且受到较多法律制度与信用条件的限制。

从需求端来看，相对于非农行业，新型农业经营体系的生产安全边际率普遍较低，面临自然和经济双重风险，同时受到同行业的竞争压力，发展初期需要大量资金投入基础设施建设和生产基地建设，在发展中后期为了生存和发展，必须扩大规模，降低成本和风险，这就会对资金和农业保险产生大量的刚性需求。同时，新型农业经营体系的需求不仅强烈地表现出对资金和保险等多样化需求，而且资金需求量大、期限以中长期为主，主要用于生产性和投资性支出。但当前新型农业经营体系面临的融资难、融资贵问题仍然十分突出，甚至超过了普通农户融资的难度。

据课题组从重庆的调查数据显示，重庆作为全国农村金融市场活跃度较高的城市[①]，新型农业经营主体的资金需求满足率仍处于较低水平。2015年底，全市有农民专业合作社1.6万个，有融资需求65亿元，获得贷款1.4亿元，占全市农民专业合作社融资需求的2.15%；全市市级以上农业龙头企业478个，有融资需求140亿元，获得贷款12.78亿元，占全市市级以上农业龙头企业融资需求的9.13%。全国调查的大样本数据显示，借贷期望实现比例在50%以上的新型农业经营主体占比只有30%左右，可见，新型农业经营体系的资金需求满足率低。这不仅会使新型农业经营体系中的各子系统得不到均衡发展，不具备良性竞争和协同发展的基本条件，也会导致新型农业经营主体资金缺口增大，不但不利于其生产规模的扩大与可持续发展，严重的情况下还会使得新型农业经营主体中途夭折，进而阻碍现代农业发展。

（2）财政金融服务供给与新型农业经营体系构建的需求不匹配，必然通过风险渠道制约农业现代化。新型农业经营体系的构建，客观上面临着四重风险：一是农业生产的自然灾害风险；二是农产品市场价格波动风险；三是组织经营管理不善的治理风险；四是融资过程中的信用风险。对应于前两种风险，目前我国财政建立起了农业自然灾害救助、农业保险保费补贴、重要农产品目标价格补贴或粮食最低收购价保护制度，但是这些制度的覆盖率仍然偏低，重种植、轻养殖；金融通过提供农业保险服务、发展农产品期货等，使部分农产品（主要是大宗农

---

① 为了解决农业农村融资难问题，重庆市率先推出了农村"三权"抵押贷款试点和地票交易制度。2010~2016年，全市累计发放农村"三权"抵押贷款560多亿元，实现地票交易20余万亩，交易金额350多亿元，为"三农"筹集到200多亿元建设资金。

产品）的自然灾害风险和市场价格波动风险得以降低，但广度和深度都不够。调查发现，新型农业经营体系对农业保险具有普遍的需求，但供给缺口较大。对于第三种风险，可以通过财政和金融系统发挥融智功能，为新型农业经营体系的经营管理出谋划策和提供投资咨询来进行部分规避；对于第四种风险，一般需要保险、担保和财政机制共同分担。但是，课题组调查发现，在我国新型农业经营体系构建中，财政金融服务的现代农业风险管理功能还远未挖掘出来。由于财政金融服务风险管理功能弱化，新型农业经营体系无法规避各种风险，这会缩短部分新型农业经营主体的生命周期，降低新型农业经营体系构建的成功率，从而阻碍农业现代化进程。

（3）财政金融服务供给与新型农业经营体系构建的需求不匹配，必然通过治理效率渠道制约农业现代化。新型农业经营体系在构建阶段，面临组织发育、公司治理、投融资决策等系列经营管理问题，治理经验不足、市场信息不对称，使得创业期间治理成本提高、治理效率下降。如何提高治理效率，降低治理成本，客观上需要财政和金融部门提供智力方面的支持。因为财政和金融一旦为新型农业经营体系提供了资金支持，就必然是利益共同体，有责任和义务参与新型农业经营主体的组织治理，为其资金使用出谋划策，促进其提高资金使用效率。这不仅能降低新型农业经营主体的创业风险，也能降低财政金融服务的风险。但是从现实来看，财政金融参与新型农业经营体系的治理，为其提供决策咨询的智力支持功能较为薄弱，尤其是财政服务，对指导新型农业经营主体管好用好财政资金并进行监控考核还有待加强，金融作为债权方同样没有提供足够的决策咨询等智力帮助，导致新型农业经营体系独立自主做出治理与资金使用决策，决策失误的概率显著提高，从而影响了新型农业经营体系构建的成功率，也影响了农业现代化进程。

7.2.2 财政负担加重与现代农业金融服务体系建设迟缓并存

新型农业经营体系构建不仅需要财政资金投入，更需要自有资金和向金融机构融资。同时，只有在金融资金介入的情况下，财政才会和金融在新型农业经营主体的农业生产经营环节分工合作，产生协同效应，实现农业投资的规模经济效应，放大财政金融资金本身的使用效益。但是，如果财政金融服务与新型农业经营体系构建不协同则会加重财政负担，弱化现代农业金融服务功能，使得农业金融服务与农业经济发展陷入恶性循环状态。

（1）加重财政支持农业的负担，在财政拮据的情况下，财政会不堪重负。农业的准公共产品属性决定了市场经济条件下新型农业经营体系构建需要政府和市场同时介入，且政府财政在服务新型农业经营体系构建中应该发挥引导作用，积极带动其他资金介入，这就在数量和质量方面对财政支农服务提出了更高要求。调查发现，在目前财政支持新型农业经营体系的构建中，财政对现代农业补贴种类过多，一些生产经营环节如农业服务购买补贴的力度过大，超过了50%[①]，这不仅会加重财政负担，而且会导致新型农业经营主体道德风险增加，可能使其圈赚政府的资金，同时会造成补贴对象对财政资金的过度依赖。如果今后该财政补贴政策适时退出，则可能引起补贴对象的不满，导致该政策退出较为困难。例如，对重庆梁平柚的农业社会化服务试点财政支持方面，其农业社会化服务几乎涵盖了所有环节，在有些环节财政补贴高达60%，而梁平柚是梁平县的名片之一，其种植自身就有较高的经济效益，属于特色效益农业，生产主体与服务主体完全可以在政府引导下进入良性循环运行状态，不需要政府过多介入，在这么高的财政补贴比例下，必然加重政府财政负担，且财政补贴减少或者退出，必然引起柚农的不满，同时不利于新型农业经营主体的可持续发展。此外，现实中不乏存在一些新型农业经营主体打着农业专业合作社、家庭农场、农业公司等招牌，基于同一个项目借用不同的牌照，分享不同主体的财政补贴政策，而实际自我投资量很少，导致财政服务的乘数带动效应明显不足。当一些新型农业经营主体获得政府的补贴资金后，就可能卷款走人，这些新型农业经营主体在发育中自然夭折而不可持续。同时，财政支农补贴种类过多，专款专用，资金不能打捆使用，无法使资金在不同用途间调剂，也无法产生资金使用的协同效应，从而降低财政资金使用效果，资金填补漏洞大，财政负担加重。

（2）现代农业金融服务功能弱化，金融支农积极性不高，导致现代农业经济与现代农业金融无法实现良性循环。新型农业经营体系的构建，客观上需要建立涵盖信贷、担保、保险、基金、股权融资等在内的多层次现代农业融资服务体系，没有现代农业融资服务体系的支撑，新型农业经营体系的资金问题、风险问题就无法解决。反过来，新型农业经营体系无法构建，现代农业金融体系也就因为缺乏可信赖的优质客户和储蓄资源而无法实现可持续发展。因此，新型农业经营体系与现代农业金融服务体系具有相互依赖的发展关系。目前我国现代农业金融服务体系还远未建立起来，信贷服务占主导地位，担保、保险、基金、股权融资比较薄弱，银行支持现代农业的风险承担压力过大，必然导致银行信贷支农的积极

---

① 如重庆梁平区在实施农业生产全程社会化服务试点中，将经济效益显著的地方特产梁平柚作为试点品种，在培育嫁接大苗、病虫防治、洗果选果包装等环节，均按市场价格补贴60%，显然不符合公共财政支农的原则。公共财政应重点支持基础农业，对于效益农业不应当进行大范围高强度补贴，因为效益农业自身可以实现良性可持续发展，财政补助过重，必然会加重财政负担，也会导致经营主体产生道德风险——恶意圈赚财政资金。

性不高，进一步导致新型农业经营体系构建无法实现预期目标。加之由于农业天然的弱质性及新型农业经营体系信用资源禀赋的稀缺性，各类新型农业经营主体也很难获得正规商业金融机构的支持，又因为新型农业经营主体尚处于管理不规范、财务制度不健全阶段，许多金融机构因为要承担巨大的信用风险而拒绝发放贷款，再加上目前农业金融社会化服务体系不健全，如缺乏统一的信用等级评价，农业农村资产缺乏专业的评估机构和交易、处置、变现机制，这些都制约了金融支持新型农业经营体系构建的力度（武涛，2014），也不利于现代农业金融制度的建立和发展。

7.2.3 弱化财政与金融协同支持农业现代化发展的政策绩效

我国农业滞后发展的现状决定了财政和金融都无法单独解决农业农村发展的资金约束，应整合财政金融支农政策，提升支农政策的杠杆效应，在此基础上扩大支农资金规模，大幅度提升支农整体能力（冉光和等，2009）。因而，在新型农业经营体系构建中，重财政轻金融的现状，显然无法发挥财政金融支农的"1+1>2"的政策协同效应，同时不利于推进新型农业经营体系的构建从而增加农民收入，在一定程度上会抑制城乡差距的收敛，增加新型农业经营体系构建的风险。具体表现在以下几个方面。

（1）无法在新型农业经营体系构建中实现"1+1>2"的政策协同效应。新型农业经营体系的构建需要大量的人力、物力和财力，尤其是资金，这单靠财政服务或金融服务都是无法完成的，需要财政服务发挥先导作用，借助财政资金在农业发展基础与风险分担环节发挥"四两拨千斤"的作用，引导金融机构对新型农业经营主体生产经营环节进行支持。只有二者在支持农业的功能上契合互补，才能合力发挥财政金融支持新型农业经营体系构建的协同作用，才能实现"1+1>2"的协同政策效应。但是，现实是新型农业经营主体往往融资困难，金融资金参与不足，导致农业财政资金只在基础环节发挥作用，生产经营环节易出现资金断档现象，使得财政支农资金的使用效益大打折扣，使新型农业经营主体的培育半途而废。同时，目前的财政支农资金缺乏严格的审计监督考核机制，使得新型农业经营主体对补贴资金使用存在随意性、不科学性，导致财政支农资金使用效率并不高，也无助于在支持新型农业经营体系构建中实现"1+1>2"的政策协同效应。

（2）无法通过支持新型农业经营体系共同促进农民增收、缩小城乡发展差距。

改革开放以来，由于市场机制初次分配原则的强化与符合市场经济发展的收入再分配机制尚未完全理顺，我国城乡居民之间的收入差距不断扩大。城乡居民收入比从 1978 年的 2.36∶1 扩大到 2016 年的 2.72∶1，2016 年东部浙江、西部贵州农村居民人均可支配收入分别为 22 866 元、8090 元，地区差距比例高达 2.826∶1。可见，区域发展不平衡、居民收入分配不合理，特别是农民收入增长缓慢、农村扶贫开发任务重等不但是我国实现共同富裕和社会和谐的最大障碍，更是制约我国国民经济可持续发展的重要因素。党的十八大以来，党和国家积极推进农村精准扶贫、统筹城乡与"四化"（工业化、城镇化、信息化、农业现代化）同步发展战略，并明确了到 2020 年全面建成小康社会的共同富裕目标。显然，要促进农民收入增长，缩小城乡收入差距，就需要构建能够带动农民长期就业致富的新型农业经营体系，推进各地区农业现代化与工业化、城镇化和信息化协调同步发展。但是，由于财政金融服务在支持新型农业经营体系构建中配合不够、协同不力，财政较重，金融较轻，加之财政支农存在较高的门槛，规定只有达到一定规模的经营主体才能享受某些补贴政策，如农机具购置补贴等，因而不利于创业农户向新型农业经营主体转型升级，也会影响新型农业经营主体的资金链和现金流的稳定性，从而制约新型农业经营体系带动农民的就业增收效应。

（3）无法共同分担新型农业经营体系构建中的各种风险。现代农业尽管在经营规模、经营效益上比传统农户优越，但农业面临的自然灾害风险和市场价格波动风险对新型农业经营主体带来的威胁并没有减弱，虽然新型农业经营主体的集约化、专业化、组织化、社会化经营使其经营风险比农户经营小，但是受农产品自身特点的影响，新型农业经营主体的农业生产仍然不可避免地面临着自然灾害风险和周期性的市场价格波动风险。为此，分担风险是财政金融支持新型农业经营体系构建面临的重要任务。财政通过救灾救助、目标价格补贴等风险分担机制将农业风险带来的损失由国家承担，金融通过农业保险、农产品期货等机制是将农业风险带来的损失在全体或部分金融参与者之间分担。但在当前新型农业经营体系构建中，金融服务分担农业风险的程度不足。这种重财政、轻金融的服务现状，无法在财政与金融之间构建起有效的新型农业经营体系风险分担机制，导致财政压力过大，并且会减弱财政服务的绩效。

7.2.4 不利于借助新型农业经营体系构建实现集合政策目标

党的十八大以来，为了解决农业农村发展严重滞后的问题，党中央和国务院相继推出了一系列农业农村发展新战略，包括农业现代化、农业供给侧结构性改革、农民创业创新等。这些战略推进为新型农业经营体系构建带来了良好的契机，但是由于财政金融服务与新型农业经营体系构建的不协同，一些政策仍存在落地难、落地成本高、落地后劲不足等问题，主要表现在以下几个方面。

（1）不利于农业供给侧结构的改革调整与农业现代化的融合。当前，我国已进入传统农业向现代农业加速转变的关键时期，农业正面临着诸如结构性矛盾突出、生产成本过高、产能过剩、资源错配等亟待破解的新难题，迫切需要进行农业供给侧结构性改革。农业供给侧结构性改革强调的重点是"去库存、降成本、补短板"，旨在培育新型农业经营体系、优化农产品供需结构、提高农产品供给质量、加快推进农业现代化；核心是加快转变农业发展方式、促进农业转型升级，促进农产品供需总量和结构持久平衡，提升质量和效益。而任何产业在转型升级过程中，都必须拥有先进的技术、实用的人才和充足的资金。但是，农业转型恰恰表现出"先天不足"。由于农业是弱质产业，行业利润率较低，工作条件比较艰苦，人才和资金不愿流向农业，造成产业空心化现象比较严重。从农业经营现状来看，小规模农户难以获得金融机构的实质性支持，而国家财政也仅仅只能对农业产业进行暂时性的"输血"式补给，无法形成长期的资金供给（基础农业除外）。显然，财政金融服务与新型农业经营体系构建尚未形成协同的现实状态，也无法通过借助农业供给侧结构性改革的东风来助推新型农业经营体系的构建，不利于实现农业供给侧结构性改革与农业现代化目标的融合。

（2）不利于借助农业现代化手段促进新型职业农民的培养和农村科技创业。2007年中央一号文件提出发展现代农业是社会主义新农村建设的首要任务，是以科学发展观统领农村工作的必然要求。现代农业的目标就是要做大做强，即规模要大，竞争力要强。2015年中央一号文件明确指出，要强化农业科技创新驱动作用，大力培养新型职业农民，以拓宽农村外部增收渠道，促进农民转移就业和创业。但问题在于现阶段不仅大多数大学生不愿意从事第一线的农业工作，成为职业农民；而且一般的"80后""90后"也不愿意从事农业。因此，怎样解决农业无人种地的问题，就成为推动农业现代化的关键环节。这就需要培育和壮大新型职业农民群体，让农业进入有要求、经营有效益、收入有保障、职业有尊严，使农业真正成为有吸引力的产业，农民真正成为大家愿意从事的职业。目前我国财政金融服务与新型农业经营体系构建不协同，使得农业投融资难问题依然突出，农业对年轻人的吸引力依然较弱，不仅不利于推进农业现代化的进程，而且不利于新型职业农民的培养，挫伤社会待业者进入农民行列的积极性。此外，随着我国资源环境约束日益增强和经济进入新常态发展，农业资源要素的驱动力逐步减弱，传统农业发展方式难以为继，农民就业压力不断增大，结构性矛盾更加凸显。科技在解决中国"三农"问题的重要性中日益突出，加快推进农业现代化，除了依靠科技提高农业产出质量和水平外，还需要切实推动农村科技创业，支持农民适应市场需求，以自身资金、技术和经验积累为基础，在第一产业基础上创办新产业和新企业，创新农业生产经营的技术、业态和商业模式，实现农村三次产业融合发展，延长农业产业链，增加农业附加值，提升农业经济效益。而财政金融服务是促进农村科技创业的关键要素，没有财政金融的支持，农村科技创业中的生产要素积累和投入就无法得到有效保障，也不利于农业实施创新驱动，转变发展方式，更不利于为农村培育新的经济增长点。因此，促进财政金融服务与新型农业经营体系构建的协同，对于推动农村科技创业，激活农业农村经济已刻不容缓。

7.3 财政金融服务与新型农业经营体系构建不协同的成因分析

目前我国财政金融服务与新型农业经营体系构建的不协同，形成原因十分复杂，归纳起来主要包括历史、经济、风险、制度、政策及供求主体自身因素等方面的原因。

7.3.1 历史原因：财政金融服务对农业支持长期比较薄弱

我国历来都是传统的农业经济大国，农业在推进经济发展、社会进步等方面发挥着不可替代的作用，不仅承担着供应全社会的口粮之责，还长期成为国家财政的主要来源。长期以来，政府通过"多取小予"的财税机制为城镇化和工业化发展截取农业剩余。换句话说，无论是历史上还是现代，政府对于农业的态度始终是"予"和"取"的关系。在封建社会及1949年以后我国工业化初期这种关系表现为"多取少予"，在2005年以后才开始转变为"多予少取"。这种国家财政对农业的历史依赖关系必然对财政金融服务于新型农业经营体系构建的积极性和力度产生一定影响。

（1）历史上小农经济自给性很强，极少需要财政金融支持。中国两千多年封建社会中，小农经济①长期占主导地位。中国的农业史，首先是一部小农史，小农经济一直作为我国历代的基本经济形式，不仅支持着农村经济的发展，同时支持着整个国民经济的持续发展。从经济运行体制看，小农经济是一种自给自足的经济体制（尤其是新中国成立之前），农业收益的初次分配主要包括三个部分，即国家、地主和农户。当然，如果农户自己有土地，则只有国家和农户两类主体参与农业成果的初次分配。国家获得是税金（实物或货币），地主获得的是实物或货币形式的租金，而农户获得是交完前两者义务后剩余的收益（一般是实物）。农业收益也进行再分配，即农户将自己所得的实物收益在市场上进行交易，以换取农产品以外的其他日用品，而在这个过程中，除了税负之外，极少有财政金融服务参与。小农经济在新中国成立之前的长期发展过程中，是国家较为强势的经济成分，农业是较为优势的产业，其他产业主要是在农业发展的基础上而发展的，税源主要来自农业，其他税源基础薄弱。因此，诸如以小工业为代表的第二产业和以金融业为代表的第三产业及政府财政支出，实际上都没有能力为农业提供大规模服务。当然，农业的长期惯性（小规模发展）也没能形成对后三者强大的资金需求。因此，农业的投入要素主要为劳动力、土地，并基于生产经验促使农业缓慢演进和发展。显然，这种"相对强势状态的农业"对财政金融的小规模需求甚至是无需求，会通过影响决策者的认知和理念，对当前的财政金融服务支持新型农业经营体系构建的强度和力度形成一定的负面影响。

（2）历史上小农经济是非农经济的基础和动力，是提供财政资金的主要来源。到目前为止，我国农村经济依然是小农经济占主导地位。但城镇化、工业化和服务业的崛起，使小农经济在国民经济中的地位发生了显著的变化。在20世纪90年代中期以前甚至新中国成立以前，城镇化和工业化水平低，农业是工业化发展的依靠，不仅是工业原料的来源，而且是工业资本的来源，历朝历代财政资金的收入主要集中于农业，同时，对农业的依赖、重视与扶持成为历届政策的重要工作内容（但长期看，这种扶持性投入相对较少，农业的各种公共性投入仍然主要依赖农民的自愿性捐赠或投资）。新中国成立以后直到20世纪90年代中期，国家制定了由农业国向工业国转型的战略决策，但在工业基础薄弱的情形下，农业依然是中国经济发展最倚重的产业，它不断向第二产业和第三产业及城镇地区提供财源，并促进GDP的增长，甚至成为中国创汇的重要手段。事实上，新中国成立以来，我国仍然长期执行农业支持工业和服务业，农村支持城市的发展战略，直到21世纪初这种战略才得到转变。如图7-6所示，1950年我国农业各税占税收收入的比重高达39%，到1978年

---

① 根据上海辞书出版社1983年版《经济大辞典·农业经济卷》的定义，小农经济，亦称农民个体经济，一般指以家庭为单位，完全或主要依靠劳动者自己的劳动，独立经营小规模农业，以满足自身消费需要为主的经济。其特点如下：一是经营分散；二是生产力低下；三是劳动者是家庭内部成员；四是生产出来的产品全部或绝大部分用来自己消费，而不是进行商品交换。由此可见，小农经济与农业经营规模小、农业生产市场化与机械化程度低、技术和生产力水平不高密切相关，属于传统农业经济范畴（刘奇，2014）。

逐步下降到 5.5%，到 2008 年进一步下降到 3.1%。尽管比重下降，但农业各税总额还在不断增长，从 1950 年的 19.1 亿元持续增长到 1978 年的 28.4 亿元，1992 年以后更是得到快速增长，到 2008 年增长到 1689.39 亿元，1950~2008 年共增长了 87.45 倍，年均增长 8.03%，2006 年取消农业税后其余农业各税的增长并没有明显减弱。1978 年改革开放初期，国家通过农村土地联产承包责任制的改革，将归为集体化经营的土地重新"包产到户"，回到了以家庭为单位的生产经营模式。这种农业经营制度的转变在改革初期极大地调动了农民的生产积极性，促进了农业和农村经济的快速发展。但在 1992 年党的十四大以后，以放权让利为特征、以城镇为重心的第二产业、第三产业市场化导向改革，使农业发展不断边缘化，农业经济在市场化中的弱质性特征更加明显，各种资本通过财政渠道、金融渠道和工农产品价格剪刀差等有意无意地脱离农业产业和农村地区，导致农村出现了严重的"系统性负投资[①]"。

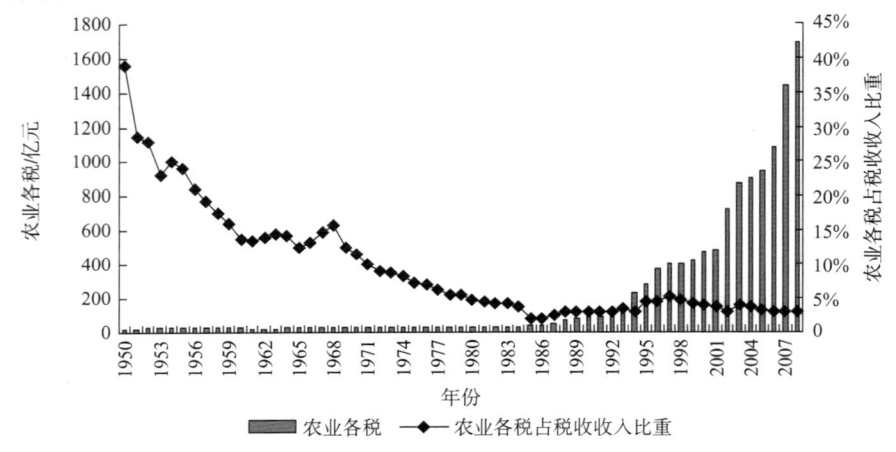

图 7-6　1950~2008 年中国农业各税收入及其占比

资料来源：历年《中国统计年鉴》，2006 年以前的农业各税包括农业税、牧业税、农业特产税、耕地占用税、契税、烟叶税；2006 年起农业各税只包括耕地占用税、契税和烟叶税，农业税、牧业税和农业特产税被废止

根据周振等（2015）测算的 1978~2012 年中国农村资金净流出主要渠道及金额（表 7-5）来看，1978~2012 年农村资金净流出总额高达 266 627.58 亿元，年均流失 7617.93 亿元；其中，通过财政渠道共流失农村资金 110 269.08 亿元，年均流失 3150.55 亿元；通过农业银行、农村信用社、邮政储蓄等金融渠道共流失农村资金 66 256.91 亿元，年均流失 1893.05 亿元；通过农产品统购统销制度形成的工农产品价格剪刀差流失的农村资金为 90 101.58 亿元，在 1978~1997 年年均流失 4505.08 亿元。这表明，尽管改革开放以来农业作为弱质产业参与市场化竞争，但

[①] 所谓系统性负投资现象，是指资金从一个地区流出的金额超过流入该地区的金额，使该地区资金净流出大于零。

农业和农村仍然承担着为工业化和城镇化提供资本积累的作用。显然，这种从农业中"多取少予"的历史惯性必然会在一定程度上影响当今的财政金融支农政策变迁。

表7-5 1978~2012年中国农村资金净流出主要渠道及金额　　　单位：亿元

年份	财政渠道	金融渠道	工农产品价格剪刀差	合计
1978	-2 352.08	-70.64	6 252.82	3 830.10
1979	-2 694.39	874.10	5 835.32	4 015.03
1980	-1 905.16	187.05	6 497.49	4 779.38
1981	-874.48	1 241.14	5 935.75	6 302.41
1982	-617.26	923.31	5 151.40	5 463.45
1983	-236.79	843.74	4 992.03	5 598.98
1984	147.70	-3 935.84	3 706.80	-81.34
1985	894.34	605.17	3 241.64	4 741.15
1986	841.13	354.37	2 839.56	4 035.06
1987	1 285.78	46.96	2 544.87	3 877.61
1988	1 823.20	-819.33	3 216.54	4 220.41
1989	1 993.99	623.61	5 378.06	7 995.66
1990	1 682.89	1 961.33	3 897.29	7 541.51
1991	1 755.72	1 440.49	7 604.12	10 800.33
1992	2 629.33	46.10	8 946.30	11 621.73
1993	4 994.59	-617.18	4 666.65	9 044.06
1994	7 093.17	11 386.15	2 954.64	21 433.96
1995	5 745.46	2 140.93	2 620.33	10 506.72
1996	5 204.70	-5 322.78	2 491.56	2 373.48
1997	4 977.37	2 189.71	1 328.41	8 495.49
1998	3 460.73	1 595.08		5 055.81
1999	4 193.29	831.36		5 024.65
2000	4 239.26	5 731.45		9 970.71
2001	4 237.49	2 386.23		6 623.72
2002	5 368.05	2 298.93		7 666.98
2003	5 989.31	3 528.76		9 518.07
2004	4 686.98	3 307.38		7 994.36
2005	7 058.85	1 730.91		8 789.76
2006	6 759.35	1 184.99		7 944.34
2007	4 596.94	850.74		5 447.68
2008	3 643.96	6 230.04		9 874.00
2009	5 453.91	2 611.16		8 065.07
2010	6 136.70	8 174.27		14 310.97
2011	6 118.39	7 061.17		13 179.56
2012	5 936.66	4 630.05		10 566.71

续表

年份	财政渠道	金融渠道	工农产品价格剪刀差	合计
合计	110 269.08	66 256.91	90 101.58	266 627.57
平均	3 150.55	1 892.88	4 505.08	7 617.76

资料来源：周振等（2015）

注：数据测算为2012年价格；1997年后农产品价格逐渐放开，开始由市场供求关系决定

（3）历史上政府对农业的财政服务力度波动较大，难于动员金融服务。客观地讲，新中国成立之前的农业发展与政府财政的关系是十分紧密的。一方面，政府通过税收方式获取农业生产者的成果，以维持国家的正常运转；另一方面，国家也提供一些基本的公共财政服务，如修建水利设施（一般为较大型的设施）、实施农村灾荒救济等。但总体来看，农业生产自给性与独立性很强，农业生产性投入与一般的小型公共投入基本都依赖农户自己解决（当然，如果土地是地主的，地主作为主体也会有投入义务）。因此，政府基本上对农业是获取多而付出少，对农业和农民的掠夺基本是封建社会，或以封建经济形式为主的社会的主要经济关系特征。与此同时，尽管在我国封建社会和半殖民半封建社会时期，金融业得到一定程度的发展，但这一产业基本为私人开办的金融服务机构，主要为官员和第二产业、第三产业提供融资服务，农业产业很难获得金融机构的支持（当然，基于小农或地主经营模式，农业也基本上没有强烈的资金需求），国家也没有权利和相关机制要求私人金融业提供"政策性金融"服务。1949年新中国成立后到20世纪70年代末，我国进行了一场甚为壮观的农业现代化运动，其基本特征是农业规模化、生产组织化、管理计划化和公共服务政治化。因此，从"农业合作化"开始到"农村公社化"的高级阶段，我国实际上是试图打破农业自给自足的历史桎梏，向马克思主义的计划经济形式发展。该阶段使农村土地得以大规模增加（主要通过开荒填湖等形成）和集中，生产中投入的要素类型并没有发生变化，但已完全组织化，政府的公共服务投入比例达到历史空前高度（平均农业财政投入占到财政总支出的10%以上）。事实上，我国农村绝大部分农业基础设施，如水库、塘堰、水渠等都是在这个时期建成的。家庭联产承包责任制推行尤其是市场经济体制改革后，一些地区的农村集体经济组织逐渐萧条，财政对小型农田水利和标准化农田建设支持力度下降；另外，金融业（主要是银行业）受计划经济的影响，服从于政府的安排，也大规模向农村提供计划性融资服务。需要特别说明的是，这段时期的金融服务是受计划调配的，金融业并不是独立的经营决策单位，因而难于证明这种信贷是自愿性、经济性信贷；同时，国家财政向农业和农村的投入相当部分直接用银行贷款完成，因此财政投入与信贷投入难以有效区分。相应地，金融对农业的支持可以理解为一种计划性支持或强制性支持，而不是基于利益分配规律的政府动员性金融服务支持。可见，在农业投入中，重财政、轻金融的现

象由来已久，也必然会通过这种制度惯性和历史认知影响当代财政金融服务与新型农业经营体系构建的和谐关系。

7.3.2 经济原因：农业的经济属性与市场机制的双重约束

在市场经济条件下，个人或组织总是追求自身利益的最大化，这是社会经济活动的原动力。不论是农民、新型农业经营主体和政府，还是各种正规金融组织和非正规金融组织，其行为都是由它们在社会中的地位、角色和各自的效用最大化目标所决定的。随着我国社会主义市场经济体制的确立与发展，资金、技术、人才等生产要素必然会向比较效益高的部门流动，而市场经济与农业经济属性的矛盾更加剧了金融服务的逐利性，使得金融服务与新型农业经营体系构建不协同加剧。

（1）农业的弱质性、低收入弹性、低效性、高风险性特征，对财政金融服务新型农业经营体系形成内生性抑制。虽然在自然经济条件下，农业相对于其他产业建立了自身的产业优势，并成为国家财政资金的主要来源。但在市场经济条件下，产业竞争的优势取决于对土地、劳动力之外的其他要素的获得能力和运用能力，而要素的流动则是以投入绩效导向的。现有经典经济学理论及各国大量实践表明，农业产业相对于非农产业具有高度的弱质性：一是农业投入产出绩效通常情形下低于非农产业，并且表现出"蜘蛛网效应"，这使得金融机构的信贷回收难以保障，因而以市场为导向的金融机构不愿意主动向农业融资，它们担心经营风险。同时，农产品具有收入弹性低的特点，常遭遇"丰产伤农"之苦，产粮大县往往也是财政穷县，对地方经济的拉动作用十分有限，因而也在一定程度上削弱了地方政府对农业投入的积极性；二是农业受到自然与市场双重风险的威胁，在没有其他制度安排对冲风险的情形下，其投资风险可能超出金融企业的承受能力，因此金融资本的回避或逃离就难于阻止；三是产业贸易条件的限制使得农业经营者处于不利地位。农产品尤其是大宗农产品具有基础供给品性质，它一方面为人民生活所必需，收入弹性较低，具有维护社会安定的功能；另一方面又受到播种面积、单产和人民消费水平的限制，不可能无限度扩大生产规模。因此，进入国际市场的农产品贸易必然受到政府的严格管制，在与非农产品交易中容易出现价格与价值偏离，甚至价格倒挂现象，制约了农业经济效益的提升，也影响了金融服务农业的积极性。

（2）市场经济观念、意识与运行机制的强化，对金融服务于新型农业经营体系形成内生性抑制。除了农业天然具有的低效性、高风险性影响金融机构的信贷服务新型农业经营体系的积极性外，市场经济的快速发展，逐渐使金融机构"理性经济人"的经营意识和讲究"三性"（流动性、安全性、营利性）原则的行为特征显著增强，金融资本追逐利润最大化的本性逐渐显现出来。于是，随着城镇第二产业、第三产业的兴起及其比较效益优势的增强，金融资本就必然会从低效的农业部门自动流向高效的第二产业、第三产业部门，这不仅是追逐利润最大化的需要，也是规避信贷风险的需要。因为与农业产业相比，第二产业、第三产业不仅没有自然灾害风险的威胁，而且产出不受季节时间的影响，可以成批生产，加之收入弹性比较高，因而效益成长较快，对金融资本相对比较安全。可见，如果新型农业经营体系经营的农业的比较劣势及其诱发的信贷风险得不到根本性的扭转，新型农业经营体系的金融服务供给水平就不可能得到持续稳定的增长。

综上所述，在市场经济条件下，农业产业与非农产业相比收益水平较低且不稳定，投入更大，风险更高，条件更差，农业经营者与金融机构之间的信息不对称，监管成本高。因此，在没有特殊的信贷风险对冲制度安排下，各类金融机构必然没有向新型农业经营体系融资的内在积极性。这便是我国市场化改革后各类资本大规模"非农化"的关键原因。

7.3.3 需求方原因：新型农业经营主体金融素养与信用条件缺乏

新型农业经营体系面临严重的金融约束，除了其经营的农业具有严重的比较劣势外（在构建阶段尤为突出），还与以生产体系和服务体系为主的新型农业经营体系自身的金融素养及信用条件不足有密切的联系。

（1）新型农业经营主体金融知识和素养缺乏、风险防控意识薄弱抑制了其对金融服务的获取。一般而言，农业经营主体综合素质与有效获得和运用财政金融资金呈正相关关系。从调查的数据来看，新型农业经营主体主要负责人综合素质并不高，绝大部分学历都在高中（中专）及以下，大专以上学历者凤毛麟角，而初中及以下文化水平的负责人要占50%以上。而且负责人的年龄在50岁以上的高达60%。新型农业经营主体负责人的素质呈现大（老）龄化和低学历化特征。与从事农业和生活在农村相比，农村青壮年人更愿意生活在城镇，从事更为体面、轻松、收入稳定的非农工作。因此，包括新型农业经营主体在内的农业经营者，大多为难于从事复杂、繁重的非农工作的人，年龄一般都比较大（50岁以上），学历较低。大龄或老龄经营者在意识和习惯上更倾向于传统经验，对农业生产经营的投融资行为规程知之甚少，对国家的财政金融支农政策、金融服务流程、信贷申报条件和流程、信贷风险控制等方面的知识和素养严重不足。据课题组在重庆石柱的调查显示，在 150 家新型农业经营主体样本中，能清楚地了解国家财政金融支农政策、熟悉银行贷款申请流程和条件的新型农业经营主体只有 55.18%，有 44.82% 的新型农业经营主体缺乏融资经验和金融知识，导致有资金需求而实际未向银行提交信贷申请的新型农业经营主体的比例较高，这表明新型农业经营体系与金融机构之间还存在认知上的鸿沟。此外，对于现代农业经营风险的发生，也与农业经营者的经营管理和风险控制能力高度相关。由于部分新型农业经营主体是工商资本下乡，从事农业的经验严重缺乏，加之经营管理能力不足，提高了信贷风险发生的概率，从而难于吸引金融机构的服务。

（2）信用资源禀赋条件较差，严重制约了新型农业经营体系对金融服务的获取。主要表现在以下几个方面：一是符合条件的抵押品严重缺乏。处于构建阶段的新型农业经营主体，能够达到金融机构信用放款的优质客户并不多，大多数新型农业经营主体需要提供抵押品，现实中银行愿意接受的抵押品基本只有城市和乡场镇的房屋、土地等不动产，汽车等动产和其他财产权证等，而大多数新型农业经营主体都是从精英农户转变而来，拥有的资产只有农房、农地及其地上建筑物、农业生物资产等，符合抵押条件的固定资产少[①]；尽管农地、农房、林权正在推进抵押试点，但试点不仅没有大范围铺开，而且多数资产缺乏产权证明，缺乏交易处置变现的条件而无法得到银行的认可；二是组织管理不健全，硬信用信息缺失。目前多数新型农业经营主体管理较为松散，规章制度不健全，特别是财务制度不规范，使得金融机构难以掌握其经营情况。调查发现，大多数新型农业经营主体至今没有建立标准的会计核算台账，也没有标准的会计报表，在中国人民银行也没有详细的信用档案记录，导致银行在与新型农业经营体系发生借贷关系时，获取硬信息十分困难，双方的信息不对称程度与银行严格的抵押担保制度之间的矛盾突出，加大了银行借贷的风险，抑制了银行服务新型农业经营体系的积极性。

7.3.4 供给方原因：金融机构金融服务体制机制不健全

新型农业经营体系金融需求量大，但金融服务供给严重不足，与当前金融机构金融服务的体制机制不健全高度相关。

[①] 例如，农产品加工企业，由于其经营的特殊性，企业往往固定资产投资偏小，但在原材料采购环节往往需要在短时间内支付大量的现金，仅凭企业的资产难以为其提供足额的抵押担保。

（1）金融机构服务同质化程度高。目前金融机构对新型农业经营体系的服务方式比较单一，服务手段也较为落后，大多数金融机构提供的现代农业金融产品与服务同质化程度高，缺少个性定制化的金融产品与服务，抵押资产要求与新型农业经营体系实际情况高度不匹配，与新型农业经营体系多元化、差异化的金融服务需求之间存在一定的矛盾。

（2）基层金融机构贷款审批权严重受限。目前，以市场为导向的农村金融机构普遍实行了审贷分离制度和风险防范制度，上级银行调控力度加大，多数基层银行只是执行机构，只有贷款推荐权，没有贷款审批权，或贷款审批权严重受限，更缺乏针对各地新型农业经营主体的大额资金需求而进行的因地制宜的金融创新权，这些机构从农村地区吸收的存款只能通过上存资金来获得收益，制约了基层金融机构的信贷投入。

（3）贷款利率定价机制缺乏弹性。目前，农村金融机构基层网点的贷款利率由县级支行统一确定，基层网点只能严格执行县支行制定的利率，没有利率定价的权限。这种统一的利率定价方法虽然操作简便，但忽视了新型农业经营体系对利率弹性定价的需求，制约了新型农业经营体系多样化金融服务的开展。

（4）金融机构金融服务创新不足。农村金融机构针对农村金融市场及新型农业经营体系的信贷产品，多数停留在上级机构统一创新、统一授权、统一销售的层面，真正能结合基层金融机构所在地的农业产业发展实际情况，以及新型农业经营体系发展的实际需要来创新信贷产品的金融机构严重不足，金融产品差异化供给少，农村金融机构金融服务供给与新型农业经营体系金融需求之间难以形成有效的均衡关系。

7.3.5 风险原因：构建阶段收益不稳定与风险分担机制缺失

市场经济条件下，防范风险始终是金融机构面临的永恒主题。目前，我国金融体系服务于构建阶段的新型农业经营体系，不仅面临巨大的金融服务风险，而且金融服务风险的分担机制不健全，影响了金融机构服务新型农业经营体系构建的积极性。

（1）尚处于培育期间的现代农业发展不确定性高，投入产出时差长，收益预期不稳定，加大了财政金融服务风险。新型农业经营主体从培育到发展壮大有一个漫长的过程，在培育阶段的新型农业经营主体受农业要素成本上涨、经营管理经验不足、市场拓展困难等多方面因素的影响，形成收益的不确定性较高；且农业是一项投入大、见效慢、生产周期较长的产业，从投入到产出少则 1~2 年，多则 3~5 年，投入产出时差较长，加大了财政金融服务的风险，同时削弱了金融支农的积极性。此外，农业项目运营的预期收益是农业贷款的第一还款来源，农业项目收益的保障程度要取决于自然因素和市场因素等。农业分工具有高度的信息不对称性和盲目性，导致农业项目面临着较高的风险。一方面，农业是自然再生产与经济再生产交织的产业，自然再生产客观上需要风调雨顺，但现实是气象等自然因素具有高度不确定性，对经营者效益可持续增长形成现实威胁，同时给为其提供资金的财政金融服务带来经济风险，金融机构往往宁愿将贷款给予预期收益明显的工商企业，也不愿放贷给农业。另一方面，农产品也存在着市场风险和自然风险，即农产品的销售不仅面临着市场供需关系变化带来的价格波动风险，也面临着农产品本身难以长期保鲜而腐烂的风险。在自然灾害风险方面，水灾、旱灾、虫灾及其他各种灾害对农业产量与质量的影响往往成片成规模，带来的经济损失较大。因此，政府在投资农业防灾基础设施方面面临极大压力，且收益通常不能立竿见影，在仍然偏重 GDP 政绩考核的情形下，地方政府提供财政支农服务的内在积极性可能在一定程度上受到抑制；而对于已经市场化的金融部门，包括提供担保、保险服务的金融机构，基于农业的高自然风险和价格波动风险特征，对农业融资、担保融资、农业保险的发展比重也会有意识地予以压缩。

（2）新型农业经营体系拥有的农业资产抵押贷款存在产权界定缺失，价值发现、处置、变现困难，导致金融机构不敢贷、贷后无保障。金融机构放贷必须在效益与风险之间进行权衡，根据新型农业经营体系拥有的资源特征，国家在吸取一些地区如重庆等地试点推进农地承包经营权、宅基地使用权、林权抵押贷款经验基础上，于 2015 年正式在全国试点推进土地经营权、农房抵押贷款，以解决新型农业经营主体融资难题。但是，试点效果并不理想，因为农地经营权与承包权目前在权证上还没有实现彻底分离，多数新型农业经营主体的土地经营权还没有权证，即使有权证的新型农业经营主体，将土地经营权拿去银行抵押，在信贷风险发生后，由于土地经营权的需求者较少，土地经营权有价无市，银行也难以对问题贷款者的土地经营权进行处置变现；从农房来看，由于新型农业经营主体的农村房屋少，且农村房屋买卖受到严格的需求者身份（必须是农村集体经济组织成员）限制，即使卖给同一农村集体经济组织成员，也没有人愿意接手，而且每家农户都只有一套农房，即使交给法院，出于人道主义执行起来也十分困难，从而导致农房抵押事实上的处置变现难，影响了金融机构从事农房抵押融资的积极性；林权抵押，同样面临处置变现难的问题，林业资源因受砍伐限制，林权资产的需求者较少，导致银行开展林权抵押融资缺乏积极性。

（3）金融监管部门对农业金融服务的风险容忍度较低，金融机构对信贷人员实行贷款风险终身追责。衡量信贷风险的常用指标是银行不良贷款率和担保公司代偿率。目前金融监管部门规定的银行不良贷款率容忍度为2%,担保公司代偿率容忍度为2.45%。但据课题组在重庆涉农金融机构的调查,与其他工商贷款相比,农村产权抵押贷款的风险相对较高。例如,中国农业银行武隆区支行开展农房抵押贷款不良贷款率高达7%。中国农业银行永川支行开展的农户小额贷款80%以上以农房作为抵押,不良贷款率在3%左右,最高时达到6%。2012年重庆农村商业银行江津支行农房抵押贷款不良贷款率高达3.85%;2015年重庆农村商业银行开县支行农房抵押贷款不良贷款率高达3.5%。2015年重庆兴农融资担保集团农村产权抵押贷款担保代偿率达到2.61%;江津区绿丰农业融资担保有限公司农村产权抵押贷款担保代偿率高达2.86%,均超过了监管部门的风险容忍度。从图7-7所示的总体风险来看,重庆农村产权抵押贷款不良贷款率由2011年的0增长到2015年的3.34%,表明农村产权抵押贷款风险还在不断上升。而且,金融机构普遍对信贷员实行贷款风险终身追责制度,导致信贷客户经理向新型农业经营主体提供农村产权抵押融资服务变得谨小慎微。

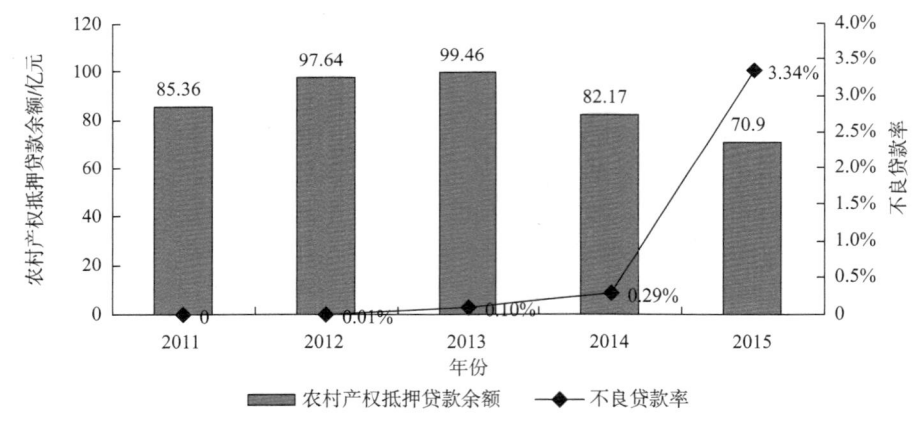

图7-7 2011~2015年重庆市农村产权抵押贷款余额和不良贷款率

(4)新型农业经营体系的信贷风险分担机制不健全,挫伤了金融机构支持现代农业的积极性。现代农业尽管在经营规模、经营效益上比传统农户优越,但农业面临的自然灾害风险和市场价格波动风险对新型农业经营主体带来的威胁并没有减弱,只是新型农业经营主体的集约化、专业化、组织化和社会化经营使其经营风险相对减少。受农产品自身特点和农业风险的影响,金融服务于新型农业经营主体必然面临较高的信贷风险。目前,许多地方包括重庆市已经尝试在担保机构和银行同时介入的情况下为新型农业经营主体开展包括土地经营权和农业生物资产抵押担保融资业务,在一定程度上破解了新型农业经营主体的融资难题。然而在现实中,新型农业经营主体利用土地经营权等农业要素资产进行抵押贷款后,一旦受到自然灾害或市场价格波动而发生违约事件,其处置变现由于缺乏足够数量的需求者和灵活的交易机制而变得十分困难,导致金融机构无法得到相应的补偿。为此,重庆市政府也出台了财政支农信贷风险补偿机制,对经办银行由于发放"三权"抵押贷款而产生的损失进行合理补偿,具体补偿比例为35%,即市级承担20%、区县承担15%。但课题组在重庆市的调查发现,区县财政困难,导致风险补偿基金迟迟不到位。这无疑会降低金融机构办理抵押贷款业务的积极性。另外,在担保机构介入后,银行和担保机构分担风险的比例也并不合理,银行将全部风险转嫁给担保公司,担保机构最终承担了100%的信贷风险,显然也无助于担保公司可持续发展,挫伤了担保机构为新型农业经营体系担保融资的积极性。

7.3.6 制度原因:产权制度和农业产业化经营机制缺位弱化金融服务

产权清晰是市场交易的前提和市场机制得以正常运作的基本保证,也是获取银行抵押贷款的基本条件。市场经济条件下的农业产业化经营机制的有效建立,也是新型农业经营主体获得财政金融服务的可靠保障。而在我国新型农业经营体系的构建过程中,相关产权制度和农业产业化经营机制缺位并对财政金融服务形成约束,主要表现在以下几个方面。

(1)现代农业投资资产产权界定缺位,加剧了抵押金融服务风险。在城镇化、工业化和信息化加快发展的现实背景下,农业发展的根本出路在于加快农业经营组织制度创新,并培育大量具有企业化运作特征和先进管理经验,能带动普通农户发展生产和就业的新型农业经营主体。但在调查中发现,在现有的农村产权抵押融资政策下,属于抵押融资弱势群体的并不是农户,而是新型农业经营主体。因为对于经营几十亩甚至数百上千亩的新型农业经营主体,资金需求量较大,少则几十万元,多则上千万元不等,一般在50万元至2000万元之间。同时,他们在流转过来的土地上产生了大量农业投资,建成了现代农业所需要的大棚、办公房、厂房等地上附着物、建筑物,这些农业生产设施有巨大的经营价值,在科学的农业经营管理下会带来显著的经济效益。但是,这些农业生产设施只能作为经济资源,要将其资本化还必须转化成有产权证明的资产,才能够转化为银行认可的有效的抵押物。而课题组在重庆武隆、江津、开县、永川等地区的调查发现,新型农业经营主体在流转或非流转土地上建成的能够形成固定资产的农业基础设施始终没有获得政府相关部门的产权界定和颁证认可。同时,对于新型农业经营主体而言,农业的前期基础设施投入资金量巨大,投资回收期长,但绝大多数银行的贷款期限较短,一般为一年,因而新型农业经营主体存在巨大的流动资金和建设资金缺口,从而导致其生产资金难以为继,急需获得信贷资金支持。但由于新型农业经营主体在地上投资的建筑物和农业设施缺乏相应权证,农业前期投入形成的大量固定资源无法转化成具有产权证明的固定资产。在无产权证明的情况下,这些资源也就无法形成银行认可的有效抵押品,银行不会进行抵押授信,这使得新型农业经营主体抵押融资担保十分困难,不仅制约了农村产权抵押政策的有效落地,也导致了新型农业经营主体现金流不可持续,难以推动农业企业的健康发展。

(2)土地"三权分置"制度未落实到位,导致土地经营权抵押融资功能缺失。调查发现,新型农业经营主体流转过来的土地,基本上是无法向金融机构申请抵押贷款的。虽然新型农业经营主体拥有名义上的土地经营权,但没有获得经政府界定认可并受到法律保护的"土地经营权证"。因为这些流转的土地成为抵押物的基本条件是产权边界必须清晰,没有法律纠纷,受益处置人明确。由于土地经营权证没有产权证明,也就不可能成为金融机构可以接受的有效抵押物。在农村土地承包经营权抵押融资政策下,普通农户家庭可以将"农村土地承包经营权证"拿到银行作为抵押物,较为容易地获得银行的认可。因而,这对于普通农户来讲并不是一个严峻的问题。而真正有问题的是那些通过流转土地进行规模化经营的新型农业经营主体,他们通过与农民签订流转合同并支付流转租金而获得"土地经营权",实现了名义上的"承包权"与"经营权"两权分离,但是新型农业经营主体手中的"土地经营权"并没有产权证明,也就是农户手中的承包权与经营权"两权合一"的权证还没有分离为"承包权证"和"经营权证",也没有将这两个证明发放到农户和新型农业经营主体手中。从抵押能力来看,有权证的标的物受到法律保护,容易得到银行的认可;而没有权证的标的物得不到法律的保护,因而银行也不会认可。新型农业经营主体手中的"土地经营权"之所以没有颁证,是因为国家对农村土地承包权与经营权分离的相关法律法规修改滞后。按照中央对农村土地"三权分置"原则,无论是承包土地还是流转土地,抵押的实际上都是土地经营权,农户原承包权稳定不变。但国家并未从法律层面界定"承包权"与"经营权"的权利边界,农民将"承包权"也错误地理解为"所有权",并以此为借口恶意约束拥有"土地经营权"的新型农业经营主体的土地抵押融资行为。尽管2016年和2017年的中央一号文件连续提出加快推进农地"三权分置"改革进程,但法律边界和操作细则不明确,地方政府也不敢对土地承包权和经营权单独确权颁证。不少农户和新型农业经营主体对流转土地心存顾虑,农户转出土地特别是长期流转的意愿不强,成为制约新型农业经营主体长期投资农业的重要障碍。在农业生产性建设用地方面,尽管国家有关部门出台了相应的建设用地供地政策,但在落实过程中依然面临较大困难,许多新型农业经营主体反映其生产性建设用地如仓储、晒坝、机库等用地无法得到满足,也影响了其农业投融资。

（3）土地流转制度不完善使得新型农业经营主体流转成本增加，降低了投资收益率，从而减弱了金融机构支农的吸引力。目前，我国各地采取了转包、转让、出租和股份合作等多种农地流转形式，但是仍不能满足当前新型农业经营主体的需求，基层规范、集中、统一的土地流转市场缺失，土地流转市场供求及价格信息发布不及时。偏远地区土地流转大多数是在新型农业经营主体和农户之间进行的，土地流转自发性和随意性较大，通过农村集体经济组织有组织、有规模的流转的土地并不多，现实中有较多的农地流转采用口头协议方式，有些虽有书面协议，但是内容不规范，没有对双方的权利和义务进行说明和规范，也缺乏必要的公证[1]。同时，农地流转中介机构服务职能不健全，在农户对土地自主向新型农业经营主体流转中，为便下次签订续租合同时抬高价格，一些农户并不愿意与新型农业经营主体签订期限长的流转合同，总之，目前新型农业经营主体面临较高的土地流转成本[2]，在很大程度上是由于农地流转市场服务体系不健全、政府相应的社会服务职能的缺失和土地评估机构及相应的中介服务机构发展滞后等所致。调查发现，目前我国农地流转中介机构主要存在两个问题：一是中介机构数量还不能满足土地经营权交易的需要；二是中介机构的职能还不够完善。现阶段主要是土地经营权流转信息的收集和公布，缺乏土地价值评估、土地价值抵押、土地价值处置变现等业务服务。此外，作为理性经济人的新型农业经营主体，在流转土地的用地策略上也表现出极强的功利性。由于我国不少优质耕地在城市周边，鉴于土地价格高起的压力，不少新型农业经营主体得到土地后，放弃了低收益的粮食种植业，从事养殖业或者发展观光农业、体验农业等。一旦农地使用方式缺乏必要监管和产业政策引导，就有可能严重危及耕地数量、粮食生产和粮食安全（吴锋锋等，2013）。总之，由于土地流转成本不断上升，挤压了农业投资的利润空间，对新型农业经营主体还款保障构成明显约束，对追求盈利和严控风险的金融机构来说，以土地经营权为抵押的贷款就显得风险重重，减弱了金融机构土地抵押贷款的积极性。

（4）市场化条件下的农业产业化经营机制未有效建立，使新型农业经营主体难于获得各产业对财政金融服务的竞争均势。如前所述，农业产业的弱质性决定了它在非农产业的市场化竞争中处于劣势地位，从而在资本与服务竞争中显得十分不利。事实上，新型农业经营主体是现代农业的实际推动者和实践者，同时是现代农业经营利益的分享主体。就单一主体而言，他们持续经营或扩张的动力在于基于利润最大化的成本收益关系，当长期利润达到社会平均利润率水平时，才

---

[1] 非规范化的口头协议既不能明确双方的权利和义务，也不能得到国家法律的保护和承认，农民的合法权益也不能得到合理保护，很容易引起农户与新型农业经营主体之间的矛盾纠纷。

[2] 在重庆市调查发现，城郊地区良田流转成本一般在1200~1800元/亩；山坡地流转成本一般在700~1200元/亩；偏远地区一般在450~1000元/亩。

可稳定农业经营。现有问题在于，农业经营的利润是收入端与要素投入端。收入端最大化是经营者的基本要求，但在农产品市场，价格弹性小，市场价格波动大，难于获得超额收益（对于差异化经营的特种养殖除外）。从制度经济学角度看，一方面，新型农业经营主体的再组织化没有实现，使他们无法在更大的市场拓展中寻求最优价格[①]；另一方面，一些新型农业经营主体虽在各种协会或合作组织推动下似乎形成了形式上的组织化，但合作机制并没有充分理顺，使他们在市场竞争中没有充分体现组织化优势，最终难于促成"贸易条件"的改善。从要素投入端来看，单个经营者主要掌握的是有限的土地、有限的劳动力和有限的资金，经营规模化难于发展，同时对于农业生产外部条件（如水库、公路、电力、网络等公共设施的修建，以及有形无形产品市场建设等）的改善及信贷、保险服务的体系化担保等无能为力，也需要建立集体声誉机制，由再组织化来实施，形成农业产业化经营机制，延长农业产业链条。农业产业化实际上是农业组织化在农业产业链不同环节的延伸，不仅在生产环节需要进行经营者之间的协调，而且需要在要素供给、产品售卖等环节进行协调。但总体看，目前单类农产品（如养猪、养鱼等养殖业，以及部分蔬菜、水果等）产业化组织机制较为有效，而基于多类农产品经营的家庭农场，如何进行产业化组织，并构建协作的经营机制则基本仍是空白，市场化条件下的农业产业化经营机制未有效建立，难于有效降低农业生产经营的内外部成本，也使新型农业经营主体难于获得各产业对财政金融服务的竞争均势。

7.3.7 政策原因：轻农重工与支农政策之间不协同

有效的支农政策是保障新型农业经营主体融资有序的关键所在。但长期以来，政府的重工轻农发展战略及一些支农政策之间的不协同，使得财政金融服务于新型农业经营体系的构建出现供求失衡。

（1）政府在产业与区域发展战略上对农业农村的忽视，使农业难于长期获得必要的财政金融服务。农业的弱质性对政府尤其是地方政府的发展战略形成重大影响。通常情形下，即使发达国家农业现代化发展到很高的水平，对农业的保护与扶持也从来没减少过。这表明农业的弱质性不能靠农业自身来解决，必须依赖政府通过政策加以引导、扶持和保护。而由于我国国情特殊，政府过去在产业与区域发展战略上长期重工轻农，农业发展难以获得必要的可持续的财政金融服务。例如，新中国成立初期，鉴于我国工业发展水平低的现实国情，国家制定了农业

[①] 当然，大宗粮食作物有国家规定的最低收购价。

支持工业、农村支持城市、优先发展重工业的赶超战略，使得财政金融对农业投入逐渐减弱，农业与工商业发展水平差距拉大。且在计划经济条件下，农业生产经营完全在国家掌握之下，并有计划地实施工农产品价格倒挂政策，农业经营者生产行为与经营收益完全脱钩，经营者基本丧失了农业生产的内在动力，并进一步钝化了对财政金融服务的需求与运用意识。改革开放以后，虽然通过家庭联产承包责任制改革，农户可以独立生产并取得产品剩余，但与此同时，对农业投入的财政金融服务也大规模减少，使原有农业基础设施在长达20多年的时间里得不到有效维护，新增农业基础设施也十分稀少；另外，由于在城镇中实施以"放权让利"为特征的非农业产业市场导向性改革，使城镇和非农产业的经营积极性得以极大提高，基于相对统一的市场和秩序，农业在市场导向的经济体系下逐步表现出其固有的弱质性。相应地，金融资本与农业经营者意识到从事农业的不利性，使得大规模的资本长时期"非农化"配置。而地方政府不断强化对工商业和城市建设的投入也助推了大量财政金融资金和社会资本向城镇和非农产业转移。总体说来，从1949年到21世纪初，政府对农业的认识及由此形成的相关政策总体上对农业发展是不利的，不仅未对农业发展进行合理保护，反而从价格、税收等制度与市场机制强化等层面加速了资本从农业和农村的逃离。2004年以来，基于对"三农"问题的高度重视，政府才开始实施了"工业反哺农业、城市支援农村"的发展战略，有意识地促进农业资本的回流，并在当前逐步出现了城市资本下乡发展农业的可喜现象。但资本的回流和城市资本下乡能否有效和可持续维持，关键在于新型农业经营主体的经济效益能否稳步提升。即使资本回流到县域农村地区，目前政府对农村金融机构给定的县域中小企业贷款硬性任务，也挤占了回流农村的资本和农村金融机构服务"三农"的信贷资金。

（2）农业政策之间不协同导致财政金融服务的技术性渗漏。新型农业经营主体在农业生产经营过程中涉及的问题较多，包括基础设施建设问题、融资问题、财政补贴问题、扶贫问题、环境保护问题、食品安全问题等。这些问题从不同侧面影响着农业经营者的绩效，并进一步影响其生产经营行为。由于上述问题在我国通常由不同部门来制定政策，并将这些政策同时或分步作用于同一农业经营者，因此，最终的效果取决于经营者对不同政策的反应，其政策制定与协同性也显得十分重要。从客观情形看，我国现行各类农业政策虽然进行过整合和协调，与历史上存在的大量政策冲突形成较鲜明对比，但依然存在不尽如人意之处。例如，从政府基础设施投资政策与国家财政补贴政策的协同性来看。目前，政府加大了农村普遍性基础设施建设，对粮食主产区、农业产出大县的投资尤其突出。政府投入主要表现为"村村通"之类的道路设施、水利设施，以及电力、网络等相关设施。政府的这些投入确实必要，但与农业经营者的现实需求可能仍存在差距。对于农业经营者而言，其市场化条件下农业生产经营积极性需要以获得必要利润来保证。据此,所有公共基础设施建设的前提是,农业经营者从事的特定农产品生产具有市场前景,需要政府在基本公共投入基础上进行进一步的财政支持(可以理解为投资性补贴,人头性补贴或产品补贴等)。换言之,政府投资的农业农村基础设施应当与农业经营者的普遍和特殊需求结合起来,并提供进一步的补贴予以支持和鼓励,但目前我国这两种政策显然并不协调,相比发达国家,我国农田机械化耕作和灌溉条件较差,标准农田建设较为滞后。此外,虽然农村中各项政府支持项目都可以从政策性银行(中国农业发展银行)获得信贷支持,具有一定协同性。但现阶段的协同性主要表现在农村财政公共支出与农业补贴等相关政策与中国农业发展银行的功能协同(后者从功能上对财政政策进行支持和配合)。其他商业银行基本按市场化方式进行信贷管理,只有农村信用合作社针对农户进行小额信用贷款,但对于新型农业经营主体,小额信用贷款显然又不能满足其用款需求。显然,财政政策与金融政策的协调,不仅应当强化财政政策与农业政策性银行的协调,而且需要更多地开发商业银行的相关业务,使财政政策与商业性金融业务进行技术性组合,从而形成协同支持新型农业经营体系的局面,否则会导致财政金融服务的技术性渗漏,使财政金融服务与新型农业经营体系构建出现不协同现象。

(3)财政金融支持新型农业经营体系构建的政策出台与落实不够协同。由于行政体制等原因,目前我国缺乏财政支农服务与金融支农服务在使用和配置上的互动耦合机制。财政支农服务与金融支农服务的运行与配置长期隔绝,前者是无偿和封闭的,后者则是有偿和盈利的。财政金融服务的不协同可以理解为政策的不匹配、政策执行的不匹配,突出表现为财政支农政策出台力度大,但金融支农政策出台力度小,金融支农政策与财政支农政策不协同。在财政方面,针对农业农村与新型农业经营主体的政策很多,同时作用于这些主体时可能存在功能矛盾,功能或效率相互抵消的现象;在财政执行过程中,中央部门与地方部门利益存在一定差异,导致执行政策不协同,同样不同部门在执行政策过程中更是五花八门,统一协调难度大。财政政策与金融政策的协同执行中,商业性金融部门由于是市场主体,只能通过利益的引导体现效果,显然利益的多少、利益的分配和流动性会影响商业性金融主体的最终绩效,进而影响其行为,因而这种财政服务与金融服务的协同难度较大。课题组根据新型农业经营体系构建中财政金融政策的辐射范围和执行情况展开实地调研发现,除个别地区外,新型农业经营主体普遍比较满意政府财政的补贴力度,不满意手续繁杂、条件要求较高的涉农金融机构的信贷服务。正是财政金融服务的不协同、不匹配,使得新型农业经营主体实际获得的金融资金及其成本并不如预期,甚至基本不能对这些主体产生激励作用。所以,加快改善财政与金融服务的协同性,对于构建新型农业经营体系甚为紧迫而必要。

7.4 本章小结

本章主要针对财政金融服务与我国新型农业经营体系构建不协同的现实表征、可能的影响和形成原因进行了深入的研究，研究的结果简要总结如下。

第一，当前，我国财政金融服务与新型农业经营体系构建的关系是不协同的，具体表现有四个方面：一是在新型农业经营体系所需要的现代农业基础设施建设领域，财政金融服务供给滞后，供给结构不尽合理；二是在新型农业经营体系的生产经营环节，财政金融服务供给的力度也不足，交易成本较高；三是在新型农业经营体系的经营风险环节，财政金融服务分担风险不主动、不协调；四是在新型农业经营体系可持续发展的需求中，财政金融服务供给不协同。

第二，如果财政金融服务与新型农业经营体系构建的现实不协同关系长期存在，不仅可能会阻碍新型农业经营体系的构建而制约农业现代化进程，而且可能会加重财政负担，制约现代农业金融服务体系建设，还有可能弱化财政与金融协同支持农业现代化的政策绩效，也不利于借助新型农业经营体系的构建实现农业供给侧结构性改革、农村科技创业等政策目标。

第三，我国财政金融服务与新型农业经营体系构建的关系不协同的原因是多方面的，既有重工轻农的历史政策惯性原因，也有农业产业天然的弱质性和市场机制的强化等经济性原因；既有新型农业经营主体金融素养低下、信用条件稀缺等主体性原因，也有构建创业期收益不稳定和金融服务风险分担机制不健全等风险性原因；既有土地产权制度改革滞后和农业产业化运行机制不健全等制度性原因，也有地方发展中存在的重工轻农原因及相关支农政策不协调等政策性原因。因而，其治理需要多措并举。

第 8 章 新型农业经营体系构建的财政金融服务创新构想

新型农业经营体系的构建不仅取决于在家庭联产承包责任制度基础上的农业经营制度创新，更取决于以财政金融为主导的资本要素决定下的农业要素重组及其新型农业经营组织的培育进度和质量。因此，创新新型农业经营体系构建的财政金融服务，进而有效推动新型农业经营体系的构建便成为重中之重。有鉴于此，本章的内容将围绕新型农业经营体系构建的财政金融服务创新构想展开。具体安排如下：第一阐述新型农业经营体系构建的财政金融服务创新指导思想，为后续内容的展开奠定思想基础；第二介绍新型农业经营体系构建的财政金融服务创新总体目标；第三阐明新型农业经营体系构建的财政金融服务创新原则；第四论述新型农业经营体系构建的财政金融服务创新基本思路；第五对本章内容进行总结。

8.1 新型农业经营体系构建的财政金融服务创新指导思想

要促进新型农业经营体系构建的财政金融服务创新，实现财政金融资源在新型农业经营体系配置中的效率与公平兼顾，首先需要坚守以下四个方面的指导思想。

8.1.1 引导市场机制在新型农业经营体系构建中发挥决定性作用

党的十八届三中全会通过的《中共中央关于全面深化改革若干重大问题的决定》指出"经济体制改革是全面深化改革的重点，核心问题是处理好政府和市场的关系，使市场在资源配置中起决定性作用和更好发挥政府作用"。在改革开放后，市场在资源配置上所展现出来的高效性已经被理论界和实务界所公认。作为市场经济核心的价值规律，它既能通过市场交换促进分工和协作的社会生产机制的形成，也能通过市场竞争形成激励先进、鞭笞落后的优胜劣汰机制，还能通过市场价格自动调节供给和需求，从而引导资源配置实现以较少投入取得最大产出的基本要求。因此，市场决定资源配置的本质要求，就是在经济活动中遵循和贯彻价值规律、竞争规律和供求规律。也正是在改革初期，决策层勇于打破计划经济体制的桎梏，相继推行有计划的商品经济和社会主义市场经济制度，才有了中国经济的腾飞，实现了中国经济的快速增长。

随着中国经济进入"新常态"，传统的单纯依靠增加要素驱动的发展方式难以为继。就农业领域而言，家庭联产承包责任制所释放的制度红利在20世纪80年代末期就已经达到顶峰（Lin，1992）。传统的"小农"生产模式与细碎化的土地安排已经不再适应农业现代化及当前社会经济发展的需要，再加上城镇化和工业化进程的持续推进，农业劳动力尤其是青壮年劳动力持续向非农产业转移，原有的农业生产单位——家庭的农业治理有相当比例已经不再完整[1]。农业生产的组织形式与土地制度、生产单位都已经发生了巨大改变，原有的小农家庭生产模式需要做出符合城镇化、工业化、信息化背景下市场发展规律的变革，向规模化、集约化的种粮大户、家庭农场、农民专业合作社、农业龙头企业等新型农业经营主体进行转变。财政金融服务是推动这种农业经营主体转变的主要外生力量。要推进财政金融服务创新，就必须引导市场机制在新型农业经营体系构建中发挥好决定性作用。而在财政、金融与新型农业经营体系三者之间的关系中，只有财政属于政府机制运作层次，金融和新型农业经营体系都属于市场主体[2]层次（属于准市

---

[1] 随着工业化、城镇化对农业劳动力的吸纳就业，我国部分农户家庭的农业经营不再像家庭联产承包责任制推行时期那样专业化、专注化，而是逐渐向兼业化（主业农业、非主业为务工等其他业务）、副业化（主业为非农业，非主业为农业）转型，甚至有些家庭完全放弃农业经营，抛荒或让出土地，从而使一部分家庭的农业经营不再完整。这恰好为愿意长期从事农业经营的家庭扩大经营规模，向新型农业经营主体演进创造了良好的土地资源条件。

[2] 在构成新型农业经营体系的各子体系中，除了监管体系之外，其他子体系均是由市场化的主体投资组建的，他们的运营也必将完全采用市场化的方式，遵循价值规律，因而市场机制对新型农业经营体系依然起着决定性的作用。

场主体的政策性金融除外），由市场机制主导，因而引导市场机制发挥好决定性作用主要有以下两个核心意涵。

（1）要让具有市场主体身份的新型农业经营体系自身起决定性作用，不要对财政服务形成过度依赖。也就是说，适应新型农业经营体系构建的需求而创新出来的财政服务，绝不能供应过度，超越公共财政原则越俎代庖，以免让新型农业经营体系自身形成"等、靠、要"的惰性思想，扭曲新型农业经营体系的功能和结构，损害其创业热情，阻碍其长期可持续发展。即便是在农业基础设施建设中也要区分公共属性和私人属性，对市场主体自身能投资建设的生产性基础设施，财政只需要发挥好引导作用，绝不能全部包办。

（2）在财政引导金融服务中，要激励具有市场主体身份的金融机构按照市场经济原则积极主动创新金融服务，通过财政支持新型农业经营体系培育壮大，推进新型农业经营体系的金融需求与金融机构的金融服务供给有效对接，并最终进入良性互动和可持续发展状态，从而为财政服务减轻压力，尤其是财力紧张的一些地方政府，更需要在支持新型农业经营体系构建中，通过必要的财政服务引导市场机制发挥好决定性作用，让新型农业经营体系和金融机构这两个市场主体富有效率地互动合作、良性发展起来。

8.1.2 促进政府机制在新型农业经营体系构建中发挥基础性作用

尽管我们主张让市场机制在新型农业经营体系构建的资源配置中起决定性作用，但并不意味着政府可以撒手不管。这是因为，市场在新型农业经营体系构建中的作用并不是无边界的，也不是万能的。例如，在新型农业经营体系之各子体系构建中，均存在大量的具有显著正外部性的基础设施投资，包括高标准农田建设、土壤脱毒治理、水土保持、大型疾病疫情防治、农业技术研发推广服务系统、农业信息化系统、农业监管系统[①]等。这些设施不仅投资规模巨大，而且消费具有非排他性，或排他成本高，效益具有外溢性，如果仍由以追求利润最大化的市场主体来提供，新型农业经营体系构建所需要的公共产品和公共服务供给必然会出现严重短缺，从而最终成为新型农业经营体系构建的重大瓶颈约束。同时，新型农业经营体系构建本身关系到国计民生、粮食安全、农业产业振兴和社会安定，其组织体系创新和资源配置不是由市场机制全部决定的，而且构建阶段面临巨大

---

① 现代农业监管体系既是新型农业经营体系的重要组成部分，也是新型农业经营体系的重要基础设施。由于监管存在显著的正外部性，本身属于公共产品，只能由政府提供。

的自然、市场等风险,客观上需要政府机制发挥作用。此外,新型农业经营体系构建牵涉到农业资源要素的重组,需要打破原有的农业利益格局,这些都需要各种农业要素与交易制度变革保驾护航,且制度供给也是市场机制无能为力的,客观上需要政府进行有效率的构建。

综上所述,在新型农业经营体系构建中,发挥好政府的基础性作用具有历史必然性。适应新型农业经营体系构建的需要,财政服务创新促进政府机制至少应在以下四个方面发挥基础性作用。

(1)财政服务创新要支持政府向新型农业经营体系构建提供必要的跨主体跨区域农业基础设施。例如,对于跨省区市的大型水利灌溉工程等公共品,需要中央财政加大支持力度。财政服务首先要围绕新型农业经营体系构建的共享农业基础设施建设需求进行创新,以保障政府有关部门在向新型农业经营体系提供必要的共享农业基础设施时,有足够的财政资金和便捷高效的财政资金拨付管理系统利用。

(2)财政服务创新要支持新型农业经营体系提升持续获取收益的能力。尽管新型农业经营体系大部分属于市场主体,但构建阶段属于新型农业经营体系生命周期的初期,经营管理能力位于学习曲线的最左边,生产经营效率与获利能力不足,特别需要外界给予一定程度的扶持;加之农业要素和生产资料价格上涨,导致其创业收入缺乏保障,因而会挫伤其创业积极性。此时,需要通过帮助其降低要素成本进行财政服务创新,以扩大其创业期盈利空间。

(3)财政服务创新要鼓励政府有关部门健全现代农业风险管理系统。由于新型农业经营体系构建客观上面临着自然灾害风险、市场价格波动风险、自身经营管理不善等三重创业风险,处于构建阶段的新型农业经营体系承担风险的能力十分脆弱,单靠新型农业经营体系自身承担,必然会导致新型农业经营体系构建的成功率大幅下降,从而阻碍农业现代化进程。因而,财政服务创新的重要责任就是要促进政府有关部门建立起由救灾救助、防汛抗旱、巨灾保险、农业保险、临时收储系统、目标价格系统、经营主体自我防范体系等构成的多层次的现代农业风险管理系统。

(4)财政服务创新要保障政府完成现代农业法律法规的有效供给。新型农业经营体系构建需要改变土地的权属关系、需要产生新的农业经营组织、需要赋予新的融资手段、需要拓展新的市场等,这些也都需要建立配套的法律制度进行规范和约束,而财政服务创新就需要为这些制度变革、制定和执行提供充足的资金保障。

显然,在支持新型农业经营体系构建中,财政服务创新应当树立有为政府、功能型财政的价值基准。在市场机制和政府机制可以同时发挥作用的领域(如现代农业准公共设施领域),政府的基础性作用需要把握好"火候",理性确定政府的职能边界,设计政府与市场共同作用的机制,发挥好市场自主、社会自治的积极作用，让市场、政府、社会在自身的合理行为边界中分工合作，共同促进新型农业经营体系的构建。

8.1.3 引导社会互助机制在新型农业经营体系构建中发挥辅助性作用

社会互助机制建立在各主体自愿的情况下，构建的是一种资源共享、风险共担的互帮互助的机制。它既有别于市场机制完全依靠价格进行资源配置，也有别于政府机制完全依靠财政预算手段进行资源配置。它是参与主体在充分考量自身资源禀赋特征之后自发形成的一种互帮互助的熟人社会与集体声誉机制。社会互助机制的存在既可以解决参与新型农业经营主体在劳动力、资本、技术等生产禀赋上所存在的不足，也可以让参与新型农业经营的主体实现基础设施、信息、技术、管理经验的共享共通，将新型农业经营体系构建过程中各环节的外部性进一步内部化。市场机制的作用因存在独立的利益边界而会在新型农业经营体系构建中存在部分失效，政府机制的作用也会受到财政能力和微观信息获取量的限制而存在部分失灵，社会互助机制以其互助合作的宗旨，可以有效弥补在新型农业经营体系构建中市场与政府机制的作用缝隙，在更短的时间内实现合作机制内部各主体的要素禀赋、管理水平、科技含量等指标的一体化，促进机制内部经营管理水平提高和风险共担，不仅可以降低单个农业经营者的风险水平，而且可以加快新型农业经营体系的构建。

中国当代农村是从封建时期宗法社会演化变迁而来，在宗法社会下，"圈层结构"是中国农村典型的社会结构特征（费孝通，2006）。虽然经历了新中国成立初期的农村经济"集体化"过程，以及改革开放以来市场化和城镇化进程，但是宗法社会并没有完全解体，"圈层结构"也并没有在农村完全消失，这也为新型农业经营体系构建中互助合作机制的建立提供了天然的社会土壤。将"圈层结构"与新型农业经营体系有机结合，完全可以以"乡村精英"或者宗法首领为发起人，结合当地的实际情况，建立起符合当地实际情况的现代农业互助合作机制，如农民专业合作社就是互助合作的典型形式。

综上，在支持新型农业经营体系构建中，财政服务创新可以考虑把农民专业合作社这种社会互助机制的建立和成熟运营作为重点对象，增强农民专业合作社的农业社会化服务效能，促进生产合作、供销合作、信用合作在新型农业经营体系构建中发挥重要的作用，提升社会互助机制在现代农业发展中的普及水平和功能绩效。

8.1.4 协调好土地制度约束下新型农业经营体系构建的各方利益关切

改革开放以来，我国确立了以家庭联产承包责任制为主，统分结合的双层经营体制，将土地所有权和承包经营权分离，分别归集体和农户所有。这一制度在改革初期有效地解决了农业生产的微观激励问题，极大地刺激了农民的生产积极性，但是这也直接导致了当前我国农业生产的细碎化问题，阻碍了以规模化和专业化为特征的新型农业经营主体的发展。为此，国家积极推动土地流转，2016年10月30日，中共中央办公厅、国务院办公厅印发《关于完善农村土地所有权承包权经营权分置办法的意见》，将土地承包经营权分为承包权和经营权，实行所有权、承包权、经营权分置并行，始终坚持农村土地集体所有权的根本地位，加快放活土地经营权，进而有利于促进土地资源合理利用，构建新型农业经营体系，发展多种形式适度规模经营，推动现代农业发展。

"三权分置"改革客观上改变了原有的土地权利结构，土地的承包权和经营权由集小农于一身改变为承包权属于农户而经营权则属于新型农业经营主体。土地承包权与经营权的分离势必要涉及土地流转。而土地流转过程中，各参与主体有着不同的利益诉求，如何在土地制度约束下协调新型农业经营体系构建中各方利益便成为新型农业经营体系构建中的一个重要的问题。

就现实而言，我国当前的土地流转利益主体主要涉及生产主体、农户及监管主体即政府。对于农户而言，在我国社保体系尚未完善的情况下，土地对其仍然发挥着巨大的社会保障作用，因此无论是土地承包权还是经营权，对其均非常重要，对于选择转出土地经营权的农户而言，他们自然希望通过经营权流转获取一定的租金收入；而对于选择转入土地的生产主体而言，通过转入土地发展农业经营，则希望能够拥有以合理的流转价格和较长的流转期为主要内容的土地租赁合同，以保障他们在经营中有一个稳定的收入预期。国家土地"三权分置"改革办法的实施为土地流转双方提供了制度保障。然而，就实践来看，流转合同签订与实施还存在较多的问题，如农户不遵守原有合约，在租期尚未结束前要求对租金进行重新谈判，又如部分经营主体因盲目扩张规模导致破产而无法履行合约。为此，作为监管主体的政府有必要对租赁合约的有效实施进行协调，一方面需要严把经营主体选择关，为农户挑选最为合适的土地转出接受主体，保障农户的租金能够顺利到手；另一方面也需要阻止农户违约行为的发生，保障经营主体拥有一个合理的流转价格和稳定的合同周期。这种有效协调，需要通过财政服务创新，发挥好政府和集体经济组织在土地流转中监督及利益协调作用，使土地流转价格和期限合理，保障土地用途不改变，确保在土地要素流转中农户与新型农业经营主体之间能够实现双赢。

8.2 新型农业经营体系构建的财政金融服务创新总体目标

新型农业经营体系的构建是我国农业发展中的一项前所未有的崭新事业，要建立一套与之相适应的财政金融服务体系，需要首先明确新型农业经营体系构建的财政金融服务创新目标，以便对现有的财政金融支农服务体系进行创新。这些目标具体有以下七个方面。

8.2.1 新型农业经营体系构建的资金需求得到有效满足

新型农业经营体系的构建需要土地、资金、劳动力、技术、制度等诸多要素实现有机融合。其中，资金无疑是众多要素中最为关键的，它自身作为一种不可或缺的要素禀赋，同时承担着有机串联、组合其他各生产要素的职能。毋庸置疑，资金是驱动新型农业经营体系最为重要的引擎。财政金融服务作为两种提供资金支持的重要手段和机制，其最基本的功能自然是满足新型农业经营体系构建的资金需求。

从新型农业经营体系的生命周期来看，无论是新型农业经营体系的构建前期、构建期及之后的发展期和成熟期，都存在着大量的资金需求来进行要素的购买及配置，进而实现新型农业经营体系的成功构建与运转。在构建前期及构建期，涉及大量的基础设施建设和组织的培育，需要实施合理的财政激励，引导各类主体参与到新型农业经营体系的构建中；而在发展期和成熟期，各类主体则同样需要大量的资金投入扩大再生产经营过程。因此，从新型农业经营体系的生命周期来看，资金需求贯穿始终，财政金融服务自始至终需要确保满足新型农业经营体系的资金需求。

从新型农业经营体系内部结构来看，其涵盖新型农业生产主体、服务主体、监管主体及与此相关的农产品商品化处理和市场交易体系，而这些主体体系所涉及的包括科研、种植、养殖、加工、包装、储藏、运输及市场营销等环节，都需要大量的资金投入。同时，新型农业经营主体的生产规模远远超过以往小农户的规模，且在发展中还可能有不断扩大经济规模的要求，因而其资金需求量可能会进一步增大，资金需求周期可能会更长。

从新型农业经营体系经营特征来看，农业生产的周期性和季节性明显，故而新型农业经营体系的资金需求也带有明显的周期性和季节性。同时，鉴于新型农业经营体系仍然需要一定的周期走出农业弱质性与低效性的桎梏，在面对突发灾害和其他应急情况时，需要临时雇人防御自然风险，对资金的时效性要求较高。在农产品收获时，需要通过线上线下多渠道开展市场营销，才能避免市场风险，实现收益最大化。

综上所述，新型农业经营体系存在巨大的资金需求，需求具有多样性、多主体性、多层次性，除了依靠自我资本投资外，还需要借助财政金融机制来得以满足。财政金融服务创新的基本目标就是要通过开发多样化的财政金融服务产品，有效满足新型农业经营体系构建的资金需求。

8.2.2 新型农业经营体系的要素集聚与可持续发展能力显著增强

具备要素集聚与可持续发展能力是新型农业经营体系走向成熟的根本标志，也是新型农业经营体系成功构建的关键。在新型农业经营体系的构建阶段，由于暂时无法克服农业客观存在的高风险、低收益等诸多弱势，加之各种要素价格上涨的冲击，新型农业经营体系面临的创业成本和风险很高，利润空间很窄，甚至亏损，作为理性经济人的市场主体往往不愿意介入，从而无法形成新型农业经营体系的要素集聚，进而阻碍新型农业经营体系的培育与可持续发展。显然，只有当新型农业经营体系的创业成本和创业风险大大降低，能保障其在构建阶段获得可观的创业收益（包括资金在内的先进农业生产要素）时，才会向新型农业经营体系集聚，从而促进新型农业经营体系提质扩容。

而在降低新型农业经营体系的创业成本和创业风险方面，财政和金融可以大有作为。从财政来看，财政以其无偿使用和多目标调控的公共优势，不仅能够通过要素价格补贴、奖励、税收减免等手段补偿给新型农业经营体系，以降低其创业成本，增加收益空间，而且能够通过成立和运用现代农业投资基金、灾害救助、目标价格补偿等手段，对新型农业经营主体的创业风险给予补偿，以减轻各种风险带来的损失，从而增强新型农业经营体系要素吸附能力和可持续发展能力。而财政本身所具有的导向功能和杠杆功能,也会在支持新型农业经营体系构建中吸引其他农业要素的集聚;从金融来看,金融不仅能通过有偿借贷机制向新型农业经营体系提供必需的信贷资金支持,而且能够通过担保、保险、风险投资等风险管理机制分担新型农业经营体系的创业风险,一旦将其创业风险降低,新型农业经营体系的获利能力、要素吸附能力和可持续发展能力就会显著增强,反过来,又会成为金融机构的优质客户,促进金融服务体系与新型农业经营体系的良性互动发展。

可见,财政与金融除了需要把满足新型农业经营体系构建的投资资金需求作为目标外,更需要把降低新型农业经营体系构建的成本和风险作为扶持内容,以提升新型农业经营体系的要素集聚与可持续发展能力。

8.2.3 财政金融服务新型农业经营体系的效能有效提升

财政和金融作为两种资金配置的手段,其特点各有不同。财政作为公共手段,主要着力于外部性和准外部性的领域,而金融作为市场手段,其侧重点自然是不存在外部性的私人领域。长久以来,财政和金融在各自的领域中各司其职的运转,进而保障政府和市场边界的明晰。然而实践反复证明,财政和金融这两种资源配置手段均存在各自的局限性,在一些领域不仅需要二者有机结合,甚至还需要二者共同介入。而新型农业经营体系构建作为一个系统性工程,集公共性和市场性于一身,为了达成构建目标,实现我国农业发展方式成功转型,迫切需要通过财政金融服务创新以提升其服务效能。

就财政支持新型农业经营体系而言,其往往通过补贴、奖励和税收的方式,对参与构建的各类主体进行引导,从而实现自身的调控目标。财政在对新型农业经营体系的补贴和奖励方面相对比较完善,但在税收方面,对农业加工营销等经营主体的优惠力度不足,进而导致这些农业经营主体的收益降低,影响农业产业链的形成。因此,进一步加强新型农业经营体系构建中税收制度的改革,是财政支持新型农业经营体系构建需要加强的地方。从金融支持新型农业经营体系来看,其通常通过信贷、担保和保险三类手段与各农业经营主体进行合作。但是农业"贷款难""贷款贵"却困扰着新型农业经营主体。此外,鉴于我国金融业和农业发展水平较低,农业保险、农业担保、农业期货期权、农业基金、农业股权资本市场仍然是支持新型农业经营体系的短板,也是未来应该重点发展的领域。

显然,要促进财政金融服务于新型农业经营体系构建,关键在于作为供给方的财政金融部门对应于新型农业经营体系的资金与风险管理需求,有多大的服务供给效能[①]。这不仅取决于财源与财政收入能力、金融资源形成量与动员能力,更取决于财政金融部门的服务创新能力。一般而言,服务创新能力越强,服务的效能越大。因此,在财政金融服务创新支持新型农业经营体系构建中,需要把提升财政金融自身的服务效能作为根本目标。

8.2.4 财政金融服务于新型农业经营体系的效率明显提高

财政金融服务于新型农业经营体系的效率,通常可以从服务质量和服务速度两个方面来衡量。所谓服务质量就是指投入产出比,即用较少的财政金融服务获得最优化的新型农业经营体系构建效果,实现新型农业经营体系构建目标,也代表财政金融服务的效率;此外,单笔财政金融服务于新型农业经营体系所经历的时间越短,所达到的效果越好。我们把前者称为财政金融服务于新型农业经营体系的经济效率,把后者称为财政金融服务于新型农业经营体系构建的技术效率。

从目前我国的实际情况来看,无论是财政服务还是金融服务,新型农业经营主体从提交申请到成功获取,不仅手续繁杂、审批部门繁多,而且办理时间很长,这充分表明财政金融服务在技术上是无效率或低效率的;从经济效率的角度来看,对于农业基础设施建设资金,财政不仅存在层层截留问题,而且需要专项配套,且对资金用途和使用效果缺乏有效监管,在基层政府配套能力不足的情况下,就会出现财政服务产出效果严重缩水的现象。同样,金融存在监管困难的问题,也会导致金融资金用途改变,制约金融服务的经济效果。

因此,为了防止财政金融服务于新型农业经营体系构建出现低效或无效状况,就必须在财政金融服务创新中,将提升财政金融服务新型农业经营体系的经济效率和技术效率作为根本目标。

8.2.5 新型农业经营体系构建的财政服务成本与金融服务价格合理

在财政服务于新型农业经营体系构建中,财政资金可以采取无偿和有偿的方

---

① 效能主要从服务能力、服务水平两个维度进行衡量;效率主要从成本与收益比(服务质量)及服务速度两个角度来衡量。

式支持新型农业经营体系，即使是有偿支持，基本上也是低息或无息（如政策性银行贷款），因而相对于新型农业经营体系来讲，只要能够获得财政支持，财政服务的价格就不是问题；但对于政府来讲，财政服务过程中要产生政府部门运行、管理与人工费用，甚至有可能会发生技术性漏损。如何降低财政服务于新型农业经营体系构建的行政成本，提高财政服务的效率、效能和效益，是财政服务创新必须要考虑的问题。

在金融服务于新型农业经营体系构建中，同样会发生金融服务成本，但由于金融机构是具有理性经济人的市场主体，它会通过加强内部控制积极主动降低金融服务的内部成本，以提高获利空间。而关系到新型农业经营体系的构建，最紧要的是金融服务价格。金融服务价格关系到农业投资收益率在金融机构与新型农业经营主体之间如何分割的问题。只有确定合理的金融服务价格，确保金融机构与新型农业经营主体之间实现互利共赢，金融服务才会可持续，新型农业经营主体也才能得到可持续发展。

可见，在财政金融服务于新型农业经营体系构建中，需要把降低财政服务成本和形成合理的金融服务价格作为基本目标。

8.2.6　财政金融服务于新型农业经营体系构建的方式符合国际规则

财政金融服务于新型农业经营体系的构建，依然属于一国农业支持保护体系的重要组成部分。在农业支持保护政策的国际规则中，主要是 WTO 制定的《农业协定》，为了防止农业贸易出现扭曲，《农业协定》制定了出口补贴和国内支持两种补贴规程。其中，出口补贴按农产品出口实绩给予补贴；国内支持包括支持一般服务等无贸易扭曲作用"绿箱"补贴、包括市场价格支持等具有较大贸易扭曲作用的"黄箱"补贴及限产计划下的直接支付等"蓝箱"补贴[①]。只有"绿箱"补贴不受 WTO 规则的约束。我国作为负责任的全球大国，在促进中国农业融入世界农业的贸易格局中，理所当然地在创新新型农业经营体系构建的财政服务方式中，把财政服务符合国际规则作为根本目标，积极用好"绿箱"政策工具。

从金融服务来看，金融服务属于完全意义上的市场行为，金融服务的价格机制，使得农业收益被金融机构和农业经营者同时分割，因而不会通过农业经

---

① 各类补贴箱具体栏目参见第 3 章 WTO《农业协定》与农业补贴专栏，出自 WTO《农业协定》第 6 条、第 7 条。

营者的成本和收入渠道扭曲农业贸易，故除了收入保险在鼓励支持的"绿箱"政策工具中有规定外，其他并没有明确的国际规则约束，因而金融服务创新只需要考虑金融产品与服务供给要尽可能实现金融机构和新型农业经营主体激励相容即可。

综上可见，财政服务创新需要把符合农业支持的国际规则作为基本目标加以看待，要充分用好"绿箱"政策工具，提高农业综合生产能力和农业可持续发展水平。

8.2.7 新型农业经营体系构建的财政金融服务风险可控

自然灾害风险和市场价格波动风险是约束农业做大做强，实现长期可持续发展的两大瓶颈。这也是资本要素不能大规模进入农业的重要原因，新型农业经营体系的构建除了需要面临这两大风险外，还将面临构建阶段创业失败的经营风险。所以，财政金融服务于新型农业经营体系构建总是与风险相伴随。但相较于财政服务在多数情况下采取无偿支持且不计较风险来说，对风险更具敏感性的金融服务则面临着更大的风险需要防范，上述风险集中在金融服务领域，一旦爆发出来，就立即转化为信用风险，导致金融机构支农贷款无法按时回收，形成不良债权，从而影响金融机构进一步支农的积极性。

因此，为了既达到促进新型农业经营体系构建的目标，又防止金融机构出现大面积的信用风险，促进新型农业经营体系构建的财政金融服务创新，就需要借助有效的财政监管、信贷集合产品和信贷风险管理机制创新等，把财政金融服务的风险维持在可控范围内。这种可控范围又叫风险容忍度[①]。一般说来，风险容忍度是由金融监管当局确定的，但风险容忍度的确定不能在农业与工业和服务业之间采取一刀切模式，应当结合农业的风险特征进行差别化的风险容忍度设计，使农业的金融风险容忍度适当高于工业和服务业，以有效服务新型农业经营体系可持续发展为目标，在不发生影响较大的系统性风险情况下，金融机构的重点是要在金融支农服务中因地制宜地灵活创新信贷产品，采取科学有效的信贷风险管理方法和手段，在金融支农和防范风险的矛盾中寻求平衡。

---

① 目前，我国金融监管当局对金融机构的信贷风险容忍度规定为 2%，对担保代偿率规定的风险容忍度规定为 2.45%。显然，对风险较大的农业来说，很容易突破。

8.3 新型农业经营体系构建的财政金融服务创新原则

在当前我国推进农业现代化进程中,适应新型农业经营体系构建需求的财政金融服务创新,是建立在既有的服务于家庭农业的财政金融服务体系基础之上的,加之财政金融服务之间本身所具有的功能差异,使得新型农业经营体系构建的财政金融服务创新必须遵循以下四个原则。

8.3.1 财政金融服务边界清晰与分工服务原则

尽管财政与金融是国际上惯用的两种农业支持与保护手段,但它们也是两种经济社会属性完全不同的资源体系。财政资源体系的财政资源主要来自全体纳税人,其支出具有公共性、预算性、社会性、无偿性[1]、引导性和调控性,追求的是社会效益、经济效益、生态效益和政治效益等集合效益目标;在市场经济条件下,只有公共产品与公共服务领域才是财政服务的对象,非公共领域的财政支付则不符合公共财政原则。尽管如此,财政仍然负担着对私人投资领域的引导和调控职能,在私人投资不力的情况下,对非公共领域,国家通过部分财政牵引性投资,可以发挥"四两拨千斤"的作用,带动私人部门和金融资本的投资。而金融资源体系的金融资源,是通过有偿机制从私人部门和公共部门动员过来的,因而金融资源的配置与使用就需要在风险可控下追求经济效益最大化,于是,追逐利润便成了金融服务的本性。在市场经济条件下,金融的逐利本性会表露无遗,但是随着普惠金融理念的深入和广泛接受,金融机构在追逐利润最大化的同时,也开始逐渐重视社会责任的履行,积极让渡利润空间,用低息优惠小额信贷等支持弱势落后群体的发展。而恰好农业属于弱势领域,农业的平均利润率偏低,因而需要金融机构采取优惠让利的服务方式(但必须维持其财务可持续)支持农业的发展,

---

[1] 财政资金的配置一般包括无偿和有偿两种形式,其中有偿配置就是财政资金信贷化配置,包括政府直接贷款和通过政策性银行信贷发放。由于信贷配置需要偿还,对财政资金使用者会形成一种压力,他们会更加谨慎地使用资金,以提高资金的使用效益。所以,在财政拮据的情况下,有偿配置因比无偿配置更容易实现财政资金的良性循环而被西方各国广泛使用。

故农业金融也往往被视为普惠金融的重要组成部分。

正是财政和金融具有的不同的资本属性，才使得财政和金融在服务新型农业经营体系构建中需要划分支持边界，并以此进行有效分工协作。基于财政与金融两种资本属性的差异，财政主要投向公益性、社会性突出的农业基础设施，金融资金主要投向具有明显经济效益的新型农业经营体系的生产发展领域，这两个领域分别位于产业的上下两端，因而自然形成了一种分工支持格局。如果财政金融出现错位配置、职责不分的现象，不仅财政金融资金无法实现预期的效益目标，新型农业经营体系的构建也无法成功；即便财政和金融不错位配置，但只要任何一方发生缺位配置，也会使新型农业经营体系构建半途而废。所以，在财政金融服务创新中，必须坚持财政金融服务于新型农业经营体系的边界清晰和分工协同支持原则。

8.3.2 财政金融服务创新协同原则

财政和金融服务在新型农业经营体系构建的不同产业链环节虽然各有侧重，但是并非完全分离、独立运作的两种服务。如果财政金融能够实现良好协同，则既可以缓解新型农业经营主体在构建阶段公共农业基础设施领域及准公共农业基础设施领域财政服务所面临的资金压力过大等问题，也可以缓解农产品生产经营领域金融服务所面临的风险过高等问题。例如，在新型农业经营体系构建阶段的基础设施建设，通过财政资金的先行介入，发挥财政杠杆作用，可以引导金融资金部分参与到有经济效益的基础设施上来，有效缓解财政资金压力过大的困境；又如，在新型农业经营体系构建阶段，通过财政资金建立风险基金，进而为金融资金投放进行担保，可以缓解金融服务面临的资金风险过高的问题。通过二者的有效协同，可以更好地增强新型农业经营体系的要素集聚，进而实现可持续发展。

但财政金融服务的协同支持离不开财政金融服务创新协同，因为财政金融服务是其创新的结果。如果财政金融服务创新不协同，那么财政金融服务于新型农业经营体系构建就可能不协同。例如，金融机构创新推出土地经营权抵押贷款，如果缺乏政府财政服务创新成立的农业信贷风险补偿基金，那么土地经营权抵押贷款实施效果就会大打折扣。当然，在支持新型农业经营体系构建中，优质农业企业的经营环节信贷支持可以不要财政配合。但总体说来，构建阶段的优质企业十分稀少，支农风险较大，基本都需要财政金融分工配合支持，故需要财政金融支农服务协同创新。

8.3.3 财政金融服务效率最大化原则

财政金融是十分稀缺的经济资源,支持农业的财政金融资源更是十分稀少。因此,必须设法使有限的财政金融资源在支持新型农业经营体系构建中发挥最有力的促进作用,从而通过最小的财政金融服务支出实现新型农业经营经营体系构建目标的最优化,这就是财政金融服务效率最大化原则。

要实现财政金融服务效率最大化,不仅需要财政金融服务有效支持,更需要财政金融服务协同支持。要做到财政金融协同有效支持,就需要根据新型农业经营体系构建中的新需求、结合原有的财政金融服务存量,推进财政金融服务创新,实现财政金融服务的新的有机配合。

就传统的农业生产经营方式而言,追求利润最大化的金融机构不愿轻易涉足农业领域,而追求公平的财政虽然近年来投入了大量资金,但是缺乏金融资金的有效配合,对农业的促进作用有限。就新型农业体系构建而言,财政金融服务应当汲取过往经验教训,首先从改进财政服务效率出发,尽量实现财政服务与市场化接轨,提高自身服务效率。其次,还应发挥财政的先导功能,积极引导金融资本支持新型农业经营体系构建。最后,进一步发挥金融机构追求金融资源效益效率最大化的优势,实现二者良好协同,进而促进新型农业经营体系的构建。

8.3.4 财政金融服务风险最小化原则

农业经营所面临的自然、价格等诸多风险一直是制约农业发展的瓶颈,也是市场化资本不愿轻易进入、财政资金经常需要兜底的重要原因。当前,我国正处于由小农经营体系向新型农业经营体系转变的关键时期,新型农业经营主体仍然面临着与家庭小农几乎同等程度的自然、价格风险。加之新型农业经营体系构建本身属于创业投资,具有极高的创业风险,所以财政金融支持新型农业经营体系的构建具有天然的高风险性。

由于财政资金属于公共手段,风险性不是其主要参考的指标,因此财政金融服务的风险最小化原则主要体现在金融服务上。在缺乏保险的情况下,信息不对称与农业经营自然风险过高是传统信贷服务不愿意介入农业的重要原因。而如果在农业发展市场化程度较高的地方,引入担保与农业保险,则既有助于缓解信贷机构的信息不对称问题,也可以消除信贷机构对农业经营主体经营风险过高的隐忧。此外,从长久来看,随着农业技术的进步和农业灾害管理能力的增强,自然灾害风险可能会下降，但农产品市场价格波动风险不会跟着降低或者消除。为此，可以创新农产品期货期权机制，通过发挥期货期权机制对农产品价格预期的稳定功能，降低农产品市场风险，进而间接降低金融服务新型农业经营体系的风险。此外，通过发挥财政金融的协同效应，实现二者的创新驱动，也可以实现二者服务的风险最小化。例如，对于农业市场化发展程度较低的地区，可以通过创新财政支农机制，放大财政支农政策效应，由国家财政出资建立担保基金池，建立由财政支持的农业信贷担保体系，进而引导金融资本投入农业，这既可以解决新型农业经营体系融资难的问题，也可以降低金融资金的支农风险。

财政金融服务风险除了来自新型农业经营体系之外，还来自财政金融服务创新本身，创新意味着有风险产生，如果创新的财政金融服务不适应新型农业经营主体的需求，就可能使创新收益小于创新成本，从而出现无意义的创新。因此，财政金融服务创新，既要紧密结合新型农业经营体系的实际需求，又要考虑自身的创新成本和收益，把财政金融服务风险最小化作为创新的基本原则加以遵循。

8.4 新型农业经营体系构建的财政金融服务创新基本思路

根据新型农业经营体系构建的财政金融服务创新指导思想、目标和原则，并结合当前我国农业农村实际，特提出以下几个方面的创新思路。

8.4.1 新型农业经营体系构建的财政服务创新

按照 WTO 规则框架，在我国新型农业经营体系构建中，财政服务创新应该从以下几个方面加以展开：

（1）加强现代农业公共产品与公共服务投入力度，优化一般性服务支持结构，提升农业综合生产能力。一是按照"五位一体"的新型农业经营体系架构，建立现代农业公共产品与公共服务建设清单，明确各级财政建设与支出职责；二是按照不低于经济增长速度，提高现代农业基础设施建设的预算增速和水平，加大现代农业基础设施建设投入力度，特别是要尽快改善农田水利、机耕道路、标准农田等生产条件，加强农业技术推广服务体系、市场平台信息系统建设，改善现代农业生产条件，切实提高新型农业经营主体抵御自然灾害的能力，确保粮食生产旱涝保收；三是扩大"绿箱"补贴投入，增加农业综合开发、农业科研教育与重大技术引进和推广、农村人力资本培训、土地整理、土壤脱毒治理、高标准农田建设、中低产田改造、排污排洪工程、粮食储备库工程、农业产业化示范基地、中小型水利设施维护、农产品市场建设、农业合作社组织创新等项目支出；四是通过财政补偿或奖励手段，引导新型农业经营主体加强经营性农业基础设施投入，特别是鼓励其在经营土地上实施灌溉排水、土壤改良、道路整治、机耕道路、电力配套等工程建设，使其具备规模化生产条件；五是持续加大农村节水排灌、人畜饮水、乡村道路、农村沼气、农村水电、农村互联网、农业信息化、产地市场、操场围栏等农村中小型基础设施和公共服务建设投资力度，优化现代农业投资环境；六是加大农业资源与生态环境保护、农业污染治理、农业生物安全、绿色低碳循环农业示范等促进农业可持续发展能力项目的投入，制定农药、化肥、饲料、添加剂等规范使用的标准，加强绿色无公害农业的补助奖励力度，完善农业环境污染治理监测预警系统；七是积极创新现代农业基础设施投融资机制，试点推进PPP融资模式，对有明显经济效益的现代农业准公共产品和准公共服务放开市场，如清洁能源开发、农林特产专业化、节能技术改造等项目，可通过财政资本、社会资本和金融资本联合投资（如投资参股、利率优惠、财政贴息、信用担保等方式），提升现代农业基础设施建设水平，增强现代农业生产综合能力和可持续发展能力。

（2）深化价格支持服务体系，提高新型农业经营体系抵御市场风险的能力。一是进一步完善粮食最低收购价政策，探索建立小麦、水稻最低收购价与国内外市场价格联动机制，随市场价格波动适当上下浮动。当国内价格超过国际价格，配额关税保护失灵时，可探索出台目标价格政策，按差价补贴粮食规模生产者。同时，尽可能缩小最低收购价范围，拉开不同品种最低收购价差距，更多地使用价补分离手段，推进农业标准化、促进品牌建设。二是确定合理的储备规模，完善农产品市场调控储备制度，促进农产品市场稳定，建立价格稳定带制度，形成反周期补贴长效机制。三是在稻谷、小麦最低收购价政策中建立优质优价机制，在重金属污染和地下水消耗过度等不适宜生产地区停止托市收购政策与服务，在粮食功能区实行托底收购，并根据水分、杂质、营养含量和纯度等决定价格。不再或没有实施托市收购政策的农产品，应积极推进品牌建设，设定严格的生产和质量标准，重新调整科技资源配置，提升农业比较优势。四是完善目标价格支持服务体系。建立棉花、大豆目标价格与市场价格联动机制，目标价随市场价上下浮动，合理确定二者之间的差距，先期公布补贴上限，只对目标价与市场价的差价之固定比例（如80%）予以补贴。积极探索将玉米临时收储改为目标价格政策，对主产区种植户按照承包面积给予差价补贴。

（3）健全直接补贴方式，积极提高生产服务效率和绿色发展水平。第一，深入推进"三补合一"的补贴服务。继续推进粮食直补、农作物良种补贴、农资综合补贴合并为"农业支持保护补贴"的"三补合一"服务试点，按照确权颁证后的实际耕地面积发放，同时，结合地籍调查和土地分级结果，分等级给予耕地保护补贴。第二，新设专业大户补贴，完善粮食规模生产者补贴面积的核定办法。探索以省区市为单位划定适度规模生产经营者面积，按规模种植大户的实际粮食种植面积进行补贴，防治虚假申报套取国家财政资金，新增补贴向粮食主产区倾斜。第三，进一步完善农机具购置补贴服务。对大中小型适宜的农业机械进行有差异化的公平补贴，确定能耗等级标签，优先补贴"国三标准"低排放、低能耗农机装备。将丘陵地区半自动化小型农机设备纳入补贴目录。重点补贴农机大户和农民专业合作社，减少利用率低的（如农户个人）中小型农机具补贴。根据更新淘汰年限，设置更新专项补贴，鼓励适时更新淘汰老旧机具。第四，落实农业环保补贴。对养殖大户环保处理设施建设、种植业绿色生产和环保投入给予专项补贴，加强环保补贴资金利用的监控，鼓励绿色低碳农业快速发展。第五，逐步推广农业社会化服务购买补贴服务。按基础农业和效益农业分类制定差异化农业社会化服务购买补贴标准。市场机制基本不能主导基础农业良性自我发展，且农业社会化服务需要财政大力支持，建议财政支持标准确定在公允市场价格的 40%~50%，最高不超过 60%；市场机制能主导效益农业实现良性发展，在其农业社会化服务中财政只需起引导作用，适宜选择关键薄弱环节，按生产成本和风险差异分类制定财政支持标准，建议确定为公允价值的 20%~40%。对服务成本和风险较高的关键环节，如水稻育秧、机插、机耕、机防、机收服务等，补贴标准可以提升至 40%~50%。促进新型农业经营体系更多地依靠环保农业科技和社会化服务，来解决农产品质量安全问题，加大测土配方施肥和水肥一体化推广力度，提高肥效和药效，降低化学投入物成本，减少无效农机购买，降低农机作业成本。第六，在补贴周期内平稳推进退耕还林、退牧还草补贴服务，设立了生态农业补贴，对主动参与农业资源保护、农业生态环境修复的私人主体给予生态环境补贴，积极引导市场主体参与农业生态环境建设，促进绿色农业发展，实现农业可持续发展目标。第七，逐渐创新补贴方式，实现由直接补贴向为新型农业经营体系提供长期低息信用贷款方式转变，引导新型农业经营体系结合当地资源特色，发展具有竞争力的优势产业，将流通环节的补贴逐步转到生产环节，增加对生产环节的直接补贴。

（4）整合支持新型农业经营体系的各类财政资金，提高财政支农资金的综合使用效益。一是加强整合顶层设计，转变项目转移支付方式。可以采取"大专项+工作清单+集中下达"的整合方式，由国务院组建支农资金整合机构或指定主管部门整合中央各行业各类专项，关联部门分别提出目标，整合后的大专项经国务院批准后集中下达各省区市，探索涉农专项转移支付向一般性转移支付过渡，促进中央调控与地方自主统筹有效衔接（马晓河，2017）。整合初期，应以部门内部整合为主，结合行业发展情况和专项资金来源额度，确定本部门重点支持项目。在试点基础上，逐步实现行业部门间同类项目大范围整合。各部门根据行业发展规划和年度支持重点，力争做到一体推进，配套实施。但对国家优先支持的重大专项如千亿斤粮食产能工程等不适宜进行资金整合。总之，整合涉农财政资金，最终目的是增加最终使用者的自主实施权，尽可能减少财政对农业的直接投入，发挥财政对社会资本的引领和撬动作用，提高财政支持新型农业经营体系的效能。二是健全支农资金审批程序，提高财政服务效率，强化政府服务职能，进一步规范涉农项目行政审批制度，制定权力和责任清单，推行网上审批，提高行政审批效率。减少中央层面的审批项目，适当下放审批权限，财政部门应对各主管部门提出的投资项目进行审查，及时平衡，划分各归口项目，整合交叉重复项目。三是创新支农项目管理服务体制，分类推进支农项目建设。对于国家级大型涉农项目，仍由政府代建代管；对于跨村镇具有较高技术难度的涉农项目，以项目理事会为谈判主体，采用招投标方式与竞标施工单位进行招标谈判，由项目区村民监事会进行监督；对于村级范围的农村小型涉农项目，由理事会组织村民自建，村委会作为责任主体，协调用地拆迁、审查财务等，项目理事会作为施工主体，负责材料采购、施工组织、设备租赁等。项目建成后由村级自治组织委托集体经济组织进行管理、运营和维护。

（5）积极推广新型农业经营主体财政补贴资金股权化试点，提升对农户的收入带动作用。近年来，为进一步深化公共财政体制改革，优化和完善财政支农资金投入方式，充分发挥财政资金的引导和激励作用，提高资金使用效率，推动经济结构调整和主导产业加快发展，国家开始在部分地区推行财政支农资金股权化改革试点。即50%的财政补贴资金所有权归新型农业经营主体作为建设资金，另外50%的财政资金所有权归农户所有，并通过入股方式归新型农业经营主体使用，按期给农户分红[①]。财政支农资金股权化试点政策通过财政资金入股方式可以起到一箭双雕的作用，既可以支持新型农业经营主体，引导农业现代化发展，又可以带动农户增收致富，实现其资本性收入的增长。我国新型农业经营体系尚处于构建阶段，新型农业经营主体的发展还面临诸多约束，财政服务对其支持也时常出现期限、数量错配等问题，导致财政服务的效率受到严重影响。因此，政府可以尝试在有条件的地方进行农业经营主体财政股权化试点，并向全国推广。同时，财政支农资金股权资本化试点适宜建立在一般性财政支农服务中，因为只有这种补贴资金才能转化为农业固定资产，并且能够长期带来收入，其他补贴资金中除了大型农机具具有投资属性外，其他基本上属于短期受益资金，因而并不适合推进股权化改革服务。

---

① 分红包括固定型分红和收益型分红两部分，前者与利润无关，无利润时照样分红，没有风险；后者与新型农业经营主体的利润有关，利润越高，分红越高，无利润时不分红。

综合上述分析，我们把促进新型农业经营体系构建的财政服务创新要点总结成表 8-1，财政服务创新总体可以从价格支持、挂钩和脱钩的直接补贴、一般服务支持四个板块推进。

表8-1 促进新型农业经营体系构建的财政服务创新要点

服务大类	服务细目	现实状态	未来态势	创新要点
价格支持	粮食最低收购价服务	有	加强	合理确定最低收购价水平，保证提价幅度高于生产成本上涨幅度，实行单一的政策执行主体和储备粮垂直管理体系
	粮油临时收储服务	有	加强	建立制度化的政策启动与退出机制，建立重要农产品调控储备
	目标价格补贴服务	有、试点	稳步推广	建议逐步推广到水稻、油菜籽、食糖等农产品；建立重要农产品价格预警系统
	冻猪肉收储服务	有	加强	建立制度化的政策启动与退出机制
	反周期补贴	无	新设	建立价格稳定带制度，形成反周期补贴长效机制
挂钩的直接补贴	粮食直补	有	改革	①真正按实际种粮面积补贴给实际种粮人，包括新型农业经营主体；②新增补贴重点向粮食主产区倾斜；③提高重点品种补贴力度，逐步取消差价供种的方式，全部采取直接现金补贴农户的办法，与实际种植面积挂钩；④继续推进"三补合一"作为农业支持保护补贴的试点建设，总结经验逐步推广
	农资综合补贴	有	加强	
	农作物良种补贴	有	加强	
	畜牧良种补贴	有	加强	完善补贴管理办法，提高服务效率
	农机具购置补贴	有	完善	向农机动力不足的粮食主产区倾斜，完善操作办法，探索申请补贴、选机换机、补贴报销分离的操作方式，加强执行的管理和监督
	农业社会化服务购买补贴	有，试点	推广	农业社会化服务购买补贴重点投向小麦、玉米、水稻等大宗粮食作物，补贴比例可提高到60%；特色效益农业应选择外溢性强的关键环节，补贴比例不超过50%
	农业环保补贴	无	新设	对养殖业环保处理设施、种植业环保投入给予专项补贴，对绿色低碳农业实施补贴
	专业农户补贴	无	新设	对经营规模较大的粮食种植大户按实际种植面积进行补贴
脱钩的直接补贴	退耕还林补贴	有	平稳推进	随补贴周期结束而结束
	退牧还草补贴	有	平稳推进	补贴周期结束后视未来需要再启动
	生态农业补偿	有，少	加强	建立生态农业补偿补贴细目，提高生态补偿标准，建立农业生态环境修复与保护的长效机制

续表

服务大类	服务细目	现实状态	未来态势	创新要点
一般服务支持	"稳产高产"大型商品粮生产基地建设、田间工程及农技服务体系建设、中低产田改造、生猪和奶牛标准化规模养殖场建设、产粮大县和产油大县及生猪调出大县奖励、农业综合开发项目、全国农业科技入户示范工程、农民专业合作社支持项目、农技推广体系建设、土壤脱毒治理、测土配方施肥补贴、劳动力转移培训阳光工程、新型职业农民科技培训工程、动植物防病防疫体系建设			①加大投入建设力度,对粮食主产区的农业基础设施实行全额投资建设;②探索现代农业基础设施建设新的投融资机制,积极动员金融资本、社会资本和以工代赈投入农业基础设施建设;③完善公益性农业服务体系,为现代农业提供足够的公共产品和公共服务;④积极推进一般性服务财政资金股权化试点和推广

8.4.2 新型农业经营体系构建的金融服务创新

对新型农业经营体系的金融服务一般包括信贷、担保、保险、信托租赁、基金与金融市场直接融资服务,下面分别提出创新构想。

(1) 扎实推进新型农业经营体系的信贷服务创新。第一,适应新型农业经营体系需求规模大、周期长、需求具有多样性的特点,金融机构提供更加灵活多样的信贷产品体系,创新抵押担保融资方式,积极研发推广土地经营权抵押、林权抵押、厂房生产设备抵押、大型农机具抵押、农产品收益权抵押、订单质押、应收账款质押、农业保单质押、农产品仓单质押、龙头企业担保、国家财政补贴资金担保、农业技术专利质押等抵押质押担保贷款(统称"农权贷"),切实解决新型农业经营体系的抵押担保难问题。第二,积极研发试点推广农业供应链金融服务。为适应三次产业融合发展需要,银行机构应高度重视对涉农优质产业链和龙头企业等优质客户群的开发,串联产业上下游,挖掘涉农核心企业上下游农业经营主体,加强对物流、信息流、资金流的控制,为农业产业链设计个性化的金融服务方案,把服务领域拓展到投资、生产、管理、销售等环节,提供信息、咨询、融资、结算、汇兑、理财等一体化综合金融服务,创新开展集中连片的"1+N"信贷模式[①],积极试点推广"农业龙头企业+农户+信贷"或"农民专业合作社+农

---

① "1+N"信贷模式中的"1"是指农业产业链中的农业龙头企业、农民专业合作社、村集体经济组织或专业市场;"N"是指分散的农户和企业个体经营者。例如,浙江农信长兴农商银行围绕农业龙头企业、产业集聚区村集体经济组织进行"批发式"集中授信。该模式对产业链上下游企业、农户进行批量营销,引入信用激励机制后,可以发挥连片农户之间知根知底的信息优势,降低交易成本和道德风险(谢晶晶和罗明亮,2016)。

户+信贷"等"合力贷"产品①，对收益稳定的优质农业企业试点探索"投贷联动"服务和循环农业贷款模式②，促进农业产业与金融业深度融合。第三，积极发展绿色信贷和互联网金融服务。金融机构应积极主动开发绿色信贷产品，优先支持新型农业经营主体发展绿色生猪、肉羊养殖等绿色种养产业发展，积极扶持生态养殖与林果产业相结合的绿色农业产业示范基地。重点支持绿色食品和粮食加工产业发展，加大对绿色食品科技、粮食深加工、标准化基地和仓储物流建设等方面的信贷服务力度，加大对农业技术转让和成果转化的信贷支持，促进农业技术流通。积极开发移动互联网信贷模式，积极试点建立以"丰收驿站"为核心，覆盖"县、乡镇、行政村（社区）"的三级金融电商服务网络，积极探索联合经营模式，主要吸引农产品品牌、农业龙头企业入驻，将产业链金融服务与社区线上线下交易平台、电子商务等相结合，支持农村电商快速发展。第四，加大政策性信贷服务力度。中国农业发展银行应强化对现代农业基础建设服务的职能，加大对农业科技、现代种业、农机装备制造、耕地整理、农田水利、批发市场建设、农业综合开发、农村交通、农业信息化等中长期信贷支持，提升现代农业基础水平。第五，创新信贷管理模式。按照新型农业经营体系贷款项目的生产周期和信用状况，合理确定贷款期限，简化放款程序，放宽贷款审批权限，给予基层行适度的信贷产品创新权，增强对新型农业经营体系的信贷服务弹性。第六，健全贷款利率定价机制。坚持按实际经营成本与农户、企业、项目对贷款利率的承受能力相结合的原则，建立完善的价格议定制度，完善风险利率定价机制，合理确定贷款利率浮动幅度。

（2）积极推进新型农业经营体系的担保服务创新。一是构建多种形式的信用担保服务机构和再担保机构，多渠道筹集担保基金。建立由各级财政出资，具有法人资格的独立的政策性担保机构，实行市场化、公开化操作，接受政府的监督；鼓励企业法人、个体工商户、自然人和金融机构等出资组建商业性担保机构，按《中华人民共和国公司法》的有关规定组成有限责任公司，独立核算、自负盈亏；发展社会互助担保体系，建立中小型农业企业相互担保的担保协会，推广普及专业化生产的农户联合担保协会，提高农村信用担保的组织化和互助化程度；组建再担保机构，提供一般担保和强制再担保业务服务。二是建立农村中小企业信用担保基金。担保基金主要由中央和地方各级财政的专项基金支持，也可接受社会

---

① 例如，浙江农信长兴农商银行的"合力贷"产品，以农业龙头企业、农民专业合作社为切入点，产业链成员共同出资成立担保基金，与核心企业共同组成担保，最高融资额度为担保基金的10倍，为产业链中的成员提供信贷支持，支持其进行农业生产经营。

② 循环农业贷款模式是指借款人以自然人的名义在银行申请一定的授信额度和授信期限，在授信额度和授信期限之内可随借随还，循环使用的一种贷款操作模式，采取"集中评定、一次登记、余额控制、周转使用"，适用于在将来的一个时间段内现金流不能确定或不固定的借款人，具有手续简便，流程较少，交易成本较低的特点，但借款人自主确定还款，风险较大，需要做好担保和保险准备。

资金的捐助。三是建立风险甄别和分析评估系统。依据信用担保申请人的风险等级确定费率，建立完善的担保风险内控制度；健全担保法规，建立专门的政府监督机构，加强对各类担保机构的规范管理与监督。四是建立担保机构和金融机构贷款担保协作网络，建立良好的信用担保合作关系，积极探索新的担保方式，研发符合新型农业经营主体特征的担保产品，积极试点推广集合票据、集合信托等，为新型农业经营主体提供担保融资[1]，实现有效的抵押品替代，降低担保费率，切实解决新型农业经营主体担保难的问题。五是探索银行担保合作共赢模式。按照"风险共担、利益共享"的原则，对贷款本息实行比例担保，按照银行与担保机构5∶5或6∶4的比例合理分担银行信贷风险。积极拓展银担合作空间，健全担保公司准入退出机制，引导担保公司规范化经营，完善农业担保制度，担保机构与银行在贷款项目选择上应互通信息，沟通防御业务风险，降低不良贷款率。

（3）加快推进新型农业经营体系农业保险服务创新。一是完善巨灾保险和再保险制度。创设专门的巨灾保险公司，创建农业巨灾保险基金，加快实施包括地震在内的农业巨灾保险，探索发展巨灾风险证券化，完善农业保险巨灾风险分散机制，提高赔偿金支付能力。二是加快开发面向新型农业经营体系的专属农业保险产品，完善保险合同设计，基于物化成本和地租成本等因素，适度提高农业保险保额和赔付金额[2]，鼓励保险公司积极开发推广保价格、保收入的农业指数保险（如价格指数保险、气象指数保险、收益指数保险）[3]、农房保险、设施农业保险、农机具保险和特色农险产品，鼓励开发有关农业产业链、流通领域、农产品质量及价格风险的险种，加快发展新型农业经营主体信贷保证保险，积极试点推广农机互助保险，积极推动成本保险[4]向真正的产量保险和收入保险过渡，实现农业保险产品的升级换代。三是优化农业保险品种结构。对种植业保险，既要增加新的农业险种，也要提高农业保险赔付额，降低理赔标准；对于养殖业保险，不仅要积极增加新的险种，更要努力扩大保险覆盖面，改变目前"种强养弱"的格局。四是改进农业保险服务方式，提高理赔效率。加快信息技术、网络技术、大数据

---

[1] 例如，北京农业融资担保有限公司将直接融资与间接融资相结合，推出了中小企业集合票据，不仅为农业龙头企业长期融资开辟了一条成本较低的新渠道，还使得参与发行的企业在资本市场提前亮相，市场关注度提高。该公司还发行了集合信托产品，为10多家市级专业合作社实现直接融资1970万元，批量解决了农民专业合作社的融资需求。

[2] 从我国农业保险的保障来看，虽然水稻、小麦、玉米的保险覆盖面积与美国、加拿大相差不多，但政府补贴的作物种类比这些国家少得多，特别是，保险金额和保障水平只有他们的一半，不仅不能覆盖种植的完全成本，也不能承保适当的利润（肖杨，2017）。

[3] 农业指数保险是一种不基于被保险人的实际损失，基于预先设定的外在参数是否达到触发值而决定赔偿与否的风险转移工具（富程，2016）。其发展的关键在于要依靠复杂的技术手段积累多年的基础数据，并选择好指数和触发值。

[4] 目前我国农业保险基本遵循了"保成本"的设计原则，导致农险保障深度不足，农民获得感较差。

技术在农业保险数据库建设、产品设计与定价领域的运用，提高农业保险技术装备水平，细化理赔流程，确保查勘定损工作做精、做细、做专，逐步把灾害风险分散到定责、查勘、定损、理算、核赔和自救过程中，惠及新型农业经营主体，实现灾害风险最小化，加强保险公司内部控制，健全协保员培训管理制度、定期风险评估制度、检查考核制度、承保理赔制度，保证制度执行到位。

（4）积极稳妥推进新型农业经营体系信托租赁服务创新。新型农业经营体系在规模化经营中，随着持续不断的投入，会积累大量的农业固定资产，包括农业设施、农业厂房、农业机械等，但是在经营管理过程中，投资过度或投资不足或经营管理不善等原因，可能使一些新型农业经营主体产生对农业固定资产的信托租赁等产权交易需求。例如，在投资不足时可能有租赁、并购农业固定资产的需求，在经营不善投资破产时可能有资产托管、售卖需求。对应这些农业资产交易需求，除了在县乡两级加快建立农业资产产权交易市场外，建议依托现有农业担保集团，建立农业资产评估、信托管理、租赁、并购、处置服务等机构，引导部分农业担保机构向综合性的农业金融集团发展，集担保、信托、租赁、资产评估、资产托管、资产处置职能于一身，积极开发现代农业资产信托服务，大力发展农机融资租赁业务，加快发展土地租赁服务，为新型农业经营体系调剂农业资产余缺，实现农业资产融资和保值增值提供优良的中介服务，提高农业资产服务效率。

（5）切实推进新型农业经营体系直接融资与价格风险规避服务创新。第一，改善农业主板市场融资服务。积极争取符合上市条件的农业企业优先上市发行股票债券融资，减轻银行融资的压力和风险，扩充农业主板市场容量，督促农业企业推进股份制改造，转换经营机制，规范企业运作，健全企业管理制度，完善法人治理结构，确保企业高效、稳健、规范和有序运行。积极探索主板市场农业债券发行机制，完善农业企业主板市场转板机制，健全"用脚投票"机制激励农业企业健康发展，增强农业企业竞争力和抗风险能力。第二，加强农业创业板市场融资服务。创业板市场能为新型农业经营主体提供一个长期的固定融资平台，其对资产总额要求较低，看重的是业绩的成长性，比较适合成立时间较短、规模较小、业绩暂不突出，但前景好、具有高成长性的新型农业经营主体。应加快改善农业创业板市场融资服务，完善现代农业创业板市场交易和监管规则，促进农业企业创业板融资。大力发展现代农业风险投资，健全现代农业风险投资制度，积极培育农业风险投资者。探索发展农业创业投资基金和农业私募股权投资基金，健全基金投资农业的长效机制，积极引导和鼓励有条件的新型农业经营主体到新三板市场发行股票融资。第三，加快推进农产品期货期权市场发展，健全农业价格风险规避机制。农产品价格是影响新型农业经营主体农业投资的首要因素，价格波动带来的市场风险已成为影响新型农业经营主体投资农业的重要影响因素。"期货农业"先找市场、再组织生产计划的计划种养模式，能最大程度上避免农产品供需矛盾。同时，"期货农业"可以利用期货市场的价格发现和避险功能，创新地将期货操作与传统农业和订单农业相结合（邵永恩等，2015），缓解农产品市场价格不稳定的问题。因此，为有效利用这一金融工具，进一步规避农业生产的价格风险，应加强对新型农业经营主体的期货知识宣传教育，推动"期货农业"的发展，为推行"放贷机构+期货+订单质押""放贷机构+期权抵押"的农业投资资产抵押融资模式创造条件，同时加强市场信息传播的软、硬件设施建设，使新型农业经营主体可以方便地获得农产品期货行情的最新信息。此外，政府应对积极参与推进期货农业发展的期货公司、新型农业经营主体给予一定的财政补贴、奖励或风险担保，提高其发展动力。

综合上述研究，新型农业经营经营体系金融服务创新要点可以总结成表8-2。

表8-2 促进新型农业经营体系构建的金融服务创新要点

服务大类	服务细目	现实状态	未来态势	创新要点
农业信贷服务	优质企业信用贷款	有，少	增强	培育新客户，建立长期关系，推动投贷结合
	农户小额信用贷款	有，较多	增强	适度扩大规模，用于人力资本积累与发展生产
	传统抵押物贷款	有，较多	增强	简化审批流程，提高信贷效率
	农村产权抵押贷款	有，少	增强	与政府和保险公司合作，积极推动土地、农房、林权、生物资产、农机具抵押贷款
	农业政策性贷款	有，较多	增强	突出农业基础设施和产业化发展重点，提高强度和受益覆盖面
	农业担保贷款	有，较多	增强	积极与担保公司合作，寻找合适担保人，加强力度
	投贷联动模式贷款	无	创新试点	选择优质产业、优质企业、品牌企业推动产融结合
	农业供应链集合贷款	有，很少	加强推广	选择优质农业产业链，以农业龙头企业和农民专业合作社为核心，推动"1+N"模式集合信贷
	订单、保单、债权等权证质押贷款	有，少	加强推广	需要加强，需要简化手续，提高服务效率
担保服务	农业资产反担保贷款	有，少	加强推广	积极推进农业生物资产反担保，扩大反担保物范围，提高服务新型农业经营主体覆盖面，适度降低担保费率
	联合担保贷款	有，少	试点推广	对大额银行贷款，试点探索几家担保公司联合担保
农业保险服务	成本保险	有，多	减少或取消	逐步减少或保留少部分业务
	产量保险	有，少	加强推广	在新技术推广中加强，提高覆盖面和服务效率
	价格保险	有，少	加强推广	积极推出价格指数、目标价格保险
	收入保险	有，少	加强推广	创新推出收益指数保险，确定目标收益
	信贷保险	有，少	加强推广	积极推进，协调好银行、保险与客户的利益关系
	天气指数保险	有，少	试点推广	试点推广，加强数据库建设，选择好触发点
	巨灾保险	有，少	试点推广	试点地震、风暴、洪涝、旱灾等保险与再保险

续表

服务大类	服务细目	现实状态	未来态势	创新要点
信托租赁服务	农业资产托管	有,少	试点推广	服务于亏损或资产剩余农业主体,向需求者售卖
	农机具融资租赁	有,少	试点推广	大力发展,探索合适的租赁价格和期限
	农业资产并购	无	创新研究	建立并购机构、市场,完善并购规则,服务需求者
	土地租赁服务	有	积极发展	探索土地入股、流转、托管、代耕多种形式,发挥农村集体经济组织作用,降低流转成本,协调好农户与新型农业经营主体利益关系
基金服务	产业投资基金	有,少	增强	多方筹集,加强农业产业投资,转变财政支持方式
	创业投资基金	有,少	创新试点	发展风险投资、私募股权基金,实现风险社会化分担
农业金融市场服务	主板市场股票债权融资	有,少	增强	适度降低入市门槛,优先满足,积极扩容
	新三板市场股票融资	有,少	增强	积极培育、积极扩容,培育投资者
	私募股权融资	有,少	创新试点	粮食主产区试点,积极推进,积累经验,完善制度
	农产品期货市场	有,少	增强	适度扩容,增加品种,支持生猪等,提高普及率
	农产品期权市场	有,少	增强	积极试点、积累经验、健全制度、积极增品

8.4.3 新型农业经营体系构建的财政金融服务协同创新

在新型农业经营体系构建中,有些发展环节需要财政金融服务进行协同创新,这些环节主要包括以下几个方面。

(1)农业基础设施建设与生产环节财政金融协同创新。新型农业经营体系的构建不仅周期长,而且建设领域多,投资需求大。在构建的投资链条中,有先期的现代农业基础设施建设,有后期的生产发展和加工营销。而财政和金融作为两种资金配置的手段,其特点各有不同。财政作为公共手段,主要着力于外部性和准外部性的领域,而金融作为市场手段,其侧重点自然是不存在外部性的私人领域。总体来看,农业基础设施与生俱来的公共性使市场化的金融资本势必不愿意进入,故在新型农业经营体系构建全过程中,对于农业基础设施建设环节主要依靠财政投资,在农业生产发展与经营环节主要依靠金融服务,从而在不同的环节突出分工支持机制。此外,即便是在现代农业基础设施投资建设领域,巨大的资金需求无疑也会给财政带来较大的投资压力。因此,除了应加强财政对农业基础设施建设投资力度外,还应考虑与农业政策性银行合作,积极鼓励政策性银行加大农业基础设施建设支持力度,从而形成财政投资与政策性信贷协同支持格局;对有显著积极效益的现代农业基础设施,应积极推行 PPP 融资模式,鼓励商业银行贷款投资,加强财政对社会资本和金融资本的引导,促进社会资本、金融资本协同支持现代农业基础设施建设。

(2)在新型农业经营主体融资环节实现财政金融服务协同创新。在新型农业经营体系向银行融资的过程中,由于缺乏足够的传统抵押物,只有大力推进农业资产抵押担保融资,才能有效解决新型农业经营主体融资难的问题。但是,开展农业资产抵押担保融资,又会使信贷服务机构面临较大的信用风险,从而制约银行贷款的积极性。为了解决这一两难困境,就需要建立财政、银行、担保三方协同创新机制。一是加强财政、银行与担保三方的决策协调,在推进农业资产产权抵押担保中实现信息共享、决策协调,解决好农业资产抵押担保贷款推进中面临的所有难题,包括产权界定、资产价值评估、交易变现等。二是加快建立农业信贷风险补偿基金和农业担保基金,专项用于农业信贷和农业担保风险损失补偿,合理确定中央与地方的财政资助比例,对于财政收入低的地区,应当免于配套要求,由中央财政全额资助;合理确定农业信贷风险损失的三方分担比例,如财政分担50%(从农业信贷风险补偿基金中冲销)、担保机构承担30%、银行承担20%,促进银行和担保公司联合加强对新型农业经营体系资金使用的监管,提高资金的使用效率。三是财政适度向担保公司补充担保基金,鼓励担保公司积极开发担保基金融资渠道,通过担保债、集合票据、信托资产等形式广泛筹集担保基金,切实解决担保机构资金来源不足的问题。

(3)在新型农业经营体系风险管理环节实现财政金融服务协同创新。自然灾害风险、市场价格波动风险和自身经营管理不善风险等是新型农业经营体系构建阶段面临的三大创业风险。要促进新型农业经营体系构建,就需要建立财政与金融共同分担三大创业风险的措施。第一,加强财政与农业保险的协同创新。建立重大灾害农业保险制度,加快在粮食主产区建立由财政出资的政策性农业保险公司,积极发展地震、大灾农业保险;对农业巨灾保险大额赔付,由粮食风险基金给予一定比例的补偿,逐步形成农业巨灾风险转移分担机制;根据财政增长状况,有重点、分品种、分产区适度提高农作物尤其是主要粮食品种的农业保险保费补贴标准,通过税收优惠、农业再保险、紧急贷款、保费补贴等形式,对农业保险公司开展农业保险所需经营费用予以补贴,支持保险机构积极开发产量保险、目标价格保险、收入保险、指数保险、森林保险、基础设施保险、养殖业保险等农业险种,促进种植业和养殖业保险品种协调发展,积极扩大农业保险服务于新型农业经营体系的覆盖面,提高农业保险服务效率和水平。针对目前我国保费补贴比例固定不变、财力较弱的省区市配套补贴缺乏保障的问题,建议中央财政适度提高农业保险保费补贴的弹性,通过保费补贴比例的差异化调动地方政府和新型农业经营体系参保的积极性。探索由财政、农险业务经办机构共同出资建立农业大灾风险共保基金,以确保在发生巨灾风险情况时,保险公司可以从风险互助基金得到补偿,基金结余部分由财政、保险公司按照注资比例享有相关权益。第二,加强财政与基金的协同创新。加快推广由地方财政出资建立的现代农业产业投资基金,专项用于现代农业产业园区的建设投资,支持农业产业化发展和三次产业融合发展,延长现代农业产业链,推进农产品品牌化、标准化建设,鼓励各种风险投资基金投资现代农业园区和重点农业产业基地,引导各种风险投资者积极向具有高成长潜力的农产品加工企业、农业产业化龙头企业等未上市企业进行股权投资,并参与被投资企业的经营管理,在被投资企业发育成熟后通过股权转让实现资本增值,从而实现财政与基金的协同创新。

综上分析,我们可以把新型农业经营体系构建的财政金融服务协同创新要点总结成表8-3。

表8-3　新型农业经营体系构建的财政金融服务协同创新要点

新型农业经营体系构建环节	现有配合服务	协同创新要点
现代农业基础设施建设环节	财政投资、政策性贷款	构筑财政投资与政策性金融协同支持长效机制,吸引商业信贷支持,积极推广PPP融资建设模式
现代农业生产经营环节	财政补贴、银行信贷	优化补贴结构,整合财政补贴资金,提高补贴效果;金融配合加大信贷支持力度,降低信贷服务程序手续,合理定价,提高信贷服务效率
现代农业融资环节	财政风险补偿、担保、信贷	财政落实信贷风险补偿基金,提高到位率,构筑与信贷、担保联合与合理分担风险的机制
现代农业风险管理环节	农业保险补贴、产业投资基金	适度提高农业保险保费补贴比例,加快发展农业产业投资基金,促进财政与农业保险、基金协同支持现代农业发展

8.5　本章小结

本章的内容旨在为新型农业经营体系构建的财政金融服务提供创新建议,为此,本章从指导思想、总体目标、基本原则、基本思路四个维度对新型农业经营体系构建的财政金融服务创新构想进行了研究。研究的结果如下。

(1)新型农业经营体系构建的财政金融服务创新指导思想应是,让市场机制在新型农业经营体系构建中发挥决定性作用,同时让政府发挥好基础性作用,积极引导社会互助机制在新型农业经营体系构建中发挥辅助性作用,并协调好土地制度约束下新型农业经营体系构建的各方利益关切。

(2)新型农业经营体系构建的财政金融服务创新的总体目标应是,财政金融服务应与国际规则接轨,满足新型农业经营体系构建的资金需求,提升财政金融服务于新型农业经营体系的效能,提高财政金融服务于新型农业经营体系的效率,降低财政金融服务成本，分散财政金融服务风险。

（3）新型农业经营体系构建的财政金融服务创新的基本原则应是，财政金融服务边界清晰、财政金融服务创新协同、财政金融服务效率最大化、财政金融服务风险最小化。其中，财政金融服务边界清晰是最为基本的原则，其他三项原则为延展性原则。

（4）新型农业经营体系构建的财政金融服务创新基本思路应是，从财政服务创新、金融服务创新、财政金融服务协同创新三个方面展开。财政服务重点从价格支持、直接补贴、一般服务支持等方面加强力度，优化品种，整合资源，提高效率；金融服务重点从信贷、担保、保险、信托租赁、直接融资、风险管理等领域展开创新；财政金融服务协同创新重点从新型农业经营体系构建的农业基础设施建设环节、农业生产经营环节、农业融资环节和农业风险管理环节四个方面展开创新。

第9章 财政金融服务创新与新型农业经营体系构建的协同机制设计

基于前述分析,财政金融服务创新与新型农业经营体系构建的协同关系实现过程,实际上是财政和金融部门主动适应新型农业经营体系构建对资本投资和风险管理两个方面的现实需要,并对其财政金融服务进行协同创新的过程。而在此过程中,关键是要建立符合财政金融服务创新与新型农业生产经营体系、新型农业服务体系、新型农业商品体系、新型农产品市场体系、新型农业监管体系五大部分协同发展的运行机制。因此,为了加强财政金融服务创新,提高财政金融服务与新型农业经营体系构建的协同性,客观上需要建立供求、价格、竞争、信息、激励、约束及调控、法律保障等八大协同机制,以形成分工合作、组织多元、功能各异、相互补充的财政金融支农服务体系,积极有效地推进新型农业经营体系的构建。本章就着重对财政金融服务创新与新型农业经营体系构建的八大协同机制进行研究,旨在为政府科学决策提供有价值的参考。

9.1 财政金融服务创新与新型农业经营体系构建协同的供求机制

作为加快实现农业现代化的中坚力量,新型农业经营体系的构建呼唤财政金融服务协同创新,以满足其资金供给和风险保障需求。要通过财政金融服务创新达成该目标,首先就要建立起财政金融服务创新与新型农业经营体系构建的供求协同机制。具体包括以下三个方面。

9.1.1　积极培育新型农业经营体系对财政金融服务的有效需求

在新型农业经营体系的构建中,为其提供资金支持是财政金融服务的核心内容。作为供给端的财政与金融服务部门理应提供与其资金属性和社会职责相称的资金支持,以帮助新型农业经营体系的培育和发展。但是,作为需求端的新型农业经营体系也应积极主动提升其融资素养和能力,扩大对金融资金的有效需求,并且相关政府机构和配套政策也应该积极培育新型农业经营体系的有效需求。

(1)积极推进适度规模经营,培育对财政资金的有效申报主体。现有的新型农业经营体系财政服务是对那些达到政府认定标准的新型农业经营主体提供的。那么,对立志成长为新型农业经营主体的创业农户①、精英农户②,就应该积极主动搜寻和理解中央与地方政府对新型农业经营体系培育的财政支持政策,了解成长为新型农业经营主体的政府认定标准、认定程序,以及申报财政资金支持的条件、流程和其他事项,将政府的认定标准和财政支持政策作为对接标杆,因地制宜地选择好现代农业发展项目,科学规划设计自身的发展蓝图,在创业初期应积极对接现有的农民专业合作社,共同组成现代农业经营联合体。在此基础上,还应积极筹集建设资金,有效动员其他农业生产要素,深入推进适度和可持续的规模经营,以达到政府财政支持的经营状态,从而形成对政府财政资金的有效需求。对于城市下乡创业的工商资本,应该重点选择农产品加工行业,与基地和农户形成有效的产业链对接,实现产、加、销一体化;如果要选择进入现代农业种植养殖端,就应当在国家农业用地政策允许的条件下选择好种养项目,发挥好自身资本优势,积极与当地农业资源对接,推进适度规模经营,从而满足国家财政支持的条件,形成对财政服务的有效需求。

(2)提升新型农业经营体系经营管理能力,增强农业项目可持续盈利的收益预期,培育有效金融需求。金融机构乐意为新型农业经营体系提供金融服务,主要看重新型农业经营主体的经营管理能力、农业项目盈利前景及抵押担保等信用资质条件。除了抵押担保等信用资质条件无法克服外,对于前面两个条件,新型

---

① 创业农户主要是指那些积极响应国家的农村科技创新创业政策而从城市返乡创业的农民工,或一直在农村生产生活,即将或正在向新型农业经营主体方向发展而进行创业的普通农户。

② 精英农户是指那些接受文化教育水平高,市场信息捕获能力、市场驾驭与交易谈判能力强,在农村有广泛的群众基础,在群众中的威望较高,善于利用现代农业技术和现代互联网等信息技术开展特色效益农业生产经营活动,在农村具有较强的带头致富和带动普通农户致富的技术及能力的农户,包括大学生回乡创业形成的农户和电商农户等新型职业农民家庭。

农业经营主体可以主动而为之：一是新型农业经营主体负责人应积极参与由政府资助的新型职业农民培训，主动学习和获取现代农业企业经营管理所需的专业知识、农业技术和经管技能，积极引进现代企业的微观治理机制，努力提升自身经营管理与市场驾驭能力；二是选择好现代农业经营项目，积极与农民专业合作社、大型农产品加工企业、大型超市等加工、服务、市场端对接，形成有效的规避市场价格风险的现代农业经营联合体，设法降低企业无效管理成本，提升农业项目可持续盈利能力和水平，从而在增强新型农业经营体系的债务偿还能力和对金融机构的吸引力中培育有效金融需求。

（3）加强新型农业经营体系金融知识教育，提高金融需求转化为实际融资行为的能力。尽管新型农业经营主体在规模经济、要素利用效率、经营管理水平等方面具有明显的优势，但是现有多数新型农业经营主体依然是在家庭联产承包责任制的制度下由传统农户逐步演变而来，受教育文化程度低等原因使大部分有金融需求的新型农业经营主体金融知识、意识和素养严重缺乏，并不具备市场化的金融融资能力，在一定程度上加大了新型农业经营体系的融资约束。因此，建议乡镇政府定期举办新型农业经营主体金融知识讲座、培训，聘请金融专家或金融实务部门人员专题讲授金融支农政策、金融知识、现代金融技术（包括移动互联网金融技术）、融资和购买农业保险申报条件及程序与可持续融资能力提升路径等，以帮助新型农业经营主体提高金融素养水平，提升其将融资意愿转化为实际融资行为的能力。

9.1.2　对接新型农业经营体系有效需求积极开展财政金融服务创新

为了满足新型农业经营体系日益增长的资金与风险保障需求，需要财政金融部门构建新型农业经营体系财政金融服务供给机制。

（1）改进资金申报审批服务，减少财政支农资金到达新型农业经营体系的交易成本。财政支持新型农业经营体系的方式、数额、周期及地方政府的配套标准都属于财政政策范畴，一般由国务院及其财政部、农业部等确定，一旦确定，就需要新型农业经营体系按照申报条件和标准提出申报书，并根据申报审批流程下达财政支持资金。而资金的审批、拨付、监督属于财政服务的重要内容，由财政和农业等部门提供服务。这里的关键是要从三个方面改进财政服务供给机制。一是进一步改革涉农项目行政审批行为，制定权力和责任清单，推行网上申报审批，简化申报审批流程，实行多部门一站式办公服务，缩短资金到达申报者手中的时间，减少财政支农资金的交易成本，提高行政审批效率；减少中央层面的审批事项，加强取消和下放审批事项的事中事后监管，构建有利于促进新型农业经营体系构建的资金整合审批制度。二是建立财政支农项目储备制度，积极进行专项资金项目申报和储备，优先支持现代农业项目储备库的申报项目，缩短财政专项支农资金预算下达和项目申报拨付的时间间隔。财政部门应对各主管部门的项目储备和来年拟支持的项目进行审查，及时综合平衡，整合交叉重复项目。三是按照现代农业项目建设周期对财政支农资金的拨付、使用考核，取消专项支农资金在当年底用完的硬性要求，以提高资金在现代农业项目建设中的使用效率。

（2）适应新型农业经营体系的有效金融需求，积极开展金融服务创新与供给。金融机构应积极主动适应新型农业经营体系的规模化、多样化、中长期化金融需求，加强金融产品与服务的创新，积极根据新型农业经营主体的信用资源禀赋、经营类型与风险特征，尝试定制具有个性化特征的金融产品和服务，深入开展现代农业信贷、担保、保险、基金、信托租赁、股权融资、投资咨询等综合性金融服务，在风险可控的条件下，简化金融服务申报审批流程，缩短审批时间，让有需求的新型农业经营主体尽快得到所申报的金融服务。

（3）积极探索和推广现代农业资产抵押担保融资服务，切实解决新型农业经营体系传统抵押担保条件不足的问题。适应新型农业经营体系的资源资产禀赋特征，金融机构除了对有传统抵押资产的新型农业经营主体提供更好的信贷服务外，还应积极探索土地经营权抵押、农房抵押、林权抵押、农业生产设施抵押、大型农机具抵押、活体生物资产抵押、农业订单质押、应收账款质押、农业收益权质押等金融产品和服务；将无条件开展直接抵押的农业资产作为反担保物，引入担保服务，积极试点开展农业生物资产反担保抵押融资，积极推行银行与担保机构合作支农机制。

9.1.3 建立财政金融服务与新型农业经营体系供需对接机制

建立供需对接机制，加强财政金融服务与新型农业经营体系需求的直接对接，是避免需求与供给脱节，解决新型农业经营体系融资难问题的基本途径。可以从以下三个方面展开。

（1）提供财政服务新型农业经营体系的一站式服务窗口，简化服务流程，提高服务效率。财政服务通过直接投资、直接补贴等多种方式参与新型农业经营体系的构建，支持种类繁多，且服务方式大相径庭，在一定程度上增加了新型农业经营组织获取财政资金的交易成本,同时由于新型农业经营主体对财政政策和财政服务缺乏足够了解,提升了其获得财政服务的难度。为了避免财政、农委、水利、发改委、林业等多部门的交叉重复工作,并为新型农业经营体系的财政服务提供绿色通道,建议各部门农业服务窗口在行政审批服务大厅联合办公,通力合作,尽可能简化财政服务流程,提高财政服务效率。

(2)以乡镇为单位,搭建金融机构与新型农业经营主体定期见面洽谈会,促进金融服务供需直接对接。金融机构与新型农业经营体系之间不仅物理距离远,而且部分新型农业经营主体的金融素养低,导致金融服务供需脱节的概率远高于城市工商企业。因而,要促进金融机构向新型农业经营体系提供及时、高效的针对性金融服务,就需要县乡政府出面,以县或乡镇为单位,搭建地方金融机构与新型农业经营体系的对接交流平台,定期召开金融供需双方见面洽谈会,确保地方金融机构与新型农业经营体系的供需直接对接,让金融服务供需双方直接了解对方的想法、条件及服务实现的手续、程序和交易其他事项,以便更有效率地完成双方均满意的信贷、担保、保险等金融服务交易。

9.2 财政金融服务创新与新型农业经营体系构建协同的价格机制

新型农业经营体系构建的财政金融服务供给既不能完全依靠政府机制,也不能完全依靠市场机制来提供,必须坚持市场机制与政府机制的有机结合。因而,财政金融服务的价格就需要坚持政府与市场机制有机结合定价原则,形成财政有能力承担、新型农业经营体系有能力偿还和金融机构有财务可持续盈利空间的"三方"价格协同生成机制。

9.2.1 合理制定财政服务于新型农业经营体系的补贴补偿标准

财政投资与财政补贴是财政服务于新型农业经营体系的常用工具,其中财政投资主要用于一般服务支持,属于"绿箱"工具。财政补贴主要用于挂钩与脱钩的直接补贴,多数属于"黄箱"工具,并运用于新型农业经营体系的投资、生产、经营的全过程。而财政投资与补贴的关键在于根据政府的财力考虑支持对象的经营规模、公益性、风险性、农产品稀缺性等因素从而合理制定投资或补贴补偿标准，这也是充分发挥财政服务的引导和调节功能的必要前提。

（1）根据农业功能区域、农业经营规模的差异性制定财政投资和补贴标准。首先，根据农业功能区域差异制定标准。我国农业功能区域分为粮食主产区、产销平衡区、粮食主销区，财政投资补贴于新型农业经营体系的标准由高到低排序依次是粮食主产区、产销平衡区、粮食主销区。目前我国财政服务标准基本上体现了这一趋势，财政增量投入部分主要向粮食主产区倾斜。其次，依据不同规模制定不同的投资补贴标准。现行的财政补偿标准有些是基于种养规模分阶段进行阶梯定价补偿，如农业社会化服务购买补贴，规模越大补偿标准越高，这有利于促进适度规模经营。但有些补贴如粮食直补、农资综合补贴、农作物良种补贴只能按照亩为单位定标准，并按粮食实际种植面积将财政补贴给实际种粮的农户或新型农业经营主体。同时，在财政服务新型农业经营体系构建中，应因地制宜地确立新型农业经营主体适度规模经营标准。例如，重庆以山地农业为主，经营的规模化实现难度较大，其财政补贴的规模经营标准可适度降低；相反，平原地区可适当提高财政补贴的规模经营标准；对于超过经营管理能力的规模化经营主体不予以财政补贴，防止财政资金被低效使用。

（2）根据资助对象公益性大小来确定财政投资补贴标准。首先，应区分基础农业和效益农业制定差异化投资补贴标准。基础农业主要包括水稻、玉米、小麦、大豆、油菜等大宗粮食作物和生猪等大宗养殖业，关系国家粮食和肉类安全，满足人们的基本消费。这类农业收入弹性低、产量和价格波动大，市场机制无法保证经营者有高收益；而对于特色种植养殖类的效益农业，由于农产品产量和价格波动小，农产品收入需求弹性较大，在市场机制主导下能获得较高的经营收益。因此，同样的财政补贴种类，财政对基础农业的投资补偿标准要高于效益农业。例如，在农业社会化服务购买补贴中，财政应重点支持基础农业，并将关键环节的补贴标准提高至社会化服务购买公允价格的50%~60%的水平，而在效益农业中财政补贴标准最多不宜超过社会化服务购买公允价格的40%。其次，在农业基础设施建设中，应根据农业公共产品受益覆盖面来确定投资责任主体和投资标准。对于跨省区市的农业基础设施建设，由中央财政全额出资；对于省内跨区域的农业基础设施建设，由中央和省级财政共同出资；对于县级农业基础设施建设，由中央、省级、县级财政共同出资；对于粮食主产区的大型农业基础设施，应由中央财政全额出资；对于经营性的农业基础设施建设，应该由经营者承担主要的出资建设责任，财政予以适当比例的补贴；对于既有经营性又有公益性的农业基础设施建设，可以由财政和社会资本共同承担。

（3）根据农产品的稀缺性和经营风险性来制定财政补贴标准。首先，应根据农产品市场供应的稀缺程度和价格高低来确定财政补贴标准。市场供给短缺、价格高的农产品,应提高补贴标准,以激励农业生产经营主体生产该类农产品的积极性;对于库存多、销售困难、产量过剩的农产品,应该适时调低财政补偿标准,以引导经营主体进行种植养殖业结构调整。对于粮食最低收购保护价,则应该积极向目标价格制度方向发展,防止受保护价支持的粮食生产供给过剩和销售难的现象出现。其次,应根据农业经营风险大小来确定财政补偿标准。总体说来,种植业的经营风险大于养殖业,基础农业的经营风险大于效益农业,而财政补偿是现代农业风险管理的重要组成部分,无论是财政通过救灾救助的直接风险补偿,还是通过保费补贴的间接风险补偿,都是财政介入农业风险的重要形式。因此,财政对农业风险的补偿标准,应该是种植业高于养殖业,基础农业高于效益农业。同时,在新型农业经营体系的构建阶段,农业项目基本还处于投资期,没有进入量产期,尤其是大多数经济林木等基本只有投入没有产出,因而这时急需财政提高补贴标准,给予更多的资金支持,以降低新型农业经营主体构建阶段的风险。随着新型农业经营体系发育逐渐成熟,经营风险逐渐降低,财政补贴也应逐渐减少直至退出。

9.2.2 根据农业经营实际和风险特征合理确定金融服务价格标准

新型农业经营体系的金融服务价格主要包括信贷利率、担保费率、保险费率及股权融资佣金费等。这里着重讨论信贷利率、担保费率和保险费率。

(1)根据农业经营的公益性大小和风险特征确定贷款利率水平和利率分担格局。如图 9-1 所示,基础农业面临的自然灾害风险和市场价格波动风险高,市场收益低,因而金融机构出于规避风险考虑不愿意大规模放贷,信贷供应曲线为 S_1,与需求曲线 D 所决定的市场利率为 r_b;面向基础农业的信贷投放量为 Q_1;而对于效益农业,面临的风险基本只有自然灾害风险,具有一定的市场垄断性,市场价格基本稳定,因而市场收益预期高,信贷风险低,金融机构乐意放贷,贷款供给曲线将向右移至 S_2,与需求曲线 D 相交所决定的市场利率为 r_x,面向效益农业的信贷投放量为 Q_2。显然 $r_b>r_x$,$Q_1<Q_2$,二者的利率差为 r_b-r_x。进一步来看,基础农业的现代化经营具有显著的社会性、经营的高风险性和收益的低效性,既决定了银行贷款利率要考虑风险溢价而制定高价格,以维持金融机构的财务可持续性,又决定了新型农业经营主体贷款利率的承受能力较低,还款后还需有一定的资本积累能力。因而,这两个市场利率之间形成的利率差应该由财政进行补贴。

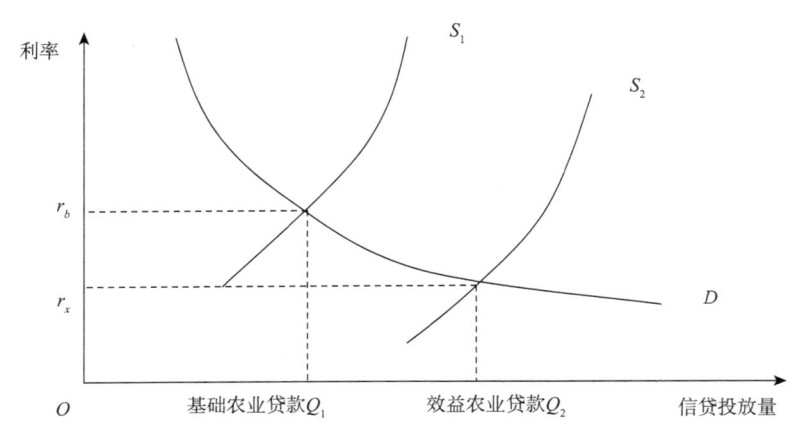

图 9-1　市场机制主导下的基础农业和效益农业贷款利率形成机制

如图 9-2 所示，为了确保财务的可持续性，服务于效益农业贷款的金融机构信贷利率为 r_x，服务于基础农业的金融机构贷款利率为 r_b，高出的部分恰好是风险溢价补偿，需要由财政来承担。因此，对于从属于基础农业的新型农业经营主体发展大宗粮食、生猪等种植养殖业，政府应该大力推行农业信贷利率补贴政策，适当提高信贷利率补贴标准，以减轻新型农业经营主体和金融机构的利率定价矛盾。而对于效益农业现代化经营及三产融合发展与经营，由于其具有收益的高效性和低风险性，决定了银行贷款利率风险溢价低、新型农业经营主体承受贷款利率的能力较强，不需要财政补贴就可以借助商业贷款利率，实现借贷双方的良性互动。所以，现代农业信贷利率风险定价及贴息政策，应着重放在支持基础农业的新型农业经营主体发展上，将贷款利率在政府和新型农业经营主体之间视政府财力情况按一定比例分担。

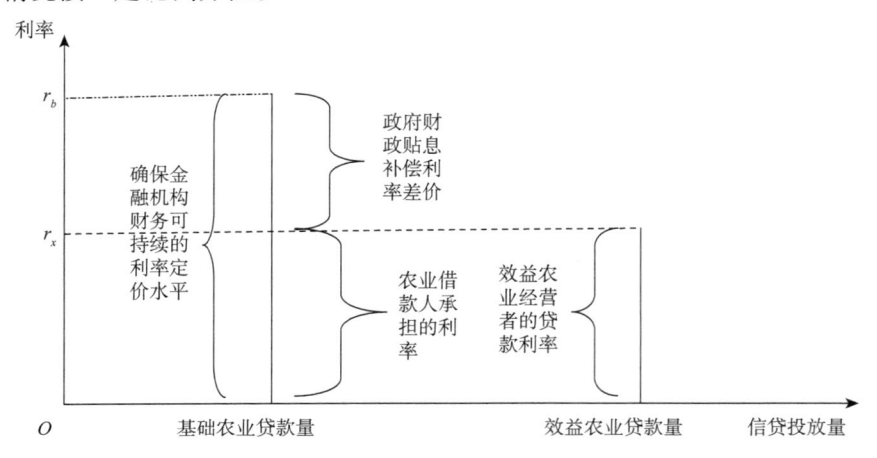

图 9-2　基础农业与效益农业贷款利率定价比较与政府的责任

(2)根据农业经营的风险大小和反担保物的处置风险来确定担保费率及财政补偿比例。如前所述,基础农业的经营风险高于效益农业,因而对于基础农业经营者,担保机构提供担保的费率定价就要考虑经营风险溢价,制定较高的担保费率;同时,担保过程中提供的反担保物处置变现的风险越高,担保费率制定也会越高。相比基础农业经营主体,效益农业经营主体面临的经营风险较低,提供的反担保物处置比较容易,因而担保公司给出的担保费率可能要低些。同时,为了降低基础农业的担保成本,实现农业经营者、担保公司和政府的三赢局面,需要财政提供部分比例(如40%)的担保费率补贴。故建议国家财政应加强基础农业经营主体的担保费率补贴力度。

(3)根据农业经营风险大小来确定农业保险费率及财政补偿比例。农业保险是现代农业风险管理的核心机制。为适应新型农业经营体系普遍且较大的农业保险需求,农业保险公司应当根据新型农业经营主体经营的农业品种、农业风险发生概率来综合确定合适的农业保险费率。显然,农业巨灾保险的理赔水平高,故保险费率定得高些;对于一般性的商业性农业保险,理赔水平较低,故保险费率应该定得低些。财政应该大力支持基础农业经营主体的巨灾保险,通过发展政策性农业保险公司提供优惠保费率的农业保险业务或提高巨灾保险保费补贴比例,来支持基础农业经营主体。对于效益农业经营主体,应通过政府引导大力发展商业性农业保险,逐步依靠市场机制形主导的商业保险支持效益发展。

9.2.3 根据新型农业经营体系盈利能力动态调整财政金融服务标准

处于构建阶段的新型农业经营体系,有一个从发育到成长的过程,经营风险会随着产出的增长和经营管理能力的增强而逐渐降低,经营农业的效益获取能力和水平会逐渐提高,因而财政金融服务价格标准并不是一成不变的,而是随着新型农业经营体系的成长需要动态调整的。

(1)财政补贴标准的动态调整思路。由于基础农业风险高、效益低的属性不会随着新型农业经营体系发育成熟度的提高而得到根本性的扭转。因此,为了确保基础农业经营主体有稳定的收入保障,减弱自然灾害风险和市场价格波动风险对经营主体的负面影响,财政补贴标准应该长期坚持下去。同时,对于基础农业,应根据国内粮食等重要农产品供需情况、农业生产成本及国际市场变化,适时调整基础农业经营主体支持资金规模、使用方向和支持区域。加快"黄箱"向"绿箱"转换,将粮食直补、农作物良种补贴、农资综合补贴"三补合一"资金纳入

"绿箱"范畴；转换"黄箱"政策支持领域，将部分基础农业产品的支持资金转用于农机具购置补贴、燃油补贴、施用有机肥补贴等。而对效益农业经营主体，随着经营经验的积累、经营规模的扩大和产出周期的延长，特色效益农业经营主体抵御风险和获利能力会得到明显增强，一旦具备独立的"造血"功能和可持续发展能力，财政服务就应当从构建期的"输血"式支持逐步转向支持新型农业经营体系发展期的市场平台完善和制度建设等公共服务方面。

（2）金融服务价格标准的动态调整思路。新型农业经营体系在构建阶段，盈利能力弱，经营风险大，信贷、担保和保险等金融服务价格在有财政贴息贴费的条件下可以适当定高些，以维持金融机构的财务可持续性。一旦新型农业经营体系抵御风险的能力增强，经营管理能力与盈利能力提高，经营风险降低，持续地成为金融机构的优质客户群，担保机制就会逐渐退出服务，贷款利率、农产品市场价格保险和收益保险费率就会逐渐下调。但是对于基础农业经营主体的金融服务，由于自然灾害风险和市场价格波动风险不会随着经营主体的成长而大幅度下降，对基础农业的金融服务价格下调的可能性就很小，需要长期的财政支出补贴价格差价，由新型农业经营主体和财政共同承担金融服务价格。只是在当前构建阶段，财政补贴差价的标准应该视政府财力情况适当提高，随着新型农业经营主体的发展壮大，以后可以逐步减少贴息贴费比例，让新型农业经营体系自身承担更多的利率和费率。

9.3 财政金融服务创新与新型农业经营体系构建协同的竞争机制

要实现财政金融服务创新与新型农业经营体系构建的协同，需要构筑适度的竞争机制。只有通过适度竞争，才能形成合理的金融服务价格，并提高财政金融服务质量和效率。下面从两个方面进行讨论。

9.3.1 处理好中央与地方财政服务于新型农业经营体系构建的协同关系

财政支农支出作为财政公共支出的一部分，在财政分权体制下，处理好中央与地方财政在支持新型农业经营体系构建中的协同配合关系，对提高财政服务质量、效率和水平具有重要的促进作用。这可以从如下两个方面展开。

（1）厘清中央与地方财政服务于新型农业经营体系构建的事权和支出责任。中央政府对新型农业经营体系构建的事权应集中在具有宏观性、全局性或关乎国家安全和发展的重大农业事项上，如农业科技进步、大型水利工程、农业信息化、抗灾救灾等。而地方政府对新型农业经营体系构建的事权应集中在具有阶段性、局部性的涉农事项上，如农田水利、农业产业组织培育等，减少中央与地方政府的共同涉农事权。根据省级以下财政服务于新型农业经营体系的事权划分、财政体制及基层政府财力状况，合理确定省级以下各级政府财政服务支出责任。在清晰划分各级政府服务新型农业经营体系事权基础上，进一步细化列出各项新型农业经营体系构建的事权及相应的支出责任清单，划分中央与地方财政支持的权责和比重；同时，加强事权变更与财税体制改革的合理衔接，实现服务于新型农业经营体系构建的财政资金保障机制平稳过渡。建立事权与支出责任相适应的制度，在农业科技、高标准农田建设、粮食产能提升、粮食仓储、农业产业化发展等重点领域和薄弱环节，适度加强中央的事权和支出责任，降低或取消地方配套比例，尤其是财政困难的县乡。

（2）在明确划分各级政府的事权和支出责任基础上，建立地方财政配套支农资金到位奖赏机制。自中央提出以集约化、专业化、组织化、社会化为特征的农业现代化战略以来，支持新型农业经营体系的构建就成为中央财政支农服务的重心，中央财政实力较雄厚，可以通过税收和发行专项国债等途径筹集支农资金，因而财政支农补贴到位率高。相反，长期以来，地方财政一直侧重于服务城市化和工业化发展，尽管近年来地方财政支出结构有所调整，但一些粮食主产区工业基础薄弱，第二产业、第三产业发展质量和效益不高，税源严重不足，导致这些粮食大县反而成为财政穷县；在中西部贫困地区，县乡财政也十分困难，地方财政对新型农业经营体系构建的财政支持和配套能力较弱，因而对中央支持的地方农业专项项目，地方支农补贴到位率较低。因此，除了对确实缺乏配套能力的财政穷县尽量取消配套要求外，对有财政配套能力的地方财政补贴到位率，应根据到位率高低进行阶梯性奖励，以促进地方财政支农补贴及时到位，将地方财政服务于新型农业经营体系的构建落到实处。

（3）加强同级政府各部门如财政、水利、农业、国土、林业等部门协调，促进财政支农资金分工、协作和互补。我国的新型农业经营体系囊括了种植业、林业、畜牧业、渔业等所有农业产业，因而新型农业经营体系构建中的财政服务除了需要财政部门的管理以外，还需要水利、国土、林业、渔业、发改委等相关部门的参与，如对于从事林木经济的经营主体，林业部门有义务对一定规模的种植主体给予相应的财政补贴或奖励。所以，财政资金在新型农业经营体系构建中的分配，需要同级政府各部门分工、协作、互补，共同参与对财政支农资金的合理配置，这样不仅可以弥补财政部门对新型农业经营体系构建管理的专业性不足，还可以促使财政支农资金使用的功能化，提高财政服务于新型农业经营体系的行业针对性和均衡性。

9.3.2 建立富有竞争性的服务于新型农业经营体系构建的金融服务体系

为了提供新型农业经营体系构建迫切需要的金融资金，客观上需要建立多层次、多元化服务于新型农业经营体系的现代农业金融服务体系和金融市场体系。

（1）建立政策性金融、商业性金融、合作性金融并存的既有竞争又分工协作的现代农业金融服务主体体系。一是健全政策性金融支农服务体系。拓展中国农业发展银行支持现代农业的功能和领域，加强对现代农业基础设施建设、农业综合开发、三产融合发展的中长期信贷投入力度；加快组建由政府出资的政策性农业保险和再保险机构，健全巨灾保险和再保险服务体系及运行机制，促进政策性农业保险业务快速发展；积极鼓励有条件的地方政府出资组建政策性农业担保融资公司和现代农业产业投资基金，健全政策性农业担保和基金融资服务体系。二是加快完善商业性金融支农服务体系。健全中国农业银行的三农金融事业部制，提高服务现代农业的专业水平和服务效率；积极引导商业性保险公司发展经营性农业保险业务；鼓励地方商业银行、村镇银行、小贷公司积极开发新型农业经营体系的专属信贷产品。三是加快合作金融体系改革，提升合作金融支持现代农业发展的能力，尽快落实农村信用社管理体制改革，回归农村信用社的合作金融本体，完善微观治理机制，增强金融服务能力；稳妥推进农民专业合作社信用合作试点，健全信用互助合作体系。总之，农业政策性金融服务面向新型农业经营体系构建的基础端，农业商业性金融服务面向新型农业经营体系构建的生产经营端，合作社金融面向商业性金融供应不足的生产经营端，从而形成支持新型农业经营体系发展的竞争与合作的金融组织体系。只有农业金融服务组织形成竞争局面，才会促进金融服务创新，降低金融服务价格，提高金融服务质量。

（2）加快发展现代农业资本市场与产权市场交易体系。与城市金融市场相比，现代农业金融服务产品明显不足，主要以信贷为主，保险次之，基金和直接融资等途径并没有真正进入农业金融市场，其原因是传统农业融资需求小，且经营水平、融资规模等难以达到直接融资的具体要求。而新型农业经营体系构建阶段资金需求规模大、经营风险高、经营破产和资产重组的概率大，在间接融资服务无法满足的情况下，迫切需要直接融资方式来满足其资金需求，并借助现代农业资产产权交易市场来实现抵押物处置变现、并购重组等。因而，发展现代农业资本市场和产权交易市场意义重大，应积极培育和孵化一批国际级和国家级大型农业龙头企业，适度降低农业企业主板上市条件，积极扩容农业主板市场，深挖农业主板市场融资潜力；加快发展一批具有高技术含量、高成长潜力的省级农产品加工企业，促进这些企业在农业创业板市场上市融资；培育一批有成长潜力的县级农业龙头企业，鼓励他们在新三板市场上市融资；试点探索发展现代农业私募股权融资市场，促进农业私募基金健康发展；加快发展以县级为基础的现代农业资产产权交易市场，加强市场交易平台和交易制度建设，为现代农业资产产权交易处置、重组创造良好的市场条件。

9.4 财政金融服务创新与新型农业经营体系构建协同的信息机制

信息完全、信息对称是财政金融资源在新型农业经营体系构建中实现优化配置的基本条件。这里的信息主要是指新型农业经营主体经营的农业项目、信用资源禀赋条件、农业经营财务状况及新型农业经营体系的征信系统等，也包括财政金融政策及服务规程。要促进财政金融服务创新与新型农业经营体系构建的协同，需要建立良好的信息机制。

9.4.1 加快建设新型农业经营体系信息数据库

建立新型农业经营体系信息数据库，是财政金融资源在支持新型农业经营体系构建中实现最优配置并进行奖励的基础性工程。在财政金融服务主体与新型农业经营体系各经营主体之间，信息的优势方是新型农业经营体系中的各类经营主体，它们对自身经营的农业项目、经营能力、获利前景等信息完全了解；信息的劣势方是财政金融服务部门，他们要配置财政金融资源，就需要了解新型农业经营体系中各经营主体的需求情况、项目经营、收益与风险状况等信息。如果财政金融服务部门无法获取新型农业经营体系各经营主体的真实信息，就会导致财政金融支农资源错误配置。为便于更好地服务于新型农业经营体系，应当以市县等为单位，加快建立新型农业经营体系信息数据库。新型农业经营体系的信息数据库的建设内容应当包括新型农业经营主体负责人年龄、文化程度、成立时间、政府认定时间和证书号、土地经营规模、经营类型、组织治理结构、农业经营项目、项目盈利能力和前景、农业投资规模、固定资产规模和类型、从业人员数量、农业年产值和经营收入、未来五年发展规划等信息，建设的主体应当是政府农业主管部门农业信息中心，建设与更新维护经费应当由财政专项拨款，信息数据库主要供农业、财政、金融部门借助互联网技术进行查阅，以便及时了解和掌握新型农业经营主体的基本情况，并有针对性地提供财政金融服务。

9.4.2 加强新型农业经营体系财务信息标准化建设

健全的公司治理机制和规范的财务核算与报表制度是金融机构授信的基本条件。当前，公司治理机制缺失，财务核算不规范，财务信息缺乏规范的标准化的报表反映，是新型农业经营体系融资难的重要原因之一。因此，要解决新型农业经营体系的融资难问题，需要建立规范的农业企业财务核算与报表制度，制定和颁布实施《农业企业会计准则》，督促新型农业经营主体建立标准化的财务核算、财务信息披露与会计监督制度，以便使新型农业经营体系在融资时有标准的财务报表可以提供，从而降低新型农业经营体系与金融机构之间的信息不对称程度。同时，应在构建阶段规范新型农业经营体系的公司治理机制、财务核算与报表制度的培训和辅导，提高其在组织设计、组织治理、财务核算、财务监督等方面的标准化管理能力。

9.4.3 加快构建新型农业经营体系的征信系统

相较于城市金融市场，农村金融市场金融服务供需双方的物理距离较远，新型农业经营主体经营地点较分散，加之构建阶段的新型农业经营主体的农业投资周期长，经营风险高，导致金融机构不仅对金融服务的信息收集成本高，而且面临的金融服务风险信息也难以掌握。为了降低金融机构与新型农业经营体系的信息不对称程度，建议政府农业部门借助互联网信息技术，借助中国人民银行或者农产品电子商务平台，建立起反映新型农业经营体系的信用档案记录的征信系统，以便金融机构向新型农业经营体系提供金融服务时更及时详细地了解新型农业经营体系的信用状况，从而规避金融机构服务新型农业经营体系的道德风险和逆向选择，吸引更多的金融机构提供现代农业信贷服务，逐步解决新型农业经营体系信贷供求失衡问题。

9.4.4 加强新型农业经营体系财政金融服务政策及申报规程宣传

要让新型农业经营体系的财政金融政策有效落地,提高财政金融服务效率,还需要站在新型农业经营主体的角度,帮助他们解决对财政金融政策及服务的信息掌握不完全的问题。为此,应结合各地实际,首先乡镇人民政府应在新型农业经营体系中,加强中央和地方财政支农政策及服务的宣讲,使各类新型农业经营主体充分了解财政支农政策内容、财政资金申报条件、申报程序和资金使用要求等信息,以便他们能按照财政政策规定及时提出有效的农业项目及其财政补贴申请;其次,金融机构应加大现代农业金融市场拓展力度,积极挖掘有成长潜力的优质新型农业经营主体,并会同乡镇人民政府,向新型农业经营体系宣传金融支农产品与服务的申报条件、流程和财政贴息等政策,尤其要加强农业信贷、农业保险产品宣传,使他们充分了解现代农业信贷、担保和保险政策及服务规程,向新型农业经营主体传授现代金融知识,切实解决好金融支农服务"最后一公里"信息不对称问题。

9.5 财政金融服务创新与新型农业经营体系构建协同的激励机制

由于新型农业经营体系构建客观上存在较大的风险,完全依靠行政命令无法提供足够的与地方配套的财政服务,完全依靠市场竞争机制也无法提供足够的金融服务。因此,要促进财政金融服务创新与新型农业经营体系构建的协同,就需要建立足够的激励诱导机制。这可以从以下两个方面加以推进。

9.5.1 建立财政服务新型农业经营体系构建的绩效奖励机制

在财政服务新型农业经营体系构建中,服务主体包括中央政府和地方政府两个主体。其中，中央政府是政策发动者，地方政府是政策执行者和财政配套者，要贯彻落实好中央政府对新型农业经营体系构建的各项政策措施，就需要建立中央政府对地方政府政策执行绩效考核奖励机制，使地方政府高度重视财政使用效益、粮食安全、食品安全与农业生态修复，特别是要加强粮食主产区地方政府的绩效考核与奖励。

（1）建立科学的财政服务新型农业经营体系的绩效评价体系与管理机制。财政服务于新型农业经营体系的绩效就是指中央与地方财政促进新型农业经营体系发展取得的实际效果。对其财政服务绩效进行评价，就是要采用科学、规范的评价方法和评价标准，对财政服务作用于新型农业经营体系构建的实际效果进行客观、公正的衡量比较和综合评判。在新型农业经营体系构建的财政服务绩效评价体系中，应该以实现财政服务的科学化和精细化为目标，以真实性、科学性、实用性、效益性为原则，形成财政服务制度体系、绩效评价组织体系、政策执行指标体系、政策执行绩效体系和绩效评价方法体系构成的综合评价系统，以期提高财政服务于新型农业经营体系构建的效率和效益。图9-3显示了财政服务于新型农业经营体系构建的绩效评价体系。具体内容有以下几个方面。第一，评价主体是中央政府及相关部门。第二，评价对象是地方政府及其相关部门，包括财政、水利、农业、国土、林业等部门。第三，评价依据是国家相关财政支持新型农业经营体系构建的政策制度体系，包括财政投资、财政补贴、税收优惠等。第四，绩效评价组织体系，评价工作组由财政、审计和监督机构的财政经济管理、财务会计、资产管理及法律等方面的专业人员组成，按照财政绩效管理和评价制度的规定，对评价对象进行考评；专家咨询组在大专院校、研究机构、行业协会及政府综合管理部门和有关经济、法律、技术等方面的专家中选聘，给评价工作组提供必要的政策技术咨询；纪检监督组由纪检、监察、审计等部门进行监督。第五，政策执行指标体系由财政支出指标体系和财政服务效率构成，其中财政支出指标体系包括财政支出规模、财政支出结构、地方配套财政到位情况、地方财政农业信贷风险补偿基金、地方农业产业投资基金等建设情况。第六，财政服务政策执行绩效包括新型农业经营组织培育数量与质量、农业综合生产力、农业综合效益、农业现代化发展程度等指标；第七，绩效评价方法体系包括成本收益分析法、因素分析法、最低成本法和价值评价法等。财政服务新型农业经营体系构建的绩效评价工作要取得实效，必须有绩效管理制度和运行机制做支撑，要防止中央政策在地方产生执行不力、执行走样、执行成本高、配套不足等问题。我国目前缺乏有效的财政服务新型农业经营体系的绩效评价考核与管理机制，财政支农绩效评价工作分散在各个管理部门，绩效评价主体、指标、目标、方法不统一，导致绩效评价结果差异大，客观公正性不足。因此，加快构建标准化的财政服务新型农业经营体系的绩效评价考核体系和运行机制刻不容缓。

第 9 章　财政金融服务创新与新型农业经营体系构建的协同机制设计

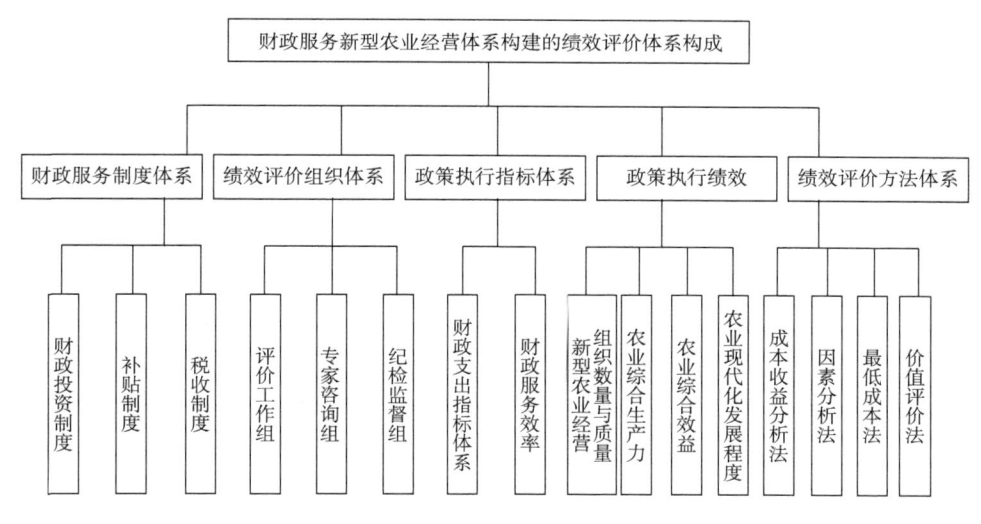

图 9-3　财政服务于新型农业经营体系构建的绩效评价体系

（2）对财政服务于新型农业经营体系绩效考核优秀的地方政府进行以奖代补。地方政府作为新型农业经营体系构建任务的主要推动者，也是中央支农政策的主要执行者，有责任对财政、水利、农业、国土、林业等部门的财政服务进行监督和管理，有义务根据中央政策对当地新型农业经营体系构建建立配套的政策体系，包括财政配套，建立农业信贷风险补偿基金、农业产业发展基金等。中央政府财政支农绩效评价单位应当对地方政府的财政配套、政策执行与落实情况进行专项监督考核，对评价优秀的地方政府进行以奖代补，提高财政服务于新型农业经营体系构建的政策执行效率和水平。

（3）健全粮食主产区财政服务于新型农业经营体系构建的利益补偿机制。一是尽快精准核定粮食主产区财政补贴面积，与全国第二次土地调查耕地面积数据相衔接，按实际耕地面积和粮食播种面积计算补贴额。二是完善粮食风险基金政策。按照国家财政收入增速，同步增加粮食风险基金，提高粮食风险基金补偿粮食主产区的比例。对主产区执行国家政策超量库存的粮食收储，减免粮食风险基金借款，逐步核销财务挂账，将结余的利息费用用于主产区粮食生产。三是加大粮食主产区一般性转移支付力度。建立财政转移支付与粮食产量增长挂钩机制，提高粮食主产区县级财力保障水平，逐步使其财力达到全国平均水平，增加粮食主产区现代农业基础设施投入，取消农业基础设施建设项目对县级财政配套要求。四是完善产粮大省和产粮大县财政奖励办法，进一步完善粮食统计制度，实行产粮大省奖励资金与粮食调运量挂钩、产粮大县奖励资金与粮食商品粮挂钩，健全奖励资金使用制度，由地方政府自主用于现代农业发展。

（4）加快建立现代农业生态补偿机制。一是完善对重点农业生态功能区的生态保护补偿机制。探索建立全面反映市场供求、资源稀缺程度、体现生态价值和代际补偿的农业资源有偿使用制度,加快形成农业生态损害者赔偿、受益者付费、保护者得到合理财政补偿的运行机制。试点推进粮食主销区对粮食主产区生态保护补偿机制。加大重点农业生态功能区转移支付力度,归并和规范现有的农业生态保护补偿渠道,逐步提高其基本公共服务水平。完善土壤脱毒与农业生态保护修复资金使用机制,整合中央财政资金,推进山水田林湖生态修复。二是对过度开发的农业资源实行休养和补偿。在耕地质量下降、草原超载放牧、河湖渔业资源严重衰退的地区实行休养,有条件的地区实行一定周期的休耕、休牧、休渔,鼓励耕地地力下降的地区种植绿肥,对严重退化草地进行补播改良,全面落实草原生态保护奖励机制,加大渔业繁殖放流力度。利用政策性粮食库存对休耕农民进行实物补偿,在促进农业资源修复的同时消化粮食高库存。对重金属污染区,地下水漏斗区减退灌溉面积,调整种植结构,减少高耗水作物的播种面积,或改种高吸水能力树种,并给予一定的财政补偿(方言等,2017)。

9.5.2 建立金融服务新型农业经营体系构建的绩效奖励机制

受市场化经营、逐利动机与风险防范意识增强的影响,金融机构服务于新型农业经营体系构建的积极性将会减弱,因而有必要建立金融机构服务新型农业经营体系的绩效评价体系与管理机制,并进行必要的金融服务奖励。

(1)建立科学的金融服务绩效评价体系与管理机制。在新型农业经营体系构建中,金融服务机构主要包括信贷、担保、保险、基金、信托租赁等类型。他们对新型农业经营体系构建提供的金融服务主要包括信贷融资、融智、风险保障三个方面,核心是信贷融资和风险保障。因此,金融服务新型农业经营体系的绩效评价指标体系的投入指标可以从这三个方面进行构造,具体指标见表9-1。其中,信贷融资服务包括信贷支持数量、信贷支持结构、信贷支持效率和信贷支持强度四类指标;融智服务包括金融机构为新型农业经营主体提供的技术、管理、决策等服务;风险保障服务包括农业融资担保服务和农业保险服务两类;新型农业经营体系构建的产出绩效包括新型农业经营体系组织发育状况、农业现代化水平和农业风险保障程度等。绩效综合评价就是要分析金融服务投入与产出之比,比值高,说明用较少的金融服务投入取得了较好的新型农业经营体系构建效果。这同样可以运用图9-3所揭示的绩效评价方法进行评价。金融服务新型农业经营体系构建的绩效评价需要由金融监管部门来完成,建议加快建立金融服务于新型农业经营体系的绩效评价与管理体系，确保绩效评价的真实性、有效性、合规性，以便对金融机构进行有效的监管和奖励。

表9-1 金融服务新型农业经营体系构建的绩效评价指标体系

目标层	准则层	指标层	指标说明
信贷融资服务	信贷支持数量	新型农业经营体系贷款总额	经政府认定的新型农业经营主体和服务主体的贷款总额
		新型农业经营主体贷款份额	新型农业经营主体贷款/涉农信贷总额
	信贷支持结构	新型农业经营体系贷款结构	各类新型农业经营体系贷款分别占新型农业经营体系贷款总额的比重
	信贷支持效率	新型农业经营体系贷存比	新型农业经营体系贷款总额/农村存款总额
	信贷支持强度	新型农业经营体系平均贷款额度	新型农业经营体系贷款总额/支持的新型农业经营主体数量
		新型农业经营主体平均获贷周期	新型农业经营体系贷款平均使用周期
融智服务	农业技术服务	参与技术服务次数	技术咨询等
	经营管理服务	参与管理服务次数	参与决策治理
	投资决策服务	参与决策服务次数	投资咨询、上市辅导等
风险保障服务	农业融资担保参与效率	新型农业经营体系担保贷款总额	各新型农业经营主体担保贷款总额之和
		新型农业经营体系农业担保贷款受益覆盖面	获农业担保信贷企业数占新型农业经营体系的主体家数
		新型农业经营体系农业担保贷款率	新型农业经营体系农业担保贷款总额占新型农业经营体系贷款总额的比重
	农业保险参与效率	新型农业经营体系农业保险保费收入总额	新型农业经营体系中各经营主体农业保险保费支出之和
		新型农业经营体系农业保险保障水平	新型农业经营体系中各经营主体农业保险保障水平之和
		新型农业经营体系农业保险赔付率	新型农业经营体系农业保险赔付总额与农业保险保障水平之比
新型农业经营体系构建产出绩效	新型农业经营体系组织发育状况	各类新型农业经营组织的数量	政府认定的各类新型农业经营主体数量
		各类新型农业经营组织经营稳健性	持续盈利的新型农业经营组织数量占新型农业经营体系各组织数量的比重
	农业现代化水平	农业劳动生产率	从业人员均农业增加值或实物产量
		农业机械化程度	农业机械化耕作面积占农作物面积的比重
		农业规模化经营程度	规模化经营土地流转面积占当地耕地总面积的比重
		农业产出水平	农业产出数量或增加值水平
		农业商品化程度	农产品综合商品率
		农业经营收入水平	新型农业经营主体的收入和带动农民的收入增长情况
	农业风险保障程度	农业风险损失减少额	农业风险损失总额与预期无财政金融风险保障的损失之差

（2）完善金融服务新型农业经营体系的奖励办法和运行机制。与财政服务不同，新型农业经营体系构建的金融服务主要执行者是金融机构，包括政策性、商业性和合作性金融机构。不论何种性质的金融机构，在新型农业经营体系的构建中，都必然受到支农风险的约束，从而挫伤金融服务的积极性。当前，我国对金融支农的监管规定了"三个不低于[①]"的硬性约束要求，也对涉农贷款增加较多的金融机构实施了专门的奖励政策。但现实的财政奖励政策基本只覆盖了信贷服务机构，对服务于新型农业经营主体的农业担保、农业保险服务还没有专门的奖励政策，针对商业性农业保险、农业担保的奖励办法更是缺乏。因此，应加快制定金融服务于新型农业经营主体的奖励办法，根据金融服务绩效评价考评结果，对金融服务于新型农业经营体系优秀的金融机构进行以奖代补，以减少金融机构服务于新型农业经营体系的风险损失。

9.5.3 建立财政金融服务新型农业经营体系构建的风险分担机制

财政金融服务于新型农业经营体系构建的风险主要有两个：一是新型农业经营体系自身面临的农业自然灾害风险、市场价格波动风险和自身经营管理不善风险，这些风险不仅会传递给金融机构，形成信贷风险，挫伤金融机构信贷支持的积极性，而且会影响财政服务的效果；二是金融服务于新型农业经营体系的信贷风险，这主要是由前面的风险派生出来的。这两类风险都需要建立共同分担机制，才能对新型农业经营体系和金融机构带来双重激励。

（1）建立"财政+保险公司+新型农业经营主体"农业风险损失共担机制。对于新型农业经营体系来讲，尽管经营管理能力和水平高于普通农户，但面临的农业固有风险——自然风险（灾害、疫情）和市场风险（价格波动）仍然没有减少。降低和分散农业固有风险的途径不外乎有两个。一是新型农业经营体系实施多元化经营战略，通过产、加、销一体化，三产融合发展，"旅游+农业"，"互联网+农业"等途径来实现多环节经营，通过其他环节的盈利来平抑农业生产环节的风险。这种风险分散机制主要是靠新型农业经营体系主动而为之，需要较大的投资，一般在新型农业经营体系构建阶段难以大规模推进。二是通过发展农业保险机制来分散农业固有风险。农业保险属于"绿箱"政策，是国际通行的农业风险社会化分担机制，它是一种由财政、保险机构和新型农业经营体系共同分担农业

[①] 中国银行保险监督管理委员会（简称银保监会）要求支农贷款投放"三个不低于"是指：涉农贷款增量不低于上年；涉农贷款增速不低于各项贷款增速；涉农贷款占比不低于上年的目标。

风险的机制。农业保险属于准公共产品，市场机制无法有效提供，只能通过市场与政府有机集合的机制提供农业保险分担农业风险：一方面，政府除了通过财政建立巨灾救灾救助制度外，通常还需要由财政出资建立农业政策性保险机构和制度，大力推行巨灾保险、大灾保险、粮食主产区农业保险、再保险等政策性农业保险，或通过出台农业风险基金补偿、参保经营主体的保费补贴等措施，引导商业性保险公司发展多种农业保险；另一方面，对于风险概率较小、收益比较稳定的农业保险，可以借助市场机制通过商业性农业保险公司提供。目前我国政府主导的农业保险制度已初步建立起来，今后应重点建立粮食主产区的政策性农业保险制度，加快探索建立重大灾害农业保险制度，组建和发展全国性和区域性的政策性农业保险公司，根据新型农业经营体系的农业保险需求，积极开展产值保险、目标价格保险、天气指数保险、农业基础设施保险、森林保险、农机具保险等保险产品，完善农业保险理赔补偿标准和程序，提高农业保险服务效率；鼓励生产同类产品或开展同类服务的新型农业经营主体之间联合起来，以农业龙头企业或农民专业合作社、联合社牵头，发展行业协会，开展财政专项补贴基础上的合作互助保险，切实建立起"财政+保险公司+新型农业经营体系"共同分担农业自然风险与市场风险的机制。

（2）建立"财政+银行+担保+保险"共担农业信贷风险的机制。新型农业经营体系具有巨大而普遍的融资需求，其中信贷融资是最重要的途径。为了解决新型农业经营体系传统抵押物不足面临的融资约束问题，根据新型农业经营体系拥有的农业资源资产禀赋特征，要解决融资难题，就必须大力推进现代农业资产（包括土地经营权、林权、农业设施、大型农机具、农业生物资产等）抵押融资政策，但这些资产作为抵押物，不仅面临价值评估难、交易与处置变现难等问题，而且面临着不可跨越的法律制度障碍，因而在试点推进中必然面临较大的信贷风险，从而影响银行推行现代农业资产抵押融资政策的积极性。为了解决这一困境，迫切需要建立与之配套的农业信贷风险多元主体共担机制，这些多元主体包括财政、银行、担保、保险机构。具体运行机制是：财政出资建立现代农业信贷风险补偿基金，对农业信贷风险按一定比例进行补偿，风险补偿基金从每年的财政支农预算中按一定比例（如 0.5%~1%）进行计提；财政出资发展政策性农业担保融资机构，并建立银行和担保公司合作机制，对具有较好流通价值且能够有效处置变现的但不符合银行抵押条件的农业资产，如肉牛等牲畜活体资产及果园等农业生物资产，向担保公司作为反担保物，由担保公司向银行提供担保并发放贷款，当贷款风险形成后，担保公司按合作约定承担一定比例的风险损失，其余损失由银行和财政承担；保险机构可以通过向银行提供农业信贷保险产品，信贷风险一旦形成，保险公司可按信贷保险合同约定的比例承担理赔责任[①]。当前，我国应加快落实财政、银行、担保共担农业信贷风险的制度，在财政、银行、担保机构之间确定三方均满意的信贷风险损失分担比例。在产粮大省，通过中央与地方两级财政，特别是中央财政的专项补贴引导，鼓励银行、保险公司与新型农业经营体系共同合作，开发粮食规模经营主体的信贷保险产品，健全银行保险合作支持新型农业经营体系的机制，让保险公司积极分担农业信贷风险。

9.5.4 建立普通农户分享农业现代化收益的财政导向机制

财政金融服务于新型农业经营体系构建中，需要协调处理好传统小农户与新型农业经营体系之间的利益分配关系。如果利益分配关系处理不好，农户的土地、劳动力要素就无法正常有序地向新型农业经营体系流转，新型农业经营体系就不可能得到构建与发展，财政金融服务于新型农业经营体系的绩效就会大打折扣。建议从以下两个方面加强引导。

（1）积极探索农户土地、劳动力要素有序流转的财政补偿机制。为了防止农户自主向新型农业经营体系流转土地进行漫天要价，或签订短期流转合同，抬高新型农业经营体系的用地成本，阻碍新型农业经营主体的农业长期投资，除了尽可能发挥好正规土地流转市场和农村集体经济组织集中、公平流转功能外，还应当建立财政引导下的农民土地流转利益补偿机制，为此，应建立农民土地流转补偿基金制度。对农民自愿有偿流转的土地，根据土地位置、面积、肥沃程度、常年粮食产量和收益、流转租期等，综合确定农民可以接受的土地流转市场价格，再按新型农业经营体系预期经营成本和收益确定一个新型农业经营主体可以承受的土地目标价格。如果市场价格低于目标价格，其差价由土地流转补偿基金补偿给农户，如果市场价格高于目标价格，其差价由土地流转补偿基金补偿给新型农业经营主体。对农民自愿无偿退出土地的农户给予一定期限一定数额的财政奖励，以补偿其在城市购房和就业的部分成本。此外，应加快健全农民在新型农业经营体系就业的劳动保险保障制度。参照《中华人民共和国劳动法》，在新型农业经营体系中积极探索建立由财政适当补助、新型农业经营主体缴纳的就业农民失业保险、工伤保险制度，进一步完善农村医疗保险、养老保险和生育保险，积极建立农村工资指导价，缩小城乡工资水平差距，确保农业工人有稳定的收入，并对粮食主

[①] 在农业生产经营风险环节发展好农业保险，也有助于间接降低农业信贷风险。因为通过农业保险理赔，可以减轻新型农业经营主体的风险损失，从而保障新型农业经营主体有一定的还款能力。

产区大规模种粮的新型农业经营主体的人工成本给予适当比例的财政补偿，以吸引农村劳动力回流农村就业，成为新型职业农民，降低新型农业经营体系的人工成本。

（2）推进三次产业融合发展，积极推进财政支持新型农业经营体系的股权化试点。加快推进三产融合发展，延长农业产业链，提高农业附加值与增值收益，加大小农户分享产业融合发展增值收益的财政引导力度。可借鉴《中华人民共和国农民专业合作社法》的相关法律，规定政府扶持资金直接用于发展优质农产品生产、加工、电商、旅游休闲等新产业新业态，促进三次产业融合等产生的收益，可以按照财政资金占项目总投资的比例返还给提供初级农产品的农户，受益农户名单以新型农业经营主体申报财政扶持项目时自报的直接带动农户规模作为基本参考，并作为政府对新型农业经营主体财政扶持资金使用与绩效、监督考核的重要内容（苑鹏和张瑞娟，2017）。继续推进财政扶持新型农业经营体系基础设施建设资金的股权化改革试点，先确定受益农户数量，然后将扶持项目50%的财政资金按当地受益农户数量折算股份，平均分配给农户，作为农户从财政扶持的新型农业经营主体每年固定或浮动分红的重要凭证，以增加农户的资本性收入。

9.6 财政金融服务创新与新型农业经营体系构建协同的约束机制

要促进财政金融服务创新与新型农业经营体系构建的协同，需要协同建立促进供求双方服务均衡和可持续的约束机制。具体可以从以下几个方面展开。

9.6.1 构建财政服务新型农业经营体系构建的审计与巡视约束机制

要构建财政服务新型农业经营体系的约束机制，提高财政资金的使用效率和效益，就必须从以下四个方面着手努力。

（1）制定清晰的财政服务新型农业经营体系的责任与目标清单。要对财政服务于新型农业经营体系的供需双方进行约束，首先要制定清晰的双方责任与目标清单。在财政服务于新型农业经营体系构建中，作为财政服务方的各相关政府部门应在项目储备、资金预算、资金审批、资金拨付、资金配套等方面给出明确的权利、责任与目标清单，以规范财政服务的行为，防止财政资金被挪用、截留或延误划拨等，提高财政服务效率，同时便于审计监察部门的监督；作为财政服务需求方的新型农业经营体系，也要对其财政资金用途、财政资金使用规范性、报账规程和资金使用绩效指标给出清晰的责任与目标清单，以提高财政资金在支持项目上的使用效率和效益。

（2）加强对财政服务供给端的政策执行审计、巡视与问责。应建立现代农业财政扶持资金的专项审计与巡视问责制度。加强对财政服务各部门的财政服务政策执行审计，对违规操作的财政服务部门进行巡视，明确地方政府、各部门、相关人员对各项财政支农资金管理责任，层层落实责任追究制度，对相关责任主体问责问效。对财政支农资金错误配置、资金挪用、延期支付行为进行问责，对情节较轻的行为进行经济处罚，对情节较重的行为进行行政处罚，甚至交由司法机关处理；对配套财政无故不及时到位的地方政府给予通报批评，防止中央财政支持新型农业经营体系构建的政策在地方执行中走样变味儿，确保中央现有的财政服务政策切实落地。

（3）加强对财政服务需求端新型农业经营主体资金使用绩效的考核与追偿约束。建立科学高效的新型农业经营体系财政支持资金绩效评价与监管机制，建议参照扶贫资金绩效考核模式，建立财政支农项目第三方评估机制，引入第三方评估、项目指南、标准文本、资金报表、集中采购等制度，实行自我评估与第三方评估机构评估相结合、中期评估与终期评估相结合，在终期评估中，依据事先在财政服务申报书中约定的目标，对新型农业经营主体财政资金使用效果进行综合评分，考核其自身成长状况及对当地农民的就业与收入带动绩效；对考核不合格的新型农业经营主体，应终止项目支持并收回全部资金，或取消再次申报的资格，进入财政资金使用黑名单向社会披露，防止发生新型农业经营主体套用财政资金的行为，确保财政资金使用的高效率。

（4）积极引入社会监督机制，提高财政服务于新型农业经营体系的效率。推行财政部门资金安排的公示制，各业务部门资金使用实行招投标制，项目实施后实行效益反馈制。财政部门、各业务部门和新型农业经营体系三方相互监督，积极推行财政支农资金接受社会公众、人大代表、审计和社会中介组织监督的制度。

9.6.2 完善金融服务新型农业经营体系构建的约束考核监督机制

健全金融服务新型农业经营体系构建的考核约束监督机制，也需要分别从金融服务供需两端进行。

（1）完善金融服务于新型农业经营体系的供给端考核与监督约束机制。信贷、担保、保险等金融机构是金融服务于新型农业经营体系的核心主体，中国人民银行、金融监管部门、财政部是对这些金融机构的金融服务进行考核和监督的重要机构。要建立长期有效的考核监督机制：一是要建立金融服务于新型农业经营体系的专项目标、考核指标体系和奖励约束办法，根据农业的经营与风险特征，建立差异化监督考核目标。将金融服务数量增长情况、金融服务效率、金融服务广度（客户覆盖面）与深度（新型农业经营体系金融服务总量占涉农金融服务总量）、金融服务风险控制、新型农业经营体系构建效果（包括主体数量质量、农业产出效益、农业现代化程度、农民就业增收）等方面纳入考核总体框架，建立规范的金融服务统计考核指标，统一统计口径，防止虚报；二是对金融机构服务于新型农业经营体系的金融服务实行"三个高于"监管要求，即从增速、户数、金融服务获得率三个方面全面考核金融服务增长情况，以信贷服务为例，在有效提高新型农业经营体系信贷服务增量的基础上，努力实现新型农业经营体系信贷服务增速高于各项贷款的平均增速，新型农业经营主体贷款的户数高于上年同期户数，新型农业经营主体申贷获得率高于上年同期水平，而其他金融服务的考核监管要求与之类似；三是适度提升金融支农风险容忍度，适应农业经营高风险的产业特征，将信贷风险容忍度由现有的2%提升到3%的水平，将担保代偿率由现有的2.45%提升至4%的水平；四是加大对新型农业经营体系金融服务履职尽责的奖惩力度，加强对新型农业经营体系金融服务的统计监测，提高统计监测精准度，对认真履行金融支农责任、积极支持新型农业经营体系发展的金融机构适当提高财政奖励标准和金融风险补偿水平，对未认真履行金融支农责任的主办金融机构进行约谈并减少相应的财税奖励，甚至取消主办金融机构的资格及其享有的所有优惠政策。

（2）建立金融服务需求端新型农业经营主体金融资金使用的监督机制。新型农业经营主体对金融资金的使用尽管属于市场自主行为，但是不能违背信贷合约规定的用途。一旦借款主体违背信贷合约滥用信贷资金，就可能造成信贷资金预期收益下降甚至亏空，最终使信贷风险产生。因此，为了防止借款新型农业经营主体的道德风险，除了要加强新型农业经营体系财务信息标准化提供外，还需要通过硬性金融服务合同及其执行监督来督促金融资金的合理使用。而鼓励金融机构建立金融资金全程监督机制，一方面有利于金融机构客户经理参与新型农业经营主体的决策治理，为其客户提供投资咨询等额外的智力支持；另一方面有利于时刻掌握金融资金的使用动态，防范金融资金使用中的各种风险。

9.6.3 建立基于全程监管的新型农业经营体系农产品质量安全追溯体系

农产品质量安全是财政金融服务于新型农业经营体系构建的最终目标之一,也是新型农业经营体系获得财政金融可持续服务的关键。为此,应建立新型农业经营体系农产品质量安全追溯体系:一是建立对新型农业经营体系农产品全程质量控制,对农产品的生产、加工、运输、储藏、批发和销售等环节建立详细的履历台账记录,对农产品生产过程中使用的农药、化肥、饲料、包装材料、运输工具、食品标签等进行详细记录,最大限度保证农产品质量安全;二是借助互联网技术,搭建国家农产品质量安全追溯信息管理平台,建立健全农产品质量安全追溯管理办法,制定相应的追溯标准和编码规则,选择代表性强的重点农产品开展全国性追溯试点;三是加大财政扶持与技术支持力度,积极推广"二维码""耳标"及农产品包装标识,逐步实现试点地区农民专业合作社、农业龙头企业和种植大户等新型农业经营主体生产及加工的农产品、农资产品可追溯,然后向全国农业生产加工企业推广;四是在农产品加工过程中,规范采用良好的生产规范、卫生规范、农业规范、标准卫生操作程序等规范标准,以及危害分析和关键点控制等方法,在整条农产品供应链上保障质量安全;五是建立问题农产品的追溯和召回制度,颁布问题农产品追溯和召回的法律法规,完善监管责任制和责任追究制度,确保农产品全程供应链安全(魏后凯和黄秉信,2017)。

9.7 财政金融服务创新与新型农业经营体系构建协同的调控机制

要促进财政金融服务创新与新型农业经营体系构建的协同,还必须建立有效的政策协同调控机制,这些调控机制主要包括农业产业政策、财政支农政策、金融支农政策、土地政策、农业产权调控政策、农产品市场调控政策等调控机制。下面着重讨论农业产业政策、土地政策、农业产权调控政策、农产品市场调控政策机制,财政金融政策将在第11章专门论述。

9.7.1 健全财政金融服务创新与新型农业经营体系构建的农业产业政策调控机制

财政金融服务于新型农业经营体系构建，首先需要接受农业产业政策的指引和调控。现代农业产业政策调控机制的建立应从以下三个方面展开。

（1）实施好现有农业产业政策，促进财政金融服务与新型农业经营体系构建的协同。构建新型农业经营体系、三次产业融合、推进农业现代化，加强农业供给侧结构性改革、促进农业提质增效和可持续发展，是当前我国农业产业政策的主要内容，也是指引财政金融服务于新型农业经营体系的重要政策指南。当前我国新型农业经营体系构建，客观上需要与农业供给侧结构性调整、农业现代化、农业提质增效要求和目标有机融合，而新型农业经营体系构建是实现这些目标的根本组织保障，财政金融服务则是通过支持新型农业经营体系构建来间接实现这些目标的手段。因此，财政金融服务必须顺应当前农业产业政策方向进行数量和结构调整，使财政金融服务数量和结构与新型农业经营体系的需求数量和结构相匹配，尤其要重点加大对农产品短缺品种如大豆等的新型农业经营主体的支持力度，减弱对农产品过剩品种的新型农业经营主体的支持力度，重点加大粮食主产区和标准化、无公害化、品牌化生产的新型农业经营主体财政金融服务支持力度，促进三产融合发展，实现农业供求平衡、提质增效和可持续发展。

（2）进一步完善特色农业产业政策，指引新型农业经营体系的培育。首先，各地农业主管部门应根据各地农业资源禀赋特征和优势，加快现代特色农业产业规划，利用地区比较优势，调动资源和生产要素的合理配置，有选择性地培育地方优势产业，在按市场需求优化调整水稻、小麦、油菜、玉米、薯类、大豆等传统农产品生产结构基础上，大力发展茶叶、花卉、中药材、特色林果、果蔬及养殖等新兴特色农业，加快高产、优质、高效、生态、安全现代农业建设，在现代农业项目建设过程中，顺应城乡一体化发展要求，统筹城乡产业发展，促进三产融合，努力形成优势突出的特色农业产业带，以特色农业支撑工业、以工业促进特色农业、以服务业带动特色农业升级，引导农产品加工、销售、物流、农业休闲旅游等相关产业向优势产业集聚，促进农业产业化经营。其次，按照现代农业发展规律，制订现代农业产业发展规划，鼓励工商企业投资发展农产品加工和营销，形成科研、生产、加工、销售一体化的产业链，不断推出多元化、系列化、品牌化的高品质、高附加值、精深加工的农产品。最后，提前运作好现代特色效益农业项目储备库，培育优质农业项目，充分了解当地资源禀赋,如土地、气候、水质、劳动力、地理环境等因素,并评估技术、组织管理、市场需求,深化市场分析和预测,因地制宜地发展特色效益农业项目,以农业管理部门为主导,聘请行业专家加强项目储备论证,以村集体经济组织为辅助,建立农业项目培育与储备管理体系,为农业项目培育提供决策咨询、技术指导、市场信息与推介等服务,为现代农业招商引资做好充足的前期准备。

(3)优化农业产业结构,促进新型农业经营体系的内部结构优化。首先,国家应进一步按照市场需求导向,加强农业供给侧调控,引导新型农业经营主体按照国家确定的农业发展方向投资农业,确保农产品有效供给,维护国家粮食安全。具体可通过强制性限产、降低补贴标准、改革收储制度等引导新型农业经营主体缩减过剩农产品的种植面积,同时利用补贴奖励等措施鼓励农户生产市场紧缺的农产品,补足市场缺口,对那些经济效益不好但居民急需的基础农产品的种植适当增加补助。其次,促进农业投资主体多元化。政府应积极引导以新型农业经营主体和城市工商企业为主导的多元化农业投资主体,形成专业化的团队从事农业生产运作。最后,强化农业科技院校和研究所的合作,加强绿色无公害农产品的标准化生产与质量标识认证,尽快形成集约化、规模化、标准化、品牌化的生产经营模式,提升农产品附加值。

(4)积极用好国际国内两个市场,重点支持重要农产品生产的新型农业经营主体。强化粮棉油糖等重要农产品进口冲击的监测,积极收集并积累进口农产品对我国新型农业经营主体发展的影响数据,为农业产业保护与贸易政策提供充足的依据。加大国内供应缺口较大的农产品进口力度,对国内供给过剩的农产品减少进口,加强农业反补贴、反倾销措施的触发条件及应对办法的研究,重点探索基于进口量和价格触发的特殊保障机制,将财政金融服务与新型农业经营体系构建置于国际市场背景下,以提高粮食自给率、农产品国际竞争力、农产品质量安全和调剂国内农产品供求平衡为目标,加大财政金融对新型农业经营体系构建的服务力度,实现二者在国际比较优势与国内粮食安全有机统一条件下的协同。

9.7.2 完善财政金融服务创新与新型农业经营体系构建的土地政策调控机制

要促进财政金融服务创新与新型农业经营体系构建相协调,需要国家改革土地政策,具体说来,主要有以下三个方面。

（1）健全土地"三权分置"改革有效落地的执行机制。为了解决新型农业经营主体有土地经营权但无法抵押的问题，建议根据农村土地"三权分置"改革的总体规划和实施方案，在明确土地的经济属性，坚持土地集体所有制产权制度不改变的前提下，加快推进农地"三权分置"改革落地，对现有新型农业经营主体流转过来的土地尽快确权和颁证，将原有的农地承包经营权证拆分为"农村土地承包权证"和"农村土地经营权证"，并从制度上清晰界定两权分离时各自享有的财产权利边界和具体内容，明确土地经营权的经营期限、经营面积、经营范围等，从政策上规定承包权和经营权均可抵押融资，但同一块土地的承包权和经营权不能同时抵押[①]。对于农村集体林地，在"三权分置"实现产权明晰的基础上，颁发林地经营权流转证（可由林业局负责权证颁发），明确林权流转关系和权益，使受让方获得林权抵押和林木采伐等权能，并充分保障林农的原始承包权益，消除新型农业经营者的后顾之忧，从而有效引导工商资本流入林业产业，激发林业生产活力。

（2）构建合理的土地流转价格形成机制。应发挥乡镇政府和集体经济组织的作用，加快完善农村土地交易所运行机制。鉴于农村土地具有高度分散性、固定性、土壤资源禀赋巨大差异性等特征，为了方便新型农业经营主体流转和金融机构的抵押处置，建议以县为单位建立农村土地交易所，将农村土地交易所建设为重要的农村土地流转服务中介，增强农村土地交易所的交易、登记、信息发布与管理服务功能。规定抵押农地及地上附着物、建筑物的经营权进行处置时，都必须通过土地交易所进行，土地交易所应无条件地为金融机构提供土地处置便利，以健全农村土地流转市场体系。建议政府通过有偿补助手段收回闲置土地，将其集中交由农村土地交易所代为管理，或由农村集体经济组织向农户收回闲置土地，将收回的土地集中委托给农村土地交易所向新型农业经营主体流转，为现代农业招商做准备。基于供求双方自由谈判、农村土地交易所根据农地产能历史数据资料、公证处公证等措施，建立合理的土地流转价格形成机制，达成流转农户和新型农业经营主体均可接受的公允价格和较长的流转期限，实行标准化的土地流转合同，以降低土地转入成本，促进新型农业经营主体长期进行农业投资。

（3）探索激励相容的土地流转方式和现代农业设施用地管理机制。推出严格用途管制下富有弹性的现代农业设施用地政策，满足必要的现代农业设施建设用地需求；加快农村集体建设用地制度改革，进一步完善城乡建设用地"增减挂钩"政策，在保护农民集体利益基础上，从流转方式、程序、用途、交易规则、抵押融资和收益分配方面完善农村集体建设用地入市管理条例，加强土地流转服务和

---

① 因为从法理上讲，土地抵押实际上抵押的是经营权，银行一般只认可土地的终极经营者作为借款人。而承包权与经营权在分离后仅是一种收益地租的权利，承包权作为抵押物向银行抵押后，在抵押物处置时只有租金收益（往往小于经营收益）作为还款的保障，因而抵押功能相比经营权要弱得多。

管理；建立基层土地信托服务中心，为土地流转创造良好的环境和平台；明确土地流转政策边界，依据农业产业发展规划等加强项目监管和土地用途管制，遏制耕地流转的"非农化"。在严格执行相关政策的同时，也要考虑实际需要并结合乡镇土地利用总体规划，研究解决农地有偿退出方案，尊重农民在土地使用和经营决策上的主导地位，按照依法、自愿、有偿的原则，规范农地流转或退出等行为，引导土地合理有序地向新型农业经营主体集中。积极总结农户土地入股新型农业经营主体的试点经验，在有条件的地区加快推广，不仅可以提高农户的财产性收入，还可以促进新型农业经营主体长期使用土地，实现农业可持续投资。

9.7.3 建立财政金融服务创新与新型农业经营体系构建的农业产权政策调控机制

建立现代农业资产产权政策调控机制，根本目的是要解决现代农业资产缺乏产权证明和抵押交易变现的能力问题。可以从以下两个方面展开。

（1）建立现代农业资产权属认定与颁证机制。第一，新型农业经营主体在农业生产经营过程中，无论是通过财政投资还是自身投资形成的农业资产，均应由县级农业主管部门协同乡镇政府和村集体组织，按照当事人的申请对其拥有的农业设施产权状况进行确权、量化、登记和颁证，该权证可以作为土地经营权的独立权证或附属权证，由县级政府设立专门的产权登记颁证机构（可以由农委牵头组建，国土部门配合）统一发放。对于财政投资形成的农业集体资产，可通过确权折股量化到农户和新型农业经营主体手中，农户和新型农业经营主体可以凭借股权证明向银行申请抵押贷款。同时，应加快推进兴办农家乐和农村副业等服务领域新型农业经营主体投资形成的资产产权确认和颁证工作，提高农村产权抵押融资政策的覆盖率。第二，针对不同地区实际情况，加快探索对新型农业经营主体投资周期长的果林、特色经济作物和特色饲养动物等生物资产的产权认定、登记和确权，积极探索建立新型农业经营主体有长远价值和价值较稳定的生物资产抵押融资的政策体系，为开展生物资产抵押融资创造良好的法律产权条件。

（2）健全农村产权资产交易与抵押服务体制机制。一是委托农业担保服务公司建立农村产权资产价值评估服务体系，支持社会评估机构、会计师事务所等中介机构进入产权价值评估市场，建立农村资产价值评估信息服务平台，加强农村资产权属管理中心、农村资产价值评估中心与金融机构的信息互联互通，为农村产权资产评估的需求方与评估方搭建良好的信息沟通桥梁。加快研究农村产权资产价格评估方法和规程，完善农村产权资产价格发现机制，促进农村产权资产公允价格的形成和抵押融资活动的有效开展。二是积极探索以县为单位建立农村综合资产交易中心，积极在县乡（镇）两级试点探索建立现代农业资产产权流转交易服务平台，组建专门的农村产权交易服务中介，积极将新型农业经营体系的现代农业固定资产和生物资产纳入交易范畴，完善交易规则，制定交易程序，简化交易手续，并接受农业相关部门的业务指导，提高农村产权资产交易变现能力，为新型农业经营体系的抵押融资创造良好条件。

9.7.4 建立财政金融服务创新与新型农业经营体系构建协同的农产品市场调控政策机制

农产品市场调控的核心是实现农产品供求均衡，形成有效的市场价格，减少价格波动，确保农产品价格基本稳定和新型农业经营主体农业收入稳定增长；调控的主体是政府，包括中央政府和地方政府，调控的工具主要是财政工具。但如果农产品市场调控不好，农产品价格的异常波动形成的市场风险就会经由新型农业经营主体向金融机构传递，从而引发农业信贷风险，挫伤金融服务的积极性，因而对农产品进行有效的市场调控是财政（调控市场波动）与金融（支持新型农业经营主体生产营销）协同配合的有力表现。具体需要从以下几个方面展开。

（1）明确农产品市场调控的目标体系。中间目标是农产品供求总量基本平衡，市场波动可控，保护农业生产经营者的利益，促进农业发展。其中市场波动可控是指市场价格波动可控，需要将价格波动设定一个区间，如果价格位于这个区间，就属于正常波动而无须干预；如果超过这个区间，就需要调控；最终目标是确保国家粮食安全，即生产能力安全。

（2）建立重要农产品价格稳定机制。我国重要农产品主要有以下三种。一是关系国家粮食安全、作为口粮直接消费的农产品，包括小麦、水稻等粮食品种。二是对市场供给和稳定有重要影响的农产品，如玉米和猪肉等农产品。三是部分进口敏感性高的农产品，如大豆和菜籽油等。2016年我国大豆产量只有1200万吨，而进口量接近8400万吨，是国内产量的7倍；油菜籽、棉花进口量分别占国内产量的1/4，对国内生产影响明显。保持这些农产品市场与价格的基本稳定，对管理好通胀预期、促进经济长期稳定增长和社会稳定意义深远。应加快建立重要农产品价格稳定带机制，其作用机制如图9-4所示。当市场价低于政府最低保证价时，政策执行机构须按最低保证价收购农产品；当市场价高于最高干预价时，政策执行机构须将农产品储备投放市场，增加供给平抑价格；当市场价处于价格稳定带内时，政府不采取干预措施，由市场自发调节价格。在农产品储备不足时，可通过紧急进口等措施增加市场供给，把价格控制在稳定带以内（程国强，2011a）。该机制建立的基本要点是：第一，统筹考虑消费者和农业经营者的承受能力及农产品成本、收益等因素，合理确定农产品最低保证价与最高干预价，与市场调节机制相结合，保持政策稳定。第二，建议以国家发改委价格监测中心、农业农村部全国农产品批发市场价格、中储粮总公司原粮收购价格等信息为基础，建立重要农产品价格预警监测信息系统。当价格接近最低收购价或最高干预价的某一区间，立即发布价格预警，向市场主体释放价格干预信号，引导市场价格自主回调。如果价格超出价格稳定带，就启动价格干预措施，通过市场购销操作，调节农产品市场流通量，引导价格回归至价格稳定带。第三，建立统一的政策执行主体，执行最低保证价收购和价格平抑调控政策。第四，借鉴粮食专项储备和临时收购储备经验，建立重要农产品合理储备量的调控储备，稳定市场。建议调控储备采取市场化方式收购重要农产品，即在价格稳定带内，政策执行主体按启动前若干天（如7~10天）市场平均价格挂牌收购，完成储备计划立即退出，收购程序可参照目前最低收购价执行预案相关规定；保管费用补贴、贷款利息补贴由中央财政承担。当市场价高位运行，可设立最高收购限价。当市场价超过此价格时，暂停收购储备，待市场价回调至最高限价以下再行收购。第五，加强按市场价挂牌收购的监管。实行市场平均价挂牌收购，随时间进行周期滚动调整价格，收购进度在一个周期执行后立即上报监管机构。

（3）构建农产品市场调控的工具体系。维护农产品市场波动可控，可采取四个基本工具[①]。①储备调控。政府采取临时收储措施，提高收储吞吐能力，当农产品价格上升到价格稳定带区间外时，向市场投放储备农产品；当市场价下降到价格稳定带区间外时，就采取政府临时购买收储，从而保护农产品价格稳定。②国际资源调控。明确国内生产和进口的优先序，对不涉及重要粮食作物安全范围的农产品，可采取进口的方式满足国内需求，以减轻国内耕地不足的压力，但不宜对进口形成过度依赖。③实行"价补分离"，把过去含在价格中保收入的功能（即最低收购保护价政策）分离出来，由补贴制度分担，让农产品价格由供求关系决定，充分发挥价格对供求关系的调节作用。基本设想是采取目标价格制度，即国家设定一个接近市场价格的目标价格，并监测市场价格，当市场价低于目标价时，就用财政补贴把两者的差价直接补给农业生产者；当农产品价格过高时，国家补贴就给城里的困难群体，确保他们的基本生活不受影响。目前新疆的棉花和东北的大豆已实行了目标价格改革试点，建议新疆棉花目标价格改革由试点状态转向

---

① 2004年《国务院关于进一步深化粮食流通体制改革的意见》（国发〔2014〕17号），标志中国农产品价格购销两头全面放开，同时形成了一套新的农产品市场调控体系。这其中有三个支柱：第一，取消了保护价收购，放开市场，必要时实行最低收购价和临时收储政策；第二，取消农业税后，对农业生产者实行"四补贴"（杜鹰，2017）。

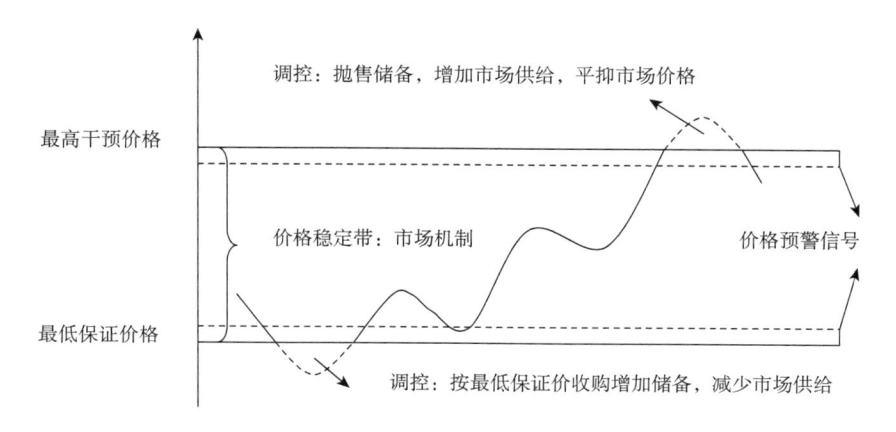

图 9-4　重要农产品价格稳定带及调控机制

正式推行，推进长江中下游等主产区油菜籽差价补贴试点，将目标价格改为三年一定，完善补贴方式，将补贴与某固定产量挂钩，与当年产量挂钩的政策实现半脱钩，这样可以纳入"蓝箱"政策①；东北大豆具有天然的高蛋白质含量，主要用作食品，建议控制好进口大豆的用途，不允许进口大豆转做食品②，以稳住国产大豆市场；目前小麦、稻谷和玉米均面临价格过高、仓储过大、负担过重的压力，由于小麦和稻谷是重要的口粮品种，建议采取价格支持和补贴政策相结合的办法稳定产量，提高品质。对于玉米积压最严重，应采取市场化收购加补贴的办法，取消临时收储政策，对东北的大豆和玉米实行统一的补贴，直接从"黄箱"转为"蓝箱"，不与目标价格挂钩。④对不同农产品实行"有保有放"。明确哪些领域由中央政府调控，哪些领域由地方政府调控，哪些可以直接放给市场，这样可以使整个调控体系更加精准和有效。

9.8　建立财政金融服务创新与新型农业经营体系构建协同法律保障机制

要加强财政金融服务创新与新型农业经营体系构建的协同，必须加快相关法

---

① 目前的补贴方式仍属于 WTO "黄箱"政策，有 8.5%允许量的限制。
② 据海关总署统计，2016 年我国累计进口大豆 8391 万吨，较 2015 年增加 222 万吨，增幅为 2.7%，连续五年创下历史最高纪录，对国际市场的依存度高达 70%以上，国内大豆产业受到了严重冲击（谢晶晶，2017）。

律制度创新，建立与之相适应的法制保障机制。

9.8.1　构建财政服务新型农业经营体系的法律保障

财政服务新型农业经营体系，核心是要确保有稳定的财政投入增长机制，并提高财政服务效率和效益。为此，可以从三个方面展开法律制度创新：一是修订《中华人民共和国农业法》，细化稳定增加农业财政投入的法律条款，与《中华人民共和国预算法》相关条款保持一致，减少财政支持新型农业经营体系的随意性，强化各级政府保障现代农业投入增长的法律责任；二是研究确保现代农业投入稳定增长的法律实施细则，明确中央和地方政府的责任、投入重点、方式、受益对象，规定各级政府的权利与义务，细化财政支持不到位的处置办法；三是加大农业财政投入的执法监督问责。中央和地方各级政府涉农部门应依法履行监督职责，探索人大监督和审定各级财政支农投入及使用效率，对违法情况严格追责。

9.8.2　加强金融服务新型农业经营体系的法律制度创新

（1）推进农地使用与经营权抵押的法律制度创新。首先，加快修订《中华人民共和国土地管理法》，赋予农村集体所有权人对农村长期荒芜的土地依法回收并统一向新型农业经营主体流转土地的权利；统一修订《中华人民共和国担保法》《中华人民共和国物权法》《中华人民共和国土地管理法》《中华人民共和国农村集体土地承包法》中与农村土地承包经营权相冲突的有关法律条例，从各部法律上统一赋予农地经营权享有的抵押融资功能。其次，通过法律规范赋予集体土地所有权人必要的处分权能，实现村委会与集体经济组织的职能分立，将村委会定性为协助乡镇政府监督集体资产运营的村民自治组织，强化村集体作为集体土地所有权人的法律地位，并将集体经济组织定位为自主经营、自负盈亏、自担风险的独立法人。最后，完善农地用途严格管制的法律保障条款，使特定条件下村集体所有权人对土地承包权、经营权的调整和收回有法可依。

（2）加快农村宅基地和房屋抵押交易的法律制度创新。第一，审慎推进农村住宅流转市场化，加强农村住宅流转过程中的行政监督。建议适当放宽农民住宅转让范围，允许农民为了个人发展的需要自主租卖自有房屋，房屋租买者既可以是本村集体经济组织成员，也可以是其他农村集体经济组织成员，或城镇居民租用，逐步把农房推向租赁市场。在宅基地市场建立初期，为了保障农民权利，应严加监管，规范操作流程，避免因房屋转让、抵押登记引起的行政复议或行政诉讼发生。第二，为了提高宅基地资源利用效率，国家可参考城市国有土地使用管理有关经验，适时建立农村宅基地强制回收制度。宅基地使用权人须在规定期限内按照用途开发使用已取得的宅基地，如果不按规定使用，或宅基地闲置超过一定期限，宅基地使用权人需按规定向村集体所有权人缴纳一定数额的闲置费；如果连续超过一定期限，村集体所有权人有权无偿收回宅基地。第三，加快农村住房地方法规建设，明确用于农房抵押的宅基地应变更为农村集体建设用地的条件和流程，使宅基地可抵押。

9.8.3 建立促进现代农业长期投资保护的法律制度

要解决新型农业经营主体农业投资短期化问题，需要做好顶层制度设计，将农业投资准入门槛、农业投资规程、农业投资资产产权认定、产权流转处置与产权保护等规定清楚。为此，可以借鉴发达国家对农业投资保护的做法，加快研究制定《现代农业投资促进法》。在这部法律中，至少需要界定清楚三个主要内容：第一，明确现代农业投资资产权属认定标准。现代农业投资资产所有者应在该地区长期固定生产、生活（时间一般为1年以上），形成事实上的与该农业资产的权利义务关系，并结合依法登记的当地户口来认定。在此基础上，对一些特殊问题，也可尊重乡（镇街）、村集体的自主权。第二，确立农业投资规程及投资资产处置变现的法律流程。无论是现代农业投资还是新型农业经营主体农业投资资产的处置变现都要遵循法律流程，坚持农业投资质量和效率兼顾的原则。第三，通过产权界定，产权制度保护有效保护土地经营权及其农业投资资产的权益，从制度上突破现代农业资产抵押融资的限制。

9.9 本章小结

本章主要研究了财政金融服务创新与新型农业经营体系构建的协同机制，主要包括供求、价格、竞争、信息、激励、约束、调控和法律保障八大机制。主要研究结果如下。

（1）建立财政金融服务创新与新型农业经营体系构建协同的供求机制。需求端要培育规模化经营主体，提升新型农业经营主体经营管理能力和收益预期，培育有效金融需求，强化新型农业经营体系金融知识教育；供给端要向新型农业经营体系加强财政政策宣传，改进资金申报审批服务，积极开展金融服务创新与供给，加强金融支农产品与服务宣传，积极推广现代农业资产抵押担保融资服务。通过提供农业一站式服务窗口、搭建金融供需主体定期见面平台，实现供需双方有效对接。

（2）建立财政金融服务创新与新型农业经营体系构建协同的价格机制。根据农业功能区域、农业经营规模差异性、资助对象公益性大小、农产品稀缺性和经营风险性等合理制定财政服务标准；根据农业经营公益性大小和风险特征确定贷款利率水平和利率分担格局；根据农业经营风险大小和反担保物处置风险确定担保费率及财政补偿比例；根据农业经营风险大小确定农业保险费率及财政补偿比例；根据新型农业经营体系盈利能力动态调整财政金融服务标准。

（3）建立财政金融服务创新与新型农业经营体系构建协同的竞争机制。处理好中央与地方财政服务于新型农业经营体系构建的协同关系，厘清中央与地方财政的事权和支出责任，在此基础上，建立地方财政配套支农资金到位奖赏机制，加强同级政府各涉农部门协调，促进财政支农分工协作；建立富有竞争性的服务于新型农业经营体系构建的直接金融与间接金融服务体系。

（4）建立财政金融服务创新与新型农业经营体系构建协同的信息机制。要促进财政金融服务更好地支持新型农业经营体系构建，需要加强新型农业经营体系的信息数据库建设，促进新型农业经营体系财务核算、财务报表、财务信息披露的规范化、标准化，加快建立新型农业经营体系的征信系统，加强新型农业经营体系财政金融服务政策及申报规程宣传，切实解决好财政金融服务主体与新型农业经营体系之间的信息不对称问题。

（5）建立财政金融服务创新与新型农业经营体系构建协同的激励机制。建立财政金融服务绩效奖励机制，构建科学的绩效评价体系与管理机制，对绩效考核优秀的地方政府和金融机构进行以奖代补，健全粮食主产区利益补偿机制，加快建立现代农业生态补偿机制。建立财政金融服务新型农业经营体系构建的风险分担机制；建立普通农户分享农业现代化收益的财政导向机制，推进三次产业融合发展和财政支持新型农业经营体系的股权化改革。

（6）建立财政金融服务创新与新型农业经营体系构建协同的约束机制。构建财政服务的审计与巡视约束机制，制定清晰的财务服务责任与目标清单，加强对财政服务供给端的政策执行审计、巡视与问责，加强对财政服务需求端资金使用绩效考核与追偿约束，积极引入社会监督机制；完善金融服务新型农业经营体系构建的约束考核监督机制，加强对新型农业经营主体金融资金使用的监督；建立基于全程监管的新型农业经营体系农产品质量安全追溯体系。

（7）建立财政金融服务创新与新型农业经营体系构建协同的调控机制。完善特色农业产业政策,优化农业产业结构和新型农业经营体系结构,重点支持重要农产品生产的新型农业经营主体;健全土地"三权分置"改革有效落地的执行机制,构建合理的土地流转价格形成机制,探索激励相容的土地流转方式和现代农业设施用地管理机制;建立现代农业资产权属认定与颁证机制、健全农村产权资产交易与抵押服务体制机制;明确农产品供求总量基本平衡、市场波动可控、保护农业经营者利益、促进农业发展和国家粮食安全,采取储备调控、国际调控、价补分离、有保有放等调控手段。

（8）建立财政金融服务创新与新型农业经营体系构建协同的法律保障机制。修改确保现代农业财政投入稳定增长的《中华人民共和国农业法》和促进现代农业资产抵押融资的《中华人民共和国土地管理法》《中华人民共和国担保法》《中华人民共和国物权法》等;颁布实施促进现代农业投资得到有效保护的《现代农业投资促进法》等。

第10章 财政金融服务创新与新型农业经营体系构建的协同模式选择

要有效利用财政金融服务创新促进新型农业经营体系构建，不仅需要掌握财政金融服务与新型农业经营体系构建的现状及趋势，实证考察财政金融服务与新型农业经营体系构建的协同度、不协同的原因和影响，提出新型农业经营体系构建的财政金融服务创新构想，更需要进一步提出财政金融服务创新与新型农业经营体系构建的协同机制与模式。因此，本章将从现代农业基础设施建设领域、现代农业生产发展与服务领域、现代农业品牌建设与市场流通领域、现代农业风险管理领域四个方面入手，分析财政金融服务创新与新型农业经营体系构建的协同模式，以便为相关决策部门进行模式选择提供重要的决策参考。

10.1 基于现代农业基础设施建设领域的协同模式选择

在新型农业经营体系中，无论哪种子体系，都存在与之相适应的现代农业基础设施建设要求，现代农业基础设施为其生产经营或服务等提供公共生产经营条件。如果没有这些必要的现代农业基础设施，新型农业经营体系的构建就无从谈起。现代农业基础设施可以分为纯公益性质、准公益性质和私益性三种类型。因此，在现代农业基础设施建设领域方面，可以通过以下几种方式为新型农业经营体系构建设置相应的财政金融服务创新模式。

10.1.1 纯公益性现代农业基础设施建设模式：财政主导

从分类来看，纯公益性现代农业基础设施主要包括跨区域大型农田水利、农村交通设施等生产性农业基础设施，天然林资源保护、退耕还林、种苗工程项目建设、农业防灾减灾系统、农业气象系统等农村生态环境基础设施，农业市场和农产品信息化系统、农业技术研发推广系统、新型农业经营主体征信系统等农业服务基础设施建设。这些纯公益性质的基础设施要么是关系新型农业经营主体发展的直接投资，要么是对新型农业经营主体发展具有不同程度保障作用的外部条件，具有广泛的经济效益、社会效益和生态环境效益。纯公益性质的现代农业基础设施具有很强的正外部性，私人无力投资，中央和地方政府财政投资是最有效的解决之道。

首先，针对跨区域大型农田水利、农村交通道路等生产性农业基础设施建设和农村文化基础设施等社会发展基础设施建设，应当由财政全资建设，并按受益区域覆盖面大小来确定中央与地方财政的分担比例。例如，中央财政应全额出资建设跨省区市和全国粮食主产区的现代农业基础设施；地方财政应在中央财政一定的补助支持下，为新型农业经营主体集中的地区出资修建大型水库，扩建和改造农村道路、农田水利和机耕道，建设农贸市场平台系统、农业信息化系统、农业支付结算系统等，为新型农业经营主体打通人流、物流（路通）、信息流（网通）、价值流（金融流动办公）的通道，从而为新型农业经营主体的生产、流通和销售提供基础保障。

其次，现代农业生态环境基础设施建设的正外部性非常强，只能由中央财政和地方财政共同出资建设。例如，可采取由财政出资购买绿肥植物、农业生态修复生产资料等并免费发放给新型农业经营主体，鼓励新型农业经营主体进行适当的休耕、轮作和土壤肥力培育，并按照农业生态涵养成效给予一定奖励，这既有助于稳定新型农业经营主体的经营收入，又可以加强现代农业生态环境保护，一举两得；在一些泥石流、滑坡、洪灾、旱灾、病虫害等频发的地区，由地方政府财政投资一些地域性的地质工程，由上级财政和地方财政共同出资建立防灾减灾预警系统，建立气象预报系统。

最后，针对农产品信息化系统、新型农业经营主体征信系统等现代农业服务基础设施建设，由中央财政投资设立专项基金，组织农业理论与实践专家成立专家委员会，商讨并制定农产品信息化系统和征信系统建设的主要内容和基本目标，然后利用专项基金招标相关项目，由各类科研部门、技术服务部门、中国人民银行等共同建立全国统一的农产品信息化系统和新型农业经营主体征信系统，系统由农业部门和中国人民银行负责运营、管理和维护，全国所有的新型农业经营主体、消费者、生产资料供应商、金融机构等都可以随时免费查询现代农业信息化系统上公开的信息，新型农业经营体系的征信系统可以参照工商企业征信系统运行模式实行有偿使用服务。

总之，纯公益性质的现代农业基础设施，既有跨省区市的，也有省域内跨地区的，还有限定在一个小区域内部的，层次和种类较多，需要根据受益覆盖面首先明确中央和地方财政的事权和支出责任权，其次确定是由中央财政全额出资建设、地方财政全额出资建设还是由中央与地方按比例出资共建的现代农业基础设施建设运营模式（图10-1）。模式一：对于全国跨省区市和粮食主产区的纯公益性现代农业基础设施，应该由中央财政全额出资；模式二：对于县域乡域内和粮食主销区的纯公益性现代农业基础设施，应该由地方财政全额出资建设；模式三：对于省域内跨地区和产销平衡区纯公益性现代农业基础设施，应该由中央与地方财政按一定的比例如五五分等共同出资建设，以满足新型农业经营体系对纯公益性现代农业基础设施的需求。

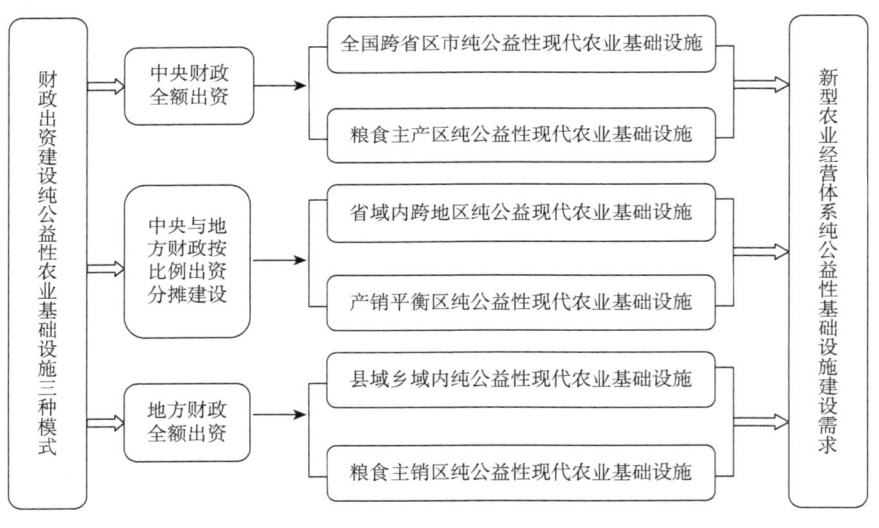

图10-1　财政投资主导纯公益性现代农业基础设施建设的三种模式

10.1.2　准公益性现代农业基础设施建设模式：财政与政策性金融或社会资本联合主导

准公益性现代农业基础设施，既有显著的经济效益，还有一定的社会效益和生态效益等正外部性，既可以发挥财政的作用，也可以吸引市场主体投资，因而应建立财政与社会资本联合主导准公益性现代农业基础设施建设模式。具体有以下两种模式。

1. "财政+政策性金融资本"主导准公益性现代农业基础设施模式

在现代农业基础设施领域内，农村电力、饮水安全、农村燃气、新型能源等农业经营主体生产生活基础设施，保鲜、冷链、仓储、烘干、技术服务等现代农业服务系统，农村通信及互联网等现代农业信息化系统，农村物流、农产品批发、零售与电子商务等现代农业营销系统，都具有一定的准公益性特征。这类基础设施建设具有投资规模大、社会需求量大、覆盖面广、受益群体多、更新换代快等特点，属于收费性基础设施。如果全部由财政投资建设，势必会加大中央与地方财政困难，甚至可能导致地方政府债务风险。针对这类现代农业基础设施，可以采用财政投资与政策性金融协同建设模式，由地方财政和政策性金融机构共同出资建设，中央财政可以进行适当比例的补助，最后由受益农业经营者付费使用，利用所收取的费用来收回财政投资和政策性金融贷款的建设成本，并实现保本微利的目标。

这种模式的运行机制如图10-2所示。第一，针对农村电力、饮水安全、农村沼气、农村天然气和太阳能等生产生活型基础设施建设，以地方政府为主导，职能部门和政策性金融参与的形式出资建设，新型农业主体付费使用。例如，针对农业用电用水等问题，可以由政府联合电力部门、水务部门共同出资建设，加快农村地区特别是偏远农村地区电力改造、自来水工程建设，实现村村通电、村村通水；针对农村沼气建设、太阳能等，可以由政府主导并委托能源部门进行投资建设。第二，可以由地方政府及其农委与农业龙头企业、农民专业合作社等共同出资，建设功能强大、设备齐全的乡镇农业综合服务站和村级服务点，建成县级、镇级、村级三级统一的新型农业服务社会化服务网；农村信息港、信息塔、信息台、通信网络线缆、计算机软硬件等农业信息化服务系统可以由地方政府和电信、移动、联通等通信部门及大型计算机服务商等共同出资建设。在这些生产生活性基础设施建设和收费性服务设施建设过程中，首先职能部门和开发企业向政策性金融机构申请政策性项目贷款，其次政策性金融机构对项目进行审核并同意进行政策性授信放贷，地方财政部门除了进行前期投资以外还需要为职能部门申请政策性贷款提供担保。再次，职能部门和开发企业获得政策性贷款以后，将信贷资金投入到这些收费性现代农业基础设施建设中。最后，现代农业基础设施建设完成后，采用租、售等收费机制向使用的新型农业经营主体合理收费，以此作为政策性金融还款保障并维持开发企业的运行与发展。

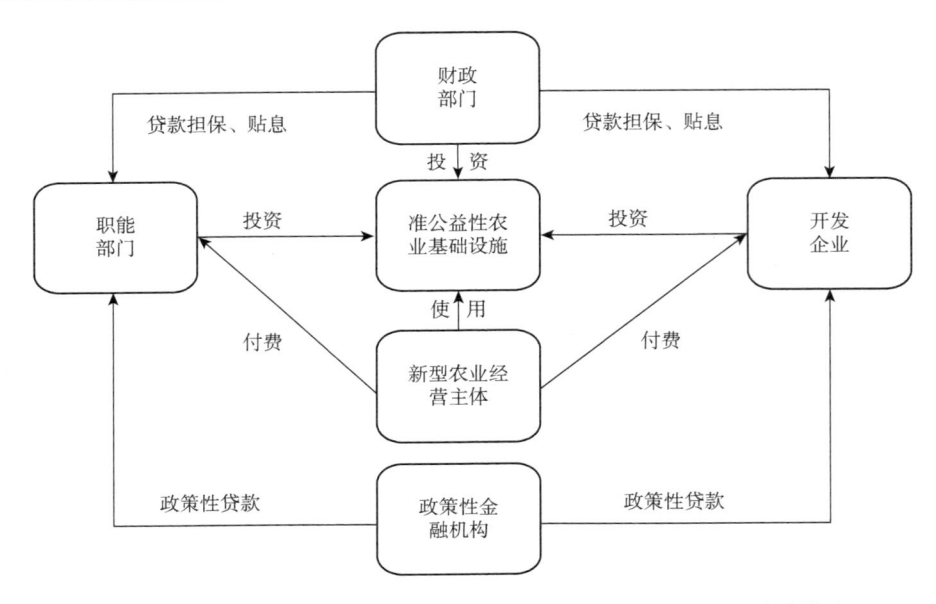

图 10-2　财政与政策性金融主导的准公益性现代农业基础设施建设模式

2. PPP 融资模式主导下的准公益性现代农业基础设施建设模式

在现代农业基础设施建设领域中，有些基础设施如大型农产品批发市场、零售市场摊位等基础设施建设不仅具有准公益属性，而且具有服务对象地域限制、投资规模巨大、投资回报期长等特征。农产品批发市场是以各类农产品及其加工品为交易对象，为买卖双方提供长期、固定、公开的批发交易实施设备，并具备商品集散、信息公示、支付结算、价格形成等服务功能的交易场所。参照公共产品的竞争性和排他性两个基本特征，尽管农产品批发市场具有私人产品属性，但由于其具有较大的正外部性，能够满足社会公共利益，还承担政府农产品价格调控等公益性服务职能，因而是一种准公益性产品（张德勇，2014）。农产品零售市场摊位既是农产品销售商（商贩）从事农产品零售赚取利润的主要场所，具有一定的私营私益性质，同时是社会公众购买农产品的主要场所，是政府重要的农产品市场监测点，是政府规范城乡建设的重要保障，具有较强的社会效应。

因而，诸如大型农产品批发市场、农产品零售市场摊位等同时具备经济效益和社会效益的准公益性基础设施建设，其较强的公益性和金融的"逐利性"使金融服务的作用大打折扣，但其投资规模大，仅靠财政服务的支持又远远不够。因此，由财政资金和社会资本（通常指私人资本或民间资本）共同投资的 PPP 模式是准公益性现代农业基础设施建设的最有效途径。农业 PPP 融资模式的运行机制是：由农业主管部门确定农业 PPP 投资项目，制订农业 PPP 投资项目的年度和中期开发计划，然后通过招标方式引入社会资本，社会资本与农业部门或其授权机构签订 PPP 合作协议，独自承担或合作共建新的农业项目，由社会资本组建的公司承担 PPP 建设项目的设计、建设、运营和维护的大部分工作，通过新型农业经营主体使用付费和必要的政府投资获得合理的投资回报，同时农业主管部门负责做好现代农业公共产品和服务的价格及质量监督。

下面以农产品批发和零售市场建设为例，说明 PPP 融资模式主导下的准公益性现代农业基础设施建设模式，如图 10-3 所示。

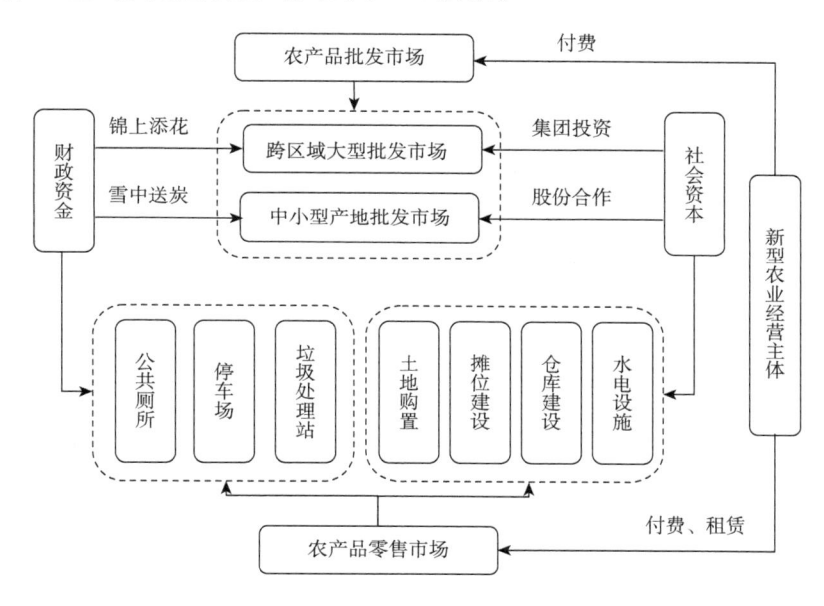

图 10-3　准公益性现代农业基础设施的 PPP 融资建设模式

首先，改变以往专项资金无偿分配方式，将财政资金与社会资本相结合，可采取依托国有资本投资组建农产品流通运营公司、设立农产品流通产业发展基金、公私合营建设农产品批发市场等多样化支持模式，或是由政府出具准公益性农产品批发市场目录并公开招标，设计具有一定激励作用的"以奖代补"资金补贴形式。以农产品批发市场的建设为例，可以先由财政（以借款的形式拨付给申请者）和社会资本共同出资，由社会资本自主建设农产品批发市场，对满足政府所制定的各类标准的农产品批发市场经营者，可将前期财政借款转化为后期资金补贴。此外，政府应对具有准公益性质的农产品批发市场实施分类扶持模式。对于自身规模较大、辐射面较广、带动力较强的全国性和跨区域大型农产品批发市场，由社会资本通过集团投资建设，中央和地方财政资金支持的重点应放在食品质量安全控制、农产品信息收集和发布等公益功能提升方面，实现"锦上添花"的政策效果；对于中小型农产品批发市场，特别是规模以下产地农产品批发市场，由社会资本通过股份合作建设，财政服务在扶持目标对象的选择上应一视同仁，重点放在通过专项资金平等支持中小型农产品批发市场的冷库、检测检验中心、交易结算中心、安全监控中心、废弃物及污水处理中心、物流配送中心等各类基础设施建设上，以充分发挥财政服务"雪中送炭"的政策作用。

其次，政府牵头规划和征地建设统一的农产品零售贸易市场(简称农贸市场)。目前，由于农贸市场建设不完善，农业经营者或小商贩以街为市，摆地摊占道经营现象严重，农村"有场无市"和"有市无场"现象并存。因此，地方政府应将农贸市场建设列入城乡建设规划中并予以高度重视。根据城乡建设总体规划和地形地貌特征，合理布局农贸市场在城市和乡村中的地理位置及相互间的距离，确定好建设方案以后公开招标，由以社会资本为主、政府财政资金为辅的投资方式建设城乡农贸市场，社会资本主要用于土地购置及农贸市场摊位建设、农产品仓库建设、水电设施等具有一定私益性质的基础设施建设，而政府资金主要用于农贸市场公共厕所、公共停车场、垃圾处理站等公共基础设施建设。农贸市场建设完成以后，在政府监管和指导条件下由社会投资者自主经营、自负盈亏。本地新型农业经营主体可以持相关的资格证书优先申购或租赁市场摊位，并由政府给予少量的资金补贴和税收优惠。

10.1.3 私益性现代农业基础设施建设模式：财政诱导下私人与商业金融资本配合

有些现代农业基础设施如温室大棚、农田改造、滴灌系统、办公用房、农业设施用房、农业大型专用设施、农业机器设备等，需要计入新型农业经营主体固定资产账户中，因此属于私益性现代农业基础设施投资。针对这类农业基础设施投资，应按照"谁受益、谁投资"的基本原则，采用财政诱导下私人资本和金融资本相结合的方式，由新型农业经营主体自行投融资建设，财政补贴只发挥引诱作用。

图10-4显示了这种模式的运行过程。尽管私益性农业基础设施本应由农业经营者自己承担投资责任，但在新型农业经营体系构建阶段，面临投资金额大、投资回收期长、投资风险高等因素，会影响经营者农业投资的积极性，因而为了激励新型农业经营主体投资农业，政府仍有必要采取适当比例的引导性补贴予以支持，以减轻投资风险。在财政引导下，新型农业经营者需要自主决定农业基础设施投资事项。新型农业经营主体包括专业大户、家庭农场、农民专业合作社、农业龙头企业等多种类型，不同类型、不同规模的新型农业经营主体的资本实力存在显著差异。因此，不同的新型农业经营主体应充分衡量自己的资金实力，合理

确定生产经营规模，科学预算农业基础建设投资和估计项目收益。在建设私益性的农业基础设施中，对于温室大棚、标准农田改造、滴灌系统、办公厂房等投资金额较大，使用频率高、投资回收期限长的农业基础设施建设，应尽可能采用自有资本来投资建设。当然，这类农业基础设施建设投资难免会导致新型农业经营主体出现资金短期周转不畅或投资预算不足等情况，新型农业经营主体可以充分利用自身的社会资源，向亲朋好友进行小额借款，也可以向当地村镇银行、农业银行、农村商业银行、小贷公司等金融机构申请资产抵押贷款、信用担保贷款、机构联合贷款、联保贷款、财政贴息贷款等多种新型支农贷款。针对一些投资大、使用频率少的农业大型专用设施、农业机械设备等基础设施建设，若独自购买难免会影响新型农业经营主体的资金周转，因此可实行按份共有的形式联合其他经营主体共同出资购买，或是直接在农业资产租赁市场进行短期租用。

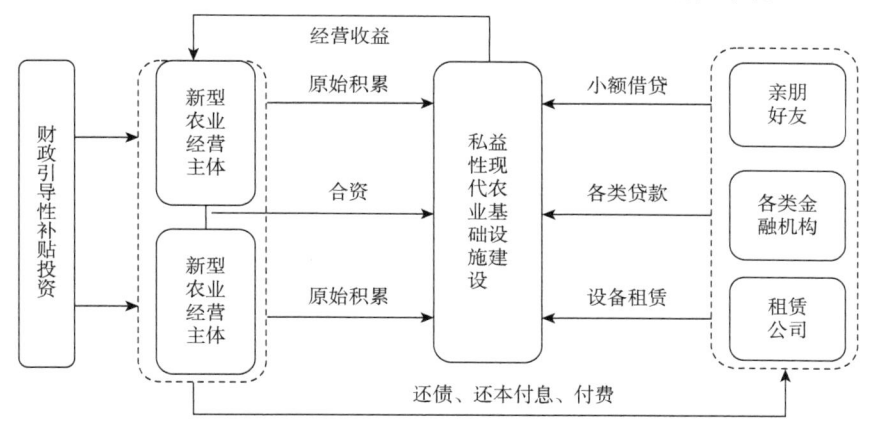

图 10-4　财政引导下私人与商业金融资本配合的私益性农业基础设施建设模式

10.2　现代农业生产发展与服务领域的协同模式选择

从经营性质来看，新型农业经营主体主要分为三类：一是基础农业生产主体和公益性服务主体；二是经济效益型农业生产主体和经营性服务主体；三是集生产、流通、加工、销售等于一体跨界经营的现代农业产业联合经营体。这三类主体的生产目的、方式、规模等各不相同，因此财政金融服务创新支持三类主体发展的模式也应各不相同。本节将分别对应这三类新型农业经营主体发展的模式，从基础农业生产与服务领域、特色效益农业生产与服务领域、现代农业产业联合经营体领域研究财政金融服务协同支持模式。

10.2.1 基础农业生产与服务领域：财政与政策性金融联合支持模式

针对水稻、小麦、玉米等大宗粮食作物和生猪等大宗牲畜饲养这类基础农业的生产经营主体，他们开展生产经营活动，除了作为理性经济人要追求利润最大化目标外，还要完成政府政策引导下社会特定的战略发展目标，如保障国家粮食安全、食品安全、肉类安全等。同样，农业气象、农业信息与农业技术服务等公益性农业社会化服务主体[①]，往往也承担了由市场机制主导的部分自营性服务，存在融资需求。显然，对于基础农业生产经营的新型农业经营主体，由于"谷贱伤农"现象突出，自然与市场双重风险的影响巨大，市场机制主导下的农业收益率低，如果没有政府财政的生产性补贴和政策性金融优惠信贷的大力支持，这类新型农业经营主体往往入不敷出、难以为继，但他们的存在和发展对现代农业发展、保护国家粮食安全、维护社会稳定、优化农业生态环境等都具有重要的战略意义。而对于从事部分经营性质的公益性农业社会化服务主体，他们本身被覆盖在政府财政支持下，对于具有私益性质的农业社会化服务项目，则需要自求收支平衡，即使有一定的财政补贴，也需要政策性信贷资本给予支持，以弥补较大的营运资金缺口。有鉴于此，在促进这类新型农业经营主体的生产经营与服务发展中，生产性财政补贴与政策性金融联合支持的扶持模式，如图10-5所示。

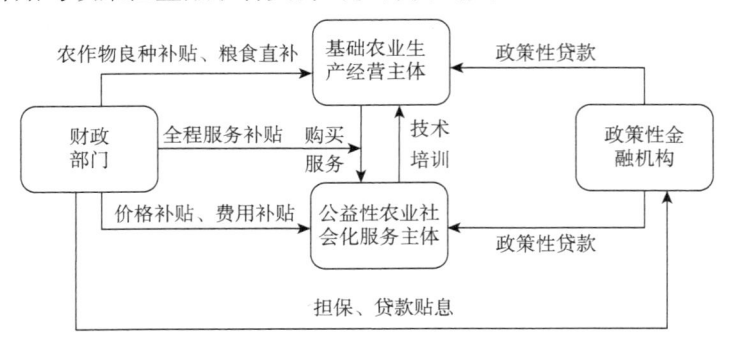

图10-5 财政与政策性金融联合支持基础农业生产与服务模式

[①] 当然公益性质的农业社会化服务主体利润最大化目标并不明显，因为承担了政府赋予的社会责任而常常被政府列为事业单位，其营运资金基本由政府财政承担，并纳入财政支农年度预算。

首先，针对种粮专业大户等基础农业生产经营主体，财政部门应永久给予农业生产资料（化肥、农膜、农药、种子等）、农业生产机器设备（喷雾器、脱粒机、小型收割机、烘干机、小型耕地机、镰刀锄头等）直接补贴，降低其经营成本；同时，对一些专门种植小麦、水稻等重要粮食作物的专业农户，应利用财政资金给予每年递增的粮食直补，提高专业种植大户种粮积极性进而维护国家粮食安全。中央和地方财政部门应发挥市场调控和政策引导作用，对于一些产能过剩严重行业的农业生产资料，由政府投资购买并免费发放或低价转销给新型农业经营主体，在减少新型农业经营主体生产成本的同时，提高新型农业经营主体对该类生产资料的需求量，既促进新型农业经营主体发展，又有效化解区域产能过剩。对于其他类农业生产资料，可以利用财政补贴为新型农业经营主体提供资金补贴，让他们在市场机制作用下选择购买所需生产资料。

其次，基础农业的生产经营主体向农业社会化服务主体购买技术、烘干等服务的，国家财政应对其农业社会化服务购买进行持久补贴；财政应对公益性农业社会化服务主体的经营性服务项目给予价格补贴，鼓励公益性农业社会化服务主体以低廉的价格向基础农业生产经营主体提供农业社会化服务。

再次，政府应根据现代农业发展的新需要，牵头组建新的公益性农业服务团队，团队成员主要是来自农林院校的志愿者、农业科研机构的专家、农业生产前线的"能人"，利用财政资金支持这些公益性农业社会化服务主体开办免费的农业技术培训班或让农业专家下乡下田手把手指导，支持从事基础性农业的新型农业经营主体主动参与农业理论和技术学习，并提供适量的务工补助，以提高这类新型农业经营主体的种粮技能和获利能力。

最后，在政府相关的政策指引下，由地方财政提供担保和贷款贴息，政策性金融机构对基础农业生产经营主体和公益性农业服务主体提供政策性短期或中期优惠利率信用贷款，以支持两类经营主体的持续健康发展。

10.2.2 特色效益农业生产与服务领域：财政与商业性金融联合支持模式

与基础农业生产经营主体和公益性农业社会化服务主体不同，效益农业的生产经营主体和经营性农业社会化服务主体都是通过向市场提供高品质的农产品和服务，以市场价格和收费机制实现其利润最大化目标。这类农业生产主体和服务主体的市场化特征较强，在市场信息搜集、市场竞争、社会网络资本等方面都要优于基础农业生产经营主体和公益性农业社会化服务主体。因此，根据效益农业生产经营主体和经营性农业社会化服务主体的市场定位及经营性质，财政金融服务创新支持其发展应该采用"财政适当补贴+商业信贷+担保抵押"的市场化模式，如图10-6所示。

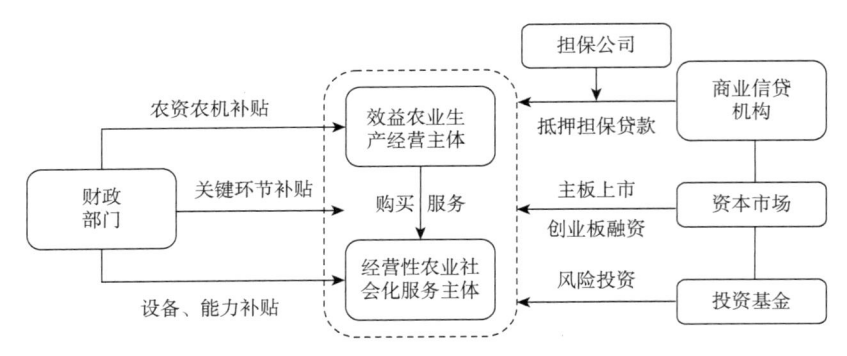

图10-6　财政与商业性金融联合支持效益农业生产与服务模式

首先，鉴于农业天生的弱质性及效益农业经营体系构建阶段仍存在较大的创业风险，财政部门应当给予效益农业经营主体一定的农业生产资料综合补贴、农业生产关键环节的农业社会化服务购买补贴。效益农业经营的产品具有稀有性、自然垄断性、高收入弹性、市场价格高等特征，能使经营主体在市场机制下自动实现收支平衡并有较高盈利水平，故财政对效益农业经营主体社会化服务购买补贴不宜采用农业生产全程补贴模式，而是应该采取关键环节社会化服务购买补贴，且补贴比例不宜超过40%，补贴时间应锁定在效益农业经营主体构建阶段，一旦他们能自我良性发展，财政对关键环节的农业社会化服务购买补贴就应当立即退出。对于经营性农业服务主体的培育，由于构建阶段尚未具有独立的造血能力，也需要财政为其提供服务设备购买和服务综合能力提升补贴。

其次，效益农业生产经营主体和经营性农业社会化服务主体采用市场化方式运营，追求利润最大化是其主要目标，在构建阶段也有较高的收益可以获取，因此当其出现资金短缺或临时性周转不畅时，应该由商业银行、小额贷款公司、资金互助社等银行类金融机构为其提供短期信用贷款、抵押贷款、质押贷款。针对无不良信用记录、社会信誉好的效益农业生产经营主体和经营性农业社会化服务主体，商业银行等金融机构可以为其提供短期信用贷款或者是抵押贷款（厂房抵押贷款、机器设备抵押贷款、产成品抵押贷款等）、质押贷款（应收账单质押贷款、订单质押贷款、农产品品牌贷款、保单质押贷款等）；针对一些贷款申请金额巨大的朝阳企业，可以向担保公司申请贷款担保，然后向银行类金融机构申请担保贷款，也可以由多个金融机构联合贷款或多个担保公司联合担保。当然，一些生产经营规模小，市场份额小的效益农业生产主体和经营性农业服务主体，还可以通过区域内新型农业经营主体联保互助的方式申请联保贷款。此外，有条件的效益农业经营主体和经营性农业社会化服务主体，可以争取在资本市场（主板市场、创业板市场）直接融资，或争获得农业产业投资基金、风险投资基金的支持，通过股权融资分散创业风险，实现跨越式发展。

10.2.3 现代农业产业联合经营体领域：财政与农业供应链金融联合支持模式

无论是基础农业生产经营主体和公益性农业社会化服务主体，还是效益农业生产经营主体和经营性农业社会化服务主体，他们都更多的偏向于"单打独斗"经营的状态。随着市场竞争的日益激烈和现代农业的不断发展，"团体作战""产业融合"的农业产业联合经营主体不断发展壮大，并日益成为新型农业经营主体的新兴力量。现代农业产业联合经营主体不仅仅是组织规模的扩大，其经营范围也不断向上下游延伸，将农产品的生产资料供应、农产品生产及加工、农产品储藏与运输、销售等多个环节集于一体，形成独特的农业产业供应链。为了顺应现代农业产业联合经营主体的发展趋势，财政金融服务创新支持现代农业产业联合经营主体发展，应该采用"农业产业投资基金+农业供应链金融"的模式，如图10-7所示。

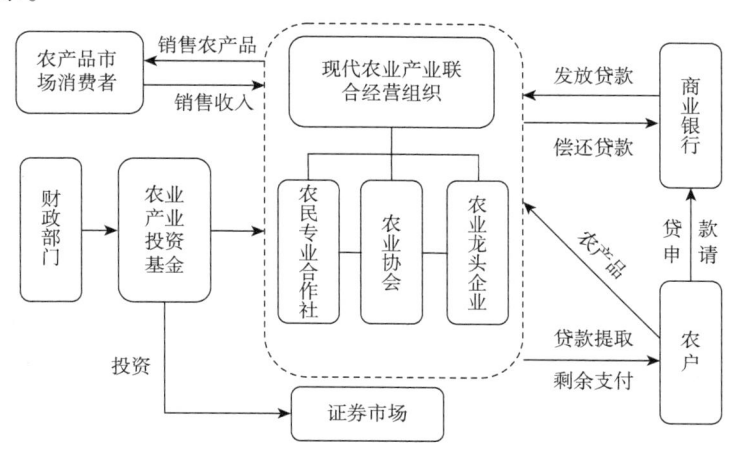

图 10-7　财政与供应链金融联合支持农业产业联合经营体发展模式

一方面，随着我国三次产业加快融合发展，现代农业产业联合经营体将逐渐成为农业适度规模经营的核心组织，对我国农业现代化发展及与城镇化、工业化、信息化的协同推进都具有重要的战略意义，因此政府财政资金支持也是非常必要的。但是，财政资金支持现代农业产业联合经营体的模式有别于一般的新型农业生产主体和服务主体，因为支持现代农业产业联合经营体发展的财政资金需求量大，不能采用常用的资料补贴、费用补贴或价格补贴等支持模式，而应该采用农业产业投资基金的形式。首先以中央政府牵头，中央财政和地方财政联合出资、社会捐赠为补充的形式成立农业产业投资基金，并成立专业化的农业产业基金管理公司，由专业的基金管理公司负责农业产业投资基金并对现代农业产业联合经营组织提供支持，或在证券市场上进行投资以获得投资收益。

另一方面，为适应这类新型农业经营主体的金融需求，金融机构需要积极创新提供现代农业供应链金融服务。现代农业供应链金融是近年来我国出现的一种新型融资方式，是指商业银行等金融机构从农业产业链出发，以产业链上的农业企业为支撑点，利用农业企业的信用为农户的信用增级，通过设计科学的信贷协议和产品，将单个主体的不可控风险转变为供应链整体的可控风险，并用来满足产业链各环节融资需求的一种系统性融资安排（胡国晖和郑萌，2013）。在现代农业供应链金融运营过程中，农业龙头企业、农业协会、农民专业合作社等现代农业产业联合经营主体、农户和商业银行是最主要的参与主体。主要运作模式包括"农业企业+农户+金融机构""农业企业+专业合作社+农户+金融机构""农业企业+农业协会+农户+金融机构""农业企业+农业园区（基地）+农户+金融机构"等。这些模式大致相同的运作机制是：首先，由农户申请加入合作社或农业协会，由农业协会或农民专业合作社推荐向金融机构申请贷款，由农业企业、农业协会和农民专业合作社提供贷款担保，并对贷款资金进行统一的调控与管理，通过信贷资金的"封闭式"流动而提升贷款的安全性。其次，在农业生产开始后，由现代农业产业联合经营体为农户提供关键性的生产资料和各种技术服务。最后，在农产品收获后，由现代农业产业联合经营体统一销售并取得销售收入，在扣除农户贷款本息以后将剩余的资金支付给农户，贷款本息最后由现代农业产业联合经营体统一偿还给金融机构。

10.3 现代农业品牌建设与市场流通领域的协同模式选择

现代农业与传统农业的最大区别在于：现代农产品作为商品，其品牌化、标准化建设水平高，商品化程度高，市场效益高。要具备这"三高"特征，需要大量的资金投入和专门的财政金融支持。本节将着重讨论现代农业品牌建设与市场流通领域的财政金融协同支持模式。

10.3.1　现代农业特优品牌与标准化建设领域：财政与政策性金融联合支持模式

现代农业的生命力在于通过农产品标准化、品牌化、无公害化生产经营，满足人们日益增长的健康消费要求。作为商品的农产品，其标准化、品牌化、无公害化生产是农产品品牌建设的基本内容。现代农业的农产品品牌建设具有多种功能，既可以延伸农业产业链，降低农业经营风险，又可以降低农业企业产品推介成本，同时可以增加农产品销量，还可以促进政府的保障消费者健康、增加农民收入、提高农业整体发展水平等农业管理目标的实现（张可成和王孝莹，2009）。因此，加快现代农业特优产品品牌建设对中国农业现代化和"三农"问题的解决具有重要的战略价值。然而，我国现代农业品牌化建设尚处于起步阶段，农产品品牌建设不规范，标准化、品牌化、无公害化生产普及程度不高，品牌农产品的市场竞争力和影响力较弱，对一些特优农产品，消费者无法有效识别，品牌科技含量低、品牌创新不足、品牌产权保护不力、品牌市场认可度低，导致高价品牌农产品常常被低价非品牌农产品挤出市场，形成"劣币驱逐良币"的现象，经济效益不高。这些问题均与目前农产品标准化、品牌化和农业经营诚信体系建设的投入不足有关。为此，现代农业的农产品品牌建设需要政府相关政策的引导和财政金融服务的大力支持，财政金融联合支持模式如图 10-8 所示。

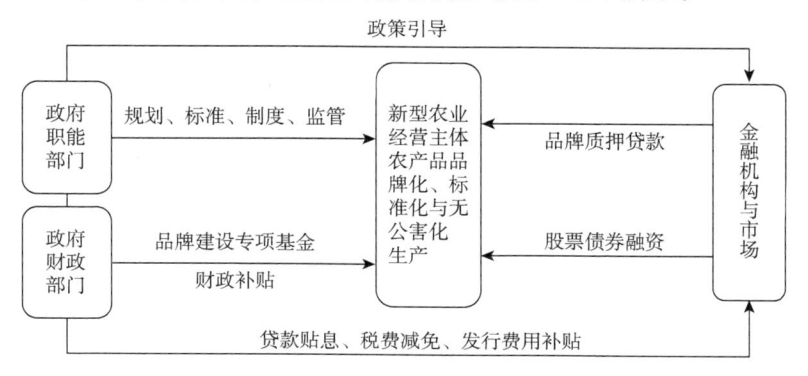

图 10-8　财政金融联合支持现代农业特优品牌与标准化建设模式

1. 政府的制度建设与监管十分必要

在现代农产品品牌与标准化建设中，政府的支持引导是重要的基础和保障，故政府必须准确定位角色和充分发挥作用。这些角色定位主要是农产品质量安全的倡导者、规划者、扶持者、服务者和管理者。发挥政府的引导作用，重点领域和突破口应该是农产品品牌建设规划、标准制定、配套制度、专利保护等。政府从产业发展、惠民富民的角度出发，倡导加快农产品品牌化、标准化建设与无公害化生产，强化农业企业的品牌意识，促进农业向生态产业、健康产业、高效产业发展，是政府重要的建设和监督之责。当前，各地方政府应在中央政策指引下，在全面调研的基础上制订农产品品牌建设发展规划，确立农产品品牌选择、市场定位和配套政策；各级政府应引导加强区域品牌整合，区域公用品牌为母品牌，企业品牌、产品品牌为子品牌，构建母子品牌相互融合、相互促进的格局，通过区域公用品牌推动企业品牌、产品品牌的发展；成立现代农业专项品牌建设基金，加快完善现代农业品牌生产、加工、包装与销售标准，起草制定农产品品牌管理办法，利用法律手段加强对农产品品牌化、标准化建设和无公害化生产的监管，规范农产品品牌质量认证和评比活动，使农产品品牌认证标准化、评比制度化和规范化，农产品品牌商标和识别信息让消费者看懂、理解、信任；加强农产品质量的执法监督，明确质量事故问责制度，建立农产品质量安全追溯体系和问题农产品召回与赔偿制度，维护农产品品牌标识的公信力。

2. 财政金融协同支持十分重要

在农产品品牌化、标准化建设与无公害化生产中，创新财政金融服务理念和模式是重要的支撑条件。由于我国是在家庭联产承包责任制基础上构建的新型农业经营体系，小农生产在较长时期为主要生产形式。在市场经济不够发达、农业品牌制度建设欠缺、社会诚信度较低的情况下，单纯依靠农产品生产经营者及市场本身的发展来实现农产品品牌化、标准化和无公害化，难以达到预期的效果，而且农产品品牌建设工程的高风险性（可能被非品牌农产品挤出市场）使得新型农业经营主体瞻前顾后，因此通过政府财政专项建设资金基金和金融服务的扶持来培育新型农业经营体系的产品品牌是非常必要的。

首先，应及时转变政府财政支持理念，由被动支持转变为主动支持，由宏观层面支持逐渐向微观层面支持倾斜，建议政府利用部分比例的财政支农资金成立农产品品牌建设专项基金，重点用于农产品品牌开发、标准化建设、无公害化生产与质量认证；协调好品牌型农业企业和上下游企业的关系，为品牌农产品搭建较好的品牌推广平台，通过电视、报刊、户外广告、宣传册等形式为品牌营销提供扶持，加快农产品品牌建设和营销；建立专业化的农产品品牌支撑平台，在技术支撑、信息服务、资金需求等方面提供全面的创新服务，增加农产品品牌的市场价值和自主创新能力；建立农业产业化和农产品品牌化的补贴机制，提高财政资金支持总量，对有优势、有潜力、重点扶持的、专门生产经营无公害绿色农产品的品牌企业实施奖励、补贴、担保、免税、减税、抵税、贴息等扶持政策，保证在重点支持的原则上扩大支持范围和支持对象，增强支持力度。同时，利用财政专项资金在农产品品牌建设的人才培训、技术推广、科技研发、良种引进、土地征用、招商引资等方面给予重点支持。

其次，应加快支持农产品品牌建设的金融产品与服务创新，满足农产品品牌建设多样化的金融需求。我国农业的弱质性、高风险性决定了新型农业经营体系在构建阶段对农业风险的不完全适应性，离开金融的有力支持，农产品品牌开发与建设将难以为继（王玉莲和李昌宇，2008）。新型农业经营体系"融资难""融资贵"的根源是缺乏传统有效抵押物。为此，在品牌建设中，对已取得品牌商标等无形资产的新型农业经营主体，金融机构可尝试探索开发"农产品品牌商标质押贷款"，允许农产品强势品牌企业用品牌资产作为质押物向商业银行申请贷款，金融机构在不需要实物资产抵押的情况下授予农业企业一定的贷款额度。借鉴上海成功经验，在农业农村部财务司的支持下，由地方农委牵头，整合农业保险、银行、互联网金融、资产评估、企业征信、农产品质量检测等各方资源，探索实施"互联网金融+品牌质押"贷款创新项目，创建财政、金融、保险、互联网合作支农服务新模式，破解新型农业经营主体金融服务难题。在风险可控的条件下，适度降低农产品品牌企业上市融资门槛，积极鼓励和支持优势农产品品牌企业上市，发行企业股票和短期债券，积极引导上市公司"壳资源"向农业品牌企业流动，并协调有关部门从政策上提供支持。

最后，应加强财政金融的协调配合，联合支持农产品品牌建设与无公害化生产。通过政府担保贴息、利用政策性金融提供有偿资金是实现农产品品牌化建设资金保证的重要补充。农业的高风险性和金融的逐利性使得较多的金融机构纷纷退出农业金融市场。各级政府每年应从农业投入的新增部分和农业发展基金中，安排一定比例投入农产品品牌建设项目，通过免税、减税、担保、贴息等方式鼓励和支持中国农业银行、中国农业发展银行、农村信用社、农村商业银行、村镇银行等农村金融机构扩大对农产品品牌建设项目的贷款支持。

10.3.2 现代农业物流与电商系统经营领域：财政与商业性金融联合支持模式

以物联网和互联网为核心的现代农业物流和电子商务是新型农业经营体系发展面临的重要机遇。现代农业物流是指以农业生产和销售为核心而发生的一系列从供应地向接收地的实体流动和与之有关的技术、组织、管理活动，即运输、储藏、加工、装卸、包装、流通和信息处理等基本功能有机结合的整体。随着互联网技术对农业的快速改造和应用发展，农产品电子商务几乎覆盖了现实农产品生产、运输、销售的整个产业链，包括农户、物流公司、销售方、客户、中介服务（金融机构、质检中心等）等生产经营主体，尽管如此，目前我国以物联网和互联网为核心的现代农业物流和电子商务市场仍处于起步阶段，虽发展前景广阔，但市场发展的物质技术基础不牢固，基础建设与发展资金缺口大，中介机构经营规模小，物流配送系统不健全，需要财政金融服务的大力支持。财政金融服务支持现代农业物流和农产品电商的发展，可以采用"财政补贴+商业信贷+抵押担保"的模式，如图10-9所示。

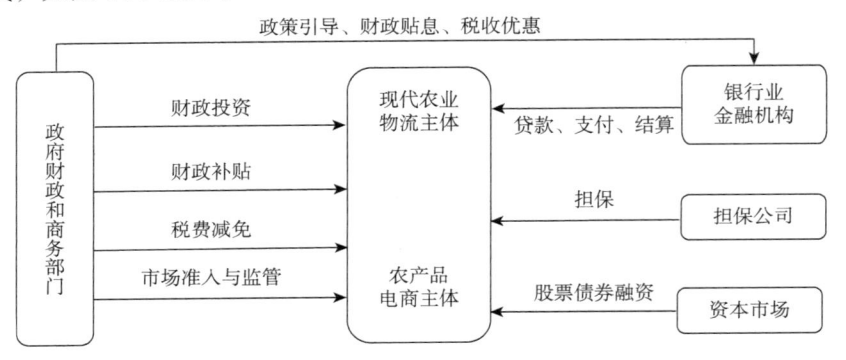

图 10-9　财政金融联合支持现代农业物流主体与农产品电商发展模式

首先，国家财政和商务部门应该大力支持现代物流商贸系统建设，支持农业物联网相关项目研究，设定专项基金，根据现实需要发布可研项目，牵头组织专家对项目成果进行质量检验和可行性论证，为农产品物联网建设提供基础性保障服务；利用财政专项资金为农产品加工、包装、物流配送与销售主体和现代农业生产资料供应主体提供财政补贴，降低物流配送主体的运营成本，如为农产品运输车辆免收高速路过桥费、停车费，补贴燃油费等；利用财政资金投资建设覆盖全国市场的物流网络和一些必要的农业物流基础设备，如农产品保鲜库、冷藏库、集装箱等，并为一些易腐烂农产品开设交通"绿色通道"。其次，现代农业物流主体发展也需要金融机构的大力支持。金融机构和金融市场在风险可控、信息对称的情况下，可以为现代农业物流主体提供一定时期的免息或低息小额信用贷款，超过期限将上浮贷款利率，也可以提供固定资产、流动资产或运输工具抵押贷款，还可以提供应收账单质押贷款、联保贷款、第三方担保贷款。金融机构应加快对现代农业物流主体的支付工具、结算手段创新，积极主动开发移动支付等农村非现金支付工具，适度减少农产品物流企业资金结算的手续，增加农产品交易支付结算的便捷性。有上市条件的农业物流企业应积极争取上市融资，国家应对现代农业物流企业提供更多的上市融资资源和条件，以满足其股权多样化和风险分散化的资金需求。

同样地，财政金融服务支持农产品电商发展，也可以采用"财政补贴+商业金融+抵押担保"的模式。首先，财政部门应联合农业、商务、信息等部门加大专项资金投入，建立和完善农业网络体系，为农业从业者提供信息获得渠道；降低网络使用费用或予以财政补贴，让农业网络信息惠及更多的农产品电商主体；加快健全农产品电子商务的相关法律法规，规范信息发布、网上交易、信用服务、电子支付、物流信息查询等服务；对具备专业知识技能，适合专职从事农产品电商的农户，由地方政府牵头，利用财政补贴、财政贴息等方式大力扶持、精心培育，将其发展成新的农产品电商农户。其次，创新金融服务农产品电商的模式、手段和内容。根据实体企业主导电商、平台服务类电商、微型企业主导型电商等不同类型电商平台的金融需求特征，结合客户具体资金流转特点进行综合化一揽子设计，实现对客户资金结算、信贷支持、托管理财、咨询顾问等金融需求全覆盖，真正做客户的"资金管理专家"和"金融资源整合商"。最后，在 B2C（business to customer）[①]电商模式下，为了保障消费者的权益，货款一般不会直接进入商家账户，而是先到电商平台或第三方支付平台，当消费者确认收货后再由平台将货款转给商家，这样就造成了平台对商家的资金占用，对商家资金周转和运营产生了一定的影响，因而需要金融机构的大力支持。基于此，应允许商家利用符合条件的"卖家已发货"订单，由电商平台提供信用担保，用已发货订单作为质押向金融机构申请订单贷款，当消费者确认收货后，由平台直接帮忙偿还贷款。而针对自主供货的商家，可以在标准化农产品商品入库后，以入库的农产品商品作为质押向金融机构申请贷款，当电商平台与商家约定的结算账期到期后，电商平台把货款以偿还贷款的方式还给金融机构；也可由政府组建的专门担保机构和行业协会、合作社或大型电商企业等为销售标准化农产品的农户提供担保，利用土地承包经营权作为抵押等方式向金融机构申请贷款；应允许培育成熟、风险可控、实力雄厚的农产品电子商务机构优先上市融资，以解决其发展资金不足的难题，优化股权投资结构。

10.4　现代农业风险管理领域的协同模式选择

众所周知，农业是典型的高风险产业，不仅受到各种自然风险的影响，还受

---

① 即"企业对用户"，是指直接面向消费者销售农产品和服务的农业商业零售模式。

到市场风险、技术风险等的影响,因而使得农业信贷面临极高的信用风险。其中,自然风险和市场风险又是现代农业生产经营过程中所面临的最主要风险。本节将从自然风险、市场风险、技术风险和信用风险四个层面来研究新型农业经营体系的风险管理及其财政金融协同支持模式。

10.4.1　新型农业经营体系自然风险:财政与农业保险联合分担模式

无论是在计划经济时代还是市场经济时代,无论是传统的农户小规模经营还是现代新型农业经营主体的适度规模经营,自然风险都是农业生产经营所面临的固有风险。近年来,我国一些地区自然灾害频发,农业的自然风险有增无减,客观上需要加快完善财政支持下的农业保险模式,使之逐渐成为政府保护农业、支持现代农业发展的一种有效手段,其运行模式如图10-10所示。

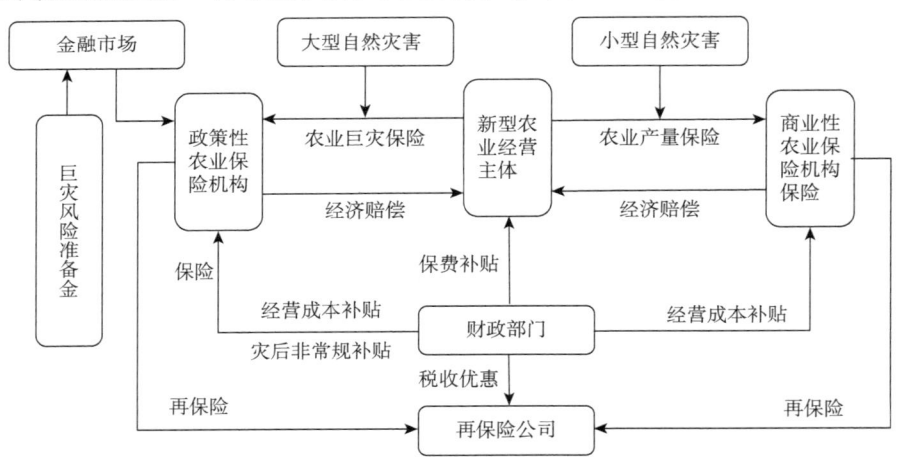

图 10-10　财政与农业保险联合分担新型农业经营体系自然风险模式

根据农业自然灾害所导致的农业损失大小,可以将农业保险分为农业巨灾保险和农业产量保险。其中,农业巨灾是指发生概率很小但一旦发生其损失大于预期、累计损失超过承受主体承受能力的农业自然灾害,农业巨灾保险是保险人对农业生产者在从事种植业和养殖业生产、加工过程中因巨大自然灾害或意外事故所造成的严重经济损失而提供经济赔偿的一种农业保险,具有投保费率高、赔付率高、利润低等特点(冯月英,2010;曹倩和权锡鉴,2011)。农业产量保险又主要包括区域产量保险和天气指数保险。前者是指以一个区域产出指数为基础,当某生产区域的平均产出低于基础产出时,保险公司做出相应经济赔偿的一种保险;后者是指主要承保因干旱、冰雹、飓风等天气因素导致农业产量下降风险的一种产量保险。

相比其他保险,农业巨灾保险具有显著的正外部性,带来的社会效益大于私人效益,社会成本小于私人成本,决定了必须建立由政府主导的政策性农业巨灾保险制度,政府的资金支持是农业巨灾保险的重要推动剂。政府对农业巨灾保险的财政补贴,一方面可以是灾前常规性补贴,包括对投保人(新型农业经营主体)的保费补贴和对保险公司的经营成本补贴;另一方面可以是灾后非常规性补贴,主要是在保险公司难以支付理赔时,经过申请,经由特定机构批准后由政府支付,以防止保险公司因过度赔偿而陷入破产边境。当然,针对经营巨灾保险的保险公司应当实施免税减税等其他优惠政策。与此同时,针对农业巨灾保险,还可以探索成立全国性农业巨灾风险准备金,由政府拨款、社会捐赠和保险市场共同出资成立,而且巨灾风险准备金还可以在金融市场投资融资,可以开展巨灾保险风险证券化,创新巨灾期货、巨灾期权、巨灾债券等新型金融工具。

相对于农业巨灾保险而言,农业产量保险所承保的风险发生的概率相对较大,损失相对较小,介于准公共品和私人品属性之间。因此,这种小型自然灾害引发的农业风险更多的是以政府诱导下的商业保险形式存在的农业产量保险。既然是商业性质的保险,那么就应该以投保人自行承担保费、保险公司自负盈亏、财政适当补贴的模式开展。在这种模式下,投保人根据自己的经济实力选择投保种类和金额,保险公司根据自己的经济实力开展业务,政府财政部门给予投保人适量的保费补贴和保险公司适量的经营成本补贴。在这种政府引导的商业性农业保险模式下,涉农金融机构可以积极探索农村金融银保合作机制,建立涉农信贷与涉农保险的互动机制,银行业金融机构可以将涉农保险投保情况作为授信要素,扩展涉农保险保单质押的范围和品种,扩大农业保险业务覆盖面。另外,无论是政策性的农业巨灾保险还是商业性的农业产量保险,保险公司都可以根据自己的风险偏好和经济实力,选择是否需要向再保险公司进行再保险,以及再保险的方式(比例再保险或非比例再保险),财政税收部门可以对承保农业保险业务的再保险公司给予一定的税收优惠或税费减免。

10.4.2 新型农业经营体系市场风险:财政与农业保险联合分担模式

在商品经济不发达的时候,自然风险是农业生产经营的主要风险,而在市场经济条件下，农产品商品化率不断提高，市场风险逐渐成为农业生产经营的主要风险（杨应杰，2011）。如何有针对性地对农业生产经营进行调节，减少市场风险，保障各类农业经营主体的收益，已成为当前我国农业现代化发展中亟待解决的重要课题。由于农业生产周期长，生产决策与产品销售在时间上被分割，农产品受市场变动影响的供求变化往往需要一个较长的调整过程，其供给调整远远滞后于市场的变化，农产品供给和需求在时间上的不对称性，导致价格呈现季节性和周期性波动，市场价格波动形成的风险基本上由农业生产者承担。如何以最小的成本减少农产品市场价格波动，使各类农业经营主体获得最大的收入保障，是各级政府关注的重点问题。同自然风险一样，农业市场风险的主要应对策略仍是农业保险。目前，从国际国内农业保险发展经验来看，应对农业市场风险的农业保险主要有农产品价格指数保险和农业收入保险两大类。因此，本节将主要探讨这两种农业保险对新型农业经营主体市场风险的分担模式。

农产品价格指数保险是以农产品价格为标的，以"价格指数"为赔付依据，对农业生产经营者因市场价格大幅波动、农产品价格低于目标价格或目标价格指数造成的损失给予赔偿的一种农业保险（王克等，2014），其运行机制类似于看跌期权。农业收入保险是以农业生产经营收入为保险标的，当保险责任范围内风险因素导致的农作物产量减少、价格波动或二者共同导致投保人实际收入低于保障的收入水平时，保险公司给予赔偿的一种农业保险（齐皓天和彭超，2015）。例如，美国典型的农业收入保险主要有收入保障计划、不含收获价格的收入保障计划、调整总收入保障计划、团体风险收入保障计划等（何小伟和方廷娟，2015）。农业收入保险发展必须满足几个前提条件：农产品交易完全市场化，没有政府直接干预；充分的农作物产量数据；较好的农产品价格数据和完善的期货市场；保费补贴和政府支持；法律规范和足够严格的保险监管（冯丽娜，2017）。

利用农业保险的方式来分散农业经营主体的农业市场风险，关键是土地要有规模、农民要有合作、政府要有支持、部门要有服务，新型农业经营主体积极参保。然而，我国针对农业风险长期实施的政府救济制度，导致农民产生了很强的依赖性，加之大部分农民风险防范意识薄弱，对农业市场风险存在侥幸心理，不愿投保；商业保险公司又因为农业风险大、发生频率高、保险规模小，农险项目经常入不敷出，导致大多数商业保险公司不愿承保。在这种农户不愿投保、保险公司不愿承保的两难局面下，对农业市场风险开展以政府财政补贴为基础的政策性农业保险是突破口。在新型农业经营体系加快构建的现实背景下，应当建立起政府、新型农业经营主体、公司、农民多元复合结构为主体的农业市场风险防控模式。这种模式的运行机制如图 10-11 所示。

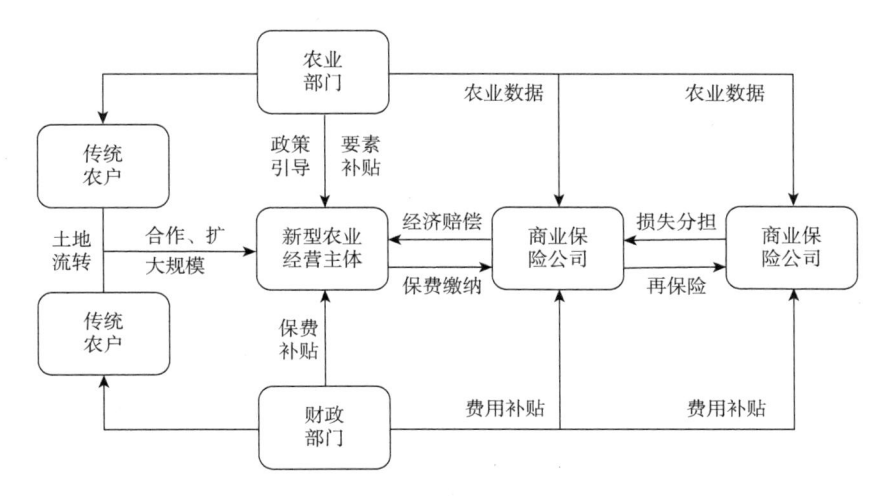

图 10-11　财政与农业保险联合分担新型农业经营主体市场风险模式

首先，政府财政部门和农业部门出台相关的土地流转政策，加快落实土地"三权分置"政策，鼓励和支持传统农户加快土地流转和合作，不断推进符合市场经济条件的、从事适度规模经营的新型农业经营主体的培育和发展，同时由农业部门提供各类产业政策引导和农业生产要素补贴来促进新型农业经营主体的发展壮大。其次，在财政资金提供保费补贴的情况下，新型农业经营主体向商业保险公司投保农产品价格指数保险和农业收入保险，商业保险公司在财政资金补贴和农业部门提供相对完整的农业数据资料的情况下承保农产品价格指数保险和农业收入保险。再次，为了防止农业市场风险发生导致经济赔偿过大，影响保险公司经营，商业保险公司还可以向其他保险公司就农产品价格指数保险和农业收入保险进行再保险或在期权市场上进行反向操作以对冲风险。最后，当保险事故发生后，商业保险公司需要对新型农业经营主体的经济损失进行赔偿，原保险公司和再保险公司按照合同约定的比例或金额进行损失赔偿分担。在整个农业经营市场风险分担过程中，财政部门的保费补贴、农业部门的政策引导和要素补贴，以及商业保险公司之间的再保险是最重要的环节。

10.4.3　新型农业经营体系技术风险：财政与农业保险联合分担模式

在新型农业经营体系构建中，新技术的使用和推广，难免存在一些风险，农业生产技术更是如此。农业技术风险是指在农业生产经营中由于采用新技术而引起生产者收入的不确定性和农业生产经营各环节的无序性。其产生的原因主要有：一是农业技术的外部性使得"搭便车"者不断增加农产品的供给，价格下降，"谷贱伤农"现象产生；二是农业技术大多以知识形态存在，要求农业技术的使用者具有一定的文化知识和技能，农业技术风险常常在农民文化水平低而不能掌握技术要领的情况下发生；三是农村信息的不完全性及信用体系的缺失，使技术行为缺乏必要的道德约束（赵海燕，2008）。

防范和化解农业技术风险的主要途径仍是财政引导下的农业保险模式，如图 10-12 所示。目前，农业技术道德监督机制缺失，较多的专业大户、农民专业合作社等在信息不对称的情况下，真假辨别知识不足，使得他们往往多次受损，之后就不再相信新技术，即使是真实可靠的新技术或新品种，也难以在农村广泛推广。部分采用新技术的新型农业经营主体又心存侥幸心理，参与农业技术保险的意愿非常低。商业保险公司也因为农业技术风险发生的频率高、理赔金额大等原因而不愿意经营农业技术保险。要有效解决这些问题，大力发展农业技术保险，财政支持和引导是关键。

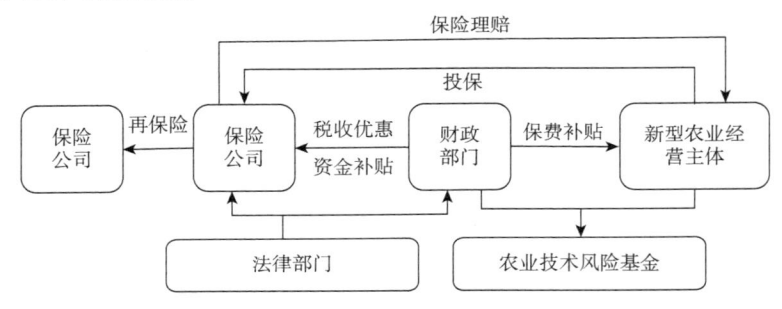

图 10-12　财政与农业保险联合分担新型农业经营主体技术风险模式

从图 10-12 所示的运行模式来看。首先，以财政部门牵头，保险公司和法律部门共同参与的形式，完善农业技术保险条例和相关的规章制度，为新型农业经营主体投保农业技术保险和商业保险公司经营农业技术保险提供基础制度保障。其次，以政府财政资金为主体，采用"谁受益谁投资"的原则广泛筹集资金建立农业高新技术风险基金，作为支持保险公司发展农业技术保险的重要资金补贴来源，以及对新型农业经营主体采用新技术可能形成的风险损失予以必要的补偿。最后，为了提高新型农业经营主体投保农业技术保险和商业保险公司经营农业技术保险的积极性，可以采用财政保费补贴的形式为新型农业经营主体提供支持，采用税收优惠、资金补贴的形式为商业保险公司提供政策与资金支持。

10.4.4 新型农业经营体系信用风险：财政、担保、保险与银行联合分担模式

所谓信用风险，又称违约风险，是指新型农业经营体系因为各种原因不愿或无力履行合同条件而构成违约，从而使金融机构、投资者或交易对方遭受经济损失。信用风险与农业自然风险、市场风险和技术风险不同，其产生更多的是由于新型农业经营主体主观层面的原因，是由新型农业经营主体自身意志决定的，可以通过自身的努力而防范和化解。对于新型农业经营体系而言，农业自然风险、市场风险和技术风险都是客观存在的，新型农业经营主体没有办法或很少有办法阻止其发生。尽管如此，新型农业经营主体的信用风险与自然风险、市场风险和技术风险也是有密切的联系的，如果自然风险、市场风险和技术风险规避不好，或一旦发生损失，就可能引发信用风险。因此，新型农业经营主体信用风险的分担模式虽然与自然风险、市场风险和技术风险的分担模式不同，但是也有千丝万缕的联系。其运行模式如图 10-13 所示。

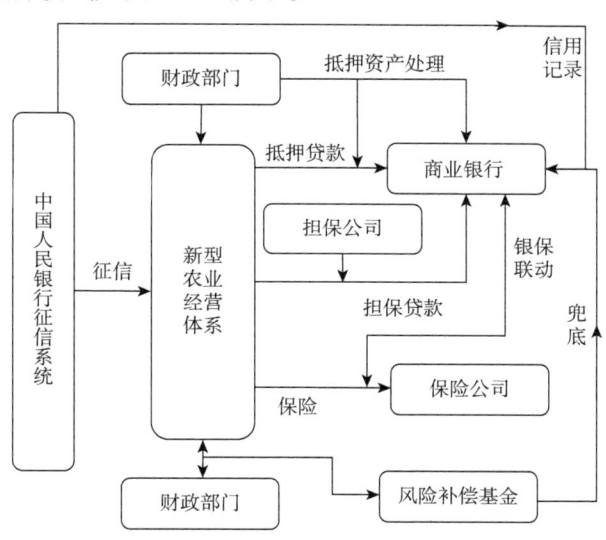

图 10-13 财政与多元化金融机构联合分担新型农业经营主体信用风险模式

首先，以中国人民银行征信系统为基础，建立和完善动态调整的新型农业经营主体信用评价体系，并形成专业的新型农业经营主体信用记录子系统，为新型农业经营主体信贷申请提供信用证明，为商业银行授信提供信用评级支持。

其次，由中央财政牵头，以地方财政资金和新型农业经营主体自筹资金为核

心，以社会捐赠为补充建立新型农业经营主体信用风险补偿基金。该风险补偿基金主要用于为新型农业经营主体发放贷款遭受信用风险损失，提供经济补偿，主要起到"兜底"作用。通过信贷风险补偿基金这种"兜底"作用的发挥，让商业银行敢于向新型农业经营主体发放贷款。

再次，新型农业经营主体可以利用自身的生产机器设备、厂房等各种固定资产向商业银行申请抵押贷款，也可以采用应收账款、农业品牌商标等无形资产作为质押物向商业银行申请质押贷款。当商业银行处置所有抵押资产仍不足以清偿债务时，可以由信贷风险补偿金直接承担一定比例的贷款损失。当新型农业经营主体出现违约，商业银行处置抵押资产变现困难时，一方面可以以政府牵头、社会注资的方式成立农村抵押资产收储公司，发挥"二手市场"作用，专门接收银行处置的各类农村资产，然后按照市场方式出售或租赁所接收的被处置农村抵押资产；另一方面也可以采取"银转政"的抵押贷款方式，即由地方财政帮助新型农业经营主体偿还银行贷款，相应的抵押资产转交给农村抵押资产收储公司，由收储公司代为保管资产，新型农业经营主体可以采用按期还款或到期一次性偿还款项和相关利息与费用，当然，新型农业经营主体"展期"的时间不能过长，超过期限后可由农村抵押资产收储公司自行处置抵押资产。

最后，新型农业经营主体还可以向担保公司申请担保，然后向商业银行申请担保贷款，若信贷风险产生，就可以在银行和担保公司之间按比例分担。新型农业经营主体向保险公司进行农业保险投保，商业银行将新型农业经营主体投保情况作为授信要素之一，农业保险单是商业银行规避农业信贷风险的重要手段，当信贷风险发生后，由于有农业保险提供产量或收入保障，可以间接减轻新型农业经营主体的还款压力，从而保护银行信贷资金的安全。同时，商业保险公司也可以创新金融机构涉农贷款信用风险保险产品，为金融机构面临的新型农业经营主体信用风险提供保险，信用风险一旦发生，商业保险公司就按照保险合同约定向作为投保人的银行业金融机构理赔。

综上可见，财政、担保、保险和银行联合起来，能够通过各自的机制和手段共同分担新型农业经营体系的信贷风险，从而建立起有效的信贷风险分担机制，显著增强涉农金融机构对新型农业经营体系贷款的积极性。

10.5 本章小结

本章主要针对财政金融服务创新与新型农业经营体系构建的协同模式进行了

研究，二者的协同模式主要集中在新型农业经营体系构建的农业基础设施建设、农业生产发展与服务、农业品牌建设与市场流通、农业风险管理四大领域。研究的结果如下：

（1）在现代农业基础设施建设领域，财政金融服务创新与新型农业经营体系构建有三种协同模式：纯公益性现代农业基础设施建设应由财政主导，按受益覆盖面和重要性程度确定中央与地方财政分担比例；准公益性现代农业基础设施建设应由财政与政策性金融或社会资本联合主导；私益性现代农业基础设施建设应在财政引导下由私人资本与商业金融资本配合。

（2）在现代农业生产发展与服务领域，财政金融服务创新与新型农业经营体系构建有三种协同模式：基础农业生产与公益性服务领域应由财政与政策性金融联合支持；效益农业生产与经营性服务领域应由财政与商业性金融联合支持；现代农业产业联合经营体应由财政与农业供应链金融联合支持。

（3）在现代农业品牌建设与市场流通领域，财政金融服务创新与新型农业经营体系构建有两种协同模式：现代农业特优品牌与标准化建设应由财政与政策性金融联合支持；现代农业物流与电商系统经营领域应由财政与商业性金融机构联合支持。

（4）在现代农业风险管理领域，新型农业经营体系面临的自然风险、市场风险和技术风险，均应由财政与农业保险等联合分担；新型农业经营体系融资的信用风险，应建立财政、担保、保险与银行联合分担模式。

第11章 新型农业经营体系构建的财政金融政策框架

要促进财政金融服务创新与新型农业经营体系构建的协同，实现新型农业经营体系的有效需求与财政金融服务供给动态均衡，客观上需要设计科学可行的财政金融政策框架。因为财政金融政策不仅是特定时期新型农业经营体系构建的财政金融服务创新的行动指南，而且是对新型农业经营体系构建的财政金融服务创新进行动态有效调控不可或缺的机制。没有财政金融政策的指引和有效调控，财政金融服务主体也就无法因地制宜地推进创新，因而也无法有效满足新型农业经营体系构建的现实需求，进而阻碍农业现代化发展。本章将遵循国际规则，吸收国际经验，并结合我国的基本国情及新型农业经营体系的现实需要，就促进新型农业经营体系构建的财政金融政策框架进行设计，旨在为政府有关部门提供有价值的政策参考。

11.1 新型农业经营体系构建的财政政策框架设计

促进新型农业经营体系构建的财政政策是一个集合概念，具体可以分为财政投资政策、财政补贴政策、税收政策等。尽管财政政策支持新型农业经营体系构建可以浓缩成具有一般性的直接目标和间接目标两个层次，但由于各类财政政策工具追求的目标具有显著的区别。因此，在本节财政政策工具设计中，我们将对总体目标进行分解，分开讨论各种子政策的目标、工具和传导机制。

11.1.1 新型农业经营体系构建的财政政策目标取向

总体说来,财政政策支持新型农业经营体系构建的目标具有多层次性和多样性,具体可以分为直接目标和间接目标两类。

(1)处于低层次的直接目标。处于低层次的直接目标就是培育和发展新型农业经营体系,促进新型农业生产体系、服务体系、商品体系、市场体系和监管体系协调发展,实现以集约化、专业化、组织化、社会化为主要特征及以三次产业融合发展为主要内容的农业现代化。而支持新型农业经营体系构建的内容,既包括各类子体系经营组织的培育,也包括以农业项目为支撑的农业产业化发展、农业综合生产能力提升、农业创业与生产积极性提高等。因此,财政政策支持新型农业经营体系构建的直接目标必然包括新型农业经营体系培育、农业综合生产能力提升、农业生产成本和经营风险降低、农业经营收入增长等。一般说来,直接目标也就是政策体系中的中间目标,可以用一些数量指标来衡量,而且政策作用直接,政策发挥作用经历的时间较短,作用对象一般是新型农业经营体系和普通农户等农业生产经营主体。

(2)处于高层次的间接目标。财政政策支持新型农业经营体系构建,主要目的是通过新型农业经营体系,转变农业发展方式,延长农业产业链,依靠农业的多功能开发增加农业附加值,实现基础农业和效益农业协调发展,确保国家粮食和食品安全供给,提高农业竞争力,促进农业经营者和农民收入增长,优化农业生态环境,实现农业可持续发展。这些目标之所以具有间接性,是因为这些目标多数是宏观层面的社会性、整体性目标,需要借助直接目标进行政策传导,并经历较长时期才能观察到政策作用效果。显而易见,在这些目标中,保农产品供给、保农业收入、保农业可持续是财政支持新型农业经营体系的核心间接目标。

为便于更直观地了解各层次政策目标间的联系,我们将直接目标和间接目标的关系总结成图 11-1。财政政策支持新型农业经营体系的构建,最先实现直接目标群,然后逐次实现间接目标群。

11.1.2 新型农业经营体系构建的财政投资政策工具设计

依据 WTO 制定的国际规则,财政投资政策是财政支农政策的重要组成部分,归属于"一般服务支持"范畴,是 WTO 规定的"绿箱"政策。按照 WTO 的定义,

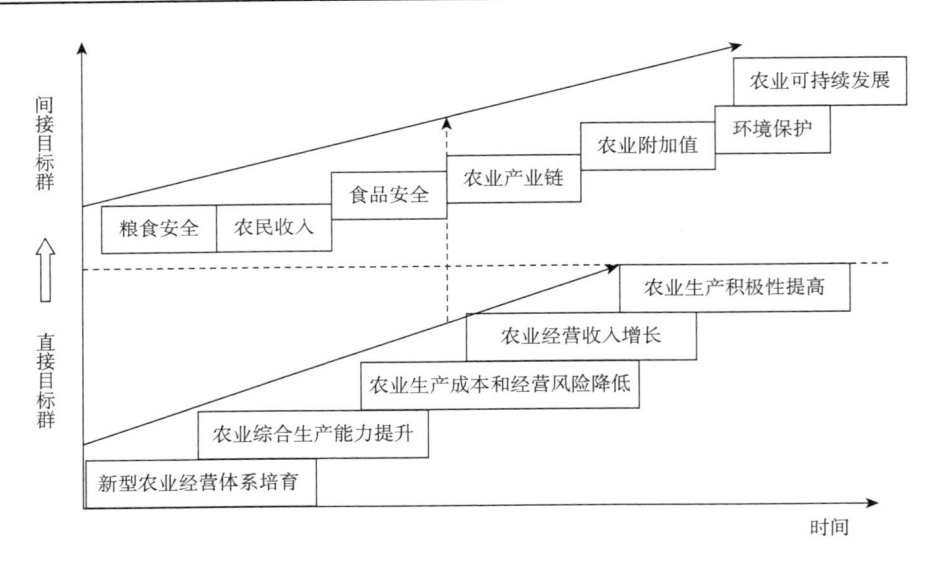

图 11-1 新型农业经营体系构建的财政政策总体目标分层关系

它是一种不直接针对农业经营者和特定农产品的支持措施①，而是为所有农户和农业经营者提供共同生产经营条件，或者为整个农业部门提供的支持。在这里，为了适应新型农业经营体系构建的需要，我们把财政投资政策的内涵进一步放宽，既包括共同农业生产经营条件的财政投资，也包括引导特定农业经营主体私人投资的财政补贴支持。

1. 新型农业经营体系构建的财政投资政策目标

新型农业经营体系构建的财政投资政策目标可以分为中间目标和最终目标两类。

（1）最终目标。最终目标是指促进新型农业经营体系构建的财政投资政策所要达到的终极目标，主要有农业综合生产能力提升、农业装备与技术进步、农业生态环境改善、农业可持续发展能力增强、农业现代化水平提升、维护国家粮食安全的潜力提高等②，核心是提高农业综合生产能力，维护国家粮食安全。设计这些最终目标的依据是，财政投资支持新型农业经营体系的构建，最终是要依靠组织、技术、装备等手段转变农业发展方式，提高农业综合生产能力与可持续发展能力，持久维护国家粮食安全，实现农业现代化。

（2）中间目标。中间目标是指为了达到最终目标而进行政策传导的中介指标，

---

① 财政对农业的投资政策本质上也属于广义的农业补贴政策范畴。但为了便于区分和识别，我们把隶属于财政投资的"一般性服务支持"与农业财政补贴分开进行政策设计。

② 这些目标的具体内涵不做一一介绍，有些目标可参见后文的金融政策目标体系。

主要包括现代农业基础设施健全、私人资本农业投资增长且可持续、新型农业经营组织发育健全等。设定这三个中间目标的依据，主要是考虑到财政投资的主要功能是为新型农业经营体系构建提供公共产品和公共服务，并借此带动私人资本投资现代农业，培育新型农业经营组织。

2. 新型农业经营体系构建的财政投资政策工具

新型农业经营体系构建的财政投资政策工具主要有财政直接投资、政府购买、政府引导性补贴、PPP 投资模式、政府产业投资基金五种类型。其中，财政直接投资是政府直接承担全部投资责任，主要适用于具有纯公益性质的大型农业基础设施和公共服务系统建设；政府购买是在市场主体生产农业公共产品和提供公共服务条件下，政府为农业部门或农业经营主体向市场主体采购公共产品和公共服务的一种间接投资模式，适用于农业准公共产品与服务的供给。由于农业准公共产品与服务具有明显的经济效益，为了有效引导市场主体投资，减轻政府的投资负担，政府也往往采取补贴的方式如对农业保险供给服务的补贴，或与社会资本混合投资（即 PPP 投资模式），或者为了促进农业产业链的延伸与升级，向市场主体注入农业产业投资基金，共担现代农业投资风险。各类现代农业基础设施与服务的财政政策工具设计要点见表 11-1。

表11-1 新型农业经营体系构建的现代农业基础建设与服务供给的财政投资工具

现代农业基础建设与服务类型	具体形式	财政投资工具	WTO 规则工具类型	现有工具状态	政策设计要点
纯公益性农业基础设施与服务	大型农业水利建设工程	财政直接投资	"绿箱"	有	①按受益覆盖面大小、重要性程度等处理好中央与地方财政事权与支出责任的关系；②跨省区市和粮食主产区的应由中央财政全额投资，省域内的由中央和地方配套投资，粮食主销区的应由地方政府全额出资，粮食产销平衡区的由中央与地方财政配套投资；③确定财政投入稳定增长的机制，确保现代农业公共产品与公共服务可持续供给
	高标准农田建设与整治				
	农业土壤和生态环境治理				
	农业信息化服务系统				
	农村道路运输系统				
	农业病虫疫情检验与控制				
	农业技术研发培训与推广				
	农产品营销和促销服务				
	粮食安全储备体系				
	农产品质量安全控制体系				
	农业监管服务体系				
	农业灾害防控服务体系				
	农业气象服务体系				

续表

现代农业基础建设与服务类型	具体形式	财政投资工具	WTO规则工具类型	现有工具状态	政策设计要点
准公益性农业基础设施与服务	小型农田水利 农业集贸市场平台建设 现代农业园区基地建设 农机、农资、金融、保险、担保、技术、营销、加工、储运、保鲜服务系统	政府购买、PPP投资模式、政府产业投资基金	"绿箱"	有	①处理好市场与政府的关系，公益性部分由政府承担，经营性部分由市场主体承担；②积极推广PPP投融资模式
私益性农业基础设施与服务	农业生产大棚、圈舍等 田间灌溉、机耕道系统 农业生产经营用房等	政府引导性补贴	"绿箱"	有	加强政府引导性补贴力度，但要掌握好度，不能使新型农业经营主体形成对财政的过度依赖；积极推广财政资金股权化补贴

第一，对于纯公益性农业基础设施与服务，财政投资政策设计的要点是：按受益覆盖面大小、重要性程度等，处理好中央与地方财政事权与支出责任的关系；跨省区市和粮食主产区的纯公益性农业基础设施和服务应由中央财政全额投资，省域内的纯公益性农业基础设施和服务由中央和地方按适当的比例协同投资，粮食主销区的纯公益性农业基础设施和服务应由地方政府全额出资；粮食产销平衡区的纯公益性农业基础设施和服务由中央与地方财政按一定比例协同投资；地方政府应完善农业基础设施财政投入稳定增长机制，确保现代农业公共产品与公共服务可持续供给。

第二，对于准公益性农业基础设施与服务，财政投资政策设计的要点是：要处理好市场与政府的关系，主动依靠市场的力量，减轻政府的负担；准公益性农业基础设施和服务的公益性部分，应尽量由政府财政承担，经营性部分应尽量由市场主体承担；积极推广PPP投资模式，建立市场主导的现代农业公共设施运营机制。

第三，对于私益性农业基础设施与服务，财政投资政策设计的要点是：在新型农业经营体系构建阶段，需要加强政府引导性补贴力度，但要掌握好度，对基础农业经营性基础设施投资补贴可以达到建设成本（或市场价格）的50%~60%，但对特色效益农业的经营性基础设施投资补贴比例最高不宜超过建设成本（或市场价格）的40%；积极推广经营性农业基础设施的财政投资资金股权化改革经验[1]，让农民分享财政投资新型农业经营主体基础设施带来的增值收益。

---

[1] 据课题组调查，目前在重庆等地推行的试点政策是，50%的股权归新型农业经营主体所有，剩下50%的股权按受益农户数折成股份分配给被带动农户家庭，这样模式很受普通农户的欢迎。

3. 新型农业经营体系构建的财政投资政策作用领域

新型农业经营体系构建的财政投资政策工具作用的对象包括新型农业经营主体体系、新型农业服务主体体系、新型农业商品体系、新型农产品市场体系、新型农业监管体系。这五大子体系的纯公益性农业基础设施与服务系统都是由财政直接投资的，其中新型农业监管体系本身属于纯公益性基础设施范畴，因而全部由财政直接投资，投资范围主要有农业技术研发培训与推广、农业病虫疫情检验与控制、大型农业水利建设工程、农产品营销和促销服务、农业土壤和生态环境治理、农村道路运输系统、粮食安全储备体系、农产品质量安全控制体系、农业监管服务体系、农业气象服务体系、农业灾害防控服务体系等。其他子体系除了共同需要的纯公益性农业基础设施与服务外，对于准公益性农业基础设施和服务，如小型农业水利、政策性保险信贷与担保服务等，都是由政府采取直接采购、PPP投资、政府补贴、政府产业投资基金等工具，引导新型农业经营体系共同投资实现的。而对于私益性农业基础设施如农业生产大棚、办公用房、田间灌溉系统等现代农业设施，原则上应由新型农业经营主体自有资金和融通金融资本来投资建设。但为了吸引私人资本对高风险的农业进行投资，财政可以采取财政补贴、产业投资基金等形式给予引导性支持，并通过财政投资的股权化改革，让农户借助股权分享农业现代化的增值收益。各类现代农业基础建设与服务供给的财政投资形式如表 11-1 所示。

4. 新型农业经营体系构建的财政投资政策传导机制

在新型农业经营体系构建的财政投资政策运行中，政策传导过程是由政策工具作用于新型农业经营体系，首先将政策意图传递给中间目标，并通过中间目标的变化，传递并作用于最终目标。其传导机制如图 11-2 所示：财政直接投资作用于纯公益性农业基础设施和服务领域，政府购买产业投资基金和运用 PPP 混合投资模式作用于准公益性农业基础设施与服务领域，财政补贴投资（即政府引导性补贴）作用于私益性农业基础设施与服务领域。三种农业基础设施与服务的改善均通过服务于新型农业经营体系的构建而逐步实现中间目标和最终目标。

11.1.3 新型农业经营体系构建的财政补贴政策设计

新型农业经营体系构建周期一般要经历 5~10 年甚至更长的时间。此时，新型农业经营体系自我资本积累能力和农业经营管理能力较弱，为了应对新型农业经营体系创业期生产经营领域面临的高成本（包括要素成本、学习成本、组织成本）

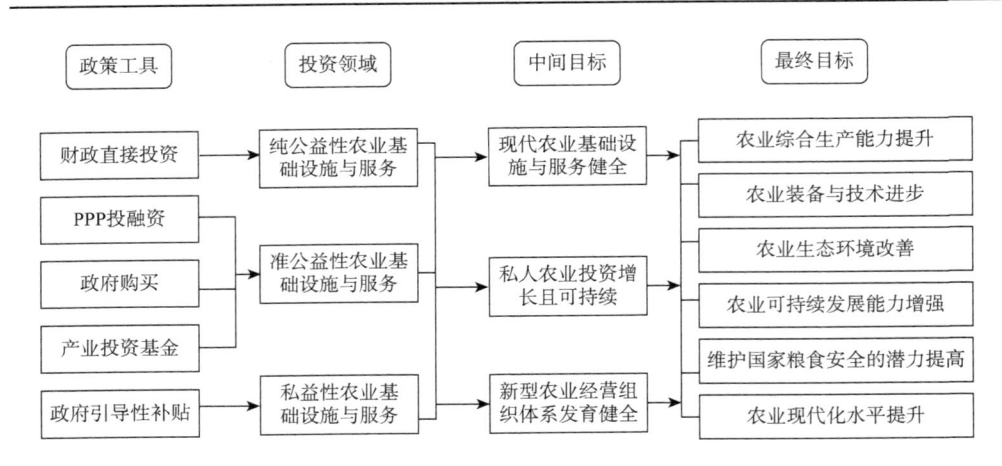

```
政策工具        投资领域          中间目标           最终目标

财政直接投资 → 纯公益性农业基  → 现代农业基础设  → 农业综合生产能力提升
                础设施与服务        施与服务健全
PPP投融资                                             农业装备与技术进步
              → 准公益性农业基  → 私人农业投资增
政府购买         础设施与服务      长且可持续        农业生态环境改善

产业投资基金                                          农业可持续发展能力增强

                                                     维护国家粮食安全的潜力提高
政府引导性补贴 → 私益性农业基  → 新型农业经营组
                 础设施与服务     织体系发育健全    农业现代化水平提升
```

图 11-2 新型农业经营体系构建的财政投资政策传导机制

和高风险（包括自然、市场、技术与信用等风险），客观上需要政府通过"输血式"支持，对其生产要素成本和生产经营风险提供适当比例的补贴，以逐渐提高其独立的"造血"能力。按照 WTO 农业补贴规则，这些补贴绝大多数属于"黄箱"政策，归属"生产者支持"范畴。

1. 新型农业经营体系生产经营环节财政补贴政策目标

一般说来，对应于新型农业经营体系生产经营领域的财政补贴政策目标也有最终目标和中间目标两种类型。

（1）最终目标。最终目标主要包括农产品供给数量质量有效提升、国家粮食安全持续巩固、农业向强效产业可持续发展、农业生产经营积极性提高、农业现代化水平提升五个方面。确定这些目标的依据是，新型农业经营体系的培育和发展，根本要求是要通过采取新的农业经营组织模式对农业要素资源进行重新优化配置和利用，一方面做大做强农业产业，确保农产品有效供给，持久维护国家粮食安全；另一方面，又要保障农业经营主体获得至少是社会平均利润率测算下的收入水平，以维护其持续生产经营的积极性。可见，保供给、保增收和可持续是财政支持新型农业经营体系生产发展最核心的三个最终目标。

（2）中间目标。中间目标主要包括农业要素成本降低、农业经营风险减弱、农业产业组织发育、基础农业收入有保障、农业生态涵养提高等五个方面。确定这些目标的依据是，农业要素成本和农业经营风险直接影响农业经营收入和效益，进而影响农业生产者的积极性；农业产业组织发育是农业成为强效强势产业的必要条件，基础农业收入有保障是农产品供给数量质量有效提升的重要条件，农业生态涵养是确保农产品质量安全的根本保障。因此，要实现财政支持新型农业经营体系构建的五大最终目标,需要借助这五个中间目标进行政策传导。

2. 新型农业经营体系生产经营环节财政补贴政策工具

按照 WTO 规则,在新型农业经营体系生产经营环节的财政补贴政策工具可以设置以下七类(表 11-2)。

表11-2 新型农业经营体系生产经营环节的财政补贴政策工具设计

政策类别	政策功能	政策工具	WTO规则工具类型	现有状态	建议新增政策工具	备注
农业生产要素补贴政策	降低农业要素成本	农资综合补贴	"黄箱"	√		统一为农业生产支持补贴,按种养面积或规模计算
		农作物良种补贴	"黄箱"	√		
		农机具购置补贴	"黄箱"	√		巩固推进
		农业信贷利息补贴	"黄箱"		√	加快推进
		农业社会化服务购买补贴	"黄箱"		√	
		土地流转补贴	"黄箱"		√	试点推进
农业规模化、组织化经营补贴政策	促进农业组织化、规模化经营	专业大户补贴	"黄箱"		√	加快创新推进
		农业产业化组织建设补贴	"绿箱"		√	
保障农业收入补贴政策	保障基础粮食、肉类安全和获得合理的基础农业收入	基本畜产品养殖补贴	"绿箱"	√		加快推进,改革粮食直补受益人为实际种粮人
		大宗粮食作物种植补贴	"绿箱"	√		
农业自然风险补贴政策	降低自然风险的影响	灾害救助	"绿箱"	√		灵活使用
		农业保险保费补贴	"绿箱"	√		加快拓展
农业市场风险补贴政策	分散价格风险	目标价格补贴	"黄箱"	√		加快拓展项目
		临时收储措施	"黄箱"	√		灵活使用
		最低收购价	"黄箱"	√		逐渐过渡到目标价格补贴
农业新技术运用风险补贴政策	分散新技术风险	农业新技术采用补贴	"绿箱"		√	创新推进
农业绿色生产与生态涵养补贴政策	农业供给结构优化;绿色生产与土壤肥力、生态涵养	农业环保补贴	"绿箱"		√	应视情况灵活实施和创新推出
		农业无公害生产补贴	"绿箱"		√	
		土地休耕培肥补贴	"绿箱"		√	
		草原休牧还草补贴	"绿箱"		√	
		绿肥种植涵养补贴	"绿箱"		√	
		测土配方施肥补贴	"绿箱"	√		

注:表中"√"表示政策已出台

（1）农业生产要素补贴政策。农业生产要素包括土地、资本、劳动力、技术、种子、生产资料、农业机械、农业服务等。近年来，我国农业生产要素价格总体上呈现不断上升的趋势，尤其是土地、劳动力、资本、农业生产资料等要素价格更是呈现刚性上涨，对新型农业经营体系构建构成极大挑战。因此，为了降低农业要素成本，加快新型农业经营体系的构建，建议国家补充完善农业要素成本补贴措施，包括农资综合补贴、农作物良种补贴、农机具购置补贴、农业信贷利息补贴、农业社会化服务购买补贴、土地流转补贴，其中农业信贷利息补贴和土地流转补贴为建议新增项目。建议总结农资综合补贴、农作物良种补贴、粮食直补合并为"农业支持保护补贴"的试点经验，逐步推广，并与新型农业经营主体实际粮食播种面积挂钩；积极推广农业社会化服务购买补贴，重点向基础农业生产和粮食主产区倾斜，新增农机具购置补贴应向农机动力不足的粮食主产区倾斜；积极探索土地流转补贴，对土地转出农户给予补贴，降低新型农业经营主体土地流转成本，促进适度规模化经营。

（2）农业规模化、组织化经营补贴政策。新型农业经营体系的组织补贴包括基础农业专业大户补贴、农业产业化组织建设补贴，均为建议新增项目。建议因地制宜地对基础农业专业大户和产业化经营组织用于组织建设、生产发展、固定资产投资等方面给予投资补助，以促进新型农业经营体系培育和三次产业融合发展。

（3）保障农业收入补贴政策。确保农业收入稳定的补贴工具包括基本畜产品养殖补贴、大宗粮食作物种植补贴。应重点针对基础农业生产经营主体进行补贴，改革现有粮食直补政策的受益人为实际种粮人，补贴数额与实际粮食播种面积直接挂钩。

（4）农业自然风险补贴政策。农业自然风险补贴政策主要包括灾害救助和农业保险保费补贴。农业保险保费补贴应采取差异化补贴方式，覆盖所有种粮大户，向粮食主产区、中西部财力困难的地区及重点粮食品种倾斜，尤其要向高风险、低收益的粮油作物品种倾斜，对高风险、高收益的特色水果、花卉苗木等品种，纳入商业农业保险范畴。

（5）农业市场风险补贴政策。农业市场风险补贴政策主要包括目标价格补贴、临时收储措施和最低收购价政策，其中最低收购价需过渡到全部采用目标价格补贴政策实行差价补贴；对稻谷、小麦等品种，应继续在粮食主产区实施最低收购价政策，进一步提高小麦和稻谷尤其是优质水稻的最低收购价水平，当最低收购价高出国际市场价格后，应锁定最低收购价，启动水稻专项补贴；试点探索建立玉米等重要农产品价格稳定带制度，以替代临时收储政策，待试点成熟后逐步推广到猪肉、牛肉、牛奶等重要农产品优势主产区。

（6）农业新技术运用风险补贴政策。尽管一些农业新技术在应用之前需要进行试种，待试验成功后才可能大面积推广，但在推广过程中，也可能受到地理、气候等因素的影响，使得新技术不稳定，从而给新型农业经营主体带来风险，尤其是那些新品种的繁育和推广，产出风险更大。为了帮助新型农业经营体系分散新技术风险，政府应对农业新技术带来的风险损失设置专项补贴项目，按核算的损失额度给予一定比例的补偿。

（7）农业绿色生产与生态涵养补贴政策。农业绿色生产与生态涵养补贴政策具体包括农业环保补贴、农业无公害生产补贴、土地休耕培肥补贴、草原休牧还草补贴、绿肥种植涵养补贴、测土配方施肥补贴等。目前只有草原休牧还草补贴、测土配方施肥补贴，其余的补贴工具建议创新推进，加强对新型农业经营主体环保设施投入、无公害生产、土壤肥力培育等农业环境修复补贴，以调动新型农业经营主体加强农业生态环境保护和绿色生产的积极性。

3. 新型农业经营体系生产经营环节财政补贴政策传导机制

在新型农业经营体系构建的生产经营环节，各项补贴政策向中间目标和最终目标传导的机制如图11-3所示。农业要素补贴、农业组织补贴、农业收入补贴、农业风险补贴和绿色环保补贴分别对应于各自的中间目标，即农业要素成本降低、农业产业组织发育、基础农业收入有保障、农业经营风险减弱和农业生态涵养提高等，这些中间目标基本都会传递给最终目标，从而实现农产品供给数量质量有效提升、国家粮食安全得到持续巩固、农业向强势产业可持续发展、农业生产经营积极性提高、农业现代化发展水平提升。

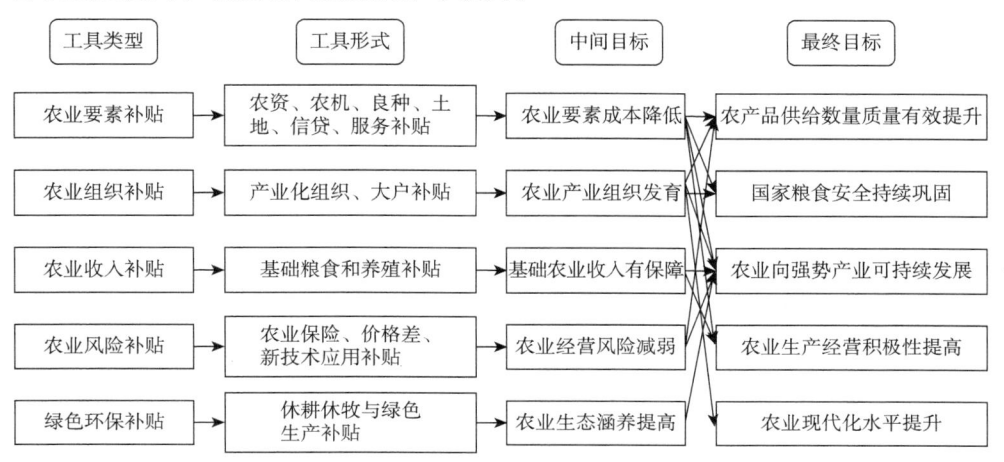

图 11-3 新型农业经营体系农业生产经营环节财政补贴工具及传导机制

11.1.4 新型农业经营体系构建的税收政策设计

税收政策是调节和引导新型农业经营体系构建最重要的政策工具之一,是财政支农政策的重要组成部分。结合目前我国农业税收制度的实际情况,建议国家从以下两个方面进行政策改进。

1. 新型农业经营体系构建的税收政策目标

在构建阶段,绝大多数新型农业经营主体尤其是那些城市资本下乡建立的新型农业经营主体,尚处于探索、学习、创业阶段,加之一些农业项目本身具有的高风险性和低效性,使得新型农业经营主体盈利能力比较弱,客观上需要政府予以税收政策支持。新型农业经营体系构建的税收政策目标主要有两个。

(1) 减少新型农业经营体系的税收负担,提高盈利空间。减少新型农业经营体系的创业成本和风险,增强其盈利能力和空间,提高其投资现代农业的积极性,实现现代农业可持续发展,是新型农业税收体系建设的根本目标之一。而对新型农业经营主体直接减税,目的就是要帮助其降低创业成本和风险,实现预期收益。

(2) 促进新型农业经营体系绿色生产与经营,实现现代农业生态文明。税收对现代农业生态文明具有较强的引导和激励约束作用。为了促进新型农业经营体系的绿色、无公害化生产经营,促进环境友好型现代农业发展,可以采取有效的税收政策工具,通过减少绿色生产与经营的农业企业的税率,加大环境污染型农业企业的税收负担,有效抑制农业生产经营中的环境污染行为,促进绿色农业生产与发展。追求农业生态文明和绿色发展,理应成为现代农业税收政策的基本目标。

2. 新型农业经营体系构建的税收政策工具

尽管我国于 2006 年部分农业税种废除了,但是在推进农业现代化进程中,也会带来新的需要规范和调整的纳税问题,尤其是随着三次产业的融合发展,原先适用于第二产业、第三产业的税收品种和税收政策在促进三次产业融合发展中的新型农业经营体系时显然已不再适用,客观上需要研究三次产业融合发展中的税收政策体系。建议加快研究促进城市工商资本下乡创业发展成新型农业经营主体的税收优惠政策,对现有涉农企业的税收优惠政策进行检讨和梳理,对构建阶段的涉农企业所得税设立 5~10 年的"税收假日"[①],进一步优化农产品流通领域的税种,降低增值税率;设置农业环境税种,对倡导绿色生产、绿色发展和环境保

[①] 所谓税收假日就是政府给定特定纳税人一定期间的税收免缴政策。通常是政府为了扶持某类重要企业或产业的发展,而推出的一项税收优惠政策,纳税人税收免缴期一旦结束,就要开始按正常税率征税。

护的新型农业经营主体实行环境免税政策;对环境保护不力、农药化肥滥用的新型农业经营主体征收惩罚性环境保护税,以促进新型农业经营主体发展环境友好型现代农业。

11.2 新型农业经营体系构建的金融政策框架设计

与财政政策类似,金融政策同样是促进新型农业经营体系构建不可缺少的调控政策之一。金融政策主要通过信贷、担保、直接融资和保险等政策工具的使用,引导金融机构与金融市场为新型农业经营体系的构建创新与供给金融服务,以满足新型农业经营体系的资金融通和经营风险分散的需要。下面着重从政策目标、政策工具和传导机制三个方面设计新型农业经营体系构建的金融政策框架。

11.2.1 新型农业经营体系构建的金融政策目标取向

新型农业经营体系构建的金融政策目标同样包括最终目标和中间目标两个层次,但相比财政政策,金融运行要遵循市场原则、市场机制、经济效益,并控制风险,因而其最终目标比较简化。下面将对金融政策的最终目标和中间目标取向分别进行界定。

1. 新型农业经营体系构建的金融政策最终目标

促进新型农业经营体系构建的金融政策,大致具有以下四个边界清晰的最终目标。

(1)新型农业经营体系健全。新型农业经营体系健全,是金融政策需要从产业组织角度实现的最终目标。该目标的基本内涵是,在新型农业经营体系中,各类子体系的经营组织得到充分发育,经营组织数量得到有效增长,各新型农业经营主体的盈利能力持续增强,组织治理质量得到大幅度提升,农业现代化的产业组织基础得到有效夯实。

(2)农业综合生产能力提高。农业综合生产能力提高,是新型农业经营体系构建的金融政策需要从产能角度实现的最终目标。农业综合生产能力的核心要义就是农业产能,它主要取决于农业资源禀赋(自然决定)、农业基础设施(由投资决定)、农业经营主体经营管理能力(由知识、经验和技术决定)、农业技术进步(由研发和推广决定)等。其中,后三个因素都与金融资金投入和金融政策的引导分不开,故金融政策在促进新型农业经营体系构建中,理所当然应将农业综合生产能力的提升作为根本目标之一。

(3)农业绿色可持续经营能力增强。农业绿色可持续经营能力增强,是新型农业经营体系构建的金融政策需要从促进现代农业发展方式转型角度实现的最终目标。随着居民收入水平的持续提高,人们对农产品消费的质量要求大幅度上升,从过去主要追求数量、解决温饱向现在的注重质量、追求健康的要求转变,这就需要政府引导新型农业经营体系发展绿色无公害生产,供应高质量、富有营养的安全农产品。这不仅是消费者的需要,也是地球生态环境维护的需要,这种需要也将倒逼新型农业经营体系发展绿色生产。而金融在引导新型农业经营体系绿色生产经营方面具有独特的优势,可以通过绿色金融政策引导资金流向绿色经营农业企业,实现现代农业绿色和可持续发展目标。

(4)农业风险管理水平提高。农业固有的自然风险与市场风险,不会因经营主体变化而改变。如何帮助新型农业经营体系分散风险,成为新型农业经营体系构建政策需要解决的核心问题。而金融在分散风险方面具有独特的功能,可以通过保险、期货、期权等机制建立起现代农业社会化风险分担机制,帮助新型农业经营体系降低现代农业经营风险。而农业风险分担机制的建立显然需要金融政策的引导,故促进现代农业社会化风险管理水平的提高,自然成为新型农业经营体系构建的金融政策需要追求的目标。

2. 新型农业经营体系构建的金融政策中间目标

促进新型农业经营体系构建的金融政策,无法直接实现最终目标,需要一些中间指标进行政策传递,这些中间指标就是新型农业经营体系构建的金融政策中间目标。具体有以下几个方面。

(1)新型农业经营体系融资便利与可持续。融资便利与可持续的基本内涵是新型农业经营体系向金融机构和金融市场融资的程序简单、手续简化、资金申报获批达到的时间短、融资中交易成本低,且能实现可持续融资等。新型农业经营体系构建的金融政策,就是要激励和引导金融机构在风险可控的情况下简化流程,提高服务效率,降低金融交易成本。唯有如此,才能从根本上解决新型农业经营体系面临的融资难问题。

(2)新型农业经营体系融资价格激励相容。融资价格是新型农业经营体系融资成本的核心组成部分。融资价格过高时,虽然有利于金融机构盈利,但会阻碍新型农业经营体系的资本积累与可持续发展;融资价格过低时,虽有利于新型农业经营体系,但不利于金融机构财务可持续且阻碍其向新型农业经营体系可持续融资。因此，必须寻求一个包容性的融资价格，使新型农业经营体系与金融机构实现互利共赢。当前，我国新型农业经营体系普遍面临融资贵的问题，要解决好这一问题，需要金融政策对融资价格形成机制进行合理引导，促进金融机构根据新型农业经营主体的信用资源禀赋、经营与风险特征，在财务可持续和风险可控目标下进行有弹性的灵活定价，以降低新型农业经营体系的融资成本，提供新型农业经营体系还本付息后的盈利空间。

（3）新型农业经营体系农业避险金融工具丰富。要建立现代农业社会化风险分担机制，需要充分利用保险、期货、期权等金融手段，开发功能齐全、品种多样的避险金融工具。这就需要政府出台支持新型农业经营体系构建的金融政策进行有效引导和激励。而保险政策、期货政策、期权政策是引导金融机构主动创新现代农业避险金融工具的重要政策，因而形成丰富的避险金融工具供新型农业经营体系选择投资，必然会成为新型农业经营体系金融政策的重要中间目标。

（4）农业金融风险可控。金融机构与金融市场支持新型农业经营体系的构建，首先需要确保金融风险可以控制，不会引发系统性金融风险。这不仅是金融机构与金融市场对新型农业经营体系提供服务创新的底线，也是金融行政部门政策调控监管需要实现的目标。农业经营风险天然比工商业风险高，因而农业的金融服务风险也天然高于工商业，那么金融政策对这两类金融服务的风险容忍度就应当有所区别，即农业金融服务的风险容忍度应当适当高于工商业，以便现代农业有更多更公平的机会捕获金融服务而实现自身发展。因此，支持新型农业经营体系构建的金融政策需要将风险可控下的风险容忍度作为中间目标，对金融服务数量和质量进行引导与监控，使金融支持新型农业经营体系的服务既可以保持速度增长，又能有效控制好金融风险，实现支持现代农业发展与风险防控的有机统一。

11.2.2 新型农业经营体系构建的金融政策工具创新

新型农业经营体系构建的金融政策工具箱包括货币信贷、担保、资本市场等方面的工具形式。下面对这些政策工具分别给出创新建议。

1. 货币信贷政策工具创新

针对新型农业经营体系信贷融资，中国人民银行和银保监会可以采取的政策调控工具主要有三个：一是普适性政策工具。为适应新型农业经营体系构建的巨大资金需求，央行应继续推行支农再贷款、再贴现政策。将支农再贷款政策辐射面由传统的种养业逐步向符合政策要求、效益看好、带动农户增收和就业的特色产业基地、"公司+基地+农户"的现代农业产业化企业延伸，支持在农村经济发展中起引领作用的涉农企业法人、农产品协会、农业合作经济组织等新型农业经营体系发展;在支农再贷款中,根据农林牧渔业比重确定 1~3 年中长期再贷款额度占比,科学核定支农再贷款期限[①],规避农业生产经营规律与贷款周期的矛盾;中国人民银行地市中心支行应依据各地新型农业经营体系发展需求、资金余缺程度和再贷款管理水平等因素,统一管理、灵活调剂支农再贷款,充分发挥支农再贷款撬动金融机构贷款服务新型农业经营体系的功能;优先支持农业企业票据再贴现,积极推行差别化存款准备金等调控政策,进一步降低农村金融机构存款准备金率,使农村金融机构有更多的资金支持新型农业经营体系。二是定向性政策工具。适应国家农业供给侧结构性改革,农业绿色发展,农业与第二产业、第三产业融合发展的现实需求,中国人民银行、银保监会应加强窗口指导,创新绿色农业、供应链农业信贷调控工具,制定和发布金融机构重点定向支持的现代农业方向和领域,并通过优惠再贷款、提高风险容忍度等政策工具,引导金融机构积极创新发展绿色农业信贷、农业供应链金融等产品,增加紧缺、高效、特色农产品生产主体的信贷支持力度,减少过剩、低效农产品生产主体的信贷支持力度,稳住水稻、小麦等基本口粮和肉类生产主体的信贷支持力度,在确保信贷支农总量有效增长基础上,优化信贷支农结构,实现农产品供求动态平衡。三是风险监管工具。加强农业信贷的宏观综合审慎监管,实行差别化农业金融监管政策,完善农村产权抵押融资政策,支持金融机构将农地经营权及预期收益权、林权、生物资产、集体建设用地使用权、农房使用权、保险农畜产品、大型农机具、库存产品、应收账款等可变现物权列入反担保抵押范围,在风险可控下积极稳妥开展面向新型农业经营体系的农村产权抵押担保贷款,并设定涉农金融机构产权抵押物存量中至少有 15%的农村产权抵押物要求,将农业信贷风险容忍度提高到 2.5%的水平。

2. 农业担保政策工具创新

农业融资担保是新型农业经营体系信贷融资中,在传统抵押物不足下实现增信的重要手段。主要的政策工具包括三个,一是市场准入创新。适度降低市场准入标准,鼓励有条件的市、县、区建立地方性农业担保融资公司,积极扩展担保营业网点,设立中央层面的或由中央带动地方建立的农业信贷担保基金,优先支持粮食主产区政策性农业融资担保机构。在非粮食主产区和特色效益农业区,加快发展商业性农业担保公司,满足当地新型农业经营体系对融资担保的需求。

[①] 例如,有些农业经营项目如果园等经济林木的生产周期一般在 1 年以上,甚至需要 3~5 年,新型农业经营主体不可能在一个生产周期内完全收回投资并产生较大的收益,因此基层农村信用社等金融机构发放贷款一般是 1~3 年。但是,涉农金融机构必须在 1 年内向中国人民银行归还到期支农再贷款,这显然在期限上是不匹配的,最终会影响金融机构的流动性和信贷支农服务的能力(丁延青和付宝全,2017)。

二是制度创新。引导农业担保公司不断完善治理结构，健全农业担保保证金制度、反担保制度、集体审核制度、内部控制制度及债务追偿制度；鼓励省级农业融资担保公司在发展好农业信贷担保业务基础上，稳妥发展现代农业资产的价值评估、收处、交易变现等资产管理业务；准许担保公司通过发行担保债券、融通票据和上市融资等多种途径解决其资金来源缺失的问题。三是风险监管创新。引导担保公司加强对新型农业经营体系的担保融资，积极扩大反担保物范围，积极推进现代农业生物资产反担保，制定合理的基准担保费率，引导担保机构适度降低担保费率，延长担保期限，并借鉴国际经验将农业担保代偿率容忍度提高至4%的水平。

3. 农业风险规避政策工具创新

保险、期货、期权是农业风险规避的重要机制。为了建立规避现代农业风险的金融机制，建议银保监会等行政金融部门采取以下政策工具进行调控。一是市场准入创新。积极放开农业保险市场，加快组建中央财政主导下的再保险机构，健全巨灾保险等农业政策性保险运行机制，引导财政实力雄厚的地方政府出资发展政策性农业保险公司，鼓励特色农业地区加快发展商业性农业保险；加快积累市场经验，积极稳妥推进农产品期货、期权市场交易品种扩容，加快发展重点农产品、畜产品的期货、期权市场；二是现代农业风险规避制度创新。进一步完善农业保险创新发展机制，鼓励保险机构开发适应市场需要，对新型农业经营主体具有特定意义的农业保险产品，由传统的保成本向保产量、保利润转型，把大型农用生产机械、农业基础性生产设施、农业规模化生产设备纳入保障范围，积极发展产量保险、价格保险、气象指数保险等新型保险产品，在全国生猪养殖大县开展生猪目标价格保险试点，加快建立覆盖自然、市场、成本、收入、信用等环节的保险产品体系，开发保物化成本、完全成本、基本收益等不同保障水平的保险产品，合理制定农业保险参照费率，引导保险机构制定激励相容的农业保险费率，扩大农业保险覆盖面。加快农产品期货、期权市场制度建设，完善交易机制和保证金制度，建立现货市场与期货、期权市场价格有机联动的机制，增强期货、期权市场价格发现和规避市场价格波动风险的功能；三是市场监管创新。创新农业保险监管方式，加强现场监管，提高非现场监管效率，完善农业保险业务发展绩效考核指标体系和运行机制，督促保险机构提高农业保险服务质量和效率。加强对农业保险理赔监督，适当提高农业保险公司损失补偿率。健全农产品期货、期权市场监管制度，使场内监管和场外监管有机结合，提高农产品期货、期权交易效率。

4. 资本市场融资政策工具创新

积极开辟直接融资渠道，适当放宽农业资本市场入市条件，是新型农业经营体系摆脱融资困境的根本途径。为此，证券监管部门可以采取的政策工具主要有三个。一是市场准入创新。在风险可控的条件下实行差别化的资本市场准入政策，适当降低农业企业在各类资本市场入市的门槛标准，积极孵化和培育符合上市条件的新型农业经营主体，加强上市前的辅导和入市资质认定，使符合上市条件的新型农业经营主体都有平等机会在相应的资本市场融资。二是资本市场制度创新。加快完善主板市场、风险投资市场、新三板市场对农业企业的上市融资规程和制度，积极发展农业私募股权投资基金，促进新型农业经营主体股权化融资。三是监管创新。加强新型农业经营体系财务制度创新，促进上市新型农业经营主体规范披露财务信息，提高农业企业项目经营透明度，降低投资者与农业企业的信息不对称程度，提高农业融资效率，保护农业投资者的合法权益。

11.2.3 新型农业经营体系构建的金融政策传导机制

金融政策引导金融机构和金融市场创新金融产品与服务，促进新型农业经营体系的构建，是通过如图 11-4 所示的传导机制进行传导的。其中，信贷政策工具的调控对象是农业信贷机构和信贷市场，中国人民银行和银保监会将通过政策工具，引导农业信贷机构加强新型农业经营体系信贷产品与服务创新，增加农业信贷品种，降低信贷利率和交易成本，从而满足新型农业经营体系的融资需求；农业融资担保政策工具的调控对象是担保机构和担保市场，中国人民银行等金融调控部门通过采取灵活有效的担保政策工具，健全担保体系，引导担保机构加强担保服务创新，提高担保覆盖率，满足新型农业经营体系融资担保需求；资本市场政策工具主要调控农业资本市场体系，为新型农业经营体系上市融资提供市场、制度和监管条件，便利直接融资；农业避险政策工具包括农业保险、农产品期货、期权三个方面，调控对象是农业保险机构和农产品期货期权市场，主要通过农业保险和农产品期货、期权市场发展，为新型农业经营体系提供农业风险社会化分散渠道，降低风险损失，提高盈利能力。由图 11-4 可见，虽然不同的政策工具作用的中间目标各有侧重，但都会通过不同的中间目标最终传递到四个最终目标，通过构建新型农业经营体系，使农业综合生产能力、农业绿色可持续经营能力、农业风险管理水平得到大幅度提高。

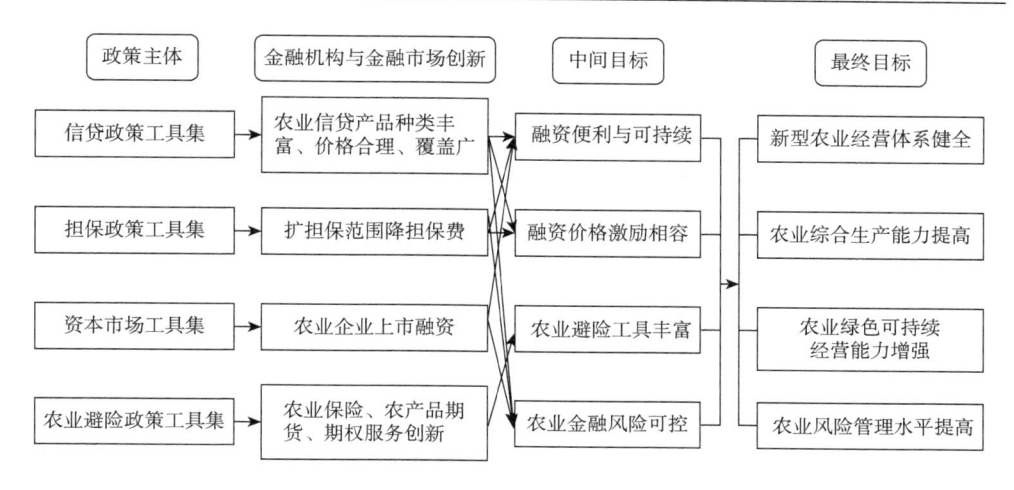

图 11-4　新型农业经营体系构建的金融政策传导机制

11.3　新型农业经营体系构建的财政金融政策配合设计

新型农业经营体系的构建，不仅需要财政政策和金融政策各自发挥积极的调控作用，而且需要在政策制定、职能分工和风险分散方面进行密切的配合，才能产生政策协同效应。

11.3.1　新型农业经营体系构建的财政金融政策联合决策

在新型农业经营体系构建中，财政金融政策发动主体分别是财政部门、中国人民银行和金融监管等部门，配合的基本目标是要实现新型农业经营主体相关信息（包括资金需求、经营状况、经营风险、农业项目等信息）在各部门之间共享和财政金融支农政策的协同决策。

（1）建立财政与金融等行政部门对现代农业信息的沟通共享机制。新型农业经营体系的构建涉及的行政服务部门众多，包括中国人民银行、金融办、财政部门、农业部门、国土部门、林业部门、银保监会等行政机构，任何一个部门对新型农业经营体系决策不配套，都将直接影响相关政策的有效落地。而要实现各部门有效决策，需要在各地建立统一的新型农业经营主体信息数据库，实行多部门现代农业信息联网和共享，以便各部门在做出对应的支持政策时有充分的信息基础。

（2）建立财政部门与金融部门联合协同决策机制。加强财政部门与中国人民银行、银保监会等行政金融部门的配合与协作，建立决策联席会议制度，形成协同决策、一致决策机制，就财政金融支持新型农业经营体系构建的政策进行统一协调，使财政与金融在支持新型农业经营体系构建中实现合理的分工，在促进金融支持新型农业经营体系构建的风险防范中实现合理的衔接和配合，确保财税部门对新型农业经营体系构建的财政贴息、风险补偿金、税收优惠政策及时到位，与中国人民银行、银保监会等监管部门的风险监管形成无缝对接，提高金融机构开展现代农业金融服务的积极性。

11.3.2 新型农业经营体系构建的财政金融政策工具配合

适应新型农业经营体系构建期间的经营与风险特征，财政金融政策工具的配合可以从以下几个方面展开。

（1）财政投资与信贷投放分工支持新型农业经营体系构建。根据财政与金融的资金属性不同，财政政策应该着力于对农业基础设施领域和大宗粮肉等基础农业发展进行支持和调控，引导财政资金更多流向现代农业基础设施、基础农业和农业重点发展区，重点追求社会效益、生态效益，兼顾经济效益；金融政策应该着力于对新型农业经营主体的生产发展领域和特色效益农业发展进行支持和调控，引导金融机构将更多的资金投向经营性农业发展领域、农业产业链领域和特色效益农业领域，重点追求经济效益，在促进农业现代化中努力实现新型农业经营体系与金融机构互利共赢。

（2）财政、银行、担保共担信贷支持新型农业经营体系构建。各级财政应设立现代农业信贷风险补偿基金，按照一定分担比例专项用于农村金融机构信贷支农风险补偿，以及对担保公司承担政策性担保所带来的亏损进行适当的补偿。各级财政应当建立固定的风险补偿预算机制，确保现代农业风险补偿基金按时到位，以支持金融机构积极开展新型农业经营体系信贷担保服务创新。同时，应积极促进财政风险补偿基金的运行机制，在农业信贷风险损失分担中，建议财政补偿基金承担40%、担保公司承担30%、银行承担30%；对于已经支付了财政风险补偿基金但后期又收回了注销贷款的情形，金融机构应根据最终损失分担比例结算财政风险补偿金，并将前期获得的多余财政风险补偿金退还到财政风险补偿基金池，以实现财政风险补偿基金滚动发展。

（3）财政引导农业保险支持新型农业经营体系的构建。一是建立主要粮食品种基本保险普惠补贴制度、地方特色农产品保险保费奖补制度。对水稻、小麦、玉米等基本粮食保障保险实施普惠制补贴，由中央和省级财政给予全额补助；对地方自主开展的特色农产品保险，由中央财政给予一定比例的奖励。二是扩大农业保险税收优惠。当前我国仅对农业保险免征营业税和印花税，且界定范围偏窄。为了促进农业保险机构保本微利与可持续经营，应对农业保险实施免征营业税和所得税，进一步扩大免征范围，建议将农村住房保险、农业机械保险、农民财产险和人身险等其他涉农保险业务纳入税收优惠范围，允许保险公司对农业巨灾风险准备金进行累计提取，并在税前扣除，以增加农业保险机构资金实力和抗风险能力，更好地服务于新型农业经营体系。三是在地方财力允许的情况下，加快完善多层次农业保险大灾风险分散机制，探索建立政府支持的农业巨灾风险补偿基金，健全市场和政府共同参与、保险公司自行负担、再保险和特大风险政府支持的三级农业巨灾风险分散制度，为新型农业经营体系的生产经营保驾护航。

（4）财政、信贷与保险联合支持新型农业经营体系。为了支持三次产业融合发展，促进农业跨界经营，延长农业产业链，提高农业附加值，应加快财政金融政策工具的协调配合。财政政策方面可以通过财政出资组建和推广现代农业产业投资基金，通过农业产业投资基金对农业产业化经营主体给予基金支持。金融政策则通过信贷、保险政策工具，引导信贷和保险机构加强对农业产业化经营主体的信贷及保险支持，从而共同促进农业产业链的形成与发展。

11.4 本章小结

本章着重对新型农业经营体系构建的财政金融政策进行了设计，具体内容包括新型农业经营体系构建的财政政策设计、金融政策设计和财政与金融配合支持设计三个方面。研究的基本结论有以下三点。

（1）新型农业经营体系构建的财政政策目标具有多样性和复杂性，决定了财政政策工具的多样性和复杂性，但无论是财政投资还是财政补贴，都应当在遵循规则、保护市场导向的前提下，明确领域、突出重点、量力而行、循序渐进，使财政资金发挥应有的作用，核心是要在支持新型农业经营体系构建中处理好市场与政府、中央与地方政府、政府各涉农部门之间的关系。

（2）新型农业经营体系构建的金融政策目标相对比较单一，因而金融政策工具设计需要遵循市场金融运行规律和防范风险，在信贷、担保、保险、资本市场等方面设计有差别化的政策措施，以引导农村金融服务系统向新型农业经营体系提供金融资本和风险分散两大核心要素。

（3）在新型农业经营体系构建中，还需要建立财政金融政策配合机制，无论是政策工具设计，还是在新型农业经营体系构建过程中，都需要采取信息共享、决策协同、政策工具使用协同，才能产生政策协同效应。

参 考 文 献

安索夫 I.1965.公司战略[M].曹德骏译.保定：河北大学出版社.
白钦先.1989.比较银行学[M].郑州：河南人民出版社.
白钦先.2003.百年金融的历史性变迁[J].国际金融研究,（2）：59-63.
蔡元杰.2013.构建富有效率的新型农业经营体系[J].农村工作通讯,（9）：41-42.
曹国庆.2013-06-10.创新农业生产经营制度 释放农村改革红利[N].江西日报,（003）.
曹倩,权锡鉴.2011.论政府在农业巨灾保险体系中的角色定位[J].金融发展研究,（12）：75-79.
陈东平,任芃兴.2013.成员异质性与农村资金互助组织非"民主治理"——以苏北地区为例[J].南京农业大学学报（社会科学版）,13（4）：45-53.
陈雷,张陆伟,孙国玉.2010.可行能力视角下的失地农民问题研究——以淄博市为例[J].中国社会科学院研究生院学报,（3）：71-77.
陈强.2014.高级计量经济学及 Stata 应用.2 版.北京：高等教育出版社.
陈秋珍,Sumelius J.2007.国内外农业多功能性研究文献综述[J].中国农村观察,（3）：71-79.
陈苏广,刘文忻.2015.农业制度变迁与新型农业经营体系的构建[J].辽宁行政学院学报,（10）：28-34.
陈锡文.2013.构建新型农业经营体系加快发展现代农业步伐[J].经济研究,48（2）：4-6.
陈锡文,韩俊.2017.中国农业供给侧改革研究[M].北京：清华大学出版社.
陈晓华.2016."十三五"期间我国农产品质量安全监管工作目标任务[J].农产品质量与安全,（1）：3-7.
程国强.2011a.中国农业政策的支持水平与结构特征[J].发展研究,（9）：77-82.
程国强.2011b.中国农业补贴制度设计与政策选择[M].北京：中国发展出版社.
程郁,罗丹.2009.信贷约束下农户的创业选择——基于中国农户调查的实证分析[J].中国农村经济,（11）：25-38.
戴宏伟,随志宽.2014.中国普惠金融体系的构建与最新进展[J].理论学刊,（5）：48-53.
邓卫平.2016.财政支农促进农业现代化的机理及实证研究[D].长沙：湖南大学.
邓小平.1993.邓小平文选（第三卷）[M].北京：人民出版社.
丁延青,付宝全.2017-04-24.支农再贷款政策传导效应实证分析[N].金融时报,（010）.
董景荣,周洪力.2007.技术创新内涵的理论思考[J].科技管理研究,27（7）：27-29.
董理.2012.日本农业财政补贴政策及对中国的借鉴[J].世界农业,（12）：34-36,49.
董晓林,张晓艳.2013.金融发展对城乡居民收入差距的影响——基于空间计量模型的实证研究[J]. 南京农业大学学报（社会科学版），13（3）：33-39.
杜鹰. 2017. 完善重要农产品价格形成机制[M]//陈锡文，韩俊. 中国农业供给侧改革研究. 北京：清华大学出版社.
杜志雄，肖卫东. 2014. 家庭农场发展的实际状态与政策支持：观照国际经验[J]. 改革，（6）：39-51.
段应碧. 2007. 农业产业化龙头企业的金融支持[J]. 中国流通经济，（9）：4-6.
凡勃伦 T B.1964.有闲阶级论[M]. 蔡受百译. 北京：商务印书馆.
范斐，孙才志，王雪妮. 2013. 社会、经济与资源环境复合系统协同进化模型的构建及应用——以大连市为例[J]. 系统工程理论与实践，33（2）：413-419.
方言，等. 2017. 完善农业支持保护政策体系研究[M]//陈锡文，韩俊. 中国农业供给侧改革研究. 北京：清华大学出版社.
方勇. 2007. 高等教育与创新型国家建设[M]. 重庆：西南师范大学出版社.
费孝通. 2006. 乡土中国[M]. 上海：上海人民出版社.
冯道杰，王成利. 2015. 完善集体层面统一经营与新型农业经营体系的构建[J]. 河北经贸大学学报，（5）：99-104.
冯海发. 2002. 荷兰农业产业化经营的基本模式[J]. 世界农业，（3）：29-31.
冯海发，李溦. 1993. 我国农业为工业化提供资金积累的数量研究[J]. 经济研究，28（9）：60-64.
冯丽娜. 2017. 美国农业收入保险经验及其在中国的发展性分析[J]. 中国管理信息化，20（3）：89-91.
冯月英. 2010. 农业巨灾保险中的政府行为探析[J]. 金融发展研究，（6）：77-79.
傅家骥. 1998. 技术创新学[M]. 北京：清华大学出版社.
富程. 2016-10-19. 农业指数保险接力农险转型任重道远[N]. 金融时报，（012）.
高木勇树，薛桂霞. 2006. 日本的农民组织与农村金融[J]. 农业经济问题，（12）：68-74.
高强，张照新. 2015. 日本、韩国及中国台湾信用合作运行模式、发展经验与启示[J]. 中国农村经济，（10）：89-96.
高强，赵海. 2015. 日本农业经营体系构建及对我国的启示[J]. 现代日本经济，（3）：61-70.
高升，洪艳. 2010. 国外农业产业集群发展的特点与启示——以荷兰、法国和美国为例[J]. 湖南农业大学学报（社会科学版），11（2）：66-70.
高旺盛. 2009. 农业宏观分析方法与应用[M]. 北京：中国农业大学出版社.
高永泉，夏冰，王宝田. 2009. 借鉴荷兰合作银行经营经验推进我国农信社发展壮大[J]. 吉林金融研究，（3）：37-38.
高远东，张卫国. 2014. 中国农村非正规金融发展的减贫效应研究[J]. 西南民族大学学报（人文社会科学版），35（12）：116-120.
高中华，徐岩. 2006. 马克思主义分工理论的现实启示[J]. 马克思主义与现实，（5）：154-156.
顾海峰. 2010. 国际社会农村金融组织体系的功能比较及启示——基于功能视角的系统性探讨[J]. 国际经贸探索，26（12）：69-74.
关锐捷. 2012. 构建新型农业社会化服务体系初探[J]. 农业经济问题，33（4）：4-10，110.
哈肯 H. 1989. 高等协同学[M]. 郭治安译. 北京：科学出版社.
哈肯 H. 2010. 信息与自组织[M]. 成都：四川教育出版社.

韩长赋. 2011. 加快推进农业现代化努力实现"三化"同步发展[J]. 求是,（19）: 39-42.
韩长赋. 2013. 构建新型农业经营体系应研究把握的三个问题[J]. 农村工作通讯,（15）: 7-9.
韩苗苗, 乐永海, 孙剑. 2013. 我国农业社会化服务服务水平测评与制约因素解构[J]. 统计与决策,（3）: 142-146.
韩一军, 姜楠, 柳苏芸, 等. 2017. 中国农业支持保护与创新农业支持保护方式[M]//陈锡文, 韩俊. 中国农业供给侧改革研究. 北京: 清华大学出版社.
韩占兵. 2014. 中国区域财政支农与金融支农协同效率水平研究——基于省际面板数据的分析[J]. 经济与管理, 28（4）: 56-61.
何革华, 申茂向. 2000. 荷兰设施农业对我国的启示[J]. 林业科技管理,（3）: 54-58.
何广文, 曹杰. 2009. 农村信用合作发展的困境与对策[J]. 中国合作经济,（12）: 40-41.
何广文, 冯兴元, 郭沛, 等. 2005. 中国农村金融发展与制度变迁[M]. 北京: 中国财政经济出版社.
何小伟, 方廷娟. 2015. 美国农业收入保险的经验及对中国的借鉴[J]. 农业展望, 11（1）: 26-30, 36.
贺聪, 洪昊, 葛声, 等. 2012. 金融支持农业科技发展的国际经验借鉴[J]. 浙江金融,（3）: 33-38.
胡国晖, 郑萌. 2013. 农业供应链金融的运作模式及收益分配探讨[J]. 农村经济,（5）: 45-49.
胡霞. 2011. 中国农业成长阶段论: 成长过程、前沿问题及国际比较[M]. 北京: 中国人民大学出版社.
黄德林, 宋维平, 王珍. 2007. 新形势下农民创业能力来源的基本判断[J]. 农业经济问题,（9）: 8-13, 110.
黄晓平. 2014. "三解三促"破解农村发展难题[J]. 中国财政,（2）: 37-39.
黄祖辉, 傅琳琳. 2015. 新型农业经营体系的内涵与建构[J]. 学术月刊, 47（7）: 50-56.
黄祖辉, 俞宁. 2010. 新型农业经营主体: 现状、约束与发展思路——以浙江省为例的分析[J]. 中国农村经济,（10）: 16-26, 56.
季莉娅, 王厚俊. 2014. 美国、法国、日本3国政府对农业投资状况分析及经验借鉴[J]. 世界农业,（1）: 60-63.
姜松, 曹峥林, 王钊. 2013. 中国财政金融支农协同效率及其演化规律[J]. 软科学, 27（2）: 6-11.
金峰, 林乐芬. 2014. 农村民间金融与正规金融共生关系现状及深化研究[J]. 西北农林科技大学学报（社会科学版）, 14（6）: 89-95, 102.
康书生, 杨镈宇. 2016. 京津冀区域金融协同发展的理论探讨与实证检验[J]. 河北经贸大学学报, 37（6）: 112-118.
孔祥智. 2014. 新型农业经营主体的地位和顶层设计[J]. 改革,（5）: 32-34.
孔祥智, 楼栋, 何安华. 2012. 建立新型农业社会化服务体系: 必要性、模式选择和对策建议[J]. 教学与研究,（1）: 39-46.
孔祥智, 史冰清. 2009. 大力发展服务于民的农民专业合作社[J]. 江西社会科学,（1）: 24-30.
乐绍延. 2003-07-02. 国外农业税收及优惠政策[N]. 经济参考报,（02）.
李飞, 孙东升. 2007. 巴西的农业支持政策及对中国的借鉴[J]. 中国农机化, 28（5）: 20-24.
李嘉图 D. 1976. 政治经济学及赋税原理[M]. 郭大力, 王亚南译. 北京: 商务印书馆.
李健华. 2012. 芬兰、冰岛、荷兰农业补贴政策的基本情况及特点[J]. 世界农业,（10）: 65-69.

李景波，闫云仙. 2011. 政策支持农村金融发展：日本的经验与启示[J]. 世界农业，（11）：36-39.
李伶俐，周灿，王定祥. 2018. 金融精准扶贫的现实困境与破解机制：重庆个案[J]. 农村金融研究，（1）：70-74.
李森. 2007. 关于财政职能理论的反思[J]. 云南财经大学学报，（3）：29-34.
李世光. 2009. 农村金融服务创新问题的若干思考[J]. 生产力研究，（13）：37-38.
李硕，姚凤阁. 2015. 日本农村金融体系对中国农村金融改革的启示[J]. 东北师大学报（哲学社会科学版），（2）：235-237.
李同明. 1997. 当代世界一流的现代农业产业化经营——荷兰农业发展状况与启示[J]. 湖北农学院学报，（4）：54-62.
李炜光. 2007. 财政有"功能"而无"职能"——与杨灿明教授商榷[J]. 广东商学院学报，（1）：17-21.
李显刚，石敏俊. 2001. 日本农业和农协发展的新动向[J]. 世界农业，（1）：14-16.
李祥洲，钱永忠，邓玉，等. 2016. 2015—2016年我国农产品质量安全网络舆情分析及预测[J]. 农产品质量与安全，（1）：8-14.
李晓明. 1995. 转变政府职能搞好市场农业的宏观调控[J]. 安徽农学通报，（2）：12-13.
李艳华. 2010. 从美国和日本农业保护政策中得到的启示[J]. 中国农村科技，（4）：48-51.
李应春，翁鸣. 2006. 日本农业政策调整及其原因分析[J]. 农业经济问题，（8）：72-75.
李勇，韩雪. 2015. 关于推进国内衍生品市场规范发展的思考[J]. 中央财经大学学报，（2）：46-50，82.
李勇，孙晓霞，陈景耀，等.2005.关于完善农村金融制度加大对三农金融支持若干问题的思考[J]. 金融研究，（11）：1-10.
林毅夫. 2005. 制度、技术与中国农业发展[M]. 上海：上海三联书店.
刘斌，张兆刚，霍功. 2004. 中国"三农"问题报告：问题、现状、挑战与对策[M]. 北京：中国发展出版社.
刘德娟，周琼，曾玉荣. 2015. 日本农业经营主体培育的政策调整及其启示[J]. 农业经济问题，36（9）：104-109，112.
刘涤源. 1997. 凯恩斯经济学说评论[M]. 武汉：武汉大学出版社.
刘福仁，蒋楠生. 1991. 现代农村经济词典[M]. 沈阳：辽宁人民出版社.
刘华，周莹. 2012. 我国技术转移政策体系及其协同运行机制研究[J]. 科研管理，（3）：105-112.
刘洁，张洁. 2013. 日本农村合作金融体系的构建及其对我国的启示[J]. 现代日本经济，（3）：29-36.
刘立民. 2015-04-27. 利用融资租赁助推现代农业发展[N]. 金融时报，（009）.
刘奇. 2014. 中国三农的"危"与"机"[M]. 北京：中国发展出版社.
刘荣茂，郝张斌. 2015.农业上市公司股价波动持续性的研究——基于Cox风险回归模型[J]. 武汉金融，（6）：19-22.
刘淑云. 2005. 日本农协制度的经验与启示[J]. 内蒙古民族大学学报（社会科学版），（2）：60-63.
刘彦伯. 2013. 美国农业补贴政策的优劣与启示[J]. 经济纵横，（8）：121-124.
刘颖娴，黄祖辉，赵耀. 2014. 简论日本社会资本对农业的投资[J]. 农业部管理干部学院学报，（2）：20-23.

刘勇, 邹薇. 2014. 劳动力转移障碍、收入不平等与经济增长：互补性技能约束的视角[J]. 中国地质大学学报（社会科学版）, 14（6）: 130-137.
娄昭, 徐忠, 张磊. 2011. 巴西农业发展特点及经验借鉴[J]. 世界农业, (5): 80-82, 98.
卢嘉鑫. 2000. 农业经济结构转型: 日本的经验[J]. 天水行政学院学报, (6): 11-14.
鲁钊阳. 2016. 新型农业经营主体发展的福利效应研究[J]. 数量经济技术经济研究, 33（6）: 41-58.
罗必良. 2015. 农业共营制: 新型农业经营体系的探索与启示[J]. 社会科学家, (5): 7-12.
罗宾逊 J. 1961. 不完全竞争经济学[M]. 陈良璧译. 北京: 商务印书馆.
罗楚亮. 2010. 农村贫困的动态变化[J]. 经济研究, 45（5）: 123-138.
罗剑朝, 聂强, 张颖慧. 2003. 博弈与均衡: 农地金融制度绩效分析——贵州省湄潭县农地金融制度个案研究与一般政策结论[J]. 中国农村观察, (3): 43-51, 81.
罗骏, 周小丁. 2015. 农民专业合作组织协同创新新型农业经营体系评价研究[J]. 山西农经, (9): 3-5.
罗凯. 2009. 打工经历与职业转换和创业参与[J]. 世界经济, (6): 77-87.
罗秀娟, 孙凯. 2009. 中日农业政策比较及借鉴[J]. 农村经济, (5): 126-129.
吕晓英, 李先德. 2014. 美国农业政策支持水平及改革走向[J]. 农业经济问题, 35（2）: 102-109, 112.
马光荣, 杨恩艳. 2011. 社会网络、非正规金融与创业[J]. 经济研究, 46（3）: 83-94.
马克思. 2004. 资本论（第3卷）[M]. 北京: 人民出版社.
马晓河. 2017. 转型与发展——如何迈向高收入国家[M]. 北京: 人民出版社.
马歇尔 G C. 1964. 经济学原理[M]. 朱志泰译. 北京: 商务印书馆.
毛泽东. 1976. 论十大关系. 北京: 人民出版社.
梅尔 J. 1988. 农业经济发展学[M]. 何宝玉, 王华, 张进选译. 北京: 农村读物出版社.
米咏梅, 王宪勇. 2015. 政府激励、金融市场融合与农业保险创新发展——美国农业保险体系的运行机制与启示[J]. 辽宁经济, (11): 64-65.
穆勒 J S. 1991. 政治经济学原理[M]. 胡企林译. 北京: 商务印书馆.
Napier R, 杨静, 郑春慧. 2000. 21世纪家庭农场人力资源的开发[J]. 世界农业, (2): 48-50.
纳尔逊, 温特. 1982. 经济变迁的演化理论[M]. 胡世凯译. 北京: 商务印书馆.
倪景涛, 李建军. 2005. 荷兰现代农业发展的成功经验及其对我国的启示[J]. 学术论坛, (10): 80-83.
潘勇辉. 2008. 财政支持农业保险的国际比较及中国的选择[J]. 农业经济问题, (7): 97-103.
彭克强. 2008. 财政与金融支农整合的理论架构与方略[J]. 社会科学, (12): 46-54, 183.
平新乔, 张海洋, 郝朝艳, 等. 2012. 农民金融约束的形成原因探究[J]. 经济学动态, (4): 10-14.
齐成喜, 陈柳钦. 2005. 农业产业化经营的金融支持体系研究[J]. 农业经济问题, (8): 43-46.
齐皓天, 彭超. 2015. 美国农业收入保险的成功经验及对中国的适用性[J]. 农村工作通讯, (5): 62-64.
冉光和, 王定祥, 温涛, 等. 2007. 金融产业资本论[M]. 北京: 科学出版社.
冉光和, 王定祥, 温涛, 等. 2009. 财政金融政策与城乡协调发展理论与实证研究[M]. 北京: 科学出版社.

邵永恩, 艾忠岩, 杨金成, 等. 2015. 我国期货农业的实践及发展障碍剖析[J]. 黑龙江金融, (9): 32-34.
石丹, 魏华. 2010. 关于财政与金融协同支农的思考与建议[J]. 武汉金融, (7): 52-54.
石泓. 2010. 中国公共财政支持现代农业发展问题研究[D]. 哈尔滨: 东北林业大学.
世界银行. 2013. 2013年世界发展指标[M]. 北京: 中国财政经济出版社.
舒尔茨 T W. 1987. 改造传统农业[M]. 梁小民译. 北京: 商务印书馆.
宋洪远. 2015. 农业产业化发展的厉庄经验[J]. 人民论坛, (7): 71.
宋洪远, 赵海. 2013. 构建新型农业经营体系, 推进经营体制创新[J]. 团结, (1): 31-34.
速水佑次郎, 拉坦 F. 2000. 农业发展的国际分析[M]. 郭熙保, 张进铭, 等译. 北京: 中国社会科学出版社.
速水佑次郎, 刘守英, 詹小洪. 1989. 社区、市场与国家[J]. 经济研究, (2): 57-62.
孙立坚, 牛晓梦, 李安心. 2004. 金融脆弱性对实体经济影响的实证研究[J]. 财经研究, (1): 61-69, 112.
孙少岩, 许丹丹. 2013. 浅析日本农村金融体系[J]. 现代日本经济, (3): 21-28.
孙天琦. 2009. 美国《社区再投资法》三十年变革的争论及启示[J]. 广东金融学院学报, 24(5): 109-127.
檀学文. 2007. 宁夏科技特派员制度的机制与效果[J]. 中国农村经济, (4): 60-68.
田万苍, 王茂根. 1981. 日本的农业金融政策贷款[J]. 金融研究, (8): 55-57.
万忠, 洪建军. 1998. 推进珠江三角洲农业现代化进程的新思路[J]. 南方农村, (1): 3-5.
王定祥, 丁忠民, 李伶俐, 等. 2011. 农村金融市场成长论[M]. 北京: 科学出版社.
王定祥, 李虹. 2016. 新型农业社会化服务体系的构建与配套政策研究[J]. 上海经济研究, (6): 93-102.
王定祥, 李伶俐, 冉光和. 2009. 金融资本形成与经济增长[J]. 经济研究, (9): 39-51, 105.
王定祥, 李伶俐, 王小华. 2010. 中国农村金融制度演化逻辑与改革启示[J]. 上海经济研究, (11): 20-27.
王定祥, 谭进鹏. 2015. 论现代农业特征与新型农业经营体系构建[J]. 农村经济, (9): 23-28.
王化冰. 2011. 社会主义新农村建设中财政与金融协同支农路径探析[J]. 财政监督, (9): 59-61.
王克, 张峭, 肖宇谷, 等. 2014. 农产品价格指数保险的可行性[J]. 保险研究, (1): 40-45.
王萍, 魏江, 王甜. 2010. 金融服务创新的过程模型与特性分析[J]. 管理世界, (4): 168-169.
王秋丽, 齐敏. 2001. 浅析日本农业金融[J]. 农业经济, (4): 37-38.
王曙光. 2012. 高风险农信社并购重组"剑指"最难攻克的堡垒[J]. 中国农村金融, (9): 3.
王曙光, 李冰冰. 2013. 农村金融负投资与农村经济增长——库兹涅茨效应的经验验证与矫正框架[J]. 财贸经济, (2): 59-67, 90.
王西玉, 崔传义, 赵阳. 2003. 打工与回乡: 就业转变和农村发展——关于部分进城民工回乡创业的研究[J]. 管理世界, (7): 99-109, 155.
王应贵. 2015. 当代日本农业发展困境、政策扶持与效果评析[J]. 现代日本经济, (3): 51-60.
王玉莲, 李昌宇. 2008. 论农产品品牌化建设的外部性及政策支持措施[J]. 东北农业大学学报(社会科学版), (2): 24-27.
王征兵. 2016. 论新型农业经营体系[J]. 理论探索, (1): 96-102.

威廉姆森 A E. 2002. 资本主义经济制度[M]. 王伟译. 北京：商务印书馆.
韦吉飞，王建华，李录堂. 2008. 农民创业行为影响因素研究——基于西北五省区调查的实证分析[J]. 财贸研究，19（5）：16-22.
韦艳宁. 2014. 巴西现代化农业发展支持政策研究[J]. 世界农业，（7）：82-85，211.
魏后凯，黄秉信. 2017. 中国农村经济形势分析与预测（2016-2017）[M]. 北京：社会科学文献出版社.
温涛，张梓榆. 2015. 中国金融产业对农业与非农产业发展作用的比较研究[J]. 农业技术经济，（7）：46-59.
文华成，杨新元. 2013. 新型农业经营体系构建：框架、机制与路径[J]. 农村经济，（10）：28-32.
翁鸣. 2017. 中国农业转型升级与现代农业发展——新常态下农业转型升级研讨会综述[J]. 中国农村经济，（4）：88-95.
吴锋锋，彭会清，陆泓光，等. 2013. 我国农地流转存在的主要问题及其对策[J]. 沈阳农业大学学报（社会科学版），15（5）：531-533.
武涛. 2014. 金融支持新型农业经营体系的调查与思考[J]. 现代商业，（29）：238-239.
肖卫东，杜志雄. 2015. 家庭农场发展的荷兰样本：经营特征与制度实践[J]. 中国农村经济，（2）：83-96.
肖扬. 2017-06-21. 问计农业保险下一个着力点在哪[N]. 金融时报，（010）.
谢晶晶. 2017-02-16. 从"回乡见闻"看农金走向[N]. 金融时报，（009）.
谢晶晶，罗明亮. 2016-10-27. 构建全链支持：浙江长兴农商银行立足三农开创多维度金融服务[N]. 金融时报，（012）.
徐成德. 2009. 巴西发展现代农业的支持政策及借鉴[J]. 现代农业科技，（6）：213-215，217.
徐辉，李录堂. 2008. 完善我国农民创业支撑体系的对策研究[J]. 经济纵横，（4）：74-76.
徐绍峰. 2017-03-02. "三农"贷款投放如何持续增长[N]. 金融时报，（012）.
徐祥临. 2006. 日本发展现代农业的一条基本经验：追加货币资本[J]. 科学社会主义，（1）：115-118.
徐雪，夏海龙. 2015. 发达国家农业补贴政策调整及其经验借鉴[J]. 湖南农业大学学报（社会科学版），16（3）：70-74.
徐勇，Roy C S，景可. 2002. 黄土丘陵区生态环境建设与农村经济发展问题探讨[J]. 地理科学进展，（2）：130-138.
许世卫，信乃诠. 2010. 当代世界农业[M]. 北京：中国农业出版社.
亚当·斯密. 2005. 国富论[M]. 唐日松，赵康英，冯力，等译. 北京：华夏出版社.
杨灿明. 2006. 财政职能辨析[J]. 财政研究，（7）：22-25.
杨焕玲，孙志亮. 2008. 美国农业税收政策及其对我国的启示[J]. 改革与开放，（4）：26-27.
杨军，张龙耀，姜岩. 2013. 社区金融资源、家庭融资与农户创业——基于CHARLS调查数据[J]. 农业技术经济，（11）：71-79.
杨魁森. 1987. 社会分工与社会结构——从社会分工看人民内部矛盾[J]. 人文杂志，（4）：26-30.
杨小凯. 2004. 杨小凯谈经济[M]. 北京：中国社会科学出版社.
杨小凯，张永生. 1999. 新兴古典发展经济学导论[J]. 经济研究，（7）：67-77.
杨应杰. 2011. 我国农业经营风险的特点和现状及管理对策[J]. 农业现代化研究，32（2）：

170-174.

杨勇, 李姗. 2015. 小钱撬大钱 破解农业发展资金难题——财政与金融协同支农的"黔农创新"[J]. 农村工作通讯, (24): 19-21.

姚维章, 徐维祥. 1994. 对粮食问题的几点思考[J]. 粮食经济研究, (3): 10-11.

尤努斯 M. 2018. 普惠金融改变世界[M]. 陈文, 陈少毅, 郭长冬, 等译. 北京: 机械工业出版社.

于国良, 胡百东. 2011. 我国财政支农政策现状分析[J]. 农场经济管理, (5): 36-38.

于亢亢, 朱信凯, 王浩. 2012. 现代农业经营主体的变化趋势与动因——基于全国范围县级问卷调查的分析[J]. 中国农村经济, (10): 78-90.

余涛, 刘现武. 2007. 国外的几种支农金融模式及其启示[J]. 世界农业, (10): 20-22.

苑鹏, 张瑞娟. 2017. 新型农业经营体系建设现状及政策建议[M]//魏后凯, 黄秉信. 中国农村经济形势分析与预测 (2016-2017). 北京: 社会科学文献出版社.

张伯伦. 1958. 垄断竞争理论[M]. 郭家麟译. 北京: 生活·读书·新知三联书店.

张朝华, 陈池波. 2014. 基于 BRICS 比较的我国农业支持政策取向[J]. 中国科技论坛, (4): 141-147.

张德勇. 2014. 论农产品批发市场的公益性——基于公共财政视角[J]. 中国流通经济, 28 (7): 11-16.

张国兴, 高秀林, 汪应洛, 等. 2014. 政策协同: 节能减排政策研究的新视角[J]. 系统工程理论与实践, 34 (3): 545-559.

张海鹏, 曲婷婷. 2014. 农地经营权流转与新型农业经营主体发展[J]. 南京农业大学学报 (社会科学版), 14 (5): 70-75, 83.

张海洋, 郝朝艳, 平新乔, 等. 2015. 社会资本与农户创业中的金融约束——基于农村金融调查数据的研究[J]. 浙江社会科学, (7): 15-27, 155.

张红宇. 2011-11-25. 我国大国农业的基本特征与宏观调控[N]. 人民日报, (007).

张红宇. 2012. 现代农业与适度规模经营[J]. 农村经济, (5): 3-6.

张红宇. 2016a. 新型农业经营主体与农业供给侧结构性改革[J]. 中国农民合作社, (6): 9-10.

张红宇. 2016b. 中国强势农业的金融支撑[J]. 金融世界, (10): 68-71.

张红宇, 陈良彪. 2004. 巴西农民收入支持政策及启示[J]. 世界农业, (10): 32-35.

张虎. 2015. 发达国家农业支持政策的经验及启示——以美国、日本、欧盟为例[J]. 技术经济与管理研究, (12): 118-121.

张杰. 2003. 中国农村金融制度: 结构、变迁与政策[M]. 北京: 中国人民大学出版社.

张洁. 2016. 美国农业基础设施融资问题及启示[J]. 世界农业, (1): 167-172

张可成, 王孝莹. 2009. 我国农产品品牌建设分析[J]. 农业经济问题, (2): 22-24.

张梅, 谢志忠. 2012. 新时期农村信用社金融产品创新的成本收益研究[J]. 经济学动态, (2): 75-78.

张妮妮, 徐卫军. 2010. 美国农场问题分析[J]. 世界农业, (8): 25-30.

张启文, 黄可权. 2015. 新型农业经营主体金融服务体系创新研究[J]. 学术交流, (7): 130-135.

张三峰, 王非, 贾愚. 2013. 信用评级对农户融资渠道选择意愿的影响——基于10省 (区) 农户信贷调查数据的分析[J]. 中国农村经济, (7): 72-84.

张卫国, 王定祥, 严晓光. 2017.重庆市农村产权抵押融资问题研究[M]. 重庆: 西南师范大学出版社.

张妍坤. 2008. 基层商业银行风险防范对策[J]. 金融发展研究, (12): 78-79.

张应良, 高静, 张建峰. 2015. 创业农户正规金融信贷约束研究——基于939份农户创业调查的实证分析[J]. 农业技术经济, (1): 64-74.

张长全, 胡德仁. 2003. 论我国农村金融服务的规范与创新[J]. 农业经济问题, (5): 52-55, 80.

张忠法, 李文. 1996. 中国实施农业保护的基本理论依据和政策特征[J]. 经济研究, (1): 50-54.

赵海. 2013. 新型农业经营体系的涵义及其构建[J]. 农村工作通讯, (6): 48-50.

赵海燕. 2008. 现代农业背景下农业风险问题研究[J]. 全国商情(经济理论研究), (14): 102-104.

赵曦, 罗洪群, 成卓. 2009. 机制设计理论与中国农村扶贫机制改革的路径安排[J]. 软科学, 23(10): 69-73.

赵兴泉. 2014. 加快构建新型农业经营体系[J]. 今日浙江, (3): 40-41.

赵友森. 2013. 欧洲的"菜园子"——荷兰农业的奇迹[J]. 北京农业, (34): 52-59.

郑风田, 孙谨. 2006. 从生存到发展——论我国失地农民创业支持体系的构建[J]. 经济学家, (1): 54-61.

郑蔚. 2008. 中日农村金融比较研究[M]. 天津: 天津人民出版社.

郑雪飞. 2013. 法国农业合作社及其对中国的启示[J]. 信阳师范学院学报(社会科学版), (4): 65-68.

中国农业保险保障水平研究课题组. 2017. 中国农业保险保障水平研究报告[M]. 北京: 中国金融出版社.

中国人民银行南昌中心支行调查统计处课题组, 郭云喜. 2013. 新型农业经营体系变化带来的融资渠道以及制度政策跟进[J]. 金融与经济, 2(12): 23-27, 79.

中国社会科学院农村发展研究所, 国家统计局农村社会经济调查司. 2015. 中国农村经济形势分析与预测(2014-2015)[M]. 北京: 社会科学文献出版社.

中华人民共和国财政部农业司. 1999. 国家财政用于农业支出统计资料(1950-1995)[M]. 北京: 经济科学出版社.

周海文, 王志刚. 2017. 农产品质量安全现状与对策[M]//魏后凯, 黄秉信. 中国农村经济形势分析与预测(2016-2017). 北京: 社会科学文献出版社.

周淑景. 2002. 法国农业经营组织体系的变化与发展[J]. 中国农村经济, (10): 74-80.

周应恒. 2015. 新型农业经营主体发展中的土地流转问题[J]. 江苏农村经济, (8): 24.

周振, 伍振军, 孔祥智. 2015. 中国农村资金净流出的机理、规模与趋势: 1978~2012年[J]. 管理世界, (1): 63-74.

朱丽君, 杨前进, 罗守进, 等. 2015. 美国财政支农实践及其对中国的启示[J]. 世界农业, (12): 112-117.

朱希刚, 冯海发. 1996. 论我国农业宏观调控的手段配置及体制保证[J]. 农业经济问题, (5): 6-11.

朱英刚. 2003. 巴西的农业政策与金融支持[J]. 农业发展与金融, (5): 40-41.

Alchian A A.1950.Uncertainty, evolution and economic theory[J]. Journal of Political Economy, 58(3): 211-221.

Alchian A A, Demsetz H. 1975. Production, information costs, and economic organization[J]. IEEE Engineering Management Review, 3（2）: 21-41.

Allanson P. 2006. The redistributive effects of agricultural policy on Scottish farm incomes[J]. Journal of Agricultural Economics, 57（1）: 117-128.

Allen F, Gale D, Thakor A V. 2001.Book review. comparing financial systems[J]. Review of Financial Studies, 14（2）: 577-581.

Antle J M. 1983. Infrastructure and aggregate agricultural productivity: international evidence[J]. Economic Development and Cultural Change, 31（3）: 609-619.

Aschauer D A. 1985. Fiscal policy and aggregate demand[J]. American Economic review, （3）: 117-127.

Ashton B, Hill K, Piazza A, et al. 1984. Famine in China, 1958-61[J]. Population and Development Review, 10（4）: 613-645.

Banker R D, Charnes A, Cooper W W. 1984. Some models for estimating technical and scale inefficiencies in data envelopment analysis[J]. Management Science, 30（9）: 1078-1092.

Brookfield H C, Weitz R.1973. From peasant to farmer: a revolutionary strategy for development[J]. Economic Geography, 49（1）: 81.

Chaddad F R, Cook M L. 2003. The emergence of non-traditional cooperative structures: public and private policy issues[R]. The NCR-194 Research on Cooperatives.

Chang H H, Mishra A K, Livingston M. 2011. Agricultural policy and its impact on fuel usage: empirical evidence from farm household analysis[J]. Applied Energy, 88（1）: 348-353.

Charnes A, Cooper W W, Rhodes E. 1978. Measuring the efficiency of decision making units[J]. European Journal of Operational Research, 2（6）: 429-444.

Cherchye L, Lovell C A K, Moesen W, et al. 2007. One market, one number? A composite indicator assessment of EU internal market dynamics[J]. European Economic Review, 51（3）: 749-779.

Chinn D L. 1980. Cooperative farming in north China [J]. The Quarterly Journal of Economics, 94（2）: 279-297.

Coase R H. 1937.The nature of the firm[J]. Economica, 4（16）: 386-405.

Cook M L. 1995.The future of US agricultural cooperatives: a neo-institutional approach[J]. American Journal of Agricultural Economics, 77（5）: 1153-1159.

Darrat A F. 1999. Are financial deepening and economic growth causally related? another look at the evidence[J]. International Economic Journal, 13（3）: 19-35.

Diakosavvas D. 2002. How to measure the level of agricultural support: comparison of the methodologies applied by OECD and WTO[R]. Agricultural Policies in China after WTO Accession.

Emelianoff I. 1942. Economic Theory of Cooperation[M]. Ann Arbor: Edwards Brothers Incorporated.

Evans P, Karras G. 1994. Are government activities productive? Evidence from a panel of US States[J]. The Review of Economics and Statistics, 76（1）: 1-11.

Evenson R E, Waggoner P E, Ruttan V W.1979. Economic benefits from research: an example from agriculture[J]. Science, 205 (4411): 1101-1107.

Fama E F, Jensen M C. 1983. Separation of ownership and control[J]. Journal of Law and Economics, 26 (2): 301-325.

Fan S G, Hazell P, Thorat S. 2000. Government spending, growth and poverty in rural India[J]. American Journal of Agricultural Economics, 82 (4): 1038-1051.

Fazzari S M, Hubbard R G, Petersen B C, et al. 1988. Financing constraints and corporate investment[J]. Brookings Papers on Economic Activity, (1): 141-195.

Freeman C, Soete L. 1997.The Economics of Industrial Innovation[M]. Cambridge: The MIT Press.

Fulton M. 1995. The future of Canadian agricultural cooperatives: a property rights approach[J]. American Journal of Agricultural Economics, 77 (5): 1144-1152.

Ghatak M. 2000.Screening by the company you keep: joint liability lending and the peer selection effect[J]. The Economic Journal, 110 (465): 601-631.

Ghatak M, Guinnane T W. 1999. The economics of lending with joint liability: theory and practice[J]. Journal of Development Economics, 60 (1): 195-228.

Gramlich E M. 1994. Infrastructure investment: a review essay[J]. Journal of Economic Literature, 32 (3): 1176-1196.

Hadlock C J, Pierce J R. 2010. New evidence on measuring financial constraints: moving beyond the KZ index[J]. Review of Financial Studies, 23 (5): 1909-1940.

Harris A, Stefanson B, Fulton M. 1996. New generation cooperatives and cooperative theory[J]. Journal of Cooperatives, (11): 15-28.

Helmberger P G, Hoos S. 1962. Cooperative enterprise and organization theory[J]. Journal of Farm Economics, 44 (2): 275.

Hogan J L, Fisher R H, Morrison B J. 1973. Accuracy of perception and cooperative game behavior[J]. Perceptual and Motor Skills, 37 (2): 391-398.

Holtz-Eakin D. 1994. Public-sector capital and the productivity puzzle[J]. The Review of Economics and Statistics, 76 (1): 12-21.

Ingersent K A. 1984. Agriculture and Economic Development [M]. Brighton: Wheatsheaf Books.

Itimi H, Roehl T W. 1987. Mobilizing Invisible Assets[M]. Cambridge: Harvard University Press.

Jensen F E. 2000. The farm credit system as a government-sponsored enterprise[J]. Review of Agricultural Economics, 22 (2): 326-335.

Koester U, Tangermann S. 2000. The role of Germany in the Common Agricultural Policy[R]. Working Paper.

Kumar C S, Turvey C G, Kropp J D. 2013.The impact of credit constraints on farm households: survey results from India and China[J]. Applied Economic Perspectives and Policy, 35 (3): 508-527.

Lerner A P. 1943. Functional finance and the federal Debt[J]. Social Research, 10 (1): 38-51.

Levine R. 1997. Financial development and economic growth: views and agenda[J]. American Economic Association, 35 (2): 688-726.

Lin J Y. 1992. Rural Reforms and Agricultural Growth in China[J]. The American Economic Review,

82（1）：34-51.

McKinnon R I. 1973. Money and Capital in Economic Development[M]. Washington：Brookings Institution.

McLure C E. 1967. The interstate exporting of state and local taxes：estimates for 1962[J]. National Tax Journal, 20（1）：49-77.

Mellor J W. 1966. Production problems and issues in agricultural development[J]. American Journal of Agricultural Economics, 48（5）：1195-1202.

Merton R C. 1995. A functional perspective of financial intermediation[J].Financial Management, 24（2）：23-41.

Merton R C, Bodie Z. 1993. Deposit insurance reform：a functional approach[J]. Carnegie Rochester Conference Series on Public Policy, 38：1-34.

Mohsin A Q, Ahmad S, Anwar A. 2011.Impact of supervised agricultural credit on farm income in the Barani areas of Punjab[J]. Pakistan Journal of Social Sciences（PJSS）, 31（2）：241-250.

Munnell A H. 1992. Policy watch：infrastructure investment and economic growth[J]. Journal of Economic Perspectives, 6（4）：189-198.

OECD, et al. 2003. Agricultural trade and poverty：making policy analysis count[R]. Geneva.

Paulson A L, Townsend R M, Karaivanov A. 2006. Distinguishing limited liability from moral hazard in a model of entrepreneurship[J]. Journal of Political Economy, 114（1）：100-144.

Perkins D H.1966. Market Control and Planning in Communist China[M]. Cambridge：Harvard University Press.

Phillips R. 1953. Economic nature of the cooperative association[J]. Journal of Farm Economics, 35（1）：74-87.

Robert A H, David E B. 2010. Structure and finances of U.S. farms：family farm report[R]. United States Department of Agriculture, Economic Research Service.

Roy B C, Suresh P. 2002. Investment, agricultural productivity and rural poverty in India：a state-level analysis[J]. Indian Journal of Agricultural Economics, 57（4）：653-678.

Schultz J E. 1968. Economic Growth and Agriculture[M]. Beijing： Beijing Economic Institute Press.

Schumpeter J A. 1961.The Theory of Economic Development[M]. New York：Oxford University Press.

Sexton R J. 1986. The formation of cooperatives：a game-theoretic approach with implications for cooperative finance, decision making, and stability[J]. American Journal of Agricultural Economics, 68（2）：214-225.

Stiglitz J E. 1989. Markets and development[J]. Social Science Electronic Publishing, （27）：81-107.

Stiglitz J E. 1991.Government, financial markets, and economic development[R]. National Bureau of Economic Research.

Stiglitz J E. 1993. Economics[M]. New York：Norton.

Stiglitz J E. 2011. Rethinking macroeconomics：what went wrong and how to fix it[J]. Global Policy, 2（2）：165-175.

Tatom J A. 1993. Paved with good intentions：the mythical national infrastructure crisis[J].

Endocrinology, 133 (4): 1871-1879.

Tharakan P K M, Greenaway D, Kerstens B. 2006. Anti-dumping and excess injury margins in the European Union: a counterfactual analysis[J]. European Journal of Political Economy, 22 (3): 653-674.

Thompson W, Mishra A K, Dewbre J. 2009. Farm household income and transfer efficiency: an evaluation of United States farm program payments[J]. American Journal of Agricultural Economics, 91 (5): 1296-1301.

Townsend R M, Yaron J. 2001. The credit risk-contingency system of an asian development bank[J]. Economic Perspectives, 3: 31-48.

Turvey C G.2013. Policy rationing in rural credit markets[J]. Agricultural Finance Review, 73 (2): 209-232.

van Tassel E. 1999. Group lending under asymmetric information[J]. Journal of Development Economics, 60 (1): 3-25.

Weitz R. 1971. From Peasant to Farmer a Revolutionary Strategy for Development [M]. New York: Columbia University Press.

Wen G J.1989. The current land system and its impaction long term performance of farming sector: the case of modern China[D]. University of Chicago.

Weston J F, Besley S, Brigham E F. 1996. Essentials of Managerial Finance[M].New York: The Dryden Press.

Zeller M. 2003. Models of rural financial institutions[R]. Washington: Paving the Way Forward: An International Conference on Best Practices in Rural Finance.

Zimmermann A, Heckelei T, Domínguez I P. 2009. Modelling farm structural change for integrated ex-ante assessment: review of methods and determinants[J]. Environmental Science & Policy, 12 (5): 601-618.